Dagmar Preißing

Frauen in der Arbeitswelt 4.0

Frauen in der Arbeitswelt 4.0

Chancen und Risiken für die Erwerbstätigkeit

Herausgegeben von
Dagmar Preißing

DE GRUYTER
OLDENBOURG

ISBN 978-3-11-058581-0
e-ISBN (PDF) 978-3-11-058867-5
e-ISBN (EPUB) 978-3-11-058594-0

Library of Congress Control Number: 2018959974

Bibliografische Information der Deutschen Nationalbibliothek
Die Deutsche Nationalbibliothek verzeichnet diese Publikation in der Deutschen Nationalbibliografie; detaillierte bibliografische Daten sind im Internet über http://dnb.dnb.de abrufbar.

Umschlaggestaltung: metamorworks/iStock/Getty Images Plus
Satz: le-tex publishing services GmbH, Leipzig
Druck und Bindung: CPI books GmbH, Leck

www.degruyter.com

Vorwort

Die „Digitalisierung 4.0“, in Deutschland auch unter dem Begriff der Industrie 4.0 bekannt, hat nicht nur erheblichen Einfluss auf die technischen Veränderungen in der Wirtschaft, sondern auch auf den Arbeitsmarkt und die Arbeit in der Zukunft. Wie werden Arbeitsformen und -verhältnisse, die Arbeitsorganisation oder auch Führung künftig gestaltet sein? Man denke im Rahmen der Arbeitswelt 4.0 an die Flexibilisierung der Arbeit im Sinne von orts- und zeitunabhängiger Beschäftigung, an die Plattformisierung der Arbeit wie Crowd- und Clickworking, an agile, fluide und atmende Organisationsstrukturen oder neue Führungsmodelle. Hierbei stellt sich die Frage, inwieweit sich diese neuen Ausprägungen der Arbeit 4.0 als Chancen oder Risiken auf die Erwerbstätigkeit von Frauen auswirken. Es wäre wünschenswert, wenn in der künftigen Arbeitswelt Strukturen geschaffen würden, die eine höhere weibliche Erwerbsbeteiligung und eine gleichberechtigte Arbeitssituation für Frauen ermöglichten. Die Gründe hierfür sind offensichtlich: Erstens sollte eine Volkswirtschaft es sich nicht leisten, auf die Hälfte aller zur Verfügung stehenden qualifizierten Arbeitskräfte – die Frauen – zu verzichten. Zweitens erfordert der demografische Wandel mit dem damit verbundenen Mangel an Fach- und Führungskräften die Erwerbsbeteiligung aller potenziellen Arbeitskräfte, auch die der Frauen. Drittens zeigen die Entwicklungen der Sozialpolitik, dass die künftige Altersarmut vor allem Frauen trifft. Eine steigende Erwerbsbeteiligung von Frauen könnte diese fatalen Entwicklungen mildern. Ziel dieses Buches ist es daher aufzuzeigen, ob und wie eine gleichberechtigte, verbesserte und erhöhte Arbeitsmarktintegration von Frauen in Deutschland, auch und gerade vor dem Hintergrund einer sich verändernden Arbeitswelt, erfolgen könnte.

Dieses Buch richtet sich gleichermaßen an Verantwortliche in Unternehmen sowie an Politiker und Gleichstellungsbeauftragte, aber auch an Wissenschaftler, Dozenten und Studierende. Es beabsichtigt auch, die Vielfalt der Fragen und Antworten darzustellen, die sich beim Thema „Frauen in der Arbeitswelt 4.0 – Chancen und Risiken für die Erwerbstätigkeit“ ergeben. Die Buchbeiträge spiegeln daher die Sichtweise der einzelnen Autorinnen wider, nicht unbedingt die der Herausgeberin.

Wegen des besseren Leseflusses werden meist geschlechtsneutrale Begriffe verwendet.

Sehr herzlich möchte ich mich als Herausgeberin dieses Buches bei meinen engagierten Mitautorinnen bedanken. Sie erst haben die Erstellung dieses Werks möglich gemacht. Mein besonderer Dank gilt vor allem dem Senior Acquisitions Editor des Lektorats Wirtschafts- und Sozialwissenschaften von De Gruyter Oldenbourg, Dr. Stefan Giesen, für die Annahme meiner Buchidee, seine konstruktive Unterstützung und Begleitung des Buches sowie die vertrauensvolle Zusammenarbeit.

Fulda, Januar 2019 Dagmar Preißing

https://doi.org/10.1515/9783110588675-201

Inhalt

Christine Werner

Berufsspezifische Entwicklungen in einer Arbeitswelt 4.0 – Auswirkungen auf die Frauenerwerbstätigkeit

Christine Werner arbeitet nach ihrem Bachelor- und Masterstudium am Fachbereich Wirtschaft an der Hochschule Fulda und einem erfolgreich absolvierten Traineeprogramm zum „HR Innovation Engineer“ als „Service Delivery Manager“ bei der „SD Worx GmbH“. Hier ist sie sowohl im Beratungsfeld und Projektmanagement in den Bereichen Entgeltabrechnung, Human Resource Management, Workforce Management als auch in angrenzenden Aufgabenfeldern wie Analytics, Zeitwirtschaft und Digitalisierung tätig. Ein zweijähriger Auslandsaufenthalt in Kalifornien, USA, rundet ihr Profil ab.

https://doi.org/10.1515/9783110588675-001

1 Einleitung

„Ich setze auf das Pferd – das Auto ist eine vorübergehende Erscheinung." (Kaiser Wilhelm II. 1904)

Dieser Satz stammt von Kaiser Wilhelm II., während er 1904 einen Mercedes Simplex getestet hatte (Vgl. Kaiser Wilhelm II, zitiert in: SZ online). Wie bereits bekannt, lag der Kaiser nicht ganz richtig. Dennoch hat diese Anekdote eine hohe Relevanz für die Moderne, für die digitale Transformation und damit für die Entwicklung von Berufen in der Arbeitswelt 4.0. Wer heute glaubt, es gäbe eine Wahl zwischen analoger und digitaler Welt oder davon ausgeht, dass die digitale Technologie nur ein Veränderungsfaktor unter Vielen sei und eventuell sogar aufzuhalten sei – der setzt sicherlich auf das falsche Pferd. (Vgl. Hoffmann et al. 2016: 4 ff.). Wir stehen derzeit in einem Prozess einer digitalen Transformation von Wirtschaft, Arbeit und Gesellschaft. Diese ist gekennzeichnet durch eine exponentielle Steigerung der Leistung von IT-Systemen, Vernetzung von Menschen und Maschinen, Big Data Clouds und neuen Technologien, wie beispielsweise Mobilen (End-)Geräten, Robotik und dem 3D-Druckverfahren. Unternehmen stehen vor neuen Herausforderungen, denn die sogenannte digitale Transformation verändert Herstellungsprozesse, Geschäftsmodelle sowie -prozesse und Wertschöpfungsketten. Es werden Strategien der Modernisierung verhandelt, die vor allem Änderungen in der Produktion, hier insbesondere der beruflichen Arbeitsteilung sowie der Arbeitsverhältnisse, mit sich bringen. Es steht eine neue Welle und Qualität der Automation in der Produktion bevor, die unter anderem auf der Verkleinerung von Strukturen in der Sensortechnik und höheren Datenverarbeitungskapazitäten sowie Algorithmen beruht. Im Mittelpunkt stehen die vollautomatisierte, intelligente Fabrik und eine neue Stufe der Übertragung menschlicher Arbeit auf Maschinen. (Vgl. Matuschek 2016: 37 ff.).

Der folgende Beitrag widmet sich den Entwicklungen der Berufe in einer Arbeitswelt 4.0. Die digitale Transformation, Wirtschaft 4.0 und Industrie 4.0 werden zwar viel diskutiert, jedoch weitestgehend ohne Berücksichtigung der Auswirkungen auf die Erwerbstätigkeit von Frauen. Der digitale Umbruch von Arbeit erfordert neu über das Thema „Frauen in einer Arbeitswelt 4.0“ zu denken, denn „[...] jede neue Technologie kann Anlass sein, Geschlechterverhältnisse neu zu verhandeln und Machtverhältnisse, Rollenzuschreibungen und Arbeitsteilung zu hinterfragen.“ (Wajcman 1994: 6).

Zentrale Weichenstellungen für die Gestaltung der Arbeit in der Arbeitswelt 4.0 werden nun getroffen und sollen durch die Erwerbstätigkeit der Frauen in Deutschland aktiv mitgestaltet werden. Die Digitalisierung ist einer Volkswirtschaft nicht wie ein Naturgesetz übergeordnet, sie wird von Interessen gesteuert und ist damit gestaltbar. (Vgl. Bultemeier et al 2016: 16). Der französische Autor Antoine de Saint-Exupéry hat bereits gesagt: „Die Zukunft soll man nicht voraussehen wollen, sondern möglich machen!“ (Saint-Exupéry 1948).

2 Arbeitswelt 4.0

Zunächst werden zentrale Aspekte zur Arbeitswelt 4.0 sowie deren Begrifflichkeiten vorgestellt, um die darauf aufbauenden Ausführungen zu den Entwicklungen von Berufen besser nachvollziehen zu können.

2.1 Grundlagen zur Arbeitswelt 4.0

Bereits jetzt kommen in der Automobilbranche 66 Roboter auf 10.000 Arbeiter weltweit, in Japan sogar 1.520 Roboter auf 10.000 Arbeiter. (Vgl. Grabka 2016: 6). Diese und ähnliche Kennzahlen stehen in der Debatte um die Digitalisierung der Arbeitswelt für die Zukunftsangst der Beschäftigten. Diese Angst ist nicht unbegründet, denn in der Tat sind viele menschliche Tätigkeiten und Berufe durch Roboter und Algorithmen ersetzbar. Intelligente Maschinen arbeiten effizienter, kostengünstiger und rund um die Uhr. Ein Beispiel hierzu bringt das Unternehmen „Fastbrick Robotics“ aus Australien. Das Technologie-Unternehmen hat einen Roboter entwickelt, der innerhalb von zwei Tagen ein ganzes Haus mauert – und zwar mit einer kaum zu steigernden Präzision. Vielleicht wird dieser Roboter aber auch gar nicht gebraucht, denn in China werden inzwischen ganze Villen mit Hilfe des 3D-Druckers produziert. (Vgl. Hoffmann et al. 2016: 13 ff.) Nicht nur in der Produktion gewinnen multifunktionale Roboter oder vergleichbare Technologien an Bedeutung, sondern beispielsweise auch im Personalmanagement kann eine Software-Lösung mittlerweile eine Gehaltsabrechnung erstellen, die sowohl die Anforderungen der jeweiligen Branche als auch die unterschiedlichsten Lohnmodelle in Betracht zieht.

Diese Beispiele implizieren, dass die Digitalisierung als ein umfassender Transformationsprozess gesehen werden sollte: Auf der Makroebene sind Branchen, Sektoren, Arbeits- und Gütermärkte betroffen, auf der Mikroebene verändern sich Arbeitsverhältnisse, Arbeitsplätze und Arbeitszeiten. (Vgl. Bertelsmann Stiftung 2015).

Bereits im Jahr 1930 prognostizierte der Ökonom John Maynard Keynes „technologische Arbeitslosigkeit“ (Keynes zitiert in: Reuter 2007: 140), im Jahr 1978 titelte der Spiegel „Die Computer-Revolution. Fortschritt macht arbeitslos“ (Der Spiegel 1978) und wiederholt im Jahr 2016 seine Befürchtungen mit der Titelschlagzeile „Sie sind entlassen! Wie uns Computer und Roboter die Arbeit wegnehmen – und welche Berufe morgen noch sicher sind.“ (Der Spiegel 2016). Im Jahr 2013 prophezeiten Frey und Osborn (Frey, Osborn 2013), dass allein durch die Digitalisierung in der industriellen Produktion in den USA gut 50 Prozent der Arbeitsplätze verschwinden könnten. (zitiert in Grabka 2016: 6). Dadurch entsteht der Eindruck beziehungsweise die Befürchtung, dass die kommende Digitalisierung die Beschäftigung massiv bedroht. Denn digitale Technologien bringen so hohe Produktionsfortschritte mit sich, dass zur Produktion einer bestimmten Gütermenge immer weniger Arbeitseinsatz erforderlich ist. Schlimmstenfalls stellt sich die Frage, ob der Mensch in einer Arbeitswelt 4.0 überhaupt noch gebraucht wird. Wie wird die Arbeit in der digitalen Transformation aussehen und wie entwickeln sich die Berufe? Gibt der Mensch oder der Roboter den Takt in einer intelligenten Fabrik vor und wie werden diese Veränderungen die einzelnen Berufe beeinflussen? Die Spannweite der Veränderungen und Entwicklungsmöglichkeiten für alle Akteure ist demnach groß. (Vgl. Bultemeier et al. 2016: 1–8).

Zudem stellt sich die wichtige Frage, welche Auswirkungen die berufsspezifischen Entwicklungen des Arbeitsmarktes auf Frauen haben? Sind viele Frauen in den von der Digitalisierung bedrohten Tätigkeiten und Berufen beschäftigt? Wird sich die sowieso schon geringere Erwerbsbeteiligung der Frauen im Vergleich zu der von Männern in Deutschland weiter verschärfen und damit ein großes Potenzial an gut ausgebildeten Fachkräften verloren gehen? Oder könnten neue Berufsbilder im Kontext der Digitalisierung zur Steigerung der Erwerbsquote von Frauen führen?

2.2 Begriffe im Kontext der Digitalisierung

Begriffe wie „Digitalisierung“, „Industrie 4.0“ und „Wirtschaft 4.0“ sind heutzutage allgegenwärtig. Daher werden im Folgenden zentrale Begriffe im Zusammenhang mit der Arbeitswelt 4.0 erläutert, sodass ein gemeinsames Verständnis der Terminologie für die anschließende Untersuchung geschaffen wird. Das Konzept des „sozio-technischen Systems" ermöglicht eine Darstellung der Wechselwirkungen und Kombinationen der Elemente Technik, Mensch und Organisation in einer Arbeitswelt 4.0, wie nachfolgend gezeigt wird.

Die **„Digitalisierung"** im engeren Sinn bezeichnet die Umwandlung analoger Informationen (zum Beispiel Print-, Video- oder Tonaufnahmen) in computerkompatible Formate. Während vor vielen Jahren noch weitgehend an der Oberfläche eine Digitalisierung betrieben wurde und die Vernetzung von Computern im Mittelpunkt stand, bewegen sich Unternehmen nun in einer tiefgreifenden Digitalisierung, beispielsweise werden neue Märkte erschlossen und neue Produkte entwickelt. Aufgrund der exponentiellen Entwicklung in Technologien und Systemen wird es circa 2030 zu einer vollkommenen Verschmelzung der realen und digital („Internet of things") vernetzten Welt kommen. (Vgl. Lindner 2016). Dies zeigt, dass die Digitalisierung ein immer umfassender Bereich der Wertschöpfung ist und zur „digitalen Transformation" führt.

Der Begriff **„digitale Transformation"** lässt sich aus verschiedenen Blickwinkeln betrachten: In der Informatik wird insbesondere die technologische Sicht betont, während sich die Betriebswirtschaftslehre deutlich stärker auf die Transformierung der Geschäftsmodelle und -prozesse, Wertschöpfungsketten, IT-Systeme sowie der Kundeninteraktion im Zusammenhang mit neuen Informations- und Kommunikationstechnologien fokussiert. (Vgl. Zumstein et al. 2016: 321). Wird also von der digitalen Transformation gesprochen, so ist der fortlaufende, in digitalen Technologien begründete Veränderungsprozess gemeint.

Einige Branchen durchlebten schon eine massive digitale Transformation wie beispielsweise die Musikindustrie oder die Medien- und Verlagsbranche. (Vgl. KPMG 2014: 6). Nicht überall wird sich die digitale Transformation in demselben Ausmaß und der gleichen Geschwindigkeit entfalten. Wie stark und grundlegend der Wandel einer Branche ausfällt, hängt jeweils von der „[...] Wirkung, Skalierbarkeit und Durchsetzbarkeit digitaler Innovationen [...]" ab. (Kreuzer et al. 2015: 159). Doch kann sich kein Unternehmen darauf verlassen, dass es seine Wertschöpfungskette unverändert beibehalten kann. (Vgl. Bloching et al. 2015: 1–52). Bezeichnend ist hier der zitierte Satz „Wenn wir wollen, dass alles bleibt wie es ist, dann ist es nötig, dass alles sich verändert." (Kreuzer et al. 2015: 159).

Die Auseinandersetzung des produzierenden Gewerbes in Deutschland mit der digitalen Transformation konzentriert sich vielfach auf das Thema Industrie 4.0. Aus den meisten Studien geht hervor, dass der Begriff **„Industrie 4.0"** aus der Geschichte und der Entwicklung der industriellen Revolutionen resultiert, die bislang drei Stufen kennt.

Die **erste industrielle Revolution** begann im 18. Jahrhundert durch die Entwicklung der Dampfmaschine. Eine Mechanisierung der Produktionsanlagen ermöglichte die Steigerung der Produktivität und des Wohlstands, da manuelle Arbeiten automatisiert wurden. Dies war insbesondere in der Nahrungs-, Textil-, Eisen- und Stahlindustrie sowie in der Dampfschifffahrt und Eisenbahn möglich.

In der **zweiten industriellen Revolution** (Anfang 20. Jahrhundert) stand der Taylorismus im Mittelpunkt. Es war die Idee der arbeitsteiligen Massenproduktion mithilfe elektrischer Energie und Antrieben, welche die Produktivität vor allem in der Elektro- und Automobilindustrie sowie im Maschinenbau steigern konnte.

Die **dritte industrielle Revolution** in den 1970er-Jahren begann durch den Einzug von Elektronik und Informations- und Kommunikationstechnologien in die Produktionsprozesse. Dies verstärkte die Automatisierung und führte zu Effizienzsteigerungen. Außerdem wurde die Serienproduktion ermöglicht.

Die **vierte industrielle Revolution** beginnt derzeit durch die Digitalisierung auf Basis von Internettechnologien und Cyber Physical Systems (CPS, Cyber-physische Systeme). Das bedeutet, dass Roboter und Maschinen in der Industrie 4.0 durch technische Systeme intelligent miteinander vernetzt sind, sodass sich die Produktion und Herstellung von Waren entscheidend verändert. (Vgl. Köhler-Schute 2015: 17).

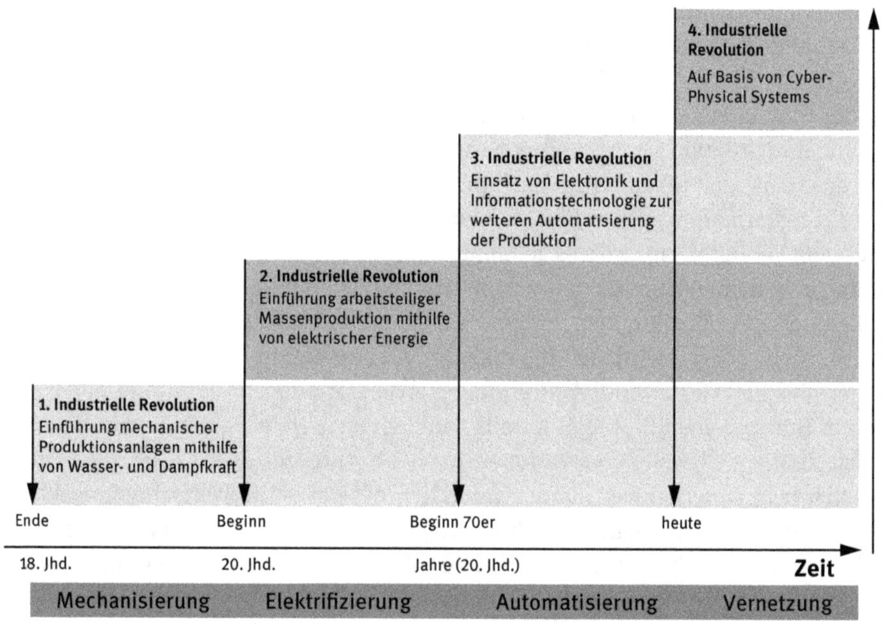

Abb. 1: Die Entwicklung zur Industrie 4.0, Quelle: eigene Darstellung in Anlehnung an Reinsprecht 2014: o. S.

Die Abbildung 1 zeigt die Entwicklung der einzelnen industriellen Revolutionen von der Mechanisierung bis hin zur Vernetzung der Produktion. Mit jedem Grad der Komplexität sind neue Entwicklungen in der Produktion entstanden.

Hervorzuheben ist, dass in der Produktion der Industrie 4.0 nicht nur eine vernetzte Steuerung und Planung innerhalb eines Unternehmens (**vertikale Integration**) entscheidend ist, sondern auch gemeinsame Kommunikationsschnittstellen mit den Bereichen Entwicklung, Planung, Einkauf, Produktion und Logistik (**horizontale Integration**) entstehen. (Vgl. Wolter et al. 2015: 12). Dies bedeutet die digitale Durchgängigkeit des Engineerings der gesamten Wertschöpfungskette durch Vernetzung mit Lieferanten, Herstellern und des Lagers über den Produktlebenszyklus und Dienstleistungen. Die Produktion wird zu der sogenannten „Smart Factory".

Möglich wird dies durch die Verknüpfung der digitalen Daten über Unternehmensnetzwerke. Softwaredienste kombinieren relevante Informationen und machen diese in einer „Cloud" zugänglich. Durch eine Analyse der Daten in Echtzeit können optimale Prozesse abgeleitet werden, sodass ein Mehrwert entsteht. (Vgl. Draht 2014: 1 ff.) Die Produktion ist überwiegend selbstorganisiert, damit kann der Produktionsfluss ohne nennenswerte Zusatzkosten auf individuelle Wünsche der Kunden angepasst werden. (Vgl. Kühn 2015: 9). Statt Bekleidung nur in bestimmten Größen oder Farben herzustellen, kann sie nun individuell an die Körpermaße der Kunden angepasst produziert werden. (Vgl. Wolter et al. 2015: 10). Dies ist daher das genaue Gegenteil des Zitats von Henry Ford, als er das erste am Fließband produzierte Auto „Model T" vorstellte: „Jeder Kunde kann sein Auto in einer beliebigen Farbe lackiert bekommen, solange die Farbe, die er will, schwarz ist." (Ford 1922: 72).

Die Veränderungen im Rahmen der digitalen Transformation gehen jedoch weit über die der klassischen industriellen Produktion hinaus: Im Zuge der Verfügbarkeit digitaler Massendaten, der Automatisierung von Fertigungsprozessen, der Vernetzung von Wertschöpfungsketten und der Herausbildung digitaler Kundenschnittstellen kommt es zur Transformation ganzer Branchen und Berufen der Wirtschaft – zusammengefasst wird das Schlagwort „Wirtschaft 4.0" gebraucht. (Niegsch 2016: 7).

Mit „**Wirtschaft 4.0**" wird zum Ausdruck gebracht, dass die Potenziale zur Erzielung von Kostenvorteilen sowie die Entwicklung von weiteren Kundenvorteilen durch Integration unterschiedlicher Leistungspartner aller Sektoren der Wirtschaft erfassen können. Dies führt dazu, dass sämtliche Leistungsträger aller Branchen berührt werden – von der Industrie über den Mittelstand sowie Handwerk und Handel bis hin zu Dienstleistungen und der Informations-, Kommunikations- und Datenwirtschaft (IKT). (Vgl. Münchener Kreis 2013: 1–13).

2.3 Digitale Transformation in einem sozio-technischen System

Die Verbreitung digitaler Technologien und die einhergehende digitale Transformation darf nicht unabhängig davon betrachtet werden, welche Auswirkungen der Einsatz digitaler Technologien auf die Arbeit der Menschen und auf Organisation nach sich zieht. (Vgl. Hirsch-Kreinsen 2015: 13). Betroffene Unternehmen bewegen sich in einem sozio-technischen System und die digitale Transformation ist geprägt durch komplexe und wechselseitige Zusammenhänge einer Vielzahl ökonomischer, sozialer und arbeitspolitischer Einflussfaktoren. (Vgl. Hirsch-Kreinsen 2015: 13). Deren Einfluss entscheidet letztlich darüber, in welcher Weise die technologisch gegebenen, neuen Nutzungspotenziale tatsächlich ausgeschöpft werden und welche Konsequenzen sich für die Arbeitswelt ergeben. (Vgl. Hirsch-Kreinsen 2015: 13). Somit kann das Konzept des sozio-technischen Systems einen Erklärungsansatz der Interdependenzen in einer **Arbeitswelt 4.0** geben.

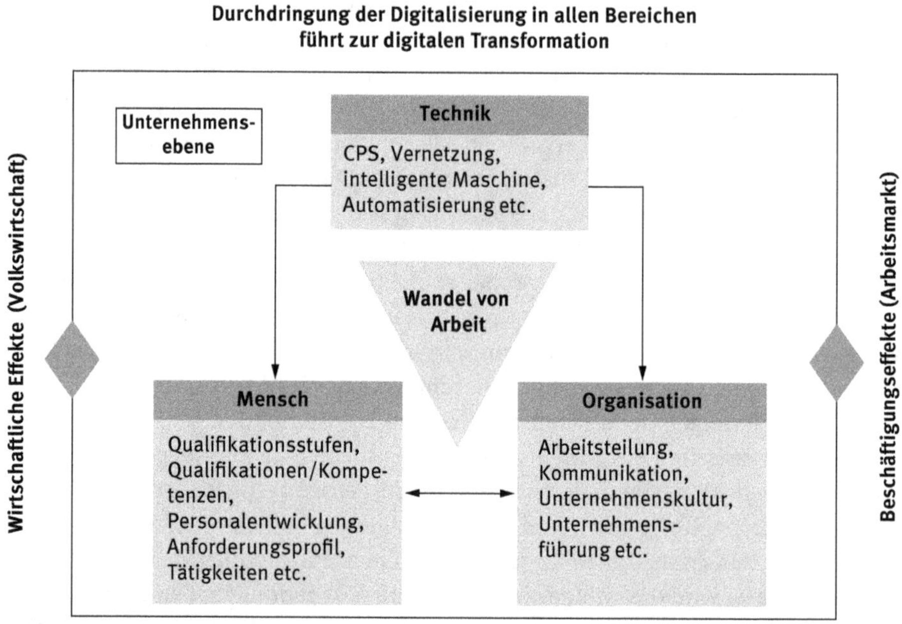

Abb. 2: Digitale Transformation als sozio-technisches System, Quelle: eigene Darstellung in Anlehnung an: Hirsch-Kreinsen 2015: 15.

Im Rahmen der Abbildung 2 soll verdeutlicht werden, dass sich der Wandel durch die digitale Durchdringung auf die drei Elemente **Technik, Mensch und Organisation** aufteilen lässt. Durch die Wechselwirkungen und Kombinationen der Elemente ergeben sich Konsequenzen für das gesamte Unternehmen, die Volkswirtschaft sowie Beschäftigungseffekte auf dem Arbeitsmarkt.

Die Implementierung von technologischen Systemen auf Unternehmensebene geht mit Veränderungen einzelner Arbeitsplätze, Tätigkeiten und Qualifikationen individueller Personen einher. Der Einsatz von leistungsfähigen Technologien und IT-Systemen ermöglicht beispielsweise ein vernetztes Arbeiten zu jeder Zeit an jedem Ort, sodass sich unter anderem die Kommunikation und Unternehmenskulturen verändern. Dies beeinflusst und fordert die Führung in den Unternehmen. Zusätzlich entstehen neuartige Geschäftsmodelle und -prozesse sowie neue Marktplätze durch Online-Services, sodass sich ebenfalls Berufsgruppen und Anforderungsprofile wandeln. (Vgl. Profiling Institute 2017).

2.4 Erwartete Auswirkungen der digitalen Transformation auf Wirtschaft und Arbeitsmarkt

Das folgende Kapitel beschäftigt sich näher mit den Auswirkungen der digitalen Transformation auf die gesamte Wirtschaft und diskutiert, welche Beschäftigungseffekte (quantitativ) sich dadurch auf dem Arbeitsmarkt ergeben. Die Auswirkungen auf die Qualifikationen und Berufsgruppen werden ebenfalls beleuchtet. Diese Untersuchungen soll die Frage unterstützen, ob und inwieweit die Frauenerwerbstätigkeit von den Beschäftigungseffekten betroffen ist und welche Auswirkungen sich daraus auf die Berufe ergeben.

Es gibt eine Reihe positiver Prognosen bezüglich der zu erwartenden Wirtschaftseffekte aufgrund der Digitalisierung. (Vgl. IG Metall 2016). Laut einer **PWC-Studie (2014)** würden über 80 Prozent der Unternehmen ihre Wertschöpfungsketten innerhalb der nächsten fünf Jahre digitalisieren. (Vgl. Koch et. al 2014: 6–52). Die Unternehmen erwarten, dass bis zum Jahr 2020 86 Prozent ihrer horizontalen und 80 Prozent ihrer vertikalen Wertschöpfungsketten einen hohen Digitalisierungsgrad bekommen und somit die Entwicklung von individuellen und innovativen Produkten und Dienstleistungen möglich wäre. Unternehmen, die bereits ein digitalisiertes Produktportfolio anbieten, konnten bereits positive Wachstumsraten aufweisen. (Vgl. Koch et. al 2014: 6–52). Durch gesteigerte Digitalisierung bis zum Jahr 2022 kann sogar ein zweistelliges Wachstum erfolgen. Jedes fünfte Unternehmen erwartet eine Umsatzsteigerung von 2,5 Prozent pro Jahr. Das entspricht einem Umsatzpotenzial von über 30 Milliarden Euro auf die Gesamtheit aller Industrieunternehmen in den fünf Kernbranchen Elektronik, Elektrotechnik, Chemie, Maschinenbau, Kfz-Industrie. (Vgl. Franken 2015: 8). Durch die Digitalisierung der Wertschöpfungsketten können **alle Branchen** ihre Effizienz um durchschnittlich 3,3 Prozent steigern, die mit einer jährlichen Einsparung von 2,6 Prozent einhergeht. (Vgl. Lichter 2015: 1 ff.).

Laut der Studie des Bundesverbands Informationswirtschaft Telekommunikation und neue Medien **(Bitkom)** in Kooperation mit dem Fraunhofer Institut für Arbeitswirtschaft und Organisation **(IAO)** erwarten die sechs Branchen **Maschinen- und Anlagenbau, Elektrotechnik, Automobilbau, chemische Industrie, Landwirtschaft sowie Informations- und Kommunikationstechnologie** ein zusätzliches Potenzial vom Jahr 2015 bis zum Jahr 2025 von insgesamt 78 Milliarden Euro. Dies entspricht einem Wachstum von jährlich 1,7 Prozent durch Industrie 4.0-Anwendungen. Abbildung 3 zeigt das Wertschöpfungspotenzial ausgewählter Branchen durch die Industrie 4.0. Insbesondere das verarbeitende Gewerbe kann mit circa 62 Milliarden Euro von der digitalen Transformation profitieren. Die Verwirklichung der Digitalisierungchancen bedeuten für deutsche Industrieunternehmen aber auch hohe Investitionskosten, so müssen bis zum Jahr 2020 **jährlich 40 Milliarden Euro** in Technologien investiert werden. (Vgl. Koch et al. 2014: 6–52).

Die Projektarbeit **„Industrie 4.0 Szenario“** (2015) des Instituts für Arbeitsmarkt- und Berufsforschung (IAB) untersucht, welche Auswirkungen die Digitalisierung der

Wertschöpfungspotenzial (in €) ausgewählter Branchen durch Industrie 4.0

Chemische Erzeugnisse	Kraftwagen und Kraftwagenteile	Maschinenbau	Elektrische Ausrüstung	Land- und Forstwirtschaft	ITK-Branche
12,02 Mrd. €	14,80 Mrd. €	23,04 Mrd. €	12,08 Mrd. €	2,78 Mrd. €	14,05 Mrd. €
Verarbeitendes Gewerbe 2025:		61,97 Mrd. €			
Deutschland 2025:		78,77 Mrd. €			

Abb. 3: Wertschöpfungspotenzial ausgewählter Branchen durch Industrie 4.0 bis 2025, Quelle: eigene Darstellung in Anlehnung an: Bitkom, Fraunhofer-Institut für Arbeitswirtschaft und Organisation IAO 2014: 10.

Industrie auf die gesamtwirtschaftliche Entwicklung und den Arbeitsmarkt insgesamt haben. Laut diesem Industrie 4.0-Szenario (2015) kommt es zu einer Umschichtung von Arbeitsplätzen vor allem zwischen den Branchen. Branchen mit zurückgehenden Erwerbstätigenzahlen werden bis zum Jahr 2025 rund 200.000 Arbeitsplätze abbauen. Branchen mit positiver Beschäftigungsentwicklung hingegen bauen im selben Zeitraum rund 140.000 Arbeitsplätze auf, vor allem aufgrund steigender Konsumbereitschaft der Privathaushalte. Insgesamt ergibt sich laut der Studie demnach ein Verlust von 60.000 Arbeitsplätzen. Die Branchen mit Arbeitsplatzverlusten gehören zur Landwirtschaft und zum verarbeitenden Gewerbe. (Vgl. Wolter et al. 2015: 1–69).

Abbildung 4 zeigt zusammenfassend die negative und positive Beschäftigungsentwicklung nach Wolter (2015).

In den letzten Jahren entstand bereits eine wissenschaftliche Debatte über die **Auswirkungen der fortschreitenden Digitalisierung auf die Beschäftigung** und welche **Effekte** diese auf den **Arbeitsmarkt** haben könnten. Zusammenfassend lässt sich folgendes Ergebnis festhalten: Internationale Studien prognostizieren, dass die Industrieländer am stärksten von Beschäftigungseffekten betroffen sein werden. Laut der **Studie des Weltwirtschaftsforums** (WEF) sollen global rund sieben Millionen Arbeitsplätze verloren gehen, aber lediglich zwei Millionen neue geschaffen werden. (Vgl. World Economic Forum 2016: 1–12).

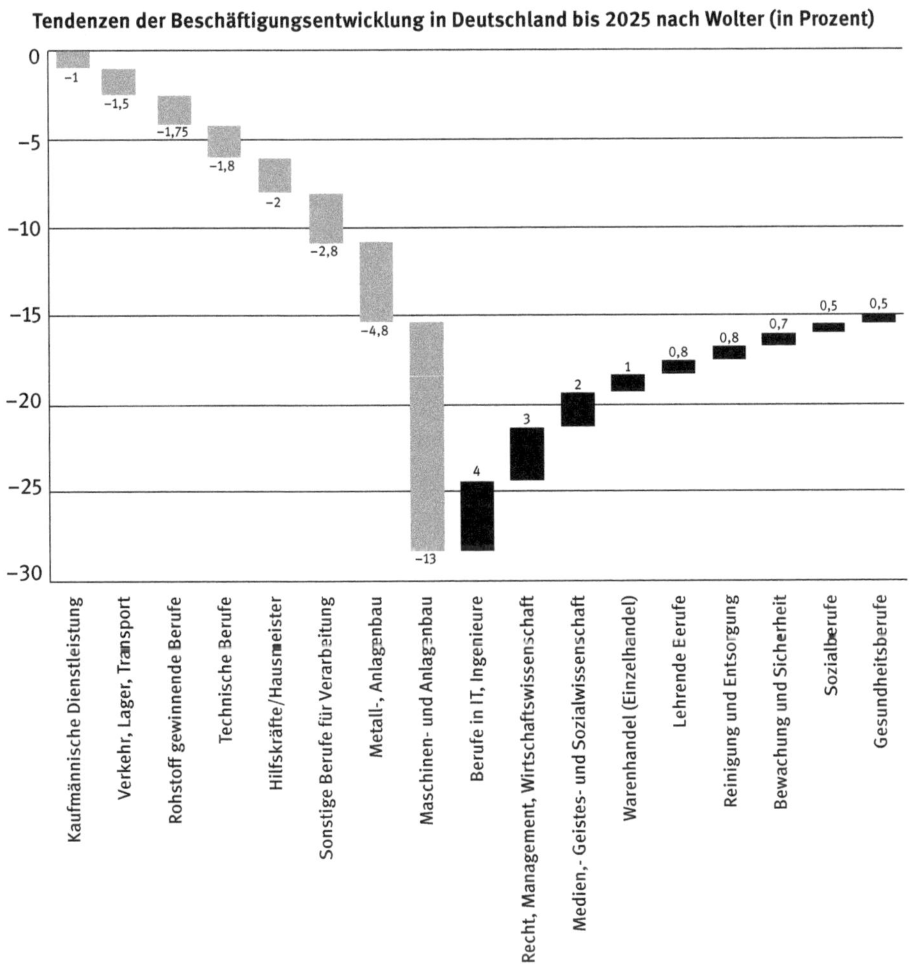

Abb. 4: Tendenzen der Beschäftigungsentwicklung in Deutschland bis zum Jahr 2025, Quelle: eigene Darstellung nach Wolter et al. 2015.

3 Berufsspezifische Entwicklungen in einer Arbeitswelt 4.0

Im folgenden Kapitel werden die Fragen nach den Auswirkung der Digitalisierung auf die Entwicklung unterschiedlicher Berufe beantwortet. Es wird aufgezeigt, welche Konsequenzen sich für die unterschiedlichen Branchen und Berufsbilder ergeben.

3.1 Automatisierbarkeit von Berufen

Carl B. Frey und Michael Osborne (2013) untersuchten die Automatisierbarkeit von Berufen und deren Auswirkungen in den USA. Sie wollten beantworten, wie anfällig die Arbeitsstrukturen für den Computereinsatz und der Automatisierung sind. Das Ergebnis war, dass bis zum Jahr 2035 bis zu 47 Prozent aller Arbeitsplätze (mit einer Wahrscheinlichkeit von 70 Prozent) durch die Digitalisierung verloren gehen könnten (von insgesamt 702 Berufen).

Studien, die sich ausschließlich auf den **deutschen Arbeitsmarkt** beziehen, ergeben kein einheitliches Bild. Das hat mit unterschiedlichen Fragestellungen, einer unterschiedlichen Datenbasis und letztlich einer unterschiedlichen Methodik zu tun. Die Ergebnisse einiger Forschungsarbeiten werden im folgenden Abschnitt zusammengefasst. (Vgl. Matuschek 2016: 6–56).

Das Bundesministerium für Arbeit und Soziales (BMAS) hat eine eigene Studie an das Zentrum für Europäische Wirtschaftsforschung (ZEW) in Auftrag gegeben, um eine eigene Re-Analyse des Ansatzes von Frey und Osborne für Deutschland zu erstellen. (Vgl. Apt 2016: 34). Das Ergebnis ist ähnlich: 42 Prozent aller Beschäftigten arbeiten in Tätigkeitsbereichen, die von Automatisierung in der digitalen Transformation betroffen sein könnten. (Bonin et al. 2015: 16). Hier wurde nach Tätigkeitsbereichen und jeweils nach Komplexität, Analytik, Kreativität oder sozialer Kompetenz und nicht nur nach Berufen unterteilt. Das Ergebnis: Zwölf Prozent der Arbeitsplätze in Deutschland können mit einer Wahrscheinlichkeit von mehr als 70 Prozent automatisiert werden. Die Wahrscheinlichkeit der Automatisierung von Berufen sinkt jedoch, je höher hierfür der erforderliche Bildungsgrad zur Ausübung des Berufes ist. So haben Promovierte mit 18 Prozent eine sehr geringe Gefahr der Automatisierung, wohingegen Personen mit Elementar- oder Primarausbildung stark betroffen sind vom Automatisierungsrisiko – dieses liegt bei 80 Prozent. Die Automatisierungsgefahr korreliert auch mit der Einkommenshöhe: Je geringer das Einkommen, desto höher die Automatisierungswahrscheinlichkeit und vice versa. (Vgl. BMAS 2013: 14). Diese Studie ist jedoch kritisch zu sehen, denn entscheidend ist die Betrachtung der Automatisierung ganzer Berufe oder Tätigkeiten. Außerdem werden keine Anpassungseffekte neuer Berufsgruppen berücksichtigt.

Eine volkswirtschaftliche Analyse der Direktbank ING-DiBa (2015) hat auf Basis der Studie von Frey und Osborne (2013) ebenfalls den deutschen Arbeitsmarkt untersucht. Hier standen die Folgen der Automatisierung nach neun beruflichen **Funktionsklassen** im Vordergrund. In dieser Studie wurden 30,9 Millionen sozialversicherungspflichtig und geringfügig Beschäftigte berücksichtigt, davon sind 59 Prozent von der Automatisierung durch die Digitalisierung in Deutschland betroffen.

Tabelle 1 verdeutlicht, dass von den untersuchten Tätigkeiten, insbesondere die Administration, gefolgt von Hilfsarbeitstätigkeiten, Mechanikern, Fahrzeugführern und Maschinenbedienern die höchsten Wahrscheinlichkeiten der Automatisierung aufweisen.

Tab. 1: Folgen der Automatisierung durch die Digitalisierung nach beruflichen Funktionsklassen, Quelle: Vgl. Brzeski, Burk 2015: 1 ff.

Funktionsklasse	Berufe pro Gruppe	Sozialversicherungspflichtige und geringfügig Beschäftigte (in Mio.)		
			Gefährdete Arbeitsplätze (in Mio.)	
				mit einer Wahrscheinlichkeit von:
Total	**1286**	**37,9**		
Untersuchte Berufe	**369**	**30,9**	**18,3**	**59 %**
Bürokräfte und verwandte Berufe	26	3,5	3,0	86 %
Hilfsarbeitskräfte	20	3,8	3,3	85 %
Anlagen- und Maschinenbediener, Montageberufe	28	4,6	3,2	69 %
Dienstleistungs- und Verkaufsberufe	30	4,6	3,1	68 %
Facharbeiter in Landwirtschaft, Forstwirtschaft und Fischerei	11	0,1	0,1	64 %
Handwerksberufe und verwandte Berufe	67	4,1	2,6	63 %
Technische und gleichrangige nichttechnische Berufe	72	4,8	2,5	51 %
Akademische Berufe	91	4,0	0,5	12 %
Führungskräfte	24	1,4	0,2	11 %

Führungskräfte sowie Akademiker in wissenschaftlichen und kreativen Berufen weisen die geringste Wahrscheinlichkeit einer Automatisierung auf. Berufe mit einer Spezialisierung (elf Prozent) oder Expertenwissen (zwölf Prozent) sind demnach weniger von der Automatisierung betroffen. So sind beispielsweise bisher lediglich ein Prozent der Human- und Zahnmediziner berührt. (Vgl. Brzeski et al. 2015: 1 f.). Aber die Digitalisierung erreicht zwischenzeitlich auch die Medizin. So nutzen immer mehr Menschen „Smartphone-Apps" und in Zukunft vielleicht implantierte Biosensoren, um Blutdruck, Blutzuckerspiegel oder den Puls kontinuierlich zu messen. (Vgl. Wahl-Immel 2016).

Im Bereich des Personal-Recruitings unterstützen Algorithmen einer Human-Capital-Management-Software beispielsweise das Personalmarketing, um Stellenausschreibungen vollautomatisch von der Unternehmensseite zu übernehmen und an Jobsuchmaschinen zu übermitteln. (Vgl. Kirchner 2015). Diese Beispiele zeigen, dass selbst Berufe mit geringen Automatisierungswahrscheinlichkeiten von Veränderungen geprägt sein werden.

Technische und gleichranginge Berufe weisen ein mittleres Risiko auf. Einerseits werden Informatikberufe weiterhin gefragt sein, andererseits werden bestimmte Abläufe mit einer sehr hohen Wahrscheinlichkeit (85 Prozent) automatisiert. In der IT-Organisation zum Beispiel werden IT-Abläufe schneller und effizienter durch Software-Programme gelöst.

Werden die einzelnen **Berufe** (vorranginge Untersuchung nach Funktionsklassen) betrachtet, so könnten die meisten Arbeitsplätze der folgenden **fünf Berufe** aufgrund der digitalen Durchdringung automatisiert werden:

- Büro- und Sekretariatskräfte (1,9 Millionen),
- Hilfskräfte für Post- und Zustelldienste (138.430),
- Lagerwirtschaft (1,5 Millionen),
- Verkäufer (1,2 Millionen),
- Hilfskräfte in der Reinigung (1,1 Millionen) und
- Gastronomieservicekräfte (661.570).

Insgesamt machen allein diese fünf Berufe 6,3 Millionen gefährdete Arbeitsplätze aus.

Ein **Extremszenario** der Unternehmensberatung A. T. Kearney (2015) zeigt, dass bis zu **17,2 Millionen Beschäftigte** (45 Prozent der heutigen Jobs) in den nächsten zwei Dekaden durch computergesteuerte Systeme ersetzt werden könnten. Gemäß A. T. Kearney's Analysen weisen in Deutschland ein Viertel (circa 318) aller Jobprofile ein hohes Automatisierungsrisiko auf. (Vgl. A. T. Kearney 2015).

Tabelle 2 zeigt die Top-10 der durch Automatisierung/Roboter (nicht-)bedrohten Berufe nach A. T. Kearney. Auch hier sind insbesondere Büro- und Sekretariatsberufe sowie Berufe im Verkauf betroffen. Die Kinderbetreuung und -erziehung und die Pflege hingegen werden als ungefährdet eingestuft.

Die Analysen zeigen die möglichen Auswirkungen der Digitalisierung auf die Entwicklung unterschiedlicher Berufe sowie Konsequenzen für unterschiedliche Branchen und Berufsbilder. Die Ergebnisse zeigen einen Verlust von Arbeitsplätzen aufgrund der Automatisierbarkeit von Berufen. Inwieweit die Automatisierungsmöglichkeiten tatsächlich ausgeschöpft werden, könnte jedoch von weiteren Einflussfaktoren wie den damit verbundenen Kosten abhängen.

Tab. 2: Top 10 der durch Automatisierung/Roboter (nicht-)bedrohten Berufe, Quelle: A. T. Kearney 2015.

Top-10 der durch Automatisierung/Roboter (nicht-)bedrohten Berufe (nach A. T. Kearney)	
Top-10 der *gefährdeten* Berufe	**Arbeitsplätze in Mio.**
Büro- und Sekretariatberufe	2,7
Berufe im Verkauf	1,1
Berufe im Gastronomieservice	1,0
Berufe in der kaufmännischen und technischen Betriebswirtschaft	0,9
Post und Zustelldienst	0,7
Köche/Köchinnen	0,7
Bankkaufleute	0,5
Lagerwirtschaft	0,4
Metallbearbeitung	0,4
Buchhaltung	0,3
Top-10 der *ungefährdeten* Berufe	**Arbeitsplätze in Mio.**
Kinderbetreuung und -erziehung	0,8
Gesundheits- und Krankenpflege	0,7
Aufsichts- und Führungskräfte, Unternehmensorganisation und -strategie	0,5
Maschinenbau- und Betriebstechnik	0,4
Kraftfahrzeugtechnik	0,4
Vertrieb (Einkaufs-, Vertriebs- und Handelsberufe)	0,4
Sozialarbeit und Sozialpädagogik	0,3
Altenpflege	0,3
Hochschullehre und -forschung	0,2
Bauelektrik	0,2

3.2 Substituierbarkeitspotenzial von Berufen

Dengler und Matthes (2015) beschäftigten sich mit dem **Substituierbarkeitspotenzial von Tätigkeiten**. Das Substituierbarkeitspotenzial gibt an, in welchem Ausmaß Berufe potenziell durch den Einsatz von computergesteuerten Maschinen ersetzt werden könnten. (Vgl. Dengler et al. 2015a: 1–34). In Abbildung 5 wird deutlich, dass **Hel-**

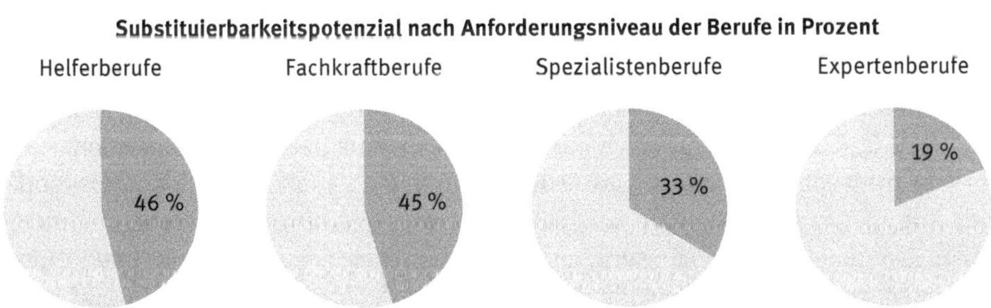

Abb. 5: Substituierbarkeitspotenzial nach Anforderungsniveau der Berufe, Quelle: eigene Darstellung nach Dengler et al. 2015a: 12 ff.

ferberufe (keine berufliche Ausbildung oder eine einjährige Berufsausbildung) mit 46 Prozent ein gleiches Substituierungspotenzial wie **Fachkraftberufe** (eine mindestens zweijährige Berufsausbildung oder einen berufsqualifizierenden Abschluss einer Berufsfach- oder Kollegschule) mit 45,4 Prozent haben. Das liegt daran, dass Helfertätigkeiten häufig nur schlecht durch computergesteuerte Maschinen übernommen werden können. Selbst in **Spezialistenberufen** (Meister- oder Technikerausbildung oder weiterführender Fachhochschul-/Bachelorabschluss) liegt das Substituierbarkeitspotenzial bei 33,4 Prozent, bei den **Expertenberufen** (ein mindestens vierjähriges abgeschlossenes Hochschulstudium) bei 18,8 Prozent. (Vgl. Dengler et al. 2015a: 12 ff.).

Diese Ergebnisse stehen im Widerspruch zu der oben genannten Studie des Bundesministerium für Arbeit und Soziales (BMAS), denn selbst qualifizierte Beschäftigte können von der Digitalisierung betroffen sein.

Eine Analyse des **Substituierbarkeitspotenzial nach Anforderungsniveau von 14 Berufssegmenten** zeigt, dass Berufe in der Industrieproduktion ein hohes Substituierbarkeitspotenzial haben, in den „**Fertigungsberufen**" ist es am höchsten (über 70 Prozent, Tendenz steigend). Demnach könnten insbesondere Berufe, in denen Rohstoffe gewonnen und Produkte aus Materialien wie Glas, Keramik, Kunststoff, Papier und ähnlichem hergestellt werden, von automatisierten Maschinen ausgeübt werden. Aber auch „**fertigungstechnische Berufe**", in welchen vor allem Fahrzeuge, Maschinen und Anlagen produziert werden, sind einem relativ hohen Substituierbarkeitspotenzial von etwa 65 Prozent ausgesetzt.

Berufe der **sozialen und kulturellen Dienstleistungen** weisen ein niedriges Substituierbarkeitspotenzial auf. Dies liegt daran, dass zum Beispiel die Erziehung von Kindern noch nicht von Computern übernommen werden kann. Berufssegmente wie **„Sicherheitsberufe"** oder **„Reinigungsberufe"** sind nach wie vor überwiegend von schlecht automatisierbaren manuellen Tätigkeiten dominiert, wobei aber auch hier die staubsaugenden Roboter und vernetzte Überwachungskameras immer intelligenter werden. (Vgl. Dengler et al. 2015a: 12–14).

3.3 Veränderte Berufsbilder aufgrund von Digitalisierung

Aufgrund der Veränderungen von Technik, Arbeitsinhalten und Arbeitsorganisationen, haben Zukunftsforscher analysiert, welche Berufe und Kompetenzen in Zukunft gefragt sein werden. (Vgl. Hagmann 2014). Abbildung 6 demonstriert eine Auswahl an Berufsbildern. Diese sind als Möglichkeitsräume und als Beispiele zu verstehen.

Die britische **Foresight-Studie (2014)** fokussiert ebenfalls zukünftige **Berufsbilder**, die aufgrund digitaler Technologien (Internet der Dinge, 3D-Druck, Drohnen, Share Economy, Big Data et cetera) entstehen werden oder zumindest könnten. Hierzu zählen sogenannte „Drone Standards Specialists", „Data Stream Organizers" oder „3-Dimensionalists". (Vgl. Frey 2014).

„Tele-Surgeon"

- Operationen können mithilfe von Roboterwerkzeugen, Scanning- und Sensortechnologien und Highspeed-Netzwerken unabhängig von Ort und Land durchgeführt werden.

„Recycling-Designer"

- Das Abfalldesign perfektioniert das Upcycling, bei dem Abfallprodukte zu neuen, hochwertigeren Produkten umgewandelt werden oder eine sogar möglichst abfallfreie Herstellung von neuen Produkten erfolgt.

„Personal Brander"

- Unterstützung der Kunden beim Aufbau und Pflege der individuellen, persönlichen virtuellen «Marke» z. B. in sozialen Netzwerken.

„Body-Part-Maker"

- Durch Robotik, Biogewebe und Kunststofftechnik wird es Spezialisten geben, die einzelne Körperteile herstellen, sowohl Organe als auch Glieder.

„Robot-Consultant"

- Es werden vermehrt Roboter nachgefragt, die beispielsweise die Hausarbeit abnehmen. Die Roboterberatung unterstützt Kunden bei der Wahl des richtigen Roboters.

Abb. 6: Berufe und Berufsbilder in der Arbeit der Zukunft, Quelle: Hagmann 2014.

Ebenso kann durch die in Zukunft gemeinsam stattfindende Produktentwicklung mit dem Kunden (Prosument) das „Community Management" als neues Berufsfeld entstehen. Es beinhaltet die Betreuung, Moderation und das Management von Online-Communities zum Beispiel bei „Crowd-Innovations". Unternehmen veröffentlichen Problemstellungen, sodass kreative und innovative Lösungsansätze von zunächst unbestimmten Menschenmengen zusammen generiert werden. Hier werden sowohl strategische Fragen als auch die technische Weiterentwicklung betrachtet. (Vgl. Frey 2014). Aber auch die Robotik und Bionik wird in Zeiten der Automatisierung ein wichtiges Berufsfeld sein, denn es sollen menschenähnliche Fähigkeiten der Wahrnehmung, Kognition und Motorik für Robotersysteme entwickelt werden.

Zusammenfassend lässt sich festhalten, dass digitale Technologien sowohl neue Berufsbilder entstehen lassen und bei bestehenden Berufen deren digitale Durchdringung bewirken.

3.4 Veränderte Qualifikationsanforderungen aufgrund von Digitalisierung

Infolge des zuvor betrachteten branchen- und berufsspezifischen Strukturwandels durch die digitale Transformation lässt sich daraus ableiten, dass sich die Anforderungen an die Arbeit verändern werden. In Zukunft werden digitale Kompetenzen in fast allen Berufsbildern erforderlich sein. Neben den digitalen und technischen Kompetenzen werden in der Arbeit 4.0 ebenso fachliche und soziale Kompetenzen von Bedeutung sein. Vorrangige Analysen haben gezeigt, dass es in der Zukunft keinen Beruf mehr geben wird, für welche Computer oder digitale Technologien nicht gebraucht werden. Menschen, die sich eine digitale Welt nicht erschließen können, sind demnach von entscheidenden gesellschaftlichen und wirtschaftlichen Entwicklungen ausgegrenzt. (Vgl. Initiative D21 e. V. 2015: 7). Die digitale Kompetenz ist demnach grundlegend für den Erhalt der Erwerbsbeteiligung. (Vgl. Dirks et al. 2016: 15).

Der Einsatz von digitalen Technologien unterstützt Handwerker, Pflegekräfte, Reinigungspersonal und Wachdienste in ihren Tätigkeiten. Sekretariats- und Assistenztätigkeiten können von digitalen Medien übernommen und die industrielle Produktion automatisiert werden, sodass sich ebenfalls die angefragten Kernkompetenzen selbst in den vorhandenen Berufen verändern. Körperliche und gefährliche Arbeiten können computergesteuerte Maschinen verrichten. Das, was in Zukunft vermehrt zählen wird, ist das Verständnis und der Umgang mit neuen Technologien. (Vgl. Dengler, Matthes 2018: 3 ff.).

Es kann davon ausgegangen werden, dass die Arbeit im digitalen Zeitalter von folgenden zwei zentralen Entwicklungen gekennzeichnet sein wird.

„Upgrading" von Berufen – Erhöhte Qualifikationsanforderungen
Der Substitutions- und Automatisierungseffekt von Tätigkeiten und die damit einhergehenden veränderten Qualifikationsanforderungen bedeutet, dass insgesamt die meisten Tätigkeiten eine höhere Komplexität aufweisen werden. Denn künftige Tätigkeiten und Berufe werden voraussichtlich auf vielen Ebenen von digitalen Technologien unterstützt. (Vgl. Hirsch-Kreinsen 2015: 16). Durch dieses technologische „Upgrade" entstehen verstärkt neue Berufs- und Tätigkeitsfelder. Damit verbunden wäre eine pauschale **Aufwertung von Arbeit**. Dies aber bedeutet auch auch eine erforderliche Anpassung der vorhandenen Qualifikationen und Kompetenzen.

Aber nicht nur die Digitalisierung beinhaltet eine Aufwertung von Tätigkeiten oder verlangt neue Qualifikationen. Auch die Arbeitswelt 4.0 fordert neue und andere

Fähigkeitsprofile von Beschäftigten ein. So werden die Fähigkeit zu selbstständigem Handeln, (Selbst-)Organisationsfähigkeit, interkulturelle Kompetenzen, Abstraktionsfähigkeit, Kreativität, digitale Kompetenz und Fähigkeiten zur interdisziplinären Kommunikation, aber auch die Offenheit und das Interesse an digitalen Themen von zentraler Bedeutung sein. (Vgl. Initiative D21 e. V., Bertelmanns Stiftung 2015: 1 f.). Des Weiteren wird die soziale Intelligenz bei dem fachübergreifenden Austausch mit Lieferanten, Kunden und Beschäftigten an Bedeutung gewinnen. Software- und Programmierkenntnisse sowie die Fähigkeit zur Einstellung, Steuerung und Kontrolle von komplexen Systemen auf der operativen Arbeitsebene stehen über den manuellen Fertigkeiten. (Vgl. Lichter 2015: 1 ff.). Weiterhin erwarten Unternehmen, dass sich Beschäftige auf allen Ebenen kontinuierlich weiterentwickeln. In der digitalen Transformation ist das Wissen durch Innovation schnell überholt, sodass die Arbeit durch „lebenslanges Lernen" geprägt sein wird. Nur so kann die Erwerbstätigkeit dauerhaft gesichert werden. (Vgl. Bundesagentur für Arbeit 2015: 29). Fraglich ist nur, wer die finanziellen Mittel stellt und in welchem Zeitrahmen dies gestaltet werden soll.

Ebenso bedeutet die Automatisierung einfacher und niedrigqualifizierter Tätigkeiten, dass Arbeitskräftebewegungen zwischen Branchen und Berufen für Mitarbeiter notwendig werden könnten. Viele einfache Tätigkeits- und Berufsbilder brechen weg oder erfordern zumindest höherwertige Qualifikationen. Nun verfügen aber nicht alle Mitarbeiter über jenes Qualifikations- und Kompetenzprofil, das in Zukunft erwartet wird. So könnte es einem Facharbeiter, der bisher an den Produktionsstraßen mit Routinearbeiten beschäftigt war, nicht unbedingt leichtfallen, bei der Programmierung innerhalb der Produktion mitzuarbeiten. Es ist fraglich, wie die Gestaltung im Bezug auf Beschäftigte mit begrenzten Kompetenzen aussehen wird. Wie werden sich diese zurechtfinden, denn nicht alle Menschen können mit den steigenden Ansprüchen der Digitalisierung mithalten. Was passiert mit den Menschen, die über ein geringeres intellektuelles Kapital verfügen oder aber die finanziellen Mittel zur persönlichen Personalentwicklung fehlen? Was passiert vor allem in Zeiten des demografischen Wandels mit älteren Beschäftigten, die sich schwerer tun, ein vollkommen neues Tätigkeitsfeld zu erlernen? Diese Aspekte sind bisher in den veröffentlichen Studien weitestgehend außer Acht gelassen und wenig kritisch hinterfragt worden. Eine Gestaltungsmöglichkeit wäre zwar der Einsatz von digitalen Arbeitsmitteln wie „Head Mounted Displays" oder „Google Glasses" (ein auf dem Kopf getragenes visuelles Ausgabegerät wie beispielsweise eine Videobrille; Smart Glasses projizieren virtuell Informationen vor die Augen des Brillenträgers). Diese werden schon heute für bestimmte Aufgaben programmiert und geben Beschäftigen exakt die Arbeitsschritte vor, die zu tun sind (beispielsweise in der Automobilbranche). So könnten insbesondere Beschäftigungsgruppen mit begrenzten Qualifikationen in ihrem Arbeitsalltag unterstützt oder weiterentwickelt werden. Dies ist allerdings nicht in jedem Tätigkeitsbereich möglich.

Polarisierung von Berufen

Die Digitalisierung kann eine Polarisierung von Berufen mit den damit erforderlichen Qualifikationen herbeiführen. Wie bereits gezeigt, kann sie einerseits bewirken, dass Arbeit in mittleren Tätigkeits- und Einkommenssegmenten automatisiert wird, wenn sie einen „regel-orientierten Charakter" aufweist. Damit brechen Arbeitsplätze weg. Die Ausnahme hierzu wären nicht automatisierte einfache Tätigkeiten wie Überwachungs- und Kontrollaufgaben. (Vgl. Lichter 2015: 1 ff.).

Andererseits verbleiben hochqualifizierte Expertentätigkeiten, die sowohl dispositive Arbeit als auch Unterstützung im Produktionsmanagement bedeuten. Hierzu zählen komplexe Tätigkeiten im Hochlohnbereich (wie Manager, Berater) und im Niedriglohnbereich (wie Krankenschwester, Altenpfleger). Die Arbeitsorganisation ist dezentralisiert geregelt und Aufgaben können einerseits mithilfe einer ausgeprägten Arbeitsteilung erweitert wie auch andererseits standardisiert werden. (Vgl. Hirsch-Kreinsen 2015:16 ff.). In der Produktion wäre eine Expertengruppe für die Installation und Wartung der Systeme verantwortlich, während die Mehrheit der Beschäftigten nur ausführende Arbeiten übernehmen. In dem Maße, in dem Maschinen an Autonomie gewinnen, könnten Fachkräfte ihre Handlungskompetenz verlieren.

Welcher Ansatz der wahrscheinlichere ist – „Upgrading" oder „Polarisierung" – lässt sich bislang nicht bestimmen.

3.5 Zwischenfazit

Die digitale Transformation darf nicht unabhängig davon betrachtet werden, welche Auswirkungen der Einsatz digitaler Technologien auf die Arbeit der Menschen und auf Organisation nach sich zieht. Die Durchdringung der Digitalisierung in allen Bereichen beeinflusst laut der oben angeführten Analysen die Wirtschaft insgesamt positiv, alle Branchen können ihre Effizienz steigern und Unternehmen ihre Kosten senken. Und dies trotz der hohen Investitionskosten, die mit der Ausweitung der Digitalisierung zunächst verbunden sind.

Es zeigen aber auch die unterschiedlichen Ausführungen der einzelnen Studien, dass die digitale Transformation immer mehr Arbeitsplätze gefährdet und sich das Automatisierungspotenzial nicht nur auf Routine-Tätigkeiten beschränkt. Vernetzung und Algorithmen ermöglichen jetzt schon, dass Handelsgeschäfte schneller abgewickelt, juristische Gutachten erstellt und Roboter treffende Diagnosen für Patienten unterbreitet werden. Dennoch kann die Vorstellung, von Robotern behandelt zu werden, für viele Patienten mit unangenehmen Gefühlen verbunden sein. Dies mag einer von vielen Gründen sein, weshalb beispielsweise Ärzte nicht in absehbarer Zeit von Maschinen ersetzt werden. Stattdessen wird auch hier ein gelungenes Zusammenspiel von Mensch und Roboter die Zukunft sein.

Es ist des Weiteren möglich, dass der Arbeitsmarkt durch die Veränderungen der Nachfrage in einzelnen Wirtschaftszweigen und dem starken Arbeitsplatzabbau in einzelnen Wirtschaftsbranchen von massiver struktureller Arbeitslosigkeit betroffen sein wird. Diese Situation könnte sich verschlimmern, wenn Arbeitssuchende die geforderten Qualifikationen „neuer Berufe" in der digitalen Transformation nicht erfüllen (können) und damit ein Upgrade von Qualifikationen nicht möglich ist. Der heute schon bestehende Fachkräftemangel könnte sich dadurch zusätzlich verschärfen.

4 Auswirkungen berufsspezifischer Entwicklungen auf die Frauenerwerbstätigkeit

Im folgenden Kapitel soll eine Aufstellung der Bildungssituation und der Ist-Situation von Frauen auf dem Arbeitsmarkt in Deutschland zeigen, welches berufliche Spektrum Frauen abdecken und welche Tätigkeiten sie typischerweise ausüben. Darauf aufbauend sollen Schlussfolgerungen gezogen werden, inwieweit die den vorangegangenen Kapiteln aufgezeigten Beschäftigungseffekte die Erwerbstätigkeit von Frauen beeinflussen könnten.

4.1 Ist-Situation von Frauen auf dem deutschen Arbeitsmarkt

Qualifikation von Frauen

Im allgemeinbildenden Schulsystem erwerben Frauen heutzutage mit einem größeren Anteil den höchsten Abschluss (allgemeine Hochschulreife) als Männer. (Vgl. Statistisches Bundesamt 2016: 84). Die Verteilung der Geschlechter verdeutlicht, dass im Schuljahr 2015 und 2016 circa 54,5 Prozent der Schülerinnen an Gymnasien vertreten waren. An Hauptschulen dagegen war der Anteil der Jungen (56 Prozent) höher im Vergleich zu dem der Mädchen. (Vgl. Statistisches Bundesamt 2016: 91). Die positive Bildungsentwicklung von Frauen setzt sich im Hochschulbereich fort: Fast die Hälfte (48,5 Prozent) aller Studienanfänger und Absolventen sind heute weiblich. (Vgl. Statistisches Bundesamt 2016: 98).

Abbildung 7 zeigt den Anteil von Absolventen und -innen an Hochschulen und Universitäten bezogen auf das Geschlecht (grau: Frauen; schwarz: Männer). Besonders hervorzuheben ist, dass seit dem Jahr 2005 der Frauenanteil über dem Anteil der Männer liegt und stetig gewachsen ist.

Die höchsten Frauenanteile können in der Veterinärmedizin (85 Prozent), in den Sprach- und Kulturwissenschaften (76 Prozent), Kunstwissenschaften (66 Prozent) und in der Humanmedizin (65 Prozent) verzeichnet werden. (Vgl. Statistisches Bundesamt 2014). Werden hingegen die Abschlussquoten von Frauen in MINT-Fächern (Mathematik, Informatik, Naturwissenschaften, Technik) betrachtet, ist zwar der Frauenanteil in den letzten sieben Jahren leicht gestiegen (von 29,9 Prozent auf

32,0 Prozent), jedoch sind Frauen immer noch unterrepräsentiert. (Vgl. Statistisches Bundesamt 2018).

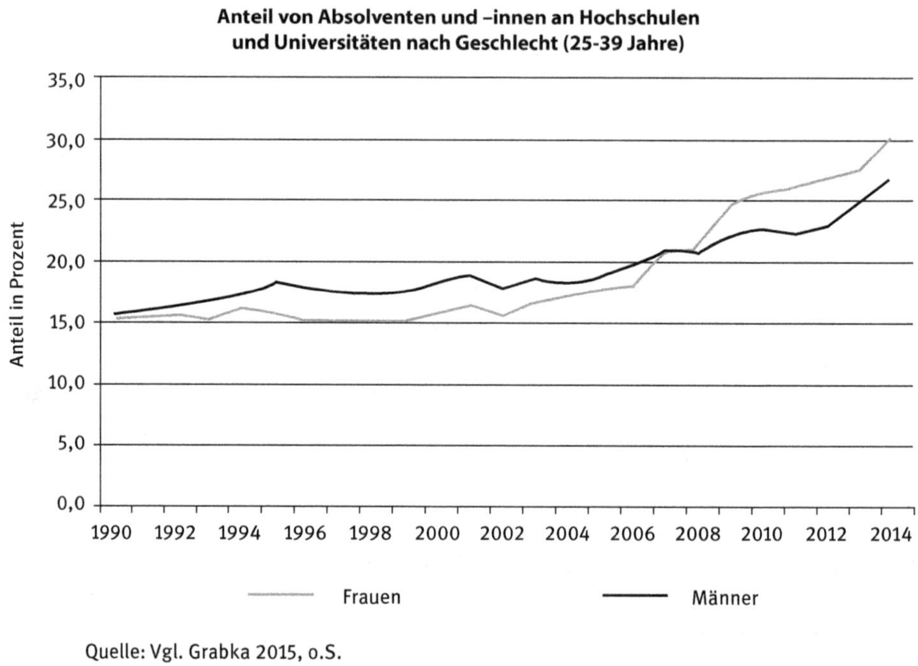

Abb. 7: Anteil von Absolventen und -innen einer Hochschule/Universität nach dem Geschlecht, Quelle: Datenportal 2017 basierend auf Govdata.

Erwerbsbeteiligung von Frauen

Ein erster Blick auf die **Erwerbsbeteiligung von Frauen** zeigt folgendes Bild: Im Jahr 2017 lebten in Deutschland 20,0 Millionen Frauen und 23,1 Millionen Männer im erwerbsfähigen Alter zwischen 15 und 65 Jahren. (Vgl. Statistisches Bundesamt 2017: 352). Die Anzahl der Frauen in dieser Altersgruppe, die eine bezahlte Tätigkeit ausübten oder suchten, ist gestiegen. Aufgrund dessen konnte auch die Zahl der 15- bis 64-jährigen Erwerbspersonen insgesamt (Männer und Frauen) um knapp eine Million wachsen. (Vgl. Bundesagentur für Arbeit 2016a: 6 ff.). Die Erwerbsneigung der Frauen steigt kontinuierlich an. Der Abstand zu den Männern konnte hierdurch zwar verringert werden, die Erwerbsquote der Männer liegt aber weiterhin über der der Frauen. (Vgl. Bundesagentur für Arbeit 2016a: 9). Prognosen des Instituts für Arbeitsmarkt- und Berufsforschung (IAB) zeigen, dass sich der Anteil von Frauen am Arbeitskräfteangebot bis zum Jahr 2050 kontinuierlich erhöhen und sich dem Wert der Männer annähern könnte. (Vgl. Fuchs et al. 2005: 3). Diese Entwicklung erscheint zunächst sehr positiv. Die Personenzahlen zeichnen jedoch ein **lückenhaftes Bild**, denn weder

Erwerbsunterbrechungen (beispielsweise aufgrund von Elternzeit oder Pflege) noch faktisch geleistete Arbeitszeit sind darin berücksichtigt. Die Zunahme der Frauenbeschäftigung in den letzten zehn Jahren basiert auf einer Erhöhung der Teilzeitbeschäftigung, die Zahl der vollzeitbeschäftigten Frauen nahm hingegen leicht ab. Vor diesem Hintergrund erscheint es sinnvoll, neben Beschäftigungsanteilen auch die Anteile der Frauen am Arbeitsvolumen (Produkt aus Erwerbstätigenzahl und Arbeitszeit) zu reflektieren.

Knapp jede zweite Frau (2016: 46,3 Prozent) arbeitet in **Teilzeit**, das heißt weniger als die tariflich oder vertraglich normalerweise vereinbarte Arbeitszeit. Im Schnitt kommen sie auf 30,1 Stunden pro Woche, Männer hingegen auf 39,5 Stunden. Diese Daten lassen erkennen, dass weibliche Erwerbstätigkeit in Deutschland nicht ausgeschöpft ist. Der hohe Anteil von Teilzeitarbeit unter Frauen spiegelt möglicherweise die traditionelle Aufteilung von Familien- und Erwerbsarbeit zwischen den Geschlechtern wider. (Vgl. Allmendinger 2006: 161 ff.). Begründet ist dieser Geschlechterkontrakt auch im konservativen deutschen Wohlfahrtsstaat. So wirkt beispielsweise das sogenannte „Ehegattensplitting" oder die von der Erwerbstätigkeit des Ehepartners abgeleiteten Rechte aus den Sozialversicherungen (Kranken- und Rentenversicherung) einer kontinuierlichen Vollzeiterwerbstätigkeit beider Ehepartner entgegen. Es werden somit Anreize für eine Teilzeitbeschäftigung für einen der Partner gesetzt. Hinzu kommt, dass Ganztagsbetreuungsmöglichkeiten für Kinder aller Altersstufen nur begrenzt zur Verfügung stehen. (Vgl. Allmendinger 2006: 161 ff.).

Berufswahl von Frauen

Neben der ungleichen Verteilung der Arbeitszeit von Frauen und Männern besteht auch eine ungleiche Verteilung der Geschlechter auf verschiedene **Berufsbereiche** (horizontale Segregation). Frauen konzentrieren sich auf ein weit eingeschränkteres Berufssegment als Männer. (Vgl. Allmendinger 2006: 161 ff.).

Die Tabellen 3 und 4 zeigen die Berufshauptgruppen der sozialversicherungspflichtigen Beschäftigten sortiert nach den prozentualen Frauenanteilen (rechte Spalte) der einzelnen Gruppen.

Tab. 3: Ausgeübte Tätigkeiten der sozialversicherungspflichtigen beschäftigten Frauen (Berufshauptgruppen) – geringer Frauenanteil, Quelle: Statistisches Bundesamt 2016: 364 ff.

	Ausgeübte Tätigkeit	**Insgesamt**	**davon:**		**Frauenanteil**
			Männer	**Frauen**	
		31,2	**1,7**	**14,6**	**47 %**
geringer Frauenanteil	Angehörige der regulären Streitkräfte	0,002	0,001	0,001	44 %
	Lebensmittelherstellung und -verarbeitung	0,81	0,47	0,34	42 %
	Keine Zuordnung möglich	0,19	0,11	0,08	41 %
	Einkaufs-, Vertriebs- und Handelsberufe	0,94	0,59	0,35	38 %
	Mathematik-, Biologie-, Chemie-, Physikberufe	0,39	0,25	0,14	37 %
	Papier-, Druckberufe, technische Mediengestaltung	0,28	0,18	0,10	36 %
	Darstellende, unterhaltende Berufe	0,11	0,08	0,04	35 %
	Gartenbauberufe, Floristik	0,25	0,17	0,08	31 %
	Verkehr, Logistik (außer Fahrzeugführung)	1,89	1,35	0,54	29 %
	Geologie-, Geografie-, Umweltschutzberufe	0,04	0,03	0,01	28 %
	Bauplanung, Architektur, Vermessungsberufe	0,24	0,18	0,07	28 %
	Schutz-, Sicherheits-, Überwachungsberufe	0,34	0,25	0,09	27 %
	Land-, Tier-, Forstwirtschaftsberufe	0,22	0,16	0,06	27 %
	Technische Entwicklung, Konstruktion, Produktionssteuerung	1,05	0,84	0,21	20 %
	Informatik- und andere IKT-Berufe	0,71	0,60	0,11	16 %
	Kunststoff- und Holzherstellung und -verarbeitung	0,54	0,46	0,08	15 %
	Rohstoffgewinn, Glas-, Keramikverarbeitung	0,12	0,11	0,01	11 %
	Maschinen- und Fahrzeugtechnikberufe	1,77	1,59	0,18	10 %
	Metallerzeugung, -bearbeitung, Metallbau	1,30	1,19	0,11	9 %
	Führer von Fahrzeug- und Transportgeräten	1,06	1,01	0,05	5 %
	Gebäude- und versorgungstechnische Berufe	0,68	0,65	0,03	4 %
	(Innen-) Ausbauberufe	0,36	0,34	0,01	3 %
	Hoch- und Tiefbauberufe	0,54	0,53	0,01	2 %

Tab. 4: Ausgeübte Tätigkeiten der sozialversicherungspflichtigen beschäftigten Frauen (Berufshauptgruppen) – hoher Frauenanteil, Quelle: Statistisches Bundesamt 2016: 364 ff.

	Ausgeübte Tätigkeit	Insgesamt	davon: Männer	davon: Frauen	Frauenanteil
		31,2	1,7	14,6	47 %
hoher Frauenanteil	Erziehung, soziale, hauswirtschaftliche Berufe, Theologie	1,60	0,26	1,36	84 %
	Medizinische Gesundheitsberufe	2,40	0,40	1,99	83 %
	Nichtmedizinische Gesundheitsberufe	0,85	0,15	0,70	82 %
	Reinigungsberufe	0,80	0,19	0,62	76 %
	Berufe in Recht und Verwaltung	1,00	0,24	0,76	76 %
	Verkaufsberufe	2,10	0,55	1,50	73 %
	Tourismus-, Hotel- und Gaststättenberufe	0,73	0,24	0,49	67 %
	Unternehmensführung, -organisation	4,00	1,42	2,60	65 %
	Geistes-, Gesellschafts-, Wirtschaftswissenschaften	0,08	0,03	0,05	62 %
	Finanzdienstleistung, Rechnungswesen	1,40	0,53	0,86	62 %
	Lehrende und ausbildende Berufe	0,60	0,27	0,34	55 %
	Textil- und Lederberufe	0,12	0,06	0,07	55 %
	Werbung, Marketing, kaufmännische Medienberufe	0,55	0,25	0,30	54 %
	Produktdesign, Kunsthandwerk	0,06	0,03	0,03	50 %

Es ist erkennbar, dass die Erwerbstätigkeit der Berufshauptgruppen in hohem Ausmaß nach dem Geschlecht segregiert ist. Frauen und Männer setzen in ihrer Berufswahl und bei den Branchen in denen sie tätig sind unterschiedliche Schwerpunkte. In Bereichen der Erziehung, soziale-, hauswirtschaftliche-, medizinische- und Reinigungsberufe sowie Berufe in Recht, Verwaltung und Verkaufsberufe aber auch lehrende und ausbildende Berufe stellen Berufszweige dar, in denen der Frauenanteil höher ist. Der Bereich des Baugewerbes, Informatik und Berufe in der Produktion sind dagegen männerdominiert.

Doch warum entscheiden sich nur sehr wenige Frauen für technisch-naturwissenschaftliche Berufe? Dies könnte auf ein kulturelles Phänomen zurück zu führen sein. Das Thema „Frauen und Technik" ist in Deutschland nach wie vor mit Rollenklischees verbunden. (Vgl. Schultze 2016). Befragungen zum Thema „Förderung des Nachwuchses in Technik und Naturwissenschaft" haben ergeben, dass Technik für die meisten Frauen von außen überwiegend ausgesprochen kompliziert wirkt. Es sei etwas, „[...] wozu man geboren sein muss und nicht etwas, das man genauso gut lernen kann wie jede andere Disziplin." (Milberg 2009: 26). Diese Einstellung prägt den weiteren Lebensverlauf, sodass Geschlechterunterschiede im Umgang mit Technik entstehen. Jedoch ist klar, dass das Verständnis von Technik biologisch gesehen keine Geschlechterfrage ist. Technik kann erlernt werden, denn Mädchen entwickeln bei gleicher Förderung die gleichen Fähigkeiten wie Jungen. Sie weisen in gleichem Maße das Interesse an der Erforschung ihrer Umwelt auf; auch die der technischen Umwelt. (Vgl. Milberg 2009: 158). Jedoch ist die Erziehung und Schulbildung so strukturiert, dass Mädchen durch Eltern, Erzieherinnen und Erzieher anders gefördert werden als Jungen. (Vgl. Engelke 2014). Dadurch lässt sich auch die größere Technikdistanz erklären. (Vgl. Milberg 2009: 158). Aus dem MINT-Nachwuchsbarometer (2015) mit Fokus auf die berufliche Ausbildung geht hervor, dass schon während der Schulzeit Mädchen in ihrem sozialen Umfeld fünf Mal häufiger von einer technischen Ausbildung abgeraten wird als Jungen. (Vgl. Lange et al. 2015: 6 ff.). Das hat Einfluss auf ihre späteren beruflichen Entscheidungen und Einstellungen zu digitalen Medien. Eine Statistik des Bundesinstituts für Berufsbildung (2015) zeigt deutlich, dass unter den 25 häufigsten Ausbildungsberufen von Frauen die Kauffrau für Büromanagement (Platz 1) oder die Ausbildung zur Verkäuferin (Platz 2) gewählt wurden. Dies zeigt, dass sich junge Frauen eher für Dienstleistungsberufe entscheiden und seltener für technische oder handwerkliche Ausbildungen. Und dieses Beispiel zeigt auch, dass Frauen zu „digitalen Verlierern" ausgebildet werden, da diese Berufe besonders starken Veränderungen ausgesetzt sein werden.

Ein Blick auf die gewählten Studiengänge zeigt ein ähnliches Bild (Statistisches Bundesamt 2015): Frauen entschieden sich für sozialwissenschaftliche sowie sprach- und kulturwissenschaftliche Studienfächer. Männer hingegeben für Maschinenbau, Informatik, Elektrotechnik oder Wirtschaftsingenieurwesen.

Ein Blick nach Ost- und Südeuropa zeigt, dass Frauen dort sowohl in den MINT-Studiengängen als auch in den MINT-Berufen stark vertreten sind. „Mit gutem Grund: An Vorbildern fehlt es in den osteuropäischen Ländern nicht. In der damaligen UdSSR war es ganz normal, dass Frauen als Ingenieurinnen und Naturwissenschaftlerinnen gearbeitet haben." (Walitzek-Schmidtko 2016). Entscheiden sich Frauen doch für technische Berufe, treffen sie auf männerdominierte Unternehmenskulturen mit männlichem Dominanzverhalten. Aus diesem Grunde ist es nachvollziehbar, dass Frauen ein derartiges berufliches Umfeld eher meiden. In einer Befragung waren 20 Prozent der Befragten der Meinung, dass Frauen nicht das Verständnis und die Voraussetzungen für technische Berufe haben. (Vgl. Schultze 2016). Diese wenigen Beispiele können erklären, warum Frauen sich möglicherweise gegen eine Karriere in einem MINT-Beruf entscheiden.

Erwerbstätigkeit von Frauen nach Anforderungsniveau

Wird die Erwerbstätigkeit nach Anforderungsniveau der Berufe betrachtet, zeigt sich differenzierend nach dem Geschlecht Folgendes: Nur 7,4 Prozent aller Männer üben eine Helfertätigkeit aus, der Frauenanteil hingegen liegt bei 14,7 Prozent (fast doppelt so viele). Bei Fachkraft-Tätigkeiten ergibt sich folgendes Bild: Der Anteil der Männer liegt bei 55,2 Prozent und der Frauenanteil beträgt 58,1 Prozent. Spezialisten-Tätigkeiten waren unter den Männern mit 17,2 Prozent weiterverbreitet als unter den Frauen mit 12,4 Prozent. Noch größer ist die Differenz bei den Experten-Tätigkeiten, die 20,2 Prozent der Männer, jedoch nur 14,8 Prozent der Frauen ausüben. (Vgl. Statistisches Bundesamt 2016: 12).

Betrachtet man den geringen Anteil an weiblichen Führungskräften, so bietet die geschlechtsvergleichende Kompetenzstudie von Riemer und Kloimüller (2008) eine Erklärung hierfür. Die **Kompetenzprofile** zwischen männlichen und weiblichen Führungskräften unterscheiden sich anscheinend deutlich. Es ist hervorzuheben, dass hier klassische Stereotypen reflektiert werden. Während männlichen Führungskräften verstärkt die „harten" Kompetenzen wie strategische Kompetenz, Entscheidungs- und technische beziehungsweise Fachkompetenz zugeschrieben werden, dominieren bei weiblichen Führungskräften die Soft Skills wie Mitarbeiterorientierung, Interventionskompetenz, Selbstorganisation und Kundenorientierung. (Vgl. Riemer et al. 2008).

Die Ist-Situation von Frauen auf dem Arbeitsmarkt lässt sich wie folgt zusammenfassen: Frauen arbeiten häufig in untergeordneten Positionen und in Teilzeit, erhalten ein geringeres Gehalt, konzentrieren sich auf weniger Berufsfelder, die auch oft mit geringeren Entlohnungen und geringerem sozialen Status verbunden sind – und das trotz guter Bildungserfolge. Männer hingegen überwiegen in Führungspositionen, arbeiten häufiger in Vollzeit und verteilen sich auf ein weitaus größeres Berufsspektrum.

4.2 Auswirkungen der Automatisierung (nicht-)bedrohter Berufe auf die Frauenerwerbstätigkeit

Zahlreiche Prognosen zum technologischen Wandel diskutieren die Verteilungseffekte in Bezug auf die Beschäftigungsentwicklung des zukünftigen Arbeitsmarkts. Bei den Extremprognosen von der Unternehmensberatung A. T. Kearney (2015) werden Berufe vorgestellt, bei denen Frauen überdurchschnittlich vom potenziellen Beschäftigungsabbau betroffen sind, dies zeigt Tabelle 5.

Tab. 5: Top 10 der durch Automatisierung/Roboter (nicht-)bedrohten Berufe, Quelle: A. T. Kearney (2015), Angaben zum Frauenanteil basierend auf Sozio-ökonomischem Panel (SOEP).

Top-10 der durch Automatisierung/Roboter (nicht-)bedrohten Berufe(nach A. T. Kearney)		
Top-10 der *gefährdeten* Berufe	Arbeitsplätze in Mio.	Frauenanteil
Büro- und Sekretariatsberufe	2,7	65 %
Berufe im Verkauf	1,1	71 %
Berufe im Gastronomieservice	1,0	83 %
Berufe in der kaufmännischen und technischen Betriebswirtschaft	0,9	17 %
Post und Zustelldienst	0,7	49 %
Köche/Köch-innen	0,7	42 %
Bankkaufleute	0,5	54 %
Lagerwirtschaft	0,4	47 %
Metallbearbeitung	0,4	4 %
Buchhaltung	0,3	78 %
Top-10 der *ungefährdeten* Berufe	Arbeitsplätze in Mio.	Frauenanteil
Kinderbetreuung und -erziehung	0,8	83 %
Gesundheits- und Krankenpflege	0,7	88 %
Aufsichts- und Führungskräfte, Unternehmensorganisation und Strategie	0,5	31 %
Maschinenbau- und Betriebstechnik	0,4	10 %
Kraftfahrzeugtechnik	0,4	3 %
Vertrieb (Einkaufs-, Vertriebs- und Handelsberufe)	0,4	40 %
Sozialarbeit und Sozialpädagogik	0,3	19 %
Altenpflege	0,3	78 %
Hochschullehre und -forschung	0,2	11 %
Bauelektrik	0,2	10 %

Einige der gefährdeten Top-10-Berufe – wie zum Beispiel „Buchhaltung" – werden bis zu 78 Prozent von Frauen ausgeübt. Ungefährdete Berufe wie zum Beispiel Maschinenbau- und Betriebstechnik hingegen werden überdurchschnittlich häufig (90 Prozent) von Männern verrichtet.

In der „Top-10-Liste" der ungefährdeten Berufe liegen die „typischen Frauenberufe" zwar weit vorne, jedoch ist der Frauenanteil in der „Top-10-Liste" der gefährdeten Berufe ebenfalls hoch. Das bedeutet, dass vor allem Arbeitsplätze der Frauen von negativen Beschäftigungseffekten betroffen sind, weil Frauen besonders in jenen Bereichen stark vertreten sind, in denen die Digitalisierung Arbeitsplätze kosten wird. Anders ist es in den männerdominierten Bereichen, in Branchen, die mit der Digitalisierung an Bedeutung gewinnen, zum Beispiel in den MINT- Berufen. Hier sind Frauen stark unterrepräsentiert. (Vgl. Wildfeuer et al. 2016: 28 ff.). Frauen können von den Chancen der Digitalisierung nur dann profitieren, wenn es gelingt, den geteilten Arbeitsmarkt (horizontale Segregation) aufzubrechen, sodass Frauen vermehrt in technisch-wissenschaftlichen Berufen vertreten sind.

Beim **Industrie 4.0-Szenario** von Wolter (2015) sind überwiegend Berufe betroffen, in denen Männer tätig sind. Aufgrund des geringen Frauenanteils im verarbeitenden Gewerbe (26 Prozent) und Baugewerbe (15 Prozent) betrifft die negative Beschäftigungsentwicklung nur eine geringe Anzahl der weiblichen Erwerbstätigen. Wie bereits bei den Extremprognosen von A. T. Kearney (2015) ist auch hier die Erwerbstätigkeit von Frauen in den kaufmännischen Berufen negativ betroffen. Frauen mit niedriger schulischer und/oder beruflicher Bildung (oder auch Geringverdiener/Geringqualifizierte) werden stark von der Automatisierbarkeit der Tätigkeiten betroffen sein.

Wird auf die Bildung der Frauen geschaut, sind Frauen zwar gebildeter denn je, jedoch zeigt Tabelle 6 eine Gegenüberstellung des Substituierbarkeitspotenzials nach Anforderungsniveau der Berufe deutlich, dass der größte Teil der erwerbstätigen Frauen (73 Prozent) in Tätigkeiten beschäftigt ist, die ein hohes Substituierbarkeitspotenzial aufweisen. So sind beispielsweise **58 Prozent aller erwerbstätigten Frauen** in Fachkraftberufen tätig, welche ein Substituierbarkeitspotenzial von 45 Prozent haben, sodass die Erwerbstätigkeit dieser Frauen besonders negativ betroffen sein wird.

Tab. 6: Substituierbarkeitspotenzial der Tätigkeit nach Anforderungsniveau; Frauen- und Männeranteile nach Anforderungsniveau, Quelle: eigene Darstellung.

Substituierbarkeitspotenzial der Tätigkeiten nach Anforderungsniveau	Substituierbarkeits-potenzial	Anteil nach Anforderungsniveau	
		Frauen	Männer
Helferberufe	46 %	15 %	7 %
Fachkraftberufe	45 %	58 %	55 %
Spezialistenberufe	33 %	12 %	17 %
Expertenberufe	19 %	15 %	20 %

Durch die verstärkte Teilnahme von Mädchen und Frauen an weiterführender und höherer Bildung könnten sich Chancen ergeben, verstärkt in Spezialisten- und Expertenberufen tätig zu werden. Es wird jedenfalls besonders wichtig sein, vorhandene Bildungspotenziale von Mädchen stärker als bisher auszuschöpfen, um den derzeitigen Risiken der Substituierbarkeit entgegenzuwirken.

Zusammenfassend lässt sich festhalten, dass die ersten vorläufigen Szenario-Berechnungen zeigen: Für Frauen besteht ein hohes Risiko des Job-Verlusts in einigen Berufsfeldern und ein hoher Anpassungsbedarf an beruflicher Qualifizierung und Weiterbildung. In der Betrachtung der Beschäftigungseffekte profitieren nicht alle erwerbstätigen Frauen von der Digitalisierung. Dies ist in der geschlechtsspezifischen Berufsorientierung und Berufswahl begründet, aber auch durch die Tatsache, dass sich nicht jeder beliebig weiterbilden kann.

Hingegen kann die starke Expansion von **personenbezogenen Dienstleistungen** im Beherbergungsgewerbe, Bildung, Erziehung, Gesundheit und Pflege zu einem Anstieg der weiblichen Erwerbstätigenquote führen. Der **Wandel hin zur Dienstleistungsgesellschaft** wird sich auch in Zukunft fortsetzen, so dass die Änderung der Struktur der Wirtschaftssektoren eine Chance für die Erwerbstätigkeit der Frauen darstellt, da der Anteil der Frauen in Dienstleistungen überwiegt.

4.3 Chancen und Risiken für die Erwerbstätigkeit von Frauen in der Arbeitswelt 4.0

Im folgenden Abschnitt werden die Analysen der vorherigen Kapitel genutzt, um die Chancen und Risiken der berufsspezifischen Entwicklungen für die Erwerbstätigkeit der Frau aufzuzeigen. Welche Folgen ergeben sich aus den Veränderungen der Arbeitswelt in der digitalen Transformation für die Erwerbstätigkeit von Frauen?

4.3.1 Integrationschancen von Frauen in die Arbeitswelt 4.0

Die Umschichtung in Richtung IT-Tätigkeiten vieler Berufe bedeutet auf der einen Seite ein Risiko für die Erwerbstätigkeit von Frauen, weil Frauen laut dem sogenannten „D21-Digital-Index“ (Initiative D21 2017) geringere digitale Kompetenzen aufweisen und in MINT-Studiengängen und Berufen unterrepräsentiert sind. Auf der anderen Seite könnte die Digitalisierung dazu führen, dass sich mehr Frauen für bisher typische Männerberufe entscheiden, da der Einsatz von Robotern und neuen Fertigungstechniken ihnen ganz neue berufliche Perspektiven eröffnen und neue Integrationschancen in neue Berufsbilder aufweisen. Gut bezahlte und abgesicherte Industriearbeitsplätze könnten attraktiver werden, weil monotone und körperlich belastende Arbeit inzwischen von hoch entwickelten Robotern übernommen werden. Da der Trend zu höher qualifizierter Arbeit zu verzeichnen sein wird, könnten Frauen aufgrund der guten schulischen Ausbildung zunehmend in der Rolle eines Entscheiders und Koordinators fungieren.

Durch die **Neuaufstellung der Unternehmen** im Zuge der Digitalisierung entstehen neue Geschäftsmodelle und -prozesse. Bei den Diskussionen in sogenannten „Communities“ im Intranet können sich Frauen verstärkt im Community Management einbringen und so auf allen Ebenen sichtbar werden, denn hier wird mehr Wert auf den Dialog gelegt als auf Selbstinszenierung. Das sind praktisch öffentliche Räume innerhalb eines Unternehmens, die nach eigenen Spielregeln und oft jenseits der Hierarchie funktionieren. Insbesondere qualifizierte Frauen werden von dem Wandel profitieren. In diesem Zusammenhang wird von Wissensarbeiterinnen gesprochen.

Produkte, Märkte und Technologien werden in Zukunft immer komplexer und innovativer, weil sich Unternehmen bereichsübergreifend vernetzen und agieren, denn isolierte Einzelentscheidungen können diesen Herausforderungen nicht mehr gerecht werden. Infolgedessen wird hochqualifizierte Wissensarbeit an Relevanz gewinnen. Hier haben Frauen mit hoher sozialer Intelligenz, integrativer Kompetenz und Wissen ebenfalls die Chance, sich verstärkt zu integrieren, sich zu vernetzen, Verantwortung zu übernehmen und sich an den Entscheidungen stärker zu beteiligen. Der Wandel wird vor allem weiche Faktoren erfordern, die insbesondere für Frauen attraktive Rollen entstehen lassen, zum Beispiel wie bereits das genannte **Community Management**. (Vgl. Bultemeier et al. 2016: 6–10). Sie könnten Gruppendiskussionen leiten, moderieren und Themen vorantreiben. In der IT-Branche könnte zum Beispiel der **Scrum Master** (Projektmoderation in agilen Teams) ein attraktives Jobprofil für Frauen darstellen.

4.3.2 Integrationsrisiken von Frauen in die Arbeitswelt 4.0

Risiko Teilzeitarbeit

Nachteilig auf die Integration von Frauen in den Arbeitsmarkt 4.0 wirken sich vor allem deren hohe Teilzeitquoten und Erwerbsunterbrechungen aus. (Vgl. Meyer et al. 2017). Denn im Kontext der Digitalisierung und ihren veränderten Qualifikationsanforderungen wären betriebliche oder private Aus-, Fort- und Weiterbildungen notwendig. Aber wie sich zeigt, sind Frauen davon ausgeschlossen. Die Teilnahmequote von Weiterbildung und Bildung der Teilzeitbeschäftigten nach Geschlecht zeigt, dass der Frauenanteil besonders gering ist: Er liegt bei elf Prozent. Bei Männern liegt der Anteil hingegen bei 30 Prozent. (Vgl. Eurostat 2016). Der geringe Anteil betrieblicher Weiterbildung für Frauen wird damit begründet, dass Unternehmen geringe Anreize haben in die Weiterentwicklung der weiblichen Beschäftigten zu investieren. Denn Frauen arbeiten vorwiegend in Teilzeit, weshalb sich eine Investition in deren Humankapital nicht lohnt, der „Return on Investment“ wäre zu gering. Gleichzeitig können sich Teilzeitbeschäftigte kostenintensive Weiterbildungen aufgrund des geringeren Einkommens nicht leisten. Es folgt daraus, dass Qualifikationen verloren gehen oder veralten. (Vgl. Preißing 2017: 223). Insbesondere für geringqualifizierte Teilzeitarbeiterinnen fällt demnach das Risiko des Verlustes ihrer Beschäftigungsfähigkeit sehr hoch aus. Also ein erneuter Grund, die Forderung nach veränderten politischen Rahmenbedingungen zu stellen: Keine explizite Förderung weiblicher Teilzeitarbeit.

Risiko digitale Kompetenzen

Der geringe weibliche **D21-Index** (ein jährlicher Indikator des gesellschaftlichen Digitalisierungsgrads in Deutschland) von 46,7 stellt ein Risiko dar. Die Dynamik der Digitalisierung und die ansteigenden Anforderungen stellen Frauen vor die Herausforderung, über digitale Kompetenzen zu verfügen und nach Möglichkeit, die digitale Transformation sogar selbst aktiv mitzugestalten. (Vgl. Kompetenzzentrum 2016).

Daher sind besonders Frauen aufgerufen, die erforderlichen Kompetenzen zu erwerben und/oder weiterzuentwickeln, um Gewinner der digitalen Transformation sein zu können. Denn es gibt einen ausgeprägten Zusammenhang zwischen ausgeprägten digitalen Fähigkeiten von Frauen und ihrem Bildungsniveau sowie ihren Berufsaussichten. „Wenn Regierungen und Unternehmen die Geschwindigkeit verdoppeln, mit der Frauen digital kompetent werden, könnte Geschlechtergleichheit am Arbeitsplatz in den Industriestaaten bereits im Jahr 2040 erreicht werden, also 25 Jahre schneller als bei der jetzigen Entwicklung.“ (Accenture 2016: 3). Damit ist die Politik aufgefordert, das derzeitige Bildungssystem sowie die klassischen Lehrpläne zu hinterfragen und rasch anzupassen, um digitale Kompetenzen zu fördern und weiterzuentwickeln. (Vgl. IG Metall 2016: 18 ff.).

Ob dies jedoch gelingen wird, scheint eher fraglich. Denn die „digitale Offenheit“ junger Frauen ist im Vergleich zu der von Männern geringer. So sind sie beispielsweise weniger an den neuesten digitalen Trends interessiert und sehen auch eine geringere Notwendigkeit, dass Programmiersprachen und digitale Medien Bestandteile der Schulausbildung sein sollten. Deshalb versucht die Politik, Mädchen für technische Berufe zu begeistern. (Vgl. Ulbricht 2015). Bereits in der vorschulischen Förderung werden naturwissenschaftliche Themen sowohl für Mädchen als auch für Jungen vermittelt. In manchen Schulen wird diese Förderung intensiviert durch E-Learning-Programme und durch Nutzung von digitalen Medien wie beispielsweise dem „Tablet“. Dynamische Lernmodelle sollen ein vernetztes Denken vermitteln. Diese schulischen Maßnahmen können sich vielleicht später positiv auf die Erwerbstätigkeit auswirken. Diese Entwicklung und Förderung kann als Instrument zur Schließung der Lücke der digitalen Kompetenzen von Frauen herangezogen werden, müsste jedoch noch weiter ausgebaut werden.

Auch Programme wie der bundesweite „Girls' Day“ oder „Mädchen-Zukunftstag“ sowie der nationale Pakt für Frauen in MINT-Berufen „Komm, mach MINT.“ sollten wichtige Bausteine für Mädchen in Bezug auf das Interesse zu digitalen und technischen Themen darstellen, jedoch sind Erfolge bisher kaum in Sicht. (Vgl. Knobbe 2015). Zusätzlich bewirkt die Situation, dass bisher nur wenige Frauen in MINT-Berufen vertreten sind, dass Mädchen entsprechende Rollenmodelle fehlen, die jedoch wiederum einen großen Einfluss auf die Berufsentscheidung haben.

Die aufgeführten Chancen und Risiken für Frauen in einer Arbeitswelt 4.0 müssen aktiv eingeblendet werden und zum integralen Bestandteil des Veränderungsprozesses auf allen Ebenen gemacht werden. Alle identifizierten Chancen und Risiken sind voneinander abhängig und sollten letzten Endes bei der Gestaltung der Arbeitswelt 4.0 berücksichtigt werden.

5 Zusammenfassung der Ergebnisse und Ausblick

Die Erfindung der Dampfmaschine, die Entwicklung der Fließbandproduktion und die Einführung des Computers sind grundlegende Merkmale der industriellen Revolution. Heute steht die Welt vor neuen Herausforderungen: Menschen, Maschinen und Roboter (Technik) sind miteinander vernetzt. Für die Unternehmen bedeutet das Veränderung – eine Herausforderung und Chance zugleich. Die Chancen und Risiken der Digitalisierung für die deutsche Wirtschaft können nur begrenzt prognostiziert werden, weil die digitale Transformation einen langfristigen Prozess darstellt. Die in diesem Beitrag betrachteten Studien belegen, dass Unternehmen durch den Einsatz von digitalen Technologien zum einen Effizienzgewinne verwirklichen und durch eine Nachfragesteigerung der Exporte und der Nachfrage nach innovativen und individuellen Produkten ihren Umsatz erhöhen können. Zum anderen stehen diesen Chancen hohe Investitionskosten gegenüber wie beispielsweise Weiterbildungskosten für Beschäftigte in Richtung „neue Berufe". Denn durch die technologischen und organisatorischen Veränderungen werden Anpassungen der Qualifikationen und Berufe notwendig.

Die Digitalisierung wird Arbeitsplätze kosten: Nämlich all jene, die eine Maschine einfach besser erledigen kann als der Mensch. Fraglich ist, inwieweit ein Bildungssystem darauf zeitnah reagieren kann, um die zukünftigen Arbeitskräfte passend auszubilden? Ausbildungsberufe, die durch digitale Technologien ersetzt werden können, sind nicht fortzuführen. Ein Blick auf den Ausbildungsberuf Kaufmann/Kauffrau für Büromanagement zeigt, wie Frauen in diesem Beruf zu „digitalen Verliererinnen" ausgebildet werden. (Vgl. Bundesinstitut für Berufsbildung BIBB). Deshalb muss stärker in zukunftsorientierte Berufe investiert werden, denn es scheint nicht wirtschaftlich zu sein, in jenen Berufen auszubilden, die in wenigen Jahren nicht mehr existieren werden.

Die Gefahr einer strukturellen Arbeitslosigkeit in Deutschland ist damit hoch. Auch deshalb, weil nicht davon ausgegangen werden kann, dass jeder Mensch, dessen Arbeitsplatz entfällt, auf eine neue benötigte Position passend umgeschult werden kann. Die Digitalisierung schafft also nicht nur Gewinner, sondern auch Verlierer, was sich zu einem gesellschaftlichen Problem ausweiten kann. Es besteht in diesem Kontext Handlungsbedarf seitens des Gesetzgebers, der Sozialpartner (Gewerkschaften, Arbeitgeberverbände), der Unternehmen und der Beschäftigten. Die Gestaltung sozialverträglicher Rahmenbedingungen für den digitalen Wandel ist unerlässlich.

Für erwerbstätige Frauen, deren Berufe überdurchschnittlich vom potenziellen Beschäftigungsabbau betroffen sein werden, sollten gezielte Weiterbildungsangebote neue berufliche Möglichkeiten eröffnet werden. Es wäre erwerbstätigen Frauen auch zu raten, das eigene Berufsfeld dahingehend zu beobachten, inwiefern Digitalisierung bereits heute die Berufsstruktur verändert. Nur so können rechtzeitig und bei Bedarf interdisziplinäre oder neue Kompetenzen erworben werden oder eine vollkommene

Neuorientierung stattfinden. Solange erwerbstätigte Frauen ihre Fähigkeiten an die veränderten Anforderungen anpassen, bleiben sie nachgefragte Arbeitskräfte.

Eine intensive Integration von Frauen in die Arbeitswelt 4.0 ist nicht nur aufgrund der Chancengleichheit zwischen den Geschlechtern, sondern auch im Hinblick auf die Wettbewerbsfähigkeit der deutschen Wirtschaft in der digitalen Transformation unerlässlich. Auf gut ausgebildete weibliche Arbeitskräfte kann in Zukunft bei erhöhtem Konkurrenzdruck und dem voranschreitenden demografischen Wandel noch weniger verzichtet werden.

Angesichts der Tragweite der digital induzierten Veränderungen sollte es um einen gemeinschaftlichen gesellschaftspolitischen Konsens mit klaren Leitlinien und Zielvorstellungen gehen. Deshalb könnten folgende Punkte unter anderem als **Gestaltungsmöglichkeiten** in der Arbeit 4.0 gesehen werden:

- Beteiligung und Mitbestimmung der Beschäftigten, insbesondere bei der Einführung und Gestaltung neuer Technologien: Es gilt, Potenziale der neuen Techniken zu nutzen, um den Menschen in seinem arbeitsbezogenen Handeln zu unterstützen und nicht nur darum, menschliche Arbeit zu ersetzen. Die Gestaltung beginnt bereits bei der Entscheidung über konkrete technische Lösungen am Arbeitsplatz in den einzelnen Berufen.
- Erschließen neuer Beschäftigungsmöglichkeiten: Es gilt, Veränderungsprozesse in der Arbeitswelt aktiv und menschengerecht zu gestalten mit dem Ziel des Beschäftigungserhalts. Dies gelingt unter anderem, indem Berufe und Ausbildungsinhalte zeitnah an die Entwicklungen angepasst werden. Die Integration digitaler Lernansätze und eine lebensbegleitende Qualifizierung sind unerlässlich.
- Ein bedingungsloses Grundeinkommen: Dies stellt zumindest ein Denkmodell für eine Gesellschaft zur Abfederung sozialer Folgen dar, die auch Verlierer der Digitalisierung hervorbringen wird.
- Gesellschaftliche und politische Maßnahmen: Diese sollen dazu beitragen, gesellschaftliche Erwartungen bezüglich weiblicher Bildungs- und Berufsverläufe aufzubrechen. Auch sollten die politischen Rahmenbedingungen die Aufnahme einer Vollzeiterwerbstätigkeit begünstigen und nicht verhindern, man denke hier nur an steuerliche Rahmenbedingungen wie das Ehegatten-Splitting.
- Betriebliche Maßnahmen: Attraktive, lebensphasenorientierte Arbeitszeitmodelle, flexible und mobile Arbeitsformen unterstützen vor allem Frauen in ihrer Erwerbstätigkeit. Dafür wird ein neuer Wettbewerbsrahmen benötigt wie eine Neubestimmung des Betriebs-, Arbeitgeber- und Arbeitnehmerbegriffs, neue Mitbestimmungsregeln und soziale Sicherungssysteme, die Beschäftigte einbeziehen.

Darüber hinaus ist eine nachhaltige Unternehmensentwicklung notwendig, das bedeutet die Integration ökologischer, sozialer und ökonomischer Aspekte in unternehmerische Entscheidungen und Strategien.

Die Ergebnisse dieser Arbeit zeigen vor allem eines: Die berufsspezifische Entwicklung durch die Arbeit 4.0 ist keineswegs nur technisch determiniert. Die technologische Entwicklung eröffnet Möglichkeiten in unterschiedlichen Ausprägungen. Auch wenn es wie ein Widerspruch wirkt, eine Humanisierung der Arbeit durch digitale Technologien ist denkbar. Allerdings wird eine erfolgreiche Gestaltung davon abhängen, inwieweit am Bedarf der jeweiligen Interessensgruppen (Männer, Frauen, Gesellschaft, Wirtschaft, Politik et cetera) eine erfolgreiche Zukunftsstrategie umgesetzt werden kann.

Nachwort

Teile dieses Buchbeitrages wurden als bisher unveröffentlichte Masterthesis an der Hochschule Fulda verfasst: Werner, Ch. (2017): Arbeit in der digitalen Transformation – Chancen und Risiken für die Erwerbstätigkeit von Frauen, Hochschule Fulda, Fulda.

Literatur- und Quellenverzeichnis

Accenture (2016): Getting to Equal. How Digital is Helping Close the Gender Gap at Work, https://www.accenture.com/t00010101T000000__w__/ar-es/_acnmedia/PDF-9/Accenture-Getting-To-Equal.pdf (letzter Aufruf: 14.08.2018).

Allmendinger, J., Dressel, K., Ebner, C. (2006): Zum Verhältnis von Demografie, Qualifikation und Frauenerwerbstätigkeit, in: Ministerium für Generationen, Familie, Frauen und Integration (Hrsg.): Demografischer Wandel: die Stadt, die Frauen und die Zukunft, Düsseldorf, S. 161–172.

Apt, W., Bovenschulte, M., Hartmann, E. A., Wischmann, S. (2016): Institut für Innovation und Technik für das Bundesministerium für Arbeit und Soziales. Foresight-Studie „Digitale Arbeitswelt", Berlin.

Arnold, D., Butschek, S., Steffes, S., Müller, D. (2016): Digitalisierung am Arbeitsplatz, Bundesministerium für Arbeit und Soziales (Hrsg.), http://www.bmas.de/SharedDocs/Downloads/DE/PDF-Publikationen/a875-monitor-digitalisierung-am-arbeitsplatz.pdf,jsessionid=2462F4B5F32C3AA51AE7D91989225808?__blob=publicationFile&v=2 (letzter Aufruf: 11.12.2017).

Bertelsmann Stiftung (2015): Auswirkungen der Digitalisierung auf den Arbeitsmarkt 2030, Gütersloh.

Bitkom, Fraunhofer-Institut für Arbeitswirtschaft und Organisation IAO (2014): Industrie 4.0 – Volkswirtschaftliches Potenzial für Deutschland, Berlin.

Bloching, B., Leutiger, P., Rossbach, C., Schlick, T. (2015): Die digitale Transformation der Industrie. Eine europäische Studie von Roland Berger Strategy Consultants im Auftrag des BDI, http://bdi.eu/media/user_upload/Digitale_Transformation.pdf (letzter Aufruf: 02.03.2017).

Bonin, H., Gregory, T., Ziehran, U. (2015): Übertragung der Studie Frey/Osborne (2013) auf Deutschland, ZEW Kurzexpertise Nr. 57, Berlin.

Brzeski, C., Burk, I. (2015): Die Roboter kommen. Folgen der Automatisierung für den deutschen Arbeitsmarkt, https://www.ing-diba.de/pdf/ueber-uns/presse/publikationen/ing-diba-economic-research-die-roboter-kommen.pdf (letzter Aufruf: 07.08.2018).

Bultemeier, A., Marrs, K. (Hrsg.) (2016): Frauen in der digitalen Arbeitswelt von morgen, München.

Bundesagentur für Arbeit (2016): Statistik nach Berufen, März 2016, https://statistik.arbeitsagentur.de/Navigation/Statistik/Statistik-nach-Themen/Statistik-nach-Berufen/zu-den-Produkten-Nav.html (letzter Aufruf: 02.03.2017).

Bundesagentur für Arbeit, Statistik (2016): Der Arbeitsmarkt in Deutschland – Der Arbeitsmarkt in Deutschland – Frauen und Männer am Arbeitsmarkt. Arbeitsmarktberichterstattung 2015, Nürnberg.

Bundesinstitut für Berufsbildung (BIBB) (2015): Neu abgeschlossene Ausbildungsverträge – Ausgewählte Ergebnisse der BIBB-Erhebung zum 30. September 2015/Stand: 15.12.2015, https://www.bibb.de/de/37347.php (letzter Aufruf: 26.07.2017).

Bundesministerium für Arbeit und Soziales (BMAS) (2013): Übertragung der Studie von Frey/Osborne (2013) auf Deutschland. Forschungsbericht 455. ZEW. Kurzexpertise Nr. 57.

Bundesministerium für Arbeit und Soziales (BMAS) (Hrsg.) (2015): Weissbuch Arbeiten 4.0, Berlin.

Datenportal (2017): Anteil von Männern und Frauen an verschiedenen Status- und Abschlussgruppen im Hochschulbereich, www.datenportal.bmbf.de/portal/de/Tabelle-2.5.83.html, basierend auf Govdata: https://www.govdata.de/dl-de/by-2-0 (letzter Aufruf: 24.07.2018).

Dengler, K., Matthes, B. (2015a): Folgen der Digitalisierung für die Arbeitswelt. In kaum einem Beruf ist der Mensch vollständig ersetzbar, IAB-Kurzbericht 24/2015, Nürnberg.

Dengler, K., Matthes, B. (2015b): Folgen der Digitalisierung für die Arbeitswelt. Substituierbarkeitspotenziale von Berufen in Deutschland, IAB-Forschungsbericht 11/2015, Nürnberg.

Dengler, K., Matthes, B. (2016): Auswirkungen der Digitalisierung auf die Arbeitswelt: Substituierbarkeitspotenziale nach Geschlecht, Nürnberg: Institut für Arbeitsmarkt- und Berufsforschung.

Der Spiegel (03.09.2016): Sie sind entlassen! Wie uns Computer und Roboter die Arbeit wegnehmen – und welche Berufe morgen noch sicher sind, Titelseite Nr. 36, Spiegel-Verlag.

Der Spiegel (17.04.1978): Die Computer-Revolution. Fortschritt macht arbeitslos, Titelseite Nr. 16, Spiegel-Verlag.

Dirks, Th., Rohleder, B. (2016): Konjunkturelle Lage und Digitale Agenda, Berlin.

Draht, R. (2014): Industrie 4.0 – eine Einführung, in: open automation 3/2014, S. 1–6.

Engelke, P. (2014): Frauen haben mit Technik zu tun, seit es sie gibt, http://www.businessladys.de/susanne-ihsen-frauen-haben-mit-technik-zu-tun-seit-es-sie-gibt/ (letzter Aufruf: 02.03.2017).

Eurostat (2016): Teilnahmequote an Bildung/Weiterbildung in Teilzeit in Prozent nach Geschlecht, http://appsso.eurostat.ec.europa.eu/nui/show.do?dataset=trng_lfs_06&lang=de (letzter Aufruf: 02.12.2017).

Franken, S. (2015): Chancen und Herausforderungen durch Industrie 4.0 in Industrie 4.0 und ihre Auswirkung auf die Arbeitswelt, Bielefeld.

Frey, C. B., Osborne, M. A. (2013): The future of employment: how susceptible are jobs to computerisation?, http://www.oxfordmartin.ox.ac.uk/downloads/academic/The_Future_of_Employment.pdf (letzter Aufruf: 02.03.2017).

Frey, T. (2014): Preparing for jobs that yet don't exist, http://www.futuristspeaker.com/business-trends/162-future-jobs-preparing-for-jobs-that-dont-yet-exist/ (letzter Aufruf: 02.03.2017).

Fuchs, J., Dörfler, K. (2005): Projektion des Erwerbspersonenpotenzials bis 2050. Annahmen und Datengrundlage, IAB-Forschungsbericht, 25/2005, Nürnberg.

Grabka, M. M. (2016): Genderspezifische Verteilungseffekte der Digitalisierung (SOEP/DIW Berlin), in: 3. Gender Studies Tagung „Arbeit 4.0 – Blind Spot Gender" des DIW Berlin in Kooperation mit der Friedrich-Ebert-Stiftung FES, Berlin.

Hagmann, P. (2014): Das sind die Berufe der Zukunft. Wir schreiben das Jahr 2030. Roboter und künstliche Intelligenz prägen die Arbeitswelt. Was gibt es für Menschen eigentlich noch zu tun?, Tagesanzeiger, http://www.tagesanzeiger.ch/leben/bildung/Das-sind-die-Berufe-der-Zukunft/story/13851125 (letzter Aufruf: 26.07.2017).

Hirsch-Kreinsen, H. (2015): Digitalisierung von Arbeit: Folgen, Grenzen und Perspektiven, in: Soziologisches Arbeitspapier Nr. 43/2015.

Hoffmann, R., Suchy, O. (2016): Aussichten für die Arbeit der Zukunft, Diskussionspapier aus der Kommission „Arbeit der Zukunft“, https://www.boeckler.de/pdf/arbeit_zukunft_diskussionspapier_hoffmann_suchy.pdf (letzter Aufruf: 02.12.2017).

IG Metall (2016): Ressort Zukunft der Arbeit: Auswirkungen der Digitalisierung / Industrie 4.0 auf die Beschäftigung, http://www.forschungsnetzwerk.at/downloadpub/docs_Auswirkungen%20der%20Industrie%2040%20auf%20die%20Beschaeftigung%20Argumentationshilfe_b6246b26209207879c04345881a9629ae47ba5bd.pdf (letzter Aufruf: 26.07.2017).

Initiative D21 e. V. (2015): D21-Digital-Index 2015, Die Gesellschaft in der digitalen Transformation, https://www.bertelsmann-stiftung.de/fileadmin/files/user_upload/D21_Digital-Index2015_WEB.pdf (letzter Aufruf: 02.03.2017).

Kagermann, H. (2014): Chancen von Industrie 4.0 nutzen, in: Bauernhansl, Th., Ten Hompel, M., Vogel-Heuser, B. (Hrsg.): Industrie 4.0 in Produktion, Automatisierung und Logistik. Anwendung, Technologien, Migration, Wiesbaden.

Kearney, A. T. (2015): Wie werden wir morgen leben, https://www.atkearney.de/documents/6645533/7018232/Deutschland+2064+-+Wie+werden+wir+morgen+leben.pdf/2601f89b-eca8-4521-b43c-4f2b9a04c42c (letzter Aufruf: 02.12.2017).

Kirchner, J. (2015): Wie Algorithmen Recruiter ersetzen, https://www.springerprofessional.de/management-fuehrung/wie-algorithmen-recruiter-ersetzen/6600802 (letzter Aufruf: 02.03.2017).

Knobbe, M. (2015): Mädchen und Technik-Berufe Zu viel des Guten, http://www.spiegel.de/forum/lebenundlernen/maedchen-und-technik-berufe-zu-viel-des-guten-thread-279371-1.html (letzter Aufruf: 02.03.2017).

Koch, V., Kuge, S., Geissbauer, R., Schrauf, S. (2014): Industrie 4.0 Chancen und Herausforderungen der vierten industriellen Revolution, PWC-Studie.

Köhler-Schute, Ch. (Hrsg.) (2015): Industrie 4.0: Ein praxisorientierter Ansatz, Berlin: KS-Energy-Verlag.

Kompetenzzentrum (2016), https://www.kompetenzz.de/Aktuelles/PM-Frauen-Digitalisierung-D21-Digital-Index-2016 (letzter Aufruf: 02.12.2017).

KPMG (2014): Digitale Transformation in der Schweiz, https://home.kpmg.com/ch/de/home/insights/2016/11/shaping-switzerlands-digital-future.html?gclid=CP_YwPuSvdMCFUwz0wodsOwH0Q (letzter Aufruf: 02.03.2017).

Kreuzer, R., Land, K. (2015): Dematerialisierung – Die Neuverteilung der Welt in Zeiten des digitalen Darwinismus., Köln: FUTUREVISIONPRESS e. K.

Kühn, A. (2015): Industrie 4.0 – Intelligente Technische Systeme in der Produktion in Industrie 4.0 und ihre Auswirkung auf die Arbeitswelt, Bielefeld.

Lange, T., Schröder, S., Andre, J., Mayer, M. (2015): Nachwuchsbarometer – Fokus auf Berufsbildung, München, Hamburg: acatech – Deutsche Akademie der Technikwissenschaften, Körber-stiftung.

Lichter, J. (27.03.2015): Industrie 4.0. Digitalwirtschaft ist mehr als Technik!, Handelsblatt Research Institute, Düsseldorf, http://research.handelsblatt.com/wp-content/uploads/2015/03/jl-Digital.pdf (letzter Aufruf: 08.08.2018).

Maier, T., Zika, G., Wolter, M., Kalinowski, M., Helmrich, R. (2014): Engpässe im mittleren Qualifikationsbereich trotz erhöhter Zuwanderung. Aktuelle Ergebnisse der BIBB-IAB-Qualifikations- und Berufsfeldprojektionen bis zum Jahr 2030 unter Berücksichtigung von Lohnentwicklungen und beruflicher Flexibilität, in: BIBB-Report 23/14, Bonn.

Marrs, K., Bultemeier, A. (2016): Neuorganisation von Arbeit: Digitalisierung und weibliche Karrieren, Vortrag im Rahmen der 3. Gender Studies Tagung „Arbeit 4.0 Blind Spot Gender" des DIW Berlin in Kooperation mit der Friedrich-Ebert-Stiftung, Berlin.

Matuschek, I. (2016): Industrie 4.0, Arbeit 4.0 – Gesellschaft 4.0? Eine Literaturstudie, Berlin: Rosa-Luxemburg-Stiftung.

Meyer-Guckel, Volker, Winde, Mathias (2017): Lernen ohne Grenzen, http://morningbriefing.handelsblatt.com/digichat/artikel/lernen-ohne-grenzen (letzter Aufruf: 26.07.2017).

Milberg, J. (2009): Förderung des Nachwuchses in Technik und Naturwissenschaft, Berlin, Heidelberg: Springer-Verlag.

Münchener Kreis (2013): Arbeit in der digitalen Welt, Zusammenfassung der Ergebnisse der AG1-Projektgruppe anlässlich des IT-Gipfels-Prozesses Übernationale Vereinigung für Kommunikationsforschung, München.

Niegsch, C. (2016): Industrie 4.0 – Folgen für die deutsche Volkswirtschaft, Eine Research-Publikation der DZ BANK AGDeutsche Zentral-Genossenschaftsbank (Hrsg.), Frankfurt am Main.

Preißing, D. (2017): Erhöhung der Frauenerwerbstätigkeit – Ein Beitrag zur Bewältigung des demografischen Wandels, in: Alisch, M., Hagspihl, S., Kreipl, C., Ritter, M. (Hrsg.): Alter(n) und Soziale Nachhaltigkeit, Interdisziplinäre Zugänge zu den Herausforderungen alternder Gesellschaften, kassel university press 2017, S. 213–237.

Reinsprecht, S. (2014): Die Entwicklung zur Industrie 4.0, http://netzkonstrukteur.de/die-entwicklung-zur-industrie-4-0/ (letzter Aufruf: 26.07.2017).

Reuter, N. (2007): Wachstumseuphorie und Verteilungsrealität. Wirtschaftspolitische Leitbilder zwischen Gestern und Morgen. Mit Texten zum Thema von John Maynard Keynes und Wassily W. Leontief, Marburg, 2. Auflage.

Riemer, K., Kloimüller, I. (2008): Männliche und weibliche Kompetenzprofile. Kompetenzstudie 2008, http://mental-riemer.at/wp-content/uploads/2013/07/Pr10.8TrainingKompetenz.pdf (letzter Aufruf: 11.11.2017).

Saint-Exupéry, A. (1948): Die Stadt in der Wüste, Düsseldorf: Rauch Verlag.

Schultze, C. (2016): Frauen und Technik? Rollenklischees bremsen Wandel in der Arbeitswelt, https://www.heise.de/newsticker/meldung/Frauen-und-Technik-Rollenklischees-bremsen-Wandel-in-der-Arbeitswelt-3348245.html (letzter Aufruf: 11.11.2017).

Statistisches Bundesamt (2014): Auf dem Weg zur Gleichstellung? Bildung, Arbeit und Soziales. Unterschiede zwischen Frauen und Männern, Wiesbaden, https://www.destatis.de/DE/PresseService/Presse/Pressekonferenzen/2014/Gleichstellung/begleitheft_Gleichstellung_2014.pdf?__blob=publicationFile (letzter Aufruf: 26.07.2017).

Statistisches Bundesamt (2015), https://infographic.statista.com/normal/infografik_9140_beliebteste_studiengaenge_in_deutschland_n.jpg (letzter Aufruf: 01.04.2018).

Statistisches Bundesamt (2016a): Arbeitsmarkt, (Kapitel 13), https://www.destatis.de/DE/Publikationen/StatistischesJahrbuch/Arbeitsmarkt.pdf?__blob=publicationFile (letzter Aufruf: 02.12.2017).

Statistisches Bundesamt (2016b): Frauenanteile bei Absolventen und Absolventinnen in Prozent, https://www.destatis.de/DE/Publikationen/StatistischesJahrbuch/Bildung.pdf?__blob=publicationFile (letzter Aufruf: 13.08.2018).

Statistisches Bundesamt (2017): Arbeitsmarkt, https://www.destatis.de/DE/Publikationen/StatistischesJahrbuch/Arbeitsmarkt.pdf?__blob=publicationFile, (Letzer Abruf: 10.06.2018).

SZ online (Süddeutsche Zeitung) (27.01.2009), https://www.sueddeutsche.de/politik/die-bizarrsten-zitate-von-kaiser-wilhelm-ii-blut-muss-fliessen-viel-blut-1.470594-14 (letzter Aufruf: 07.06.2018).

Ulbricht, L. (2015): Frauen und Technik: Frühkindliche Förderung reicht nicht, http://www.vdivde-it.de/ips/maerz-2015/frauen-und-technik-fruehkindliche-foerderung-reicht-nicht (letzter Aufruf: 11.11.2017).

Wahl-Immel, Y. (2016): Tupfer und Skalpell: Roboter helfen im OP-Saal, http://www.heute.de/automatisierung-in-der-medizin-roboter-im-op-saal-45894714.html (letzter Aufruf: 11.11.2017).

Wajcman, J. (1994): Technik und Geschlecht. Die feministische Technikdebatte, Frankfurt, New York: Campus Verlag.

Walitzek-Schmidtko, E. (2013): MINT Frauen im Ausland, http://mint-magazin.net/artikel/mint-frauen-im-ausland-201453 (letzter Aufruf: 02.12.2017).

Weckbrodt, H. (2015): Was ist Industrie 4.0?, http://oiger.de/2015/10/05/was-ist-industrie-4-0/155895 (letzter Aufruf: 02.12.2017).

Werner, Ch. (2017): Arbeit in der digitalen Transformation – Chancen und Risiken für die Erwerbstätigkeit von Frauen, unveröffentlichte Masterthesis an der Hochschule Fulda, Fulda.

Wildfeuer, H., Dauderstädt, K., Morgenstern, Ch., Marrs, K., Hurrelmann, K. (2016): Digitalisierte Welt: Frauen 4.0 –rund um die Uhr vernetzt? Chancen erkennen, Risiken benennen, Berlin: dbb bundesfrauenvertretung (Hrsg.), dbb forum.

Wolter, M., Mönnig, A., Hummel, M., Schneemann, C., Weber, E., Zika, G., Helmrich, R., Maier, T., Neuber-Pohl, C. (2015): Industrie 4.0 und die Folgen für Arbeitsmarkt und Wirtschaft. Szenario-Rechnungen im Rahmen der BIBB-IAB-Qualifikations- und Berufsfeldprojektionen, in: Institut für Arbeitsmarkt- und Berufsforschung der Bundesagentur für Arbeit (Hrsg.): IAB-Forschungsbericht Nr. 8, Nürnberg, S. 1–63.

Wolter, M., Mönnig, A., Hummel, M., Weber, E., Zika, G., Helmrich, R., Maier, T., Neuber-Pohl, C. (2016): Wirtschaft 4.0 und die Folgen für Arbeitsmarkt und Ökonomie. Szenario-Rechnungen im Rahmen der BIBB-IAB-Qualifikations- und Berufsfeldprojektionen, IAB-Forschungsbericht, 13/2016, Nürnberg.

World Economic Forum WEF (2016): The Future of Jobs – Employment, Skills and Workforce Strategy for the Fourth Industrial Revolution, Köln, Genf.

Zucht, M. (17.04.1978): Die Computer-Revolution Fortschritt macht arbeitslos, Der Spiegel Nr. 16, http://www.spiegel.de/spiegel/print/d-21113257.html (letzter Aufruf: 06.08.2017).

Zumstein, D., Kunischweski, D. (2016): Design und Umsetzung eines Big Data Service im Zuge der digitalen Transformation eines Versicherungsunternehmens, in: Fasel, D., Meier, A. (Hrsg.): Big Data – Grundlagen, Systeme und Nutzungspotenziale, Springer Vieweg, S. 319–346.

Dagmar Preißing

Unterrepräsentanz von Frauen in Führungspositionen – Auch ein Phänomen der Arbeitswelt 4.0?

Dr. Dagmar Preißing ist Professorin für Allgemeine Betriebswirtschaftslehre mit dem Schwerpunkt „Personalmanagement und Personalführung“ an der Hochschule Fulda. Ihre Forschungsschwerpunkte sind der demografische Wandel und seine Konsequenzen für das Personalmanagement als auch die Erwerbstätigkeit von Frauen. Zuvor war sie an der privaten AKAD Hochschule Leipzig – staatlich anerkannt – Prorektorin und lehrte den Schwerpunkt Human Resources Management und Leadership. Sie verfügt über eine mehrjährige Berufspraxis als Führungskraft sowohl in der Industrie als auch im privaten Bildungsbereich.

https://doi.org/10.1515/9783110588675-002

1 Einleitung

Frauen sind nach wie vor in Führungspositionen unterrepräsentiert. So liegt Ende des Jahres 2016 der Anteil weiblicher Führungskräfte im Topmanagement (Vorstandsebene) der 200 größten deutschen Unternehmen gerade einmal bei acht Prozent, bei den DAX-30-Unternehmen bei elf Prozent. (Vgl. Holst, Friedrich 2017: 3). Es stellt sich die Frage, warum so wenig hochqualifizierte Frauen den Aufstieg in die obersten Führungsetagen deutscher Unternehmen schaffen. Dabei kann es weder an deren Qualifikationen noch an der Zahl potenziell geeigneter Frauen liegen. Weder die zahlreichen Förderprogramme für Frauen seitens der Unternehmen noch die Auswirkungen des demografischen Wandels oder der Einfluss des öffentlichen Interesses haben bisher eine spürbare positive Veränderung des Frauenanteils in obersten Führungspositionen bewirkt.

Die Frage nach den Gründen für die Unterrepräsentanz von Frauen in obersten Führungspositionen wird im Folgenden beleuchtet und um die Perspektive erweitert, wie sich die künftige Arbeitswelt 4.0 auf die Aufstiegschancen von Frauen auswirken könnte.

Das Thema „Frauen in Führungspositionen" wird heute in den Medien, von Unternehmensberatungen und auch in der Wissenschaft gerne mit der Thematik „Sind Unternehmen mit Frauen in der Führungsspitze erfolgreicher?" verbunden. (Vgl. zum Beispiel Süddeutsche Zeitung online 2015, Bös 2016, McKinsey 2015, Credit Suisse Research Institute 2014). Doch ist dies ein fehlgeleiteter Ansatz. Denn die Frage, ob Unternehmen einen größeren wirtschaftlichen Erfolg haben, wenn Frauen in Führungspositionen vertreten sind, beinhaltet in sich eine diskriminierende Sichtweise auf Frauen. Denn weshalb müssen Frauen als wirtschaftlicher Erfolgsfaktor gelten, um in Führungspositionen zu kommen oder anerkannt zu werden. Für den Durchbruch von Frauen in Führungspositionen ist es erforderlich, die Irrelevanz der Frage nach „Sind Frauen die erfolgreicheren Manager" zu erkennen. Es geht vielmehr darum, Frauen den gleichberechtigten Zugang zu Führungspositionen und damit die gleichen Verwirklichungschancen zu eröffnen. Das ist die entscheidende Forderung, gerade auch für eine bevorstehende Arbeitswelt 4.0.

2 Ausblick auf die Arbeitswelt 4.0

Zur Beantwortung der Frage, ob Barrieren in Form der sogenannten gläsernen Decke für den Aufstieg von Frauen ins Topmanagement aktuell existieren und auch in einer künftigen Arbeitswelt 4.0 wirken, bedarf es zunächst einer kurzen Charakterisierung einer möglichen Zukunft unserer Arbeit. Im Folgenden geht es also eher um die Beschreibung potenzieller Entwicklungen als um exakte Vorhersagen darüber, wie künftig die strukturelle, kulturelle und personelle Gestaltung von Unternehmen aussehen wird und damit die gläserne Decke eventuell obsolet werden lässt.

2.1 Zum Begriff der Arbeitswelt 4.0

Die Arbeit 4.0 ist im Kontext und als Folge der sogenannten Industrie 4.0, Digitalisierung 4.0 oder vierten industriellen Revolution zu sehen. Unter dieser Begriffsvielfalt wird verallgemeinert der Einfluss des Internets und vernetzter Technologien auf die moderne Lebens- und Arbeitswelt verstanden. Die Digitalisierung eröffnet neue Möglichkeiten der Mensch Maschine Interaktion, der Echtzeitvernetzung oder der Produktion von Maschinen- und Produktteilen. Beispielhaft sei hier der produzierende Sektor genannt, bei dem heute schon hochautomatisierte und vernetzte Produktions- und Logistikketten ineinander greifen und Arbeiter zunehmend überflüssig machen. Nicht umsonst betiteln Daimler-Arbeiter die im Bau befindliche und modernste Autofabrik der Welt, die Werkhalle Factory 56 in Stuttgart-Sindelfingen des Daimler-Konzerns als „fear factory“, die Fabrik der Angst. (Vgl. Heuser et al. 2018: 25). Aber auch die Bürowelt mit ihrer Datensammlung und -speicherung lässt die Arbeitnehmer zu gläsernen Mitarbeitern werden. Theoretisch kann jeder Tastaturanschlag, jede Augenbewegung oder auch die gesamte Kommunikation mithilfe von Sensoren überwacht und dokumentiert werden. Auch personalwirtschaftliche Prozesse sind heute schon teilweise vollständig digitalisiert, wie Zeiterfassung, Personalauswahl oder -beurteilung. Es werden immer mehr virtuelle und reale Prozesse auf Basis Echtzeit-vernetzter Geräte und Maschinen (cyber-physische Systeme) verschmelzen. (Vgl. BMAS 2017: 200). Manche Autoren gehen sogar so weit, dass sie von einer digitalen Disruption sprechen, weil nichts mehr so sein wird, wie es jemals war. (Vgl. Meyer 2017). Doch werden sich die Folgen der vierten industriellen Revolution je nach Blickwinkel unterschiedlich auf Unternehmen und Wettbewerb, die Arbeitswelt sowie Konsumenten auswirken.

Begleitend zu diesen technologischen Veränderungen der künftigen Arbeit 4.0 gehören weitere Treiber, die einen Einfluss auf die Gestaltung der Arbeitswelt 4.0 haben werden. Dies sind:
- der demografische Wandel in Form der Überalterung von Belegschaften als auch die sinkende Zahl an potenziellen Erwerbspersonen, was sich bereits heute im Fach- und Führungskräftemangel ausdrückt,
- die globalisierten Märkte mit ihrem steigenden Innovationsdruck und ihrer Innovationsgeschwindigkeit als auch zunehmend kürzeren Produktlebenszyklen,
- die Bedeutung der Wissensökonomie als strategischer Erfolgsfaktor für eine Ökonomie sowie
- die Werte und Ansprüche aktueller und kommender Generationen.

Diese zusätzlichen Einflussfaktoren auf die Ausprägungen einer Arbeitswelt 4.0 werden jedoch nur dann in diesem Beitrag berücksichtigt, sofern sie für die Fragestellung relevant sind.

2.2 Arbeitsformen, Arbeitsverhältnisse und Arbeitsorganisation in einer Arbeit 4.0

Zwischenzeitlich liegen zahlreiche Thesen im Rahmen von Studien zur möglichen künftigen Entwicklung der Arbeit 4.0 vor, die viele gemeinsame (Megatrend-)Erkenntnisse vorweisen und im Folgenden behandelt werden. (Vgl. BMAS 2017, Franken 2015, Fraunhofer IAO 2014, Keese 2014, Shareground und Universität St. Gallen 2015). Der Fokus dieser Auseinandersetzung mit dem Thema liegt hierbei auf den Veränderungen bezüglich Arbeitsformen, -organisationen, -beziehungen und Unternehmenskultur, weil diese einen wesentlichen Einfluss auf die Karriereentwicklung von Frauen haben.

Die Unternehmen der Zukunft gelten als flexibel bezüglich der Arbeitszeit und Arbeitsorte. Es wird davon ausgegangen, dass der Arbeitsort der Zukunft nicht mehr im Unternehmen, sondern auch ortsunabhängig sein kann. Die modernen Kommunikationstechnologien ermöglichen ein Arbeiten von zuhause aus – Stichwort „Homeoffice und Telearbeit" – oder sonstigen beliebigen Orten. Es ist vorstellbar, dass der gesamte Arbeitsprozess wie Zugriff auf Arbeitsaufträge, das Abliefern von Arbeitsresultaten und die Kommunikation mit den Kollegen vollständig digital erfolgen kann. Die bisherige Anwesenheitskultur, der Präsentismus, löst sich damit zumindest in bestimmten Bereichen auf. Aber die Möglichkeit der **Flexibilisierung der Arbeitszeit und des Arbeitsortes** ist auch immer von der Größe und der Branche des Unternehmens abhängig. Begünstigt von der Flexibilisierung sind laut BMAS (2017) größere Unternehmen und Wissensbranchen. Nachdem es sich bei Führungskräften im Topmanagement meist um Wissensarbeiter handelt, ist davon auszugehen, dass die Szenarien der Arbeitswelt 4.0 auf diese Personengruppe vermehrt zutreffen werden. (Vgl. BMAS 2017, Eder 2017, Franken 2015, Fraunhofer IAO 2014, Keese 2014, Shareground und Universität St. Gallen 2015). Es wird aber auch weiterhin Arbeitsplätze geben, wie beispielsweise kundennahe Serviceleistungen oder Produktion, die nur vor Ort erfüllt werden können.

Des Weiteren ist es denkbar, dass die normale Vollzeiterwerbsform, wie sie bis heute immer noch die Standard-Beschäftigungsform darstellt, weitestgehend vom Arbeitsmarkt verschwindet. Stattdessen könnten sich **flexibilisierte Beschäftigungsverhältnisse** wie freie projektbezogene Mitarbeit, das weltweite Zusammenstellen hochspezialisierter Teams als auch das sogenannte Crowdworking und Clickworking (Vergabe von Arbeitsaufträgen über digitale Plattformen) und Design Thinking (iteratives Erarbeiten von Problemlösungen mithilfe interdisziplinärer Teams) durchsetzen. Diese flexiblen Arbeitsformen bedeuten, dass benötigte Mitarbeiter, auch „virtual laborers" genannt, nur noch nach Bedarf und passender Qualifikation abgerufen werden. Im Rahmen dieser Beschäftigungsverhältnisse können die Mitarbeiter als (solo-) selbstständig oder als abhängig beschäftigt gelten. Mitarbeiter in diesen Beschäftigungsformen werden als Fremdmitarbeiter beziehungsweise auch als Satellitenbelegschaft oder „liquid workforce" (Sattelberger 2017) bezeichnet. Damit wird man in Zukunft nicht mehr vom klassischen Normal-Arbeitsverhältnis, welches in Vollzeit und Teilzeit unterteilt ist, sprechen. Vielmehr wird eine Entwicklung dahingehend stattfinden, dass eine Aufteilung der Mitarbeiter in **Stammbelegschaft** und **Satellitenbelegschaft** erfolgt. Zur sogenannten Stammbelegschaft gehören weiterhin jene Führungskräfte und Mitarbeiter, die einen unbefristeten festen Arbeitsvertrag haben und damit zum Kern des Unternehmens gehören beziehungsweise diesen ausmachen. Um diesen zentralen Belegschaftskern bewegen sich die flexibilisierten Mitarbeiter wie Satelliten, die je nach Bedarf und erforderlicher Qualifikation zusammengestellt werden.

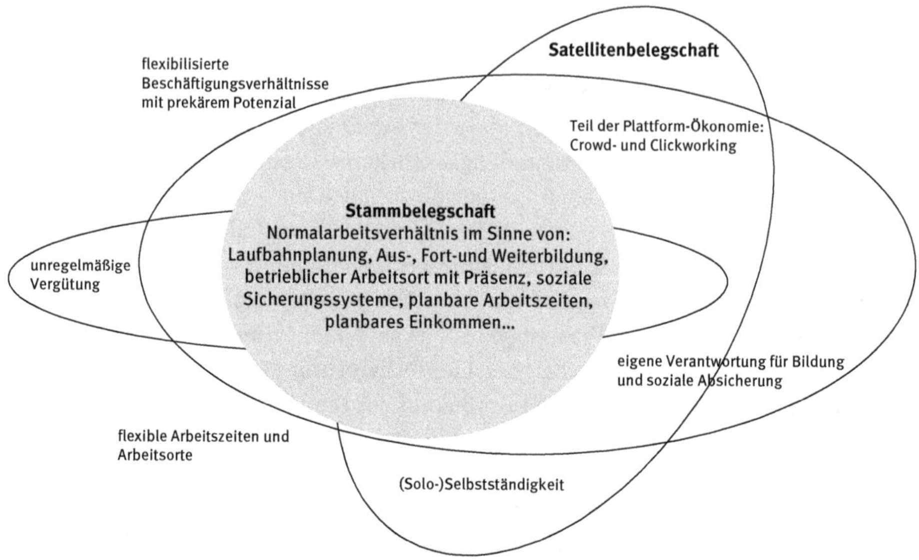

Abb. 1: Stamm- und Satellitenbelegschaften, Quelle: eigene Darstellung in Anlehnung an BMAS 2017, Eder 2017, Franken 2015, Fraunhofer IAO 2014, Keese 2014, Shareground und Universität St. Gallen 2015.

Damit ist die sogenannte **Plattformisierung**, die Auslagerung von Arbeitsplätzen in die „Crowd in der Cloud" ein zentrales Merkmal der künftigen Arbeitsformen. Einhergehend mit diesen neuen flexiblen Arbeitsbeziehungen sind aber auch sicherlich unerwünschte Effekte wie fehlende Identifikation dieser Arbeitnehmer mit dem Unternehmen oder die Frage nach der Verantwortung für den Kompetenzerhalt dieser Personen. (Vgl. BMAS 2017, Eder 2017, Franken 2015, Fraunhofer IAO 2014, Keese 2014, Shareground und Universität St. Gallen 2015).

Damit hat die zunehmende Flexibilisierung der Arbeit weitreichende Konsequenzen für die **Organisationsstruktur** von Unternehmen. Denn nicht nur das Arbeitskräfteangebot, sondern auch die Arbeitskräftenachfrage seitens der Unternehmen flexibilisiert sich. Die Unternehmen haben die Chance zur Verschlankung ihrer Organisation und die Möglichkeit zur Reduktion der festangestellten Mitarbeiter auf eine geringere Stammbelegschaft. Grund hierfür ist, dass die erforderliche projektbezogene Leistungserbringung je nach Bedarf im virtuellen weltweiten Arbeitsmarkt oder auch nur innerhalb der eigenen Unternehmensstrukturen abgerufen werden kann. Arbeitsbeziehungen werden also flexibilisiert. Und nicht nur, dass bedarfsgerecht die Leistung erstellt werden kann, sie erfolgt auch von den hierfür jeweils am besten qualifizierten Fachkräften. Denn die zur Verfügung stehenden jeweiligen Qualifikationen sind vollkommen transparent und damit vergleichbar. Diese Personalkosten-Senkungspotenziale und auch mögliche komparative Wettbewerbsvorteile durch die Leistungserstellung der jeweils Besten werden die Unternehmen sicherlich nutzen.

Auch die Transparenz über die jeweiligen erbrachten Leistungen erhöht sich, denn die Ergebnisse können den jeweiligen Fachkräften mithilfe entsprechender Software zugeordnet werden. (Vgl. BMAS 2017: 55 ff., BMFSFJ 2017: 215 ff., Franken 2015, Fraunhofer IAO 2014, Rump, Eilers 2017: 21 ff., Shareground und Universität St. Gallen 2015).

Es entsteht vor allem in wissensbasierten Unternehmen also eine vernetzte Leistungserstellung, die keiner klaren Organisationsstruktur und damit eindeutig **weniger Hierarchieebenen** bedarf. Bedarfsgerecht werden spezialisierte Teams, teilweise weltweit, zusammengestellt, für die nicht mehr die Organisationszugehörigkeit oder Hierarchieebene, sondern das Expertenwissen entscheidend ist. Dabei sind vor allem ein professionelles Wissens- und Informationsmanagement, realistische Zielvorgaben sowie die soziale Einbindung mobiler und zeitlich flexibler Mitarbeiter erfolgskritische Faktoren. Man spricht in diesem Zusammenhang auch von **agilen, liquiden oder atmenden Organisationsformen.** (Shareground und Universität St. Gallen 2015, BMAS 2017: 82 ff.). Es ist davon auszugehen, dass diese Form der Unternehmensorganisation zunehmen wird, denn sie ermöglicht ein schnelles und innovatives Agieren auf dem Markt und eine Anpassung der Geschäftsmodelle, -felder und -prozesse. Und nur so werden Unternehmen den steigenden Wissens- und Innovationsbedarf decken beziehungsweise dem Wissens- und Innovationsdruck standhalten können. Im Rahmen der 25 Thesen von Shareground und der Universität St. Gallen (2015) wird sogar von der „Auflösung der Organisation“ gesprochen. Organisationen bestehen dann nur noch aus Netzwerkstrukturen ohne klassische Organisationsstrukturen wie Arbeitsplatzzugehörigkeit oder Hierarchieebenen. (Vgl. Shareground und Universität St. Gallen 2015).

Als Gegenentwurf zu dieser extremen Position hat das Fraunhofer-Institut für Arbeitswirtschaft und Organisation (Fraunhofer IAO 2014) ein Unternehmensbild entworfen, das als **„Care Company“** bezeichnet wird: Unternehmen, die sich ganzheitlich um ihre Mitarbeiter und ihre Angehörigen in Form von Ausbildungsplätzen für Familienangehörige, Freizeitangeboten, Wohnraum und gesundheitliche Angebote wie Fitnesscenter, Physiotherapie oder Burn-out-Vorsorge kümmern. Also Strukturen, wie sie bereits von den Vorbildern im Silicon Valley gelebt werden. Konzerne wie Netflix, Yahoo, Google oder Apple im Silicon Valley, also dem Ort, an dem die Digitalisierung begann und der für die digitale Zukunft steht, zeigen ein anderes Bild einer möglichen künftigen Arbeit. Diese Unternehmen legen großen Wert auf die dauerhafte Präsenz ihrer Mitarbeiter vor Ort und bieten deshalb ein Umfeld, das eine Symbiose zwischen Arbeit und Leben ermöglicht – aber im Unternehmen und nicht im eigenen Zuhause. So gehören zu den dortigen Bürotrakten beispielsweise eigene Supermärkte, Fitnesscenter, Wohlfühl-Lounges, Dachterrassen mit tropischen Gärten, Kantinen, Mini-Küchen, Kicker- oder Billardtische, Spielekonsolen oder von Künstlern immer wieder neu gestaltete Bürowände. Die Liste dieser Rundum-sorglos-Pakete würde sich derart weiterführen lassen und der Phantasie sind hierbei keine Grenzen gesetzt. Spiel, Spaß und Arbeit werden an einem Erlebnisort vereint, nämlich dem Arbeitsplatz. (Vgl. Hauser 2016, Heuer 2013).

All diese Annehmlichkeiten dienen nur einem Ziel, die Produktivität des Unternehmens durch motivierte und anwesende Mitarbeiter zu steigern. Die Erwerbspersonen sollen sich so lange wie möglich im Unternehmen aufhalten und arbeiten, wobei sich produktive und erholsame Zeiten abwechseln. Diese Maßnahmen zielen darauf ab, sich als attraktiven Arbeitgeber zu positionieren und die besten Köpfe im weltweiten Wettbewerb zu finden und zu binden. Die Identifikation mit dem Unternehmen soll bestmöglich hergestellt werden. So haben beispielsweise Mitarbeiter bei Facebook unterschiedlich farbige Luftballons mit der Jahreszahl ihrer Firmenzugehörigkeit an ihrem Schreibtisch schweben, um die Dauer ihrer Betriebszugehörigkeit und damit ihrer Wertigkeit Ausdruck zu verleihen sowie ihrem Stolz, zu diesem Unternehmen dazugehören zu dürfen. (Vgl. Hauser 2016, Keese 2014). Es sollte aber in diesem Zusammenhang nicht übersehen werden, dass bei allen gebotenen Annehmlichkeiten vor allem eines gefordert wird – nämlich Leistung. Sechzig-Stunden-Wochen sind noch am unteren Ende der wöchentlichen Arbeitszeit, die nach oben fast unbeschränkt ist, durchgearbeitete Nächte üblich. Das Arbeitsvolumen ist so hoch, dass es daher nicht verwunderlich ist, wenn die unbegrenzt zur Verfügung stehenden Urlaubstage in einigen dieser Unternehmen wie Eventbrite oder Facebook nicht in Anspruch genommen werden. Denn die Aufgaben sind so umfänglich, dass niemand dieses Angebot umsetzen kann, selbst wenn er wollte. (Vgl. Astheimer 2015, Heuer 2013, Keese 2014).

Diese Unternehmen sind erfolgreiche Vorreiter der Digitalisierung und stellen damit **eine Ausprägung** einer möglichen Arbeitswelt 4.0 dar. Es kann daher angenommen werden, dass auch diese Gestaltungsformen der Arbeit in deutschen Unternehmen Einzug halten werden, wenn auch zeitverzögert und modifiziert. Zu bedenken ist jedoch, dass der Nutzen von Präsentismus nur für bestimmte Branchen wie beispielsweise Wissensbranchen höher sein dürfte als beispielsweise in Produktionsbranchen. Hier wird sich der Präsentismus primär auf die Stammbelegschaft mit Fach- und Führungskräften beschränken.

2.3 Führung in der Arbeitswelt 4.0

Im Zusammenhang mit den Organisationsstrukturen der Arbeitswelt 4.0 und der These, dass sich Organisationen „auflösen“, ist die Frage zu diskutieren, ob es Führung oder alternative Führungsmodelle noch geben wird oder sie noch benötigt werden. Wäre Führung in Zukunft nicht mehr erforderlich, dann wäre auch der Wunsch nach mehr Frauen im Topmanagement obsolet. Aber diese Frage nach der Weiterexistenz von Führung kann eindeutig mit ja beantwortet werden. Eine Organisation im Sinne eines Unternehmens entsteht, weil Individuen und Gruppen von Individuen sich zur Erreichung eines gemeinsamen Marktzieles zusammenschließen. Das heißt, ein Unternehmen existiert nur deshalb, weil es Menschen gründen und an seiner weiteren Existenz beteiligt sind. Daher wird auch Führung im Kontext eines Unternehmens immer erforderlich sein. Wie diese Führung jedoch in Zukunft aussehen könnte, ist spekulativ. Es ist also davon auszugehen, dass immer Menschen an einem Unternehmen beteiligt sind. Und es ist unwahrscheinlich, dass auf eine Stammbelegschaft und Führung vollständig verzichtet werden kann.

Das mittlere Management hingegen wird wahrscheinlich verringert, wenn einerseits ein Wandel hin zu flacheren Hierarchien stattfindet und andererseits die Zahl der Stammbelegschaft reduziert wird. Aber dennoch und gerade deshalb wird vor allem Führung an der Spitze bestehen. Und es ist davon auszugehen, dass sich diese primär aus den Angehörigen der Stammbelegschaft rekrutieren wird. Auch sind Digitalisierung und künstliche Intelligenz noch nicht so vorangeschritten, dass unternehmerische Fähigkeiten wie kreatives, intuitives oder strategisches Denken substituiert werden können. Noch unterstützt die Digitalisierung nur die Führungsaufgaben mithilfe von Software und Kommunikationstechnologien. Und dies wird auf absehbare Zeit auch so fortbestehen. Wovon jedoch ausgegangen werden kann, sind sich ändernde Strukturen und Aufgaben der Führung und erweiterte Kompetenzanforderungen an Führungskräfte. Das Akronym VUCA, Volatility (Volatilität), Uncertainty (Ungewissheit), Complexity (Komplexität) und Ambiguity (Mehrdeutigkeit) beschreibt, wie diese Führungsanforderungen in einem veränderten Unternehmenskontext 4.0 aussehen könnten. Denn inhaltlich steht VUCA für eine Umwelt, die von steigender Komplexität, unvorhersehbaren Umbrüchen im Kundenverhalten, neuen Technologien und allgemein von Dynamisierung und Globalisierung geprägt ist. (Vgl. Dörr et al. 2018: 39 f.). Und diese VUCA-Umwelt erfordert eine Führungs- und Unternehmenskultur, die verstärkt innovations- und veränderungsbereit ist.

Veränderungen im Bereich der **Führungskompetenzen** werden im mittleren Management stärker stattfinden als im Topmanagement. Bereits bekannte Führungsanforderungen bleiben bestehen und neue werden hinzukommen. Die künftige, teilweise stattfindende ortsunabhängige Leistungserstellung und damit verbundene Ergebniskultur erfordern von den Führungskräften weniger Kontrollfähigkeiten als vielmehr die Fähigkeit zum Vertrauen und zum Vertrauensaufbau sowie verstärkt die Befähigung zur Motivation ihrer Mitarbeiter. Die sogenannte Führung auf Augenhöhe, das Erarbeiten von Teamlösungen, das Zulassen einer positiven Fehlerkultur und die Führung von Netzwerkstrukturen werden bedeutsamer. Auch soziale und kommunikative Kompetenzen werden im Hinblick auf die verstärkt virtuelle Führung, sprich Distanzführung, bedeutsamer. Denn es dürfte besonders schwierig sein, persönliche Bindungen über technische Kommunikationswege aufzubauen. Nicht zu vernachlässigen sind das Verständnis für die neuen Technologien und deren Anwendungskompetenz unter unternehmens- und zielorientierten Gesichtspunkten. Die fachliche, ethnische und kulturelle Vielfalt in Teams und Organisationen erfordert vermehrt eine emotionale Intelligenz. Neben den Standardkompetenzen wie methodische und fachliche werden zunehmend soziale, persönliche und auch interkulturelle Kompetenzen notwendig werden. Die hohe fachliche Expertise und immer wieder neue

Zusammenstellung von Teams macht die Führungskraft eher zu einem „Primus inter Pares“ (Erster unter Gleichen) als zu einer Autorität, der per se Folge zu leisten ist. Dies auch, weil die Akzeptanz durch die Mitarbeiter schwieriger zu erreichen sein wird. Denn die hohe fachliche Expertise der Mitarbeiter, deren Selbstbestimmtheit und Selbstführung sowie Mitsprache- und Mitbestimmungswunsch erfordert deren stärkere Einbindung. Vor allem, wenn es sich um gemischte Belegschaftsstrukturen mit solo-selbstständigen, selbstständigen oder festangestellten Mitarbeitern handelt.

Somit sind neben den reinen Managementaufgaben für Führungskräfte zunehmend auch sogenannte **Leadership-Skills** gefordert. Also die Befähigung, seinen Mitarbeitern Visionen und eine gemeinsame (Aus-)Richtung zu geben, zu motivieren, den Wandel (Change Management) umzusetzen und die Identifikation mit dem Unternehmensziel und Unternehmen herzustellen. Kurz gefasst könnte man dies auch die Fähigkeit zum Empowerment von Teams und Mitarbeitern bezeichnen. Diese neue Form der Führung wird auch als „Digital Leadership“ bezeichnet. (Vgl. Eder 2017, Petry 2016, Creuse et al. 2017). Willms Buhse hat diese Veränderungen im Bereich der Führungskompetenzen im sogenannten „VOPA-plus“-Modell in fünf Aspekten zusammengefasst: Vernetzung, Offenheit, Partizipation, Agilität plus Vertrauen. (Vgl. Buhse 2014). Die Frage ist, ob diese angeführten „neuen“ Anforderungen an Führungskräfte wirklich so neu sind?

Im **Topmanagement** gelten noch weiterführende Anforderungen an die Führungskräfte. Die Fähigkeit zum strategischen Denken muss sich auf digitale Geschäftsmodelle, -felder und -prozesse erweitern. Die zunehmende Agilität und Komplexität der Organisation und des Organisationsumfeldes erfordern sowohl hohe Change-Management-Kompetenzen als auch fokussiertes, abstrahiertes und innovatives Denkvermögen. Das Wissen um digitale Technologien wie beispielsweise Big Data oder Data Mining wird vorausgesetzt und die Fähigkeit, deren Einsatz sinnvoll zu gestalten ebenso. (Vgl. Shareground und Universität St. Gallen 2015). Aber auch hier gilt, ob dies nicht hinlänglich bekannte Anforderungsprofile an das Topmanagement sind. Es gab und gibt in der Managementgeschichte schon immer die Entstehung neuer Geschäftsmodelle und -prozesse, man denke hier nur an das Lean Management. Eine schnelle Anpassung oder proaktives Verhalten seitens des Managements an den technischen Fortschritt waren schon immer gefordert. Und zumeist waren diese Technologien auch mit höherer Arbeitsverdichtung und -geschwindigkeit verbunden. Präsenz, überdurchschnittlicher Zeiteinsatz und intensiver persönlicher Austausch zwischen den Führungskräften der ersten Ebene bleiben als Merkmale dieser Führungspositionen bestehen.

Als **alternative Entwicklungen** zu den bekannten Führungsstrukturen werden Aspekte wie Führen auf Zeit, Führen in Teilzeit oder auch geteilte Führung genannt, in der Fachliteratur über Führung auch unter dem Begriff des „**Shared Leadership**“ bekannt. Begründet wird dies mithilfe von Argumenten wie der zunehmenden Komplexität und dem Umfang der Aufgaben und Entscheidungen von Führungskräften, dem hohen benötigten Expertenwissen oder auch der Flexibilisierung von Arbeitszeit und -ort. Eine einzelne Führungskraft kann diesem Anspruch künftig nicht mehr gerecht werden, sondern erfordert die Teilung von Führung. Diese Forderungen sind auch nicht ganz neu, ebenso die Erkenntnis, dass Führung in Teilzeit zumindest bisher kein Königsweg war. Jetzt könnte argumentiert werden, dass die künftigen stark vernetzten Strukturen geradezu flexible Führung in Abhängigkeit von der jeweiligen örtlichen und zeitlichen Verfügbarkeit sowie der fachlichen Kompetenz der jeweiligen Führungskraft erforderlich machen. Dies kann unter bestimmten Bedingungen im Bereich des mittleren Managements durchaus erforderlich und sinnvoll sein. So könnte beispielsweise in einem Projektteam jeweils derjenige die Führung übernehmen, der zu diesem Zeitpunkt über die erforderliche Expertise und Zeitvolumina sowie räumliche Nähe verfügt. Hat das Projekt einen anderen Entwicklungsstatus erreicht, wird es an denjenigen übergeben, der für diese Phase über die geforderten Kompetenzen verfügt sowie Zeit und räumliche Nähe aufweist. Denkbar wäre auch, dass eine stärkere Verteilung der Aufgaben mit Führungsverantwortung auf Einzelne zeitgleich erfolgt.

Derartige Führungsflexibilisierungen könnten für Frauen neue Optionen für die Übernahme von Führungsverantwortung darstellen. Denn die Möglichkeit der Zeit- und Ortsflexibilität und die fachliche Aufteilung von Führungsaufgaben könnten ihren individuellen Bedürfnissen nach Vereinbarkeit von Beruf und Familie als auch geteilter Führung stärker entgegen kommen. Damit könnte sich die Basis an Frauen mit unterschiedlichen Führungserfahrungen in einem Unternehmen erweitern und die Chancen von Frauen für den Aufstieg ins oberste Management steigern. (Vgl. BMAS 2016: 88 f., Bultemeier, Marrs 2016: 8).

Ob jedoch im Topmanagement Führung flexibilisiert wird, bleibt fraglich. Hier käme es sicherlich auf den zu verantwortenden Bereich mit seinen spezifischen Aufgabenstellungen, der Branche und Größe des Unternehmens sowie der Unternehmenskultur an. Die **Kernfunktion des Topmanagements** besteht darin, dem Unternehmen seine strategische Ausrichtung vorzugeben, damit es erfolgreich am Markt langfristig bestehen kann. Die Verantwortung für die einzelnen Bereiche ist jeweils fest an eine Person gekoppelt. Je nach rechtlicher Gestaltung des Unternehmens müssen die getroffenen Entscheidungen gegenüber einem Kontrollorgan verantwortet werden. Die jeweiligen Bereiche haben sich dann an diesen strategischen Vorgaben auszurichten. Ist die zentrale Führungsposition eines Bereichs geteilt und sind die jeweiligen Vertreter unterschiedlicher Meinung bezüglich der strategischen Vorgaben, so führt dies zu einem unüberwindbaren Chaos. Es ist für den kleinen Kreis von Führungskräften der ersten Führungsebene schon schwierig genug, sich auf wenige gemeinsame Unternehmensziele einzuschwören. Um wie viel schwieriger würde es sich gestalten, wenn noch mehr Personen daran beteiligt wären. Eine gemeinsame Entscheidungsfindung und das Vertreten einer gemeinsamen strategischen Ausrichtung nach innen und außen erfordert eine überschaubare Anzahl an Personen.

Und wie sollten die jeweiligen Unternehmensbereiche die strategischen Vorgaben operativ erfolgreich umsetzen, wenn vom Topmanagement unterschiedliche Signale aufgrund widersprüchlicher Haltungen von Führungskräften der ersten Ebene ausgehen würden. Sie würden ihre Handlungsfähigkeit verlieren, und dies gilt auch in einer Arbeitswelt 4.0. Vorstellbar ist, dass aufgrund der zunehmenden Komplexität wenige weitere Vorstandspositionen hinzukommen, wie beispielsweise für digitale Technologien. Aber die Führungsteilung einer Position oder Führung in Teilzeit in diesen Positionen erscheint weiterhin unwahrscheinlich.

Zusammenfassend lässt sich für die zentralen Veränderungen der Arbeit 4.0 festhalten, dass vor allem mit einer Flexibilisierung der Arbeit im Hinblick auf Ort und Zeit sowie Ausgestaltung des Arbeitsverhältnisses in Stamm- und Satellitenbelegschaften, agilen Organisationsformen und steigenden Anforderungen an Führungskräfte zu rechnen ist. Auch in einer Arbeitswelt 4.0 wird es weiterhin oberste Entscheidungsorgane in Unternehmen geben, diese Organisationsstruktur wird selbst im Kontext agiler Organisationsformen weiter existieren. Damit bleibt die Frage bestehen, ob die heutigen Aufstiegsbarrieren ins Topmanagement für Frauen auch in einer Arbeitswelt 4.0 weiterhin bestehen bleiben.

Abschließend werden die Faktoren der Veränderung der Arbeitswelt 4.0 in Tabelle 1 dargestellt.

Tab. 1: Veränderungen der Arbeitswelt 4.0, Quelle: eigene Darstellung in Anlehnung an BMAS 2017, BMFSFJ 2017, Franken 2015, Fraunhofer IAO 2014, Rump, Eilers 2017, Shareground und Universität St. Gallen 2015.

Digitalisierung	Echtzeitvernetzung von Maschinen- und Produktteilen, Big Data, Data Mining, Prosumenten, Veränderung aller Lebensbereiche
Arbeitsformen und -verhältnisse	Stamm- und Satellitenbelegschaften, flexible Arbeitsmodelle, Scheinselbstständigkeit, (Solo-)Selbstständigkeit, Crowdworking, Clickworking, Plattform-Ökonomie, Flexibilisierung von Arbeitszeit und Arbeitsort
Organisationsstrukturen	Flache Hierarchien, einfache und schnelle Entscheidungsprozesse, agile, liquide und atmende Organisationen, Vernetzung und Austausch, Care Companies
Führung	Flache Hierarchien, einfache und schnelle Entscheidungsprozesse, Vernetzung und Austausch, interdisziplinäre und internationale Teams, neue Kompetenzanforderungen, Leadership-Kompetenzen
Kulturwandel	Fehlerkultur, Aufbrechen von Silodenken, Intrapreneurship, Schnelligkeit, Generationen-Mix, Interkulturalität

3 Die gläserne Decke

Dieses Kapitel beschäftigt sich mit der Begrifflichkeit der gläsernen Decke und ihren jeweiligen Ausprägungen. Und es soll geklärt werden, ob eine gläserne Decke in der heutigen Arbeitswelt tatsächlich existiert und damit Frauen mit unsichtbaren Barrieren im Rahmen ihres Aufstiegs ins Topmanagement konfrontiert sind.

3.1 Begriffe

Wenn im Folgenden von Führungspositionen, oberstes Management oder **Topmanagement** gesprochen wird, so wird hierunter jeweils die formal definierte oberste Führungsposition beziehungsweise Führungsebene (Vorstands- und Geschäftsleitungsebene) in privatwirtschaftlichen Organisationen verstanden. Dies bedeutet, dass diese formale Position mit Entscheidungsbefugnissen ausgestattet ist, die für eine Organisation von strategischer Bedeutung sind. Es wird über die Verwendung von Betriebsmitteln, Budgets, Finanzen sowie über die Entwicklung von Produkten, die Gestaltung der Arbeitsorganisation und das Personal entschieden. Entsprechend hoch sind die Verantwortlichkeiten. Die strategische Bedeutung dieser Position ist auch immer abhängig von der Organisationsgröße und -form. Mit dieser Sichtweise übereinstimmend werden jene Angestellten, die mit diesen Leitungs- und Steuerungsfunktionen ausgestattet sind, folgend als Führungskräfte oder Topmanager bezeichnet. Die Betrachtung der Position von Aufsichtsrätinnen wird hier explizit ausgeschlossen, denn die Einführung einer gesetzlichen Frauenquote verfälscht den Blick auf den Anteil von Frauen in Führungspositionen. Mit der Quote sind auch zahlreiche Barrieren, die einen Aufstieg in oberste Führungspositionen ansonsten verhindern, teilweise obsolet.

Unter **Karriere** wird im weiteren Verlauf der Arbeit die klassische vertikale berufliche Aufstiegsentwicklung von Personen verstanden. Karriere soll als kontinuierlicher beruflicher Erfolg verstanden werden, der im besten Fall in eine sehr erfolgreiche Berufslaufbahn und in die Besetzung einer (Top-)Führungsposition mündet. (Vgl. Kirschten 2017: 299 f.).

Die **gläserne Decke** („glass ceiling“) bedeutet, dass Frauen in ihrer Karriere den Sprung in das obere Management nicht schaffen – im Gegensatz zu Männern. Ihre Karrieren enden an einer Art „gläsernen Decke”. Unter dieser Metapher der „glass ceiling“ versteht man „[...] subtile, nicht oder kaum wahrnehmbare Mechanismen, die Frauen den Weg vom mittleren zum oberen Management blockieren.” (Henn 2012: 77). Diese Barrieren können sichtbar oder auch unsichtbar sein. Mit der gläsernen Decke wird also versucht, einen Erklärungsansatz für das Phänomen der Unterrepräsentanz von Frauen in oberen Führungspositionen zu finden. Die Metapher der gläsernen Decke wurde erstmals im Wall Street Journal am 24. März 1986 erwähnt, als Carol Hymowitz and Timothy Schellhardt (1986) über diskriminierende Strukturen und Praktiken in Unternehmen berichteten: „Even those few women who rose steadily through the ranks eventually crashed into an invisible barrier. The executive suite seemed within their grasp, but they just couldn't break through the glass ceiling.” (Hymowitz, Schellhardt 1986). (Übersetzung: „Selbst die wenigen Frauen, die stetig in der Hierarchie aufrückten, krachten schließlich in eine unsichtbare Barriere. Die Chefetage schien in Reichweite, aber sie konnten die gläserne Decke nicht durchbrechen.“).

Eagly und Carli haben die Metapher der gläsernen Decke um die Metapher des **„Labyrinths“** („labyrinth“) erweitert. (Vgl. Eagly, Carli 2007: 62–71). Sie sehen die Problematik der gläsernen Decke als zu eng gefasst, denn Frauen stoßen nicht nur auf ihrem Weg in die obersten Führungsetagen auf Hindernisse. Vielmehr begegnen Frauen auf ihrem gesamten Karriereweg vielschichtigen Herausforderungen, die es zu überwinden gilt. Daher wird die Metapher eines Labyrinths viel eher der Komplexität und den Hindernissen im Rahmen einer weiblichen Laufbahn Richtung Topmanagement gerecht. Denn die Irrwege und Kreuzungen auf dem Weg nach oben gleichen einem Labyrinth, in dem man sich leicht verirren kann und nur wenige Frauen den Weg an die Spitze finden.

Und selbst dann, wenn es Frauen gelingt, sowohl die Labyrinthe zu durchschreiten als auch die gläserne Decke zu durchbrechen, so werden sie oftmals auf Führungspositionen gesetzt, die als **„gläserne Klippen“** („glass cliffs“) bezeichnet werden. Unter diesem Begriff der gläsernen Klippe werden jene Führungspositionen bezeichnet, die als besonders unsicher und schwierig gelten und damit die Gefahr des Scheiterns der Führungskraft außerordentlich hoch ist. (Vgl. Ryan, Haslam 2005). Solch heikle Führungspositionen werden überproportional mit Frauen besetzt. Zudem sind diese Positionen häufiger unter Beobachtung und damit wahrnehmbarer, die betroffenen Führungskräfte sind stärker der Kritik ausgesetzt. Infolge der hohen Wahrscheinlichkeit eines Misserfolges in dieser Position, kann dies zur Festigung des Vorurteils beitragen, dass Frauen schlechter führen. Dieses Phänomen der gläsernen Klippe gilt mittels Dokumentenanalyse als auch im Rahmen experimenteller Studien als belegt. (Vgl. Wegge 2017, Ryan, Haslam 2005).

3.2 Zur Präsenz der gläsernen Decke

Es gibt Strömungen, welche die Existenz einer gläsernen Decke als Mythos bezeichnen (vgl. beispielsweise Bauer-Jelinek 2014, Buchanan 2011, Ochsenfeld 2012). So spricht Wirtschaftscoach und Autorin Christine Bauer-Jelinek von der gläsernen Decke als Mythos und betrachtet vor allem die Einführung einer Frauenquote als kontraproduktiv für die Karriereentwicklung qualifizierter Frauen. (Vgl. Bauer-Jelinek 2014: 13). Ebenso führt Mike Buchanan, Schriftsteller und politischer Vertreter von Männerrechten, die fehlende Karriereumsetzung von Frauen nicht auf die Existenz einer gläsernen Decke zurück. In seinem Buch (vgl. Buchanan 2011) versucht er vielmehr, deren gängige Argumente zu widerlegen. Hierbei sind die verbreiteten Thesen immer die gleichen: Frauen entscheiden sich lieber für die Familie anstelle der Karriere, es ist keine ausreichend große Zahl an qualifizierten Frauen vorhanden oder Frauen sind nicht genügend karriereorientiert. Meist liegen die Gründe für eine fehlende Karriere von Frauen in der Person selbst begründet. Denn schließlich gäbe es ja ein Gleichstellungsgesetz, so dass die Türen offen stehen würden für die Entwicklung von Frauen bis in das Topmanagement. (Vgl. Bauer-Jelinek 2014: 14, Buchanan 2011). In Konsequenz können Frauen nur selbst die Verursacher ihres fehlenden Aufstiegs ins Topmanagement sein. Wie noch gezeigt werden wird, mag es sicherlich in den Frauen selbst liegende Gründe geben, weshalb eine Karriere bis ins Topmanagement nicht immer angestrebt wird, doch sollte diese Sichtweise nicht pauschal auf alle Frauen übertragen werden.

Auch die Studie „Ende einer Genderphantasie: Die Gläserne Decke in Scherben" von Ochsenfeld folgt einer ähnlichen Argumentation. Sie zeigt, dass Karrieremöglichkeiten von zwei Faktoren abhängen, zum einen von der Wahl des Studienfachs und zum anderen vom Zeitpunkt der Familiengründung. Hierzu untersuchte er im Rahmen des HIS – AbsolventInnenpanels (HIS Hochschul-Informations-System eG) die Berufswege von 1780 männlichen und 2466 weiblichen Universitätsabsolventen im Zeitraum von zehn Jahren nach Verlassen der Universität. Hierbei bezieht sich jedoch die Studie nicht auf obere Führungsebenen, sondern auf eine „erste Managementposition". (Vgl. Ochsenfeld 2012: 524). Fehlt jedoch die Basis erster Managementerfahrungen, steigt man infolge auch in keine Topposition auf. Die Studie macht nicht betriebliche Rahmenbedingungen für fehlende Karrieren von Frauen bis ins Topmanagement verantwortlich, sondern die individuellen Entscheidungen von Frauen bezüglich ihrer Studiengänge und privaten Lebensgestaltung. Im Ergebnis seiner empirischen Studie hält Ochsenfeld fest, dass die gläserne Decke kein Ergebnis von Diskriminierung gegenüber Frauen durch betriebliche Akteure ist, sondern vielmehr auf die Selbstselektion von Studienfach und Familiengründung seitens der Frauen zurückzuführen ist. (Vgl. Ochsenfeld 2012: 507–534).

Verdeutlicht dieses Studienergebnis jedoch nicht viel eher, dass es zwingend strukturelle, politische und kulturelle Barrieren geben muss, wenn eine Frau im Gegensatz zu einem Mann aufgrund von Familiengründung und Studienfachwahl keine Karriere verwirklichen kann? Denn zum einen finden sich Frauen heute auch in sogenannten männlich orientierten Studiengängen wie die MINT-Fächer (MINT: Mathematik, Ingenieurs- und Naturwissenschaften, Technik) wieder. Zum anderen scheint für Männer offensichtlich das Vorhandensein von Familie kein Hinderungsgrund darzustellen, Topmanagement-Positionen zu besetzen.

Den Ausführungen, welche die Existenz einer gläsernen Barriere infrage stellen, stehen wiederum zahlreiche Studien gegenüber, welche das Vorhandensein gläserner Decken, Labyrinthe und Klippen bestätigen. So zeigen beispielsweise Studien von Funken, dass Männern der Aufstieg ins obere Management gelang, ohne bessere Leistungen oder mehr Engagement als Frauen gezeigt zu haben. (Vgl. Funken 2005). Vor allem die Studie von Hermann und Strunk zeigt eindrücklich, dass das Geschlecht die entscheidende Rolle für die Karriere spielt. (Vgl. Hermann, Strunk 2012: 41). Um valide Aussagen über geschlechtsbedingte Ungleichheiten in Karrieren von Frauen und Männern treffen zu können, wurden von Strunk et al. eine gemeinsame Vergleichsbasis mithilfe der Methode virtueller Zwillinge geschaffen. (Vgl. Strunk et al. 2005). Hierbei beinhaltet der Aspekt virtueller Zwillinge, dass 52 Paare gebildet wurden, AbsolventInnen und Absolventen der Wirtschaftsuniversität Wien, die sich in keiner anderen Hinsicht als ihrem biologischen Geschlecht unterschieden. Die anderen vergleichenden Ausgangsdaten waren identisch und beruhten auf 23 Kriterien wie Bildung, Alter, Persönlichkeit, berufsbezogene Motivation oder soziale Herkunft. Eines der Ziele der

Studie war es zu prüfen, ob Geschlecht tatsächlich eine relevante Variable im Karriereverlauf darstellt. Wichtig ist hierbei, dass die Karriereverläufe unabhängig von Erziehungs- oder Pflegezeiten, dem Arbeitsfeld und dem Berufswahlverhalten waren. Die Ergebnisse der Studie waren eindeutig, die Karrierewege von Frauen und Männern wiesen ungleiche Gehaltsentwicklungen und Führungsverantwortung auf. Die Frauen hatten im Verlauf ihres Karriereweges ein geringeres Einkommen und weniger Führungsverantwortung. (Vgl. Strunk et al. 2005).

Ebenso ist es Weissenrieder et al. (2017: 115–132) mit ihrer Studie „Ist die gläserne Decke noch aktuell?" gelungen, die Existenz von Aufstiegsbarrieren für Frauen in das Topmanagement nicht nur qualitativ wie bisher nachzuweisen, sondern auch quantitativ zu belegen. (Vgl. Weissenrieder et al. 2017: 116). Gegenüber der Methodik dieser Studie könnte kritisch angemerkt werden, dass sich die Ergebnisse auf ein einziges untersuchtes Unternehmen beschränken. Positiv betrachtet schafft dieser Umstand jedoch eine vergleichbare Situation bei der Interpretation der Ergebnisse. Auch die Forschungsfrage und -ergebnisse basieren auf subjektiven Wahrnehmungen der befragten Frauen und Männer: Wie nehmen „[...] Frauen und Männer unternehmenskulturelle Aspekte – Beziehungen und Netzwerke, MitarbeiterInnenförderung, Stellenbesetzung und Rekrutierung sowie Präsenz am Arbeitsplatz – in Bezug auf ihre Karriereperspektiven [...]" wahr? (Weissenrieder et al. 2017: 115). Die Studie zeigt für diese unternehmenskulturellen Aspekte, dass die bisher nur qualitativ belegten Aufstiegsbarrieren für Frauen auch messbar vorhanden sind.

Bevor jedoch die Unterrepräsentanz von Frauen in Führungspositionen abschließend auf die Existenz einer gläsernen Decke zurückgeführt wird, sollte zuvor geklärt werden, ob ein quantitativer oder qualifikatorischer Mangel an Frauen dafür verantwortlich gemacht werden kann. Dagegen spricht die folgende Statistik (siehe Tabelle 2).

Tab. 2: Anteil an männlichen und weiblichen Absolventen im Hochschulbereich in Deutschland, Quelle: eigene Darstellung in Anlehnung an Datenportal 2017, http://www.datenportal.bmbf.de/portal/de/Tabelle-2.5.83.html.

Jahr	Anteil männlicher Absolventen in Prozent	Anteil weiblicher Absolventen in Prozent
1996	58,3	41,7
2000	53,8	46,2
2005	50,6	49,6
2010	48,1	51,9
2016	49,0	51,0

Betrachtet man den Zeitablauf von 20 Jahren (vom Jahr 1996 bis zum Jahr 2016), so wird deutlich, dass Frauen einen hohen Anteil an Hochschulabschlüssen vorweisen. Zwischenzeitlich ist die Abschlussquote der Frauen sogar höher als die der Männer.

Damit gab es eine ausreichend große Zahl an Frauen, für deren Karriereentwicklung genügend Zeit vorhanden gewesen wäre. In Konsequenz müssten heute auch wesentlich mehr Frauen in den obersten Führungsetagen vertreten sein.

Im Jahr 2017 waren 75,2 Prozent aller Frauen erwerbstätig, die Erwerbstätigkeit der Männer liegt bei 83,1 Prozent. (Vgl. Statistisches Bundesamt a o. J.). Die geringe Zahl von Frauen in Führungspositionen kann also weder auf eine fehlende Erwerbstätigkeit von Frauen noch auf deren mangelnde Qualifikation zurückgeführt werden. Es müssen vielmehr andere Gründe vorliegen, die Karrieren von Frauen behindern. So weist auch die Sachverständigenkommission in ihrem zweiten Gleichstellungsbericht der Bundesregierung auf Hindernisse und Barrieren für gleiche Verwirklichungschancen von Frauen im Beruf hin. Sie nennt „[...] Diskriminierungen, Gewaltverhältnisse, strukturelle Benachteiligungen sowie Rollenbilder und Stereotype" als zentrale Gründe für die immer noch bestehende Benachteiligung von Frauen gegenüber Männern im Rahmen ihrer Verwirklichungsmöglichkeiten. (BMFSFJ 2017: 7).

Unter Berücksichtigung der vorangegangenen Ausführungen kann also davon ausgegangen werden, dass eine Diskriminierung von Frauen aufgrund ihres Geschlechts existiert. Damit ist das Geschlecht im Arbeitskontext relevant. Die in diesem Zusammenhang zu stellende Frage ist: Gibt es Erklärungsansätze und geschlechtsdiskriminierende Faktoren, die den Aufstieg von Frauen ins Topmanagement behindern?

4 Ausprägungen geschlechtsbezogener Aufstiegsbarrieren für Frauen in das Topmanagement – heute und in einer Arbeitswelt 4.0

Es wird im Folgenden nicht die umfangreiche Gender-Literatur aufgearbeitet, die sich mit den Gleichheits-, Differenz-, Dekonstruktionstheorien sowie dem Gender Mainstreaming und den damit verbundenen grundlegenden Diskursen beschäftigt. Vielmehr wird eine Einteilung in strukturelle, kulturelle sowie personelle Aspekte im Arbeitskontext vorgenommen, die den Aufstieg von Frauen in Führungspositionen behindern könnten. Diese Ergebnisse werden dann dahingehend diskutiert, wie sie sich in der Arbeitswelt 4.0 auf die Aufstiegschancen von Frauen auswirken könnten.

Die Ausprägungen der gläsernen Decke werden in drei Kategorien eingeteilt:
- strukturelle Aufstiegsbarrieren (Arbeitsorganisation)
- kulturelle Aufstiegsbarrieren (Unternehmenskultur)
- personelle Aufstiegsbarrieren (Mann und Frau)

Diese Hemmnisse stehen nicht für sich getrennt, sondern greifen ineinander und bilden damit eine Verflechtung unterschiedlichster Aspekte. Erst in ihrer Gesamtheit bilden sie die Barriere für den beruflichen Aufstieg von Frauen. (Vgl. Bultemeier et al. 2009).

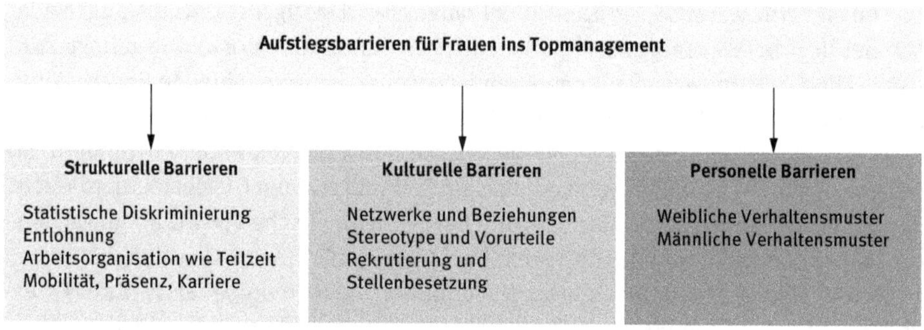

Abb. 2: Einteilung der gläsernen Decke in strukturelle, kulturelle und personelle Aufstiegsbarrieren, Quelle: eigene Darstellung.

4.1 Strukturelle Aufstiegsbarrieren im Arbeitskontext

Die folgenden strukturellen Barrieren beschäftigen sich mit stabilen sozialen Ordnungen und Konstrukten in privatwirtschaftlichen Unternehmen, welche den Aufstieg von Frauen in Führungspositionen verhindern. Denn Organisationen folgen nicht nur ökonomischen Prinzipien, sondern wurden und werden auch von historisch-gesellschaftlichen Herrschaftsformen geprägt. Es existieren Über- und Unterordnungsverhältnisse, zu denen auch Geschlechterordnungen gehören, das heißt Frauen und Männern werden bestimmte Plätze in der Organisation zugewiesen. (Vgl. Krell 2003). Ein Beispiel hierfür ist die traditionelle Geschlechterordnung im Topmanagement, weiterhin sind mehr als 90 Prozent dieser Positionen mit Männern besetzt. Diese geschlechtlich strukturierte, normierte und strategische Ausrichtung von Organisationen wirken sich beispielsweise auf Aspekte wie geschlechtsspezifische Arbeitsteilung, betriebliche Karrierestrukturen oder Mobilitäts- und Zeitanforderungen aus.

4.1.1 Statistische Diskriminierung

Die Zielsetzung eines privatwirtschaftlichen Unternehmens ist die langfristige Existenzsicherung am Markt, hierfür sind vor allem Gewinne erforderlich. Entsprechend rational werden Mitarbeiter und Führungskräfte für das Unternehmen ausgesucht: Sie sollen mithilfe ihres Qualifikationspotenzials, welches dem Unternehmen in Form von Arbeitskraft und Arbeitszeit zur Verfügung gestellt wird, den größtmöglichen Nutzen für das Unternehmen stiften. Die Personalsuche und -bindung, der Kompetenzerhalt sowie die Entlohnung dieses Personals verursachen Kosten, im Gegenzug hierzu erwartet das Unternehmen eine möglichst hohe Produktivität von seinem Personal. Dies mag als rationale Haltung von Arbeitgebern gelten. Doch beinhaltet diese Sichtweise eine geschlechterspezifische Differenzierung. Denn es existiert ein sogenanntes Durchschnittsbild über weibliche Mitarbeiter. Dieses beinhaltet folgende Sichtweise: Frauen sind aufgrund ihres Geschlechts für ein Unternehmen weniger produktiv und damit teurer als Männer. (Vgl. Littmann-Wernli, Schubert 2001: 137 ff.).

Hierfür werden zwei Gründe verantwortlich gemacht:

- Frauen weisen eine höhere Fluktuationsrate als Männer auf, das heißt sie verlassen zumeist aus Gründen familiärer Verpflichtungen wie beispielsweise Kindererziehung oder Pflegearbeit öfter ihren Arbeitsplatz. Damit lohnt es sich für ein Unternehmen nicht, in deren Personalentwicklung zu investieren und ihnen Führungsverantwortung zu übergeben.
- Frauen sind risikoaverser als Männer, deshalb sind sie für den Einsatz in Spitzenpositionen weniger geeignet. (Vgl. Littmann-Wernli, Schubert 2001: 146)

Auch wenn für beide Argumente keine statistische Evidenz gefunden wurde (vgl. Littmann-Wernli, Schubert 2001: 146 ff., Henn, 2009: 71), hält sich diese Sichtweise auf weibliche Mitarbeiter beständig. Frauen gelten immer noch als weniger produktiv als Männer und stiften daher für das Unternehmen einen geringeren Nutzen. Damit sind sie für Führungspositionen nicht geeignet.

Die Statistische Diskriminierung – Ausblick auf die Arbeitswelt 4.0

Sicherlich könnte die Arbeitswelt 4.0 mit ihren flexibilisierten Arbeitsstrukturen bewirken, dass Frauen eine im Erwerbsverlauf stetigere Biografie aufweisen, weil längere Erziehungs- oder Pflegezeit-Unterbrechungen entfallen. Damit wäre ein Argument der statistischen Diskriminierung ausgehebelt. Und Frauen könnten dann als genauso produktiv gelten wie Männer. Doch wären für diese Entwicklung auch politische und gesellschaftliche Prozesse notwendig. Wie in Teilen der skandinavischen Länder sollten Männer nicht nur durch finanzielle Anreize in Form eines höheren Elterngeldes dazu bewegt werden, ebenfalls wie Mütter in Elternzeit zu gehen. Vielmehr sollten die gesetzlichen Grundlagen vorsehen, dass der Vater gleich viel Elternzeit wie die Mutter nehmen muss. Entscheidet sich also die Mutter für beispielsweise vier Monate Elternzeit, so nimmt auch der Vater vier Monate Elternzeit. Dieses Gesetz würde für Unternehmen bedeuten, dass das Geschlecht bei der Personalauswahl, karriereorientierten Entwicklungsmaßnahmen oder der Übergabe von Führungsverantwortung nicht mehr entscheidend ist. Denn es werden nicht mehr nur die Frauen, sondern auch die Männer Unterbrechungszeiten aufweisen. Beide Geschlechter wären damit für das Unternehmen diesbezüglich gleich teuer. Die Folgen dieses Gesetzes wären zudem eine schnellere gesellschaftliche Akzeptanz sowie ein schnellerer unternehmenskultureller Wandel gegenüber Männern in Elternzeit.

Bezüglich der höheren Risikoaversion von Frauen im Vergleich zu Männern ist nicht davon auszugehen, dass sich diese geschlechtsbezogenen Verhaltensmuster mittelfristig ändern werden. Die Frage ist, ob erhöhte Risikobereitschaft eine Eigenschaft in der Wirtschaft darstellt, die heute oder in Zukunft erstrebenswert ist. Betrachtet man die negativen wirtschaftlichen und ethischen Auswirkungen der von risikofreudigen Männern getroffenen Entscheidungen, beispielhaft sei hier nur der Börsencrash von 2008 genannt, so erscheint eine ausgeprägte Risikoaversion als durchaus erstrebenswert. Würde man sich für die Zukunft und damit auch für die Arbeitswelt 4.0 nicht vielmehr ethisch vertretbare und differenziert getroffene Entscheidungen wünschen? Ist eine Entschleunigung und damit Risikoaversion bei der Entscheidungsfindung in der Arbeit 4.0 die bessere Strategie? Oder erfordert die Arbeitswelt 4.0 aufgrund ihrer zunehmenden Geschwindigkeit und Komplexität vermehrt risikofreudige Entscheider? Diese Fragen sind vorerst nicht abschließend zu beantworten.

4.1.2 Gender Pay Gap

Die Einkommensunterschiede zwischen Männern und Frauen verfestigen eine geschlechterspezifische Arbeitsteilung und tragen zu einer Beibehaltung patriarchalischer Strukturen bei. Heute liegt in Deutschland das Bruttoeinkommen von Frauen circa 21 Prozent unter dem von Männern bei gleicher Tätigkeit. (Vgl. Statistisches Bundesamt b o. J.). Im Bereich der Führung ist der Unterschied zwischen Frauen und Männern noch dramatischer. Der Gender Pay Gap bei vollzeiterwerbstätigen Frauen und Männern in Führungspositionen beträgt 26 Prozent, wobei die Frauen das geringere Einkommen beziehen. (Vgl. Holst, Friedrich 2017: 75). Und seit dem Jahr 1995 hat sich dieser Prozentsatz auch nicht verringert, vielmehr lag er zwischenzeitlich sogar noch deutlich höher, nämlich bei 33 Prozent im Jahr 2000 und bei 30 Prozent im Jahr 2005. (Vgl. Holst, Friedrich 2017: 75).

Es ist für Familien daher eine rationale Entscheidung, den Besserverdiener, in diesem Fall den Mann, als Ernährer im Berufsleben zu belassen. Und der Minderverdiener, also die Frau, bleibt für Familienpflichten wie das Aufziehen der Kinder oder Pflege Angehöriger zuhause. Damit übernehmen die Frauen den Teil unbezahlter Arbeit, während Männer den bezahlten Teil der Arbeit ausüben. (Vgl. Henn 2012). Die Folge ist, dass sich alte Rollenmuster verfestigen und sich Unternehmen in der Ausübung ihrer statistischen Diskriminierung bestätigt sehen. Eine ausführliche Auseinandersetzung mit dem Thema Gender Pay Gap findet sich im Beitrag von Kathrin Escher.

Gender Pay Gap – Ausblick auf die Arbeitswelt 4.0

Es ist fraglich, ob der Gender Pay Gap in der Arbeit 4.0 erhalten bleibt. Die Forderung nach gleicher Entlohnung bei gleicher Arbeit besteht schon seit Jahrzehnten und bisher ist wenig passiert. Die Strukturen der Arbeit 4.0 werden an ungleicher Entlohnung wenig ändern. Im Kontext der Entlohnung gibt es auch in der Arbeitswelt 4.0 keine anderen oder neuen Gründe, weshalb Transparenz über die Entlohnungshöhe nach Geschlecht geschaffen werden soll. Es sei denn, die bereits zahlreichen bestehenden nationalen und internationalen Gesetze und Richtlinien zur Entgeltgleichheit zwischen Männern und Frauen würden endlich greifen. Die Hoffnung liegt hierbei auf dem kürzlich beschlossenem Gesetz zur Entgelttransparenz (Gesetz zur Förderung der Transparenz von Entgeltstrukturen, vgl. EntgTranspG § 3 (2), Details hierzu sind im Beitrag von Kathrin Escher nachzulesen), welches eine größere Transparenz hinsichtlich Lohnunterschieden zwischen Männern und Frauen verspricht. Man wird sehen, ob es sich positiv oder negativ auf die Höhe des Gender Pay Gap auswirken wird.

Eine positive Auswirkung auf den Gender Pay Gap im Sinne einer Verringerung könnte die Plattform-Arbeit darstellen, denn hier herrscht Transparenz über die Zahlungsbereitschaft des Auftraggebers. Aber bei Plattform-Arbeit geht es nicht um das Geschlecht bei der Bewerbung um denselben Auftrag, sondern einzig um die absolute Höhe der Entlohnung im globalen Wettbewerb. Es stellt sich also hier nicht die Frage nach dem Aspekt gleicher Entlohnung von Mann und Frau, sondern um die Bereitschaft global konkurrierender Personen, zu einer bestimmten Entlohnungshöhe zu arbeiten. Diese Situation ist unabhängig vom Geschlecht zu sehen. Es könnte jedoch davon ausgegangen werden, dass erneut die Frauen ihre Arbeitskraft günstiger als Männer anbieten, wenn sie weiterhin eher als „Zuverdiener" in einem gemeinschaftlichen Haushalt leben denn als „Haupternährer". Die bisherige vorwiegend von Frauen ausgeübte Teilzeitarbeit wird also nur verlagert, nämlich auf die Plattform. Es ist auch denkbar, dass die Plattformen als weitere Einnahmequelle zusätzlich zur festangestellten Teilzeitarbeit dienen. Damit ist davon auszugehen, dass Frauen sich weiterhin im Niedriglohnsektor bewegen und ihre Arbeit günstiger anbieten werden als Männer.

Die Verwirklichung gleicher Entlohnung wird wahrscheinlich nur über die politische Willensbildung und daraus resultierenden rechtlichen Maßnahmen erreicht werden können.

4.1.3 Betriebliche Arbeits- und Karrierestrukturen

Aufstiegsrelevante und -irrelevante Positionen

Bei der Betrachtung von Positionen in Organigrammen ist feststellbar, dass Frauen öfter in Fachlaufbahnen oder in Stabsstellen zu finden sind als Männer, Letztere sind häufiger in klassischen Linienlaufbahnen anzutreffen. Doch schließen vorwiegend Linienpositionen Führungsverantwortung und Weisungsbefugnis ein und stellen damit aufstiegsrelevante Positionen dar. Auch sind diese Linienfunktionen und damit verbundene Führungserfolge in der Organisation sichtbarer und tragen eher zum Aufstieg bei. In diesem Zusammenhang wird die Behauptung aufgestellt, dass Frauen gezielt von aufstiegsrelevanten Positionen und strategisch relevanten Unternehmensbereichen ferngehalten werden. (Vgl. Ohlendieck 2003: 187 ff.). Es sei dahingestellt, ob dies ein gezielter Einsatz von Frauen seitens der Unternehmensführung darstellt oder ob es sich um selbstgewählte Funktionsbereiche handelt. Fakt ist jedoch, wenn Frauen in wenig aufstiegsrelevanten Bereichen des Unternehmens arbeiten, können sie keine Führungserfahrung sammeln und werden auch nicht als erfolgreich wahrgenommen. Diese Segregation in den Tätigkeiten wird als **„gläserne Wände“** („glass walls“) innerhalb der Organisationsstruktur bezeichnet.

Organisationen lassen sich also in **aufstiegsrelevante** und **aufstiegsirrelevante Positionen** einteilen. Dabei befinden sich Frauen in den peripheren Bereichen der Organisation, also jenen, die für einen Aufstieg weniger bedeutsam sind wie beispielsweise in den Funktionsbereichen Verwaltung, Human Resources (HR, Personal) oder Public Relations (PR beziehungsweise Öffentlichkeitsarbeit ÖA). Diese Bereiche stellen eine Sackgasse für die Karriere dar, denn sie umfassen weniger Einfluss und Macht und verfügen innerhalb des Vorstands über geringeres Prestige. Diese Sichtweise belegt auch das folgende Zitat: „Personalwesen und Unternehmenskommunikation sind keine Sprungbretter auf der Karriereleiter. Innerhalb von HR und ÖA ja, da können sie sich auch entwickeln. Das wird auch gemacht. Aber wenn Sie in HR oder ÖA sind als Frau, dann wechseln Sie nicht mehr woandershin. Das ist der geschlossene Turm für Sie.“ (Zitiert in: Wippermann 2010: 52).

Männer hingegen finden sich im Zentrum der Organisation wieder wie in den Bereichen Entwicklung, Finanzen oder Produktion. Um in Toppositionen gelangen zu können, muss man sich eben genau im Zentrum einer Organisationsstruktur befinden. „Nur im Zentrum befindet sich der Aufzugsschacht für eine schnelle und steile Karriere, der sogenannte glass lift“. (Ohlendieck 2003: 189). So können also organisatorische Unternehmensstrukturen im Sinne von **gläsernen Wänden** („glass walls“) und **gläsernen Aufzügen** („glass lifts“) strukturelle Barrieren für den Aufstieg von Frauen darstellen.

Aufstiegsrelevante und -irrelevante Positionen – Ausblick auf die Arbeitswelt 4.0

Wenn auch zukünftig von verstärkt agilen Netzwerk-Unternehmen als Organisationsform ausgegangen wird, so wird es dennoch immer eine **Stammbelegschaft** geben. Damit verbunden werden aber auch die aufstiegsrelevanten Positionen sein. Denn es ist davon auszugehen, dass die eher aufstiegsirrelevanten Positionen zu flexibilisierten und leicht zu digitalisierenden Funktionsbereichen umgestaltet werden. Die alles entscheidende Frage in Zukunft wird also lauten, wer gehört zur Stammbelegschaft und wer zur Satellitenbelegschaft. Denn diese Spaltung einer Organisation in eine vermehrt anwesende Stammbelegschaft und eine flexibilisierte, externe **Satellitenbelegschaft** wird voraussichtlich darüber entscheiden, wer Karriere machen kann und wer nicht. Denn es sind die Mitglieder der Stammbelegschaft, die weiterhin über karriereförderliche Instrumente verfügen. Sie sind angestellte Mitarbeiter des Unternehmens, sie sind anwesend, sie werden wahrgenommen, sie können aufgrund von direkter Kommunikation leichter netzwerken, Vertrauen aufbauen und sie werden von Unternehmensseite weitergebildet und gefördert. Sie kennen die unternehmensinternen Prozessabläufe und verfügen damit über ein größeres Generalistenwissen und sie weisen wahrscheinlich eine höhere Motivation und Identifikation mit dem Unternehmen auf.

Die **flexibilisierte Satellitenbelegschaft** hingegen ist extern, trägt wahrscheinlich selbst die Verantwortung für den Erhalt ihrer Beschäftigungsfähigkeit und Karriereentwicklung und wird voraussichtlich mithilfe von Software (die mit entsprechenden Algorithmen hinterlegt ist) gesteuert und beurteilt. Gleichzeitig handelt es sich hierbei vorwiegend um Spezialisten im Rahmen von Projektarbeiten oder eben auch niedrig Qualifizierte für einfach auszulagernde Tätigkeiten. Wahrscheinlich fällt die Identifikation mit dem jeweiligen Unternehmen eher gering aus, für das gearbeitet wird. Denn im Rahmen der Plattform-Ökonomie handelt es sich hierbei um Auftraggeber, die beliebig gewechselt werden können. Ebenso fallen bei diesen Fremdmitarbeitern die Vorteile persönlichen Netzwerkens geringer aus. Bekanntermaßen helfen zum Aufbau von Vertrauen und Netzwerken direkte Kommunikation und direkte zwischenmenschliche Interaktion. An all diesen angeführten Voraussetzungen für den beruflichen Aufstieg wird sich auch in der Arbeit 4.0 nicht viel ändern. Damit stellt sich die Frage, wer wird auch in Zukunft zur Stammbelegschaft gehören und wer nicht. Hierzu werden sicherlich jene Mitarbeiter gehören, deren Positionen als aufstiegsrelevant gelten.

Es ist also davon auszugehen, dass sich diesbezüglich am bisherigen Aufbau von Organisationen nicht viel ändern wird: Frauen werden sich wie bisher vorwiegend in den aufstiegsirrelevanten „glass walls“ bewegen, also in Funktionsbereichen wie Verwaltung, Personal oder Public Relations. Dies sind jene Strukturen, die stark digitalisiert sind oder werden können, man denke hier nur an die bereits heute vielfach digitalisierten personalwirtschaftlichen Prozesse. Damit werden Frauen verstärkt zur Satellitenbelegschaft gehören. Die Männer hingegen werden sich wie bisher in den aufstiegsrelevanten Positionen befinden und sich in der Stammbelegschaft bewegen. Damit sind sie erneut jene, die sich im Unternehmen ihre Aufstiegschancen sichern, auch in einer Arbeitswelt 4.0.

Teilzeitarbeit und Präsenzkultur

Die Forderung nach einer stärkeren **Vereinbarkeit von Beruf und Familie** hat zur Folge, dass eine Erhöhung der Teilzeitarbeit seitens der Gewerkschaften und Arbeitnehmer, aber auch seitens der Arbeitgeber durchaus gefordert wird. Denn Unternehmen wollen sich mithilfe von Teilzeitstellen als familienfreundlicher und flexibler Arbeitgeber positionieren, der eine Work-Life-Balance ermöglicht. Auch vor dem Hintergrund, die Integration von Frauen auf dem Arbeitsmarkt zu erhöhen, könnte Teilzeit ein wichtiger Faktor darstellen.

So sind es zumeist die Frauen, die im Vergleich zu Männern sehr häufig in Teilzeit arbeiten. Die Gründe hierfür liegen vielfach in der immer noch bestehenden Verantwortung der Frauen für die Familienarbeit. Fast 47 Prozent aller erwerbstätigen Frauen arbeiten in Teilzeit und nicht in einer Vollzeitstelle, im Vergleich zu den 28 EU-Ländern (hier liegt die durchschnittliche Teilzeitquote bei 32 Prozent) gehört Deutschland damit zu den drei Ländern mit den höchsten Teilzeitquoten. (Vgl. Hobler et al. 2017). Dies mag zwar zu einer allgemeinen Erhöhung der Erwerbstätigkeit von Frauen beitragen, hat aber gravierende negative Auswirkungen auf die Karriereentwicklung von Frauen. Denn bereits eine Reduktion der Arbeitszeit um nur zehn Prozent, also auf 90 Prozent einer Vollzeitstelle bedeutet, dass die **Karrierechancen** halbiert werden. Dieses Ergebnis hat die Advance Studie von Sander et al. (2016) ergeben, welche die Effekte und Konsequenzen verschiedener Arbeitsmodelle, insbesondere von Teilzeit, auf Mitarbeiter in Schweizer Unternehmen untersucht. Das Ergebnis war insofern verblüffend, als nicht das Geschlecht, die Nationalität, Mutterschaft oder Dauer der Betriebszugehörigkeit entscheidende Variablen für den beruflichen Aufstieg darstellen, sondern neben Faktoren wie Alter, Bildung, Verantwortungsumfang und Sichtbarkeit von Projekten vor allem der Umfang der Arbeitszeit relevant ist. (Vgl. Sander et al. 2016: 3). Das Ergebnis der Studie zeigt eindeutig: **Entscheidend für eine Karriere ist nach wie vor die Vollzeitanwesenheit und damit Präsenz am Arbeitsplatz.** Für Führungskräfte gilt weiterhin, dass sie eine 100 Prozent Vollzeitstelle innehaben und bis zu 50 Prozent dieser Arbeitszeit noch zusätzlich anwesend sein sollten. Wird Teilzeit von den Betroffenen eingefordert, selbst wenn es sich nur um eine Arbeitszeitverkürzung um zehn bis 20 Prozent handelt, sind die Auswirkungen sowohl für Männer als auch für Frauen entsprechend negativ: Ein Aufstieg in den Hierarchieebenen ist kaum mehr möglich. „Offenbar sind hohe Teilzeitpensen noch immer mit einem Stigma belegt. Unbewusst denken die für die Beförderung zuständigen Führungskräfte, dass die betroffenen teilzeitarbeitenden Personen doch nicht mehr richtig an einer Karriere interessiert sind." (Sander zitiert in: Kofler 2017). Auch Christiane Hesse, Vorstand Personal und Organisation der Volkswagen Financial Services betonte, dass Karriere machen Zeit und Kraft kostet und damit auch Verzicht bedeutet, „Das geht nicht alles in Teilzeit." (Zitiert in: Kals, Theissen, FAZ 2013: C1).

Diese Ergebnisse werden von der Studie von Weissenrieder et al. (2017) untermauert, und zwar aus Sicht der Arbeitnehmer. Es sind nicht nur die Führungskräfte selbst, die eine hohe Präsenzzeit einfordern, sondern auch deren Mitarbeiter. Denn hier antworteten 76 Prozent der befragten Führungskräfte auf die Frage: „Welchen Einfluss hat Ihrer Meinung nach Ihre Präsenz am Arbeitsplatz auf die Einschätzung Ihrer Leistung durch Ihre Mitarbeiter?", dass „[...] die Präsenz einen sehr großen oder bedeutsamen Einfluss hätte." (Zitiert in: Weissenrieder 2017: 125). Auch auf die Frage an Mitarbeiter, wie sie einen Vorgesetzten in Teilzeit finden würden, antworteten Männer signifikant häufiger mit der Antwort „nicht akzeptabel", wohingegen Frauen signifikant häufiger mit „sehr gut" antworteten. Die Hypothese „Die Präsenz am Arbeitsplatz hat einen signifikanten Einfluss darauf, wie die Leistung von Führungskräften wahrgenommen wird" (Weissenrieder 2017: 119), wurde durch die Studie von Weissenrieder belegt.

Auch Wippermann zeigt in seiner Studie „Männerperspektiven", dass von Männern die Inanspruchnahme von Teilzeit zwar als theoretische Option wahrgenommen wird, sie jedoch als „[...] finanziell riskant und mit Makel verbunden" eingeschätzt wird. (Wippermann 2016b: 12). Männern scheint im Gegensatz zu Frauen hierbei bewusst, dass Teilzeit sowohl ein Karrierehindernis darstellt als auch geringe Gehaltssteigerungen beinhaltet. Laut Wippermann betrachten Männer eine Vollzeiterwerbstätigkeit geradezu als männliches Schicksal und als Bestätigung vollwertigen Mannseins. Aus diesem Grund sehen auch Männer ihre Positionen meist nicht als teilzeitfähig an. (Vgl. Wippermann 2016b: 12 f., 66). Es ist daher auch nicht verwunderlich, dass nur sechs Prozent der Männer in Führungspositionen in Teilzeit arbeiten, hingegen nehmen 22 Prozent aller Frauen in Führungspositionen die Option der Teilzeit wahr. (Vgl. Holst, Friedrich 2017: 4).

Die **Präsenzkulturen** oder auch „Brauch der langen Arbeitstage" könnte auch als männlicher Widerstand gegen weibliche Führungskräfte interpretiert werden. Denn als Führungskraft hat man die beruflichen Belange den privaten unterzuordnen. (Vgl. Weissenrieder 2017: 119). So arbeiten beispielsweise 25 Prozent aller Männer in Führungspositionen mehr als 50 Stunden pro Woche, wohingegen Frauen in Führungspositionen durchschnittlich nur auf 40 Stunden pro Woche kommen. (Vgl. Holst, Friedrich 2017: 4). Dieses Phänomen kann auch als **Distinktionsvorteil** (Unterscheidungsvorteil) der Männer gegenüber Frauen beschrieben werden. Frauen können und wollen vielfach auch aufgrund ihrer Doppelbelastung von Beruf und Familie ihre zeitliche Anwesenheit im Unternehmen nicht unnötig ausdehnen. Männer hingegen grenzen sich durch ihren Anwesenheitskult strategisch gegenüber Frauen ab, sie unterscheiden sich und erreichen damit einen exklusiveren Status im Wettbewerb um Führungspositionen. Somit erreichen sie mit ihrer zusätzlichen Präsenzzeit sogenannte Distinktionsgewinne gegenüber den Frauen. (Vgl. Sander, Hartmann o. J.: 15).

Teilzeitarbeit und Präsenzkultur – Ausblick auf die Arbeitswelt 4.0

Das Problem von Präsenzkulturen in deutschen Unternehmen liegt darin begründet, dass die Leistung von Beschäftigten und ihr Commitment gegenüber dem Unternehmen an der Dauer ihrer Anwesenheit am Arbeitsplatz gemessen wird und nicht hinreichend an ihren erbrachten Ergebnissen. Ob sich dies in Zukunft ändern wird, bleibt fraglich, auch wenn Bultemeier, Marrs ankündigen, dass „[...] schon jetzt eine Abkehr von Präsenzzeiten als zentraler Machtressource im Kampf um Karrierepositionen" stattfindet. (Bultemeier, Marrs 2016: 7). Diese Aussage wäre zu unterstützen und mag in Zukunft auch vermehrt gelten, doch stellt sich erneut wieder die Frage, für welche Bereiche und Ebenen im Unternehmen sie relevant sein wird. Es ist unwahrscheinlich, dass sich die Präsenzkultur in Unternehmen für die Stammbelegschaft oder Führungskräfte wandeln wird. Denn die Stammbelegschaft wird sich in Abgrenzung zu den Fremdmitarbeitern beziehungsweise der Satellitenbelegschaft weiterhin mit Präsenz im Unternehmen positiv positionieren. Selbst dann, wenn die Anwesenheitsdauer weniger ausgeprägt der relevante Faktor für den beruflichen Erfolg darstellt als das Arbeitsresultat.

Es könnte in Zukunft zwar die **Ergebnisorientierung** und nicht die Präsenz in den Vordergrund von Beurteilungen rücken, doch eben verstärkt für die Satellitenbelegschaft. Und wenn man sich die Präsenzkultur der kalifornischen Unternehmen, insbesondere im Silicon Valley vor Augen führt, so gewinnt der **Präsentismus** sogar an Bedeutung im Vergleich zu heute. Und diese Entwicklung ist durchaus nachvollziehbar. Denn es ist fraglich, inwieweit sensible Unternehmens-Interna in eine Cloud ausgelagert werden, inwiefern Motivation, reibungslose Kommunikation, Identifikation mit dem Unternehmen oder Loyalität in virtuellen Teams und Crowdworking hergestellt werden kann. Menschen sind soziale Wesen, die den direkten Austausch mit anderen Menschen benötigen. Erst in dieser Form der Kommunikation kann Kreativität, Innovationsgeist und Begeisterung für das Thema geweckt werden. Als die technischen Möglichkeiten zur Durchführung von Videokonferenzen gegeben waren, ging man davon aus, dass nun die Reisekosten der Unternehmen dramatisch sinken würden, denn der Austausch hätte nun virtuell erfolgen können, Reisen wären überflüssig. Aber genau das Gegenteil ist eingetreten, die Reisetätigkeit hat zugenommen. Die Videokonferenz stellt ein ergänzendes Instrument dar, aber kein Substitut für den persönlichen Austausch. Und dies wird auch in einer Arbeitswelt 4.0 gelten, denn die Menschen ändern sich nicht in der gleichen Geschwindigkeit wie der technische Fortschritt.

Entscheidend festzuhalten ist: Die bereits vorhandenen Distinktionsgewinne der Männer in Form von Präsenz bleiben ihnen erhalten. Daher wäre es besonders für Frauen entscheidend, selbst bei Orts- und Zeitflexibilität präsent zu sein, weil die Sichtbarkeit im Unternehmen gegeben sein muss, um Karriere zu machen. Ist dies nicht der Fall, werden die Frauen weiterhin zwar als die bekannten fleißigen Arbeitsbienen wahrgenommen, jedoch nicht befördert. Zudem sollte man sich vor Augen halten, dass das Homeoffice über einen längeren Zeitraum durchaus die traditionelle Rollenverteilung „Frau ist zuhause“ zementiert.

4.1.4 Zwischenfazit strukturelle Aufstiegsbarrieren

Zusammenfassend kann für die strukturellen Karrierebarrieren für Frauen auf dem Weg ins Topmanagement festgehalten werden, dass sich auch in veränderten Arbeitsstrukturen 4.0 wenig zugunsten der Frauen bewegen wird. Die Sichtweise auf Frauen, dass sie höhere Fluktuationsraten haben, wird sich vielleicht erst dann ändern, wenn Männer aufgrund rechtlicher Regelungen ebenso zum Beispiel Elternzeit nehmen müssen wie Frauen. Und eine positive Sicht auf die Risikohaltung von Frauen wird erst dann eintreten, wenn sich ein grundsätzlicher Kulturwandel in Organisationen hin zu mehr Risikoverantwortung vollziehen wird.

Wahrscheinlich wird auch der organisatorische Aufbau in Unternehmen weiterhin von „glass lifts“ und „glass walls“ gekennzeichnet sein, zumindest für die Stammbelegschaft. Und es ist auch nicht erkennbar, dass Frauen in Zukunft aufstiegsrelevante Positionen einnehmen werden. Denn betrachtet man die heute von Frauen gewählten Studienfächer, so werden sie damit auch künftig keine aufstiegsrelevanten Positionen besetzen.

Präsentismus und die damit verbundenen Distinktionsgewinne der Männer erfahren vielleicht sogar eine zunehmende Bedeutung im Rahmen von Care Companies und auch die Zeit- und Ortssouveränität führt nicht zwingend zu verbesserten Karrierechancen. Denn hiermit verbunden ist eine fehlende Sichtbarkeit der Frauen in der Organisation. Und ebenso bedeutet die räumliche und zeitliche Arbeitsflexibilisierung nicht, dass ein zu erfüllendes Arbeitspensum im Hinblick auf eine Karriere weniger wird.

4.2 Kulturelle Aufstiegsbarrieren im Arbeitskontext

Organisationen verfügen über eine individuell gewachsene Kultur, der sogenannten Unternehmenskultur. Diese drückt sich in jeweils individuell gewachsenen Normen, Werten und Annahmen sowie Verhaltenskomponenten, kulturellen Artefakten und Symbolen in einem Unternehmen aus. (Vgl. Lönnies 2014: 328). Unternehmenskultur wird hierbei definiert als „[...] das jeweils spezifische Spektrum von Denkweisen, Vorstellungsgehalten, Normen und Werten eines Unternehmens, das in einem sich wechselseitig beeinflussenden Prozess die in ihm tätigen Individuen und Gruppen prägt, wiederum durch diese geprägt wird und so das Verhalten, die Handlungen und die Entscheidungen eines Unternehmens maßgeblich mitbestimmt.“ (Lönnies 2014: 339).

Die Unternehmenskultur prägt also den Umgang zwischen den Geschlechtern sowie den Umgang mit Geschlechterthemen. Sie wirkt damit entweder integrierend oder ausgrenzend auf die jeweiligen Geschlechter im Unternehmen.

4.2.1 Ausgrenzungspraktiken einer männlich geprägten Arbeitskultur – Beziehungen und Netzwerke

Die Gründe für Ausgrenzungen von Frauen bei ihrem beruflichen Aufstieg oder ihrer Tätigkeitsausübung als Führungskraft durch Männer-Netzwerke lässt sich unter anderem anhand von Homosozialität erklären.

Homosozialität bedeutet, dass:

- die wechselseitige Orientierung der Angehörigen eines Geschlechts aneinander erfolgt,

- die eigene Gruppe (in diesem Fall Männer) im Gegensatz zur Fremdgruppe (gemeint sind hier die Frauen) favorisiert wird,
- sie stärker von Männern als von Frauen gelebt wird,
- sie eine symbolische Funktion beinhaltet: der Aufbau eines gemeinschaftlichen Wertesystems und Einstellungen sowie die Bildung von männlichen Geschlechtsidentitäten,
- sie aber auch eine physische Dimension beinhaltet: Es werden exklusiv männliche Räume geschaffen, zu denen Frauen keinen Zutritt haben. In diesen Räumen findet die wechselseitige Orientierung auf individueller und kollektiver Ebene an den Geschlechtsgenossen statt. (Vgl. Meuser 2005: 276).

Die homosoziale Identitätsfindung erfolgt an institutionellen Orten, also auch in der Berufswelt, in Organisationen und Unternehmen und damit auch in den Führungsetagen. Dies sind jene Orte, an denen der Wettbewerb unter Männern stattfinden kann und die damit Barrieren für den beruflichen Aufstieg von Frauen begründen. Im Folgenden wird gezeigt, wie sich diese Mechanismen konkret auswirken.

Der Ausschluss von Frauen aus den **homosozialen männlichen Netzwerken** („Old Boys' Network") bedeutet, dass Frauen eher selten Mitglieder wichtiger Unterstützungs- und Solidaritätsverbünde sind. Diese Verbindungen sind aber ein bedeutsames Instrument für den Aufstieg, denn Führungspositionen werden mehrheitlich über persönliche Netzwerke besetzt. (Vgl. Wippermann 2010: 17). Frauen wird der Zugang zu diesen informellen Netzwerken aufgrund von Stereotypen und Vorurteilen verwehrt. Denn die homosozialen, meist traditionsgeprägten Männerbünde unterliegen strengen Vorschriften: Zugehörigkeit gilt als Privileg, es herrscht eine eingeschworene Kameradschaft, Brüderlichkeit und Gleichheit, strenge Hierarchien, Frauen sind unerwünscht. Diese männlich-brüderlichen Clubs pflegen ihre maskulinen Werte und Eigenschaften und grenzen sich dadurch nach außen ab, in ihnen findet die weitere lebenslange männliche Identitätsentwicklung der Männer statt. (Vgl. Rastetter 2005: 252 ff.). Die Beziehungen homosozialer Männer-Netzwerke beruhen häufig auf dem Prinzip der Selbstähnlichkeit, also gleiches Geschlecht, gleiche Herkunft, gleiche Bildung und Qualifikation. (Vgl. Henn 2012: 83, Wippermann 2010: 46). So ist zwar auch der Zugang für Männer schwierig, für Frauen jedoch so gut wie unmöglich. Eine Studie der Initiative Generation CEO (2007) besagt, dass 70 Prozent der weiblichen Führungskräfte die Dominanz der männlichen Netzwerke in Unternehmen als Hinderungsgrund für ihren Aufstieg ansehen. (Vgl. Kahlen 2007).

Die „Leader-Member-Exchange-Theorie (LMX)" (vgl. Graen 1976) stellt diese Wahrnehmung theoretisch dar. So können betriebliche Akteure in zwei Beziehungsgruppen eingeteilt werden: die **In-Group** und die **Out-Group**. Nur Akteure der In-Group erhalten Aufstiegschancen. Hierbei hängt die Wahrscheinlichkeit, in die In-Group zu gelangen, von der Übereinstimmung in Normen, Werten und Geschlecht der Akteure ab. Für die einzelnen Mitglieder ist es bedeutsam, durch praktizierte Rituale, Habitus und Sprachspiele ihre Zugehörigkeit zur In-Group immer wieder erneut zu bestätigen. Hierzu gehören männlichkeitsgeprägte Überlegenheitsrituale, die beispielsweise in der Sprache ihren Ausdruck in chauvinistischen Anzüglichkeiten finden können. Dies ist deswegen möglich, weil man sich in einem inneren Zirkel von männlichen Eliten befindet, Frauen würden hier nur Irritationen auslösen. (Vgl. Wippermann 2010: 46).

Folgende Zitate, die im Rahmen der Wippermann Studie von Führungskräften geäußert wurden, verdeutlichen diese Haltung:

„Im Augenblick haben sie im Vorstand eine Herrenrunde von 5 Leuten. Die gehen ganz anders miteinander um, als wenn da eine Dame sitzt. Das ist einer der wesentlichen Gründe, der nicht gerne ausgesprochen wird, der aber auch dazu führt, dass Führungskräftezirkel im Regelfall Männerzirkel sind." „Eine Frau im Vorstand würde das Beziehungsgeflecht untereinander stören." „Sie stört die Kreise. Sorry. Sie kommunizieren anders. Man kann es ganz platt ausdrücken: Sie können nicht mehr so viele dreckige Witze machen. Nicht die Fachkompetenz wird angezweifelt, darum geht es gar nicht. Es geht einzig und alleine darum, sie stört die Kreise, die Zirkel der Männer." (Zitiert in: Wippermann 2010: 51).

Damit sind Frauen in Konsequenz wesentlich seltener in diesen In-Groups vertreten als Männer. (Vgl. Bowler et al. 2010, Covey 2004, Weissenrieder et al. 2017: 126.).

Weitere Gründe für diese In- und Out-Groups liefert die „Soziale Dominanztheorie" nach Pratto und Sidanius (Vgl. Pratto et al. 1994, Sidanius, Pratto 1999). Dieser Ansatz besagt, dass menschliche Systeme dazu neigen, gruppenbasierte Hierarchien auszubilden. Diese lassen sich wie folgt charakterisieren:

- Es gibt ein System der Altersgruppierung (Ältere dominieren Jüngere).
- Es gibt ein System der Geschlechterrollen, in dem Männer disproportional mehr soziale und politische Macht haben als Frauen.
- Es gibt ein System sozial konstruierter Gruppen, deren Mitglieder besonders einflussreich sind, zum Beispiel aufgrund ihrer Zugehörigkeit zu einer ökonomischen Mitgliedschaft wie den Männerzirkeln.

Durch die Zugehörigkeit zu einer dieser übergeordneten Gruppe erlangen Individuen soziale Macht und Privilegien im Gegensatz zu untergeordneten Gruppen und schließlich geht es der Gruppe um die Aufrechterhaltung des Status quo durch Diskriminierung der schwächeren Gruppe. (Vgl. Bierhoff, Frey 2006, Six 2017).

Auch in Organisationen existieren diese **gruppenbasierten Hierarchien**. Hierbei nimmt die dominante Gruppe, in diesem Fall die Männer, die überwiegende Zahl an entscheidenden Führungspositionen ein und prägt damit für die Organisation ein „homosoziales Ideal" bezüglich der Unternehmenskultur, beispielsweise wie eine Führungsperson auszusehen und zu handeln hat. Diese Gruppe (der Old Boys' Networks) prägt also maßgeblich die Unternehmenskultur und gibt somit den Maßstab für soziale Werte und Normen vor. Sie grenzt nicht nur Frauen aus Führungspositionen aus, sondern repliziert sich immer wieder aufs Neue selbst. (Vgl. Krell 2011: 159). Rastetter formuliert diesen Prozess als „[...] die Reproduktion von immer Gleichen innerhalb der ‚männlichen Klonanstalt'". (Rastetter 1998: 174). Um diese Hierarchiestrukturen durchbrechen zu können, müsste mindestens ein 30-prozentiger Anteil von Führungspositionen mit Frauen besetzt sein. (Vgl. Charta der Vielfalt o. J.). Dies würde für die Einführung einer Frauenquote sprechen. Auch Thomas Sattelberger fordert vor diesem Hintergrund des „Prozesses der homosozialen Reproduktion" eine Frauenquote, denn nur diese kann dem Phänomen der immer wiederkehrenden Selbstreproduktion entgegen wirken. (Vgl. Sattelberger 2011: 430 f.).

Neben den oben angeführten Aspekten wirken aus weiteren wichtigen Gründen Männer-Netzwerke für Frauen als Aufstiegshindernis. Netzwerke sind immer auch Informationssysteme für beruflich relevante Mitteilungen und Botschaften. Informationen unterstützen bei der Entscheidungsfindung und sind damit Machtquellen. Werden Frauen aus diesen Kanälen ausgeschlossen, so können Informationsmangel und die damit einhergehende geringere Transparenz über das Unternehmen negative Konsequenzen für den Aufstieg haben. Des Weiteren werden Netzwerke als informelle Plattform für berufliche und private relevante Informationen genutzt und stellen damit auch eine Drehscheibe für die Rekrutierung oder Beförderung dar. Denn gerade die Besetzung von Führungspositionen unterliegt anderen Reglements als die von normalen Positionen. Diese Vorgehensweise bestätigt eine Studie des Fraunhofer Instituts: Führungspositionen werden selten über vorgegebene Stellenausschreibungen besetzt. (Zitiert in: Kaiser et al. 2012). Hierfür werden folgende Gründe genannt: Die mit dieser Position verbundenen komplexen und sich schnell wandelnden Aufgaben können nicht mit den üblicherweise eingesetzten standardisierten Personalauswahlverfahren abgebildet werden. In Konsequenz wird eher eine Person gesucht, in die das erforderliche Vertrauen gesetzt wird, dass sie die künftigen unsicheren Aufgaben bewältigen kann. Nicht umsonst haben laut dem „DAX-Vorstands-Report" der Odgers Berndtson Beratung fast 50 Prozent aller Vorstände mehr als die Hälfte ihrer beruflichen Laufbahn im derzeitigen Unternehmen verbracht, das heißt, „man kennt sich". (Vgl. Hansen: 2015: 13). Die Führungsgruppe will in sich homogen und vertrauenswürdig bleiben. Nicht umsonst gelten persönliche Empfehlungen und Referenzen als einer der wichtigsten Treiber für die Aufnahme in Führungspositionen. (Vgl. Jansen 2006: 240 ff.). Vertrauen zu erfüllen, ist für jemanden mit gleichem Geschlecht viel leichter herzustellen, weil damit auch weitere ähnliche Eigenschaften unterstellt werden und das allgemeine Muster von sozialer Nähe erfüllt wird. Die homosoziale Reproduktion der Männer wird damit bewusst oder unbewusst fortgeführt. (Vgl. Rastetter, 2005: 256 ff.).

Es kann festgehalten werden, dass Männer-Netzwerke aufgrund ihrer Tendenz zur homosozialen Selbstrekrutierung Frauen aus den Karrierewegen ausgrenzen. Die Muster dieser Netzwerke wirken sich insgesamt stark auf die Personalauswahl, -förderung und -beförderung aus.

Ausgrenzungspraktiken einer männlich geprägten Arbeitskultur – Beziehungen und Netzwerke – Ausblick auf eine Arbeitswelt 4.0

Organisationen in der Arbeitswelt 4.0 werden weiterhin eine oberste Führungsebene aufweisen, nur das mittlere Management wird aufgrund flacherer Hierarchien wahrscheinlich abgebaut werden. Das bedeutet, der Wettbewerb um die obersten Führungspositionen wird bereits im mittleren Management zunehmen und damit härter werden. Dies bedeutet in logischer Konsequenz für Männer-Netzwerke, dass sie eher noch enger zusammenrücken und sich gegenüber Eindringlingen noch stärker abschotten, eben weil die Ressourcen an Führungsebenen knapper werden. Damit nimmt das Bedrohungspotenzial weiblicher, karriereorientierter Wettbewerber in der Wahrnehmung von Männern zu. Basierend auf den vorangegangenen Ausführungen wird davon ausgegangen, dass die Stammbelegschaft aus primär aufstiegsrelevanten Positionen besteht und damit männlich besetzt ist. Dann wird künftig die Unternehmenskultur sogar noch stärker von männlichen Werten und Normen geprägt werden. Die Aufstiegschancen von Frauen sinken damit sogar im Vergleich zu heute.

Welche organisationskulturellen Entwicklungen könnte es in der Arbeitswelt 4.0 geben, um die Ausgrenzungspraktiken und Abwehrhaltungen gegenüber Frauen in Führungspositionen zu verhindern?

Aufklärung

Zunächst wäre denkbar, Frauen über die Existenz von Männerbünden und deren Strukturen, Funktionen und Strategien stärker aufzuklären. Es ist leichter, angemessen auf Kulturen zu reagieren, deren man sich bewusst ist. Als Reaktion darauf wäre eine stärkere Vernetzung von Frauen und die Thematisierung und gemeinsame Aufarbeitung der Problematik im Hinblick auf eine kollektive Entwicklung von Organisationsstrukturen und -kulturen, die eine gleichberechtigtere Karriereentwicklung von Frauen und Männern zulassen. (Vgl. Hochfeld 2016). Die Schwierigkeit besteht jedoch in der fehlenden objektiven Sichtbarkeit und Greifbarkeit dieser Männer-Netzwerke. Das bedeutet aber auch, dass hierüber kein gemeinsamer offener Diskurs geführt werden kann, weil deren Existenz bestritten wird.

Vorbildfunktion

Aufgrund des demografischen Wandels mit seiner Verknappung an Fach- und Führungskräften könnte ebenso ein von Männern initiiertes Vordenken im Topmanagement bezüglich der Notwendigkeit von Gleichstellung stattfinden. Die oberste Führungsebene agiert als Initiator und Vorreiter für Gleichstellung und setzt dieses Gedankengut von oben nach unten durch. Nur wenn das oberste Management eine Vorbildfunktion einnimmt, können hierarchisch tieferliegende Funktionsträger partizipieren. Die Aufnahme von Gleichstellungszielen in das Unternehmensleitbild sollte bereits heute und auch in einer Arbeitswelt 4.0 selbstverständlich sein.

Stärkere Partizipation von Männern in der Gleichstellungsarbeit

Wichtig bei allen Maßnahmen wäre hierbei zu berücksichtigen, dass die ebenbürtige Einbeziehung von Männern in die Entwicklung von Gleichstellungsmaßnahmen erfolgt. Es scheint ein folgenreiches Versäumnis vergangener und aktueller Gleichstellungspraktiken zu sein, die Einbindung der Männer nicht ausgewogen zu praktizieren. Diese Vorgehensweise sollte sich zumindest in einer Arbeit 4.0 neu darstellen, denn ohne die aktive Beteiligung und den aktiven Einsatz seitens der Männer wird Gleichstellung in Unternehmen nur schwierig umzusetzen sein. Die Einbindung der Männer in die Gleichstellungspolitik wird jedoch nur dann gelingen, wenn sich Männer nicht mehr als Verlierer von Gleichstellung betrachten, sondern deren Vorteile für die eigene Lebensqualität erkennen. Denn Männer haben auch private Nachteile aufgrund ihrer Aufnahme in Männer-Netzwerke. Denn das permanente Beweisen der eigenen Männlichkeit kann mit Versagensängsten, Verlustängsten der privilegierten Position, fehlender Zeit für die Familie und Anpassungsdruck an die Riten der Männerbünde verbunden sein. Die neueren Studien wie „Männerperspektiven" zeigen ja auf, dass sich die heutigen Männer theoretisch durchaus mehr Zeit für die Familie wünschen. (Vgl. Wippermann 2016b).

Ob diese Wahrnehmung seitens der Männer jedoch eintreten wird, ist fraglich. Denn der Gewinn anhand erweiterter Lebensmodelle beinhaltet gleichzeitig den Verlust an Macht, Ansehen und Einkommen. Die Frage ist zudem, was Lebensqualität für Führungspersonen bedeutet, welche Inhalte damit verbunden werden. Wahrscheinlich liegen hier die Priorisierungen bei Männern anders als angenommen und der berufliche Erfolg wird wichtiger gewertet als private Belange. Erst wenn die wahren und nicht die gesellschaftlich erwünschten Präferenzen der Männer bekannt sind, kann auf die Vorteile von Gleichstellung für Männer eingegangen werden. Es wäre auch denkbar, dass sich Männer den Opportunitätskosten von Work-Life-Balance stärker bewusst sind. Denn weniger Arbeit beinhaltet auch meistens ein geringeres Einkommen. Damit stößt man aber bei der Gestaltung eines angenehmen Lebens sehr schnell an seine Grenzen. Weniger Arbeit kann aufgrund eines geringeren Einkommens also auch weniger Lebensqualität bedeuten.

Politische Argumente

Nun könnte für die Zukunft der Arbeitswelt 4.0 argumentiert werden, dass Männerbünde aufgrund ihrer diskriminierenden Wirkung und auch im ökonomischen Sinne irrationalen Haltung sowieso keine Überlebenschance haben. Es ist jedoch fraglich, ob sich politische Argumente der Gleichstellung und abstrakte ökonomische Vorteilsargumente gegenüber individuellen Vorteilsgewinnen durch Netzwerke tatsächlich durchsetzen werden. Eine derartige Entwicklung erscheint eher unwahrscheinlich, auch wenn die Gleichstellungfassade seitens der Männer gewahrt wird und sich die Lippenbekenntnisse von Führungskräften teilweise anders anhören. Einen offenen

Widerstand gegen die Integration und den Aufstieg von Frauen wird es aufgrund von Political Correctness nicht geben.

Es muss also auch für eine Arbeitswelt 4.0 davon ausgegangen werden, dass Männer die Öffnung von Führungspositionen für Frauen auch in Zukunft nicht als Bereicherung, sondern bewusst oder unbewusst als Bedrohung wahrnehmen. Im speziellen Fall würde die Veränderung der Organisationskultur sogar noch erfordern, dass Männer individuelle, emotionale Lernprozesse durchlaufen müssten und ihren mit Privilegien verbundenen Status quo aufzugeben hätten. Aufgrund dieser Argumente erscheint es als unwahrscheinlich, dass kulturelle Organisationsveränderungen oder emotionale Veränderungen der Männer auf der ersten Führungsebene eintreten werden. Der Gedanke, dass in der Arbeitswelt 4.0 sich die Organisationskulturen innerhalb der obersten Ebenen hin zu einer gelebten Gleichstellungskultur entwickeln, erscheint kaum denkbar. Wahrscheinlicher ist, dass die Ausgrenzungspraktiken von Männern gegenüber Frauen weiterhin erfolgen.

Mittleres Management

Eine Öffnung von Führungspositionen auf unterer und mittlerer Führungsebene für Frauen ist hingegen heute schon erfolgt und erscheint akzeptabel und weniger bedrohlich. Wie sich diese Situation in der Arbeit 4.0 jedoch weiterentwickeln wird, ist fraglich. Denn die Hierarchieebenen werden voraussichtlich flacher werden und damit steigt der Wettbewerb um die wenigen vorhandenen Führungspositionen. Wer hierbei als Gewinner und Verlierer hervorgeht, wird sich zeigen. Es könnte aber unterstellt werden, dass dies nach wie vor die Männer aufgrund ihrer höheren Präsenzzeiten, der Besetzung aufstiegsrelevanter Positionen sowie verstärkter Netzwerkarbeit sind.

Organisationsveränderung

Zudem ist die Veränderung einer Organisationskultur mit ihren Normen und Werten schwierig, die Organisationsforschung hat dies hinlänglich belegt. (Vgl. Doppler 2017, Doppler, Lauterburg 2014, Schreyögg 2016). Zwar lassen sich Unternehmenskulturen als eine dynamische Größe mithilfe strategischer und operativer Maßnahmen wie Unternehmensleitbild, Personalpolitik, Führungsverhalten oder gelebtes Menschenbild verändern. (Vgl. Lönnies 2014). Doch gerade in der Arbeitswelt 4.0 mit ihrer zunehmenden kulturellen Vielfalt, ihrer organisatorischen Einteilung in Eigen- und Fremdmitarbeiter und den rapiden technologischen Neuerungen ist das oberste Management zunehmend verunsichert und wird sich daher auf seine homosoziale Reproduktion besinnen. Denn diese bleibt eine letzte Bastion, die Sicherheit und Vertrauen schafft. Damit scheint auch in Zukunft die Organisationskultur männlich zu bleiben. Die Arbeit 4.0 wird weiterhin, wenn nicht sogar einen verstärkten Zusammenhalt von Männer-Netzwerken beinhalten und damit Frauen aus dem Topmanagement ausschließen.

4.2.2 Auswirkungen von Stereotype auf die Stellenbesetzung, Personalförderung und Karriere

Eine bewusste Diskriminierung von Frauen wird heute aufgrund der Political Correctness sowie der rechtlichen Situation, genannt sei hier beispielhaft das Allgemeine Gleichbehandlungsgesetz (AGG) und Artikel 3 des Grundgesetzes der Bundesrepublik Deutschland, seltener oder nicht offen praktiziert. Dennoch findet weiterhin eine Diskriminierung von Frauen bei der Personalförderung und Stellenbesetzung von Führungspositionen statt. Diese Sichtweise teilt sogar die Bundesregierung, die in ihrem zweiten Gleichstellungsbericht schreibt: „Die Bundesregierung teilt die Auffassung, dass Benachteiligungen wegen des Geschlechtes zwar rechtswidrig sind, aber immer noch zur Lebenswirklichkeit vieler Menschen gehören." (BMFSFJ 2017: 7).

Gerade die Personalförderung ist jedoch entscheidend für die Entwicklung hin zu einer Führungsposition. Entscheidungsprozesse in einem Unternehmen, auch bezüglich personalwirtschaftlicher Maßnahmen, spiegeln die Unternehmenskultur wider. So liegen zwar meist einerseits formale, unternehmensinterne Vorgaben wie beispielsweise Stellenprofile, Anforderungsprofile, Stellenbesetzungspläne oder Stellenentwicklungspläne vor, gleichzeitig sind aber an diesen Prozessen auch Personen beteiligt. Diese sind nun Träger von unbewussten Vorurteilen, Diskriminierungen und Stereotypen, im Konzept der Sozialpsychologie auch Einstellungen genannt. (Vgl. Steffens, Ebert 2016: 14).

Vor allem die **Geschlechterstereotype** können zur Diskriminierung von Frauen im Berufsleben beitragen. Hierbei versteht man unter Stereotype „[...] Verallgemeinerungen oder Faustregeln, die allen Mitgliedern einer gegebenen Gruppe identische Merkmale zuschreiben [...]." (Steffens, Ebert 2016: 14). Diese Merkmale können sich auf physische Eigenschaften, Persönlichkeitseigenschaften, Fähigkeiten oder alltägliches Verhalten beziehen. (Vgl. Steffens, Ebert 2016: 14). Das Geschlecht gehört hierbei zu den am häufigsten genutzten Merkmalen, um die Identität einer fremden Person vorzunehmen, ist es doch auch ein zumeist auffälliges Kategorisierungsmerkmal von eigener zu fremder Gruppe. (Vgl. Spreemann 2000: 15). Diese Kategorisierung in männlich oder weiblich bewirkt, dass damit auch geschlechtsbezogene Verhaltensmuster erwartet und zugeordnet werden. Das Resultat sind Geschlechtsstereotype, also „[...] kognitive Strukturen, die sozial geteiltes Wissen über die charakteristischen Merkmale von Frauen und Männern enthalten." (Ashmore, Del Boca 1979). Dieses Wissen bezieht sich nicht nur auf physische Merkmale und persönliche Eigenschaften, sondern auch auf Berufe und soziale Rollen. So werden noch immer bestimmte **Berufsbilder**, etwa aus den Ingenieurswissenschaften oder aus dem Sozialbereich, und Eigenschaften, etwa Fachkompetenz oder soziales Verhalten, als typisch männlich oder typisch weiblich eingestuft. Hierbei ist sich die Forschung dahingehend einig, dass sich zwei allgemeine Dimensionen bezüglich Geschlechtsstereotypen herausgebildet haben, dies zeigt im Folgenden Tabelle 3 (Vgl. Steffens, Ebert 2016: 23).

Tab. 3: Geschlechtsbezogene Stereotyp-Zuschreibungen, Quelle: eigene Darstellung in Anlehnung an Steffens, Ebert 2016: 23, Krumpholz 2004: 24.

Geschlecht	Stereotyp	Merkmale
Frauen	Gemeinschaftsorientierung	Hilfsbereit, einfühlsam, rücksichtsvoll, emotional, abhängig, sanft
Männer	Handlungsorientierung	Kompetent, dominant, entscheidungsfreudig, rational, konkurrenzorientiert, leistungsorientiert, selbstsicher, unabhängig

Stereotype und Geschlechtsstereotype tragen allgemein dazu bei, die Komplexität des täglichen Lebens zu reduzieren, indem Situationen schneller erfasst und darauf schneller reagiert werden kann. Problematisch ist jedoch, dass Stereotype folgende Eigenschaften aufweisen:

- Sie haben einen normativen Charakter, tragen also zur Verfestigung eines Status quo in der Gesellschaft bei, wie zum Beispiel das Stereotyp „Frauen sind für die Kindererziehung zuständig“.
- Sie beeinflussen die Erwartungen an das jeweilige Geschlecht, wie zum Beispiel das Stereotyp „Frauen sind ungeeignet für Führungspositionen“.
- Informationen, die nicht zum Stereotyp passen, werden nur selektiv wahrgenommen, wie zum Beispiel das Stereotyp „Männer können einen Haushalt führen“.
- Sie sind änderungsresistent, also kaum wandelbar, wie zum Beispiel das Stereotyp „Frauen haben schon immer Familie gegenüber der Karriere vorgezogen“.
- Sie bewirken, dass das eigene Geschlecht bevorzugt wird, also eine Abgrenzung der Eigen- zur Fremdgruppe erfolgt, wie beispielsweise klassische Männerzirkel.
- Sie umfassen Geschlechterrollen, also die normative Erwartung bestimmter Eigenschaften und Handlungsweisen an das jeweilige Geschlecht, also beispielsweise „Der Mann ist der Ernährer, die Frau ist die Hüterin der Familie“.
- Hat über eine Person eine Stereotypbildung erst einmal stattgefunden, wird diese nicht revidiert, im Gegenteil, es wird nach bestätigenden zusätzlichen Informationen gesucht.
- Stereotypisierte Personen verhalten sich, wie es von ihnen erwartet wird, sie bestätigen durch ihr Verhalten unbewusst das auf sie angewendete Stereotyp.
- Stereotype wirken unbewusst, sie werden selbst dann angewendet, wenn man eigentlich bewusst anders handeln will. Geschlechterbezogene Assoziationen laufen automatisch ab, also implizit.
- Implizite Stereotype werden bereits nur durch die Anwesenheit einer sozialen Gruppe aktiviert, so genügt beispielsweise die Anwesenheit einer Frau, um typisch weibliche Stereotype unbewusst abzurufen.
- Stereotype bilden sogenannte spezifischere Stereotype über männliche und weibliche Untergruppen (Subtypen), das heißt, dass eine Abweichung vom übergeordneten Stereotyp Mann-Frau zulässig ist. So erhält beispielsweise eine „Karrierefrau“ die männliche Stereotypzuweisung „Handlungsorientierung“ und eine

geringere weibliche Stereotypzuweisung „Gemeinschaftsorientierung“, was dem eigentlichen Stereotyp „Frau“ widerspricht. Doch führt genau diese Subtypen-Bildung zu der widersprüchlichen Situation, dass die allgemeinen Geschlechterstereotype besonders stabil bleiben. Denn man kann irritierende Abweichungen im erwarteten Verhalten einem Subtyp und damit einer Ausnahme zuordnen. So bleibt das typisch weibliche Stereotyp erhalten. (Vgl. Steffens, Ebert 2016: 21–48, Regnet 1997: 244)

Geschlechterstereotype weisen also Eigenschaften auf, die zu sozialen und beruflichen Rollenerwartungen an die Geschlechter und zu einem vorhersehbaren Anspruch führen, wie Männer und Frauen sein sollen. Eine geschlechtlich strukturierte Kultur wird also immer Auswirkungen auf fast alle Bereiche in Unternehmensorganisationen haben, Stiegler spricht hier von „vergeschlechtlichen Organisationsprinzipien“. (Vgl. Stiegler 2004: 14). Vor allem im Hinblick auf die Führung von Unternehmen hat die männlich orientierte Unternehmenskultur entsprechende Auswirkungen. So hat Schein (Schein et al. 1996) mit ihrem Aufsatz „Think manager – think male: a global phenomenon?” verdeutlicht, dass Management und Führung weiterhin männlich attribuiert sind.

Tabelle 4 verdeutlicht die stereotypen, geschlechtsspezifischen Unterschiede bei der organisatorischen Gestaltung von Führung. Männliche Führungskräfte prägen auch eine männlich organisierte Führungskultur.

Tab. 4: Männliche und weibliche Organisationsprinzipien bei Führung, Quelle: eigene Darstellung in Anlehnung an Stiegler 2004: 14 f.

Organisationsprinzipien	Führung
Männlich	Führung durch die In-Group, elitär und autoritär mit folgendem Fokus auf „hard play“: Hierarchie, Individualismus, Konkurrenz, Befehl und Gehorsam, Aggression, Karriere, Erfolg im Beruf, Misstrauen, Logik, Verstand, messbare Fakten
Weiblich	Führung als Erste unter Gleichen, kooperativ mit folgendem Fokus auf „fair play“: Gleichheit, Partnerschaft, Partizipation, Kooperation, Vielfalt, Erfolg im Leben, Beziehungsorientierung, Emotion, Empathie, Kompromisse

In der Berufswelt sind immer noch die führungsrelevanten Anforderungen mit männlichen Eigenschaften belegt. (Vgl. Gmür 2004: 441, Schein et al. 1996). Diese männlich geprägten Modelle der Führung sind in ihrer kulturellen Auswirkung sogar so stark, dass von weiblichen Führungskräften mehr männliche Eigenschaften erwartet werden als von den Männern selbst. (Vgl. Gmür 2004: 412 ff.).

Diese männlich orientierten Anforderungen an Führungskompetenzen finden sich auch in **Beurteilungssystemen** wieder. Hier werden Kriterien zur Leistungsbeurteilung – bewusst oder unbewusst – zugrundegelegt, die stereotype Annahmen wie Entschlussfreudigkeit und Durchsetzungsvermögen in den Kriterienkatalog aufnehmen und damit den Führungsanspruch mit männlichen Führungseigenschaften reproduzieren. Es muss aufgrund der impliziten Geschlechtsstereotype davon ausgegangen werden, dass Frauen bei diesen männlichen Kriterien schlechter als ihre männlichen Kollegen bewertet werden. Damit beeinflussen auch diese Beurteilungssysteme negativ die berufliche Laufbahnentwicklung und den Zugang zu Weiterbildungsmaßnahmen. (Vgl. BMFSFJ 2017: 86, Steffens, Ebert 2016).

Dies belegt die geringere Teilnahme an **betrieblichen Weiterbildungen** von Frauen im Vergleich zu Männern. Bei Aufstiegsweiterbildungen ist der Männeranteil überdurchschnittlich hoch, während Frauen überdurchschnittlich häufig an Anpassungsweiterbildungen teilnehmen. Damit beinhaltet die Weiterbildung von Frauen im Wesentlichen den Aspekt des Erhalts beruflicher Fähigkeiten im Hinblick auf veränderte betriebliche Anforderungen. Zudem bekommen Männer die Weiterbildungsteilnahme häufiger von einem Arbeitgeber finanziert. Als Grund hierfür gilt erneut das Stereotyp „Führung ist männlich“: Weshalb eine Frau auf diese Position hin entwickeln, wenn doch sowieso verinnerlicht wurde, dass Männer eine Führungsaufgabe eher ausfüllen. Damit tragen Weiterbildungszugang und Beurteilungssysteme ebenso dazu bei, Frauen aufgrund von Geschlechtsstereotypen aus Karriereentwicklungen auszuschließen. (Vgl. BMFSFJ 2017: 86).

Doch nicht nur geschlechtsbezogene Stereotype beeinflussen die Karrierechancen einer Frau. Auch **berufsbezogene Stereotype** wirken sich stark auf die berufliche Situation einer Frau aus. Diese Sichtweise wird von dem grundlegenden „Modell der mangelnden Passung“ nach Heilmann belegt. Es wird gezeigt, dass Stereotype eben nicht nur auf Geschlechter oder soziale Gruppen bezogen werden können, sondern auch auf Berufe und Positionen. (Vgl. Heilmann 1983). Das Modell besagt, dass aufgrund von Geschlechtsstereotypen davon ausgegangen wird, dass Frauen weniger gut zu bestimmten Berufen passen als Männer. Entsprechend sind die Berufschancen abhängig davon, ob eine Frau sich auf einen stereotypen weiblichen Beruf bewirbt oder nicht. Diese Einschätzung, ob eine Passung zwischen Geschlecht und gewähltem Beruf vorhanden ist oder nicht, wirkt sich auf die Chance der Einstellung, die Einstiegsgehälter, Position, Personalentwicklung, Gehaltserhöhung und Beförderung aus. (Vgl. Heilmann 2012: 117). Betrachtet man die in Deutschland relevanten wirtschaftlichen Branchen wie Maschinenbau, so sind für eine Karriere klassische männliche Berufe wie Ingenieurswissenschaften und Maschinenbau gefordert. Die Passung zwischen dem Geschlecht und dem Berufsbild ist in den wirtschaftlich bedeutsamen deutschen Industriebranchen für Frauen nicht gegeben. Diese Sichtweise, dass es auch heute immer noch ein von Rollenbildern und gesellschaftlichen Vorstellungen geprägte „passende“ Berufe für Frauen und Männer gibt, die über spätere

Verdienst- und Aufstiegsmöglichkeiten entscheiden, bestätigt der zweite Gleichstellungsbericht der Bundesregierung. (Vgl. BMFSFJ 2017: 8).

Bei Führungspositionen, die stereotyp männliche Anforderungen stellen, scheint die Passung zwischen den Frauen zugeschriebenen Eigenschaften und der Position eher gering. Die **erwartete Passung** („Lack-of-Fit") zwischen beruflicher Position (Führungskraft) und Geschlecht (weiblich) scheint bisher kaum gegeben. Und selbst wenn Frauen das für die Position geforderte maskuline Verhalten zeigen würden, so wird dieses anders wahrgenommen als wenn es von Männern gezeigt wird. Verhält sich eine Frau betont männlich wie beispielsweise ausgeprägte Dominanz, Konkurrenzdenken oder teilweise übersteigertes Selbstbewusstsein, so wird dieses Verhalten als unweiblich, unpassend, unsympathisch oder gar als gezwungen männlich abgelehnt. Dieses nicht rollenkonforme Verhalten ambitionierter Frauen steht unter genauer Beobachtung, wird seziert, kritisiert und als anders oder unsympathisch eingestuft. (Vgl. Wippermann 2010: 56, 58). Die damit oftmals verbundene soziale Sanktionierung kann im Zweifel sogar dazu führen, dass sich Frauen verstärkt ihrem weiblichen Stereotyp entsprechend verhalten. Stellt sich jedoch eine Frau in ihrer Femininität dar – attraktiv, hohe Stimme, feminine Kleidung, feminines Parfum – umso weniger Kompetenzen werden ihr für einen männlich konnotierten Beruf zugeschrieben. Je weiblicher die Merkmale der Frau dabei erscheinen, desto weniger Kompetenzen werden ihr zugetraut. (Vgl. Eagly, Karau 2002, Steffens, Ebert 2016). Selbst der gleiche Tatbestand kann zwischen den Geschlechtern unterschiedlich wahrgenommen werden: Bei Männern suggerieren Familie und Kinder Stabilität, bei Frauen hingegen erhöhte Fluktuation, Fehlzeiten, geringere Produktivität oder berufliches Engagement. (Vgl. Regnet 1997: 248).

Im Umkehrschluss müsste dies bedeuten, dass Arbeitsbereiche mit typisch weiblichen Fähigkeitsanforderungen sich positiv auf die Karriere von Frauen auswirken. Man denke hier an die Bereiche Personalmanagement oder Kommunikation. Doch sind dies, wie bereits erläutert, aufstiegsirrelevante Positionen. Zudem konnte in Studien ein paradoxes Verhalten festgestellt werden: Selbst wenn die Besetzung einer Position typisch weibliche Stärken (beispielsweise Gemeinschaftsorientierung) erforderte, wurden die Frauen trotzdem diskriminiert. Die Begründung lag dann in der scheinbar fehlenden Fachkompetenz. (Vgl. Steffens, Ebert 2016: 44 f.).

Das Zusammenspiel von **Geschlechter- und Führungsstereotypen** hat sich für Frauen zu einer fast unüberwindbaren Karrierehürde entwickelt. Diese Situation wird auch als „Double-bind-Situation" bezeichnet (Krumpholz, 2004:114), denn Frauen können sich aufgrund der widersprüchlichen Anforderungen nie richtig verhalten: Wenn sich Frauen konsistent zum männlich konnotierten Führungsstereotyp verhalten, verletzen sie die Erwartungshaltung an ihre Geschlechterrolle und werden aus diesem Grund nicht befördert. Verhalten sie sich konsistent zu ihrem Geschlechtsstereotyp wird ihnen die Führungskompetenz abgesprochen.

Zusammenfassend kann festgehalten werden, dass geschlechtsspezifische Erwartungshaltungen und Geschlechtsstereotype zu Benachteiligungen von Frauen auf ihrem Karriereweg führen. Männlich orientierte Unternehmenskulturen und Organisationsprinzipien schaffen für Frauen zahlreiche Situationen, die einen Lack-of-Fit geradezu vorprogrammieren.

Auswirkungen von Stereotype auf die Stellenbesetzung, Personalförderung und Karriere – Ausblick auf eine Arbeitswelt 4.0

Im Folgenden stellt sich die Frage, inwieweit die Arbeitswelt 4.0 dazu beiträgt, gängige Geschlechterstereotype im Hinblick auf Organisationsprinzipien, wie beispielsweise „Führung ist männlich", aufzubrechen vermag. Grundsätzlich sind Stereotype über den Zeitablauf veränderbar, hierzu bedarf es aber nicht nur organisationaler, sondern vor allem auch gesellschaftlicher **Werteveränderungen**.

Im Rahmen der Arbeit 4.0 wird von agilen Organisationsformen mit flachen Hierarchieebenen ausgegangen, die vermehrt einen partizipativen Führungsstil erfordern. Leadership-Kompetenzen wie beispielsweise Kommunikationsstärke, Teamorientierung, Konfliktlösung, Motivation oder emotionale und soziale Intelligenz werden zur Führung flexibler Organisationen mit Stamm- und Satellitenbelegschaften verstärkt benötigt. Hierbei wird unterstellt, dass insbesondere Frauen über dieses Kompetenzprofil verfügen. Beispielhaft kann hier Schweden angeführt werden, wo zwischenzeitlich Führung nicht mehr mit männlich attribuierten Eigenschaften wie Aggression oder Hierarchie belegt sind, sondern mit genau jenen Leadership-Eigenschaften, die weiblich attribuiert sind. (Vgl. Mölders, Van Quaquebeke 2011).

Die veränderte Sichtweise auf Führung wird auch durch sich ändernde Einstellungen und Sozialisationen der Menschen im Zeitablauf bedingt. So werden Arbeitnehmer in Zukunft vermehrt Partizipation im Rahmen von Führung und Entscheidungsfindung einfordern. Denn nicht zuletzt erfolgt bereits heute die gesellschaftliche Sozialisation von Kindern stark partizipativ. Dies scheint die Notwendigkeit von beteiligenden Führungsstilen zu bestärken.

Ob diese Sichtweise auf Führung aber auch im Topmanagement gelten wird, ist fraglich. Im mittleren Management mögen verstärkt **weichere Führungseigenschaften** zum Steuern interkultureller Teams und von Eigen- und Fremdmitarbeitern erforderlich sein. Ein stärker partizipativ ausgerichteter Führungsstil mag unter diesen Bedingungen erfolgreicher sein als die reine Erfüllung von Managementaufgaben. Inwiefern jedoch ein bestimmter **Führungsstil** tatsächlich zum Führungserfolg beiträgt, ist vor allem für die oberste Führungsebene fraglich. Denn hier ist nicht der individuelle Führungsstil im Fokus, sondern die von einer Führungskraft erwirtschafteten Ergebnisse. (Vgl. Malik 2014). Letztlich ist der Weg dorthin irrelevant, denn eine Führungskraft kann sowohl mit autoritärem als auch kooperativem Führungsstil erfolgreich sein. Bis heute kann kein Führungserfolg wissenschaftlich fundiert auf einen konkreten Führungsstil zurückgeführt werden. Es besteht nur die Vermutung, dass in der Arbeit 4.0 ein partizipativ Führender aufgrund der künftigen Mitarbeiter- und Organisationsstrukturen erfolgreicher sein könnte. Dann hätten die Frauen zumindest im mittleren Management einen komparativen Vorteil gegenüber den männlichen Kollegen. Und es würde damit eine breitere Gesamtheit an potenziellen Frauen geben, die ins Topmanagement aufsteigen könnten. Doch gelten diese Entwicklungen laut Steffens und Ebert dann nicht, wenn es sich um starke geschlechtsstereotype Berufe und Positionen wie Fußballtrainer oder Vorstand eines Maschinenbau-Unternehmens handelt. Hier wird weiterhin eine diskriminierende Wahrnehmung auf das Geschlecht beibehalten werden. (Vgl. Steffens, Ebert 2016: 48).

Zu einem weiteren Abbau von geschlechtsbezogenen Stereotypen tragen **weibliche Vorbilder** im Arbeitskontext und im Privatleben bei. Die Studie „Mum's the Word! Cross national Effects of Maternal Employment on Gender Inequalities at Work and at Home" der Harvard Business School (vgl. Mc Ginn et al. 2015) zeigt die positiven Rollenvorbilder erwerbstätiger Frauen für ihre Kinder auf. Untersucht wurde in dieser Studie die Langzeit-Beziehung zwischen erwerbstätigen und nicht-erwerbstätigen Müttern und der jeweiligen Entwicklung ihrer Kinder. Es zeigte sich, dass die Töchter erwerbstätiger Mütter wiederum selbst eher erwerbstätig sind, mehr Stunden arbeiten, eher Karriere machen, mehr verdienen und weniger Stunden im Haushalt pro Woche arbeiten als Töchter von Müttern, die Vollzeit zuhause bleiben. Auch auf die Söhne erwerbstätiger Mütter hat deren Erwerbstätigkeit einen positiven Einfluss. Denn im Erwachsenenalter verbringen diese Söhne mehr Zeit mit der eigenen Familie. Damit brechen erwerbstätige Mütter traditionelle Geschlechterbilder für ihre Kinder auf und leisten einen wichtigen Grundstein für künftige Generationen von Frauen und deren gleichberechtigte Teilhabe am (Berufs-)Leben. (Vgl. Mc Ginn et al. 2015: 15–94, Preißing 2017: 226 f.).

Und je mehr Frauen es in Führungspositionen geben würde, desto schneller würden die Vorstellungen von „Führung ist männlich" aufweichen. Zudem wäre es eine Bestätigung für den weiblichen Führungskräftenachwuchs, dass auch Frauen in dieser Organisation Aufstiegschancen haben. Daher wäre es durchaus von Bedeutung, in einer Arbeitswelt 4.0 dafür Sorge zu tragen, dass die oben genannten Chancen von Frauen, sich im mittleren Management erfolgreich zu positionieren, verwirklicht werden. Dies würde sich dann zu einem sich selbst verstärkenden Mechanismus entwickeln, denn je mehr Führungsfrauen vorhanden sind, desto häufiger ist auch der Kontakt mit weiblichen Führungspersonen. Und die hohe Kontakthäufigkeit mit weiblichen Führungskräften wiederum trägt zum Stereotyp-Abbau bei. (Vgl. Dasgupta, Asgari 2004, Steffens, Ebert 2016: 33). Dieser Mechanismus konnte auch anhand einer Studie mit College-Studentinnen belegt werden. Je mehr Kontakt zu weiblichen Dozentinnen bestand, desto geringer war die implizite Stereotype „Männer sind Führungskräfte" und „Frauen sind Untergebene". (Vgl. Steffens, Ebert 2016: 33). Entscheidend ist jedoch, dass die Anzahl an weiblichen Führungskräften hoch sein muss, denn bei einer kleinen Anzahl von Frauen in Führungspositionen werden diese als Subtyp eingeordnet und das bestehende Stereotyp „Männer gleich Führung" stabilisiert. Die zweite Voraussetzung ist, dass die weiblichen Führungskräfte den Frauen in Nicht-Führungspositionen als nicht bedrohlich erscheinen dürfen. (Vgl. Steffens, Ebert 2016:

33). Diese Erkenntnis unterstützt die Forderung nach mehr Frauen in Führungspositionen. Nachdem es aber bereits hinlänglich viele Frauen im mittleren Management gibt, scheint dieser Stereotyp-Aufbruch bis heute jedoch nicht ausgereicht zu haben, um mehr Frauen in die obersten Führungspositionen zu bringen.

Zum weiteren Aufbrechen von Geschlechtsstereotypen tragen auch die **Verhaltensänderungen** von Frauen selbst bei, indem sie sich zwischenzeitlich genauso wie Männer erlauben, dominant, wettbewerbs-, karriere- und zielorientiert zu sein. Insgesamt kann davon ausgegangen werden, dass sich damit die normative Stereotyp-Erwartung gegenüber Frauen im Zeitablauf verändert. (Steffens, Ebert 2016: 48 ff.).

Dem widerspricht jedoch die Existenz **impliziter Stereotype** von Frauen. So mögen zwar Frauen explizit bei Befragungen bezüglich ihrer Selbstwahrnehmung Eigenschaften wie Dominanz, Wettbewerbs-, Karriere- und Zielorientierung nennen. Doch verfügen sie aktuell immer noch über implizite Wahrnehmungen, die dazu beitragen, dass Führung weiterhin männlich konnotiert wird. Im Rahmen von zahlreichen Studien mit impliziten Messverfahren zeigten sowohl Männer als auch Frauen dieselben Haltungen gegenüber den Geschlechterstereotypen: Beide Geschlechtsgruppen, Mann und Frau, haben das traditionelle Stereotyp „Mann und Karriere“ sowie „Frau und Familie“ miteinander verbunden. (Vgl. Rudmann, Kilianski 2000, Steffens, Ebert 2016: 27 f.). Damit liegen noch immer die alten Stereotype bei den Frauen unbewusst vor. Was jedoch viel tragischer ist, sie werden wahrscheinlich auch gelebt.

Bei der **Personalauswahl oder -beförderung** in der Arbeitswelt 4.0 wird künftig vermehrt Software darüber entscheiden, wer die beste Passung zwischen Anforderungsprofil der zu besetzenden Stelle und verfügbaren Kompetenzen hat. Es könnte also unterstellt werden, dass menschliche Stereotyp-Bildung nicht mehr greifen kann. Aber auch die technisch vollzogene Personalauswahl und -beförderung weist zahlreiche Problematiken auf. Hierzu finden sich im Beitrag von Martine Herpers die jeweiligen Aspekte. Das Problem ist, dass auch bei dieser scheinbar objektiveren Vorgehensweise bei Personalentscheidungen genauso diskriminierende Mechanismen gegenüber Frauen vorliegen können wie bei den bisherigen, persönlich stattfindenden Verfahren. Aber unabhängig von den fortschreitenden technischen Möglichkeiten wurde bereits gezeigt, dass in der obersten Führungsebene die Stellenbesetzung bis heute und wahrscheinlich auch in Zukunft aufgrund persönlicher Netzwerke und persönlicher Einschätzung der Person erfolgt. Denn hierfür spricht folgendes Argument: Vertrauen bleibt eine zentrale Voraussetzung für die Zusammenarbeit mit dem potenziellen Kollegen in einer Position auf oberster Ebene. Aus diesem Grund werden voraussichtlich weiterhin Männer-Netzwerke erhalten bleiben und die bewusste oder unbewusste homosoziale Reproduktion wird greifen.

Vor diesem Hintergrund ist das **Durchbrechen homosozialer Rekrutierungsmuster** eine immer wieder gestellte Forderung, wenn es darum geht, Personalauswahl und -beförderung geschlechtsneutraler zu gestalten. Inwieweit tief verankerte Prozesse der Bevorzugung von Eigengruppe gegenüber Fremdgruppe verändert werden können, erscheint schwierig. Als Lösung werden die Versachlichung und Professionalisierung der diesbezüglichen Personalprozesse gesehen. So sollen größere Pools zur Besetzung von Karrierepositionen gebildet werden, transparente, genderorientierte einheitliche Kriterien für die Stellenbesetzung vorliegen, kollektive Entscheidungen gefördert werden und insgesamt eine Diversifizierung des Karrieretypus in Hinblick auf beispielsweise Geschlecht, Ethnie oder Alter erfolgen. (Vgl. Boes, Bultemeier 2013). Diese Prozesse zur Personalauswahl und meist auch zur Beförderung sind bereits vielfach im Rahmen des personalwirtschaftlichen Qualitätsmanagements dokumentiert und damit versachlicht, transparent gemacht und professionalisiert worden – geändert in Bezug auf die Besetzung von Toppositionen hat sich aber bisher nichts. Und auch beim Einsatz entsprechender Algorithmen würden rein theoretisch diese geforderten formalen Kriterien erfüllt werden. Die damit verbundenen Probleme werden im Buchbeitrag von Martine Herpers ausführlich diskutiert. Daher kann also auch für die Arbeitswelt 4.0 nicht wirklich davon ausgegangen werden, dass formal veränderte Auswahl- und Beförderungsprozesse für das oberste Management tatsächlich eine Verbesserung im Hinblick auf Geschlechterneutralität bewirken. Auch das Argument, erhöhte Informationen über die Bewerber könne die Stereotypbildung gegenüber Frauen aufbrechen, konnte so nicht belegt werden. In mehr als 40 Studien konnte kein Nachweis darüber erbracht werden, dass mehr Information weniger geschlechtsbezogene Diskriminierung bedeutet. (Vgl. Steffens, Ebert 2016:42 f.).

Abschließend sollte noch ein Aspekt berücksichtigt werden. Es könnte eine für Frauen positive Situation bei der Besetzung von Vorstandspositionen in jenen Unternehmen eintreten, die bereits über einen hohen Anteil an Frauen im Aufsichtsrat verfügen. Diese könnten verstärkt zu einer kritischen Diskussion über die geschlechterbezogene Bestellung von Vorstandsmitgliedern beitragen. Und so zumindest die immer noch bestehende Unterrepräsentanz von Frauen im Vorstand thematisieren und die ökonomische und gleichstellungsorientierte Problematik zumindest in das Bewusstsein der anderen Mitglieder bringen. Langfristig mag dies eventuell kritische Reflexionen auslösen.

4.2.3 Zwischenfazit kulturelle Aufstiegsbarrieren

Zusammenfassend können für die kulturellen Barrieren bezüglich des Aufstiegs von Frauen in das oberste Management festgehalten werden, dass auch in Zukunft von geschlechterausgrenzenden Praktiken in der obersten Führungsetage ausgegangen werden muss. Denn die Toppositionen werden wahrscheinlich weiterhin aus den Mitgliedern einer Stammbelegschaft rekrutiert, das Verhalten homosozialer Reproduktion besteht fort und der Ausgrenzungsmechanismus männlicher Netzwerke greift weiterhin. Der Wandel einer Unternehmenskultur hin zu gleichstellungsorientierten Aspekten hat zwar schon begonnen und zeigt auch erste positive Auswirkungen bei der Besetzung von Führungspositionen, doch greifen diese primär für das untere und mittlere Management. Wie sich eine geschlechterneutrale Kultur in einer Arbeitswelt 4.0 darstellen wird bei erhöhtem Wettbewerbsdruck um Führungspositionen aufgrund flacherer Hierarchien, wird sich zeigen. Es kann aber davon ausgegangen werden, dass eher ein Rückfall in geschlechterdiskriminierende Muster stattfindet.

Auch die Wandlung von Geschlechterstereotypen gegenüber der Besetzung von Führungspositionen wird nur langsam voranschreiten, besonders im Hinblick auf implizite Stereotype. So werden immer noch starke geschlechtsstereotype Berufe und Positionen wie Vorstand männlich oder Helferberufe weiblich konnotiert. Und die digitalisierten Prozesse der Personalauswahl oder -beförderung – sofern die Anforderungskriterien für die Programmierung geschlechtsneutraler Algorithmen erfüllt werden – greifen eventuell für das mittlere Management, aber für die erste Führungsebene gelten andere Mechanismen. Auch die Argumentation, dass aufgrund des demografischen Wandels gerade das Potenzial an Frauen für Führungspositionen benötigt wird, greift bei der Betrachtung künftiger flacher Hierarchien kaum.

4.3 Personelle Aufstiegsbarrieren im Arbeitskontext

Unter personellen Barrieren werden freiwillige und unfreiwillige Entscheidungen sowie persönliche Orientierung, Haltung und Verhalten von Personen verstanden, die als Hinderungsgrund für eine Karriere betrachtet werden können. Für den Aufstieg in Führungsebenen sind bestimmte Qualifikationen, persönliche Eigenschaften und Verhaltensmuster erforderlich. Inwieweit Frauen aufgrund ihrer Erwartungen an sich selbst und ihrem Verhalten für die Unterrepräsentanz in Führungspositionen bis zu einem gewissen Grad selbst ursächlich sein können, wird im Folgenden gezeigt.

4.3.1 Studien- und Berufswahl

Betrachtet man die aktuellen Zahlen an Absolventinnen der unterschiedlichen Studienfächer, so geht aus Tabelle 5 eindeutig hervor, dass Frauen weiterhin die typisch weiblichen Studienfächer wählen. Diese Zahlen sind seit 2005 relativ stabil geblieben.

Tab. 5: Frauenanteil an den Studienanfängern nach Fächergruppen in Deutschland 2016, eigene Darstellung in Anlehnung an DSW/DZHW 21. Sozialerhebung, Middendorff et al. 2017.

Studienfach	Anteil an weiblichen Studienanfängern in Prozent
Sprach- und Kulturwissenschaften	25
Humanmedizin, Gesundheitswissenschaften	9
Rechts-, Wirtschafts- und Sozialwissenschaften, Psychologie, Pädagogik	40
Mathematik, Naturwissenschaften	16
Ingenieurwissenschaften	10

Eine differenzierte Darstellung, welche Auswirkungen die Studienwahl auf die Wahl der Berufsfelder hat, findet sich in den Beiträgen von Uta Kirschten und Christine Werner in diesem Buch. Aus diesem Grund soll dieser Aspekt nicht wesentlich vertieft werden. Festzuhalten ist jedoch, dass die Studien- und damit verbundene spätere Berufswahl, wie bereits in den vorangegangenen Ausführungen gezeigt wurde, einen nicht unerheblichen Einfluss auf Karrierewege hat. So zeigt die Studie „DAX-Vorstands-Report“ der Unternehmensberatung Odgers Berndtson, welche Ausbildung Vorstandsmitglieder haben.

Tab. 6: Studienabschlüsse von „DAX-Vorstandsmitgliedern“, Quelle: eigene Darstellung in Anlehnung an Hansen 2015.

Studienfach	Wirtschafts-wissenschaften	Ingenieur-wesen	Jura	Natur-wissenschaften	Informatik	Sonstige
Anteil in Prozent im Jahr 2005	46,5	17,6	15,0	11,2	2,1	7,5
Anteil in Prozent im Jahr 2015	50,5	17,7	12	7,8	1,6	10,4

Es wird ersichtlich, dass seit zehn Jahren unverändert die drei Studiengänge Wirtschaftswissenschaften, Ingenieurwesen und Jura als karriereförderlich anzusehen sind. So ist der Anteil weiblicher Studierender im Bereich der Rechts-, Wirtschafts- und Sozialwissenschaften, Psychologie und Pädagogik durchaus hoch. Differenziert man die 40 Prozent der weiblichen Studentienanfänger (siehe Tabelle 5) im Bereich der Rechts-, Wirtschafts- und Sozialwissenschaften sowie Psychologie und Pädagogik nochmals, so studieren immerhin 19 Prozent aller weiblichen Studienanfänger Rechts- und Wirtschaftswissenschaften, fast so viele wie Männer (21 Prozent). (Vgl. DSW/DZHW 2017). Das heißt, jene Frauen mit betriebs-, volkswirtschaftlichem oder juristischem Studienabschluss hätten eine durchaus gute und fast identische Ausgangssituation wie die der Männer für eine Karriere bis ins Topmanagement. Aber im Unternehmen entscheiden sie sich dann für weniger aufstiegsrelevante Positionen wie Verwaltung, Personal und Öffentlichkeitsarbeit. Auch Ingenieurswissenschaften wären aufstiegsrelevante Studiengänge und hier sind die Frauen im Vergleich zu den Männern wirklich unterrepräsentiert. Gerade einmal zehn Prozent der Studienanfängerinnen belegen einen ingenieurswissenschaftlichen Studiengang, Männer hingegen sind hier mit 31 Prozent vertreten. Vor diesem Hintergrund sind nicht zuletzt die seit vielen Jahren durchgeführten intensiven Bemühungen zu verstehen, mehr Frauen in die Studiengänge der MINT-Fächer zu bringen.

Die Situation, dass viele junge Frauen weiterhin ihre typisch weiblichen Studienfächer der Sprach- und Kulturwissenschaften oder Geistes- und Sozialwissenschaften studieren, kann mithilfe von Stereotypen erklärt werden. Diese wirken sich auf das

Verhalten einer Gruppe (in diesem Fall die Geschlechtsgruppe) aus, der sie angehören. Nimmt man beispielsweise die Gruppe der Führungskräfte, so werden jene Mitglieder, die dieser Gruppe angehören, versuchen, das existierende stereotype Bild einer Führungskraft zu erfüllen. Also beispielsweise wird sich die Person entsprechend dem Bild einer Führungskraft seriös kleiden und nicht im Jogginganzug zur Arbeit erscheinen. Menschen benutzen ihr Geschlecht als Organisationsgrundlage für ihr Handeln. Und je stärker die Identifikation mit dem eigenen Geschlecht ausfällt, desto stärker fallen die entsprechenden geschlechtsspezifischen Entscheidungen aus. Je höher also die geschlechtsbezogene Identität einer jungen Frau ist, und sie MINT-Fächer als typisch männlich, Kulturwissenschaften hingegen als typisch weiblich einordnet, desto wahrscheinlicher wird sie sich für kulturwissenschaftliche Studienfächer entscheiden. (Vgl. Steffens, Ebert 2016: 57 ff.).

Auch die Belegung von Studiengängen mit geschlechterbezogenen Stereotypen hält Frauen vom Studium der MINT-Fächer ab. Sehen Frauen beim Informatik-Studium den Stereotyp-geprägten „Nerd" vor sich, der mit dem eigenen weiblichen Prototyp nicht vereinbar ist, wird dieses Fachgebiet vermieden. Je weniger man Ähnlichkeiten zwischen sich selbst und dem zu studierenden Fachgebiet erkennen kann, desto geringer ist die Wahrscheinlichkeit, dieses Fach zu studieren. Grundsätzlich trägt die geschlechtsbezogene Stereotyp-Bildung über einen Studiengang dazu bei, dass männlich wahrgenommene Studiengänge von Frauen vermieden werden. (Vgl. Steffens, Ebert 2016: 136 f.).

Bereits in der Schule werden durch Lehrer als auch durch Eltern entsprechende fähigkeitsbezogene Selbstkonzepte der Schüler gegenüber Mathematik geprägt, die dem allgemeinen kulturellen Stereotyp entsprechen: Jungen können Mathematik, Mädchen nicht. (Vgl. Gunderson et al. 2012). Selbst wenn es keine Unterschiede in den Mathematik-Noten zwischen Jungen und Mädchen gibt, ist das fähigkeitsbezogene Selbstkonzept bezüglich Mathematik bereits in der dritten und vierten Klasse so ausgeprägt, dass Jungen über ein positives Selbstkonzept in Mathematik verfügen, Mädchen hingegen sich eher als sprachbegabt halten. (Vgl. Steffens et al. 2010). Es geht also nicht um objektive Fähigkeiten, sondern um die Selbstwahrnehmung des eigenen Geschlechts und deren stereotype Kompetenzzuschreibungen. Damit unterliegen Schulen, Studiengänge und Berufe kulturellen und geschlechterbezogenen Stereotypen und prägen das Verhalten der betroffenen Jungen und Mädchen, Männer und Frauen.

Im Kontext der Berufswahl ist festzustellen, dass Frauen sich aufgrund ihrer individuellen Berufsentscheidung schon von vornherein schlechtere Ausgangsbedingungen für den Aufstieg in Führungspositionen legen.

Die Studien- und Berufswahl – Ausblick auf die Arbeitswelt 4.0

Wie gezeigt wurde, belegen Frauen immer noch typisch weiblich konnotierte Studiengänge und damit verbundene Berufsbilder. Doch wie sieht die künftige Arbeit 4.0

bezüglich beruflicher Anforderungen und aufstiegsrelevanter Positionen aus. Denn diese werden darüber entscheiden, wer bessere Ausgangs- und Aufstiegschancen für eine Besetzung von Führungspositionen in der Arbeitswelt 4.0 haben wird.

Die digitalen Technologien werden zukünftig an Bedeutung für ein erfolgreiches Berufsleben gewinnen. Diese Sichtweise bestätigt die Bitkom-Research-Befragung, bei der die befragten Erwerbstätigen davon ausgehen, dass „[...] Weiterbildungen zu Digitalthemen die Chancen auf dem Arbeitsmarkt erhöhen (89 Prozent) und Weiterbildungen zu digitalen Technologien Voraussetzung für Erfolg im Beruf sind (88 Prozent)". (Bitkom 2017). Auch Geschäftsleitungen und Personalmanager gehen davon aus, dass die **digitale Kompetenz** (auch „digital fluency" genannt) eine der Kernkompetenzen der Zukunft sein wird. Und bereits heute bestätigen 80 Prozent aller befragten Erwerbstätigen, „[...] dass digitale Technologien wie Computer, Internet oder digitale Produktionsmaschinen für ihre tägliche Arbeit eine große Bedeutung haben." (Vgl. Bitkom 2017). Es muss also davon ausgegangen werden, dass Digitalkompetenzen über die bereits aktuelle und künftige Karriere hinweg benötigt werden, wenn auch unterschiedlich stark abhängig von Branche, Berufen und Aufgabenbereichen. (Siehe hierzu auch die Beiträge von Uta Kirschten und Christine Werner). Und auch für die Besetzung einer Topmanagement-Position werden Digitalkompetenzen im strategischen Sinne unerlässlich sein.

In Bezug auf die Qualifizierung von Frauen könnten hier stärkere Probleme als bei Männern auftreten, ist doch die **Technikaffinität**, wie es aus der Wahl von Studiengängen ersichtlich wird, anscheinend nicht so hoch ausgeprägt. Insofern wäre es wünschenswert, dass Frauen frühzeitig die Chancen erkennen, die sich aus Digitalkompetenzen für den beruflichen Aufstieg ergeben und die sich aus neu zu erschließenden Berufsfeldern oder Aufgabenbereichen für sie eröffnen könnten. Die Studie von Accenture „Getting to Equal: How Digital is Helping Close the Gender Gap at Work" hat gezeigt, dass die digitale Kompetenz Frauen hilft, sowohl ihre Beschäftigungs- als auch Karrierechancen zu verbessern. (Vgl. Accenture 2016). Es ist davon auszugehen, dass neue Studiengänge und Berufsbilder mit hohem Bezug zu digitalen Technologien entstehen werden. Für Frauen ist es wichtig, sich dort zu etablieren, um beruflich zukunftsfähig zu sein. Aber auch bereits bestehende Studiengänge werden in Zukunft nicht umhin kommen, digitale Inhalte zu integrieren. Ebenso sollten die bisherigen MINT-Studiengänge ihre rein technischen Inhalte an die Erfordernisse einer Arbeit 4.0 neu ausrichten. Denn sowohl die veränderten Arbeitsstrukturen als auch die Anforderungen des Marktes zum Beispiel in Form von Prosumenten erfordern ergänzende Inhalte.

So gewinnen im MINT-Bereich die „weicheren Faktoren" wie soziale Kompetenzen und Managementfähigkeiten an Bedeutung. Denn die verstärkte Vernetzung und der erhöhte Kommunikationsbedarf auch in diesen Berufsbildern, werden die Kompetenzen der Frauen in diesen Bereichen vermehrt benötigen. So betonen Bultemeier et al., dass vor allem Frauen „[...] eingefahrene Wege verlassen und radikal neu denken wollen." (Bultemeier et al. 2016: 26). Und diese Fähigkeit wird künftig verstärkt in allen Berufen benötigt werden. Auch Klein-Magar und Regitz betonen, dass es in Zukunft nicht mehr nur um die Anwendungskompetenz der Software geht, sondern darum, „[...] alltagsgerechte Szenarien für digitales Arbeiten neu zu denken.“ (Klein-Magar, Regitz 2016: 11). Die Autorinnen gehen sogar so weit zu fordern, dass Sozialkompetenz in Zukunft nicht mehr als sogenannter weicher, sondern als harter Faktor gesehen wird. (Vgl. Klein-Magar, Regitz 2016: 11). All diese Entwicklungen könnten dazu beitragen, dass Frauen eventuell doch noch ein größeres Interesse an MINT-Studiengängen entwickeln. (Vgl. Bultemeier, Marrs 2016: 7). Und eine erhöhte Anzahl an weiblichen Studierenden oder auch Frauen in diesen Berufsfeldern trägt wiederum dazu bei, die für Frauen existierende negative Stereotyp-Bildung über die MINT-Studienfächer und Berufe zu verringern.

Für die Arbeitswelt 4.0 wird es also entscheidend sein, im Bildungsbereich so früh wie möglich die Grundlagen für die digital Kompetenz zu legen und vor allem auch Mädchen in den digitalen Lernprozess einzubinden und deren digitale Kompetenz zu fördern. Damit wären für die spätere Karriere sowohl die erforderlichen digitalen Qualifikationen vorhanden als auch der Zugang zu neuen Berufsbildern geöffnet. Eine weitere Möglichkeit, die Beteiligung von Frauen in MINT-Studiengängen zu erhöhen, wäre die Geschlechtertrennung in der Schule. Studien zeigen, dass Mädchen an Mädchenschulen besser in naturwissenschaftlichen und mathematischen Fächern abschneiden als in gemischtgeschlechtlichen Schulen und häufiger MINT-Fächer wählen. Absolventinnen von Mädchenschulen wählten später auch öfter geschlechtsuntypische Positionen und verdienten mehr Geld. (Vgl. Ebert, Steffens 2016: 130 ff.). Ebenso erforderlich wäre eine veränderte, geschlechtsneutralere Sichtweise der Eltern und Lehrer auf die Kinder mit einer damit verbundenen geschlechtsunabhängigen Förderung aller Talente. Nur so könnten die fähigkeits- und geschlechtsbezogenen Selbstkonzepte von und Stereotype gegenüber Jungen und Mädchen aufgebrochen werden.

4.3.2 Weibliche Verhaltensmuster

Das Selbstunterschätzungssyndrom – Bescheidenheit und Zurückhaltung

Um Karriere zu machen, sind nicht nur fachliche Kompetenzen und nachweisbare berufliche Erfolge erforderlich, sondern auch die Fähigkeit, diese nach außen positiv darzustellen und zu verkaufen. Hierfür ist Eigenmarketing, also Selbstdarstellung, unerlässlich. Jetzt sind aber Frauen oftmals in der Darstellung ihrer eigenen Arbeitsleistung zögerlicher und bescheidener als die männlichen Kollegen, sie präsentieren ihre Leistungen und Erfolge seltener, sie sind insgesamt zurückhaltender und bescheidener. Dieses Verhaltensmuster wird auch als **Diadem-Syndrom** („The Tiara Syndrome“) bezeichnet. Es beinhaltet folgendes weibliches Verhalten: Kopf nach unten halten, hervorragende Arbeit leisten und hoffen, dass die Leistung von den richtigen Leuten gesehen wird und diese der Frau hierfür ein Diadem auf den Kopf setzen. (Vgl. Sandberg 2013: 63).

Die kollektive Erwartungshaltung an Frauen ist ein bescheidenes, zurückhaltendes und unauffälliges Verhalten. Dieses Muster funktioniert in einer Frauengruppe, wo es um Gleichwertigkeit der sozialen Beziehungen und um Nähe geht. Um den sozialen Frieden in der Gruppe und ihre Verbundenheit mit ihrer Gruppe zu erhalten, gehen Frauen sogar so weit, dass sie ihre Misserfolge und Schwächen betonen. Bischof-Köhler führt in ihrem Buch aus, dass Mädchen bereits in ihrer Kindheit Misserfolge auf sich selbst zurückführen, Erfolge werden hingegen in günstigen äußeren Umständen gesehen. Jungen hingegen sehen Misserfolge in widrigen Umständen begründet, Erfolge schreiben sie ihrer eigenen Leistung zu. Dieses Verhalten, mit Erfolg und Misserfolg fälschlich umzugehen, führt bei Mädchen nicht zur Entwicklung eines erforderlichen Selbstbewusstseins. Sondern im Gegenteil, die Folge sind Selbstzweifel und eigene Unterschätzung. (Vgl. Bischof-Köhler 2011: 248 ff.).

Dieses Verhaltensmuster im Hinblick auf eigene Zuschreibungen von Kompetenzen und das damit einhergehende Verhalten zieht sich nun aber bis in das Berufsleben hinein. Die Folge ist, dass Frauen berufliche Erfolge in günstigen Umständen sehen, Misserfolge aber auf sich projizieren. Aber nicht nur, dass Frauen sich im Beruf falsch einschätzen und geringes Selbstvertrauen in ihre erbrachten Leistungen haben, vielmehr sind sie auch nicht in der Lage, ihre Erfolg anzunehmen. So bezeichnen sich viele erfolgreiche Frauen als Blenderinnen, wenn sie für ihre hervorragenden Leistungen ausgezeichnet werden. Sie fühlen sich der Anerkennung unwürdig und schuldig anstatt sich geehrt zu fühlen. Dieses Phänomen wird auch als **Hochstapler-Syndrom** („impostor phenomenon“) bezeichnet. (Vgl. Clance, Imes 1978).

Frauen schätzen sich damit selbst häufiger als weniger qualifiziert als ihre männlichen Kollegen ein. So stellen Frauen beim Angebot einer höheren Position viel eher die Frage, ob man ihnen das wirklich zutraue, wohingegen Männer sofort nach einem höheren Gehalt fragen. Frauen gehen davon aus, dass man für eine bestimmte Position über 100 Prozent an erforderlichem Wissen benötige, Männer hingegen glauben, dass 50 Prozent Wissen genüge und man den Rest auch vortäuschen könne. (Vgl. Young 2011: 249). Somit bauen Frauen aufgrund ihrer Selbstunterschätzung Barrieren auf dem Weg in Führungspositionen, weil sie sich oftmals erst gar nicht bewerben aus Angst vor Versagen. (Vgl. Gawrich, Topf 2012: 201 ff.). Dieses Verhalten belegt eine Studie von McKinsey: Sie zeigt, dass Frauen sich nicht auf eine Beförderung bewerben, obgleich sie die geforderten Kriterien erfüllen oder gar bis zu acht Prozent übertreffen. (Vgl. Desvaux et al. 2008: 4).

Selbstzweifel und Selbstunterschätzung mit den damit verbundenen Unsicherheiten führen zusätzlich zu einem weiteren Verhalten, welches das „Lächel-Syndrom“ oder auch „**Mona-Lisa-Syndrom**“ genannt wird. Es beinhaltet, dass Frauen oftmals aus Unsicherheit lächeln, gleichzeitig aber lächelnden Frauen geringere Führungskompetenzen zugeschrieben werden. Denn ein häufiges Lächeln impliziert fehlende Durchsetzungskraft und mangelndes Selbstbewusstsein. (Vgl. Schneider 2009: 30 f.).

Damit verstärken Frauen wiederum selbst ihre Selbstzweifel, denn sie bestätigen mit falschen körpersprachlichen Signalen ihre scheinbar fehlende Führungskompetenz.

Bescheidenheit, Unsicherheit und Zurückhaltung sind keine Verhaltensmuster, die zur Wahrnehmung in einer karriereorientierten Männerwelt beitragen. Wenn Frauen nicht explizit auf ihre Erfolge und Leistungen aufmerksam machen, werden diese von den – immer noch meist männlichen – Vorgesetzten auch nicht wahrgenommen. Selbstvertrauen und Selbstmarketing sind zwingend erforderlich, wenn es darum geht, im Wettbewerb mit männlichen Kollegen um die wenigen Führungspositionen zu bestehen und auch im Personal-Auswahlverfahren zu überzeugen.

Das Krabbenkorb-Phänomen oder auch das Streben nach Gemeinschaft und Harmonie

Das Phänomen das Krabbenkorbs beschreibt jene Situation, in der Krabben gefangen in einem Korb festgehalten werden. Erstaunlich ist, dass kein Deckel benötigt wird, um sie darin festzuhalten, obgleich es für die Tiere ein Leichtes wäre, herauszukrabbeln. Denn jedes Tier, dem es gelingt bis an den Rand des Korbes hoch zu klettern, wird von seinen Artgenossen zurück in den Korb gezogen. Übertragen auf die Situation von Frauen auf ihrem Weg zur Führungsposition bedeutet dies nichts anderes als dass Frauen ungern andere Frauen aus ihrer Gemeinschaft aufsteigen lassen. (Vgl. Henn 2012: 66). Eher im Gegenteil, aufstiegsorientierte Frauen werden von ihren Kolleginnen sanktioniert, abgestraft und aus der Gemeinschaft ausgeschlossen. Begründet wird dieses Verhalten durch das Verlangen von Frauen nach Harmonie und Gemeinschaft und dem ungeschriebenen Gesetz in weiblichen Gemeinschaften „Wir sind Gleiche unter Gleichen“. (Vgl. Henn 2012). Dominanzhierarchien wie sie bei männlichen Gruppen vorherrschen, sind in Frauengruppen nicht geduldet. Es darf sich keine einzelne Person hervortun. Vielmehr werden die Rangverhältnisse zwischen Frauen eher unsichtbar mit indirekten Verhaltensweisen wie Anerkennen, Loben, Komplimenten, Imitieren oder auch Ausgrenzen immer wieder neu definiert. Auch wenn Lob und Komplimente eigentlich positiv besetzt sind, drücken sie doch Machtverhältnisse aus: Der Lobende ist immer ranghöher, denn er beurteilt den Gelobten. Das Klima in der Gruppenstruktur ist persönlicher, offener und durch Meinungsvielfalt und die Berücksichtigung individueller Anliegen geprägt. (Vgl. Henn 2012). Wagt dennoch eine Frau diese Strukturen zu durchbrechen, indem sie eine Führungsposition anstrebt, löst sie die Bindungen an die Gemeinschaft, verlässt ihre Rollenzuschreibungen und wird von der Gruppe sanktioniert. Interessant ist hier, dass aufstiegswillige Frauen vor allem von schwächeren Beta-Frauen sabotiert werden, wohingegen Alpha-Frauen, die bereits selbst Führungsebenen erreicht haben, eher Unterstützung geben. (Vgl. Giesbrecht 2016: 33).

Betrachtet man hingegen männliches Gruppenverhalten, so gilt hier in der Zusammenarbeit eine klare Hackordnung, die langfristig stabil und für Außenstehende erkennbar ist. Wettbewerb und Machtstreben wird als legitimes Verhaltensmuster unter Männern anerkannt. (Vgl. Jussen 2011: 75).

Dieser Unterschied zwischen männlichem und weiblichem Gruppenverhalten bezüglich Konkurrenzverhalten und Aufstiegsorientierung bedeutet für Frauen ein nicht zu unterschätzendes Karrierehemmnis. Erst wenn Frauen lernen mit Ablehnung umzugehen und Akzeptanz, Beliebtheit und Gemeinschaft nicht in den Vordergrund zu stellen, verfügen sie über aufstiegsrelevante Eigenschaften für eine Karriere.

Fleiß und Perfektion oder auch das „fleißige Bienchen"

Die kanadische Feministin und Schriftstellerin Charlotte Whitton (1896–1975) hat mit ihrem Ausspruch „Was Frauen auch machen, sie müssen immer doppelt so gut sein wie ein Mann, um auch nur halb so geschätzt zu werden. Glücklicherweise ist das nicht sonderlich schwierig" (zitiert in: https://gutezitate.com/zitat/245042) das zum Ausdruck gebracht, was heute noch viele Frauen in ihren Köpfen verankert haben, wenn auch nur den ersten Teil des Zitats. Fleiß und Perfektionismus gelten bei Frauen auch heute noch als Erfolgsfaktoren für berufliches Fortkommen. (Vgl. Wippermann 2010: 37). Der alte Glaubenssatz „besser sein zu müssen", ist immer noch in den Köpfen der Frauen fest verankert. So glauben immer noch 75 Prozent aller Frauen in Führungspositionen, dass sie mehr leisten müssen als ihre männlichen Kollegen, um Akzeptanz zu erfahren. (Vgl. Wippermann 2016a: 15). Daher sind Frauen fleißig, arbeiten gewissenhaft und ausdauernd und es mangelt nicht an eingesetzter Arbeitszeit. Zahlreiche Literatur mit Titeln wie „Fleißige Frauen arbeiten, schlaue steigen auf" von Barbara Schneider, „Fleißige Frauen arbeiten, kluge machen Karriere" von Birgit Rupprecht-Stroell und Marion Kaminski, „Die Fleißlüge. Warum Frauen im Hamsterrad landen und Männer im Vorstand" von Brigitte Witzer oder „Viel Fleiß, kein Preis: Warum Frauen im Berufsleben oft den Kürzeren ziehen – Mehr Arbeit, weniger Geld, kaum Anerkennung" von Martin Wehrle weisen Frauen bereits auf ihre wenig karriereförderlichen Verhaltensmuster hin.

Den Männern kann nicht zum Vorwurf gemacht werden, dass sie sich strategisch klüger im Hinblick auf ihre Karriereentwicklung verhalten. Vielmehr sollte den Frauen klar werden, dass für oberste Führungspositionen nicht nur Fleiß und Perfektion oder ein Mehr an Leistung entscheidend sind, sondern ebenso ein Gespür für Macht und die Übernahme aufstiegsrelevanter und prestigeträchtiger Aufgaben. Im Topmanagement wird strategisches, gestalterisches und politisches Handeln und Denken erwartet, es geht um Macht. Und Fleiß ist sicherlich kein Attribut der Macht. (Vgl. Witzer 2015: 92).

Das Bienenköniginnen-Syndrom

Dieser Begriff, im Original auch „Queen Bee Syndrome" genannt, wurde von der Universität Michigan im Rahmen einer 1974 erstellten Studie geprägt. (Vgl. Staines et al. 1974: 55 ff.). Sie beinhaltet, dass Frauen in männlich dominierten Berufen versuchen, andere Frauen am Aufstieg zu hindern, um ihre Einmaligkeit als Frau in einer Führungsposition zu behaupten. Die Metapher der Bienenkönigin verdeutlicht dies, denn in jedem Bienenvolk kann es nur eine Königin geben. Damit scheinen Frauen in Führungspositionen die schlimmsten Gegnerinnen für andere Frauen bei deren Karriereentwicklung zu sein.

Diese Führungsfrauen sind in einer männlich geprägten Berufswelt eine Minderheit und werden damit, auch gegen ihren Willen, bewusst als Frau wahrgenommen. Als Resultat weisen diese Frauen oftmals eine geringe Identifikation mit ihrem eigenen Geschlecht auf, weshalb sie die jungen weiblichen Nachwuchskräfte im Gegensatz zu ihrem Selbstbild als typisch feminin wahrnehmen und diese Frauen weniger fördern als Männer. (Vgl. Steffens, Ebert 2016: 68). Es erschienen auch andere Studien, die diese Sichtweise unterstützen, wie beispielsweise die der American Management Association (2011). Sie konnte anhand einer Befragung zeigen, dass 95 Prozent von 1000 befragten Frauen aussagen, dass sie sich von anderen Frauen in ihrer Karriere behindert fühlten.

Der heutige Kenntnisstand kann jedoch diese Ergebnisse zwischenzeitlich widerlegen. So belegt die Columbia Business School, dass Frauen in jenen Unternehmen bessere Karrierechancen haben, in denen es einen weiblichen CEO (Chief Executive Officer, die US-amerikanische Bezeichnung für das vorsitzende Vorstandsmitglied) gibt. Vor allem die Catalyst-Studie zeigt, dass hochqualifizierte Frauen mit höherer Wahrscheinlichkeit andere Frauen fördern als es Männer tun würden. (Vgl. Dinolfo et al. 2012: 6 f.). Auch die Studie der Credit Suisse legt überzeugend dar, dass es weiblichen CEOs wesentlich effektiver gelingt, andere Frauen durch die „Karriere-Pipeline" zu schleusen. (Vgl. Gomstyn 2016).

Diese Erkenntnis, dass das Bienenköniginnen-Syndrom keine oder nur noch in Ausnahmefällen Gültigkeit hat, ist erfreulich. Doch betrachtet man die geringe Zahl weiblicher Führungskräfte und Vorstandsmitglieder, die als Mentorinnen für andere Frauen agieren könnten, dürfte dieser Sachverhalt keine wirklich quantitativen Auswirkungen haben.

Weibliche Verhaltensmuster – Ausblick auf die Arbeitswelt 4.0

Der gelungene Aufstieg in die oberste Führungsebene erfordert Verhaltensmuster, die anscheinend für Frauen schwierig abzurufen sind. So sind Selbstmarketing, Selbstbewusstsein, selbstsicheres Auftreten, Dominanzstreben, die Übernahme aufstiegsrelevanter Aufgaben oder auch sichtbare Erfolge die bisher wesentlichen Treiber für eine erfolgreiche Karriere. Werden sich diese Verhaltensanforderungen auch in einer Arbeit 4.0 negativ auf die Karriereentwicklung von Frauen auswirken?

Es wurde bereits dargestellt, dass künftig eine neue, durch die Digitalisierung geprägte Führungskultur in Netzwerkorganisationen erforderlich wird. Also kein Dominanzstreben mehr, sondern partizipative Führung bei flachen Hierarchien. Diese Organisationsstrukturen und Führungsanforderungen entsprechen damit mehr den weiblichen Verhaltensmustern, nämlich Gleiche unter Gleichen sein zu wollen. So könnte es den Frauen in der Arbeitswelt 4.0 mehr Freude bereiten, Führungsverantwortung zu übernehmen und ihre Sichtbarkeit zu erhöhen, weil ihre Kompetenzen verstärkt zum Tragen kommen. Es ist jedoch nicht davon auszugehen, dass diese Verhaltensmuster für einen Aufstieg in die erste Führungsebene wirksam sind. Denn wie bereits unter den strukturellen und kulturellen Hemmnissen dargelegt, werden die dort dargestellten Mechanismen weiterhin greifen. So werden wahrscheinlich bis zum mittleren Management die eher weiblichen Verhaltensmuster vermehrt nachgefragt. Diese sind jedoch nicht zwingend in der obersten Führungsebene erwünscht oder gar vonnöten, denn hier geht es weiterhin um die Ansage und Durchsetzung klarer Entscheidungen, die es auf den ausführenden Ebenen umzusetzen gilt.

Erforderlich wäre also ein verstärkt männliches Verhalten von Frauen für den Aufstieg. So bestätigt ein Ergebnis des Buchbeitrags von Claudia Kreipl, dass jene befragten Frauen, die eine Führungsfunktion übernehmen wollen, „[...] sich durch einen starken Anteil männlicher Charaktereigenschaften aus(zeichnen). Männliche Eigenschaften und Führung stehen hier in einem starken Zusammenhang." Auch Donnelly und Twenge (2017: 558 ff.) zeigen in ihrer Meta-Analyse, dass seit 1974 ein bedeutsamer Anstieg von männlichen Charakteristika bei Frauen erfolgt ist, was auf deren verstärkte Erwerbsbeteiligung zurückzuführen ist.

Verhaltensmuster können also durch Lernprozesse verändert, aber auch durch Erziehung und durch soziale Normen innerhalb einer Gesellschaft geprägt werden. Familiäre, gesellschaftliche und auch unternehmenskulturelle Normen – also insgesamt der Kontakt mit der Umwelt – geben vor, was als akzeptable Verhaltensweisen angesehen wird. (Civai, Ma 2017: 26). Es ist eine Entwicklung dahingehend zu erkennen, dass Frauen bereits heute mehr Akzeptanz entgegengebracht wird, wenn sie männliche Verhaltensmuster zeigen. Dies ist beispielsweise in der Öffnung der klassischen beruflichen Männerdomänen wie der Bundeswehr für Frauen zu sehen. Dies könnte dazu beitragen, dass das weibliche Gruppenverhalten im Hinblick auf Konkurrenzverhalten und Aufstiegsorientierung sich wandelt und männlich geprägte, aufstiegsrelevante Eigenschaften bei der Frauengruppe auf größere Akzeptanz stößt. Diese Wandlung wäre für die Karriereentwicklung bis zur obersten Spitze hilfreich.

4.3.3 Männliche Verhaltensmuster gegenüber Frauen im Beruf

Es sind nicht nur die Frauen, die sich mit ihren eigenen Haltungen und ihrem Verhalten den Aufstieg in Führungsetagen erschweren. Auch Männer tragen mit ihren Einstellungsmustern stark dazu bei. Grundsätzlich wird von drei Mentalitätsmustern von Männern in Führungspositionen gegenüber karriereorientierten Frauen gesprochen, diese werden in Tabelle 7 aufgezeigt.

Tab. 7: Mentalitätsmuster von Männern, Quelle: eigene Darstellung in Anlehnung an Wippermann, 2016a: 17 ff.

Konservative Exklusion	Emanzipierte Grundhaltung	Radikaler Individualismus
Die grundsätzliche Ablehnung von Frauen in oberen Führungspositionen aufgrund ihres Geschlechts. Begründung: Die Wirtschaft per se ist konservativ, daher sind Frauen in Führungspositionen unerwünscht. Frauen stören die eingespielten Männerzirkel, agieren wie Einzelkämpferinnen, kopieren die Männer und wollen diese übertrumpfen. Zitat: „Die Hauptbedingung für Vorstände im Regelfall ist, keine Frau zu sein." (Zitiert in Wippermann 2016a: 18)	Es besteht eine grundsätzlich aufgeschlossene Haltung gegenüber Frauen im mittleren, nicht jedoch im oberen Management. Begründung: Obere Führungsfunktionen erfordern eine Härte, die im Widerspruch zum gesellschaftlichen Frauenbild steht. Die betroffenen Frauen begeben sich in einen Rollenspagat; die Authentizität fehlt dann. Damit sind diese Frauen eine negative Repräsentanz des Unternehmens mit eventuell negativer Außenwirkung im Hinblick auf die Arbeitgebermarke. Zitat: „Dieses Männliche, ‚wir sind hart, wir sind Kameraden und wenn wir umfallen, dann macht uns das nur noch härter'." „In dieser Welt des Erfolgs ‚Ja, press mal mehr aus deinen Jungs raus!', und diese ganzen Sprüche, die sind ja für Frauen deplatziert." (Zitiert in Wippermann 2016a: 19)	Das Geschlecht spielt keine Rolle, es kommt allein auf die Authentizität der Person und deren Kontinuität in ihrer Berufsbiographie an. Leider fehlt es jedoch an solchen Frauen. Begründung: Frauen haben in ihrem Berufsleben fast immer Unterbrechungen ihrer Erwerbsbiographie. Zudem erscheinen Frauen in Führungspositionen nicht authentisch, weil sie das Verhalten der Männer kopieren. Zitat: „Authentizität! Nicht einem theoretischen Bild nachzufolgen! Die Stärke kommt aus der Person heraus. Die Persönlichkeit wirkt aus sich heraus und nicht aus einem Schema, dem sie vermeintlich folgt." (Zitiert in Wippermann 2016a: 20)

Alle drei Mentalitätsmuster bedeuten weiter implizite Stereotype und diskriminierende Einstellungen gegenüber Frauen. Selbst wenn eine Frau eine der geforderten Eigenschaften aufweist, fällt sie bei einem anderen Mentalitätsmuster durch, wie beispielsweise Authentizität versus Erwerbsbiographie. Eine der drei Denkmuster greift also immer. Wenn heute vom „modernen" Mann gesprochen wird, so belegen eben die aktuellen Studienergebnisse von Wippermann das Gegenteil. Wippermann zeigte im Rahmen qualitativer Tiefeninterviews (narrative Interviews) von Männern im mittleren und gehobenen Management, dass die diskriminierenden Mentalitätsmuster von Männern gegenüber Frauen in Führungspositionen relativ stabil sind. (Vgl. Wippermann 2016a: 16 ff.).

Männliche Verhaltensmuster gegenüber Frauen im Beruf – Ausblick auf die Arbeitswelt 4.0

Im oberen Management herrschen also noch immer zementierte Vorurteilshaltungen gegenüber Frauen vor. Diese stereotypen Mentalitätsmuster prägen wiederum das Umfeld und die Rollenbilder und erzeugen damit eine Unternehmens- und Führungskultur, die zum Erhalt der gläsernen Decke beiträgt. Wie bereits unter den Kapiteln 4.2.1 und 4.2.2 gezeigt wurde, ist auch nicht zu erwarten, dass sich diese Muster in absehbarer Zeit verändern werden. Denn schließlich sichern sich Männer unter anderem damit auch ihren Karriereerfolg.

4.3.4 Karriereorientierung von Frauen

Frauen wollen keine Karriere, sondern Familie. Diese Sichtweise auf weibliches Karriereverhalten hält sich hartnäckig. Und es ist auch durchaus vorstellbar, dass Frauen vor dem Hintergrund eines möglichen Kinderwunsches und den damit verbundenen Vereinbarkeitsproblemen von Beruf und Familie von vornherein weniger ambitioniert in ihr Berufsleben starten. Diese innere Blockade gleicht einer angezogenen Handbremse beim Berufsstart. (Vgl. Sandberg 2013). Es ist aber auch vorstellbar, dass Frauen zunächst eine Karriere bis in die oberste Führungsebene anstreben. Aber auf ihrem Weg dorthin feststellen, dass die gewünschte Lebensbalance zwischen Familie und Arbeit nicht erreicht werden kann. Denn die beruflichen Anforderungen sind so hoch, dass das Privatleben zurücksteckt. Die freiwillige Wahl, der Karriere nicht alles zu opfern, mag zumindest bei den Gründen für eine geringe Repräsentanz von Frauen in obersten Führungsetagen Berücksichtigung finden. Diese Sichtweise bestätigen Experten in den Unternehmen, dass Frauen anscheinend einen deutlich geringer ausgeprägten Karrierewunsch als Männer haben. (Vgl. Boes, Bultemeier 2013: 16).

Neben der schwierigen Vereinbarkeit von Beruf und Familie tragen auch politische und gesellschaftliche Rahmenbedingungen nicht dazu bei, die Karriereorientierung von Frauen zu fördern. Denn in Deutschland werden Frauen alternative Lebensformen im Vergleich zur Berufstätigkeit sehr leicht gemacht. Nicht arbeitende Ehefrauen sind beim Ehepartner weitestgehend sozial abgesichert, man denke hier nur an die Mitversicherung in der gesetzlichen Krankenkasse oder an die Rentenanteile des Partners. Ebenso verhindern steuerliche Begünstigungen wie die des Ehegatten-Splittings die Vollzeiterwerbstätigkeit, und gesellschaftliche Normen verurteilen Vollzeit-erwerbstätige Frauen als „Rabenmütter". Die Gründe für deutsche Frauen, sich also dem Druck einer Karriere bei gleichzeitigen familiären Verpflichtungen auszusetzen, sind im Vergleich zu anderen Ländern und deren Kulturen gering, vor allem im Vergleich zu skandinavischen Ländern.

Karriere als fremde Welt oder das Token-Woman-Phänomen

Führungspositionen im oberen Management sind weiterhin überwiegend männlich besetzt. Sollte es einmal eine Frau bis an die Spitze geschafft haben, endet diese Karriere im Vergleich zu der von männlichen Kollegen öfter schneller und die betroffene Frau wird auch selten wieder in einem anderen Unternehmen in einer ähnlichen Position gesehen. So gab es zwischen den Jahren 2012 und 2014 insgesamt 17 Frauen in Vorstandspositionen, sieben von ihnen sind mehr oder weniger unfreiwillig ausgeschieden. (Vgl. Bund 2014). So lautete beispielsweise die Pressemitteilung beim Ausscheiden von Angela Titzrath, Personalvorstand der Deutsche Post AG am 2. Juli 2014, dass sie „[...] heute ihr Vorstandsmandat aus persönlichen Gründen niedergelegt [hat]" oder bei Heidi Stopper, Personalvorstand der ProSiebenSat.1 Media AG hieß es am 19. September 2014, dass sie „[...] das Unternehmen auf eigenen Wunsch" verlässt. (Zitiert in: Bund 2014).

Einer der deutlichsten Gründe für das mögliche Scheitern von Vorstandsfrauen ist das sogenannte Token-Woman-Phänomen. Dies bedeutet, dass eine Frau, die den Weg ins oberste Management geschafft hat, sich in einer männlich dominierten Kultur bewegen muss. Diese männlichen Majoritäten grenzen sich nun gegenüber der weiblichen Minoritätengruppe ab. Dabei werden Frauen, die zu einer Gruppe mit einem Frauenanteil von unter 15 Prozent gehören, als „token women" bezeichnet. (Vgl. Krell 2011: 411). Problematisch ist, dass diese einzelne Frau oder diese wenigen Frauen im Topmanagement seitens der Männer nicht als Individuen, sondern als Vertreterinnen der Minderheitengruppe wahrgenommen werden und damit alle stereotypen Wahrnehmungen und Erwartungen gegenüber Frauen seitens der Männer aktiviert werden. Diese Frauen versinnbildlichen den Stereotyp „Frauen in Führungspositionen". Infolge werden alle Handlungen dieser Frauen besonders kritisch beobachtet, sie werden sozial seitens der Männer isoliert und nach außen und innen exponiert. Entsprechend gewaltig ist der Druck auf die jeweiligen Frauen und frühzeitiges freiwilliges Ausscheiden aus dieser Position oder Resignation sind die Folge davon. Auch ein assimilierendes Verhalten, noch mehr Männlichkeit als die Männer selbst zu zeigen, ist eine Verhaltensstrategie auf diese Situation, diese Frauen gelten dann als „iron maidens" (eiserne Jungfrauen). Solange die Frauen Minderheiten in dieser Karrierewelt darstellen, bleiben sie auch Fremde, gelten als unweiblich und sind nicht integriert. Dies kann den Wunsch nach einer Karriere bis zur Spitze durchaus blockieren. (Vgl. Boes, Bultemeier 2013).

Karriereorientierung von Frauen – Ausblick auf die Arbeitswelt 4.0

Es ist auch für eine Arbeitswelt 4.0 nicht abzusehen, dass sich an der Situation der „token women" etwas ändern wird. Es wurde in der bisherigen Auseinandersetzung hinlänglich aufgezeigt, dass der Zugang für Frauen in das Topmanagement weiterhin sehr schwierig sein wird. Damit bleiben Frauen in der obersten Führungsetage eine Ausnahme und sind auch in der Zukunft in der Situation der „token women".

Ein Ansatzpunkt wäre eventuell die Erhöhung des Frauenanteils im Topmanagement durch eine Frauenquote. Doch würde sich dieses Instrument insofern negativ auswirken als diese Frauen dann nicht mehr als freiwillige „tokens" wahrgenommen werden, sondern als gefährliche „intruders" (Eindringlinge). Damit würde ein wahrscheinlich noch härterer Kampf seitens der Männer um die knappe Ressource „Führungsposition" eingeleitet werden. (Vgl. South et al. 1982). Und ob die Frauen hierbei als Sieger hervorgehen, bleibt fraglich.

Hofft man auf einen Generationenwechsel für die Arbeitswelt 4.0, bei dem die Frauen eine stärkere intrinsische Karriereorientierung zeigen, so wird eher das Gegenteil eintreten. Betrachtet man die Aussagen von Personen zwischen zwölf und 25 Jahren im Rahmen der 17. Shell Jugendstudie (vgl. Shell 2015), so zeigt sich ganz klar, dass die heutigen Jugendlichen **weniger Karriereorientierung** als frühere Generationen haben. So steht an höchster Stelle bei 95 Prozent der befragten Jugendlichen der Wunsch nach einem **sicheren Arbeitsplatz** und über 90 Prozent sind der Ansicht, dass Familie und Kinder bei der Arbeit nicht zu kurz kommen dürfen. Dies geht so weit, dass 75 Prozent der Befragten nach Erfüllung des Kinderwunsches in Teilzeit arbeiten wollen. Damit tritt die Karriereorientierung eindeutig „[...] hinter die Vereinbarkeit von Arbeit und Leben und die Planbarkeit der Berufstätigkeit zurück." (Shell 2015: 4).

Eng verbunden mit dieser Haltung sind die Ansprüche an heutige Arbeitgeber, nämlich Flexibilität bezüglich Arbeitszeit und -ort zu bieten, um damit die **Vereinbarkeit von Arbeit und Familie** zu gewährleisten. Hierbei hat sich gezeigt, dass junge Frauen bezüglich dieser Anforderungen noch höhere Ansprüche an die Arbeitgeber stellen als Männer. Sowohl die Studie des BMAS (2016) zum Wertewandel Arbeiten als auch die Ergebnisse von Kreipl und Greco in diesem Buch bestätigen im Wesentlichen die oben genannten Haltungen. So wollen vor allem angehende weibliche Führungskräfte flexible Arbeitsmöglichkeiten, die eine Vereinbarkeit von Beruf mit Kindererziehung ermöglichen. (BMAS 2016). Dies wird – wie bereits diskutiert wurde – auch für die Zukunft von Frauen weiterhin bedeuten, dass sie mit dieser Haltung kaum eine Karriere bis ins Topmanagement verwirklichen werden. Oder schaffen die erhöhte Flexibilisierung der Arbeit, die verbesserte Vereinbarkeit von Familie und Beruf sowie die flexibilisierte Gestaltung von Karrierewegen tatsächlich Möglichkeitsräume, Frauen leichter in Führungspositionen zu bringen?

Folgende Maßnahme gilt bei der Flexibilisierung der Arbeit als besonders erfolgreich: Die „lebensphasenorientierte Personalentwicklung" oder heute auch als „life career" bezeichnet. Sie beinhaltet, dass karriereförderliche Entwicklungsmaßnahmen der Mitarbeiter sich am jeweiligen individuellen Lebenszyklus eines Menschen ausrichten. (Vgl. Graf 2001, Preißing 2014: 185 ff., Sattelberger 1995: 288ff.). Dieser beinhaltet folgende Lebensbereiche:

– biosozialer Lebenszyklus (individuelle Entwicklung im Bereich der Identität und des physischen Zustands),
– familiärer Lebenszyklus (individuelle Entwicklung im Bereich der Familie) und

- beruflicher Lebenszyklus (individuelle Entwicklung im Bereich des Berufs). (Vgl. Sattelberger 1995: 288 ff.)

Diese drei Lebenszyklen sind eng miteinander verbunden und beeinflussen sich entsprechend. Je nachdem, in welchem Lebenszyklus gerade eine Belastungssituation wie beispielsweise Pflegefall oder Kindererziehung ansteht, kann sich diese auf die anderen Lebenszyklen, wie berufliche Orientierung, auswirken. Es ist selbsterklärend, dass diese Interdependenzen sich negativ auf eine Karriereentwicklung auswirken können. (Vgl. Preißing 2014: 185). Entsprechend sollen in einer Arbeit 4.0 Karrierewege eröffnet werden, die diese Lebenszyklen berücksichtigen. Konkret beinhaltet dies ein Neudenken der bisherigen vertikalen Karrieren, die verbunden sind mit Vollzeit, Präsenz und kontinuierlicher Erwerbstätigkeit. Vielmehr könnten agile, nicht stringente und horizontale Karrieren entstehen, die Karriereunterbrechungen, Führung in Teilzeit, Vereinbarkeit von Arbeit und Leben sowie auch Karrieren ab einem Alter von 50plus erlauben. (Vgl. Boes, Bultemeier 2013). Damit könnte die sogenannte **Rushhour des Lebens**, wie sie in den Lebensjahren zwischen 20 und 40 stattfindet, verbunden mit Karriere und Familiengründung, entzerrt werden. Diese Modelle kämen den gesamten Flexibilisierungsbestrebungen und neuen Organisations- und Führungsformen im Rahmen der Arbeitswelt 4.0 entgegen. Nun sind aber auch diese Ideen nicht so neu, sie wurden bereits vor mehr als 20 Jahren unter dem Begriff der lebensphasenorientierten Personalentwicklung sowie der Work-Life-Balance thematisiert. Die Forderungen nach Work-Life-Balance sind auch gerade vor dem Hintergrund der demografischen Entwicklung und ihrem Fach- und Führungskräftemangel gegenüber den Unternehmen bereits sehr intensiv eingefordert worden. (Vgl. Kirschten 2014). Und sicherlich haben zwischenzeitlich zahlreiche Unternehmen entsprechende Maßnahmen ergriffen, um sich als attraktiven Arbeitgeber gegenüber der Zielgruppe Frauen zu positionieren. (Vgl. Preißing, Kolb 2014). Dennoch haben sie bisher zu keiner höheren Beteiligung von Frauen in Toppositionen geführt. Daher ist auch nicht davon auszugehen, dass sich für die Arbeitswelt 4.0 die gleichen Maßnahmen der Flexibilisierung, wie sie auch heute schon durchaus praktiziert werden, sich plötzlich in der Zukunft positiver auswirken werden.

Betrachtet man die sogenannten Care Companies mit ihren dauerhaft gewünschten Anwesenheitszeiten, so scheint der Wunsch nach Work-Life-Balance weiterhin nur schwer realisierbar. Bei diesen Unternehmensformen verschwimmen die Grenzen zwischen Arbeit und Privatem, so dass eine Abgrenzung hin zu einer rein privaten Familienzeit fast unmöglich wird. Die Arbeit dominiert das Privatleben.

Die Arbeitswelt 4.0 könnte jedoch insofern zu einer freiwillig höheren Erwerbsbeteiligung und Karriereorientierung der Frauen führen, weil deren zunehmend flexibilisierte Arbeit gleichzeitig auch unsichere Arbeitsplätze beinhaltet. Vor allem, wenn es sich um die Satellitenbelegschaft handelt. Denn das Normalarbeitsverhältnis könnte eher zur Ausnahme als zur Regel werden und nur noch Anwendung auf die Stammbelegschaft finden. So kann die Erwerbstätigkeit des Partners nicht mehr als Garant für einen sicheren und langfristigen Versorgungsstatus betrachtet werden, wenn sich dieser von Projekt zu Projekt bewerben muss, keinen Tag wissend, ob seine Qualifikationen am nächsten Tag noch benötigt werden. Damit wären Frauen stärker in der Pflicht und Verantwortung, gleichberechtigt für ein gesichertes Einkommen zu sorgen und ihre Karriere voranzutreiben.

4.3.5 Fehlende Vereinbarkeit von Beruf und Familie: Partnerschaftliche Aufgabenteilung in Haushalt und Familie

Im Folgenden soll die Frage beantwortet werden, ob Partnerschaft und Kinder bei Frauen in Führungspositionen überhaupt möglich sind und inwieweit familiäre Verpflichtungen zwischen den Partnern aufgeteilt werden. Diese Frage ist insofern relevant als die Doppelbelastung der Frauen mit Beruf und Familie immer wieder als ein zentraler Hinderungsgrund für die Karriereentwicklung von Frauen angeführt wird. Tabelle 8 zeigt die familiäre Ist-Situation von Männern und Frauen in Führungspositionen.

Tab. 8: Familiencharakteristika von Männern und Frauen in Führungspositionen, Quelle: eigene Darstellung in Anlehnung an Holst, Friedrich 2017.

Familiencharakteristika	Männer in Führungspositionen in Prozent	Frauen in Führungspositionen in Prozent
Verheiratet	67	46
Single	11	18
Haushalt ohne Kinder	65	73
Haushalt mit Kindern unter 3 Jahren	40	24
Partner oder Partnerin ist ebenfalls in einer Führungsposition	28	71

Hierbei wird ersichtlich, dass auch weibliche Führungskräfte in Partnerschaften mit Kindern leben, obgleich sie im Vergleich zu Männern in Führungspositionen seltener Kinder haben und seltener verheiratet sind. Es scheint, dass die Rolle des Partners und die gelebten Vereinbarungen zwischen den Partnern eine durchaus wichtige Funktion bei der Karriereentwicklung von Frauen darstellen kann. Die Frage ist also bedeutsam, inwieweit auch heute noch tradierte Rollen- und Aufgabenverteilungen in Partnerschaften bestehen und damit ein Karrierehemmnis für Frauen bedeuten könnten.

Die Studie „Männerperspektiven" von Wippermann (2016b), die für das Bundesministerium für Familie, Senioren, Frauen und Jugend (BMFSFJ) erstellt wurde, zeigt, dass sowohl die konventionellen Leit- und Rollenbilder von Männlichkeit in den Köpfen der Männer immer noch präsent sind, als auch neue. So gibt es laut Wippermann „fünf Leitbilder für Mannsein" bei Männern (Vgl. Wippermann 2016b: 14):

Leitbild 1: Nach wie vor sehen sich 17 Prozent aller Männer als traditionellen Haupternährer der Familie.

Leitbild 2: Fast ein Drittel (27 Prozent) aller Männer fühlen sich als der überlegene, harte, unabhängige Mann (Lifestyle-Macho).

Leitbild 3: Weiterhin sehen sich 39 Prozent aller Männer als den resistenten, am Status quo festhaltenden modernen Mann.

Leitbild 4: Zehn Prozent aller Männer empfinden sich als der weiche, flexible und sich verändernde Mann.

Leitbild 5: Sieben Prozent aller Männer sehen sich als ganzheitlichen, kompletten Mann an.

So kann immer noch die große Mehrheit der Männer (83 Prozent) als eher konservativ und traditionellen Männlichkeitsbildern unterworfen betrachtet werden, gerade ein mal 17 Prozent aller Männer sind auf dem Weg zum sogenannten modernen Mann im Sinne einer gleichgestellten Haltung in der Partnerschaft. Diese Selbstwahrnehmung der Männer hat in logischer Konsequenz unmittelbaren Einfluss auf die Interaktion zwischen Mann und Frau im beruflichen und auch partnerschaftlichen Kontext. Im beruflichen Zusammenhang sind die Konsequenzen **tradierter Haltungen** von Männern hinlänglich sichtbar und auch in den vorangegangenen Ausführungen erläutert worden. Doch wirken sich diese Verhaltensmuster auch direkt im privaten Miteinander aus und können hier erneut für Karrierehemmnisse von Frauen sorgen. Die Studie „Männerperspektiven", die Männer im erwerbsfähigen Alter zwischen 18 bis 65 Jahren in einer festen Partnerschaft befragt hat, kommt zu folgenden Einsichten:

- Zentral ist zunächst einmal die Erkenntnis, dass zwar 82 Prozent aller Männer durchaus dafür sind, dass in einer Partnerschaft beide berufstätig sein sollen, doch nur solange, wie es nicht die Berufstätigkeit des Mannes behindert. Denn hier gilt bei 85 Prozent aller Männer weiterhin die Haltung, dass die Frau ihrem berufstätigen Partner den Rücken freizuhalten hat. (Vgl. Wippermann 2016b: 20 f.). Die Karriereentwicklung des Mannes hat also mehr Bedeutung als die beruflichen Ziele der Frau, im Zweifel hat die Frau zurückzustecken.
- Jeder zweite Mann (49 Prozent) ist der Auffassung, dass eine Frau nicht berufstätig sein muss, wenn er gut verdient. (Vgl. Wippermann 2016b: 21).
- Fast alle Männer (93 Prozent) sehen die Notwendigkeit, dass die Frau in den ersten Lebensmonaten eines Kindes zuhause bleiben sollte. (Vgl. Wippermann 2016b: 24).
- Männer fordern auch ein (88 Prozent), dass die Frau ihre Berufstätigkeit bei kleinen Kindern im Haushalt reduzieren sollte. (Vgl. Wippermann 2016b: 24).
- Und 40 Prozent aller Männer sehen ihren Beruf auch als eine Flucht vor Hausarbeiten. (Vgl. Wippermann 2016b: 24).

Befragt man Männer nach dem **Wunschbild ihrer partnerschaftlichen Lebensgestaltung**, so verharren immer noch 46 Prozent aller befragten Männer in konsequent traditionellen und teiltraditionellen Rollenmustern. Sie streben nach einer Partnerschaft, in welcher der Mann der Haupternährer bleibt und die Frau entweder vollständig die Hausfrauenrolle übernimmt oder durch Teilzeit ein bisschen dazuverdient. (Vgl. Wippermann 2016b: 25). Aber immerhin würden sich zwischenzeitlich 42 Prozent aller Männer eine gleichgestellte Partnerschaft wünschen, in der beide Partner erwerbstätig sind und sich gleichviel um Haushalt und Kinder kümmern. Dieses neue Rollenmodell scheint jedoch geringere Chancen auf Umsetzung zu haben als die tradierten Rollenverteilungs-Modelle. Denn die Realität ist weit entfernt von dieser Wunschvorstellung der Männer. Die Gründe hierfür sollen im Folgenden aufgezeigt werden.

Es ist in Deutschland eine gesellschaftliche, kulturell gewachsene Norm, dass Männer vollzeiterwerbstätig sein müssen: **Der Mann als Ernährer der Familie**. Abweichungen von dieser Normalitätserwartung werden sozial kontrolliert sowie sanktioniert. Und auch jene Frauen, die einen nicht vollzeiterwerbstätigen Partner haben, werden hierfür gesellschaftlich bestraft. Es liegt des Weiteren sogar ein Paradox vor: Wird das erste Kind geboren, erhöht der Mann seine wöchentliche Arbeitszeit anstatt sie – wie seinem Wunsch entsprechend – zu reduzieren. Je sinnvoller es für einen Mann wäre, seine Vollzeittätigkeit zu reduzieren, um eine gleichgestellte Partnerschaft mit Zeit für Kinder und Haushalt zu haben, desto weniger setzt er diese Option um. Seine bisherige durchschnittliche wöchentliche Stundenzahl von 40,5 Stunden erhöht er nach der Geburt des ersten Kindes auf 42,3 Stunden pro Woche. Er erfüllt damit die Norm, ein guter Ernährer für die Familie zu sein. (Vgl. Wippermann 2016b: 66 ff.). Frauen hingegen reduzieren spätestens nach der Geburt ihres ersten Kindes den Erwerbsumfang von 35,5 Stunden pro Woche auf 29,3 Stunden, mit wachsender Kinderzahl auf eine sinkende Erwerbstätigkeit von 25 Stunden pro Woche. (Vgl. Wippermann 2016b: 67). Und insgesamt gehen nur zehn Prozent aller Frauen mit Kindern unter drei Jahren im Haushalt einer Vollzeiterwerbstätigkeit nach, Männer hingegen mit 83 Prozent. (Vgl. Statistisches Bundesamt 2017).

Auch die **Aufgabenteilung im Haushalt** wird zwar laut Studie zwischenzeitlich von Männern durchaus angestrebt, doch zeigen die Zahlen wiederum eine andere Realität. So werden im Haushalt weiterhin klassische Rollenverteilungen vorgenommen, der Mann kümmert sich um die Reparaturen im Haushalt (zu 82 Prozent Aufgabe des Mannes) oder die Autopflege (zu 78 Prozent Aufgabe des Mannes), die Frauen hingegen übernehmen die traditionellen Hausfrauentätigkeiten wie Bügeln (zu 85 Prozent Aufgabe der Frauen), Wäsche waschen (zu 80 Prozent Aufgabe der Frauen), Bäder reinigen (zu 72 Prozent Aufgabe der Frauen) oder Kochen unter der Woche (zu 74 Prozent Aufgabe der Frauen). (Vgl. Wippermann 2016b: 82, Holst, Friedrich 2017: 57).

Bei vollzeiterwerbstätigen Frauen in Führungspositionen sieht die Situation nicht anders aus, 86 Prozent dieser Frauen leisten an Werktagen neben der Berufstätigkeit mindestens eine Stunde Hausarbeit, hingegen die Männer nur zu 58 Prozent. Auch an den Wochenenden verbringen Frauen mehr Zeit mit der Hausarbeit als Männer, wenn auch mit einem geringeren Zeitunterschied. (Vgl. Holst, Friedrich 2017: 56).

Diese sogenannte **Retraditionalisierung der Aufgabenteilung** im Haushalt erfolgt bereits beim Zusammenziehen der Partner in einen gemeinsamen Haushalt und verstärkt sich schubweise mit der Anzahl der Kinder. Selbst wenn die Kinder älter werden oder sogar das Haus verlassen haben, bleibt die einmal eingeführte Aufgabenteilung stabil über die Zeit bestehen. (Vgl. Wippermann 2016b: 84–87). Es sind immer noch die Frauen, die mehr Zeit für Familienarbeit aufbringen als Männer in vergleichbarer beruflicher Position, vor allem in Haushalten mit Kindern. (Vgl. Holst, Friedrich 2017: 6). Selbst bei Führungskräften herrschen bei der Kinderbetreuung geschlechtstypische Strukturen vor. An Werktagen betreuten Frauen im Durchschnitt eine Stunde länger ihre Kinder als Männer, an Wochenenden sogar bis zu 4,9 Stunden länger. (Vgl. Holst, Friedrich 2017: 61).

Auch die Reduktion des Erwerbsumfangs der Frau wirkt sich negativ auf die gleichgestellte Aufgabenverteilung im Haushalt aus: Männer würden sich eher gleichwertig in der Haus- und Familienarbeit beteiligen, je höher der Anteil der Vollzeiterwerbstätigkeit der Frau ist. Oder umgekehrt ausgedrückt: Gibt eine Frau ihre Vollzeiterwerbstätigkeit auf, umso größer ist die Wahrscheinlichkeit, dass sie die traditionellen Rollenmuster übernimmt und verstetigt.

Interessant ist auch der Effekt, dass gerade erfolgreiche Frauen in einer Paarbeziehung selbstgewählt mehr Hausarbeit übernehmen als der Mann. Sie lebt bewusst und aktiv die traditionelle Geschlechterrolle, um die Stabilität innerhalb der Beziehung nicht in Gefahr zu bringen. Denn durch ihren beruflichen Erfolg könnte sie das Gleichgewicht zwischen den Geschlechtern gefährden. (Vgl. Bathmann et al. 2013: 125).

Betrachtet man die spezifische Situation von Frauen, die bereits in Führungspositionen sind, so zeigt sich ein anderes Bild: Es besteht der Trend zu einer egalitären Aufgabenteilung der Hausarbeit. Fast die Hälfte (47 Prozent) der vollzeitbeschäftigten Frauen in Führungspositionen teilen sich mit ihrem Partner die Hausarbeit paritätisch. Der Grund hierfür liegt sicherlich in der mangelnden Zeit einer Führungskraft für Hausarbeiten und die Frau fordert eine stärkere Beteiligung des Mannes ein. (Vgl. Holst, Friedrich 2017: 6 f.).

Fehlende Vereinbarkeit von Beruf und Familie: Partnerschaftliche Aufgabenteilung in Haushalt und Familie – Ausblick auf die Arbeitswelt 4.0

Wie ein Mantra wird als einer der zentralen Hinderungsgründe für die Umsetzung einer Karriere bei Frauen immer wieder die Unvereinbarkeit von Beruf und Familie angeführt. Denn die sogenannte **doppelte Vergesellschaftung** (Beruf und Familie) von Frauen sorgt scheinbar für eine Dilemma-Situation: Entweder wird auf die Karriere ganz oder teilweise verzichtet oder auf die Familie. (Vgl. Boes, Bultemeier 2013: 15).

Weshalb jedoch diese scheinbare Doppelbelastung der Frauen ein faktischer Grund darstellen soll, lässt sich weder heute noch für eine Arbeitswelt 4.0 nicht sachlich nachvollziehen. Das Einkommen einer Führungskraft oder -nachwuchskraft ermöglicht durchaus die **Auslagerung von Haushaltsaufgaben an haushaltsnahe Dienstleister**. Dieses Verhalten wäre rational, denn der Stundenlohn einer Haushaltshilfe ist geringer als der einer Führungskraft. Nun könnte natürlich dagegen argumentiert werden, dass das verfügbare Einkommen für eine Haushaltshilfe ja erst dann erreicht ist, wenn man sich bereits in einer Führungsposition befindet. Aber auch bereits zu Beginn einer Karriere ist es sinnvoll, sich für eine Haushaltshilfe zu entscheiden, selbst wenn das Einkommen noch gering ist. Denn die dadurch entstehende Entlastung und mehr verfügbare Zeit kann für die schnellere Karriereentwicklung eingesetzt werden. (Vgl. Sandberg 2013). Auf längere Sicht wird dieses zu Beginn einer Karriere eingesetzte Einkommen sich amortisieren, denn die Frau kann sich auf ihre berufliche Entwicklung konzentrieren, zahlt mit ihrem steigenden Einkommen höhere und über den Zeitablauf kontinuierliche Sozialversicherungsbeiträge, die sich dann wieder später als höhere Renten auswirken. Zudem macht sie sich finanziell unabhängig von ihrem Partner und schafft durch die Beschäftigung einer Haushaltshilfe zudem noch Arbeitsplätze. Ein weiterer positiver Effekt ist, dass sich mit steigendem Einkommen der Wunsch verringert, auf dieses Einkommen ganz oder teilweise zu verzichten, sich also in die Teilzeit- oder Nicht-Erwerbstätigkeit zurückzuziehen.

Die aktuellen Zahlen zur Beschäftigung von Haushaltshilfen von Frauen und Männern in Führungspositionen belegen jedoch, dass die Auslagerung von Haushaltspflichten noch immer zu selten praktiziert wird. So beschäftigen nur 13 Prozent der Männer und Frauen in Führungspositionen eine Haushaltshilfe. Erst wenn Kinder im Haushalt sind, beschäftigen Frauen in Führungspositionen zu 30 Prozent eine Haushaltshilfe, Männer hingegen nur zu 16 Prozent. (Vgl. Holst, Friedrich 2017: 53). So zeigt zwar die prognos-Studie zur Familie 2030, dass knapp die Hälfte der Bevölkerung sich eine finanzielle, staatliche Förderung und Leistung zur Unterstützung von Familien, die im Haushalt eine partnerschaftliche Aufgabenteilung durchführen, wünschen. (Vgl. prognos o. J.). Doch ist dieser Ruf nach mehr Staat wirklich immer gerechtfertigt?

Auch die **Kinderbetreuung** könnte an Dritte ausgelagert werden. Es zeigt sich allgemein in den Familien ein positiver Trend dahingehend, Kinderbetreuung ab dem zweiten und dritten Lebensjahr des Kindes durch Betreuungseinrichtungen zu nutzen. So stieg die Betreuungsquote vom Jahr 2006 bis zum Jahr 2015 von 14 Prozent auf immerhin 33 Prozent. (Vgl. prognos o. J.). Doch im Umkehrschluss bedeutet dies, dass Kinder bis zum ersten Lebensjahr immer noch von den Eltern beziehungsweise der Mutter betreut werden. Und diese lange Dauer der Erwerbsunterbrechung ist für eine Karriereentwicklung schädlich.

Die Gründe für die mangelnde Auslagerung von Familien- und Haushaltspflichten an Dritte kann unter anderem mit **gesellschaftlichen Rahmenbedingungen** erklärt werden. Denn in einer Gesellschaft, die arbeitende Vollzeit-Mütter immer noch als „Rabenmütter“ tituliert, ist dies wohl schwierig umzusetzen. Denn diese Frauen müssen gegenüber Dritten ihre Berufstätigkeit immer noch oftmals entschuldigend vertreten. Hierbei sollte nicht vergessen werden, dass dieses überhöhte Mutterbild in Deutschland stark über den Nationalsozialismus geprägt und weitergegeben worden ist und dazu führt, dass Frauen aufgrund ihres Mutter-Status entweder in die Teilzeitbeschäftigung gedrängt werden oder psychischem Druck ausgesetzt sind. Der kollektive gesellschaftliche Zwang übt die Erwartungshaltung auf Frauen aus, ihrer gesellschaftlichen Rolle gerecht zu werden und Familie höher zu bewerten als Karriere. In anderen Ländern hingegen wird die Berufstätigkeit von Frauen mit Kindern wesentlich positiver gesehen und auch politisch sowie gesellschaftlich mitgetragen. So zeigt auch die prognos-Studie Familie 2030 ganz klar, dass bei einem Ranking der Wertigkeit von Familie und Beruf eindeutig die Familie mit 79 Prozent an erster und damit wichtigster Rangordnung weit vor dem Beruf mit nur acht Prozent steht. (Vgl. Allensbacher Archiv: IfD-Umfrage 11058, Juli 2016, zitiert in: prognos, o. J.: 5).

Des Weiteren ist für Frauen die **Wahl des Partners** durchaus von Bedeutung. Will eine Frau ihre berufliche Entwicklung vorantreiben, benötigt sie einen Partner, der bereit ist, familiäre und häusliche Aufgaben zu teilen. Die Karrierechancen von Frauen hängen also sehr stark von den individuellen Lebensvereinbarungen zwischen den Partnern ab und der Bereitschaft, Dienstleistungen im Bereich der Familien- und Haushaltsaufgaben auszulagern. Die Wahl des künftigen Partners kann damit zu einer Schlüsselrolle bei der Karriereentwicklung von Frauen werden. So betonte schon Marion Schick in einem Interview 2013, damals Personalvorstand und Arbeitsdirektorin der Deutschen Telekom, dass karriereorientierte Frauen einen Partner benötigen, der ihnen den Rücken stärkt, sich ebenso für die Kinderbetreuung verantwortlich fühlt und möglicherweise auch damit klarkommt, dass sie ihn nicht nur gehaltstechnisch überholt. (Zitiert in: Kals, Theissen, FAZ 2013: C1). Die Frage ist jedoch, wie viele Männer es tatsächlich heute und in Zukunft gibt, die dieses neue Rollenbild eines Ehemannes und Familienvaters mit Haushalts- und Kindererziehungspflichten tatsächlich leben wollen, berücksichtigt man die Studie von Wippermann. Diesen gleichstellungsorientierten Partner findet man noch am ehesten in der jüngeren Generation und in einem modernen, gehobenen Bildungsniveau vor. (Vgl. Wippermann 2016b: 89 f.). Doch ist die Anzahl dieser modernen Männer noch so gering, dass sie keinen Einfluss auf die Wahrnehmung der heutigen tradierten Rollen-„Normalität“ ausüben, sondern eher die Ausnahme als die Regel darstellen. (Vgl. Holst, Friedrich 2017: 6).

Es ist auch fraglich, ob die Anzahl dieser Geschlechterrollen aufbrechenden Männer tatsächlich zunehmen wird. Denn Männer entwickeln beim **Überschreiten von Geschlechterrollen** Unbehagen oder gar Angst. Sie fürchten sich davor als weiblich wahrgenommen zu werden. Das Vermeiden jeglicher Handlungen, die geschlechtsspezifisch weiblich sind, hat oberste Priorität, selbst dann, wenn es von Dritten gar nicht gesehen werden würde. Wenn Männer beispielsweise in einem Test schlecht abschneiden, können sie trotzdem mit gestärktem Selbstbewusstsein daraus herausgehen, wenn sie erfahren, dass die Aufgaben typisch weiblich waren. Sollen Männer ihre Geschlechterrolle überschreiten, reagieren sie auf die Bedrohung ihres Geschlechts mit Aggressionen. (Vgl. Steffen, Ebert 2016: 60 ff.). Sich heute als Mann zu definieren, ist für Männer ein „unsicherer Status“. (Vgl. Meuser 2005: 279). Überschreiten sie ihr traditionelles Rollenbild, so werden sie aufgrund ihrer Normüberschreitung sozial sanktioniert, verharren sie aber in ihrem geschlechtsspezifischen Rollenbild, gelten sie als Dinosaurier ihrer Art.

Ebenso bedenklich sind die aktuellen, durchaus lautstarken **Gegenströmungen zu partnerschaftlichem Verhalten**, die eine „natürliche“ Aufgabenteilung zwischen den Geschlechtern fordern, wie sie schon immer war: Mann als Ernährer, Frau im Haushalt. Die wieder durchaus gesellschaftsfähige Einstellung, dass es natürliche Geschlechterrollen zwischen Mann und Frau gibt, zeigt sich zum einen in Veranstaltungen von sogenannten Comedians, die ganze Hallen damit füllen, über Stereotype von Mann und Frau zu erzählen. Zum anderen zeigt auch die politische Parteienentwicklung einen Trend zur **Renationalisierung der Gesellschaft**. Erstaunlich ist, dass diese Parteien mit einer tradierten Einstellung gegenüber Gleichstellung nicht nur von Männern, sondern auch von Frauen gewählt werden. Dies kann nur damit erklärt werden, dass steigende Unsicherheiten im wirtschaftlichen, gesellschaftlichen oder sozialen Umfeld Menschen dazu bringt, vermehrt Stabilität und scheinbare Sicherheit in altbewährten Mustern zu suchen. Der „Zeitgeist der Angst“, wie in einem Artikel der Süddeutschen Zeitung berichtet, hat unter anderem eine Retraditionalisierung und **Remaskulinisierung der Gesellschaft** zur Folge. (Vgl. Dörr 2017). Und Männer scheinen sich aktuell auch deswegen eher retrograd zu entwickeln, weil ihnen neue Rollenbilder fehlen. (Vgl. Hollstein 2017). Oder aber die neuen Rollenbilder und Lebensentwürfe zu neuer Männlichkeit fallen immer wieder durch alle Raster aufgrund kultureller und struktureller Sanktionen. Dies sind keine erstrebenswerten gesellschaftlichen oder politischen Entwicklungen, weder für Frauen noch für Männer.

4.3.6 Der Beitrag der Frauen zum Verhalten von Männern

Wenn Frauen sich beruflich stärker mit einem gleichstellungsorientierten Partner verwirklichen könnten, müsste ja davon ausgegangen werden, dass ein verändertes Männlichkeitsprofil, also der moderne Mann, von Frauen als attraktiver als der klassisch-traditionelle Mann empfunden wird. Nun ist Mannsein und Männlichkeit ein soziales Konstrukt, das sowohl von Frauen als auch von Männern täglich neu geschaffen wird. Es geht um die Zuweisung von charakteristischen Eigenschaften, die eine Norm aufstellen, was Mannsein bedeutet. Daraus kann ein durchschnittliches normatives Männlichkeits-Profil erstellt werden. Dieses Profil erwächst nicht nur aus der Selbstwahrnehmung der Männer, sondern ebenso aus der Fremdwahrnehmung der Frauen. Wenn man also aus Sicht der Frauen und Männer die normativen Attribute an Männlichkeit zusammenfasst, so ergibt sich in Tabelle 9 folgendes Bild für die wichtigsten Werte:

Tab. 9: Auswahl an normativen Attributen für Männer, Quelle: eigene Darstellung in Anlehnung an Wippermann 2016b: 120.

Normative Attribute für Männer „Was finden Sie an Männern sympathisch?"	Zustimmung von Männern in Prozent	Zustimmung von Frauen in Prozent
Die Familie gut versorgen	58	60
Berufliche Kompetenz; Fachmann sein	54	49
Mit technischen Geräten umgehen können	50	49
Durchsetzungsvermögen	45	45
Selbstbeherrschung, Disziplin	43	38
Organisationsgeschick	43	41

Betrachtet man Rangplatz eins zu der Frage, was einen Mann besonders sympathisch macht, ist man über die hohe Zustimmung der Frauen zum traditionellen Rollenbild des Mannes als Ernährer erstaunt. So begibt sich also nicht nur der Mann selbst in die Rolle des Ernährers, um sich seine Männlichkeit zu attestieren. Vielmehr sind es die Frauen, die dieses Männlichkeitsbild sogar verstärkt normieren und einfordern. Auch die anderen Attribute, die Frauen bei Männern als attraktiv empfinden, entsprechen den hinlänglich bekannten traditionellen Rollenmustern von Männern.

Beleuchtet man alle 36 erhobenen Eigenschaften inhaltlich, so kristallisiert sich ein eindeutiges Bild heraus: Die Männer verharren im Wesentlich in ihren klassischen Männlichkeitseigenschaften. Die Frauen unterstützen diese Eigenschaften. Abweichungen in der Zustimmung zum Mannsein gibt es nur in wenigen Bereichen wie bei den Eigenschaften „Mithilfe im Haushalt, Gefühle zeigen, zärtlich oder romantisch sein". Wenigstens hier beginnen die Frauen allmählich, mehr Veränderungen von Männern im Hinblick auf neue Eigenschaften einzufordern. (Vgl. Wippermann 2016b: 120).

Betrachtet man die Untersuchungsergebnisse bezüglich normativer Attributionen zwischen den Geschlechtern, so wird deutlich, dass sich bei den Geschlechterstereotypen nicht viel verändert hat im Verlauf der letzten Jahrzehnte. Mannsein und Frausein ist immer noch mit den traditionellen Eigenschaften verbunden, wie Tabelle 10 zeigt.

Tab. 10: Normative Attribute für Männer und Frauen, Quelle: vgl. Wippermann 2016b: 121.

Normative Attribute (jeweils Antworten von Frauen und Männern) Ranking erfolgt nach der normativen Geschlechterdifferenz	Normatives Profil		Normative Geschlechter-differenz
	für Männer	für Frauen	
Mit technischen Geräten umgehen können	50	18	32
Berufliche Kompetenz; Fachmann sein	51	26	25
Leistungsorientierung, Ehrgeiz	36	16	20
Selbstbeherrschung, Disziplin	40	22	20
Konsequenz, Hartnäckigkeit	30	13	17
Durchsetzungsvermögen, sich nicht unterkriegen lassen	45	30	15
Karriere machen	25	11	14
Konflikten nicht ausweichen	39	26	13
Mitarbeiter/Mitarbeiterinnen führen	23	11	12
Härte	13	2	11

Diese Ergebnisse zeigen deutliche Geschlechterdifferenzen bezüglich der von Männern und Frauen gegenseitig erwarteten Eigenschaften. Viele Geschlechterstereotype wie mangelndes Technikverständnis, fehlende Härte oder mangelnde Fachkompetenzen seitens der Frauen gelten nach wie vor. Wohingegen den Männern weiterhin die klassischen Tugenden von Männlichkeit unterstellt werden.

Fasst man die Ergebnisse der Studie „Männerperspektiven" zusammen, so ist die hegemoniale Männlichkeit immer noch das dominante Leitbild. (Vgl. Wippermann 2016b: 143). Oder wie Wippermann es ausdrückt „[...], dass eine erhebliche Zahl der Frauen heute weiterhin Mitkonstrukteure hegemonialer Männlichkeiten sind." (Wippermann 2016b: 143).

Es sind also auch die Frauen selbst, die genau jenen Männertypus traditioneller Männlichkeit bestätigen und reproduzieren, der für ihre eigene berufliche Entwicklung ein Karrierehemmnis darstellt.

Der Beitrag der Frauen zum Verhalten von Männern – Ausblick auf die Arbeitswelt 4.0

Solange Frauen nicht ihr eigenes Bild von dem, was anscheinend einen attraktiven Mann ausmacht, revidieren, wird auch eine Arbeitswelt 4.0 keinen weiteren Einfluss auf die weibliche Wahrnehmung auf Männer ausüben. Auch die gegenseitigen Geschlechterstereotype über erwartete Eigenschaften sind bisher über den Zeitablauf stabil geblieben. Nun lassen sich zwar grundsätzlich Stereotype über den Zeitablauf verändern, hierzu bedarf es aber neben organisationaler auch gesellschaftlicher Werteveränderungen. Es wäre durchaus denkbar, dass die Arbeitswelt 4.0 eventuell zu einer Verstetigung oder gar Verschlechterung der gegenseitigen Erwartungen beitragen: Wenn Frauen vermehrt in orts- und zeitunabhängigen Arbeitsformen (also von zuhause aus) arbeiten, die Männer hingegen vermehrt in der präsenten Stammbelegschaft (also im Unternehmen) anzutreffen sein werden, so werden die Frauen als diejenigen wahrgenommen, die zuhause sind. Dies könnte die Wahrnehmung der Frauen auf sich selbst negativ beeinflussen. Sie sind diejenigen, die sich vorwiegend im häuslichen Raum bewegen – auch wenn sie von dort aus ihre beruflichen Aufgaben erfüllen. Die Männer hingegen sind diejenigen, die in die Welt hinausgehen. Damit könnten all jene Attributionen freigesetzt werden, die zu einem konservativen und schwachen Frauenbild und gleichzeitig zum traditionellen Männerbild beitragen.

4.3.7 Zwischenfazit personelle Aufstiegsbarrieren

Erwerbstätigkeit ist ein Teilkonstrukt für Männlichkeit. Denn in unserer Gesellschaft standen und stehen Männer auch heute noch für die Berufs- statt Familienorientierung, für die Vollzeit- statt Teilzeiterwerbstätigkeit oder gar Nicht-Erwerbstätigkeit sowie die kontinuierliche Erwerbsarbeit. Einerseits wird die Arbeit 4.0 diese Entwicklung im Kontext von Care Companies im Sinne dauerhafter Anwesenheitszeiten fortführen. Andererseits bricht die Arbeitswelt 4.0 diese traditionelle Erwerbsarbeit auf, vor allem im Bereich der Satellitenbelegschaften. Es gelten die agilen Arbeitsformen wie Flexibilisierung der Arbeit, Entgrenzung von Arbeit und Leben oder Zunahme diskontinuierlicher Erwerbsbiografien. Diese Entmännlichung oder Feminisierung der Arbeit könnte dazu beitragen, die Berufschancen von Frauen zu verbessern, weil eben die institutionalisierten Orte männlicher Homosozialität teilweise wegbrechen, oder wie Meuser es formuliert: „Männer erfahren also den Verlust institutionalisierter Orte traditioneller Männlichkeit [...].“ (Meuser: 2005: 282). Doch gelten diese Überlegungen nicht für künftige Stammbelegschaften in Unternehmen. Es könnte genauso gut gegenteilig argumentiert werden, dass gerade in dieser Situation Männer verstärkt ihre Refugien schützen werden und Frauen damit noch schlechtere Chancen haben werden, in diese Zufluchtsstätten letzter hegemonialer Dominanz einzudringen.

Bedauerlich ist, dass diese immer wieder neu erzeugten normativen Geschlechterdifferenzen von Mannsein und Frausein das gesellschaftlich geltende Fundament darstellen und durch Sozialisation weitergegeben werden. Es würde einer kritischen Masse an gleichgestellten Rollenvorbildern bedürfen, um hier eine beständige gesellschaftliche Veränderung einleiten zu können, doch diese gibt es noch nicht.

Im Hinblick auf die **doppelte Vergesellschaftung** der Frauen könnte einerseits durch die Gestaltung der Arbeitswelt 4.0 und andererseits durch einen Wertewandel in der Gesellschaft eine Verbesserung für die Frauen eintreten. Ziel ist es, dass Männer bereit sind, egalitär mit der Partnerin die Aufgaben im familiären Bereich zu übernehmen. Denn erst dann stehen beiden Partnern gleiche Zeitkontingente für die beruflichen Aufgaben zur Verfügung. Und es müsste weder für Männer noch für Frauen keine Angst entstehen, gesellschaftlich als Außenseiter zu gelten. In Skandinavien ist es bereits gelungen, die tradierten Rollenmodelle zwischen „**breadwinning**“ (Mann als Ernährer der Familie) und **„caregiving“** (Frau übernimmt die Familienaufgaben) aufzubrechen. Skandinavische Länder haben sich bereits zu einer Gesellschaft entwickelt, in der sowohl Frauen als auch Männer gleich viel Zeit in die Erwerbstätigkeit, Kindererziehung und Haushalt investieren. Damit sind beide Partner in Bezug auf Familien- und Erwerbsaufgaben gleichberechtigt. Hierfür erforderlich ist jedoch nicht nur die passende Gestaltung der Arbeitswelt 4.0, vielmehr muss auch der Staat aufeinander politisch abgestimmte Maßnahmen ergreifen. Dies wären zum Beispiel folgende Schritte:

- Steuerliche Vorteile wie die des Ehegatten-Splittings sind abzuschaffen.
- Das Elterngeld ist einzustellen, denn es sollten keine Anreize gesetzt werden, die Erwerbstätigkeit aufzugeben und zuhause zu bleiben.
- Es sollte eine Veränderung der Sozialgesetzgebung in dem Sinne erfolgen, dass Frauen keine „Versorgerehe” mehr eingehen können.
- Die Elternzeit zwischen Vater und Mutter müsste gesetzlich so angelegt werden, dass sie zeitlich paritätisch geteilt werden muss. Nur so können die beruflichen Laufbahnunterbrechungen von Frauen gekürzt werden und die des Mannes mit denen der Frau zeitlich gleichgestellt werden.
- Familienpolitische Maßnahmen wie Ganztagsschulen und Kinderbetreuung bezüglich eines verbesserten Personalschlüssels als auch der Öffnungszeiten 24/7 müssten vermehrt umgesetzt und angeboten werden.
- Eine gesetzliche Verkürzung der Elternzeit sollte umgesetzt werden, denn Deutschland weist im Vergleich zu anderen europäischen Ländern eine übermäßig lange Dauer an Elternzeit mit 36 Monaten auf. Gerade in einer hochgradig agilen Arbeitswelt 4.0 ist es – vielleicht mit Ausnahme einiger weniger Berufsbilder oder Branchen – nahezu unmöglich, für drei Jahre aus dem Berufsleben auszusteigen und zu glauben, dass ein beruflicher Wiedereinstieg nach dieser langen Zeitspanne auf demselben Qualifikationsniveau erfolgen kann. In Konsequenz beinhaltet die lange Elternzeit einen Kompetenzverfall bis hin zur unterwertigen Beschäftigung. Mit Beginn einer dreijährigen Elternzeit, die bei mehreren Kindern mehrfach in Anspruch genommen wird, ist nach jedem geborenen Kind ein weiterer Positionsabstieg beim Wiedereinstieg in das Berufsleben zu erwarten. Dies kann sich im schlimmsten Fall bis hin zur Beschäftigungsunfähigkeit entwickeln. (Vgl. Preißing 2017: 223 ff.).

Vor allem die staatlichen Vergünstigungen bewirken, dass Frauen oftmals wenig Anreiz haben, eine gleichberechtigte Berufslaufbahn oder gar eine Karriere anzustreben. Die Gleichstellungspolitik der skandinavischen Länder zeigt, dass veränderte politische Rahmenbedingungen in Deutschland unabdingbar sind, um eine durchgängig stimmige und erfolgreiche Politik zur Herstellung der Geschlechtergerechtigkeit im Arbeitsmarkt 4.0 zu erreichen.

Die Forderung nach einer Work-Life-Balance im Kontext der Arbeitswelt 4.0 scheint auch romantisierend gedacht. Theoretisch mag es bei flexibilisierter Arbeit und gleichzeitiger Orts- und Zeitunabhängigkeit möglich sein, Familie und Beruf zu vereinbaren. Doch gerade hierbei ist die Gefahr der beliebigen Verfügbarkeit seitens der Unternehmen sehr hoch. Und bei Satellitenbelegschaften sind die Crowdwork-Arbeiten eben dann auszuführen, wenn der Kunde die Fertigstellung benötigt oder die in der Software verankerten Algorithmen anzeigen, wann am meisten zu verdienen ist. Wenn also am Montagmorgen die Präsentation für den Auftraggeber erstellt sein sollte, so verdient ein Crowdworker am Wochenende mehr als unter der Woche. So bedeutet die Arbeitsflexibilisierung nur, dass zu unterschiedlichen Tages- und Nachtzeiten an sieben Tagen der Woche in Abhängigkeit der Auftragsvorgabe gearbeitet werden kann. Sie beinhaltet aber auch gleichzeitig, dass eine planbare gemeinsame Zeit für die Partner mit ihren Kindern fast vollständig wegbricht. Diese gemeinsam einplanbare qualitative Familienzeit existiert nicht mehr. Und auch das kalkulierbare verfügbare Einkommen bricht in großen Teilen weg. Wo bleibt dann die Balance zwischen Arbeit und Familie?

5 Fazit und Ausblick

Die vorangegangenen Ausführungen haben gezeigt, dass die gläserne Decke sowohl aktuell als auch voraussichtlich in einer Arbeitswelt 4.0 existieren wird. Die Gründe für die Unterrepräsentanz von Frauen im Topmanagement sind vielschichtig und vor allem sind sie nicht nur auf diskriminierendes Verhalten von Männern gegenüber Frauen zurückzuführen. Diese Sichtweise wäre zu einfach. Wenn mehr Männer als Frauen eine Karriere bis in die oberen Führungsetagen schaffen, so kann dies, wie gezeigt wurde, zwar durchaus auf männlich geprägte strukturelle, kulturelle und personelle Organisationsbedingungen zurückgeführt werden. Aber auch Frauen selbst sind Mitgestalter der gläsernen Decke. Zudem stellen gesellschaftliche Werte sowie politische und rechtliche Rahmenbedingungen weitere und verstärkende Faktoren für die Aufstiegsbarrieren von Frauen dar.

Die Arbeitswelt 4.0 mit ihren sicherlich teilweise veränderten Arbeitsstrukturen wird jedoch keine allzu großen positiven Veränderungen für Frauen bei ihrem Aufstieg ins Topmanagement herbeiführen. In bestimmten Bereichen des mittleren Managements, wenn verstärkt soziale Kompetenzen im Berufsbild erforderlich sind, mögen Frauen gegenüber Männern komparative Vorteile aufweisen. Doch wird aufgrund der zukünftig verstärkt agil geprägten Organisationsformen die mittlere Hierarchieebene abgebaut werden. Die Führungsanforderungen für die oberste Managementebene bleiben im Wesentlichen gleich: Die Fähigkeit mit ständiger Veränderung, mit Innovations- und Wettbewerbsdruck oder mit erhöhter Arbeitsverdichtung und -geschwindigkeit umzugehen, sind schon immer Merkmale des Anforderungsprofils an Topmanager. Weibliche Attribute könnten hierfür eine Ergänzung, aber keine explizite Anforderung darstellen. Es konnten in den vorangegangenen Ausführungen kaum Gründe aufgezeigt werden, weshalb die bisher funktionierenden männlichen Ausgrenzungsmechanismen gegenüber Frauen in einer künftigen Arbeitswelt 4.0 nicht mehr praktiziert werden sollten. Denn bei der Besetzung von Führungspositionen in der obersten Hierarchieebene geht es verstärkt um Macht. Und es gibt keine nachvollziehbaren Argumente, weshalb Männer freiwillig auf diese Macht verzichten sollten oder wollten. Selbst wenn männliche Führungskräfte keine intentionale diskriminierende Haltung gegenüber Frauen haben, greifen unbewusst die homosozialen Reproduktionsmuster, die weiterhin für den Erhalt von Aufstiegsbarrieren gegenüber Frauen sorgen. Solange diese Muster in Menschen verankert sind, bedarf es anderer Mechanismen, die für einen Durchbruch in den Führungsstrukturen sorgen – und dies kann nur über rechtliche Rahmenbedingungen erreicht werden: mit einer Frauenquote im Sinne einer Untergrenze oder die Männerquote im Sinne einer Obergrenze für die oberste Hierarchieebene. Ein freiwilliger Verzicht auf Macht wird nur schwerlich durch das Erzeugen von Einsichten erreicht. Vielmehr müssen Situationen geschaffen werden, die eine kritische Anzahl an Frauen in Führungspositionen bringen. Denn es geht um das Aufbrechen von geschlechtsbezogenen Mehrheitsverhältnissen in den Führungsetagen. Nur so kann ein kultureller, organisatorischer und auch personeller Wandel in Unternehmen stattfinden. Die skandinavischen Länder sind hierfür ein positives Beispiel, wo die Eigenschaftszuschreibungen für Führung auch weiblich sind und Karrierefrauen gesellschaftlich nicht geächtet werden. Es gilt, die anfänglichen Widerstände gegen eine Quote auszusitzen. Frauen in Führungspositionen müssen zur Selbstverständlichkeit werden und nicht mehr als Ausnahme gelten und damit zum Diskussionsobjekt – pro oder contra Frauenquote – degradiert werden. Das gleichstellungspolitische Ziel von Regierungen bezüglich einer Frauenquote besteht darin, nicht nur die rechtliche, sondern gerade die faktische Gleichheit und Gleichwertigkeit zwischen Männern und Frauen herzustellen. Deswegen ist eine Regierung aufgefordert, jene Barrieren zu beseitigen, die dies verhindern.

Es muss in diesem Kontext aber auch erlaubt sein, Frauen aufzufordern, ihr Verhalten kritisch zu hinterfragen. Der Mut und der Wille, sich den Herausforderungen im Topmanagement stellen zu wollen, auf Teile des Privatlebens verzichten zu können, haushaltsnahe Dienstleistungen auslagern zu können, alternative Räume für die Kindererziehung zu schaffen, zukunftsorientierte Berufsbilder zu wählen und Partner auch als tatsächlich gleichberechtigt im Haushalt einzubinden, wären die Beiträge seitens der Frauen hin zu gleichgeschlechtlich paritätisch möglichen Karrieren.

Literatur- und Quellenverzeichnis

Accenture (2016): Getting to Equal. How Digital is Helping Close the Gender Gap at Work, https://www.accenture.com/us-en/gender-equality-research (letzter Aufruf: 03.01.2018).

Ashmore, R. D., Del Boca, F. K. (1979): Sex stereotypes and implicit personality theory: Toward a cognitive-social psychological conceptualization, in: Sex Roles, 5, S. 219–248.

Astheimer, S. (2015): Im Silicon Valley ist niemand ausgeschlafen, http://www.faz.net/aktuell/beruf-chance/beruf/interview-im-silicon-valley-ist-niemand-ausgeschlafen-13972099.html (letzter Aufruf: 11.04.2018).

Bathmann, N., Cornelißen, W., Müller, D. (2013): Gemeinsam zum Erfolg? Berufliche Karrieren von Frauen in Paarbeziehungen, Wiesbaden: Springer Verlag.

Bauer-Jelinek, Ch. (2014): Warum eine Frauenquote für Toppositionen niemandem nützt – vor allem nicht den qualifizierten Frauen, in: Österreichische Gesellschaft für Außenpolitik und die Vereinten Nationen (ÖGAVN) und Akademisches Forum für Außenpolitik (AFA) (Hrsg.), Global View, 2/2014, S. 13–15, http://afa.at/globalview/2014-2.pdf (letzter Aufruf: 25.08.2017).

Bierhoff, H., Frey, D. (Hrsg.) (2006): Handbuch der Sozialpsychologie und der Kommunikationspsychologie, Göttingen: Hogrefe Verlag.

Bischof-Köhler, D. (2011): Von Natur aus anders, Stuttgart: Verlag Kohlhammer, 4. überarbeitete und erweiterte Auflage.

Bitkom (2017): Berufstätige sehen sich nicht für digitale Arbeitswelt gerüstet, https://www.bitkom.org/Presse/Presseinformation/Berufstaetige-sehen-sich-nicht-fuer-digitale-Arbeitswelt-geruestet.html (letzter Aufruf: 14.03.2018).

BMAS Bundesministerium für Arbeit und Soziales (Hrsg.) (2016): Wertewelten Arbeiten 4.0, Berlin, https://www.arbeitenviernull.de/fileadmin/Downloads/Wertestudie_Arbeiten_4.0.pdf (letzter Aufruf: 20.01.2018).

BMAS Bundesministerium für Arbeit und Soziales (Hrsg.) (2017): Weißbuch Arbeiten 4.0, Berlin, https://www.bmas.de/SharedDocs/Downloads/DE/PDF-Publikationen/a883-weissbuch.pdf?__blob=publicationFile (letzter Aufruf: 05.01.2018).

BMFSFJ Bundesministerium für Familie, Senioren, Frauen und Jugend (Hrsg.) (2017): Zweiter Gleichstellungsbericht der Bundesregierung, https://www.gleichstellungsbericht.de/zweiter-gleichstellungsbericht.pdf (letzter Aufruf: 11.02.2018).

Boes, A., Bultemeier, A. (2013): Karrierechancen von Frauen erfolgreich gestalten, München, http://www.frauen-in-karriere.de/wp-content/uploads/2015/04/Forschungsbericht_PD_Dr._Andreas_Boes_Dipl.-Pol._Anja_Bultemajer.pdf (letzter Aufruf: 08.01.2018).

Bös, N. (11.02.2016): Fördere Frauen – poliere die Bilanz!, FAZ online, http://www.faz.net/aktuell/wirtschaft/unternehmen/sind-unternehmen-mit-frauen-in-fuehrungspositionen-erfolgreicher-14064241.html (letzter Aufruf: 26.08.2018).

Bowler, M., Halbesleben, J., Paul, J. (2010): If you're close with the leader, you must be a brownnose, in: Human Resource Management Review, vol. 20, S. 309–316.

Buchanan, M. (2011): The Glass Ceiling Delusion (the Real Reasons More Women Don't Reach Senior Positions), Lps Pubmeier.

Buhse, W. (2014): Management by Internet, Kulmbach: Verlag Börsenmedien.

Bultemeier, A., Hacket, A., Boes, A., Trinczek, R. (2009): Frauen in Karriere. Innovativer Forschungsansatz: Karrierechancen von Frauen im Unternehmen 2.0, Arbeitspapier 1, ISF München, http://www.isf-muenchen.de/pdf/frauen-in-karriere-arbeitspapier-1.pdf (letzter Aufruf: 30.08.2017).

Bultemeier, A., Marrs, K. (2016): Gestaltungsszenarien für eine gendergerechte Arbeitswelt von morgen, in: Bultemeier, A., Marrs, K. (Hrsg.): Frauen in der digitalen Arbeitswelt von morgen, München, S. 6–10.

Bultemeier, A., Marrs, K., Witte, J. (2016): Radikal neu denken, in: Bultemeier, A., Marrs, K. (Hrsg.): Frauen in der digitalen Arbeitswelt von morgen, München, S. 26–29.

Bund, K. (2014): Frau. Vorstand. Abgehängt. Warum scheitern so viele Managerinnen in der Chefetage deutscher Konzerne? Besuch bei Ex-Spitzenfrauen, in: DIE ZEIT, Nr. 49, 2014, http://www.zeit.de/2014/49/fuehrung-frauen-im-vorstand/komplettansicht?print (letzter Aufruf: 09.02.2018).

Charta der Vielfalt: Dimension Geschlecht, https://www.charta-der-vielfalt.de/index.php?id=50 (letzter Aufruf: 23.11.2017).

Civai, C., Ma, I. (2017): The Enhancement of Social Norm Compliance: Prospects and Caveats, in: Journal of Cognitive Enhancement, 1, S. 26–30.

Clance, P. R., Imes, S. A. (1978): The Impostor Phenomenon in High Achieving Women: Dynamics and Therapeutic Intervention, in: Psychotherapy: Theory, Research and Practice, 15, no. 3, S. 241–247.

Covey, S. R. (2004): The 7 habits of highly effective people, New York u. a.: Free Press.

Credit Suisse Research Institute (Hrsg.) (2014): The CS Gender 3000: Women in Senior Management, http://publications.credit-suisse.com/tasks/render/file/index.cfm?fileid=8128F3C0-99BC-22E6-838E2A5B1E4366DF (letzter Aufruf: 26.08.2018).

Creuse, U., Gall, B., Hackl, O. (2017): Digital Leadership: Führung in Zeiten des digitalen Wandels, Wiesbaden: Springer Gabler Verlag.

Dasgupta, N., Asgari, S. (2004): Seeing is believing: Exposure to counterstereotypic women leaders and its effect on the malleability of automatic gender stereotyping, in: Journal of Experimental Social Psychology, 40, S. 642–658.

Datenportal (2017): Anteil von Männern und Frauen an verschiedenen Status- und Abschlussgruppen im Hochschulbereich, http://www.datenportal.bmbf.de/portal/de/Tabelle-2.5.83.html, basierend auf Daten von: https://www.govdata.de/dl-de/by-2-0 (letzter Aufruf: 13.08.2018).

Desvaux, G., Devillard-Hoellinger, S., Meaney, M. C. (2008): A business case for women, http://www.wibe.org.uk/files/1414/0378/8014/2008_A_business_case_for_women.pdf (letzter Aufruf: 22.02.2018).

Dinolfo, S., Silva, Ch., Carter, N. M. (2012): High PoTenTiaLs in The PiPeLine: Leaders Pay it forward, New York: Catalyst publication, http://www.catalyst.org/system/files/High_Potentials_In_the_Pipeline_Leaders_Pay_It_Forward.pdf (letzter Aufruf: 20.02.2018).

Donnelly, K., Twenge, J. M. (2017): Masculine and Feminine Traits on the Bem Sex-Role Inventory, 1994–2012: A Cross-Temporal Meta-Analysis, in: Sex Roles, A Journal of Research. Special Issue: The Past, Present, and Future of Masculinity, Femininity and Gender, Bd. 76, Heft 9–10, S. 556–565.

Doppler, K. (2017): Change: Wie Wandel gelingt, Frankfurt, New York: Campus Verlag.

Doppler, K., Lauterburg, Ch. (2014): Change Management. Den Unternehmenswandel gestalten, Frankfurt: Campus Verlag.

Dörr, J. (06. Juni 2017): Der Mann in der Krise, http://www.sueddeutsche.de/kultur/maennlichkeit-in-der-krise-warum-viele-maenner-sich-heute-als-opfer-fuehlen-ein-schwerpunkt-1.3476657 (letzter Aufruf: 14.03.2018).

Dörr, S., Albo, P., Monastiridis, B. (2018): Digital Leadership – Erfolgreich führen in der digitalen Welt, in: Grote, S., Goyk, R. (Hrsg.): Führungsinstrumente aus dem Silicon Valley, Berlin: Springer Gabler Verlag, S. 37–63.

DSW/DZHW (2017): 21. Sozialerhebung, http://dzhw.eu/projekte/pr_show?pr_id=446 (letzter Aufruf: 15.03.2018).

Eagly, A., Carli, L. (2007): Women and the Labyrinth of Leadership, in: Harvard Business Review, 9/2007, pp. 62–71., https://hbr.org/2007/09/women-and-the-labyrinth-of-leadership (letzter Aufruf 01.09.2017).

Eagly, A., Karau, S. J. (2002): Role congruity theory of prejudice toward female leaders, in: Psychological Review, 109, S. 573–598.

Eder, M. (2017): Digitale Evolution: Wie die digitalisierte Ökonomie unser Leben, Arbeiten und Miteinander verändern wird, Wiesbaden: Springer Verlag.

Franken, S. (2015): Industrie 4.0 und ihre Auswirkungen auf die Arbeitswelt (Forum Wissen, Ideen, Innovationen), Herzogenrath: Shaker Verlag.

Fraunhofer-Institut für Arbeitswirtschaft und Organisation (IAO) (2014): Arbeitswelten 4.0, Stuttgart: Fraunhofer Verlag.

Funken, Ch. (2005): Durchsichtig, aber kaum durchlässig – Die „gläserne Decke" hindert Frauen am Aufstieg in die Führungsetagen, http://www.uni-potsdam.de/portal/nov05/titel/gd.html (Portal – Die Potsdamer Universitätszeitung) (letzter Aufruf 01.08.2013).

Gawrich, R., Topf, C. (2012): Das Führungsbuch für erfolgreiche Frauen, München: Redline Verlag, 6. Auflage.

Giesbrecht, A. (2016): Die gläserne Decke. Mythos oder Realität in den Köpfen?, München: GRIN Verlag, http://www.grin.com/de/e-book/341852/die-glaeserne-decke-mythos-oder-realitaet-in-den-koepfen (letzter Aufruf: 27.08.2017).

Gmür, M. (2004): Was ist ein „idealer Manager" und was ist eine „ideale Managerin". Geschlechtsrollenstereotype und ihre Bedeutung für die Eignungsbeurteilung von Männern und Frauen im Management, in: Zeitschrift für Personalforschung 18 (4), S. 396–417.

Gomstyn, A. (10.11.2016): Das (entthronte) Bienenköniginnen-Syndrom, https://www.credit-suisse.com/corporate/de/articles/news-and-expertise/queen-bee-syndrome-dethroned-201611.html (letzter Aufruf: 20.02.2018).

Graen, G. B. (1976): Role-making processes in complex organizations, in: Dunnette, M. D. (Hrsg.): Handbook of industrial and organizational psychology, Chicago: Rand McNally College Pub, Co., S. 1201–1245.

Graf, A. (2001): Lebenszyklusorientierte Personalentwicklung, in: management 3/2001, S. 24–31.

Gunderson, E. A., Levine, Ramirez G., S. C., Beilock, S. L. (2012): The role of parents and teachers in the development of gender-related math attitudes, in: Sex Roles, 66, S. 153–166.

Hansen, K. (2015): 4. DAX-Vorstands-Report Profile von DAX-Vorständen 2005 bis 2015, hrsg. von Odgers, Berndtson, https://www.odgersberndtson.com/media/2350/4_dax-vorstands-report.pdf (letzter Aufruf: 28.08.2018).

Hauser, J. (16.11.2016): FAZ vom 16.11.2016, http://www.faz.net/aktuell/stil/drinnen-draussen/arbeiten-im-silicon-valley-ist-schoener-als-wohnen-14510829.html (letzter Aufruf: 11.04.2018).

Heilmann, M. (1983): Sex bias in work settings: The lack of fit model, in: Research in Organizational Behavior, 5, S. 269–298.

Heilmann, M. (2012): Gender stereotypes and workplace bias, in: Research in Organizational Behavior, 32, S. 113–135.

Henn, M. (2009): Frauen können alles – außer Karriere, in: Harvard Business Manager, 3/2009, S. 56–61.

Henn, M. (2012): Die Kunst des Aufstiegs. Was Frauen in Führungspositionen kennzeichnet, Frankfurt: Campus Verlag, 2. Auflage.

Hermann, A., Strunk, G. (2012): Wichtig? Unwichtig? Welche Rolle spielt Geschlecht in der Karriere?, in: Krell, G., Rastetter, D., Reichel, K. (Hrsg.): Geschlecht macht Karriere in Organisationen, Berlin: edition sigma, S. 41–58.

Heuer, S. (2013): Das Silicon-Valley-Paradox, brand eins, Hamburg, https://www.brandeins.de/magazine/brand-eins-wirtschaftsmagazin/2013/motivation/das-silicon-valley-paradox (letzter Aufruf: 11.04.2018).
Heuser, U. J., Lobenstein, C., Rudzio, K., Wefing, H. (26. April 2018): Was machen wir morgen?, in: DIE ZEIT, Nr. 18, Hamburg, S. 25–27.
Hobler, D., Pfahl, S., Horvath, S. (2017): Teilzeitquoten im Europavergleich 2002–2016, https://www.boeckler.de/64612.htm (letzter Aufruf: 16.03.2018).
Hochfeld, K. (19. November 2016): Unternehmenskulturen verändern – Karrierebrüche vermeiden, Fraunhofer Center for Responsible Research and Innovation (CeRRI), Wolfsburg.
Hollstein, W. (2017): Männer haben keine Zukunft, http://www.faz.net/aktuell/feuilleton/debatten/maenner-haben-keine-zukunft-14942443.html?printPagedArticle=true#pageIndex_0 (letzter Aufruf: 14.03.2018).
Holst, E., Friedrich, M. (2017): DIW Politikberatung kompakt 121. Führungskräfte-Monitor 2017 Update 1995–2015, Berlin: DIW, https://www.diw.de/documents/publikationen/73/diw_01.c.561925.de/diwkompakt_2017-121.pdf (letzter Aufruf: 16.03.2018).
Hymowitz, C., Schellhardt, T. (1986): The Glass Ceiling, in: Wall Street Journal, 24.03.1986, D1, D4–5.
Jansen, D. (2006): Einführung in die Netzwerkanalyse. Grundlagen, Methoden, Forschungsbeispiele, Wiesbaden: Verlag für Sozialwissenschaften, 3. überarbeitete Auflage.
Jussen, S. (2011): Erfolgreiche Frauen „ticken" anders, in: Personalführung, 05/2011, S. 74–75.
Kahlen, R. (2007): Generation CEO, Capital 11/2007, http://www.generation-ceo.com/cms/upload/dokumente/2010-2013/CAPITAL-Generation-CEO-05-2007.pdf (letzter Aufruf: 20.11.2017).
Kaiser, S., Hochfeld, K., Gertje, E., Schraudner, M. (2012): Unternehmenskulturen verändern – Karrierebrüche vermeiden, Stuttgart: Fraunhofer Verlag, https://www.tu-chemnitz.de/gleichstellung/gender/urn_nbn_de_0011-n-2171498.pdf (letzter Aufruf: 24.07.2018).
Kals, U., Theissen, B. (2013): Qualifiziert und ignoriert, FAZ vom 26./27, Oktober 2013, Nr. 249, C1.
Keese, Ch. (2014): Silicon Valley: Was aus dem mächtigsten Tal der Welt auf uns zukommt, München: Albrecht Knaus Verlag.
Kirschten, U. (2014): Work-Life-Balance. Herausforderungen – Konzepte – Praktische Erfahrungen, Renningen: expert verlag.
Kirschten, U. (2017): Nachhaltiges Personalmanagement. Aktuelle Konzepte, Innovationen und Unternehmensentwicklung, Konstanz, München: UVK Verlagsgesellschaft.
Klein-Magar, M., Regitz, Ch. (2016): Führung und Karriere 4.0, in: Bultemeier, A., Marrs, K. (2016) (Hrsg.): Frauen in der digitalen Arbeitswelt von morgen, München, S. 10–11.
Kofler, K. (18.06.2017): Schon ein 90-Prozent-Pensum halbiert die Karrierechancen, in: Tagesanzeiger online, https://www.tagesanzeiger.ch/sonntagszeitung/Schon-ein-90-Prozent-Pensum-halbiert-die-Karrierechancen/story/13580631 (letzter Aufruf: 26.08.2018).
Krell, G. (2003): Die Ordnung der „Humanressourcen" als Ordnung der Geschlechter, in: Weiskopf, R. (Hrsg.): Menschenregierungskünste: Anwendungen poststrukturalistischer Analyse auf Management und Organisation, Wiesbaden: VS Verlag für Sozialwissenschaften, S. 65–90.
Krell, G. (2011): Geschlechterungleichheit in Führungspositionen, in: Krell, G., Ortlieb, R., Sieben, B. (Hrsg.): Chancengleichheit durch Personalpolitik, Wiesbaden: Springer Gabler Verlag, 6. Auflage, S. 403–422.
Krell, G., Rastetter, D., Reichel, K. (Hrsg.) (2012): Geschlecht macht Karriere in Organisationen, Berlin: edition sigma.
Krumpholz, D. (2004): Einsame Spitze, Frauen in Organisationen, Wiesbaden: VS Verlag für Sozialwissenschaften.

Littmann-Wernli, S., Schubert, R. (2001): Frauen in Führungspositionen – Ist die gläserne Decke diskriminierend?, in: Arbeit: Zeitschrift für Arbeitsforschung, Arbeitsgestaltung und Arbeitspolitik, Heft 2, Jg. 10 (2001), S. 135–148.

Lönnies, F. (2014): Gelebte und verantwortete Unternehmenskultur – Voraussetzung für erfolgreiches, demografieorientiertes Personalmanagement, in: Preißing, D. (Hrsg.): Erfolgreiches Personalmanagement im demografischen Wandel, München: De Gruyter Oldenbourg Verlag, 2. Auflage, S. 323–367.

Malik, F. (2014): Führen Leisten Leben: Wirksames Management für eine neue Welt, Campus Verlag.

McGinn, K. L., Castro, M. R., Lingo, E. Long (2015): Mums the Word! Cross national Effects of Maternal Employment on Gender Inequalities at Work and at Home, pp. 15–94, Working Paper, Harvard Business School.

McKinsey Global Institute (2015): The Power of Parity: How Advancing Women's Equality can add $ 12 Trillion to Global Growth, https://www.mckinsey.com/~/media/McKinsey/Featured%20Insights/Employment%20and%20Growth/How%20advancing%20womens%20equality%20can%20add%2012%20trillion%20to%20global%20growth/MGI%20Power%20of%20parity_Full%20report_September%202015.ashx (letzter Aufruf: 26.08.2018).

Meuser, M. (2005): Men's Studies – Entwicklung, Konzepte, Diagnosen, in: Krell, G. (Hrsg.): Betriebswirtschaftslehre und Gender Studies, Wiesbaden: Gabler Verlag, S. 267–286.

Meyer, J.-U. (2017): Digitale Disruption: Die nächste Stufe der Innovation, Göttingen: Business Village, 2. Auflage.

Middendorff, E., Apolinarski, B., Becker, K., Bornkessel, P., Brandt, T., Heißenberg, S., Poskowsky, J. (2017): Die wirtschaftliche und soziale Lage der Studierenden in Deutschland 2016. Zusammenfassung zur 21. Sozialerhebung des Deutschen Studentenwerks – durchgeführt vom Deutschen Zentrum für Hochschul- und Wissenschaftsforschung, Berlin: Bundesministerium für Bildung und Forschung (BMBF), https://www.bmbf.de/pub/21._Sozialerhebung_2016_Hauptbericht.pdf (letzter Aufruf: 25.08.2018).

Mölders, C., Van Quaquebeke, N. (2011): Frauen in Führungspositionen – Protoypen von Führung, in: Personalführung, 7/2011, S. 42–47.

Ochsenfeld, F. (2012): Gläserne Decke oder goldener Käfig: Scheitert der Aufstieg von Frauen in erste Managementpositionen an betrieblicher Diskriminierung oder an familiären Pflichten?, in: Kölner Zeitschrift für Soziologie und Sozialpsychologie, Jg. 64(3), S. 507–534.

Ohlendieck, L. (2003): Die Anatomie des Glashauses: Ein Beitrag zum Verständnis des Glass-Ceiling-Phänomens, in: Pasero, U. (Hrsg.): Gender – from costs to benefits, Wiesbaden: Westdeutscher Verlag, S. 183–193.

Petry, Th. (2016): Digital Leadership: Erfolgreiches Führen in Zeiten der Digital Economy, Freiburg: Haufe Lexware Verlag.

Pratto, F. (1999): The puzzle of continuing group inequality: Piecing together psychological, social, and cultural forces in social dominance theory, in: Zanna, M. P. (Hrsg.): Advances in Experimental Social Psychology 31, San Diego: Academic Press, S. 191–263.

Pratto, F. Sidanius, J., Stallworth, L. M., Malle, B. F. (1994): Social dominance orientation: A personality variable predicting social and political attitudes, in: Journal of Experimental Social Psychology, 27, S. 26–47.

Preißing, D. (2014): Kompetenzentwicklung im demografischen Wandel, in: Preißing, D. (Hrsg.): Erfolgreiches Personalmanagement im demografischen Wandel, München: De Gruyter Oldenbourg Verlag, S. 147–201.

Preißing, D. (2017): Erhöhung der Frauenerwerbstätigkeit – Ein Beitrag zur Bewältigung des demografischen Wandels, in: Alisch, M., Hagspihl, S., Kreipl, C., Ritter, M. (Hrsg.): Alter(n) und Soziale Nachhaltigkeit, Interdisziplinäre Zugänge zu den Herausforderungen alternder Gesellschaften, kassel university press, S. 213–237.

Preißing, D., Kolb, K. (Hrsg.) (2014): Erfolgreiches Personalmanagement im demografischen Wandel – Die Praxisbeispiele, München: De Gryuter Oldenbourg Verlag.

prognos: prognos Zukunftsreport Familie 2030, https://www.prognos.com/uploads/tx_atwpubdb/160914_Prognos_Kurzfassung_Zukunftsreport_Familie_2030.pdf (letzter Aufruf: 22.03.2018).

Rastetter, D. (1998): Männerbund Management. Ist Gleichstellung von Frauen und Männern trotz wirksamer archaischer Gegenkräfte möglich?, in: Zeitschrift für Personalforschung, 12 (2), S. 167–186.

Rastetter, D. (2005): Gleichstellung contra Vergemeinschaftung, Das Management als Männerbund, in: Krell, G. (Hrsg.): Betriebswirtschaftslehre und Gender Studies, Wiesbaden: Gabler Verlag, S. 247–266.

Regnet, E. (1997): Frau im Beruf – Stereotype und Aufstiegsbarrieren, in: Wunderer, R., Dick, P. (Hrsg.): Frauen im Management. Kompetenzen – Führungsstile – Fördermodelle, Neuwied: Luchterhand, S. 241–266.

Rudman, L. A., Kilianski, S. E. (2000): Implicit and explicit attitudes toward female authority, in: Personality and Social Psychology Bulletin, 26, S. 1315–1328.

Rump, J., Eilers, S. (Hrsg.) (2017): Auf dem Weg zur Arbeit 4.0, Berlin: Springer Gabler.

Ryan, M. K., Haslam, A. (2005): The glass cliff: evidence that women are over-represented in precarious leadership positions, in: British Journal of Management, 16, S. 81–90.

Sandberg, S. (2013): Lean In, New York: Random House Group Limited.

Sander, G., Georgakakis, D., van Dellen, B., Maier, M. (2016): The Penalty of Part-time Work, Final Report, April 2016 https://www.alexandria.unisg.ch/250162/2/Advance-FINAL-REPORT-23-April-2016-ohne-Anhang.pdf (letzter Aufruf: 22.08.2017).

Sander, G., Hartmann, I.: Erhöhter Stress bei weiblichen Führungskräften, https://www.gleichstellungs-controlling.org/wp-content/uploads/2015/09/Erhoehter_Stress_bei_weiblichen_Fuehrungskraeften.pdf (letzter Aufruf: 23.03.2018).

Sattelberger, Th. (1995): Lebenszyklusorientierte Personalentwicklung, in: Sattelberger, Th. (Hrsg.): Innovative Personalentwicklung, Wiesbaden, 3. Auflage, S. 287–305.

Sattelberger, Th. (2011): Praxisbeispiel Telekom: Die Frauenquote – Qual der Entscheidung und der schwierige Weg vor uns, in: Krell, G., Ortlieb, R., Sieben, B. (Hrsg.): Chancengleichheit durch Personalpolitik Gleichstellung von Frauen und Männern in Unternehmen und Verwaltungen, Rechtliche Regelungen – Problemanalysen – Lösungen, Wiesbaden: Gabler Verlag, 6. Auflage, S. 429–436.

Sattelberger, Th. (2017): Digitalisierung, Globalisierung & die Arbeit der Zukunft, Vortrag an der Hochschule Fulda am 31.05.2017.

Schein, V. E., Mueller, R., Lituchy, T., Liu, J. (1996): Think manager – think male: a global phenomenon?, in: Journal of Organizational Behavior, Volume 17, Issue 1, January 1996, S. 33–41.

Schneider, B. (2009): Fleißige Frauen arbeiten, schlaue steigen auf: Wie Frauen in Führung gehen, Offenbach: GABAL Verlag, 4. Auflage.

Schreyögg, G. (2016): Grundlagen der Organisation: Basiswissen für Studium und Praxis, Springer Gabler, 2. Auflage.

Shareground und Universität St. Gallen (2015): Arbeit 4.0: Megatrends digitaler Arbeit der Zukunft – 25 Thesen, https://www.cio.de/g/deutsche-telekom-universitaet-st-gallen-arbeit-4-0-25-thesen,112006 (letzter Aufruf: 23.03.2018).

Shell Deutschland Holding GmbH (Hrsg.) (2015): Jugend 2015, Eine pragmatische Generation im Aufbruch, Hamburg, https://www.shell.de/ueber-uns/die-shell-jugendstudie/multimediale-inhalte/_jcr_content/par/expandablelist_643445253/expandablesection.stream/1456210165334/d0f5d09f09c6142df03cc804f0fb389c2d39e167115aa86c57276d240cca4f5f/flyer-zur-shell-jugendstudie-2015-auf-deutsch.pdf (letzter Aufruf: 22.03.2018).

Sidanius, J., Pratto, F. (1999): Social dominance: An intergroup theory of social hierarchy and oppression, New York: Cambridge UP.

Six, B. (2017): Soziale Dominanz, in: Wirtz, M. A. (Hrsg.), Dorsch – Lexikon der Psychologie, https://portal.hogrefe.com/dorsch/soziale-dominanz/ (letzter Aufruf: 04.09.2017).

South, S. J., Bonjean, Ch. M., Markham, W. T., Corder, J. (1982): Social Structure and Intergroup Interaction: Men and Women of the Federal Bureaucracy, in: American Sociological Review, Vol. 47, No. 5, October 1982, S. 587–599.

Spreemann, S. (2000): Geschlechtsstereotype Wahrnehmung von Führung. Der Einfluß einer maskulinen oder femininen äußeren Erscheinung, Hamburg: Kovac.

Staines, G., Tavris, C., Jayaratne, T. E. (1974): The Queen Bee Syndrome, in: Psychology Today, 7(8), S. 55–60.

Statistisches Bundesamt (2017): Bei Paaren mit kleinen Kindern ist eine Vollzeittätigkeit für Mütter die Ausnahme (2017), https://www.destatis.de/DE/PresseService/Presse/Pressemitteilungen/2017/03/PD17_077_122.html (letzter Aufruf: 17.03.2018).

Statistisches Bundesamt (2018): Studierende in Mint-Fächern, https://www.destatis.de/DE/ZahlenFakten/GesellschaftStaat/BildungForschungKultur/Hochschulen/Tabellen/StudierendeMintFaechern.html (letzter Aufruf: 24.07.2018).

Statistisches Bundesamt a: Erwerbstätigkeit von Frauen: Deutschland mit dritthöchster Quote in der EU, https://www.destatis.de/Europa/DE/Thema/BevoelkerungSoziales/Arbeitsmarkt/ArbeitsmarktFrauen.html (letzter Aufruf: 29.08.2018).

Statistisches Bundesamt b: Verdienste und Verdienstunterschiede, https://www.destatis.de/DE/ZahlenFakten/GesamtwirtschaftUmwelt/VerdiensteArbeitskosten/VerdiensteVerdienstunterschiede/VerdiensteVerdienstunterschiede.html (letzter Aufruf: 30.08.2018).

Steffens, M. C., Ebert, I. D. (2016): Frauen – Männer – Karrieren, Eine sozialpsychologische Perspektive auf Frauen in männlich geprägten Arbeitskontexten, Wiesbaden: Springer.

Steffens, M. C., Jelenec, P., Noack, P. (2010): On the leaky math pipeline: Comparing implicit math-gender stereotypes and math withdrawal in female and male children and adolescents, in: Journal of Educational Pschology, 102, S. 947–963.

Stiegler, B. (2004): Geschlechter in Verhältnissen – Denkanstöße für die Arbeit in Gender Mainstreaming Prozessen, in: Wirtschafts- und sozialpolitischen Forschungs- und Beratungszentrum der Friedrich-Ebert-Stiftung (Hrsg.): Abteilung Arbeit und Sozialpolitik, Bonn, S. 5–35.

Strunk, G., Hermann, A., Praschak, S. (2005): Eine Frau muss ein Mann sein, um Karriere zu machen, in: Mayrhofer, W., Meyer, M., Steyrer, J. (Hrsg.): Macht? Erfolg? Reich? Glücklich? Einflussfaktoren auf Karrieren, Wien: Linde Verlag, S. 211–242.

Süddeutsche Zeitung (SZ) online (23. Juli 2015): Sind Frauen in Führungspositionen erfolgreicher?, https://www.sueddeutsche.de/news/karriere/arbeit-sind-frauen-in-fuehrungspositionen-erfolgreicher-dpa.urn-newsml-dpa-com-20090101-150723-99-04349 (letzter Aufruf: 28.08.2018).

Wegge, J. (2017): Glass Cliffs: Die Beförderung von Frauen auf unsichere Positionen als ein organisationales Signal der Veränderung, https://tu-dresden.de/mn/psychologie/wop/ressourcen/dateien/mitarbeiter/juergen_wegge/Glass-Cliff/Flyer_GlassCliff.pdf?lang=deZugriff, 12.11.2017 (letzter Aufruf: 15.11.2017).

Weissenrieder, C. O., Graml, R., Hagen, T., Ziegler, Y. (2017): Ist die gläserne Decke noch aktuell? Untersuchung wahrgenommener Aspekte der Unternehmenskultur und der geschlechtsspezifischen Unterschiede in Karrierechancen, in: GENDER: Zeitschrift für Geschlecht, Kultur und Gesellschaft. 1–2017. S. 115–132., https://doi.org/10.3224/gender.v9i1.08 (letzter Aufruf: 22.08.2017).

Whitton, Ch. (o. J.), zitiert in: https://gutezitate.com/zitat/245042.

Wippermann, C. (2010): Frauen in Führungspositionen – Barrieren und Brücken, Sinus Sociovision GmbH, Heidelberg, hrsg. vom Bundesministerium für Familie, Senioren, Frauen und Jugend (BMFSFJ), https://www.BMFSFJ.de/blob/93874/7d4e27d960b7f7d5c52340efc139b662/frauen-in-fuehrungspositionen-deutsch-data.pdf (letzter Aufruf: 17.11.2017).

Wippermann, C. (2016a): Frauen in Führungspositionen? Die „Gläserne Decke“ in der Wirtschaft – Befunde – Chancen – Herausforderungen, Vortrag an der Universität Regensburg, 15.01.2016, http://www.uni-regensburg.de/chancengleichheit/medien/mentoring/2016_charts_wippermann_vortrag_am_15.01.2016.pdf (letzter Aufruf: 13.02.2018).

Wippermann, C. (2016b): Männerperspektiven. Auf dem Weg zu mehr Gleichstellung?, hrsg. vom Bundesministerium für Familie, Senioren, Frauen und Jugend (BMFSFJ), https://www.BMFSFJ.de/blob/115580/5a9685148523d2a4ef12258d060528cd/maenner-perspektiven-auf-dem-weg-zu-mehr-gleichstellung-data.pdf (letzter Aufruf: 22.02.2018).

Witzer, B. (2015): Die Fleißlüge. Warum Frauen im Hamsterrad landen und Männer im Vorstand, München: Ariston Verlag.

Young, V. (2011): The secrets thoughts of successfull Women. Why capable people suffer from the impostor syndrome and how to thrive inspite of it, New York: Crown publishing group.

Irina Kohler

Frauen in Aufsichtsräten – Ausblick auf eine Arbeitswelt 4.0

Dr. Irina Kohler ist Professorin für Allgemeine Betriebswirtschaftslehre mit dem Schwerpunkt „Unternehmensführung“ an der Hochschule Fulda. Der Schwerpunkt ihrer Forschung liegt auf der Bedeutung der Kommunikation für eine erfolgreiche Unternehmensführung. Sie leitet anwendungsorientierte Forschungsprojekte in den Bereichen Corporate Communication und Corporate Reputation Management an der Schnittstelle zur Unternehmensführung. Sie verfügt über eine langjährige Berufserfahrung als Führungskraft im Mittelstand und in einem DAX-Konzern sowie in der Leitung der Fakultät Wirtschaft an der Hochschule Fulda.

https://doi.org/10.1515/9783110588675-003

1 Einleitung

Die Gleichstellung von Mann und Frau ist ein in den EU-Verträgen verankertes Grundrecht. Zu den prioritären Zielen zählt die Gleichstellung von Frauen und Männern in Führungspositionen. Die Jahreskonferenz des von der Europäischen Kommission veranstalteten „Annual Colloquium on Fundamental Rights“ widmete sich 2017 dem Thema der Frauenrechte in turbulenten Zeiten und verdeutlichte eine Lücke zwischen Ambition und Wirklichkeit bei der angestrebten Gleichstellung in Führungspositionen.

Diese Entwicklung bleibt dabei nicht auf den europäischen Wirtschaftsraum begrenzt. Der Jahresbericht des World Economic Forums, der ebenfalls die Gleichheit der Geschlechter regelmäßig analysiert, attestierte insbesondere dem Bereich Wirtschaft für das Jahr 2017 besorgniserregende Rückschritte. (Vgl. World Economic Forum 2017). Gleichwohl wird in der Gleichberechtigung sowohl eine moralische als auch eine ökonomische Notwendigkeit gesehen. (Vgl. Zahidi 2017).

Die Thematik der Gleichstellung von Mann und Frau in Führungspositionen haben die Rechts- und Wirtschaftswissenschaften als Diskussionspunkt erkannt und setzen sich intensiv mit der Frage um die Ausgestaltung einer guten Unternehmensführung, der Corporate Governance, auseinander. (Vgl. Velte et al. 2014). Die Analyse zum ökonomischen Einfluss der Geschlechtervielfalt nimmt innerhalb der empirischen Corporate-Governance-Forschung einen hohen Stellenwert ein, verbunden mit der Zielsetzung, die Bedeutung der Diversität innerhalb von Vorstand und Aufsichtsrat für eine wirkungsvolle Leitung und Überwachung der Unternehmen empirisch zu belegen. Aus einer betriebswirtschaftlichen Perspektive liegt der ökonomische Nutzen einer optimalen Aufsichtsratsbesetzung in einer qualitativ höheren Unternehmensüberwachung und in einem nach der Finanzkrise wiedergewonnenen Vertrauen in die Corporate Governance. Zeitgleich konfrontiert die fortschreitende digitale Transformation in einer veränderten Arbeitswelt 4.0 die Unternehmen zunehmend mit neuen Herausforderungen, die bislang gültige Rahmenparameter außer Kraft setzen und die erfolgreiche Unternehmensexistenz auf den Prüfstand stellen. In dieser von nachhaltigen Veränderungsprozessen durchwirkten Unternehmensumwelt drängt sich umso mehr die Frage auf, welche Bedeutung Frauen in Aufsichtsräten einer Arbeitswelt 4.0 künftig einnehmen werden.

2 Der Aufsichtsrat

Die umfassenden Aufgaben eines Aufsichtsrates werden rechtlich verbindlich festgelegt. Aus ihnen lassen sich die für die Wahrnehmung dieser Aufgaben notwendigen Anforderungen an die fachliche Qualifikation, die Integrität sowie die Sorgfalt der einzelnen Aufsichtsratsmitglieder stringent ableiten. Angesichts der in vielen Ländern kontrovers geführten Debatten zur Einführung einer verpflichtenden Frauenquote für Aufsichtsräte gibt eine Gegenüberstellung Aufschluss über bestehende länderspezifische Unterschiede von Frauenanteilen in Kontrollgremien.

2.1 Die Aufgaben des Aufsichtsrates

Der Aufsichtsrat fungiert als Überwachungs- und Kontrollgremium von Kapitalgesellschaften und Organisationen. Seine Einrichtung ist im Fall von Aktiengesellschaften, Kommanditgesellschaften auf Aktien und eingetragenen Genossenschaften gesetzlich vorgeschrieben (§§ 95 bis 116 des Aktiengesetzes (AktG) beziehungsweise §§ 9 sowie 36 bis 41 Genossenschaftsgesetz (GenG)). Auch Gesellschaften anderer Rechtsformen können zur Bildung eines Aufsichtsrates verpflichtet sein, so die Societas Europaea (SE) und Kapitalgesellschaften mit mehr als 500 Arbeitnehmern, für die in Deutschland entsprechende Mitbestimmungsregelungen gelten. Darüber hinaus können sich Gesellschaften fakultativ zur Bildung eines Aufsichtsrates verpflichten, der sich ebenfalls an den aktienrechtlichen Bestimmungen ausrichtet. Abweichende Bestimmungen können darüber hinaus im Gesellschaftsvertrag getroffen werden.

Für Aufsichtsräte von kapitalmarktorientierten oder börsennotierten Aktiengesellschaften gelten hierbei mitunter strengere Regelungen als für die Kontrollorgane von Unternehmen ohne Kapitalmarktbezug. Die Aufsichtsräte von Kreditinstituten und Versicherungen müssen zudem branchenspezifischen Anforderungen gerecht werden, die sich aus dem § 25d KWG beziehungsweise dem § 7a Abs. 4 VAG ableiten.

In Deutschland ist die Unternehmenskontrolle als dualistisches System ausgestaltet, wonach der Vorstand als Leitungsorgan und der Aufsichtsrat als Kontrollorgan getrennt voneinander agieren. Demnach ist der Aufsichtsrat mit eigenen Kompetenzen ausgestattet und handelt neben der Unternehmensleitung als selbstständiges Gremium. (Vgl. Marsch-Barner 2014). Im anglo-amerikanischen Raum werden die Leitungs- und die Aufsichtsfunktion in einem einzigen Gremium als „Board“ oder „Board of Directors“ zusammengefasst und repräsentieren ein monistisches System der Unternehmensführung. Die Mitglieder dieses Boards werden in der Regel in geschäftsführende Mitglieder unterteilt und nicht geschäftsführende, aber beratende und kontrollierende Mitglieder. In den nachfolgenden Ausführungen wird aus Vereinfachungsgründen jeweils vom Aufsichtsrat einer Aktiengesellschaft gesprochen.

Die zentrale Aufgabe des Aufsichtsrates liegt in der Überwachung der Unternehmensführung (§ 111 AktG), deren Leitungsmaßnahmen zu kontrollieren sind. Hierunter fallen neben den Grundsätzen der Unternehmensorganisation die Führungsentscheidungen sowie wesentliche Einzelmaßnahmen, die durch den Aufsichtsrat jeweils auf ihre Ordnungsmäßigkeit, Rechtmäßigkeit sowie die wirtschaftliche Zweckmäßigkeit zu überprüfen sind. (Vgl. Hennike 2016).

Des Weiteren obliegt es dem Aufsichtsrat, den Vorstand umfassend zu beraten. Weitere Aufgaben liegen in der

- Auseinandersetzung mit der Unternehmensstrategie sowie der Unternehmensplanung,
- Bestellung der Vorstandsmitglieder und Festsetzung der Vergütung,
- Zustimmung zu wesentlichen Geschäften, die die Vermögens-, Finanz- und Ertragslage des Unternehmens grundlegend verändern wie hohe Investitionen und größenabhängige Kreditaufnahmen,
- Erörterung der unterjährigen Finanzberichterstattung sowie Prüfung des Jahresabschlusses nebst Lagebericht, gegebenenfalls unter Rückgriff auf den Abschlussprüfer,
- Zusammenarbeit mit dem Abschlussprüfer sowie dessen Überwachung,
- Überwachung des Rechnungslegungsprozesses, des internen Kontrollsystems, des Risikomanagementsystems sowie des internen Revisionssystems,
- gerichtlichen und außergerichtlichen Vertretungskompetenz der Gesellschaft gegenüber den Vorstandsmitgliedern.

Weitere Aufgaben ergeben sich für die Aufsichtsräte börsennotierter Unternehmen aus den Empfehlungen der Regierungskommission Deutscher Corporate Governance Kodex, so die langfristige Nachfolgeplanung, die Bildung fachlich qualifizierter Ausschüsse oder die regelmäßige Überprüfung der Effizienz der Tätigkeit des Aufsichtsrates. (Vgl. Regierungskommission DCGK 2017).

Der Aufsichtsrat setzt sich aus mindestens drei Mitgliedern zusammen. Eine höhere Anzahl kann in der Unternehmenssatzung festgehalten werden. Diese Anzahl sowie der Anteil der Arbeitnehmer im Aufsichtsrat wird durch die Regeln zur Arbeitnehmermitbestimmung beeinflusst, wobei die Gesamtzahl der Aufsichtsratsmitglieder durch drei teilbar sein muss (siehe § 95 Abs. 1 Satz 1 bis 4 AktG sowie die Regelungen des MitbestG und des Drittelbeteiligungsgesetzes (DrittelbG)). Die Amtszeit von Aufsichtsratsmitgliedern beträgt regelmäßig fünf Jahre (§ 102 Abs. 1 Satz 1 AktG).

2.2 Die Anforderungen an Aufsichtsräte

Angesichts steigender regulatorischer Anforderungen auf der einen Seite sowie zunehmender Erwartungshaltungen der Stakeholder auf der anderen Seite steigen die Anforderungen an Aufsichtsräte und verlangen zwischenzeitlich ein ausgeprägtes Kompetenzprofil der einzelnen Mandatsträger. (Vgl. Preen 2017). Prinzipiell kann nur eine natürliche, unbeschränkt geschäftsfähige Person Mitglied eines Aufsichtsrates werden (§100 Abs. 1 AktG).

Das geforderte Persönlichkeitsprofil eines Aufsichtsratsmitglieds trägt einer zunehmenden Professionalisierung der Gremienarbeit Rechnung und lässt sich in die folgenden drei Fähigkeitsfelder einteilen: Fachliche Qualifikation, Integrität und Sorgfalt.

Fachliche Qualifikation

Die effiziente und professionelle Handlungsfähigkeit eines Aufsichtsrates setzt eine ausreichende fachliche Eignung des Aufsichtsratsmitglieds voraus. In Anlehnung an Preen (2017) bilden fünf Kompetenzfelder dieses Qualifikationsspektrum ab, die zum Verständnis und zur Beurteilung der Geschäftsvorgänge und damit zur Wahrnehmung des Mandats erforderlich sind:

- Beurteilung der wirtschaftlichen Lage der Gesellschaft auf Basis von Bilanz, Gewinn- und Verlustrechnung oder Kennzahlen,
- marktbezogenes Wissen über Kunden und Wettbewerber,
- Personalkompetenz bei der Suche und Auswahl von Vorstandsmitgliedern sowie
- Risikomanagement, Internes Kontrollsystem und Compliance.

Zusätzliche Anforderungen an Aufsichtsräte hinsichtlich ihrer fachlichen Eignung bestehen in der von starker Regulierung gezeichneten Finanzbranche. Bestehende Kompetenzdefizite sind von den Aufsichtsratsmitgliedern eigenverantwortlich zu beheben.

Integrität
Die Fähigkeit zu uneingeschränkter Integrität fordert von dem Aufsichtsratsmitglied, die Belange des Unternehmens ausnahmslos im Fokus zu behalten und mögliche Partikularinteressen im Gegenzug konsequent zurückzustellen. Mögliche Interessenskonflikte sind im Sinne der Integrität offenzulegen und situativ mit Stimmverboten oder Beratungsausschlüssen zu umgehen. Dies zieht nach sich, dass Aufsichtsräte nicht in Personalunion gesetzliche Vertreter der Aktiengesellschaft oder einer ihrer Tochtergesellschaften sein dürfen oder zusammen mit einem anderen Aufsichtsrat jeweils eine Vorstandsposition der jeweils anderen Gesellschaft besetzen. (Überkreuzverflechtung, § 100 Absatz 2 Satz 1 Nr. 2 und 3 AktG).

Sorgfalt
Die Fähigkeit zu konsequenter Sorgfalt erfordert, alle Entscheidungen auf Grundlage angemessener Informationen und bei Bedarf unter Hinzuziehen geeigneter sachkundiger Dritter zu treffen. Für Pflichtverletzungen sowie vorsätzlich oder fahrlässig schuldhaftes Agieren haftet das Aufsichtsratsmitglied gegenüber der Aktiengesellschaft bis zur Verjährung der Ansprüche nach fünf Jahren beziehungsweise bei börsennotierten Unternehmen nach zehn Jahren (§§ 116 Satz 1, 93 Absatz 6 AktG).

2.3 Frauen in Aufsichtsräten

In den 200 größten Unternehmen weltweit wurden 2014 nur 17,8 Prozent aller Sitze in den Boards von Frauen gehalten. Erstmals gaben die USA ihre führende Position bei der Entsendung von Frauen in Aufsichtsräte an Europa ab. Dies ist im Wesentlichen auf die steigende Anzahl gesetzlicher Quotenregelungen oder selbstverpflichtender Initiativen zurückzuführen, die darauf zielen, die Geschlechterdiversität in Aufsichtsräten zu erhöhen. Die untersuchten Unternehmen wiesen für ihre Aufsichtsräte eine Frauenquote auf von 25,3 Prozent in Ländern mit verpflichtender Quotenregelung und 15,6 Prozent in Ländern ohne eine entsprechende Quote. Auch die Top Drei Länder mit den höchsten Frauenanteilen 2014 sind der ersten Gruppe zuzuordnen:
- Frankreich mit einem Anteil von 30,2 Prozent (7,2 Prozent in 2004)
- Italien mit 25,8 Prozent (1,9 Prozent in 2004)
- Niederlande mit 23,6 Prozent (8,6 Prozent in 2004)

Im gleichen Zeitraum verzeichneten die drei großen Volkswirtschaften USA, China und Japan, die keine nationalen Initiativen zur Steigerung des Frauenanteils in Aufsichtsräten angeregt haben, die geringsten Steigerungsraten. (Vgl. Corporate Women Directors International 2015).

Auch in Deutschland zeigt die seit 2016 gesetzlich verankerte Geschlechterquote für Aufsichtsräte erste Ergebnisse. Durch das „Gesetz für die gleichberechtigte Teilhabe von Frauen und Männern an Führungspositionen in der Privatwirtschaft und im öffentlichen Dienst“ müssen börsennotierte und der Mitbestimmung unterliegende Unternehmen bei Neubesetzungen von Aufsichtsratspositionen eine Frauenquote von 30 Prozent erfüllen. Laut einer Studie des Deutschen Instituts für Wirtschaftsforschung wurden in den 200 umsatzstärksten deutschen Unternehmen (ohne Unternehmen des Finanzsektors) 22,6 Prozent der Aufsichtsratspositionen durch Frauen besetzt. In der Vergangenheit wurden Frauen überwiegend in ihrer Funktion als Arbeitnehmer-Vertreterinnen für den Aufsichtsrat nominiert, was auf die nationalen Mitbestimmungsregelungen und die darin verankerte Forderung nach proportionaler Geschlechteraufteilung gemäß zahlenmäßigem Verhältnis im Unternehmen zurückzuführen ist (§ 4 Absatz 4 DrittelbG). Inzwischen entsendet die Arbeitnehmerseite mit 46,8 Prozent nahezu gleich viele Frauen in das Kontrollgremium wie die Arbeitgeberseite. (Vgl. Deutsches Institut für Wirtschaftsforschung 2017).

Eine deutlich geringere Dynamik erfährt hingegen die Besetzung des Vorsitzes im Aufsichtsgremium. Nur zwei Prozent der Aufsichtsratsvorsitzenden werden in dieser Statistik von Frauen gestellt, zehn Jahre zuvor lag der Anteil fast unverändert bei 1,8 Prozent (2006). Der Anteil der Unternehmen mit mindestens einer Frau im Aufsichtsrat steigt in dieser Zeit um knapp 25 Prozentpunkte auf 89,6 Prozent.

3 Gender Diversity in der Corporate-Governance-Forschung: Theoretische Grundlagen

Die aktuelle Corporate-Governance-Forschung ist in einen theoretischen Rahmen eingebettet, der einerseits auf ökonomischen Theorien wie der Prinzipal-Agenten-Theorie, der Stewardship-Theorie sowie der Resource-Dependence-Theorie fußt. Zudem wird der Rahmen durch verhaltenswissenschaftliche Ansätze gestützt, allen voran die Social-Psychological-Theorie, die Critical-Mass-Theorie sowie die Social-Cognition-Theorie.

3.1 Ökonomischer Rahmen der empirischen Corporate-Governance-Forschung

Diversität lässt sich mit den Begriffen Heterogenität und Vielfalt beschreiben (vgl. Mensi-Klarbach 2010) und bezeichnet ein Merkmal der sozialen Gruppenbildung, die das Maß objektiver und subjektiver Unterschiede zwischen den Gruppenmitgliedern zurückspiegelt. (Vgl. Van Knippenberg, Schippers 2007). Bei der in der vorliegenden Betrachtung diskutierten Geschlechtervielfalt handelt sich um einen wahrnehmbaren Faktor von Diversität, der nach Gardenswartz und Rowe (2003) zum innersten Kern des Klassifizierungsmodells von Diversität („Persönlichkeit des Menschen“) gehört.

(Vgl. Sepheri 2002, Gardenswartz, Rowe 2003). Diversität wird als Ressource für den Unternehmenserfolg gesehen. (Vgl. Süß, Kleiner 2006).

Corporate Governance, verstanden als Ordnungsrahmen für die Leitung und Überwachung eines Unternehmens, gründet sich dabei auf die Prinzipal-Agenten-Theorie, die Stewardship-Theorie und die Resource-Dependence-Theorie. (Vgl. Eulerich et al. 2014; Welge, Eulerich 2012).

Die Prinzipal-Agenten-Theorie erweist sich als geeigneter Ansatz für die Erklärung der Auswirkungen von Diversität in Kontrollgremien auf die unternehmerische Performance, sowohl in monistischen als auch in dualistischen Systemen. (Vgl. Berle, Means 1932; Eulerich et al. 2014, Jensen, Meckling 1976). Das Board in monistischen Systemen beziehungsweise Vorstand und Aufsichtsrat in dualistischen Systemen repräsentieren die Agenten der Anteilseigner (Prinzipale), da sie die Führung des Unternehmens im Sinne der Anteilseigner verantworten. (Vgl. Yermack 1996, Daily et al. 2003). Die essenzielle Herausforderung der Prinzipal-Agenten-Theorie liegt in den Informationsasymmetrien begründet, die sich auf verborgene Eigenschaften, verborgene Informationen, verborgendes Handeln und verborgene Absichten zurückführen lassen. In der Folge steigt das Risiko für adverse Selektion und moralisches Risiko an. (Vgl. Berle, Means 1932; Jensen, Meckling 1976). Konflikte zwischen der Unternehmensleitung und dem Kapitalmarkt entstehen, die Unternehmensleitung agiert idealerweise im Sinne der Investoreninteressen unter Beachtung der Wertorientierung der Anteilseigner. Durch Überwachung und Kontrolle sowie entsprechend ausgestaltete Anreizsysteme, die ihrerseits Agency-Kosten verursachen, sollen Prinzipal-Agent-Probleme abgeschwächt werden.

Im Gegensatz zur Prinzipal-Agenten-Theorie verzichtet die Stewardship-Theorie (vgl. Davis et al. 1997, Donaldson, Davis 1991) auf die Annahme, dass Aufsichtsratsmitglieder opportunistisch agieren. Aufsichtsratsmitgliedern wird unterstellt, dass sie im Sinne der Anteilseigner und des Kapitalmarktes agieren, wobei ein Abgleich zwischen den persönlichen Bedürfnissen und den Unternehmenszielen stattfindet. Stewards gelten als umfassend intrinsisch motiviert, ihr Nutzen speist sich aus der sorgfältigen Ausübung ihrer verantwortungsvollen Aufgabe. (Vgl. Welge, Eulerich 2012). Um die Selbstmotivation der Stewards sicherzustellen, sind spezifische Monitoring-Aktivitäten nicht zielführend. Dies fußt auf der Annahme, dass die Aktivitäten des Aufsichtsrates mit den Interessen der Anteilseigner korrespondieren. Darüber hinaus zielt der Aufsichtsrat darauf, mögliche Informationsasymmetrien zu verringern. Der Aufsichtsrat funktioniert vielmehr als Unterstützungs- und Beratungsinstanz, die den optimalen Rahmen für den Vorstand gestaltet und ausdehnt. (Vgl. Donaldson, Davis 1991, Muth, Donaldson 1998; Ong, Lee 2000).

Die Resource-Dependence-Theorie, die von Pfeffer und Salancik (1978) entwickelt wurde, setzt den Fokus auf die wechselseitige Interaktion zwischen Organisationen, um den Austausch von Ressourcen sicherzustellen. Der nachhaltige Erfolg von Unternehmen hängt von der Verfügbarkeit und den Steuerungsmöglichkeiten kritischer Ressourcen ab. (Vgl. Pfeffer, Salancik 1978). Die Mitglieder der Unternehmensleitung und -steuerung, die sich hinsichtlich Alter, Geschlecht, Nationalität oder Ausbildung unterscheiden, zeichnen sich dadurch aus, die divergierenden Ressourcen zum Vorteil des Unternehmens zu bündeln. (Vgl. Hillmann et al. 2000). Daraus resultiert eine höhere Effektivität der Vorstands- und Aufsichtsratsaktivitäten, beispielsweise durch intensivere Informationsprozesse oder die Notwendigkeit, die Diskussionen im Plenum zu führen. (Vgl. Carter et al. 2010). Aufgrund der unterschiedlichen Kontakte der Mitglieder innerhalb und außerhalb des Unternehmens kann eine hohe Bandbreite zusätzlicher Ressourcen durch eine steigende Board-Größe generiert werden.

Die Resource-Dependence-Theorie misst Boards aufgrund ihrer zentralen Verbindung zwischen dem Unternehmen einerseits und ihrer umgebenden Umwelt andererseits einen nachhaltigen Einfluss auf den Unternehmenserfolg bei. Wird das Board als verbindender Mechanismus zu den Stakeholdern genutzt, so können für das Unternehmen vier Vorteile entstehen (vgl. Pfeffer, Salancik 1978):

- Die Verbindung versorgt das Unternehmen mit nützlichen Informationen.
- Die Verbindung stellt einen Kanal für Kommunikationszwecke dar.
- Die Verbindung ist ein wichtiger Ausgangspunkt, um Unterstützungszusagen von wesentlichen Stakeholdern der Unternehmensumwelt zu erhalten.
- Die Verbindung erweist sich als Wert bei der Legitimierung von Unternehmen.

Insbesondere die Erzeugung von Legitimität durch die Berufung von Frauen in Aufsichtsräten wird in der wissenschaftlichen Literatur hervorgehoben. Weibliche Mitglieder können eine werthaltige Form der Legitimität in den Augen potenzieller und aktueller Mitarbeiter darstellen. Weibliche Mitglieder symbolisieren darüber hinaus Karriereoptionen für künftige Neueinstellungen. (Vgl. Hillmann et al. 2007, Singh, Vinnicombe 2004). Ein Aufsichtsrat erzeugt Legitimität für eine Vielzahl an Gruppierungen von Anteilseignern. Eine höhere Qualität bei der Zusammensetzung des Gremiums wird dadurch erreicht, dass die demografischen Merkmale dieser Stakeholder-Gruppen durch die Zusammensetzung des Aufsichtsrates möglichst nah reflektiert werden, so bei Kunden, Mitarbeitern und Investoren. (Brammer et al. 2007).

3.2 Verhaltenswissenschaftlicher Rahmen der empirischen Corporate-Governance-Forschung

Abgesehen von den weithin akzeptierten ökonomischen Theorien lässt sich der theoretische Rahmen der Corporate-Governance-Forschung mit Blick auf Diversität auch aus den Verhaltenswissenschaften ableiten. Geeignete theoretische Ansätze im Bereich der Verhaltenswissenschaften sind beispielsweise:

Die Social-Psychological-Theorie: Unterschiedliche Charaktere der Aufsichtsratsmitglieder reduzieren ihren sozialen Zusammenhalt und verringern damit die Wahrscheinlichkeit, dass Minderheitenmeinungen die Entscheidungsfindung der übrigen Board-Mitglieder beeinflussen. (Vgl. Latane, Wolf 1981).

Die Critical-Mass-Theorie: Es bedarf einer gewissen Anzahl an Personen, um soziale Aktionen zu beeinflussen. Im Hinblick auf die Diversität in Aufsichtsräten wird diese Theorie insbesondere herangezogen, um die notwendige Anzahl weiblicher Gremiumsmitglieder zu untersuchen, die für eine signifikante Beeinflussung der Entscheidungsprozesse benötigt wird und um fundamentale Veränderungen im Gremium hervorzurufen. (Vgl. Oliver et al. 1985).

Die Social-Cognition-Theorie: Individuen neigen dazu, andere Personen zu kategorisieren (groupthink), wie beispielsweise weibliche Aufsichtsratsmitglieder. In der Folge werden Mitglieder einer spezifischen Gruppe auf Basis vorangegangener Erfahrungen, vorhandenen Wissens oder Biases bewertet und behandelt. (Vgl. Miller, Dollard 1941, Ernst & Young 2009).

4 Gender Diversity in der Corporate-Governance-Forschung: Empirische Evidenz

Ein Überblick über die internationale empirische Corporate-Governance-Forschung liefert Belege für den Einfluss von Frauen in Aufsichtsräten auf relevante betriebswirtschaftliche Parameter. Diese Parameter umfassen die unternehmerische Corporate Governance, die finanzielle Performance, die Unternehmensreputation, das Risikobewusstsein sowie die Legitimität bei relevanten Stakeholdern.

4.1 Überblick über den aktuellen Forschungsstand

Der Fokus der empirischen Corporate-Govenance-Forschung liegt aktuell schwerpunktmäßig auf der Untersuchung der geschlechterspezifischen Diversität. Hierbei wird im Wesentlichen der Einfluss der Gender Diversity auf den Unternehmenserfolg untersucht. (Vgl. Velte et al. 2014). Diese Schwerpunktsetzung erklärt sich im Wesentlichen durch die seit Jahren geführte politische Diskussion zu dieser Thematik.

Die Mehrzahl der empirischen Studien bezieht sich geografisch auf die USA, gefolgt von einer zunehmenden Forschungsaktivität im skandinavischen Wirtschaftsraum (Norwegen, Dänemark, Schweden). Dies lässt sich mit zahlreichen verabschiedeten Gesetzesinitiativen zur Steigerung der Diversitätspolitik bei börsennotierten Unternehmen begründen. Auch für andere europäische Länder, wie beispielsweise Großbritannien, Spanien, Niederlande und Deutschland wurden inzwischen aussagekräftige empirische Untersuchungen durchgeführt.

Die empirische Corporate-Governance-Forschung zur Gender Diversity zielt auf die Untersuchung eines statistischen Zusammenhangs zu ausgewählten Kennzahlen des Unternehmenserfolgs (siehe Abbildung 1).

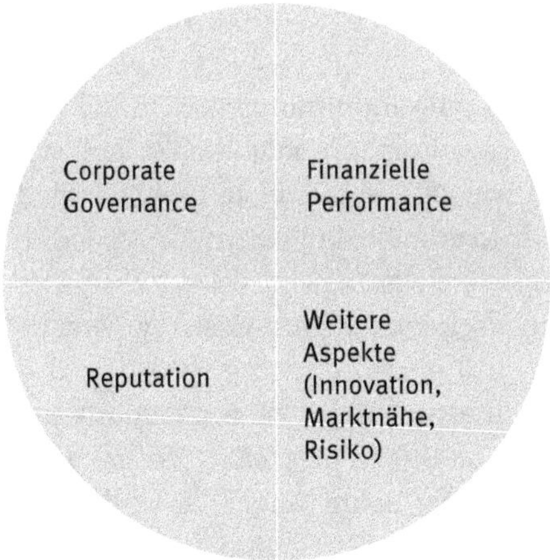

Abb. 1: Untersuchungsfokus der empirischen Corporate-Governance-Forschung zu Gender Diversity, Quelle: eigene Darstellung.

Je nach Herkunftsland der untersuchten Unternehmen wurden die Studien entweder aus der Perspektive eines monistischen Verfassungssystems oder eines dualistischen Systems durchgeführt. Aus Gründen der Vereinfachung werden daher in den folgenden Ausführungen die Begriffe Board und Aufsichtsrat synonym verwendet.

4.2 Frauen im Aufsichtsrat: Auswirkungen auf die Corporate Governance

Gender Diversity verhindert den kategorischen Ausschluss eines nennenswerten Teils des Humankapitals und leistet auf diese Weise einen Beitrag zu einer umfassenderen Bandbreite an Fähigkeiten, Ansichten und Erfahrungen im Board. (Vgl. Anderson et al. 2011, Srinidhi et al. 2011). Diversität kann das Kompetenzprofil eines Unternehmens schärfen und die Qualität der Entscheidungsfindung durch die Bereitstellung ergänzender Ressourcen erhöhen. (Vgl. Oehmichen et al. 2010).

Die zunehmende Diversität in einem Gremium führt zu einer höheren Durchdringung der Diskussionen mit moralischen und ethischen Standpunkten, die der Entscheidungsfindung vorangehen. (Vgl. Afken et al. 2004). Diversität grenzt damit die Möglichkeit kurzsichtiger Entscheidungsfindungsprozesse ein, die zu unethischen Entscheidungen führen können und erhöht die Wahrscheinlichkeit neuer Ideen, einer besseren Problemlösung, verbesserter strategischer Planung und der zusätzlichen Übernahme von Verantwortung. (Vgl. Arfken et al. 2004). Empirische Studien belegen, dass Frauen sich als weniger tolerant gegenüber opportunistischem Verhalten erweisen als Männer. (Vgl. Bernardi, Arnold 1997, Krishnan, Parsons 2008). Indem sie das Ausmaß opportunistischen Verhaltens reduzieren, können weibliche Aufsichtsratsmitglieder die Qualität der Erträge verbessern und die Corporate Governance nachhaltig stärken. (Vgl. Hambrick et al. 2008, Hillmann et al. 2008, Terjesen et al. 2009).

Frauen gelangen darüber hinaus leichter an relevante Informationen, die zum Abbau asymmetrischer Informationslagen beitragen als ihre männlichen Kollegen im Board. (Vgl. Eagly, Johnson 1990, Powell, Ansic 1997, Byrnes et al. 1999, Trinidad, Normore 2005, Gul et al. 2007). Diversität im Board erlaubt Mitgliedern, Gruppendenken zu vermeiden und bessere Entscheidungen zu erzielen, da eine vollständigere Begutachtung der betrachteten Themenstellung typischerweise stattfindet. (Vgl. Adams, Flynn 2005).

Zu den meistzitierten wissenschaftlichen Untersuchungen zählt hierzu die umfassend angelegte Studie von Adams und Ferreira (2009) für die USA im Zeitraum von 1996 bis 2003. Demnach führt die Präsenz weiblicher Board-Mitglieder zu deutlich positiven Governance-Effekten: erhöhte Unabhängigkeit des Gremiums, verbesserte Wahrnehmung der Monitoring-Tätigkeiten sowie spezifische Entlohnungscharakteristika. Diversifizierte Boards weisen nach dieser Studie eine erhöhte Einbindung sowie ein höheres Niveau der Aufsichtsführung auf. Boards mit einem höheren Frauenanteil zeigen darüber hinaus ein höheres Ausmaß an Sitzungsteilnahmen. Vor dem Hintergrund, dass Boards im Wesentlichen im Rahmen von Sitzungen tätig sind und ihre Aufgaben wahrnehmen, ist die Anwesenheit bei Zusammenkünften ein kritischer und entscheidender Faktor erfolgreich agierender Boards. (Vgl. Adams, Ferreira 2009). Den Autoren der Studie gelingt der Nachweis, dass weibliche Board-Mitglieder deutlich seltener den Sitzungen fernbleiben als die männlichen Kollegen. Sobald Frauen dem Board angehören, führt deren hohe Sitzungsdisziplin zu einer Verbesserung der Teilnahmequoten bei den männlichen Mandatsträgern.

Frauen nehmen ihre Aufsichtsratsrolle deutlich ernster als ihre männlichen Kollegen und bereiten sich durchschnittlich gewissenhafter auf die Sitzungsrunden vor, so eine Studie von Huse und Solberg (2006). Frauen neigen dazu, unangenehme Fragen öfter zu adressieren und zu diskutieren, Entscheidungen werden in der Folge weniger leicht und schnell abgenickt, die Entscheidungsqualität profitiert mittelfristig.

Eine Studie aus dem Jahr 2010, durchgeführt durch Wissenschaftler der Harvard Business School und Consultants der Personalberatung Heidrick & Struggles, kommt zu dem Schluss, dass sich Frauen als deutlich bestimmender und durchsetzungsstärker bei ausgewählten relevanten Governance-Themen erweisen, insbesondere bei der Bewertung der Performance des Boards selbst sowie bei der Unterstützung einer größeren Überwachung innerhalb des Boards. Die Wissenschaftler schließen ihre Untersuchung mit der Empfehlung, die Dynamik der zunehmend auch mit Frauen besetzten Boards zu nutzen und die Ära einer gestärkten Governance einzuläuten. (Vgl. Groysberg, Bell 2010). Gender Diversity fördert damit dauerhaft die Transparenz innerhalb der Boards. (Vgl. Srinidhi et al. 2011).

Deutlich zeigt sich studienbasiert die Wichtigkeit des Einflusses durch Frauen, wonach Unternehmen mit mehreren Frauen in ihrem Board über eine bessere Corporate Governance verfügen. (Vgl. Franke 1997, Larkin et al. 2012). Insbesondere Unternehmen mit einer bislang schwachen Governance profitieren von Geschlechtervielfalt in ihrem Board und erreichen dadurch eine bessere Performance. (Vgl. Adams, Ferreira 2009). Die empirische Studie von Adams und Ferreira belegt jedoch nicht, dass ein höherer Frauenanteil kausal zu besserer Performance führt.

4.3 Frauen im Aufsichtsrat: Auswirkungen auf die finanzielle Performance

Eine der meist zitierten Studien zur finanziellen Leistungsfähigkeit von geschlechtergemischten Boards wurde von Catalyst durchgeführt, einem der führenden Forschungs- und Beratungsorganisationen in den USA. Als Variablen der finanziellen Performance wurde der Return on Equity (ROE) und der Total Return to Shareholders (TRS) gewählt. Für den ROE konnte der positive Einfluss der Gender Diversity auf die finanzielle Leistungsfähigkeit des Unternehmens für alle Industrienationen festgestellt werden, bezüglich des TRS traf dies immerhin bei 80 Prozent der betrachteten Industrien zu. (Vgl. Catalyst 2007). Auch die endogene Wirkungsrichtung, wonach finanzsolide Unternehmen die Geschlechterdiversität im Board erhöhen, konnte durch die Studie empirisch belegt werden.

Neben der umfassenden Studie von Catalyst bestätigt auch eine empirische Untersuchung von McKinsey & Company (2007) eine stark positive Beziehung für die Fortune 500-Unternehmen in den USA. Dieses Ergebnis lässt sich auch durch weitere Studien für die USA belegen: Carter et al. (2010, basierend auf Tobin's Q und Return on Assets (ROA)), Carter et al. (2003, basierend auf Tobin's Q und ROA) sowie Adler (2001, basierend auf Return on Sales (ROS), ROA sowie ROE). Ergänzend hierzu sind die Untersuchungen von Dezso und Ross (2012) sowie Khan und Vieito (2013) anzuführen. Der positive Einfluss der Gendervielfalt in Boards auf die finanzielle Unternehmensleistung lässt sich für Spanien durch die Studie von Campbell und Minguez-Vera (2008, basierend auf Tobin's Q) belegen, für die Niederlande durch Lückerath-Rovers (2013, basierend auf Tobin's Q), für Kanada durch Francoeur et al. (2008, basierend auf abnormalen Renditen in einem risikoreichen Umfeld) und Stephenson (2004, basierend auf ROE) sowie für Unternehmen in einer länderübergreifenden Stichprobe. (Vgl. Terjesen et al. 2015). Auch der positive Einfluss von Frauen im Board auf die Management-Effizienz der Unternehmen lässt sich empirisch belegen. (Vgl. Nielsen, Huse 2010).

Sowohl positive als auch negative Implikationen finden sich in den Studien zur empirischen Corporate-Governance-Forschung von Dobbin und Jung (2011, basierend auf Tobin's Q und ROA), Farrell und Hersch (2005, basierend auf ROA) sowie Erhardt et al. (2003, basierend auf ROA und Return on Investment (ROI)) für die USA. Ebenfalls uneinheitlich fallen die Ergebnisse von Rose (2007, basierend auf Tobin's Q) und Smith et al., (2006, basierend auf Bruttogewinn, Betriebsergebnis und Ertrag nach Steuern) für Dänemark sowie Randoy et al. (2006, basierend auf Aktienkurs und ROA) für Dänemark, Norwegen und Schweden und Du Rietz und Henrekson (2000, basierend auf Profitabilität, Wachstumsrate und Wachstumsaussichten) für Schweden aus.

Eine negative Wirkungsrichtung kann nur in wenigen Untersuchungen konstatiert werden, so beispielsweise Fauzi und Locke (2012, basierend auf Tobin's Q) für Neuseeland, Bøhren und Strøm (2010, basierend auf Tobin's Q, ROS und ROA) für Norwegen sowie Shrader et al. (1997, basierend auf ROS, ROA, ROE und ROI) für die USA.

Es lässt sich trotz der erhöhten Aufmerksamkeit der Thematik keine einheitliche Wirkungsrichtung der Geschlechtervielfalt erkennen. Neben positiven Auswirkungen auf den Unternehmenserfolg werden auch negative und fehlende Zusammenhänge sichtbar. Diese insgesamt in ihrer Wirkungsrichtung nicht eindeutigen Ergebnisse sind ein Indiz dafür, dass auf lange Sicht die forcierte Geschlechtervielfalt in den Aufsichtsräten der Unternehmensperformance nicht entgegen steht.

4.4 Frauen im Aufsichtsrat: Auswirkungen auf die Unternehmensreputation

Frauen verfügen mitunter über einige Wesensmerkmale, die den Überblick auf die Firmenstrategie durch den Aufsichtsrat unterstützen und intensivieren, wie Sensitivität gegenüber anderen und die Fähigkeit, divergierende Interessen von multiplen Parteien zu bewältigen. (Vgl. Huse, Nielson 2010). Es überrascht daher nicht, dass Aufsichtsräte mit Frauen in ihren Reihen eine höhere Effizienz in ihren Kommunikationsbeziehungen zwischen dem Gremium und ihren Anteilseignern erreichen. So betonen sie sowohl Kunden- als auch Mitarbeiterzufriedenheit, Innovation und Maßnahmen zur Gleichbehandlung. (Vgl. Terjesen et al. 2009).

Frauen zeigen mit einer geringeren Wahrscheinlichkeit unethisches Verhalten, um sich finanzielle Vorteile im Unternehmensumfeld zu verschaffen. (Vgl. Krishnan, Parsons 2008). Sie erweisen sich überdies altruistischer als ihre männlichen Kollegen, und ihr altruistisches Verhalten kann die finanzielle Performance des Unternehmens positiv beeinflussen. Unternehmen mit mehreren Frauen in ihrem Board verfügen nachweislich über höheres ethisches Verhalten. (Vgl. Franke 1997) als entsprechende Vergleichsgruppen. Zudem gelingt es Unternehmen mit mehreren Frauen im Board, die Wettbewerbsvorteile des Unternehmens zu vergrößern, da die Geschlechtervielfalt das Image des Unternehmens erhöht. (Vgl. Wellalage, Locke 2013). Diversität kann neben einem verbesserten Image auch zu einer höheren Reputation des Unternehmens führen, was sich wiederum positiv auf das Verhalten der Kunden auswirkt. (Vgl. Smith et al. 2006). Den empirischen Nachweis des positiven Einflusses von Frauen in Boards auf die Unternehmensreputation, gemessen nach dem Fortune Index, erbringen Brammer et al. (2009) für Unternehmen in Großbritannien. Eine steigende Anzahl von Frauen im Board führt sogar zu einer deutlich verbesserten Unternehmensreputation, so die Ergebnisse von Bear et al. (2010).

Die Erhöhung der Unternehmensreputation durch die Präsenz von Frauen im Aufsichtsrat beruht auf dem zugrundeliegenden Signal des Unternehmens, dass Bedürfnisse der Gesellschaft wahrgenommen und ihnen entsprochen werden. Hillmann et al. (2002) schließen daraus, dass Frauen in Aufsichtsräten oft stärker nach ihrer Fähigkeit ausgewählt werden, relevante externe Gruppen in Politik und Gesellschaft zu beeinflussen als auf Basis ihrer spezifischen Unternehmens- oder Branchenexpertise.

Vereinzelt kommen empirische Studien zu dem Schluss, dass die reine Anwesenheit von Frauen in Boards die Unternehmensreputation nicht beeinflussen, wohl aber erhöht ihre Anzahl und ihr Gewicht im Board die Unternehmensreputation. (Vgl. Fuentes-Medina, Morini-Marrero 2013). Untersuchungen von Bernhardi et al. (2006) belegen, dass sich Unternehmen mit einem Frauenanteil in ihren Boards mit einer höheren Wahrscheinlichkeit in den Ranglisten der beliebtesten Arbeitgeber oder der ethischsten Unternehmen, wie „100 best companies to work for". (Vgl. Bernardi et al. 2006) und „one of the most ethical companies" (vgl. Bernardi et al. 2009) wiederfinden.

4.5 Frauen im Aufsichtsrat: Weitere Auswirkungen

Der Business Case für Geschlechterdiversität im Board erfährt weitere Unterstützung durch weibliche Führungsqualitäten und Fähigkeiten. Argumentiert wird in zahlreichen empirischen Studien, dass Frauen neben einem anderen Führungsstil eine größere Perspektivenvielfalt einbringen und das Humankapital des Unternehmens, verdeutlicht durch kreative Lösungsansätze, neuartige Ideen und eine umfassende Innovationskraft, gesteigert wird, um daraus Wettbewerbsvorteile für das Unternehmen zu generieren. Stellvertretend hierfür seien die Studien und Ausführungen von Watson et al. (1993), Erhardt et al. (2003), Carter et al. (2003), Adams, Ferreira (2009) sowie Heidemann et al. (2013) genannt. Auch Torchia et al. (2011) können einen positiven Zusammenhang zwischen der Besetzung von Boards mit Frauen und der Organisations-Innovations-Leistung für norwegische Unternehmen belegen.

Die weiblichen Führungsqualitäten erstrecken sich auch auf ein ausgewogenes Risikobewusstsein, eine als weniger radikal empfundene Art der Entscheidungsfindung (vgl. Croson, Gneezy 2009) sowie eine nachhaltigere Anlagestrategie (vgl. Charness, Gneesy 2012). Des Weiteren füllen Frauen ihre Führungsrolle in einer deutlich gestaltungsorientierteren Art aus als ihre männlichen Kollegen, indem sie Kollegen und Mitarbeiter ermutigender und unterstützender behandeln. (Vgl. Eagly et al. 2003). Frauen bewerten ihre Verantwortung als Board-Mitglied zudem höher, was zu einem besseren Effektivitätsmaß der Corporate Governance führt. (Vgl. Terjesen et al. 2009). Des Weiteren profitieren Organisationen als Folge geschlechtsdiversifizierter Boards von weitreichenderen und besseren Verbindungen zu Lieferanten, Institutionen und Kunden, was wiederum Marktunsicherheiten und -abhängigkeiten reduziert. (Vgl. Miller, Triana 2009).

Die gegenwärtige Fachliteratur führt zahlreiche Argumente auf, die einen verbesserten Entscheidungsfindungsprozess in Boards als Folge einer größeren Präsenz von Frauen begründen. So kann die Anwesenheit von Frauen die Leistung des gesamten Teams positiv beeinflussen, da diversifizierte Teams eine höhere Anzahl an Perspektiven in die Betrachtung einbeziehen und folglich zu ausgewogeneren Entscheidungen gelangen. Diese besseren Entscheidungen können letztlich eine höhere Performance der Geschäftstätigkeit begründen. (Vgl. Carter et al. 2003, Lückerath-Rovers 2013). Gelingt es einem Unternehmen nicht, den am besten geeigneten Kandidaten zu finden, so wird die Unternehmensleistung beeinträchtigt und so kann der Verzicht auf Frauen durchaus suboptimal für das Unternehmen sein. Brammer et al. (2007) argumentieren, dass annahmegemäß einige wertvolle Fähigkeiten nicht gleichmäßig über demografische Gruppen (Männer und Frauen) verteilt sind. Der komplette Verzicht auf Frauen in Boards führt damit zu einer strukturell verankerten Entscheidung des Unternehmens, auf diese Fertigkeiten zu verzichten. Unternehmen mit einem höheren Grad an Diversität im Board geben ein wichtiges positives Signal an künftige Arbeitnehmer des Unternehmens. So wird die Wettbewerbssituation innerhalb und außerhalb des Unternehmens zwischen aktuellen und künftigen Arbeitnehmern intensiviert (vgl. Rose 2007) und die Leistungsfähigkeit erhöht (vgl. Pfeffer, Salancik 1978).

Auch die Gesellschaft erachtet einen höheren Grad an Diversität als positiv, die Reputation des Unternehmens verbessert sich. Spiegelt die Diversität im Unternehmen und im Board die Diversität in den relevanten Märkten wider, so gelingt es dem Unternehmen besser, diese Märkte adäquat zu bedienen und zu halten. (Vgl. Carter et al. 2003, Donaldson, Davis 1991, Pfeffer, Salancik 1978). Darüber hinaus konnten empirische Studien belegen, dass Aufsichtsräte mit mindestens einer Frau im Board einen Rückgang der Insolvenz um 20 Prozent verzeichnen. (Vgl. Wilson, Atlantar 2009).

Unbestritten trägt Diversität zur verbesserten Diskussion, zum Austausch von Ideen und zur Performance der Gruppe bei. (Vgl. Kang et al. 2007). Andererseits kann sich die Betrachtung einer größeren Anzahl an Perspektiven als zeitintensiv und konfliktreich erweisen. Der Abgleich von mehreren Blickwinkeln kann die Entscheidungsfindung verzögern und schlussendlich das Board mehr spalten als es bei einem homogenen Board der Fall wäre. (Vgl. Rose 2007). Dieses Verhalten konnte bei diversifizierten Top-Management-Teams beobachtet werden, deren Koordination sich als kostenintensiver und schwieriger gestalten kann als bei homogenen Teams. Mitunter kann der koordinationsbedingte Kostenaufwuchs die gestiegene finanzielle Performance sogar neutralisieren. (Vgl. Dwyer et al. 2003). Die hohe Wahrscheinlichkeit von Konflikten in diversifizierten Boards kann sich als problematisch erweisen, wenn das Unternehmen in hoch kompetitiven Märkten agiert, in denen die Möglichkeit zu schnellen Reaktionen auf Veränderungen eine erfolgsrelevante Eigenschaft darstellt. (Vgl. Williams, O'Reilly 1998).

In Summe geht eine erhöhte Präsenz von Frauen in Boards mit einem Zugewinn erstrebenswerter Führungsqualitäten und einer Reihe strategischer Vorteile für das Unternehmen einher. Vor allem aber erhöhen diversifizierte Aufsichtsräte die Legitimität ihres Unternehmens bei ihren relevanten Stakeholdern. Insbesondere in Branchensektoren, für die die Nähe zum Kunden von essenzieller Bedeutung ist, kann empirisch belegt werden, dass Frauen vermehrt in ihre Aufsichtsräte berufen werden, um dem Geschäftsmodell eine höhere Legitimität im Hinblick auf die Kunden zu verleihen und stabile Beziehungen zu den Kunden zu festigen. (Vgl. Brammer et al. 2007).

4.6 Grenzen der empirischen Studien

Der gegenwärtige Stand der empirischen Corporate-Governance-Forschung geht von einem besseren Entscheidungsfindungsprozess in den Boards aus, die geschlechtergemischt besetzt sind, da das Board eine höhere Unabhängigkeit aufweist und umfassendere Perspektiven in die Betrachtung einbeziehen kann. Gleichwohl lässt sich die Wirkung auf die Entscheidungsfindung und in der Folge auf die finanzielle Leistung des Unternehmens nur schwer messen, da die Performance eines Unternehmens durch eine Vielzahl von Faktoren beeinflusst wird. Kausalität und Kreuzkorrelationen zwischen Diversität und anderen Einflussfaktoren auf die unternehmerische Performance gestalten Einzelfaktor-Studien herausfordernd und problematisch.

Empirische Studien zur Geschlechterdiversität im Rahmen der Corporate Governance werden darüber hinaus durch weitere Umstände erschwert. So erweist sich die Messung der Diversität im Zeitablauf als schwierig. Ebenso stellt die Critical-Mass-Theorie die wissenschaftlichen Untersuchungen vor besondere Herausforderungen. (Vgl. Lückerath-Rovers 2013).

Die vorliegenden Studien zeichnen sich folglich durch eine hohe Heterogenität der Ergebnisse aus, sodass in einer Gesamtbetrachtung der Wirkungszusammenhang zwischen Geschlechtervielfalt im Aufsichtsrat und finanzieller Performance unklar bleibt. Gleichwohl erfahren Unternehmen mit diversifizierten Aufsichtsräten eine deutliche Verbesserung ihrer Corporate Governance, die wiederum zu einer verbesserten Unternehmensreputation und zu einer erhöhten Legitimität des Unternehmens bei den relevanten Anspruchsgruppen beiträgt.

5 Der Aufsichtsrat in einer Arbeitswelt 4.0

Aus einer Gegenüberstellung der zentralen empirischen Erkenntnisse aus der aktuellen Corporate-Governance-Forschung mit den neu gewachsenen Anforderungen an Aufsichtsräte in einer digitalen Unternehmenswelt leitet sich ein Ausblick auf die künftige Rolle und Bedeutung von Frauen in Aufsichtsräten einer Arbeitswelt 4.0 ab.

5.1 Kennzeichen der Arbeitswelt 4.0: Die digitale Transformation

Die digitale Transformation ist als wesentlicher Treiber einer Arbeitswelt 4.0 zu werten, in der sich die Zusammenarbeit, die Entwicklung und die Führung von Menschen im Unternehmen deutlich verändert und die nach einem agilen Führungsverhalten, einer ausgeprägten Innovationskultur und einer hohen Veränderungsbereitschaft zum erfolgreichen Umgang mit massiven Marktveränderungen verlangt. Beschleunigt durch Informationstechnologien und deren zunehmende Vernetzung verändern sich in rasender Geschwindigkeit die Kommunikations- und Interaktionsmuster von Menschen, Unternehmen und Gesellschaften. Dies zieht eine immense Veränderung der etablierten Verhaltensmuster und bekannten Erwartungshaltungen von Kunden, Lieferanten und Mitarbeitern nach sich. Aber auch bekannte Marktgegebenheiten, bewährte Geschäftsmodelle, erprobte Organisationsstrukturen und gängige Unternehmenskulturen erfahren eine tiefgreifende Veränderung, mitunter auch in disruptiver Weise: unerwartet, anfangs mitunter unbedeutend, aber recht schnell bahnbrechend. (Vgl. Botthof, Hartmann 2015).

Die digitale Transformation setzt dabei konsequent den Kunden in den Fokus des Geschehens und verlangt folgerichtig die Neuausrichtung aller relevanten Prozesse im Sinne einer kundenzentrierten Organisation. Der Kunde beeinflusst dank moderner Informationstechnologie als interaktiver Impuls- und Feedback-Geber die gesamte Wertschöpfungskette vom Anstoß zu einer Produktidee, über die Gestaltung bestehender und neuer Produkte bis hin zur zielgruppenadäquaten Vertriebsstrategie und determiniert auf diese Weise Inhalt, Ausgestaltung und Umfang des Geschäftsmodells. Die frühzeitige und beständige Einbindung der Kundenbedürfnisse stärkt unverändert die eigene Wettbewerbsposition, die digitale Transformation stellt aber erst die dafür notwendige unternehmensinterne und -externe Ausrichtung sicher. (Vgl. Obermaier 2017). Transformation erfordert jedoch einen umfassenden Strategie- und Change-Prozess, der von der Unternehmensleitung initiiert und von seinem obersten Kontrollgremium unbeirrt begleitet wird.

Angesichts sich rasch ändernder Rahmenbedingungen erweisen sich langfristige Entscheidungen als zunehmend schwierig. Insbesondere der adäquate Umgang mit der deutlich zunehmenden Komplexität in der künftigen Arbeitsumwelt 4.0 kann leicht an den bislang vertrauten Denkmustern scheitern. Gerade bei komplexen Fragestellungen droht die Gefahr, anstatt einer strukturierten und analytischen Auseinandersetzung mit der Thematik auf intuitive oder naheliegende Lösungen zurückzugreifen. An diesem Punkt sind die Führungskräfte in besonderer Weise gefordert, eine Führungskultur zu entwickeln, die flexibles Denken und Handeln der Mitarbeiter entwickelt und festigt. Diese Agilität, verstanden als aktive Anpassungsfähigkeit einer Organisation an sich verändernde Bedingungen, ist essenzielle Voraussetzung, um angesichts der Geschwindigkeit und Ungewissheit von Veränderungen in der heutigen Unternehmensumwelt bestehen zu können und die eigene Handlungsfähigkeit zu sichern. Dies erfordert jedoch neben der Bereitschaft, sich auf Veränderungen umfassend einzulassen, auch die Erkenntnis, dass etablierte Managementmethoden in fest verankerten Aufbau und Ablauforganisationen in einer Arbeitswelt 4.0 nur noch eingeschränkt geeignet sind. Vielmehr bedarf es neuer Konzepte in der Interaktion zwischen allen Stakeholdern sowie neuer Ansätze bei der Führung von Menschen und der Steuerung von Prozessen. Hierzu gehören eine stetige Weiterentwicklung der Ergebnisse durch kontinuierliches Hinterfragen, Modifizieren, Testen und Lernen, was wiederum ein hohes Maß an Motivation und Selbstorganisation erfordert. (Vgl. Reinheimer 2017).

Die Arbeitswelt 4.0 zeichnet sich durch die folgenden wesentlichen Entwicklungen aus, die im Rahmen einer Studie von Shareground und der Universität St. Gallen als Megatrends ermittelt wurden und nachfolgend in Auszügen thematisiert werden. (Vgl. Shareground und Universität St. Gallen 2015).

Megatrend 1: Die Auflösung der Organisation

Arbeitsplätze gestalten sich als flexible Netzwerke aus, die eine klare organisationale Zugehörigkeit von Arbeitsplätzen überflüssig machen. Loyalitäten werden damit nicht mehr durch organisationale Zugehörigkeit geleitet, sondern bilden sich auf Basis von fachlicher Expertise: Peer-to-Peer statt Hierarchie. Arbeitnehmer, insbesondere hoch qualifizierte Fachkräfte, werden künftig eher anlass- und projektbezogen beauftragt anstatt sie dauerhaft einzustellen. Feste Arbeitsverhältnisse werden in der Folge immer seltener. Die bislang geschlossenen Unternehmensstrukturen werden geöffnet, um eine Wertschöpfung durch die Crowd im Sinne von Open Innovation zu erfahren. Gerade digitalisierbare Leistungen werden dabei von Kunden freiwillig und unentgeltlich erbracht. Die Grenzen zwischen Konsument und Produzent verschwimmen, der Konsument entwickelt sich zum Prosumenten.

Megatrend 2: Arbeit in der digitalen Welt

Die Aufgaben der Mitarbeiter verschieben sich von der originär eigenen Leistungsverrichtung hin zu einer Überwachung der automatisiert von Maschinen erbrachten Arbeit. Als Folge erhalten Maschinen den Status eines Kollegen oder eines Kooperationspartners der Menschen, in einem fortgeschrittenen Entwicklungsstadium von einem Kontrolleur, der die menschliche Leistung steuert. Die korrekte Erhebung, Analyse und Interpretation von Big Data gewinnt als Schlüsselqualifikation einen zentralen Stellenwert in einer Arbeitswelt 4.0, die mit der räumlichen Verortung der Leistungserbringung bricht. Dieses Arbeiten ohne räumliche Grenzen zieht ein Verschwimmen der beruflichen und privaten Sphäre nach sich. Der Begriff des Arbeitsortes und der Arbeitszeit löst sich zunehmend auf: Der Arbeitnehmer der digitalen Arbeitswelt ist „always on".

Megatrend 3: Herausforderung für Führung und Organisation
Die Bindungen zwischen Arbeitgeber und Arbeitnehmer lockern sich zunehmend und gestalten sich als kontinuierliches Job Hopping seitens der Arbeitnehmer. Zudem sehen sich die Führungskräfte verstärkt in der Verantwortung, persönliche Bindungen über technische Kanäle zu etablieren und ihre Führungsaufgaben auch über räumliche Distanzen hinweg wahrzunehmen.

Die Führungskräfte müssen folglich nicht nur ein Verständnis für die Digitalisierung und die damit verbundenen neuen Technologien aufweisen, sondern auch mit der Dynamik und den mitunter disruptiven Veränderungen umgehen können und diese aktiv vorantreiben. Die Einbindung der Mitarbeiter in diese Veränderungsprozesse erweist sich dabei von zentraler Bedeutung, wie auch die Sicherstellung adäquater Rahmenbedingungen für Ideen, Innovation, Selbstverantwortung und Partizipation der Mitarbeiter.

5.2 Herausforderungen für den Aufsichtsrat in einer Arbeitswelt 4.0

Angesichts des hohen Grades an Veränderungen, mit der die digitale Transformation die Arbeitswelt 4.0 grundlegend prägt, muss sich auch der Aufsichtsrat als bewährtes und fundamental verankertes Beratungs- und Kontrollgremium der Unternehmensleitung den Herausforderungen des digitalen Zeitalters stellen. Selbst Unternehmen, die heute noch auf ihr bewährtes Geschäftsmodell vertrauen, sind gut beraten, ihre Prozesse und organisationale Ausrichtung auf den Prüfstand der digitalen Anforderungen zu stellen. Dem Aufsichtsrat kommt damit die Rolle zu, den Grad der Digitalisierung des Unternehmens kritisch zu prüfen und eine Digitalstrategie vom Management einzufordern. Die umgehende Auseinandersetzung mit der digitalen Transformation ist zwingende Voraussetzung für die Zukunftssicherung jedes Unternehmens.

Da sich die Arbeitswelt 4.0 durch die räumliche Entgrenzung der Leistungserbringung auszeichnet, erschwert dies auch die Identifikation potenzieller neuer Risiken für Aktionäre, Vorstand und damit Aufsichtsrat. Insbesondere die Auswirkungen disruptiver Veränderungen, die die Arbeitswelt 4.0 kennzeichnen, fordern die besonders sorgfältige und eingehende Beobachtung und Evaluation der jeweiligen Unternehmensentscheidungen durch den Aufsichtsrat.

Die digitale Transformation, welche die Arbeitswelt 4.0 maßgeblich determiniert, stellt die Unternehmenssteuerung und -aufsicht vor die wesentliche Herausforderung, die starren Hierarchien und etablierten Prozessabläufe aufzubrechen und mit entsprechender Führungsfähigkeit den Change-Prozess voranzutreiben. Die digitale Transformation der Arbeitswelt 4.0 ist damit in erster Linie eine Herausforderung für die Unternehmensführung, die kritischen Handlungsfelder liegen in den Bereichen der Kultur und der Organisation.

Die Begleitung des Change Managements erweist sich damit als stetige Verantwortung von Vorstand und Aufsichtsrat. Dieser Wandel, hervorgerufen durch die digitale Transformation, bedeutet wie jede Veränderungen erst einmal Unsicherheit für alle Beteiligten: Chancen und Risiken liegen nahe beieinander. Hier bedarf es in besonderem Maße adäquater Kommunikationsfähigkeiten bei Vorstand und Aufsichtsrat, um Unsicherheiten zu reduzieren, Transparenz herzustellen und Authentizität aufzubauen. Gerade in einer vernetzten Unternehmensumwelt, in der Informationen jederzeit abrufbar sind und bislang steuerbare 1:n-Kommunikationsstrukturen einer n:n-Kommunikation weichen, müssen Unternehmen ihre permanente Dialogbereitschaft unter Beweis stellen und glaubwürdig kommunizieren. (Vgl. Jensen, Helles 2017).

Eine umfassende aktuelle Studie unter deutschen Aufsichtsräten und Experten unter Federführung des Arbeitskreises deutscher Aufsichtsräte (vgl. Eichensteller, Schwend 2017) bescheinigt der Mehrzahl der von ihnen betreuten Unternehmen (74 Prozent) eine bereits eingetretene und sehr deutliche Veränderung durch digitale Wandelprozesse. Aktuell sind nur neun Prozent der Befragten der Ansicht, dass in den Vorständen der von ihnen betreuten Unternehmen ausreichend Digitalisierungs-Know-how vorhanden ist. Demgegenüber stehen 70 Prozent der Umfrageteilnehmer, die aktuell fehlende Expertise in Digitalisierungsfragen innerhalb der Führungsriege monieren. Die Forderungen der befragten Aufsichtsräte greift angesichts der Herausforderungen durch die digitale Transformation noch weiter: Ein Drittel der Befragten empfiehlt, ein zusätzliches Ressort für das Themenfeld Digitalisierung zu schaffen.

Aber auch in den eigenen Reihen konstatieren die Aufsichtsräte nennenswerte Defizite. Nur 35 Prozent der Aufsichtsräte schätzen ihr Digitalisierungswissen als ausreichend ein. Hierin enthalten sind auch jene 18 Prozent der Aufsichtsräte, die auf eine ausgeprägte Expertise im Bereich der Digitalisierung verweisen können. Rund 60 Prozent der Befragten attestieren sich selbst hingegen kein Digital-Knowhow, trotz der eingangs erkannten hohen Relevanz der digitalen Transformation. Dieser Ausgangspunkt lässt die Forderung von 56 Prozent der Aufsichtsratsmitglieder, Gremiumsmitglieder mit mehr Digitalkompetenz zu ernennen, verständlich erscheinen. Des Weiteren sprechen sich 41 Prozent der Befragten für eine kontinuierliche Verjüngung der Aufsichtsräte durch mehr Mitglieder im Alter zwischen 40 und 60 Jahren aus. 46 Prozent unterstreichen die Wichtigkeit einer breiteren Diversifizierung in den eigenen Reihen durch die Aufnahmen von mehr „Querdenkern ohne Branchen-Knowhow". (Vgl. Eichensteller, Schwend 2017).

Angesichts der zweifelsfrei erkannten hohen Dringlichkeit, auf die Veränderungen der Arbeitswelt 4.0 zu reagieren, verwundert es, dass der Aufsichtsrat in der Mehrzahl der Fälle in die Erarbeitung der Digitalstrategie des Unternehmens nicht angemessen eingebunden wird. Dies irritiert umso mehr, als dass es originäre Aufgabe eines Aufsichtsrates ist, das Unternehmen bei strategischen Fragestellungen beratend zu begleiten und die wesentlichen Führungsentscheidungen hinsichtlich ihrer Rechtmäßigkeit und wirtschaftlichen Zweckmäßigkeit zu überprüfen. In der Tat wurden 31

Prozent der Aufsichtsräte vor der Bekanntgabe der Digitalstrategie überhaupt nicht oder eher nicht involviert. In 37,5 Prozent der Fälle wurden erst nach der Fertigstellung der Digitalstrategie informiert, 16 Prozent davon zeitgleich mit den Mitarbeitern. Lediglich 19 Prozent der Aufsichtsräte bewerteten die Zusammenarbeit mit dem Vorstand bei der Entwicklung und Formulierung der Digitalstrategie als optimal.

Deutlich mehr Einigkeit herrscht bei der Benennung der drei größten Herausforderungen in der Arbeitswelt 4.0. Diese werden in den Bereichen Führung, Kultur und Organisation verortet. So wird von 68 Prozent der Aufsichtsräte die digitale Transformation in erster Linie als eine Leadership-Herausforderung bewertet. Darüber hinaus bedarf es eines umfassenden kulturellen Wandels innerhalb der Organisation, hin zu einer Kultur der Fehlertoleranz, der Geschwindigkeit und der Agilität. Dem stehen als dritte Herausforderung starre Prozesse und eine fest verankerte organisationale Struktur entgegen.

Diese Rahmenbedingungen erschweren auch ein reibungsloses Innovationsmanagement in den Unternehmen, das vor dem Hintergrund der digitalen Transformation in einer Arbeitswelt 4.0 eine steigende Bedeutung erfährt. 42 Prozent der Aufsichtsräte bescheinigen ihrem Unternehmen, für evolutionäre Innovationen gut vorbereitet und ausgestattet zu sein. In 39 Prozent der Fälle bestehen Forschungskooperationen mit Universitäten und Instituten. Für disruptive Innovationen im Bereich von Produkten und Technologien sehen nur 6 Prozent der Befragten ihre Unternehmen organisational geeignet gerüstet.

Die digitale Transformation als wesentlicher Treiber der Arbeitswelt 4.0 wird von 85 Prozent der Befragten als kontinuierlicher und evolutionärer Prozess eingestuft, der mitunter auch disruptiven Charakter aufweisen kann. Das Ende dieses Transformationsprozesses ist nicht absehbar, wie auch der von den Unternehmen zu beschreitende Weg in seiner kompletten Länge. Dies erfordert ein umfassendes Change Management seitens der Unternehmenssteuerung und -aufsicht. Innerhalb von Change Prozessen nimmt seit je her die kontinuierliche Kommunikation eine essenzielle Rolle ein, um Vertrauen, Sicherheit und Orientierung angesichts wandelbedingter Unsicherheit aufzubauen. In der Arbeitswelt 4.0 entwickelt sich Change Management zur Daueraufgabe und die Anforderungen an die Kommunikationsfähigkeit von Vorständen und Aufsichtsräten wachsen deutlich an. Die stetige Kommunikation ist integraler Bestandteil einer erfolgreichen Unternehmensführung in der Arbeitswelt 4.0. Zunehmend verschmelzen dabei die Grenzen zwischen interner und externer Kommunikation. Trotz der Feststellung, dass bei zahlreichen Stakeholdern Unklarheit über die Vorteile und Nachteile der digitalen Transformation herrscht, gelingt es nur in knapp der Hälfte der Unternehmen, die Notwendigkeit zur digitalen Transformation aufzuzeigen. In weniger als jedem fünften Unternehmen werden die Erwartungshaltungen im Kontext der digitalen Transformation an die Mitarbeiter kommuniziert oder regelmäßige Informationsveranstaltungen durchgeführt, um die Vertrauensbildung zu fördern und einem möglichen Orientierungsverlust entgegenzuwirken.

Die klassischen Kommunikationsansätze im Corporate Publishing wurden in den vergangenen Jahren um digitale und soziale Medien ergänzt. Dennoch überrascht der geringe Nutzungsgrad dieser Kommunikationsmedien angesichts der konstatierten hohen Bedeutung von Kommunikation in Veränderungsprozessen. So werden digitale Medien in nur 26 Prozent der Unternehmen eingesetzt, gefolgt von Kundenzeitschriften mit 20 Prozent, soziale Medien mit 19 Prozent, Mitarbeitermedien mit 13 Prozent und Apps mit sieben Prozent. Dabei ist der offene und regelmäßige kommunikative Austausch mit allen Anspruchsgruppen für ein Unternehmen unerlässlich, sei es die Kommunikation mit Mitarbeitern bei der Begleitung von Change Prozessen, sei es die Kommunikation mit potenziellen Arbeitnehmern im zunehmenden Wettbewerb um Fachkräfte, sei es die Kommunikation mit Kunden und Lieferanten in der Festigung von dauerhaften Beziehungen oder sei es die Kommunikation mit Anteilseignern zur Sicherstellung des Vertrauens. Hierzu bedarf es einer umfassenden Kommunikationsstrategie, die auf Ebene der Unternehmensführung die Strategie und die Unternehmensziele mit den Kernbotschaften an die Zielgruppen konsistent, widerspruchsfrei und glaubwürdig verknüpft und die Wirkungen der Kommunikationsmaßnahmen konsequent evaluiert. Ein verantwortungsvoller Aufsichtsrat sollte sich hier in der Rolle des Impulsgebers einer adäquaten, nach innen und außen gleichermaßen ausgerichteten Kommunikationsstrategie sehen.

5.3 Frauen im Aufsichtsrat in einer Arbeitswelt 4.0

Angesichts einer zunehmenden Diskussion um gesetzlich verankerte Quotenregelungen für Frauen bei der Besetzung von Aufsichtsgremien sowie zahlreicher Umsetzungen verbindlicher Quotierungen in ausgewählten europäischen Ländern, sei ein Ausblick auf die Rolle von Frauen in Aufsichtsräten im Kontext einer Arbeitswelt 4.0 angeraten.

Die zentralen Herausforderungen der von der fortschreitenden Digitalisierung gezeichneten Arbeitswelt 4.0 liegen für Führungskräfte, sowohl in den Vorstandspositionen als auch in den Reihen der Aufsichtsräte, wie vorstehend diskutiert in den Bereichen Führung, Kultur und Kommunikation (siehe Abbildung 2).

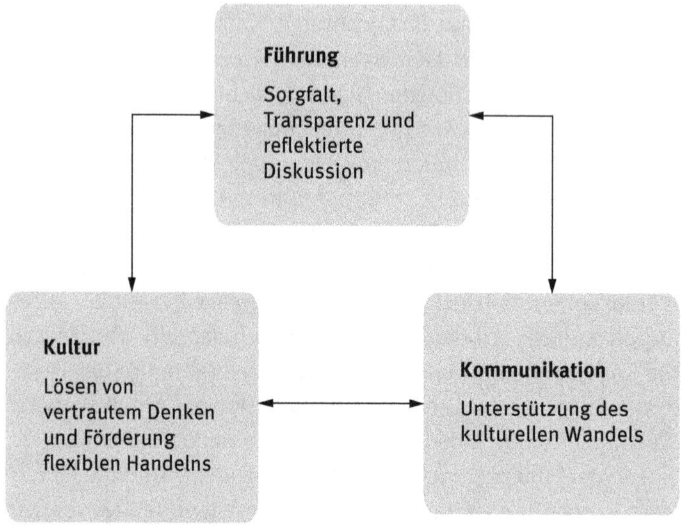

Abb. 2: Herausforderungen der Arbeitswelt 4.0 für die Unternehmensleitung und -steuerung; Quelle: eigene Darstellung.

Stellt man die wesentlichen Ergebnisse der empirischen Corporate-Governance-Forschung diesen drei Herausforderungen an Aufsichtsräte in der Arbeitswelt 4.0 gegenüber, lassen sich Anhaltspunkte für die Eignung von Frauen in dieser Funktion ableiten. Es zeichnet sich dabei vor dem Hintergrund der Arbeitswelt 4.0 die Dringlichkeit ab, den weiblichen Teil des Pools an qualifizierten Führungskräften nicht länger außen vor zu lassen.

Führung

So erschwert gerade die räumliche Entgrenzung der Leistungserbringung in der Arbeitswelt 4.0 das Erkennen potenzieller Risiken, auch für den Aufsichtsrat. Die besonders eingehende Beobachtung und Bewertung der Unternehmensentscheidungen durch die Mitglieder des Kontrollgremiums erfordert ein hohes Maß an Sorgfalt in der Aufgabenerfüllung. Empirische Studien bescheinigen gerade Frauen bei der Wahrnehmung ihrer Aufsichtsratsrolle ein höheres Maß an Sorgfalt bei der Vorbereitung der Sitzungsrunden. (Vgl. Huse, Solberg 2006).

Frauen wird attestiert, unangenehme Fragen intensiver zu adressieren und zu diskutieren, so dass Entscheidungen in der Folge weniger leicht und schnell durchgewunken werden. Eine höhere Entscheidungsqualität begründet sich auch damit, dass diversifizierte Aufsichtsräte eine größere Anzahl an Perspektiven in die Betrachtung einbeziehen und folglich zu einer ausgewogenen Entscheidung gelangen. (Vgl. Carter et al. 2003, Lückerath-Rovers 2013).

Die Tatsache, dass Frauen mehr als 80 Prozent der Konsumentscheidungen in Haushalten fällen, unterstreicht das tiefe Verständnis, das Frauen für geschäftliche Bedürfnisse aufbringen. (Vgl. Wellalage, Locke 2013). Frauen in Boards repräsentieren damit in der Mehrzahl der Fälle die Nutzer und Kunden der vom Unternehmen erstellten Produkte und Dienstleistungen und können das Verständnis für Kundenbedürfnisse erhöhen sowie die bedarfsabhängige Ansprechbarkeit für den Markt glaubwürdiger abbilden. Dies führt zu einer besseren Informationsbasis für die Entscheidungsfindung in diversifizierten Aufsichtsräten. Die reflektierte Diskussion von Fragestellungen ist angesichts der steigenden Komplexität in einer digitalen Unternehmensumwelt aber gerade notwendig, wenn nicht sogar unerlässlich.

Hierzu bedarf es aber auch der selbstkritischen Analyse, inwiefern auch der Aufsichtsrat über eine ausreichende Digitalkompetenz verfügt, um im engen Schulterschluss mit der Unternehmensleitung das Unternehmen sicher durch die Unwägbarkeiten der digitalen Transformation begleiten zu können. Die Fähigkeit zur Selbstreflektion stellen gerade weibliche Board-Mitglieder in besonderem Maße unter Beweis, die mit mehr Bestimmtheit und Durchsetzungsstärke die Bewertung der Performance des Boards hinterfragen. (Vgl. Groysberg, Bell 2010). Eine höhere Transparenz innerhalb des Boards kann durch Geschlechter-Diversität nachweislich gefördert werden (vgl. Srinidhi et al. 2011), was gerade für die Offenlegung der vorhandenen Digitalkompetenz innerhalb des Kontrollgremiums eine notwendige Voraussetzung darstellt.

Kultur

Die zweite wesentliche Anforderung an Aufsichtsräte in der Arbeitswelt 4.0 liegt im Bereich der Unternehmenskultur. Angesichts der zunehmenden Komplexität gilt es, die Unternehmensleitung dabei zu begleiten, eine Führungskultur zu etablieren, die flexibles Denken und Handeln der Mitarbeiter fördert und dabei ermutigt, sich von vertrauten Denkmustern zu lösen.

Zahlreiche Studien der empirischen Corporate-Governance- und Diversity-Forschung belegen, dass geschlechterdiversifizierte Boards eine größere Perspektivenvielfalt einbringen und auf diese Weise das Humankapital des Unternehmens verbessern. Die Möglichkeit kurzfristiger Entscheidungsfindungen wird durch die Diversität in Boards eingegrenzt, zumal sich Frauen nachweislich als weniger tolerant gegenüber opportunistischem Verhalten erweisen als Männer. (Vgl. Bernardi, Arnold 1997, Krishnan, Parsons 2008).

Dies manifestiert sich nachweislich in kreativeren Lösungsansätzen, neuartigen Ideen und einer umfassenden Innovationskraft, woraus sich wiederum Wettbewerbsvorteile für das Unternehmen im digitalen Wettbewerb generieren lassen. (Vgl. Watson et al. 1993, Erhardt et al. 2003, Carter et al. 2003, Adams, Ferreira 2009, Heidemann et al. 2013, Torchia et al. 2011). Des Weiteren füllen Frauen ihre Führungsrolle in einer mehr vom Gestaltungswillen geprägten Art als ihr männliches Gegenüber und ermutigen sowohl Kollegen als auch Mitarbeiter bei der Umsetzung von Aufgaben. (Vgl. Eagly, Johannessen 1990).

Die zunehmende Benennung von Frauen in Aufsichtsräte trägt in einer Arbeitswelt 4.0 damit unbestritten zu einer verbesserten Wahrnehmung der unterschiedlichen Empfindungen, zu einer Intensivierung des offenen Austauschs, zur Diskussion von Ideen und letztlich zur besseren Performance des Gremiums bei. (Vgl. Kang et al. 2007).

Kommunikation

Die Kommunikation als dritte zentrale Herausforderung für Aufsichtsräte in der Arbeitswelt 4.0 ist komplexer, anspruchsvoller und auch wichtiger geworden. Sie begleitet die mit der digitalen Transformation verbundenen Verständnisprozesse und unterstützt den kulturellen Wandel. In einer digital vernetzten Welt steht dabei nicht mehr das Unternehmen im Mittelpunkt, das die Kommunikationswege exklusiv und kontrolliert nur in eine Richtung ausgestaltet. Vielmehr gilt es, die Stakeholder mit ihren vielfältigen Erwartungshaltungen in den Fokus der Kommunikation zu stellen. Kommunikationswege gestalten sich im Zeitalter sozialer Medien netzwerkartig sowohl aus dem Unternehmen heraus als auch in das Unternehmen hinein. Kommunikation muss in einer zunehmend komplexen Umwelt durch absolute Authentizität und konsequente Nachprüfbarkeit Vertrauen und Glaubwürdigkeit als immateriellen Unternehmenswert aufbauen. Dies gelingt nur, wenn Unternehmenskommunikation als strategische Managementaufgabe von Unternehmensführung und -aufsicht verstanden wird.

Frauen belegen in empirischen Studien der Corporate-Governance-Forschung ein ausgeprägtes Maß an Sensitivität gegenüber den relevanten Stakeholdern und die Fähigkeit, unterschiedliche Ansprüche von multiplen Parteien in Einklang zu bringen. (Vgl. Huse, Nielson 2010). Geschlechterdiversifizierte Boards weisen demnach eine höhere Effizienz in ihren Kommunikationsbeziehungen zwischen Gremium und den Anteilseignern auf. (Vgl. Terjesen et al. 2009). Nachweislich werden Frauen in Aufsichtsräten insbesondere nach ihrer Fähigkeit ausgewählt, relevante externe Gruppen in Politik und Gesellschaft zu beeinflussen. (Vgl. Hillmann et al. 2002). Es verwundert daher nicht, dass diversifizierte Unternehmensboards bessere Beziehungen zu ihren Stakeholdern aufweisen und damit Marktunsicherheiten verringern. (Vgl. Miller, Triana 2009).

Wissensintensive Sektoren wie auch Hochtechnologie-Branchen, die ein höheres Maß an Kreativität und kritischem Denken erfordern, wie es durch Diversität erbracht werden kann, scheinen dabei signifikant von Frauen in Führungspositionen zu profitieren. (Vgl. Christiansen et al. 2016). In diesem Kontext ist zu unterstreichen, dass weibliche Board-Mitglieder einen besonderen Mehrwert darstellen in Fragestellungen, die die Endkunden betreffen wie auch in den Funktionsbereichen Corporate

Social Responsibility, Marketing und Human Resources. (Vgl. Huddleston et al. 2006, Rao, Tilt 2016).

6 Fazit

Die wissenschaftliche Betrachtung von Frauen in Aufsichtsräten erfährt aktuell eine zunehmende Bedeutung. Die geografische Verortung der durchgeführten empirischen Studien kennt dabei keine Grenze. Untersuchungen zur Relevanz von Frauen in den Aufsichtsgremien liegen für ausgewählte europäische Länder ebenso vor wie für den US-amerikanischen Wirtschaftsraum oder einige Länder Afrikas oder Asiens. Die empirische Corporate-Governance-Forschung wird von Wissenschaftlern (stellvertretend hierfür Adams, Ferreira 2009) ebenso durchgeführt wie von Unternehmenspraktikern (stellvertretend hierfür Mc Kinsey & Company 2007) oder gesellschaftlichen Interessengruppen (stellvertretend hierfür Catalyst 2007). Zielsetzung all dieser Forschungsvorhaben ist es, die Rolle von Frauen innerhalb von Aufsichtsräten zu evaluieren und ihre Auswirkungen auf die Corporate Governance, auf die finanzielle Performance, auf die Unternehmensreputation oder weitere Aspekte zu identifizieren.

Es existiert dabei ein stabiler Business Case für ausgewogen besetzte Kontrollgremien. Diversifizierte Boards erweisen sich mit einer höheren Wahrscheinlichkeit als effektive Boards, die die Zusammensetzung ihrer Stakeholder auch geschlechtsspezifisch reflektieren und damit besser in der Lage sind, ihre Kunden und andere erfolgszielrelevante Stakeholder zu verstehen. Sie profitieren von neuen Perspektiven, unverbrauchten Ideen und einem weitreichenden Erfahrungsschatz. Dies wiederum hebt die Qualität der Entscheidungsfindung in beträchtlichem Maß.

In der Arbeitswelt 4.0, die maßgeblich durch die fortschreitende digitale Transformation geprägt wird, erfährt die Rolle von Frauen in Aufsichtsräten eine deutlich höhere Wichtigkeit. Es besteht Einigkeit darüber, dass die Digitalisierung innerhalb der Unternehmen umfassende Veränderungsprozesse erforderlich macht, die von den Unternehmensführungen vorausschauend initiiert und von ihren Aufsichtsräten konsequent begleitet werden müssen. Die zentralen Herausforderungen liegen für die Aufsichtsratsmitglieder in der Arbeitswelt 4.0 insbesondere in den Bereichen Führung, Kultur und Kommunikation. Empirische Studien attestieren gerade Frauen eine komparative Stärke in diesen Führungsfeldern im Vergleich zu ihrem männlichen Gegenüber.

Das Versäumnis eines Unternehmens, auf Frauen in Aufsichtsräten zu verzichten und seinen Talentpool nicht zu maximieren, kann zu unterdurchschnittlicher Performance in einer Arbeitswelt 4.0 führen. Den bislang nicht ausreichend genutzten Pool weiblicher Talente auf Board-Ebene ins Visier zu nehmen ist entscheidend für ein Unternehmen, um im digitalen Wettbewerb bestehen zu können und schnell auf sich ändernde Erwartungen und Marktnachfragen reagieren zu können.

Ergänzend gibt Ferreira (2015) zu bedenken, die Entscheidung über die Berufung von Frauen in Aufsichtsräten nicht allein auf Geschäftserfolge zu stützen, da vielmehr die Gleichberechtigung von Frauen in der Gesellschaft im Fokus stehen solle.

Literatur- und Quellenverzeichnis

Adams, R. B., Ferreira, D. (2009): Women in the boardroom and their impact on governance and performance, in: Journal of Financial Economics, volume 94: 291–309.

Adams, S. M., Flynn, P. M. (2005): Local knowledge advances women's access to corporate boards, in: Corporate Governance: An International Review, volume 13: 836–846.

Anderson, R. C., Reeb, D. M., Upadhyay, A., Zhao, W. (2011): The economics of director heterogeneity, in: Financial Management, volume 40: 5–38.

Arfken, D. E., Bellar, S. L., Helms, M. M. (2004): The ultimate glass ceiling revised: The presence of women on corporate boards, in: Journal of Business Ethics, volume 50: 177–186.

Bear, S., Rahman, N., Post, C. (2010): The impact of board diversity and gender composition on corporate social responsibility and firm reputation, in: Journal of Business Ethics, volume 97: 207–221.

Berle, A. A., Means, G. C. (1932): The modern corporation and private property, New York: McMillian.

Bernardi, R. A., Arnold, D. F. (1997): An examination of moral development within public accounting by gender, staff level and firm, in: Contemporary Accounting Research, volume 14: 653–668.

Bernardi, R. A., Bosco, S. M., Columb, V. (2009): Does female representation of boards of directors associate with the "most ethical companies" list?, in: Corporate Reputation Review, volume 25: 270–280.

Bernardi, R. A., Bosco, S. M., Vassill, K. M. (2006): Does female representation of boards of directors associate with fortune's "100 best companies to work for" list?, in: Business & Society, volume 45: 235–248.

Botthof, A., Hartmann, E. A. (2015): Zukunft der Arbeit in Industrie 4.0, Berlin: Springer.

Brammer, S., Millington, A., Pavelin, S. (2007): Gender and ethic diversity among UK corporate boards, in: Corporate Governance: An International Review, volume 15: 393–403.

Byrnes, J. P., Miller, D. C., Schafer, W. D. (1999): Gender differences in risk taking: A meta-analysis, in: Psychological Bulletin, volume 125: 367–383.

Bøhren, Ö., Strøm, R. Ö. (2010): Governance and Politics: Regulating independence and diversity in the board room, in: Journal of Business Finance & Accounting, volume 37: 1281–1308.

Campbell, K., Minguez-Vera, A. (2008): Gender diversity in the boardroom and firm financial performance, in: Journal of Business Ethics, volume 83: 435–451.

Carter, D. A., D'Souza, F., Simkins, B. J., Simpson, W. G. (2010): The gender and ethic diversity of US boards and board committees and firm financial performance, in: Corporate Governance: An International Review, volume 18: 396–414.

Carter, D. A., Simkins, B. J., Simpson, W. G. (2003): Corporate governance, board diversity, and firm value, in: The Financial Review, volume 38: 33–53.

Catalyst (2007): The bottom line: connecting corporate performance and gender diversity, www.catalystwomen.org (letzter Aufruf: 01.03.2018).

Charness, G., Gneesy, U. (2012): Strong evidence for gender differences in risk taking, in: Journal of Economic Behavior & Organization, volume 83: 50–58.

Christiansen, L., Lin, H., Pereira, J., Topalova, P., Turk, R. (2016): Gender diversity in senior positions and firm performance: Evidence from Europe. International Monetary Fund Working Paper 16/50, Washington D. C.: IMF.

Corporate Women Directors International (2015): 2015 CWDI Report: Women board directors of the Fortune Global 200 companies, http://globewomen.org/CWDInet/?p=210 (letzter Aufruf: 01.03.2018).

Croson, R., Gneezy, U. (2009): Gender differences in preferences, in: Journal of Economic Literature, volume 47: 448–474.

Daily, C. M., Dalton, D. R., Cannella, A. A. (2003): Corporate Governance: Decades of dialogue and data, in: Academy of Management Review, volume 28: 371–382.

Davis, J. H., Schoormann, F. D., Donaldson, L. (1997): Toward a stewardship theory of management, in: Academy of Management Journal, volume 22: 20–47.

Deutsches Institut für Wirtschaftsforschung (2017): DIW Wochenbericht 1+2, Berlin.

Dezsö, C. L., Ross, D. G. (2012): Does female representation in top management improve firm performance? A data panel investigation, in: Strategic Management Journal, volume 33: 1072–1089.

Dobbin, F., Jung, J. (2011): Corporate board gender diversity and stock performance: The competence gap or institutional investor bias?, in: The North Carolina Law Review, volume 89: 809–838.

Donaldson, L., Davis, J. H. (1991): Stewardship theory or agency theory: CEO governance and shareholder returns, in: Australian Journal of Management, volume 16: 49–64.

Dwyer, S., Orlando, C. R., Chadwick, K. (2003): Gender diversity in management and firm performance: The influence of growth orientation and organizational culture, In: Journal of Business Research, volume 56: 1009 –1019.

Eagly, A. H., Johnson, B. T. (1990): Gender and Leadership style: A meta-analysis, in: Psychological Bulletin, volume 108: 233–256.

Eichsteller, H., Schwend, A. (2017): Studie Herausforderung Digitale Transformation. Status Quo, Trends und Perspektien für Vorstände und Aufsichtsräte, Köln: Bundesanzeiger.

Erhardt, N. L., Werbel, J. D., Shrader, C. B. (2003): Board of director diversity and firm financial performance, in: Corporate Governance: An International Review, volume 11: 102–111.

Ernst & Young (2009): Groundbreakers: Using the strength of women to rebuild the world economy, https://www.alberta.ca/documents/PAS_Groundbreakers.pdf (letzter Aufruf: 01.03.2018).

Eulerich, M., Velte, P., van Uum, C. (2014): The impact of management board diversity on corporate performance – an empirical analysis for German two-tier system, in: Problems and Perspectives in Management, volume 12: 25–39.

Farrell, K. A., Hersch, P. I. (2005): Additions to corporate boards: the effect of gender, in: Journal of Corporate Finance, volume 11: 85–106.

Fauzi, F., Locke, S. (2012): Board structure, ownership structure and firm performance. A study of New Zealand listed-firms, in: The Asian Academy of Management Journal of Accounting and Finance, volume 8: 43–67.

Ferreira, D. (2015): Board diversity: Should we trust research to inform policy?, in: Corporate Governance: An International Review, volume 23: 108–111.

Francoeur, C., Labelle, R., Sinclair-Desgagne, B. (2008): Gender diversity in corporate governance and top management, in: Journal of Business Ethics, volume 81: 83–95.

Franke, G. (1997): Gender differences in ethical perceptions of business practices: A social role theory perspective, in: Journal of Applied Psychology, volume 82: 920–934.

Fuentes-Medina, M. L., Morini-Marrero, S. (2013): The women's role in corporate reputation. A study of the most reputable spanish firms, in: Mokrys, M., Badura, S., Lieskovsky, A. (Hrsg.): Advanced research in scientific areas, Zilnia: Edis, S. 34–38.

Gardenswartz, L., Rowe, A. (2003): Diverse teams at work. Capitalizing on the power of diversity, Alexandria: Society For Human Resource Management.
Gerbershagen, M. (2017): Die digitale Transformation erreicht die Kontrollorgane, in: BOARD, volume 7: 33–37.
Groysberg, B., Bell, D. (2010): 2010 board of directors survey, Brighton: Harvard Business School Press.
Gul, F. A., Srinidhi, B., Tsui, J. (2007): Do female directors enhance corporate board monitoring? Some evidence from earnings quality, Hong Kong: Hong Kong Polytechnic University.
Hambrick, D. C., Werder, A., Zajac, E. J. (2008): New directions in corporate governance research, in: Organization Science, volume 19: 381–385.
Heidemann, J., Landherr, A., Müller, A. L. (2013): Berichterstattung über Frauen in Führungspositionen: eine Analyse der DAX 30- Unternehmen, in: Schmalenbachs Zeitschrift für betriebswirtschaftliche Forschung, volume 65: 488–512.
Hennike, P. (2016): Die Aufgaben des Aufsichtsrates, in: BOARD, volume 6: 211–213.
Hillmann, A. J., Canella, A. A., Harris, I. C. (2002): Women and racial minorities in the boardroom: How do directors differ?, in: Journal of Management, volume 28: 747–763.
Hillmann, A. J., Cannella, A. A., Paetzold, R. (2003): The resource dependence role of corporate directors: Strategic adaption of board composition in response to environment change, in: Journal of Management Studies, volume 37: 235–256.
Hillmann, A. J., Nicholson, G., Shropshire, C. (2008): Director's multiple identities, identification and board monitoring and resource provision, in: Organization Science, volume 19: 441–456.
Hillmann, A. J., Shropshire, C., Cannella, A. A. (2007): Organizational predictors of women on corporate boards, in: Academy of Management Journal, volume 50: 941–952.
Holst, E., Wrohlich, K. (2017): Spitzengremien großer Unternehmen: Geschlechterquote zeigt erste Wirkung in Aufsichtsräten – Vorstände bleiben Männerdomänen, DIW-Wochenbericht, Nr 1 und 2, Berlin: DIW.
Huddleston, P., Runyan, R., Swinney, J. (2006): Differences in reported firm performance by gender. Does industry matter?, in: Journal of Developmental Entrepreneurship, volume 11: 99–115.
Jensen, K. B., Helles, R. (2017): Speaking into the system: Social media and many-to-one communication, in: European Journal of Communication, volume 32: 16–25.
Jensen, M. C., Meckling, W. H. (1976): Theory of the firm: Managerial behavior, agency costs and ownership structure, in: Journal of Financial Economics, volume 3: 305–360.
Johannesen, A. H., Schmidt, M. C., van Engen, M. (2003): Transformational, transactional, and laissez-faire leadership styles: A meta-analysis comparing women and men, in: Psychological Bulletin, volume 129: 569–591.
Kang, H., Cheng, M., Gray, S. J. (2007): Corporate governance and board composition: Diversity and independence of australian boards, in: Corporate Governance: An International Review, volume 15: 194–207.
Khan, W. A., Vieito, J. P. (2013): CEO gender and firm performance, in: Journal of Economics and Business, volume 67: 55–66.
Krishnan, G. V., Parsons, L. M. (2008): Getting to the bottom line: An exploration of gender and earnings quality, in: Journal of Business Ethics, volume 78: 65–76.
Larkin, M. B., Bernardi, R. A., Bosco, S. M. (2012): Board gender diversity, corporate reputation and market performance, in: Journal of Banking and Finance, volume 9: 1–21.
Latane, B., Wolf, S. (1981): The social impact of majorities and minorities, in: Psychological Review, volume 88: 438–453.
Lückerath-Rovers, M. (2013): Women on boards and firm performance, in: Journal of Management and Governance, volume 17: 491–509.

Marsch-Barner, R., Schäfer, F. A. (2017): Handbuch börsennotierte AG, Köln: Dr. Otto Schmidt, 3. Auflage.

McKinsey & Company (2007): Women matter. Gender diversity, a corporate performance driver, Paris: McKinsey & Company.

Mensi-Klarbach, H. (2010): Diversity und Diversity-Management – Die Business Case Perspektive: eine kritische Analyse, Hamburg: Kovač.

Mertin, M. (2017): Corporate Governance im Zeitalter der Digitalisierung, in: BOARD, volume 7: 9–12.

Miller, N. E., Dollard, J. (1941): Social learning and imitation, New Heaven: Yale University Press.

Miller, T., Triana, M. (2009): Demografic diversity in the boardroom: Mediators of the board diversity-firm performance relationship, in: Journal of Management Studies, volume 46: 755–786.

Milliken, F. J., Martines, L. L. (1996): Searching for common threads: Understanding the multiple effects of diversity in organizational groups, in: Academy of Management Review, volume 21: 402–433.

Muth, M. M., Donaldson, L. (1998): Stewardship theory and board structure: A contingency approach, in: Corporate Governance: An International Review, volume 6: 5–29.

Nielsen, S., Huse, M. (2010): The contribution of women on boards of directors: Going beyond the surface, in: Corporate Governance: An International Review, volume 18: 136–148.

Obermaier, R. (2017): Industrie 4.0 als unternehmerische Gestaltungsaufgabe. Betriebswirtschaftliche, technische und rechtliche Herausforderungen, Berlin: Springer.

Oehmichen, J., Rapp, M. S., Wolff, M. (2010): Der Einfluss der Aufsichtsratszusammensetzung auf die Präsenz von Frauen in Aufsichtsräten, in: Schmalenbachs Zeitschrift für betriebswirtschaftliche Forschung, volume 62: 503–532.

Oliver, P., Marwell, G., Teixeira, R. (1985): A theory of the critical mass, in: American Journal of Sociology, volume 91: 522–556.

Ong, C. H., Lee, S. H. (2000): Board functions and firm performance: A review and directions for future research, in: Journal of Comparative International Management, volume 3: 3–24.

Pfeffer, J., Salancik, G. R. (1978): The external control of organizations: A resource dependence perspective, Stanford: Stanford Business Books.

Powell, M., Ansic, D. (1997): Gender differences in risk behaviour in financial decision-making: An experimental analysis, in: Journal of Economic Psychology, volume 18: 605–628.

Randoy, T., Thomsen, S., Oxelheim, L. (2006): A nordic perspective on corporate board diversity, Oslo: Nordic Innovation Centre.

Rao, K., Tilt, C. (2016): Board composition and corporate social responsibility. The role of diversity, gender, strategy and decision making, in: Journal of Business Ethics, volume 138: 327–347.

Regierungskommission DCGK (2017): Deutscher Corporate Governance Kodex in der Fassung vom 7. Februar 2017, http://www.dcgk.de/de/kodex.html (letzter Aufruf: 01.03.2017).

Reinheimer, S. (2017): Industrie 4.0. Herausforderungen, Konzepte und Praxisbeispiele, Berlin: Springer.

Rietz, Du, A., Henrekson, M. (2000): Testing the female underperformance hypothesis, in: Small Business Economics, volume 14: 1–10.

Rose, C. (2007): Does female board representation influence firm performance? The Danish evidence, in: Corporate Governance: An International Review, volume 15: 404–413.

Sepheri, P. (2002): Diversity and Managing Diversity – Verständnisfragen, Zusammenhänge, in: Peters, S., Bensel, N. (Hrsg.): Frauen und Männer im Management – Diversity in Diskurs und Praxis, Wiesbaden: Gabler, 121–142, 2. Auflage.

Shareground, Universität St. Gallen (2015): Arbeit 4.0: Megatrends digitaler Arbeit der Zukunft – 25 Thesen. Ergebnisse eines Projektes von Shareground und der Universität St. Gallen, Bonn.

Shrader, C. B., Blackburn, V. B., Iles, P. (1997): Women in Management and firm financial performance: An explanatory study, in: Journal of Management Issues, volume 4: 355–372.

Singh, V., Vinnicombe, S. (2004): Why so few omen directors in top UK boardrooms? Evidence and theoretical explanations, in: Corporate Governance: An International Review, volume 12: 479–489.

Smith, N., Smith, S., Verner, M. (2006): Do women in top management affect firm performance? A panel study of 2,500 Danish firms, in: International Journal of Productivity and Performance Management, volume 55: 569–593.

Srinidhi, B. N., Gul, F. A, Tsui, J. (2011): Female directors and earnings quality, in: Contemporary Accounting Research, volume 28: 1610–1644.

Stephenson, C. (2004): Leveraging diversity to maximum advantage. The business case for appointing more women to boards, in: Ivey Business Journal, volume 69: 1–5.

Süß, S., Kleiner, M. (2006): Diversity Management – Verbreitung in der deutschen Unternehmenspraxis und Erklärungen aus Neo-Institutionalistischer Perspektive, in: Krell, G., Wächter, H. (Hrsg.): Diversity Management-Impulse aus der Personalforschung, Mering: Rainer Hampp, S. 57–80.

Terjesen, S., Couto, E. B., Francisco, P. M. (2015): Does the presence of independent and female directors impact firm performance? A multy-country study of board diversity, in: Journal of Management and Governance, volume 20: 1–37.

Terjesen, S., Sealy, R., Singh, V. (2009): Women directors on corporate boards: A review and research agenda, in: Corporate Governance: An International Review, volume 17: 320–337.

Torchia, M., Calabrò, A., Huse, M. (2011): Women directors on corporate boards. From Tokenism to Critical Mass, in: Journal of Business Ethics volume 102: 299–317.

Trinidad, C., Normore, A. H. (2005): Leadership and gender: A dangerous liaison?, in: Leadership and Organizational Development Journal, volume 26: 574–590.

Van Knippenberg, D., Schippers, M. C. (2007): Work group diversity, in: Annual Review of Psychology, volume 58: 515–541.

Velte, P., Eulerich, M., van Uum, C. (2014): Der Einfluss von Vielfalt bei der Vorstandsbesetzung auf den Unternehmenserfolg – Eine empirische Analyse für den DAX 30, TecDAX, MDAX und SDAX, in: Betriebswirtschaftliche Forschung und Praxis, volume 66: 581–601.

Von Preen, A., Pacher, S., Gunnesch, M. (2017): Kompetenz und Effizienz im Aufsichtsrat. Status Quo und Ausblick der Professionalisierung der Gremienarbeit, in: BOARD, volume 7: 3–8.

Watson, W. E., Kumar, K., Michaelsen, L. K. (1993): Cultural diversity's impact on interaction processes and performance: comparing homogenous and diverse task groups, in: Academy of Management Journal, volume 36: 590–602.

Welge, M. K., Eulerich, M. (2012): Corporate Governance Management – Theorie und Praxis der guten Unternehmensführung, Wiesbaden: Gabler.

Wellalage, N. H., Locke, S. (2013): Women on board, firm financial performance and agency costs, in: Asian Journal of Business Ethics, volume 2: 113–127.

Williams, K., O'Reilly, C. (1998): Forty years of diversity research. A review, in: Staw, B. M., Cummings, L. L. (Hrsg.): Research in organizational behavior, Greenwich: JAI, S. 77–140.

Wilson, N., Atlantar, A. (2009): Director characteristics, gender balance and insolvency risk: An empirical study, http://ssrn.com/abstract=1932107 (letzter Aufruf: 01.03.2018).

World Economic Forum (2017): Annual Report 2016–2017, https://www.weforum.org/reports/annual-report-2016-2017 (letzter Aufruf: 01.03.2017).

Yermack, D. (1996): Higher market valuation of companies with a small board of directors, in: Journal of Financial Economics, volume 40: 185–211.

Zahidi, S. (2017): Women will wait 217 years for pay gap to close, in: The Guardian, November 1, S. 2017.

Claudia Kreipl und Kasia Greco

Weiblicher Führungskräftenachwuchs für eine Arbeitswelt 4.0 – Eine empirische Erhebung über Werte, Eigenschaften und Erwartungen angehender Akademikerinnen

Dr. Claudia Kreipl ist Professorin für Unternehmensführung an der Hochschule Fulda. Ihre Forschungsschwerpunkte liegen in den Bereichen Unternehmenskultur und -werte, gesellschaftliche Verantwortung in der Unternehmensführung inklusive Corporate Social Responsibility, Corporate Governance and Compliance Management, Gesundheitsmarktforschung sowie Erfolgsfaktorenforschung. Dr. Kreipl leitet in kollegialer Kooperation das Forschungszentrum „Ernährung, Lebensmittel und nachhaltige Versorgungssysteme (ELVe)" (vormals Zentrum für Catering, Management und Kulinaristik) sowie den regionalen Beratungsstützpunkt für betriebliche Gesundheitsförderung und gesellschaftliche Verantwortung (BeSt) im Regionalen Innovationszentrum Gesundheit und Lebensqualität Fulda. Zuvor war sie als Professorin für Gesundheitswirtschaft an einer österreichischen Hochschule tätig. Sie verfügt über eine mehrjährige Berufspraxis in der Industrie und in Dienstleistungsunternehmen der Gesundheitswirtschaft und im Bereich Automotive.

Dr. Kasia Greco verfügt über knapp 30 Jahre Erfahrung in internationalen Konzernen sowie als erfolgreiche Unternehmensberaterin und Coach. Ihr ehrenamtliches Engagement und ihre Rolle als Aufsichtsrätin, Funktionärin der Wirtschaftskammer Wien, als erste stellvertretende Vorstandsvorsitzende der Wiener Gebietskrankenkasse, als leitendes Vorstandsmitglied von Frau in der Wirtschaft und bei verschiedenen Vereinen, wie beispielsweise dem Club Alpha und der polnisch-österreichischen Gesellschaft, sind ein lebendiger Teil ihrer Arbeit. Frau Dr. Greco hat Internationale Betriebswirtschaft studiert und eine internationale Zertifizierung zum Leadership und Lifecoach absolviert. Sie spricht fließend sechs Sprachen und ihre fachlichen Schwerpunkte sind Change Management, Internationalisierung, Coaching und Training.

https://doi.org/10.1515/9783110588675-004

1 Einleitung

Unternehmen befinden sich von jeher in Umweltsituationen, welche von einem permanenten Wandel und dynamischen Entwicklungsprozessen gekennzeichnet sind. Sie müssen sich fortwährend an die Veränderungen anpassen, um ihre Wettbewerbsvorteile zu erhalten, zu stabilisieren oder gar zu stärken. Dann sind sie erfolgreich und können diesen Erfolg halten. Diese Dynamik wird aktuell eingebunden in die Diskussion um Industrie 4.0 sowie Arbeit 4.0 und damit werden gegenwärtige Herausforderungen betrachtet. Die Megatrends von Digitalisierung, fortschreitender Globalisierung, Wertewandel und den demografischen Veränderungen prägen unsere Zeit. Der Umgang mit diesen Trends, insbesondere das Überführen von Trends in Wettbewerbsvorteile und damit in wirtschaftliche Potenziale, beschreibt eine erfolgsträchtige Aufgabe für die Unternehmen. Industrie 4.0 und auch einige Megatrends haben einen starken technologischen Fokus. Die Fähigkeiten im Umgang mit neuen Technologien bilden dabei zunächst eine erfolgskritische Kompetenz von Unternehmen. Letztlich sind es aber die Menschen, welche technologische Möglichkeiten unter Einsatz von Fach- und Erfahrungswissen in Marktchancen überführen können.

Dies verweist auf die hohe Bedeutung von Humanressourcen. Insbesondere die Arbeitskräfte von morgen, das heißt jene, die an der Schwelle zum Berufseinstieg stehen, werden dazu einen Beitrag leisten. Entscheider in den Unternehmen nehmen hier eine besondere Position ein. Gerade in Zeiten eines wachsenden Fach- und Führungskräftemangels spielt deren Potenzial eine hervorstechende Rolle. Ein

Ansatzpunkt, dieses Potenzial zu erschließen, bildet ein verstärktes Einbinden von weiblichen Führungskräften. Um geeignete Kandidatinnen zu identifizieren und ein adäquates Talent Management entwickeln zu können, ist die Kenntnis um diese Zielgruppe von Bedeutung. Dieses Verständnis soll im Rahmen einer empirischen Erhebung vertieft werden. Die Bereitschaft zur Übernahme von Führungsverantwortung beziehungsweise weiteren Schwerpunkten im Berufsalltag soll dabei ergründet werden. Zur Verstärkung des Wissens um die Zielgruppen werden zudem ausgewählte Faktoren analysiert, welche einen Einfluss auf diese Bereitschaft nehmen können. Auf Basis der Studienergebnisse kann diskutiert werden, ob geeignete Instrumente zur frühzeitigen Identifikation und Förderung von erfolgsträchtigen Kandidatinnen verfügbar sind. Auf diese Weise kann die Wettbewerbsfähigkeit von Unternehmen in einer Wirtschaft 4.0 gestärkt und gleichermaßen den Bedürfnissen von Menschen in einer Arbeitswelt 4.0 Tribut gezollt werden.

2 Herausforderungen in einer zukünftigen Arbeitswelt 4.0

Mit „Industrie 4.0“ werden dynamische Umweltentwicklungen anhand von vier Meilensteinen dargelegt. Diese nahmen nachhaltige Auswirkungen auf die industrielle Fertigung. Die Einführung mechanischer Produktionsanlagen am Ende des 18. Jahrhunderts gilt als Ausgangspunkt. Ein Wendepunkt in der Weiterentwicklung bildet die Einführung elektronischer Energie in der Produktion zu Beginn des 20. Jahrhunderts. Ein dritter Meilenstein beschreibt den Einzug von Informationstechnologien in die Fertigung. In dieser Stufe erfolgt die Automatisierung durch das Zusammenspiel von Elektronik und Informationstechnologie. Dies mündet letztlich in die vierte Phase der Industrie 4.0, welche durch eine Vernetzung der Produktion beziehungsweise der Wertschöpfungsketten mit der digitalen Welt gekennzeichnet ist. Cyber-Physical-Systeme entstehen als Zusammenspiel intelligenter, vernetzter Systeme aus u. a. Maschinen, Sensoren und Computern, welche miteinander kommunizieren und agieren können. Industrie 4.0 ist in diesem Zusammenhang gekennzeichnet durch maschinengelenkte, dezentralisierte und individualisierte Echtzeitproduktion. (Vgl. Wolter et al. 2015: 9 ff., BITKOM 2014, Jasperneite 2012).

Industrie 4.0 wird als ein wesentlicher Treiber für die Wettbewerbsfähigkeit Deutschlands bewertet. Mögliche Wachstumsimpulse wurden im Auftrag des Fraunhofer Instituts für Arbeitswirtschaft und Organisation AIO im Rahmen einer Studie aufgedeckt. Relevante Technologien und spezifische Branchen mit hohem erwartetem Wertschöpfungspotenzial wurden identifiziert. Dies verweist auf eine starke Technologieorientierung von Industrie 4.0. Eine erfolgsträchtige Zukunftsgestaltung geht allerdings darüber hinaus. In einer umfassenden Perspektive muss dazu das Gesamtsystem aus Technik, Mensch und Organisation betrachtet und gestaltet werden. (Vgl. BITKOM 2014).

Dieser Forderung nach Ganzheitlichkeit trägt der Begriff „Wirtschaft 4.0“ Rechnung. Das Konzept einer industriellen Vernetzung analoger Produktion mit einer digitalen Welt wird um den Dienstleistungssektor erweitert und damit letztlich auf alle Wirtschafts- und Lebensbereiche ausgeweitet. (Vgl. Wolter et al. 2015: 8). Dies trägt dem prognostizierten Strukturwandel hin zu einem steigenden Anteil an Dienstleistungen Rechnung, welcher über modellbasierte Wirkungsabschätzungen durch das Institut für Arbeitsmarkt- und Berufsforschung prognostiziert wurde. Dabei werden auch Arbeitskräftebewegungen zwischen Branchen und Berufen prognostiziert. Hieraus kann eine steigende Wertschöpfung einhergehend mit höheren Lohnsummen resultieren. Um diese positiven ökonomischen Entwicklungen am Wirtschaftsstandort Deutschland zu erzielen, darf die Chance nicht durch zeitliche Verzögerungen in der Umsetzung vertan werden. (Vgl. Wolter et al. 2015: 6, Bitkom 2014). Dies erfordert insbesondere qualifizierte und motivierte Akteure für die Gestaltung neuer Wege und verweist auf die hohe Bedeutung von Humanressourcen zur gegenwärtigen und zukünftigen Stärkung von Wirtschaftsstandorten und damit dem Wohlstand der Gesellschaften.

Veränderungen in der Industrie beeinflussen die Rahmenbedingungen der Arbeitswelt. Erfolgskritisch ist daher eine Betrachtung und Abschätzung der Arbeitsmärkte in der Zukunft. Der Wandel in der Arbeitswelt, welcher sich aus den Rahmenbedingungen von Industrie 4.0 und Wirtschaften 4.0 ergibt, wird im Kontext von Arbeit 4.0 beziehungsweise Arbeitswelt 4.0 erörtert. Das Meistern der Herausforderung Arbeitswelt 4.0 dient dem Erhalt und Aufbau von wettbewerbsfähigen Unternehmen und dadurch von wettbewerbsfähigen Volkswirtschaften und dem Wohlstand der Gesellschaften. Erfolgreich werden jene Unternehmen und Volkswirtschaften sein, die das Potenzial der Megatrends frühzeitig und schnell ausschöpfen können. Aus Veränderungen in der Arbeitswelt und der Kenntnis um deren Treiber lassen sich Handlungsoptionen und Gestaltungschancen ableiten. Rump und Eilers unterscheiden dabei zwischen technisch-ökonomischen, demografischen und gesellschaftlichen Entwicklungen, um hieraus ausgewählte Megatrends als Treiber zu identifizieren. (Vgl. Rump, Eilers 2017: 5). Die technisch-ökonomischen Entwicklungen beinhalten im Kern die Digitale Transformation (auch Digitalisierung genannt) einschließlich Innovation, Dynamik und Wissensökonomie. Weiterhin wird hier die Globalisierung inkludiert. Die demografische Entwicklung betrachtet insbesondere Veränderungen, welche die Alterung von Gesellschaft und Belegschaften mit sich bringt und unter anderem zur Verringerung der Erwerbspersonen führt. Die gesellschaftlichen Entwicklungen setzen sich letztlich insbesondere mit Wertewandel, einhergehend mit Diversität und Individualisierung, auseinander. (Vgl. Rump, Eilers 2017:5, BMAS 2015). Nachfolgend werden vier hervorstechende Megatrends fokussiert.

Digitalisierung

Das Internet und damit verbundene neue Informations- und Kommunikations-Technologien nehmen einen bedeutsamen Einfluss sowohl auf die Wettbewerbs- und Innovationsfähigkeit von Unternehmen und folglich auch auf die Arbeitswelt 4.0. (Vgl. Rump, Eilers 2017: 5). Digitale und mobile Kommunikationsformen bieten neue Möglichkeiten der Zusammenarbeit durch ein Überwinden von räumlichen und zeitlichen Unterschieden. Der Zugang zu global verteiltem Wissen, Kompetenzen und Ressourcen wird enorm erleichtert. Die vorhandenen und noch entstehenden informations-technologischen Potenziale ermöglichen den Umgang mit großen Datenmengen (Big Data) in kürzester Zeit. Dadurch entstehen neue Steuerungsmodelle, aber auch mögliche neue Arbeitsformen, wie zum Beispiel Crowdworking. Digitale und physische Grenzen werden weiter verschwimmen. Dies führt zu einem Wandel der klassischen Unternehmensgrenzen und den klassischen Kunden- und Geschäftsbeziehungen. Wertschöpfungsketten werden sich verändern und bieten Raum für die Entwicklung neuer Geschäftsmodelle. Interne Optimierungspotenziale können über eine Veränderung von inner- und zwischenbetrieblichen Abläufen erschlossen werden.

Der Trend zur Wissensgesellschaft wird verstärkt vorangetrieben, was einerseits den Dienstleistungsbereich weiter fördern wird. Andererseits wird es den Bedarf an hochqualifizierten Arbeitskräften und den Anspruch an ein lebenslanges Lernen verstärken. (Vgl. Rump, Eilers 2017: 5 ff., BMAS 2015: 14 ff., 28 f., BMWi 2015, Accenture 2014, Münchner Kreis 2013). Wenngleich quasi alle Unternehmen über Zugang zu den Technologien verfügen, so wird sich deren Umgang damit unterscheiden. Ein erfolgsträchtiger Umgang wird über eine passende Vereinigung mit den menschlichen Ressourcen geschehen.

Arbeiten in einer globalisierten Welt

Die bereits stark vorhandene globale Verflechtung von Wirtschaftsräumen wird weiter ansteigen. Digitalisierung mit einer Vernetzung der Wertschöpfungsketten treibt diesen Prozess der globalen Arbeitsteilung voran. Hierbei stellt sich die Frage von Verantwortung der Akteure innerhalb der globalen Wertschöpfungsketten im Hinblick auf die globalen Arbeitsbedingungen. Wohlstand und Chancengleichheit müssen global diskutiert werden. (Vgl. BMAS 2015: 28, Gebhardt et al. 2015). Eine Abkehr von sogenannten Normalarbeitsverhältnissen, welche als dauerhaft und unbefristete, sozialversicherungspflichtige Vollzeittätigkeiten mit geregelten Arbeitszeiten verstanden werden, ist zu beobachten. Diese werden zunehmend durch atypische Arbeitsverhältnisse ergänzt. Dadurch entsteht eine Dualisierung des Arbeitsmarktes, bei denen einerseits unsichere, prekäre Beschäftigungsverhältnisse bestehen. Andererseits verbleibt der zwar gesunkene, aber dennoch stark vorhandene Anteil an normalen Arbeitsverhältnissen. (Vgl. BMAS 2015: 22 ff.). Qualifizierte und engagierte Führungskräfte müssen diesen Prozess empathisch und verantwortungsvoll begleiten.

Wertewandel

Gesellschaften werden durch ein gemeinsames, geteiltes System von sozialen Normen charakterisiert. Dadurch wird das Zusammenspiel der Menschen geregelt (Vgl. Civai, Ma 2017: 26). Diese sozialen Normen können als „Grammatik" der sozialen Interaktion verstanden werden. Sie sind oftmals implizit und definieren akzeptable Verhaltensweisen in spezifischen Situationen. Es bestehen individuelle Unterschiede in der Gewichtung und Interpretation sozialer Normen, was wiederum zu unterschiedlichen Entscheidungen und unterschiedlichem Verhalten führt. (Vgl. Bicchieri 2006). Sie basieren auf gemeinsamen Werten. (Vgl. Schein 1985).

Gemeinsam geteilte Werte und Denkhaltungen verweisen auf die Kultur einer Einheit (Gesellschaft, Unternehmen, Organisation). Sie bilden die Basis zur Ausgestaltung externer Beziehungen, dem internen Zusammenhalt sowie der Vermittlung von Sinn, Identität und Verhaltensregeln für die Mitglieder einer Gemeinschaft. Gemeinsame Werte verstärken im unternehmerischen Sinne die Stabilität einer Organisation und tragen letztlich auch zur Realisation von Wettbewerbsvorteilen in Unternehmen bei. (Vgl. Hillmann 2001: 15, Kreipl 2004: 81 f.).

Wertewandel wird in der Literatur seit Dekaden vielfältig beschrieben und konträr diskutiert. Einerseits wird Wertewandel als notwendige Besinnung und Umkehr unserer Gesellschaft angesehen. Andererseits wird er als Bedrohung von Wirtschaft und Gesellschaft betrachtet. (Vgl. Nerdinger, Spieß 1992). So steht beispielsweise Inglehart für einen sozioökonomischen Modernisierungsprozess, welcher einen Trend von materialistischen Werten zu postmaterialistischen Werten vollzieht. Hierbei wird das Streben nach Wohlstand mit wirtschaftlicher und physischer Sicherheit durch den Wunsch nach Selbstverwirklichung und Lebensqualität abgelöst. (Vgl. Inglehart 1977 und 1997, Scheuer 2016). Polarisierend vertritt Noelle-Neumann die These eines fortschreitenden Werteverfalls, der auf Kosten traditioneller bürgerlicher Pflichten verläuft. (Vgl. Voß 1990, Noelle-Neumann 1978). Diese Pole werden über eine Wertesynthese vereint und können damit die Vielfalt von Wertetypen abbilden. (Vgl. Klages, Gensicke 2006).

Die Vielfalt der Lebensentwürfe zeigt den vollzogenen und weitergehenden Wandel an Werten und Ansprüchen an Leben und Arbeit. Diese konkretisieren sich beispielsweise in dem Wunsch nach einer ausgewogenen Work-Life-Balance als ausbalanciertem Lebenskonzept. Hierzu kann auch der Wunsch nach einer souveränen, eigenständigen Planung der Arbeitszeit gerechnet werden. (Vgl. BMAS 2015:18 f.). Individualisierung als Lebenstrend entsteht aus der Freiheit, aus einer Vielzahl an Wahlmöglichkeiten in verschiedenen Lebensbereichen entscheiden zu können. Eine große Diversität in Lebens- und Erwerbsbiografien entsteht. Es besteht – individuell unterschiedlich ausgeprägter – Raum für Selbstverwirklichung innerhalb und außerhalb des Berufsweges. Werte, welche diese Lebensentwürfe begleiten, können ebenso vielfältig sein. (Vgl. Rump, Eilers 2017: 17 ff., Schuldt, Ehret 2015: 13 ff.; zu den Wertewelten junger Erwachsener siehe auch Shell Deutschland 2015, Calmbach et al. 2016). Die Kenntnis um die Wertestrukturen und deren Veränderung kann bei der Ausgestaltung von aktuellen und zukünftigen Arbeitsmodellen bedeutsam sein, um den Anforderungen des Marktes und der beteiligten Menschen entsprechen zu können.

Demografischer Wandel

Umfang und Struktur der Bevölkerung in Deutschland werden sich in den nächsten Jahren weiter verändern. Eine kaum wachsende Geburtenrate steht einer steigenden Lebenserwartung gegenüber. Bei einem Sinken der Gesamtbevölkerung wird der Anteil der Älteren steigen. Der Anteil der Bevölkerung im erwerbsfähigen Alter wird von 61,5 Prozent im Jahr 2013 auf circa 50,7 Prozent im Jahr 2060 sinken. Diese Lücke muss dabei für einzelne Regionen beziehungsweise in einzelnen Berufsgruppen differenziert betrachtet werden. In jedem Fall erwächst aus diesem rückläufigen Angebot an Arbeitskräften die Herausforderung, den quantitativen und qualitativen Bedarf an Fach- und Führungskräften zukünftig zu sichern. (Vgl. Statistisches Bundesamt 2018b, BMAS 2015: 26 ff.).

Um dem demografischen Wandel zu begegnen, gilt die Sicherung der Beschäftigungsfähigkeit der bestehenden Mitarbeiter als ein gangbarer Ansatz. Gute Arbeitsbedingungen führen zum Erhalt gesunder, motivierter und leistungsfähiger Mitarbeiter. Hierfür kann das Konzept des Employability Managements gewählt werden. Es dient dazu, bestehende Potenziale zu erkennen und weiter zu entwickeln beziehungsweise Laufbahnprogramme zu gestalten. Aber auch die Rekrutierung und Bindung junger Fach- und Führungskräfte durch adäquate Arbeitsumgebungen bildet eine Lösung. (Vgl. BMAS 2015: 26, Rump, Eilers 2017: 87 ff., Walenda, Brünner 2017: 127 ff., Blessin 2017).

Ein Lösungsansatz hierbei besteht in der verstärkten Öffnung des Arbeitsmarktes für Frauen. Bei einem Vergleich männlicher und weiblicher Erwerbstätiger zeigt sich, dass die Erwerbsquote bei den 15- bis 64-Jährigen zwischen den Jahren 2006 und 2016 insgesamt von 67,1 Prozent auf 74,4 Prozent gestiegen ist. Die Erwerbsquote in dieser Altersklasse lag im Jahr 2016 für männliche Erwerbstätige bei 78 Prozent, während 70,6 Prozent weibliche Erwerbstätige verzeichnet sind. (Vgl. Statistisches Bundesamt 2018a). Diese Diskrepanz erscheint zunächst wenig kritisch. Ein Blick auf die Teilzeitbeschäftigungen zeigt allerdings, dass hier im Jahr 2016 die weiblichen Arbeitskräfte mit 46,3 Prozent deutlich vor den männlichen Kräften mit nur 9,2 Prozent lagen. Über beide Geschlechter in dieser Altersklasse hinweg liegt der Anteil an unfreiwilliger Teilzeitbeschäftigung bei zwölf Prozent. Gemäß Führungskräftemonitor 2017 lag der Anteil an Frauen in Führungspositionen im Jahr 2015 bei 30 Prozent und damit zwei Prozent mehr als im Vorjahr. Das Gesetz für die gleichberechtigte Teilhabe von Frauen und

Männern an Führungspositionen in der Privatwirtschaft und im öffentlichen Dienst ist seit dem 01.01.2016 wirksam. Es trägt zur Förderung von Frauen in Führungspositionen bei. So ist beispielsweise dazu der Frauenanteil in Aufsichtsräten von DAX-Unternehmen von 2011 mit 9,9 Prozent auf 21,4 Prozent im Jahr 2015 gestiegen. Im gleichen Zeitraum ist die Zahl der frauenfreien Führungsetagen (Aufsichtsrat und Vorstand) von 46 Prozent auf 18 Prozent gesunken. Weiterhin stieg der Frauenanteil in Vorständen von drei Prozent auf 5,2 Prozent. Ende des Jahres 2016 lag der Frauenanteil laut Führungskräftemonitor 2017 bei acht Prozent in den Vorständen der 200 größten Unternehmen in Deutschland beziehungsweise bei elf Prozent der DAX-30-Unternehmen. (Vgl. Eurostat 2018, Preißing 2017: 214 f., Deutsches Institut für Wirtschaftsforschung 2017, Wippermann 2016, Brader, Lewerenz 2006). Dies verweist auf die Möglichkeit, die Lücke der Fach- und Führungskräfte auch mit einer verstärkten Einbindung weiblicher Arbeitskräfte zu verringern. Wenngleich der Lückenschluss bereits begonnen hat, so besteht noch viel Potenzial.

Eine starke Gemeinsamkeit der beschriebenen Herausforderungen an eine Arbeitswelt 4.0 liegt im Bedarf an qualifizierten und motivierten Akteuren. Derartige fähige und leistungsbereite Arbeitskräfte sind im globalen Kontext in der Lage, die Instrumente der Digitalisierung in tragfähige Geschäftsmodelle und Organisationsformen umzumünzen und Wissensgesellschaften weiter zu entwickeln. Sie können und wollen sich in den Bedingungen der Arbeitswelt 4.0 virtuos bewegen. Der Aufbau und Erhalt derartiger Humanressourcen stellt ein erfolgskritisches Moment dar. Neben einer Bindung von bestehendem Personal liegen Lösungsansätze im rechtzeitigen Gewinnen neuer Arbeitskräfte und dabei im verstärkten Einbinden weiblicher Erwerbspersonen. Um geeignete Kandidatinnen aufzufinden und jene mit hohem Potenzial zu identifizieren, liefern Kenntnisse um deren Werte, Bedürfnisse und Erwartungen wertvolle Hinweise.

3 Angehende Akademikerinnen und die Bereitschaft zur Übernahme von Führungsaufgaben

Angehende Akademikerinnen im Bereich Wirtschaft bieten ein derartiges Potenzial. Mit einem Bachelor- oder Master-Abschluss erwerben sie hohes Bildungsniveau und damit grundlegende Fähigkeiten zur zukunftsorientierten Gestaltung von Geschäftsmodellen und Organisationsstrukturen. Sie stehen an der Schwelle zum Berufsleben mit noch vielen möglichen Jahren einer Berufstätigkeit. Insbesondere jene Frauen, die eine Bereitschaft zur Übernahme von Führungsverantwortung zeigen, verweisen auf Potenzial zur Gestaltung der Zukunft von Unternehmen. Daher soll ein Fokus auf dieses Segment gelegt werden.

Um das Potenzial der Zielgruppe besser zu erkennen und zu verstehen, soll eine informatorische Basis für eine weiterführende Diskussion gelegt werden. Dafür sollen im Rahmen einer empirischen Studie Daten generiert werden. Diese Daten sollen die Beantwortung von drei Kernfragen unterstützen:

Kernfrage 1: Wie hoch ist der Anteil an angehende Akademikerinnen, die eine Führungsfunktion übernehmen möchten?

Kernfrage 2: Was beschreibt angehende Akademikerinnen, die eine Führungsaufgabe übernehmen wollen? Wodurch unterscheiden sich jene mit einer Bereitschaft zur Übernahme von Führungsverantwortung von den übrigen angehenden Akademikerinnen beziehungsweise von den männlichen angehenden Akademikern im Hinblick auf ausgewählte Kriterien?

Kernfrage 3: Wie kann der Anteil an Frauen in Führungsfunktionen erhöht werden?

Zur Beantwortung der Kernfragen soll nun ein Modell entwickelt werden, mit dessen Hilfe die Kernfragen 1 und 2 basierend auf empirischen Erkenntnissen eine Antwort erfahren sollen. Kernfrage 3 kann darauf aufbauend durch Interpretation der empirischen Ergebnisse erörtert werden. Das dazu erforderliche Modell wird einerseits die Bereitschaft zur Übernahme von Führungsverantwortung umfassen, andererseits eine Auswahl möglicher Einflussfaktoren berücksichtigen.

3.1 Die Bereitschaft zur Übernahme von Führungsverantwortung

Führung kann als Steuerungsfunktion betrachtet werden, welche zur Lösung der vielfältigen Probleme im Rahmen des güter- und finanzwirtschaftlichen Umsatzprozesses in Unternehmen dient. Sie umfasst mit dem sogenannten Führungsrad die Teilfunktionen von Planung, Entscheidung, Aufgabenübertragung und Kontrolle. Dieser Führungsprozess wird ständig durchlaufen. Dadurch kann eine Organisation sich an Umweltveränderungen dynamisch anpassen. (Vgl. Thommen, Achleitner 2012: 50 ff.). Der Verantwortungsbegriff ergänzt dies um die Übernahme von Aufgaben beziehungsweise Handlungsfeldern durch Ausüben von Handlungs- und Entscheidungsspielräumen unter Vermeidung von Interessenkonflikten. (Vgl. Kreipl 2017: 16 f., Suchanek 2010: 38 f.). Hier zeigt sich die Verzahnung mit den Herausforderungen im Wirtschaftsleben. Fortschreitende Entwicklungen einer Arbeitswelt 4.0, wie zum Beispiel Digitalisierung und fortschreitende Globalisierung, können systematisch betrachtet und in den Phasen der Entscheidung und Aufgabenübertragung von den Führungskräften selber oder jenen, die damit beauftragt werden, in Geschäfts- und Organisationsmodelle überführt werden. Neugestaltung bedarf der Übernahmen von Führungsverantwortung, bei deren Ausübung das Führungsrad durchlaufen wird.

Die Gestaltung der Zukunft erfordert Entscheidungen, die von den Führungspersonen gefällt werden. Diese Entscheidungen beruhen auf Informationen, die den Entscheidern zur Verfügung gestellt werden. Fach- und Erfahrungswissen wird problemlösungsorientiert gebündelt. Dies wird von Experten geleistet. Unter einem Experten versteht man eine Person, welche dauerhaft herausragende Leistungen erbringt. Diese Leistungen können auf langjähriger Erfahrung beruhen und können eine (möglicherweise internationale) Reputation mit sich bringen. (Vgl. Gruber, Ziegler 1996). Die Arten von Kenntnissen und Fähigkeiten können hierbei differieren. (Vgl. Huber 2014). Sie tragen auf spezifische Weise zur Entscheidungsfindung bei und unterstützen die Führung in ihren Teilprozessen.

Letztlich wird als weiteres Ziel von Erwerbstätigkeit das Erwirtschaften des Lebensunterhalts gesehen. Die Möglichkeit, Geld zu verdienen nahm in empirischen Erhebungen in der Vergangenheit mit rund einem Drittel einen nicht unbedeutenden Anteil ein. (Vgl. Brock, Brock 1988: 442). Jenes Motiv sticht nicht durch die Übernahme von Verantwortung im Rahmen der Gestaltung unternehmerischer Prozesse hervor.

Zusammenfassend werden somit drei Ausprägungen entwickelt, welche drei Motive im Arbeitsleben abbilden und damit als Kernziele von Arbeit gelten können. Dies deckt nicht alle möglichen Motive des Arbeitens ab. (Vgl. beispielsweise hierzu Brock, Brock 1988). Hier liegt auch nicht das Ziel der vorliegenden Arbeit. Vielmehr erscheint dieser dreidimensionale Ansatz aus zwei Gründen geeignet. Zunächst integriert er relevante Ziele. Darüber hinaus lässt er sich mit Anforderungen an die Arbeitswelt 4.0 verzahnen. Die Aufgabe einer aktiven Gestaltung unternehmerischer Prozesse in Form neuer Geschäftsmodelle ebenso wie neuer, effizienter interner Strukturen wird am stärksten über die Führungsverantwortung gedeckt, von Experten gefördert und von jenen, die den Fokus auf eine Einkommenserzielung legen, am wenigsten unterstützt. Dies begründet innerhalb dieser Dreiteilung eine Fokussierung auf jene Personen, die sich durch eine starke Bereitschaft zur Übernahme von Führungsverantwortung auszeichnen.

Einzelne Personen werden die drei Motive mit unterschiedlicher Stärke in sich vereinen. Dabei kann sich ein Motiv als hervorstechend herauskristallisieren. Diesem Umstand wird im Rahmen der empirischen Erhebung Rechnung getragen. Die Wichtigkeit der drei Ausprägungsformen „Führungsaufgabe übernehmen“, „Rolle als Experte/Expertin einnehmen“ und „Lebensunterhalt verdienen“ werden zunächst einzeln auf einer 6er-Likertskale (trifft nicht zu – trifft stark zu) erfragt. Ergänzend werden die Auskunftspersonen gebeten, aus den drei Formen jene auszuwählen, die sie jeweils am besten abbildet. Im Rahmen der Auswertung sollen Unterschiede zwischen diesen Formen aufgedeckt und insbesondere Besonderheiten von jenen Personen betrachtet werden, welche eine starke Bereitschaft zu Übernahme von Führungsverantwortung aufweisen.

3.2 Die Determinanten einer Bereitschaft zur Führungsverantwortung

Die Bereitschaft zur Übernahme von Führungsverantwortung, zum Übernehmen einer Expertenrolle oder ein Fokus auf die Erwerbsseite der Berufstätigkeit wird von einer Vielzahl an Faktoren beeinflusst. Im Rahmen dieser Arbeit soll der Fokus auf drei Bereiche gelegt werden.

Bei der Auswahl der Determinanten soll dabei den Herausforderungen an eine Arbeitswelt 4.0 Rechnung getragen werden. Daher soll zunächst dem in Abschnitt 2 beschriebenen Wertewandel Tribut gezollt werden. Aus der Vielfalt an möglichen relevanten Werten und deren Bündelung zu Denk- und Verhaltensmustern sollen für angehende Akademikerinnen relevante Formen aufgedeckt werden und mit der Führungsbereitschaft in Bezug gestellt werden. Daher sollen die Wertewelten von Studentinnen als erste Determinante betrachtet werden. Mit Digitalisierung und Globalisierung wurden in Abschnitt 2 exemplarisch Felder betrachtet, die Rahmenbedingungen im Berufsleben prägen. Erwartungen an eine Arbeitswelt 4.0 soll daher als zweite Determinante Einzug in das Modell nehmen. Letztlich impliziert der Fokus auf weibliche Personen eine Betrachtung von Geschlechterunterschieden. Weibliche und männliche Wesenszüge sollen analysiert und mit der Führungsbereitschaft in Relation gesetzt werden. Damit werden Charaktereigenschaften als dritte Determinante einbezogen.

3.2.1 Wertewelten von Studentinnen

Erwerbstätige stehen in unterschiedlichen Lebensumständen und zeichnen sich durch verschiedene Ansprüche und Erwartungen aus. Eine Systematisierung der aktuell sehr breit gefächerten Arbeitskulturen und Bedürfnisse bietet die Wertewelten-Studie. Sie kombiniert individuelle Wahrnehmungen zu einem kollektiven Gesamtbild. Dazu wurden 1200 Erwerbspersonen in Deutschland als repräsentative Stichprobe mit zwei Kontrollgruppen befragt. In Tiefeninterviews wurde ergründet, wie die Befragungsteilnehmer die heutige Arbeitswelt erleben und welche Arbeitswelt sie sich für die Zukunft wünschen. Idealbilder von Arbeit werden im Rahmen der qualitativ-quantitativen Studie ebenso erhoben wie die Wünsche und Befürchtungen der Befragungsteilnehmer. (Vgl. Bundesministerium für Arbeit und Soziales 2016).

Als zentrales Ergebnis der Studie kristallisierten sich Unterscheidungsansätze heraus, die den Befragten zur Bildung individuell wahrgenommener Arbeitswelten dienen. Sieben klar trennbare Wertewelten wurden mittels Clusteranalyse identifiziert (siehe Abbildung 1). Diese zeigen eine bestimmte, in sich konsistente Sichtweise auf das Themenfeld Arbeit. Die einzelnen Wertewelten entstehen durch unterschiedliche Bewertungsansätze aufgrund verschiedener Einstellungen und Haltungen der Befragten. (Vgl. Bundesministerium für Arbeit und Soziales 2016: 9 ff.). Die Wertewelten bieten ein Gesamtbild der Arbeitswelt in Deutschland heute, in der verschiedene klar voneinander abgrenzbare Sichtweisen nebeneinander existieren. Die Aufteilung in sieben Wertewelten zeigt die Vielfalt an unterschiedlichen Arbeitskulturen und Bedürfnissen auf. Gemeinsamkeiten über alle Befragten hinweg zeigte sich in der Ablehnung von unfairen Arbeitsbedingungen, der Überzeugung, dass Leistung angemessen honoriert werden muss und in einem starken Anspruch auf Teilhabe gerade in einer digitalisierten Arbeitswelt. Unterschiede liegen in abweichenden Gewichtungen der Wichtigkeit von Werten, aber auch sehr grundlegend in verschiedenen Begriffsdeutungen. So wird zum Beispiel der Ausdruck „Flexibilität" von einigen Befragten als ein Anstieg an Freiheit, von anderen als ein Anstieg an Druck interpretiert.

Die Arbeitswelt unterliegt dabei Entwicklungen, weil sich die Werte und damit ein Idealbild von Arbeit verändern und verschieben. (Vgl. BMAS 2016: 15). Folglich kann sich die Vielfalt für spezifischere Gruppen reduzieren. Die Qualität dieses Werte-Modells liegt in seiner umfassenden und aktuellen Datenbasis, welche für Erwerbspersonen insgesamt gebildet wurde. Es wurde empirisch entwickelt und gleichermaßen praxiserprobt. Mit seinen sieben Ausprägungsformen ist es pragmatisch einsetzbar und liefert umfassende Erkenntnisse. Daher wird dieses Modell als geeignet bewertet, um die Wertestrukturen abzubilden. Dies schmälert nicht den Erkenntnisbeitrag anderer Wertemodelle. (Vgl. zum Beispiel SINUS-Milieus, unter anderem bei Flaig, Barth 2014: 106 ff., Calmbach et al. 2016, aber auch Shell Deutschland 2015 oder exemplarisch die Kulturmodelle von Cameron, Freeman 1991 oder auch Hofstede et al. 1990).

Die Befragten wurden gebeten, aus den sieben Wertwelten (siehe Abbildung 1) jene Form auszuwählen, welche für sie am besten zutrifft. Auf diese Weise wurden die Wertewelten operationalisiert.

3.2.2 Erwartungen an eine Arbeitswelt 4.0

Neben den Werten, die das Handeln der Menschen prägen, spielen auch die Erwartungen an die Arbeitswelt 4.0 eine Rolle. Megatrends von Arbeit 4.0 wurden bereits in Kapitel 2 beschrieben und sollen nun basierend auf die methodischen Ansätze des BMAS (vgl. BMAS 2016: 37 ff.) konkretisiert werden. Hier wurden fünf Themenfelder mit ausgewählten Elementen als relevant identifiziert, aus denen sich Erwartungsfelder und -elemente für die aktuelle Untersuchung ableiten lassen.

Arbeitszeit und Arbeitsort

Dieses Themenfeld widmet sich der Flexibilisierung und Individualisierung von Arbeit. Dazu zählt die aktive Gestaltung von Arbeitszeit, welche zu einer Individualisierung führt. Telearbeit ergänzt dies durch eine individuelle freie Wahl des Arbeitsor-

Wertewelt 1:
„Sorgenfrei von der Arbeit leben können“

„Mir ist es wichtig, dass meine Familie und ich ohne materielle Sorgen in einer sicheren Gemeinschaft leben können. Arbeit gehört dazu, doch leider fordert sie oft so viel, dass ich kaum noch Platz für mein eigenes Leben finde. Alles geht immer schneller und man muss immer mehr leisten.
Der Staat sollte dafür sorgen, dass jeder der einen Beitrag leistet, auch abgesichert ist.“

Wertewelt 2:
„In einer starken Solidargemeinschaft arbeiten“

„Arbeit bedeutet für mich Loyalität, Wertschätzung, Teilhabe und Zusammenhalt in einer Solidargemeinschaft. Das drückt sich auch materiell aus, aber nicht nur.
Mich macht die Entwicklung zunehmend besorgt. Früher haben Unternehmen noch das Wohl der Menschen im Blick gehabt und es gab Arbeit für alle. Jetzt fallen immer mehr Menschen durch das Raster und finden keinen Platz mehr in der Gesellschaft.“

Wertewelt 3:
„Den Wohlstand hart erarbeiten“

„Natürlich ist die Arbeit schwerer geworden und macht nicht immer Spaß. Aber ich glaube noch immer, dass jeder, der sich wirklich anstrengt, es hier zu etwas bringen kann. Und wenn man es geschafft hat, darf man sich ruhig etwas Luxus gönnen. Die Sozialpartner müssen gemeinsam dafür sorgen, dass Deutschland weiterhin die Wirtschaftsmacht in Europa bleibt und Leistungsträger hier eine Heimat haben.“

Wertewelt 4:
„Engagiert Höchstleistung erzielen“

„Verantwortung und eine führende Position sind für mich kein Druck, sondern pures Adrenalin. Gerne pushe ich mich selbst zu Höchstleistungen. Wirtschaft und Gesellschaft haben sich in den letzten Jahren rasant entwickelt. Angesichts der Digitalisierung ist eine beständige Weiterbildung ein Muss. Die politischen Rahmenbedingungen zur Bewältigung dieser neuen Herausforderungen sind dabei gegeben.“

Wertewelt 5:
„Sich in der Arbeit selbst verwirklichen“

„Wir sind auf dem Weg in eine Arbeitswelt, in der man sich mit nahezu unbegrenzten Möglichkeiten immer wieder neu erfinden und viele spannende Dinge tun kann, auch international. Das steht nicht im Widerspruch zu Leistung und Effizienz, wenn Gesellschaft und Arbeitgeber dazu bereit sind, die Menschen auf ihrem Weg zu unterstützen, beispielsweise durch flexible Arbeitsmöglichkeiten und umfassende Kinderbetreuung.“

Wertewelt 6:
„Balance zwischen Arbeit und Leben finden“

„Ich will Arbeit, Familie und persönliche Selbstverwirklichung zusammenbringen. Eigenverantwortung und gesellschaftliche Mitgestaltung gehören dabei für mich zusammen. Schließlich ist es eine gemeinsame Aufgabe, gute Bedingungen für alle zu schaffen. Das System soll sich den Menschen anpassen und nicht die Menschen dem System. Ich will meine Prinzipien nicht für etwas materielle Sicherheit über Bord werfen.“

Wertewelt 7:
„Sinn außerhalb seiner Arbeit suchen“

„Ich glaube nicht, dass man den Sinn des Lebens nur in der Erwerbsarbeit suchen sollte. Alle Tätigkeiten sind gleich wertvoll, solange sie einen Beitrag zum Wohlergehen aller leisten. Menschlichkeit kann sich auch in kleinen und sehr persönlichen Dingen zeigen. Deshalb sollte der Staat allen ein lebenswertes Auskommen garantieren, unabhängig davon, was sie nach der Marktlogik verdienen.“

Abb. 1: Sieben identifizierte Wertewelten, Quelle: eigene Darstellung in Anlehnung an Bundesministerium für Arbeit und Soziales 2016: 19 ff.

tes. Dieses Feld beinhaltet auch eine Flexibilisierung in einzelnen Lebensphasen, wie zum Beispiel eine zeitweise Senkung oder Erhöhung der Arbeitszeit. Eine Anpassung der Arbeitszeit an die persönliche Lebenssituation kann Erziehungs- oder Pflegezeiten ebenso Raum geben wie persönlicher Weiterentwicklung im Rahmen von Sabbaticals. (Vgl. BMAS 2016: 37 ff.).

Digitalisierung

Digitalisierung umfasst alle Formen betrieblichen Einsatzes von Informations- und Kommunikationstechnologien. Sie kann in Form von Instrumenten zur (Vor-)Gestaltung betrieblicher Abläufe oder auch als Medium der Kommunikation zum Einsatz kommen. (Vgl. Schulz-Schaeffer, Funken 2008: 15). Hierunter fällt neben Digitalisierung im Allgemeinen insbesondere Automatisierung und Roboterfertigung. Weiterhin können Crowdworking und soziale Netzwerke dazu gezählt werden. (Vgl. BMAS 2016:39 ff.).

Bildung, Qualifizierung und Weiterbildung

Permanente Veränderungen im Arbeitsleben, welche auf technologischen, aber auch gesellschaftlichen Wandel zurückgeführt werden können, machen eine stetige Anpassung von Fähigkeiten im Arbeitsleben nötig. Dazu zählt zunächst das Nutzen von Weiterbildungsangeboten, um dem Fortschritt folgen zu können. (Vgl. BMAS 2016: 41 ff.). Aber auch ein qualifiziertes Umfeld mit Kollegen und Mitarbeitern von hoher Qualifikation beziehungsweise Bildungsniveau können dazu beitragen. Letztlich wird dies durch eine planbare Berufslaufbahn unterstützt.

Soziale Sicherung

Soziale Sicherung als Schutz vor sozialen Risiken wie zum Beispiel Krankheit, Unfall oder den Verlust des Arbeitsplatzes sowie der Ausgleich der Folgen sozialer Risiken gewährleistet eine lebenswerte Gesellschaft. So beeinflusst die Angst um den Arbeitsplatz das persönliche Wohlbefinden immens. (Vgl. DIW 2010). Dies verweist darauf, dass Zusammenhalt am Arbeitsplatz, Unterstützung bei der Kindererziehung in Form von Betreuung oder auch Kostenübernahmen ebenso bedeutsam sein können wie ein verstärkter Schutz bei längeren Krankheiten in Form von Arbeitsplatzsicherheit und Wiedereingliederung. (Vgl. BMAS 2016: 43 f.).

Mitbestimmung, Partizipation, Interessenvertretung

Partizipation und Mitbestimmung in Unternehmen fokussieren die Aushandlungsprozesse von Interessen der (internen) Stakeholder. (Vgl. Ittermann 2007: 22 f.). Hierbei kann aufbauend auf einem grundsätzlichen Wunsch nach Mitbestimmung zwischen kollektiver und individueller Mitbestimmung unterschieden werden. Interessen werden arbeitnehmer- sowie arbeitgeberseitig vertreten. (Vgl. BMAS 2016: 44 f.).

Diese Trends können jeweils sowohl positiv als auch negativ eingeschätzt werden. So kann zum Beispiel durch Digitalisierung eine Unterstützung im Arbeitsalltag positiv, die Angst vor dem Verlust des Arbeitsplatzes als negativ bewertet werden. Diesen Bewertungsmustern wurde bereits in den Ausführungen zu den Wertewelten Tribut gezollt. Daher soll an dieser Stelle die Einschätzung einer Bedeutung (spielt keine Rolle – spielt eine wichtige Rolle) ohne Bewertung erfolgen.

Die spezifischen Erwartungen an Arbeit 4.0 sollen um allgemeine Erwartungen ergänzt werden. Diese stehen nicht konkret mit den Megatrends in Beziehung, sondern können als übergeordnet eingestuft werden. Dies umfasst Erwartungen an einen Entscheidungs- beziehungsweise Gestaltungsspielraum, an Weisungsbefugnis, die Übernahme von Verantwortung, ein gutes Arbeitsklima und eine gute Bezahlung. Zu den einzelnen Items siehe Tabelle 1.

Tab. 1: Erwartungen an eine zukünftige Arbeitswelt, Quelle: eigene Darstellung.

Bereich	Item
Arbeitszeit und -ort	– Individualisierung von Arbeitszeit – Individualisierung des Arbeitsortes (Telearbeit) – Flexibilisierung in einzelnen Lebensphasen – Zeitweise Senkung/ Erhöhung der Arbeitszeit, persönlich angepasste Zeiten (z. B. Sabbatical)
Digitalisierung	– Automatisierung/Roboter/Rationalisierung am Arbeitsplatz – Digitalisierung als Hilfsmittel am Arbeitsplatz – Crowdworking und Soziale Netzwerke, neue Formen der Zusammenarbeit
Bildung, Qualifizierung, Weiterbildung	– Weiterbildungsangebote nutzen, technischem Fortschritt folgen – Hohe Qualifikationen/hohes Bildungsniveau von Kollegen und Mitarbeitern – Planbarkeit einer herausfordernden und erfolgsversprechenden Berufslaufbahn
Soziale Sicherung	– Eine starke kollektive soziale Sicherung – Zusammenhalt am Arbeitsplatz – Unterstützung bei der Kindererziehung (Betreuung, Kostenübernahme) – Verstärkter Schutz bei längeren Krankheiten (Arbeitsplatzsicherung, Wiedereingliederung)
Mitbestimmung, Partizipation, Interessenvertretung	– Starke Arbeitnehmervertretung (Betriebsrat, Gewerkschaften) – Eine starke Arbeitgebervertretung – Individuelle Mitbestimmung stärken
Allgemeine Erwartungen	– Entscheidungs- und Gestaltungsspielraum – Weisungsbefugnis – Verantwortung übernehmen – Anerkennung – Gutes Arbeitsklima – Gute Bezahlung

3.2.3 Eigenschaften von Studentinnen

Menschen vereinen eine Vielzahl an Eigenschaften in sich. Im Rahmen der Geschlechterforschung wird dabei zwischen unter anderem männlichen und weiblichen Eigenschaften unterschieden, die zu geschlechterspezifischen Verhaltensweisen führen. Derartige Geschlechterrollen werden über Erziehung in der jeweiligen Gesellschaft erworben. Sie bilden sozial erwünschte Merkmale und Verhaltensweisen der Gruppen ab und unterliegen einem zeitlichen Wandel. (Vgl. Liben, Bigler 2017: 545 ff., Donnelly, Twenge 2017: 556). In einer Meta-Analyse konnten Donnelly und Twenge (2017) einen signifikanten Anstieg männlicher Charakteristika bei Frauen aufzeigen. Diese Entwicklungen wurden insbesondere im Zeitraum zwischen den Jahren 1974 und 2012 beschrieben und sie wurden mit dem Eintritt von Frauen in das Arbeitsleben assoziiert. (Vgl. Donnelly, Twenge 2017: 558 f.). Eine Übernahme männlicher Eigenschaften muss dabei klar von der Ablehnung weiblicher Charakteristika unterschieden werden. Beide Entwicklungen können sich parallel vollziehen. Sie sind gemäß Bem (1974) keine sich gegenseitig ausschließenden, polarisierenden Eigenschaften, sondern unabhängige Qualitäten, welche in verschiedenem Grad in Individuen vorgefunden werden. Bei dem Anstieg männlicher Eigenschaften und gleichbleibenden Einfluss weiblicher Charakteristika kann folglich nicht von einer Abkehr von Weiblichkeit gesprochen werden. Gill (2007) verweist auf Stärken, welche aus Weiblichkeit resultieren. Hierbei werden Willenskraft, Disziplin und sozialer Stand genannt.

Viele Studien in der Geschlechterforschung greifen auf das Konzept von Bem (1974) zurück. (Vgl. Mehta, Dementieva 2017: 604). Bereits in die 1970er-Jahre des letzten Jahrhunderts geht das Konzept der Forschung von Männlichkeit und Weiblichkeit zurück, welches Menschen geschlechtsunabhängig erlaubt, sowohl männliche als auch weibliche Eigenschaften in unterschiedlichem Ausmaß in sich zu vereinen. (Vgl. Hoffman, Borders 2001). Weiblichkeit und Männlichkeit werden über eine Reihe von Charakteristika abgebildet, welche nicht bipolar, sondern als separate Dimensionen gemessen werden. (Vgl. Mehta, Dementieva 2017: 604, Details unter anderem bei Hoffman, Borders 2001). Das Konstrukt wurde über die Dekaden hinweg wiederholt empirisch überprüft, kritisch hinterfragt und weiterentwickelt, zum Beispiel durch Integration von undifferenzierten und androgynen Charakteristika, die auch als neutrale Charakteristika bezeichnet werden. (Vgl. Hoffmann, Borders 2001).

Eigenschaftsprofile von Menschen können damit gemessen werden und nach Geschlechterrollen differenziert werden. Dies kann eingesetzt werden, um ein spezifisches Eigenschaftsprofil weiblicher Studierender zu erzeugen. Weiterhin können die Profile von Absolventen mit Bereitschaft zur Übernahme von Führungsverantwortung erzeugt und ein Vergleich zwischen den biologischen Geschlechtern angestellt werden. Das Modell besteht aus 60 Items, welche zu gleichen Anteilen weibliche, männliche und neutrale (auch als soziale Erwünschtheit bezeichnete) Attribute beinhalten (siehe Tabelle 2) (In der vorliegenden Arbeit wird die validierte deutsche Übersetzung von Schneider-Düker, Kohler 1988 genutzt).

Tab. 2: Betrachtete Charaktereigenschaften, Quelle: eigene Darstellung in Anlehnung an Schneider-Düker, Kohler 1988.

Maskulin	Feminin	Neutral
– Hat Führungseigenschaften	– Romantisch	– Gesellig
– Tritt bestimmt auf	– Abhängig	– Nervös
– Ehrgeizig	– Weichherzig	– Gesund
– Respekteinflößend	– Glücklich	– Steif
– Kann andere kritisieren, ohne sich dabei unbehaglich zu fühlen	– Bemüht sich, verletzte Gefühle zu besänftigen	– Gründlich
– Verteidigt die eigene Meinung	– Feinfühlig	– Teilnahmslos
– Entschlossen	– Sinnlich	– Vertrauenswürdig
– Sachlich	– Fröhlich	– Überspannt
– Nicht leicht beeinflussbar	– Nachgiebig	– Zuverlässig
– Unerschrocken	– Bescheiden	– Unpraktisch
– Intelligent	– Empfänglich für Schmeicheleien	– Fleißig
– Hartnäckig	– Empfindsam	– Niedergeschlagen
– Ist bereit, etwas zu riskieren	– Selbstaufopfernd	– Geschickt
– Kraftvoll	– Benutzt keine barschen Worte	– Eingebildet
– Furchtlos	– Verspielt	– Gesetzestreu
– Scharfsinnig	– Verführerisch	– Stumpf
– Wetteifernd	– Achtet auf die eigene äußere Erscheinung	– Gewissenhaft
– Sicher	– Leidenschaftlich	– Unhöflich
– Zeigt geschäftsmäßiges Verhalten	– Herzlich	– Aufmerksam
– Konsequent	– Liebt Sicherheit	– Vergesslich

3.3 Das Gesamtmodell zur Betrachtung zukünftiger weiblicher Führungskräfte

Die Erörterungen aus den Abschnitten 3.1 und 3.2 münden in ein Gesamtmodell (siehe Abbildung 2), das wie folgt aussieht: Die Bereitschaft zur Übernahme von Führungsverantwortung wird um die Bereitschaft, eine Expertenrolle einzunehmen ergänzt und mit dem Fokus auf das Erwirtschaften des Lebensunterhalts abgerundet. Dies modelliert die Kernziele der Arbeit im Rahmen der vorliegenden Untersuchung.

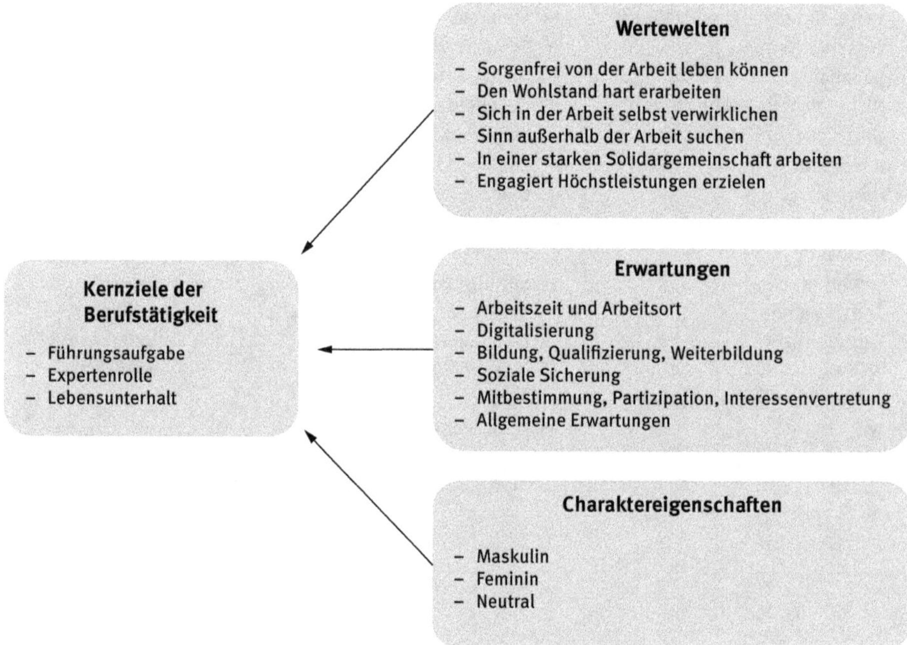

Abb. 2: Das Gesamtmodell, Quelle: eigene Darstellung.

Folgende Thesen sollen dabei exploratorisch ergründet werden:

T_1: Es besteht ein Zusammenhang zwischen der Bereitschaft zur Übernahme von Führungsverantwortung und den Wertewelten.

T_2: Es besteht ein Zusammenhang zwischen der Bereitschaft zur Übernahme von Führungsverantwortung und den Erwartungen an die zukünftige Arbeitswelt 4.0.

T_3: Es besteht ein Zusammenhang zwischen der Bereitschaft zur Übernahme von Führungsverantwortung und den Charaktereigenschaften.

Diese Fragestellungen werden über alle Studierenden hinweg und mit Fokus auf Studentinnen betrachtet. Die Operationalisierung der Faktoren ist in Abbildung 1 sowie in den Tabellen 1 und 2 dargestellt.

4 Empirische Überprüfung des Modells

Zur Konfrontation der erarbeiteten theoretischen Vorüberlegungen mit der Realität wird eine empirische Untersuchung durchgeführt. Dafür werden zunächst die gewählte Methodik sowie die Vorgehensweise beschrieben. Danach erfolgen eine Analyse sowie eine Diskussion der Ergebnisse. Eine Zusammenfassung der Erkenntnisse unter kritischer Betrachtung möglicher Restriktionen rundet den empirischen Teil ab.

4.1 Methodik und Vorgehensweise

Zur Überprüfung der beschriebenen Kernthesen wird die Methode der schriftlichen Datenerhebung mittels eines standardisierten Fragebogens gewählt. Die Wahl einer quantitativen Befragung erfolgte aufgrund der direkten Vergleichbarkeit der Daten und der Möglichkeit zum Einsatz (inferenz-)statistischer Verfahren. Eine schriftliche Befragung wurde zudem aufgrund von Zeit- und Kostenvorteilen gewählt. (Vgl. Atteslander 2010: 157). Als Auskunftspersonen wurden Studierende der Hochschule Fulda am Fachbereich Wirtschaft in den Masterstudiengängen sowie höherer Semester des Bachelorstudiengangs Internationale Betriebswirtschaftslehre gewählt. Von Mitte November bis Mitte Dezember 2017 wurden ausgewählte Lehrveranstaltungen der jeweiligen Semester zur Datenerhebung genutzt. Auf diese Weise wurde eine Stichprobe von $n = 245$ erreicht. Der Fragebogen umfasste Fragen zur Einschätzung der Wertewelten, zu den Eigenschaften, zu Aspekten der zukünftigen Arbeitswelt sowie Sozio-Demografika der Auskunftspersonen.

Im Rahmen der Auswertung werden zunächst deskriptive Verfahren zur Beschreibung der Stichprobe angewandt. Des Weiteren werden Gruppenvergleiche in Abhängigkeit der Datenskalierung mittels Chi^2-Tests und Varianzanalysen durchgeführt. Eine Verdichtung der Items im Rahmen der Arbeitswelt 4.0 erfolgt mittels exploratorischer Faktorenanalyse. Die Analysen werden unter Einsatz von SPSS 23 durchgeführt.

4.2 Analyse und Diskussion der Ergebnisse

4.2.1 Die Bereitschaft zur Übernahme von Führungsverantwortung

Bei der empirischen Erhebung wurde zwischen drei Kernzielen im Arbeitsleben unterschieden. Hierbei handelt es sich um das Kernziel einer Wahrnehmung von Führungsaufgaben, das Kernziel einer Rolle als Experte oder Expertin sowie drittens das Kernziel des Erwirtschaftens des Lebensunterhalts. Es verfolgen jeweils 34,9 Prozent der befragten Studentinnen die Ziele einer Führungs- beziehungsweise Expertinnenrolle. Lediglich 30,2 Prozent erachten ihre berufliche Zukunft zum primären Erarbeiten des

Lebensunterhalts. Bei der Betrachtung der Verteilung über die männlichen und weiblichen Befragten hinweg zeigen sich relative Häufigkeiten von 38,4 Prozent (Führung), 34,3 Prozent (Experten) und 27,3 Prozent (Geldverdiener) (siehe Tabelle 3).

Tab. 3: Verteilung der Kernziele der Berufstätigkeit, Quelle: eigene Darstellung.

	Männlich	Weiblich	Summe
Ich möchte eine **Führungsrolle** im Unternehmen übernehmen	48 (43,3)	45 (49,6)	93
Ich möchte eine Rolle als **Experte/Expertin** übernehmen	38 (38,8)	45 (44,2)	83
Ich möchte arbeiten, um **Geld zu verdienen**	27 (30,8)	39 (35,2)	66
Summe	113	129	242

Angaben in absoluter Anzahl an Studierenden.
Angaben in Klammern: Erwartungswerte.

Ein varianzanalytischer Vergleich der Likert-skalierten beziehungsweise nominalskalierten Variablen zur Erhebung der Kernziele erbrachte ein höchst signifikantes Ergebnis. Das verweist darauf, dass bei jenen, die sich für Führungsaufgaben als hervorstechendes Kernziel entschieden haben, auch dort die höchsten Ausprägungen bei der Likert-skalierten Frage zum Ausmaß an Bedeutung von Führungsaufgaben zu beobachten sind. Hieraus kann eine hohe Validität der Angaben abgeleitet werden.

Bei Überprüfung mittels eines Chi^2-Tests, der die Kernziele nach Geschlecht differenziert betrachtet, stellen sich diese Unterschiede als nicht signifikant dar (Chi^2 nach Pearson = 1,819, df = 2, asymptotische Signifikanz (zweiseitig) = 0,403). Man kann folglich nicht von einem geschlechterspezifischen Unterschied hinsichtlich der Kernerwartungen an das Berufsleben sprechen. Hieraus lässt sich ableiten, dass ein Potenzial an motivierten jungen Akademikerinnen vorhanden ist, welche eine Bereitschaft zum Engagement in einer zukünftigen Arbeitswelt zeigen.

4.2.2 Analyse und Diskussion der Determinanten

Darauf aufbauend soll diese Zielgruppe nun näher beleuchtet werden. Hierfür werden zunächst die erlebten Wertesysteme analysiert, gefolgt von Erwartungen an eine Arbeitswelt 4.0 und im Allgemeinen. Abschließend werden die Eigenschaften der Auskunftspersonen betrachtet.

Wertewelten

Die in Kapitel 3 beschriebenen Wertewelten wurden den Auskunftspersonen vorgestellt und um eine Auswahl der Wertewelt gebeten, welche den persönlichen Vorstellungen am besten entspricht. Dabei kristallisierten sich drei Wertewelten als besonders häufig gewählte Welten heraus. Hierbei handelt es sich um

- „Balance zwischen Arbeit und Leben finden“: 40,9 Prozent,
- „Sorgenfrei von der Arbeit leben können“: 20,7 Prozent und
- „Sich in der Arbeit selbst verwirklichen“: 19,4 Prozent.

Die weiteren vier Wertewelten wurden nur von wenigen Personen gewählt (19 Prozent über die vier Wertewelten) (siehe Tabelle 4, Angabe der absoluten Werte und relative Häufigkeiten nach Geschlecht und insgesamt). Dies zeigt, dass die angehenden Akademiker stark ausgewählte Wertewelten fokussieren. Bei einer Analyse getrennt nach Geschlecht zeigt sich kein signifikanter Unterschied. (Chi^2 nach Pearson = 3,307, df = 2, asymptotische Signifikanz (zweiseitig) = 0,19).

Tab. 4: Wertewelten der befragten Studierenden, Quelle: eigene Darstellung.

	Männlich	Weiblich	Summe
Balance zwischen Arbeit und Leben finden	**43 (37,7 %)**	**56 (43,8 %)**	**99 (40,9 %)**
Sorgenfrei von der Arbeit leben können	**29 (25,4 %)**	**21 (16,4 %)**	**50 (20,7 %)**
Sich in der Arbeit selbst verwirklichen	**20 (17,5 %)**	**27 (21,1 %)**	**47 (19,4 %)**
Den Wohlstand hart erarbeiten	8 (7,0 %)	11 (8,6 %)	19 (7,9 %)
Engagiert Höchstleistungen erzielen	9 (7,9 %)	2 (1,6 %)	11 (4,5 %)
Sinn außerhalb seiner Arbeit suchen	2 (1,8 %)	8 (6,3 %)	10 (4,1 %)
In einer starken Solidargemeinschaft arbeiten	3 (2,6 %)	3 (2,3 %)	6 (2,5 %)
Summe	114 (100,0 %)	128 (100,0 %)	242 (100,0 %)

Hierbei weichen die Ergebnisse von der Studie des BMAS (2016) ab. Die Wertewelten dort wurden über andere Häufigkeiten abgebildet: „Balance zwischen Arbeit und Leben finden“ bildet 14 Prozent der Befragten ab, „Sorgenfrei von der Arbeit leben können“ vereint 30 Prozent der Befragten und „Sich in der Arbeit selbst verwirklichen“ trägt zehn Prozent der Befragten. Diese Diskrepanzen können über die dort verwandte Stichprobe begründet werden. In der vorliegenden Studie wurden Personen am Beginn des Berufslebens mit einem Durchschnittsalter von 25,25 Jahren befragt. In der BMAS-Studie wurden Erwerbspersonen über ein breiteres Altersspektrum (15 bis 60+ Jahre) und somit eine Breite an Berufsjahren betrachtet. Zudem wurden Menschen mit unterschiedlichem Bildungsabschluss eingebunden. (Vgl. BMAS 2016). Die BMAS-Studie selbst verweist darauf, dass eine gewisse Über- beziehungsweise Unterrepräsentation ausgewählter Soziodemografika in einzelnen Wertewelten beobachtet werden konnte. So sind in den Wertewelten „Balance in der Arbeit finden“ sowie „Sich in der Arbeit selbst verwirklichen“ Personen mit Promotion und/oder Hochschulabschluss überrepräsentiert. Dies kann mit der vorliegenden Studie bestätigt werden, da nur angehende Hochschulabsolventen integriert wurden. Unterrepräsentiert sind bei BMAS hingegen in der Wertewelt „Sorgenfrei von der Arbeit leben können“ die unter 30-Jährigen. Diese sind in der vorliegenden Studie abgebildet (Altersdurchschnitt 25,25 Jahre). Allerdings ist in dieser Wertewelt zudem eine Netto-Einkommen zwischen 1.100 und 1.699 € überrepräsentiert. Dies kann darauf verweisen, dass Studierende mit niedrigem und ohne Festeinkommen sich eine geregelte Einkommenssituation wünschen. (Vgl. BMAS, 2016). Somit kann man zunächst festhalten, dass die Erkenntnisse der vorliegenden Studie im Einklang mit den Ergebnissen der BMAS-Studie stehen und für weitere Analysen geeignet sind.

Tab. 5: Wertewelten und Kernziele der Arbeit, Quelle: eigene Darstellung.

	Führung	Experte	Geld verdienen	Summe
Balance zwischen Arbeit und Leben finden	32 (34,2)	**39 (36,2)**	28 (28,6)	99
Sorgenfrei von der Arbeit leben können	10 (17,3)	16 (18,3)	**24 (14,5)**	50
Sich in der Arbeit selbst **verwirklichen**	**26 (16,6)**	17 (17,5)	5 (13,9)	48
Summe	68	72	57	197

Angaben in absoluter Anzahl an Studierenden.
Angaben in Klammern: Erwartungswerte.

Stellt man diese Wertewelten den drei Kernzielen der Berufstätigkeit gegenüber, so ergibt sich das in Tabelle 5 dargestellte Bild (Angabe der absoluten Werte und der Erwartungswerte). Mittels eines Chi^2-Tests zeigte sich eine Signifikanz in der Beziehung zwischen Wertewelten und Kernziel der Berufstätigkeit (Chi^2 nach Pearson = 21,064, df = 4, asymptotische Signifikanz (zweiseitig) = 0.00). Über alle Befragten hinweg kristallisierten sich überzufällige Häufungen heraus. Jene Studierenden, die primär Führungsverantwortung übernehmen wollen, wählen signifikant häufiger die Wertewelt „Sich in der Arbeit selbst verwirklichen". Die zukünftigen Experten zielen insbesondere auf die Balance zwischen Arbeit und Leben ab. Bei jenen Befragten, die insbesondere zum Erwerb des Lebensunterhalts arbeiten wollen, tritt als Wertewelt häufig „Sorgenfrei von der Arbeit leben können" auf. Diese Beziehung tritt geschlechterübergreifend auf. Eine Analyse brachte keine signifikanten Geschlechterunterschiede zutage. Dies verweist darauf, dass zur Entwicklung neuer Führungskräfte das Schaffen von Raum zur Selbstverwirklichung eine hohe Bedeutung zukommt.

Allgemeine Erwartungen

Um ein differenziertes Bild der angehenden Akademiker zu zeichnen, werden nun die allgemeinen Erwartungen an den zukünftigen Arbeitsplatz betrachtet. Über alle Personen hinweg wurden

- das Betriebsklima (Mittelwert = 5,58),
- eine gute Bezahlung (Mittelwert = 5,16) und
- Anerkennung (Mittelwert = 5,02) als wichtig eingestuft.

Es schließen sich

- die Übernahme von Verantwortung (Mittelwert = 4,95),
- Entscheidungs- und Gestaltungsspielraum (Mittelwert = 4,89) sowie
- Weisungsbefungnis (Mittelwert = 4,20) an.

Hier zeichnen sich geschlechterspezifische Unterschiede ab. Für Frauen zeigt sich eine signifikant höhere Erwartung an die Wahrnehmung von Weisungsbefugnis, Anerkennung und ein gutes Klima am Arbeitsplatz im Vergleich zu Männern. Diese Erkenntnis wurde varianzanalytisch erreicht (Weisungsbefugnis: F = 9,258, p = 0,003, Anerkennung: F = 10,918, p = 0,001, Arbeitsklima: F = 17,323, p = 0,000).

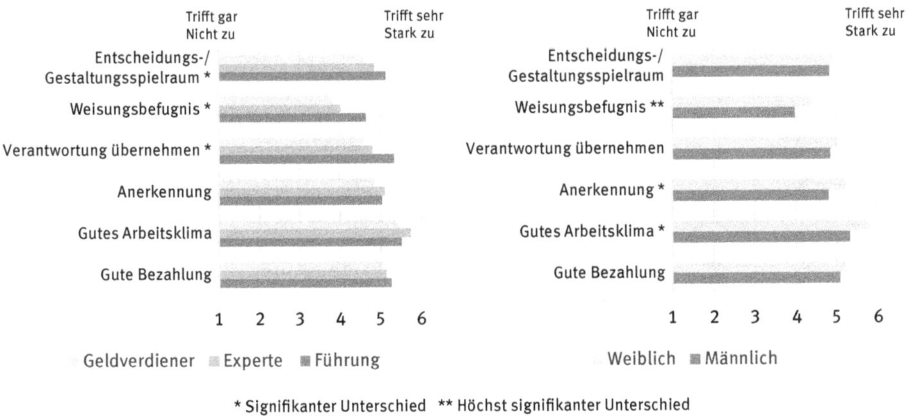

Abb. 3: Allgemeine Erwartungen, Quelle: eigene Darstellung.

Bringt man die allgemeinen Erwartungen mit den Kernzielen in Verbindung, so entsteht folgendes Bild: Für jene, die zukünftig eine Führungsfunktion einnehmen möchten, zeigt sich eine höhere Bedeutung des Wunsches, Verantwortung zu übernehmen, Entscheidungs- und Gestaltungsspielraum wahrzunehmen und Weisungsbefugnis zu erhalten im Vergleich zu den zukünftigen Experten und Geldverdienern. Hierbei handelt es sich um signifikante Unterschiede (Verantwortung: F = 16,534, p = 0,000, Weisungsbefugnis: F = 15,305, p = 0,000, Entscheidungs-/ Gestaltungsspielraum: F = 5,902, p = 0,001). Zukünftige Führungskräfte erwarten auch eine höhere Bezahlung als Experten oder Geldverdiener, hierbei handelt es sich allerdings nicht um einen signifikanten Zusammenhang (F = 1,404, p = 0,248). Bei Erwartungen hinsichtlich Anerkennung und Arbeitsklima haben die weiblichen Experten die höchsten Ansprüche, wobei auch diese Unterschiede nicht signifikant sind (Anerkennung: F = 1,351, p = 0,261, Arbeitsklima: F = 2,3, p = 0,102).

Erwartungen im Kontext von Arbeit 4.0

Die Variablen im Kontext von Arbeit 4.0 wurden zunächst einer exploratorischen Faktorenanalyse unterzogen, um eine Bündelung zu Dimensionen zu ermöglichen. Basierend auf einer Hauptkomponentenanalyse als Extraktionsmethode mit einer Varimax-Rotation zur Interpretierbarkeit der Ergebnisse ergaben sich vier Faktoren. Diese wurden über das Eigenwertkriterium (Eigenwerte > 1) bei einer kumulierten Varianzerklärung von 57,4 Prozent gebildet. Die vier Faktoren mit ihren zugeordneten Items sind in Tabelle 6 abgebildet. Für die einzelnen Items wurde ein varianzanalytischer Vergleich der Bewertungen zwischen angehenden Führungskräften, Experten und Geldverdienern sowie ein Vergleich der Bewertungen von weiblichen und männlichen Studierenden durchgeführt, dessen Kernergebnisse nachfolgend beschrieben werden.

Tab. 6: Faktoren der Erwartungen im Kontext von Arbeit 4.0, Quelle: eigene Darstellung.

Faktor	Zugehörige Items
Digitalisierung und Automatisierung	– Automatisierung/Roboter/Rationalisierung am Arbeitsplatz – Digitalisierung als Hilfsmittel am Arbeitsplatz – Crowdworking und Soziale Netzwerke, neue Formen der Zusammenarbeit
Individualisierung und Flexibilisierung	– Individualisierung von Arbeitszeit (Telearbeit) – Individualisierung des Arbeitsortes – Flexibilisierung in den einzelnen Lebensphasen = Zeitweise Senkung/Erhöhung der Arbeitszeit, persönlich angepasste Zeiten (mal kürzertreten können, Sabbatical)
Lebenslanges Lernen	– Hohe Qualifikation/hohes Bildungsniveau von Kollegen/Mitarbeitern – Weiterbildungsangebote nutzen, technischem Fortschritt folgen – Planbarkeit einer herausfordernden und erfolgsversprechenden Berufslaufbahn
Soziale Sicherung	– Eine starke kollektive soziale Sicherung – Zusammenhalt am Arbeitsplatz – Unterstützung bei der Kindererziehung (Betreuung, Kostenübernahme) – Verstärkter Schutz bei längeren Krankheiten (Arbeitsplatzsicherheit, Wiedereingliederung) – Starke Arbeitnehmervertretung – Eine starke Arbeitgebervertretung – Individuelle Mitbestimmung stärken

Faktor Digitalisierung und Automatisierung

Jene Studierende, welche eine Führungstätigkeit anstreben, weisen allen Variablen dieses Faktors eine höhere Bedeutung zu als die anderen Auskunftspersonen. Eine varianzanalytisch ergründete signifikant höhere Rolle nehmen die Variablen „Automatisierung/Roboter/Rationalisierung am Arbeitsplatz“ sowie „Digitalisierung als

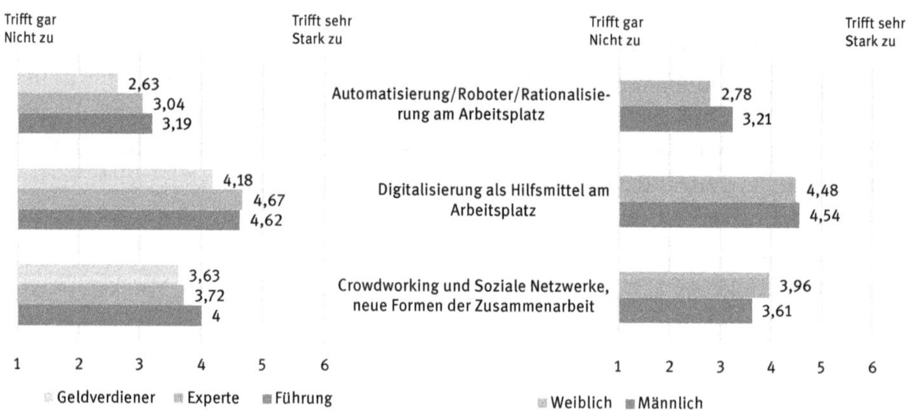

Abb. 4: Digitalisierung und Automatisierung, Quelle: eigene Darstellung.

Hilfsmittel am Arbeitsplatz“ ein (siehe Abbildung 4). Zukünftige potenzielle Führungskräfte erachten Digitalisierung und Automatisierung als wichtig. Im Geschlechtervergleich weisen Frauen dem Bereich „Automatisierung/Roboter/Rationalisierung am Arbeitsplatz“ eine signifikant geringere Rolle zu.

Faktor Individualisierung und Flexibilisierung

Bei Variablen dieses Faktors konnte kein signifikanter Unterschied zwischen den Führungskräften, Experten und Geldverdienern aufgezeigt werden. Dies kann dahingehend interpretiert werden, dass dieser Faktor für alle Absolventen gleichermaßen bedeutsam ist. Hierbei erscheinen flexible Arbeitszeiten wichtiger als flexible Arbeitsorte (siehe Abbildung 5). Weibliche Studierende weisen der Flexibilisierung in einzelnen Lebensphasen eine signifikant hohe Bedeutung zu.

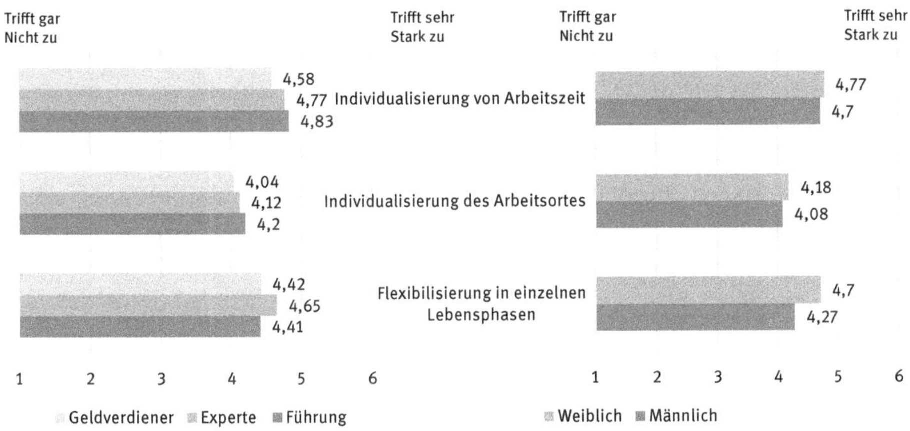

Abb. 5: Individualisierung und Flexibilisierung, Quelle: eigene Darstellung.

Faktor Lebenslanges Lernen

Eine signifikant höhere Bedeutung weisen zukünftige Führungskräfte dem Nutzen von Weiterbildungsangeboten zum Schritthalten mit technischem Fortschritt zu. Dies gilt ebenfalls für den Wunsch nach Kollegen und Mitarbeitern mit hohem Bildungsniveau. Bei der Betrachtung von Frauen zeigt sich ein weniger deutliches Bild. Zwar weisen die befragten Frauen diesen Bereichen eine höhere Bedeutung zu als ihre männlichen Kollegen. Die Unterschiede sind allerdings nicht signifikant. Eine signifikant höhere Bedeutung weisen Frauen der Planbarkeit einer herausfordernden und erfolgsversprechenden Berufslaufbahn zu. Bei einem Geschlechtervergleich zeigt sich ein klares Bild. Die weiblichen Befragten weisen allen Variablen eine signifikant höhere Bedeutung zu (siehe Abbildung 6).

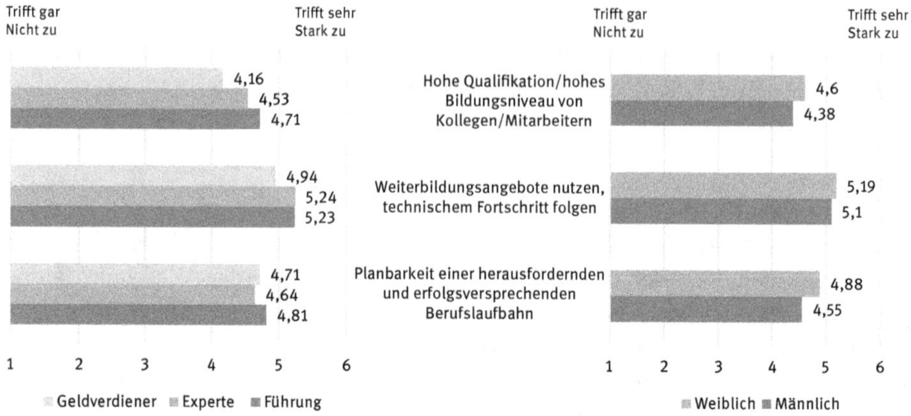

Abb. 6: Lebenslanges Lernen, Quelle: eigene Darstellung.

Faktor Soziale Sicherung

In diesem Faktor zeigt lediglich die Variable „Individuelle Mitbestimmung stärken" signifikante Unterschiede zwischen den Kernzielen der Arbeit. Angehende Führungskräfte weisen dieser eine signifikant höhere Bedeutung bei. Dies deckt sich mit deren grundsätzlich starken Wunsch nach Entscheidungsspielraum und Weisungsbefugnis (siehe Abbildung 7).

Wenngleich der Wunsch nach starker kollektiver Sicherung und nach Zusammenhalt am Arbeitsplatz keine signifikanten Unterschiede zwischen den Kernzielen der

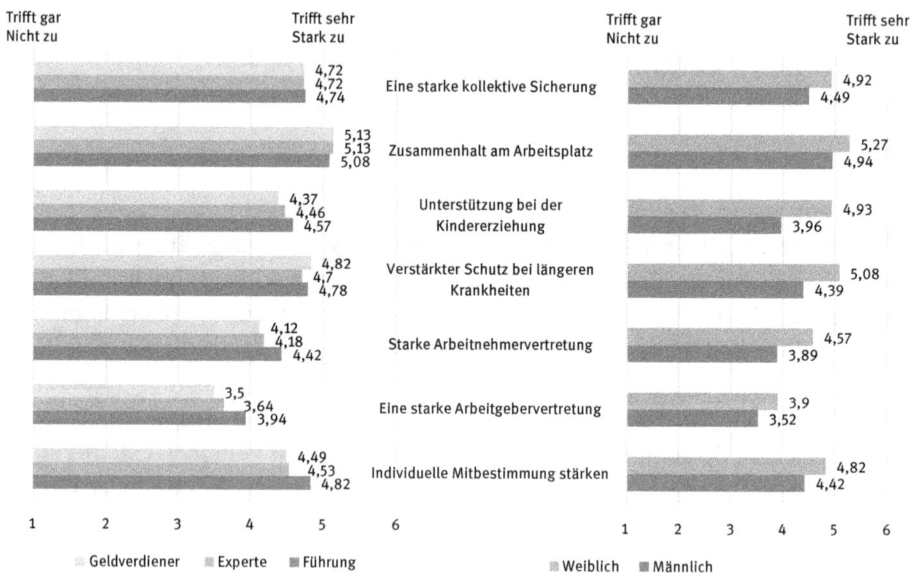

Abb. 7: Soziale Sicherung, Quelle: eigene Darstellung.

Arbeit aufwiesen, so zeichnen sie sich doch durch eine insgesamt starke Rolle aus. Dies deckt sich mit Erkenntnissen der Wertewelten-Studie des BMAS (2016). Die verschiedenen Wertewelten eint eine gemeinsame Ablehnung von unfairen Arbeitsbedingungen und die Überzeugung, dass Leistung auch angemessen honoriert werden soll. Weiterhin ist ein Anspruch auf Teilhabe und Mitbestimmung stark erkennbar. Diese Forderungen kommen stark zum Tragen bei einem Geschlechtervergleich. Weibliche Auskunftspersonen weisen allen Variablen der sozialen Sicherung eine signifikant größere Bedeutung bei.

Charaktereigenschaften

Die Analyse der Charaktereigenschaften basiert auf dem Bem Sex Role Inventory (BSRI). (Vgl. Bem 1993). Varianzanalytische Vergleiche der Kernzielgruppen sowie ein Geschlechtervergleich brachte folgende Erkenntnisse: Von den 60 Items zeigten 18 signifikante Unterschiede im Vergleich potenzieller Führungskräfte mit den zukünftigen Experten beziehungsweise Geldverdienern. Davon waren 14 den maskulinen Eigenschaften zuzuweisen (siehe Tabelle 7). Ein Blick auf die maskulinen Eigenschaften zeigt, dass für alle Personen, die zukünftig Führungsaufgaben übernehmen möchten, die maskulinen Eigenschaften stärker als bei den Experten und Geldverdienern

Tab. 7: Die Bedeutung maskuliner Eigenschaften, Quelle: eigene Darstellung.

Kernziele der Arbeit			**Maskuline Eigenschaften**	**Geschlecht**	
F	**E**	**G**		**M**	**W**
4,83	**3,96**	**3,79**	Hat Führungseigenschaften	4,34	4,19
4,60	**4,09**	**3,68**	Tritt bestimmt auf	4,19	4,16
5,07	4,89	4,77	Ehrgeizig	**4,78**	**5,07**
4,13	**3,57**	**3,27**	Respekteinflößend	3,68	3,73
4,25	**3,79**	**3,65**	Kann andere kritisieren, ohne sich dabei unbehaglich zu fühlen	**4,11**	**4,79**
4,16	**3,78**	**3,58**	Unerschrocken	3,96	3,81
4,84	4,93	4,64	Intelligent	4,88	4,76
4,70	**4,49**	**4,11**	Hartnäckig	4,49	4,46
4,55	**4,13**	**4,06**	Ist bereit, etwas zu riskieren	4,42	4,16
4,49	**4,22**	**4,06**	Kraftvoll	4,35	4,23
4,06	**3,52**	**3,55**	Furchtlos	**3,96**	**3,53**
4,55	**4,50**	**4,20**	Scharfsinnig	4,56	4,34
4,05	**3,89**	**3,39**	Wetteifernd	**4,10**	**3,59**
4,57	**4,32**	**4,12**	Sicher	4,37	4,36
4,67	4,59	4,43	Konsequent	4,48	4,67
5,00	**4,74**	**4,48**	Verteidigt die eigene Meinung	4,72	4,82
4,82	**4,56**	**4,34**	Entschlossen	4,62	4,58
4,71	4,60	4,49	Sachlich	4,70	4,54
4,21	3,98	3,99	Nicht leicht beeinflussbar	4,13	3,99
4,53	4,33	4,33	Zeigt geschäftsmäßiges Verhalten	4,42	4,41

F: Führungsaufgaben E: Expertenrolle G: Geldverdiener M: Männlich W: Weiblich
In Fettdruck: signifikante Ergebnisse

ausgeprägt sind. Signifikante Unterschiede zeigen sich bei diesen Variablen: Hat Führungseigenschaften, tritt bestimmt auf, ist respekteinflößend, kann andere kritisieren, ohne sich dabei unbehaglich zu fühlen, ist unerschrocken, hartnäckig, bereit, etwas zu riskieren, kraftvoll, furchtlos, schafsinnig, wetteifernd, sicher, verteidigt die eigene Meinung, ist entschlossen. Ein Geschlechtervergleich zeigt nur wenige signifikante Unterschiede der Eigenschaften. Frauen bewerten ihren Ehrgeiz sowie ihre Fähigkeit, andere zu kritisieren, ohne sich unbehaglich zu fühlen signifikant stärker als Männer. Männer hingegen bewerten ihre Furchtlosigkeit und ihren Wetteifer signifikant stärker als Frauen. Insgesamt kann man festhalten, dass maskuline Eigenschaften eine hohe Bedeutung für zukünftige Führungskräfte haben.

Feminine Eigenschaften hingegen nehmen bei der Bereitschaft zur Übernahme von Führungsaufgaben einen geringeren Stellenwert ein. Signifikante Unterschiede zwischen den Gruppen der Führungspersonen, Experten und Geldverdienern zeigen sich nur bei drei Variablen. Zukünftige Führungskräfte zeigen eine signifikant stärkere Empfindsamkeit und Romantik sowie eine signifikant schwächere Bescheidenheit auf. Dennoch gibt es eine Vielzahl an weiblichen Eigenschaften, die signifikante Unterschiede zwischen Männern und Frauen aufweisen. Einige sind bei Frauen stärker ausgeprägt, wie zum Beispiel Empfindsamkeit, das Achten auf die äußere Erschei-

Tab. 8: Die Bedeutung femininer Eigenschaften, Quelle: eigene Darstellung.

Kernziele der Arbeit			**Feminine Eigenschaften**	**Geschlecht**	
F	**E**	**G**		**M**	**W**
3,66	3,29	3,42	Empfänglich für Schmeicheleien	**3,68**	**3,31**
4,48	**4,41**	**3,89**	Empfindsam	4,25	4,35
4,33	4,02	4,00	Selbstaufopfernd	4,10	4,18
4,97	4,71	4,67	Achtet auf die äußere Erscheinung	**4,59**	**4,98**
4,68	4,50	4,29	Leidenschaftlich	4,42	4,61
4,90	5,05	4,83	Herzlich	**4,63**	**5,19**
4,40	4,54	4,77	Liebt Sicherheit	**4,28**	**4,78**
4,51	4,41	4,30	Bemüht sich, verletzte Gefühle zu besänftigen	**4,19**	**4,60**
4,00	**3,65**	**3,48**	Romantisch	3,76	3,71
2,67	2,73	2,73	Abhängig	2,77	2,66
3,72	3,80	3,77	Weichherzig	**3,52**	**3,97**
4,93	4,77	4,66	Glücklich	**4,62**	**4,97**
4,60	4,65	4,38	Feinfühlig	**4,33**	**4,77**
4,18	4,07	3,86	Sinnlich	**3,83**	**4,27**
4,95	4,91	4,79	Fröhlich	**4,63**	**5,12**
3,68	3,74	3,99	Nachgiebig	3,81	3,76
4,21	**4,49**	**4,73**	Bescheiden	**4,29**	**4,58**
3,95	3,89	3,87	Benutzt keine barschen Worte	3,79	4,00
3,66	3,44	3,80	Verspielt	3,67	3,57
3,57	3,20	3,18	Verführerisch	3,35	3,33

F: Führungsaufgaben E: Expertenrolle G: Geldverdiener M: Männlich W: Weiblich
In Fettdruck: signifikante Ergebnisse

nung, Herzlichkeit, der Bedarf an Sicherheit, das Bemühen, verletze Gefühle zu besänftigen, Weichherzigkeit, Glücklich sein, Feinfühligkeit, Sinnlichkeit, Fröhlichkeit und Bescheidenheit. Lediglich die Empfänglichkeit für Schmeicheleien ist bei Männern stärker ausgeprägt als bei Frauen. Die Variable Bescheidenheit nimmt eine besondere Rolle wahr. Einerseits zeichnen sich die Führungskräfte durch signifikant geringe Bescheidenheit aus, andererseits zeichnen sich Frauen durch eine signifikant höhere Bescheidenheit aus. Dies verweist auf den Bedarf, Frauen zur Reduktion ihrer Bescheidenheit zu ermutigen (siehe Tabelle 8).

Bei den neutralen Eigenschaften zeigte sich nur in einem Fall ein signifikantes Ergebnis bei der Betrachtung der Kernziele von Arbeit. Jene, die Führungsaufgaben übernehmen wollen, zeichnen sich durch eine signifikant stärkere Unhöflichkeit aus. Der direkte Vergleich zwischen männlichen und weiblichen Studierenden zeigt eine größere Anzahl an Unterschieden. Weibliche Studierende bewerten sich signifikant als stärker gründlich, zuverlässig, fleißig, gesund, gesetzestreu und aufmerksam. Männliche Studierende hingegen bewerten sich signifikant stärker als teilnahmslos, überspannt, unpraktisch, niedergeschlagen, steif, eingebildet, stumpf und unhöflich (siehe Tabelle 9).

Tab. 9: Die Bedeutung neutraler Eigenschaften, Quelle: eigene Darstellung.

Kernziele der Arbeit			Neutrale Eigenschaften	Geschlecht	
F	E	G		M	W
4,83	4,88	4,83	Gründlich	**4,60**	**5,05**
2,43	2,26	2,41	Teilnahmslos	**2,59**	**2,19**
5,31	5,32	5,35	Vertrauenswürdig	5,25	5,40
3,14	2,99	3,02	Überspannt	**3,24**	**2,92**
5,41	5,39	5,56	Zuverlässig	**5,27**	**5,60**
2,60	2,35	2,45	Unpraktisch	**2,77**	**2,22**
4,95	5,07	4,74	Fleißig	**4,59**	**5,25**
2,40	2,26	2,38	Niedergeschlagen	**2,56**	**2,17**
4,75	4,57	4,56	Gesellig	4,50	4,74
3,25	3,49	3,36	Nervös	3,28	3,43
5,15	4,99	4,94	Gesund	**4,88**	**5,19**
2,71	2,93	2,80	Steif	**3,07**	**2,59**
4,49	4,45	4,37	Geschickt	4,43	4,45
2,77	2,51	2,25	Eingebildet	**2,82**	**2,32**
4,74	4,82	4,97	Gesetzestreu	**4,63**	**5,01**
2,50	2,26	2,53	Stumpf	**2,75**	**2,16**
4,84	5,17	5,06	Gewissenhaft	4,90	5,09
2,15	**1,68**	**1,76**	Unhöflich	**2,07**	**1,74**
4,96	4,90	4,97	Aufmerksam	**4,69**	**5,17**
2,99	2,84	3,06	Vergesslich	3,02	2,91

F: Führungsaufgaben E: Expertenrolle G: Geldverdiener
M: Männlich W: Weiblich
In Fettdruck: signifikante Ergebnisse

4.3 Zusammenfassung der Kernergebnisse

Die erhobenen Daten dienen der Beantwortung der in Kapitel 3 aufgeworfenen Kernfragen.

Kernfrage 1

Der Anteil angehender Akademikerinnen, welche eine Führungsfunktion übernehmen möchten, liegt bei 35 Prozent. Damit ist grundsätzlich Potenzial vorhanden, welches weiter gefördert werden kann. Die Diskussion der Kernfrage 2 erhellt die Besonderheiten dieser Zielgruppe.

Kernfrage 2

In diesem Kapitel sollen die angehenden Akademikerinnen mit dem Wunsch zur Übernahme von Führungsaufgaben abrundend beschrieben und Besonderheiten hervorgehoben werden.

Bei den angehenden Akademikerinnen, welche eine Führungsfunktion übernehmen möchten, sticht das Wertebündel „Sich in der Arbeit selbst verwirklichen" hervor. Dahinter steht der Wunsch, sich aufbauend auf eine Vielzahl an Möglichkeiten immer wieder neu zu erfinden und spannende Aufgaben zu übernehmen. Dieser Weg soll von flexiblen Arbeitsmöglichkeiten geprägt sein. Bei den geeigneten Rahmenbedingungen – auch in Vereinbarkeit mit Kindererziehung – sind die zukünftigen Arbeitskräfte leistungsbereit. (Vgl. BMAS 2016). Sie erwarten und benötigen eine Gesellschaft und Arbeitgeber, die den Weg dazu bereiten – ebenso wie ihre männlichen Kollegen.

Die Ergebnisse zu den Erwartungen ergänzen diesen Befund. Die zukünftigen Absolventinnen sind von einem vergleichsweise hohen Wunsch nach Weisungsbefugnis, Anerkennung und nach gutem Arbeitsklima geprägt. Ein attraktiver zukünftiger Arbeitsplatz sollte dieses bieten.

Digitalisierung wird von Personen mit dem Wunsch nach Führungsaufgaben als wichtig erachtet. Sie auf die technischen Seiten des Megatrends vorzubereiten, fällt bereits in das Aufgabengebiet von Schulen und Hochschulen. Im Sinne eines lebenslangen Lernens muss die interne und externe Weiterbildung von Mitarbeitern über ein systematisches Konzept durch ein Human Ressource Management begleitet werden. Zukünftige Führungskräfte zeichnen sich gemäß den Befragungsergebnissen bereits heute dadurch aus, dass sie Weiterbildungsangebote als besonders wichtig erachten. Die Bedeutung eines Schritthaltens mit technischem Fortschritt ist erkannt. Insbesondere die weiblichen Befragten wünschen sich eine Planbarkeit der Berufslaufbahn.

Der Wunsch nach Selbstverwirklichung in der Arbeit schließt den Wunsch nach Vereinbarkeit von Arbeit und Kindererziehung nicht aus, sondern ist vielmehr integriert. Bei der Flexibilisierung von Arbeit tritt bei weiblichen Befragten der Wunsch nach Flexibilisierung einzelner Lebensphasen hervor. Auch dies kann als Wunsch nach Freiraum für Kindererziehungsphasen interpretiert werden. Die Integration von

Arbeit und Familie ist ein Bedürfnis, dem der Megatrend der Flexibilisierung Rechnung tragen kann und muss.

Kernfrage 3

Möchte man den Anteil an Frauen in Führungsfunktionen erhöhen oder auch die bestmöglichen Kandidatinnen für das Unternehmen gewinnen, so müssen angehende AkademikerInnen mit Führungsbereitschaft zunächst identifiziert werden. Dann können sie gestärkt und über ein Talent Management gefördert werden. Ein zukunftsorientiertes Human Ressource Management kann dazu die Untersuchungsergebnisse heranziehen.

Wenn Gestaltungsspielmöglichkeiten sowie Weisungsbefugnisse einen hohen Stellenwert bei den angehenden Akademikerinnen haben, so sollten sie möglichst frühzeitig im Karrierepfad verankert werden. Dies deckt sich mit dem Wunsch nach einer Planbarkeit von Berufslaufbahnen.

Verstärkte Flexibilisierung ist Kernbestandteil eines Megatrends. Wichtig erscheint es, Konzepte einer flexiblen Arbeitsgestaltung angepasst an die Bedürfnisse zukünftiger Arbeitskräfte zu gestalten. Hier können angehende Arbeitskräfte bereits am Ende der Studienzeit eingebunden werden. Dazu kann Kontakt zu Praktikantinnen gesucht werden, aber auch Arbeitskreise mit Hochschulen und Studentinnen höherer Semester genutzt werden. In derartigen Gremien können geeignete Kandidatinnen frühzeitig identifiziert und angesprochen werden.

Neben dem Schaffen von geeigneten Konzepten mit Gestaltungsspielräumen und unter Berücksichtigung von gutem Arbeitsklima sollten diese Konzepte systematisch intern und extern kommuniziert werden. Nach Möglichkeit sollte diese Kommunikation ein systematischer Bestandteil eines Employer Branding sein.

Mit der Forderung nach Anerkennung und einem guten Arbeitsklima zeigt sich, dass einige Themen bereits seit einer Vielzahl an Jahren, wenn nicht gar generationsübergreifend als bedeutsam angesehen werden. Das bestehende Human Resource Management muss daher kritisch überprüfen, ob mehr Bemühungen erforderlich sind, um dem Bedürfnis nach Anerkennung und gutem Arbeitsklima nachzukommen. Aber auch hier kann eine Lösung darin bestehen, vorhandene positive Beispiele stärker zu kommunizieren und sich als guter Arbeitgeber zu profilieren. Eine systematische Integration in ein Employer Branding muss sichergestellt sein.

Als weiteren Ansatz zur Förderung von Frauen in Führungsfunktionen könnte eine weitere Zielgruppe angehender Akademikerinnen betrachtet werden. Bei jenen Befragten, ohne das Kernziel der Führungsverantwortung, stechen insbesondere die Expertinnen hervor. Sie zeichnen sich durch Tätigkeiten der Entscheidungsvorbereitung aus und sind somit nahe am Treffen von Entscheidungen und somit der Übernahme von Verantwortung. Ein Blick auf die erhobenen Daten zeigt, dass erwartungsgemäß bei Frauen mit dem Kernziel „Führung" die Bereitschaft zur Übernahme einer Führungsaufgabe im Unternehmen hoch ist (Mittelwert 5,2 bei einer 6er-Skala).

Bei jenen Studentinnen, welche im Kern eine Expertenrolle übernehmen wollen, liegt die Bereitschaft im Mittel bei 4,2. Damit ist deren Führungsbereitschaft zwar geringer, aber dennoch klar vorhanden. Das Potenzial zur Steigerung von Führungsbereitschaft kann als gegeben angesehen werden.

Als ein ausgewählter Ansatzpunkt sollen in diesem Kontext die Eigenschaften der Studentinnen herangezogen werden. Jene Befragten, die eine Führungsfunktion übernehmen wollen, zeichnen sich durch einen starken Anteil männlicher Charaktereigenschaften aus. Männliche Eigenschaften und Führung stehen hier in einem starken Zusammenhang. Zur Förderung jener Studentinnen, welche eine Expertenrolle avisieren, könnte ein Blick auf weitere Eigenschaften einen diskussionswürdigen Beitrag leisten. Dies führt zur Forderung nach mehr Raum für weibliche Eigenschaften in der Führung. Die befragten Studentinnen zeichnen sich im Vergleich zu den männlichen Kommilitonen durch signifikant stärkeren Ehrgeiz, höhere Fähigkeit zu kritisieren, stärkere Gründlichkeit, stärkere Zuverlässigkeit, stärkeren Fleiß, stärkere Gesetzestreue aus. Weiterhin zeigen sie eine signifikant stärkere Herzlichkeit, stärkeres Bemühen, verletzte Gefühle zu besänftigen, höhere Feinfühligkeit, geringere Teilnahmslosigkeit, stärker Aufmerksamkeit, geringere Unhöflichkeit auf (siehe Tabelle 7 bis Tabelle 9). Diese Eigenschaften können für eine Führungsperson hilfreich sein, da einerseits zum Beispiel Ehrgeiz für eine Zielerreichung sinnvoll sein kann. Andere Eigenschaften verweisen auf eine Stärke im Umgang mit Menschen. Dies kann als Plädoyer für eine Verstärkung „weiblicher“ Führungskonzepte angesehen werden. Lässt Führung Raum für diese Eigenschaften, so werden die Inhaber dieser Eigenschaften sich verstärkt engagieren. Dies soll an dieser Stelle als Anstoß für eine weitere Diskussion verstanden werden.

4.4 Limitationen und nächste Schritte

Die beschriebenen Ergebnisse gelten zunächst für die erhobene Stichprobe. Eine Verallgemeinerbarkeit kann aus nachfolgenden Gründen limitiert sein:

Bei den Befragten handelt es sich um Studierende der Hochschule Fulda am Fachbereich Wirtschaft. Eine Repräsentativität der Ergebnisse für die Studierenden anderer Fachbereiche oder auch anderer Hochschulen kann vermutet werden, eine endgültige Bestätigung müsste noch erfolgen. Im Rahmen der Analyse wird zwischen weiblichen und männlichen Studierenden differenziert. Weitere Geschlechtsidentitäten wurden aus Auswertungsgründen nicht berücksichtigt. Zudem werden – auch aufgrund der Stichprobengröße – keine weiteren Differenzierungskriterien erhoben beziehungsweise in die Analyse einbezogen. So könnte zum Beispiel die Nationalität der Studierenden oder auch ein Migrationshintergrund einen Einfluss auf die Ergebnisse nehmen. Ausgewählte qualitative Interviews von Personen in Österreich und Großbritannien bestätigen allerdings bereits den Ansatz der Arbeit und seine Ergebnisse.

Die Repräsentativität einer Befragung muss grundsätzlich aufgrund eines Non-Responder-Bias kritisch betrachtet werden. (Vgl. Atteslander 2010: 157). Im Rahmen der Studie konnten nur jene Studierende befragt werden, welche an den Veranstaltungen teilnahmen, in denen die Datenerhebung erfolgte. Es muss kritisch beleuchtet werden, ob das Antwortverhalten der Studierenden in der Stichprobe das Antwortverhalten derjenigen widerspiegelt, die nicht über die Lehrveranstaltungen erreicht werden konnten.

Befragt wurden Studierende, welche zwar über erste Berufserfahrungen durch Praktika oder Berufsausbildungen verfügen. Den Berufsalltag mit langfristiger und unbefristeter Orientierung werden die Auskunftspersonen allerdings erst noch erfahren. Aktuelle Einschätzungen können sich daher in den nächsten Jahren ändern. Diese Veränderungen könnten beispielsweise die Wertewelten betreffen. Folgt man der Mangelhypothese von Inglehart, so wird jenen Werten eine große Bedeutung beigemessen, die sich durch Knappheit auszeichnen. So wird möglicherweise bei Personen in der Wertewelt „Sorgenfrei von der Arbeit leben können" ein Wertewandel stattfinden, wenn nach einigen Jahren Berufstätigkeit ein Gehalt zur regelmäßigen Befriedigung einer Vielzahl an Bedürfnissen zur Selbstverständlichkeit geworden ist. (Vgl. Inglehart 1997). Auch die Einschätzung des eigenen Charakters kann sich im Laufe des Lebens verändern. Daher sollte die Aussagekraft dieser Studie nach einigen Jahren Berufstätigkeit derselben Auskunftspersonen oder anderer Berufseinsteiger mit einigen Jahren Berufserfahrung wiederholt werden. Zur endgültigen Klärung der Limitationen müssten weitere repräsentative Studien unter Einbindung der oben angeführten Gruppierungen erfolgen

5 Ausblick in die Zukunft

Die vorliegenden Ausführungen können, unabhängig von möglichen Grenzen, die Diskussion der Herausforderungen in einer Arbeitswelt 4.0 vorantreiben. Die Betrachtung der Megatrends von Arbeit 4.0 hat deren Technologiefokus aufgezeigt, aber auch die Bedeutung motivierter und leistungsstarker Arbeitskräfte zur Entwicklung neuer Konzepte aufgezeigt. Die systematische Integration von Bedürfnissen zukünftiger Arbeitskräfte ist insbesondere bei drohendem Fach- und Führungskräftemangel von Bedeutung. Möchte man zum Schließen der Lücke den Anteil an Frauen in Führungsfunktionen steigern, so sollen insbesondere deren Bedürfnisse fokussiert werden. Es hat sich gezeigt, dass die befragten Studentinnen eine Bereitschaft zur Übernahme zeigen und ausgewählte Bedürfnisse zum Beispiel über bestehende Wertesysteme und Einschätzungen der Arbeitswelt 4.0 Ansatzpunkte zur Deckung von deren Bedürfnissen bieten. Es gilt, Konzepte und Anreize zu entwickeln, welche die richtige Zielgruppe anspricht und erreicht. Im Sinne einer strategischen Unternehmensführung muss auf einen strategischen Fit vertikal und horizontal geachtet werden. Ziele,

Strategien und Maßnahmen der Mitarbeiterbindung und -gewinnung müssen widerspruchsfrei gestaltet sein.

Für Unternehmen kann daraus eine Checkliste entwickelt werden, die sie auf dem Weg in ein erfolgsträchtiges Human-Resource-Management begleitet.

- Bietet ein Unternehmen bereits heute die richtigen Konzepte mit den richtigen Anreizen für zukünftige weibliche Führungskräfte (und deren männliche Kollegen)?
- An welche dynamischen Veränderungen müssen unsere Konzepte angepasst werden?
- Werden diese Konzepte und Anreize von der richtigen Zielgruppe, den richtigen Kandidatinnen wahrgenommen?
- Ist die Kommunikation zielgerichtet und effizient?
- Ist die Kommunikationspolitik in ein systematisches Employer Branding integriert?
- Sind Employer Branding und Talent Management aufeinander abgestimmt?

Hierfür muss ein maßgeschneidertes, unternehmensspezifisches Konzept entwickelt werden, dass auf die Untersuchungsergebnisse aufbaut. Führungskonzepte, die an den Wertewelten orientiert sind, existieren bislang nicht. Die Eignung vorhandener Instrumente zur zielgerichteten und frühzeitigen Erkennung von „richtigen“ Kandidatinnen muss kritisch erörtert werden.

Von besonderer Bedeutung ist die kritische Diskussion, ob die heute formulierten Bedürfnisse und Erwartungen nach Eintritt ins Berufsleben und einigen Jahren Berufserfahrung noch identisch sind. Deren Entwicklungen müssen beobachtet werden.

Diese offenen Punkte zeigen auf, dass zum einen weitere Erhebungen in Zukunft nötig sein werden, um den Kenntnisstand über die Zielgruppe zu aktualisieren. So können dynamische Veränderungen frühzeitig erkannt und darauf reagiert werden. Weiterhin kann ein engerer Austausch mit potenziellen zukünftigen Führungskräften als Informationsquelle und Frühindikator hilfreiche Hinweise zur Weiterentwicklung von Human Resource Strategien bieten. Ein Austausch zwischen Theorie und Praxis sollte diesen Weg begleiten.

Literatur- und Quellenverzeichnis

Accenture (2014): Accenture Technology Vision 2014. Sechs Trends der Digitalisierung führen Konzerne zum Markterfolg, https://www.accenture.com/de-de/company-news-release-six-trends-digitalization-lead-companies-market-success (letzter Aufruf: 02.03.18).

Atteslander, P. (2010): Methoden der empirischen Sozialforschung, Berlin, 13 Auflage.

Bem, S. (1974): The psychological measurement of androgyny, in: Journal of Consulting and Clinical Psychology, Bd. 42, S. 155–162.

Bem, S. (1993): Gender polarization. The lenses of gender: transforming the debate on sexual inequality, New Haven/London.

Bicchieri, C. (2006): The grammar of society: the nature and dynamics of social norms, New York.

BITKOM (2014): Industrie 4.0 – Volkswirtschaftliches Potenzial für Deutschland, Berlin.

Blessin, B. (2017): Alternative Karrierewege – die Laufbahnprogramme der VPV Versicherungen, in: Rump, J., Eilers, S. (Hrsg.): Auf dem Weg zur Arbeit 4.0. Innovationen in HR, Berlin, S. 145–159.

Brader, D., Lewerenz, J. (2006): Frauen in Führungspositionen: An der Spitze ist die Luft dünn, IAB Kurzbericht No. 2/2006.

Brock, D., Otto-Brock, E. (1988): Hat sich die Einstellung der Jugendlichen zu Beruf und Arbeit verändert? Wandlungstendenzen in den Berufs- und Arbeitsorientierung Jugendlicher im Spiegel quantitativer Untersuchungen, in: Zeitschrift für Soziologie, S. 436–450, Jg. 17, H. 6.

Bundesministerium für Arbeit und Soziales (BMAS) (Hrsg.) (2015): Grünbuch Arbeiten 4.0.

Bundesministerium für Arbeit und Soziales (BMAS) (Hrsg.) (2016): Wertewelten Arbeiten 4.0.

Bundesministerium für Wirtschaft und Energie (BMWi) (Hrsg.) (2015): Industrie 4.0. Volks- und betriebswirtschaftliche Faktoren für den Standort Deutschland. Eine Studie im Rahmen der Begleitforschung zum Technologieprogramm AUTONOMIK für Industrie 4.0, Berlin.

Calmbach, M., Borgstedt, S., Borchard, I., Thomas, P. M., Flaig, B. B. (2016): Wie ticken Jugendliche 2016? – Lebenswelten von Jugendlichen im Alter von 14–17 Jahren in Deutschland, Wiesbaden.

Cameron, K. S., Freeman, S. J. (1991): Cultural Congruence, Strength, and Type: Relationships to Effectiveness, in: Woodman, R., Pasmore, W. (Hrsg.): Research in Organizational Change and Development, Bd. 5, Greenwich, S. 23–58.

Civai, C., Ma, I. (2017): The Enhancement of Social Norm Compliance: Prospects and Caveats, in: Journal of Cognitive Enhancement, Bd. 1, S. 26–30.

DIW (2010): Angst vor Jobverlust beeinflusst das Wohlbefinden viel stärker als angenommen, Pressemitteilung vom 26.03.2010.

DIW (2017): Führungskräftemonitor 2017. Update 1995–2015, Berlin.

Donnelly, K., Twenge, J. M. (2017): Masculine and Feminine Traits on the Bem Sex-Role Inventory. 1994–2012: A Cross-Temporal Meta-Analysis, in: Sex Roles, A Journal of Research. Special Issue: The Past, Present, and Future of Masculinity, Femininity and Gender, Bd. 76. H. 9–10, S. 556–565.

Eurostat (2018): Teilzeitbeschäftigung und unfreiwillige Teilzeitbeschäftigung, http://appsso.eurostat.ec.europa.eu/nui/submitViewTableAction.do (letzter Aufruf: 01.03.18).

Flaig, B. B., Barth, B. (2014): Die SINUS-Milieus® 3.0 – Hintergründe und Fakten zum aktuellen SINUS-Milieu-Modell, in: Halfmann, M. (Hrsg.): Zielgruppen im Konsumentenmarketing, Segmentierungsansätze – Trends – Umsetzung, Wiesbaden, S. 105–120.

Gebhardt, J., Grimm, A., Neugebauer, L. M. (2015): Developments 4.0. Prospects on future requirements and impacts on work and vocational training, in: Journal of Technical Education, Bd. 3, H. 2, S. 117–133.

Gill, R. (2007): Postfeminist Media Culture: Elements of Sensibility, in: European Journal of Cultural Studies, Bd. 10, S. 147–66.

Gruber, H., Ziegler, A. (1996): Expertise als Domäne psychologischer Forschung, in: Gruber, H., Ziegler, A. (Hrsg.): Expertiseforschung. Theoretische und methodische Grundlagen, Wiesbaden, S. 7–16.

Hillmann, K.-H. (2001): Zur Wertewandelforschung: Einführung, Übersicht und Ausblick, in: Oesterdiekhoff, G. W., Jegelka, N. (Hrsg.): Werte und Wertewandel in westlichen Gesellschaften. Resultate und Perspektiven der Sozialwissenschaften, Wiesbaden, S. 15–39.

Hoffman, R. M., Borders, L. D. (2001): Twenty-five years after the Bem Sex-Role Inventory: A Reassessment and new issues regarding classification variability, in: Measurement and Evaluation in Counseling and Development, Bd. 34, S. 39–55.

Hofstede, G., Neuijen, B., Ohayv, D. D., Sanders, G. (1990): Measuring Organizational Culture: A Qualitative and Quantitative Study Across Twenty Cases, in: Administrative Science Quarterly, 35. Jg, S. 286–316.

Huber, B. (2014): Experten als Untersuchungsgegenstand: Definitionen und Forschungsperspektiven, in: Huber, B. (Hrsg.): Öffentliche Experten, Wiesbaden, S. 23–39.

Inglehart, R. (1977): The silent Revolution: Changing Values and political systems among western publics, Princeton/New Jersey.

Inglehart, R. (1997): Modernisierung und Postmodernisierung: Kultureller, wirtschaftlicher und politischer Wandel in 43 Gesellschaften, Frankfurt.

Ittermann, P. (2007): Betriebliche Partizipation in Unternehmen der Neuen Medien. Innovative Formen der Beteiligung auf dem Prüfstand, Frankfurt a.M.

Jasperneite, J. (2012): Alter Wein in neuen Schläuchen? Was hinter Begriffen wie Industrie 4.0 steckt, in: Computer & Automation, Heft 12/2012, S. 24–28.

Klages, H., Gensicke, T. (2006): Wertesynthese – funktional oder dyfunktional?, in: Kölner Zeitschrift für Soziologie und Sozialpsychologie, S. 332–351, Jg. 58, Heft 2/2006.

Kreipl, C. (2004): Efficient Consumer Response und die Bereitschaft zur Kooperation, Wiesbaden.

Kreipl, C. (2017): Gesellschaftliche Verantwortung als Anforderung an Manager, in: Stehr, C., Struve, F. (Hrsg.): CSR und Marketing. Nachhaltigkeit und Verantwortung richtig kommunizieren, Wiesbaden, S. 15–39.

Liben, L., Bigler, R. S. (2017): Understanding and Undermining the Development of Gender Dichotomies: The Legacy of Sandra Lipsitz Bem, in: Sex Roles, A Journal of Research, Special Issue: The Past, Present, and Future of Masculinity, Femininity and Gender, Bd. 76, Heft 9–10, S. 544–555.

Mehta, C. M., Dementieva, Y. (2017): The Contextual Specifity of Gender: Feminity and Masculinity in College Students' Same- and Other-Gender Peer ContextS, in: Sex Roles, A Journal of Research. Special Issue: The Past, Present, and Future of Masculinity, Femininity and Gender, Bd. 76, H. 9–10, S. 604–614.

Münchner Kreis (2013): Arbeit in der digitalen Welt. Zusammenfassung der Ergebnisse der AG1 Projektgruppe anlässlich des IT-Gipfels-Prozesses 2013, http://www.forschungsnetzwerk.at/downloadpub/arbeit-in-der-digitalen-welt.pdf (letzter Aufruf: 01.03.2018).

Nerdinger, F. W., Spieß, E. (1992): Kommunikative Validierung und Datenfeedback in der Werteforschung – Ergebnisse aus quantitativen und qualitativen Langzeitbefragungen, in: Klages, H., Hippler, H.-J., Herbert, W. (Hrsg.): Werte und Wandel. Ergebnisse und Methoden einer Forschungstradition, Frankfurt/New York, S. 653–671.

Noelle-Neumann, R. (1978): Werden wir alle Proletarier? Wertewandel in unserer Gesellschaft, Zürich.

Preißing, D. (2017): Erhöhung der Frauenerwerbstätigkeit – ein Beitrag zur Bewältigung des demografischen Wandels, in: Alisch, M. and Hagspihl, S. and Kreipl, C. and Ritter, M. (Hrsg.): Alter(n) und Soziale Nachhaltigkeit. Interdisziplinäre Zugänge zu den Herausforderungen alternder Gesellschaften, S. 213–237.

Rump, J., Eilers, S. (2017a): Arbeit 4.0 – Leben und Arbeiten unter neuen Vorzeichen, in: Rump, J. and Eilers, S. (Hrsg.): Auf dem Weg zur Arbeit 4.0. Innovationen in HR, S. 3–84.

Rump, J., Eilers, S. (2017b): Das Konzept des Employablity Management, in: Rump, J. and Eilers, S. (Hrsg.): Auf dem Weg zur Arbeit 4.0. Innovationen in HR, S. 87–126.

Schein, E. (1985): Organizational Culture and Leadership: A Dynamic View, San Francisco.

Scheuer, A. (2016): Materialistische und postmaterialistisch Werte, Bundeszentrale für politische Bildung, www.bpb.de/nachschlagen/datenreport-2016/226961/materialistische-und-postmaterialistische-werte (letzter Aufruf: 01.03.18).

Schneider-Düker, M., Kohler, A. (1988): Die Erfassung von Geschlechtsrollen: Ergebnisse zur deutschen Neukonstruktion des Bem Sex-Role Inventory, in: Diagnostika 34. Jg. H. 3, S. 256–270.

Schuldt, C., Ehret, J. (2015): Youth Economy. Die Jugendstudie des Zukunftsinstituts, Kelkheim.

Schulz-Schaeffer, I., Funken, C. (2008): Das Verhältnis von Formalisierung und Informalität betrieblicher Arbeits- und Kommunikationsprozesse und die Rolle der Informationstechnik, Funken, C. and Schulz-Schaeffer, I. (Hrsg.): Digitalisierung der Arbeitswelt. Zur Neuordnung formaler und informeller Prozesse in Unternehmen, S. 11–39.

Shell Deutschland Holding GmbH (Hrsg.) (2015): Jugend 2015, Eine pragmatische Generation im Aufbruch, Frankfurt a.M.

Statistisches Bundesamt (2018a): Arbeitsmarkt, https://www.destatis.de/DE/ZahlenFakten/GesamtwirtschaftUmwelt/Arbeitsmarkt/Arbeitsmarkt.html (letzter Aufruf: 01.03.18).

Statistisches Bundesamt (2018b): Bevölkerungsentwicklung, https://www.destatis.de/DE/ZahlenFakten/GesellschaftStaat/Bevoelkerung/Bevoelkerung.html (letzter Aufruf: 01.03.18).

Suchanek, A. (2010): Die Verantwortung von Unternehmen in der Gesellschaft, in: Braun, S. (Hrsg.): Gesellschaftliches Engagement von Unternehmen. Der deutsche Weg im internationalen Kontext, Wiesbaden, S. 37–49.

Thommen, J.-P., Achleitner, A.-K. (2012): Allgemeine Betriebswirtschaftslehre. Umfassende Einführung aus managementorientierter Sicht, Wiesbaden.

Voß, G. G. (1990): Wertewandel: Eine Modernisierung der protestantischen Ethik?, in: Zeitschrift für Politik, H. 3/90, S. 263–275.

Walenda, C., Brümmer, R. (2017): Potenziale heben – Potenziale nutzen: Employability-Förderung als ganzheitlicher Ansatz am Beispiel Deutsche Bank, in: Rump, J., Eilers, S. (Hrsg.): Auf dem Weg zur Arbeit 4.0. Innovationen in HR, Berlin, S. 127–143.

Wippermann, C. (2016): Frauen in Führungspositionen? Die „Gläserne Decke“ in der Wirtschaft. Befunde – Chancen – Herausforderungen. Regensburg.

Wolter, M. I. et al. (2015): Industrie 4.0 und die Folgen für Arbeitsmarkt und Wirtschaft: Szenario-Rechnungen im Rahmen der BIBB-IAB-Qualifikations- und Berufsfeldprojektionen, IAG-Forschungsbericht No. 8/2015.

Kathrin Escher

Gender Pay Gap – Realität in einer Arbeitswelt 4.0?

Kathrin Escher wurde 1987 in Saarbrücken geboren. Ihren Bachelor- sowie Masterabschluss mit Fokus auf Personalmanagement hat sie erfolgreich an der Hochschule Fulda absolviert. In ihrer Bachelor- und Masterthesis thematisierte sie den Gender Pay Gap und dessen Ursache, seine zukünftige Entwicklung in einer Arbeitswelt 4.0 sowie mögliche Lösunganätze. Seit ihrem Masterabschluss arbeitet sie als Human-Resources-Specialist bei Frankfurt am Main.

https://doi.org/10.1515/9783110588675-005

1 Einleitung

Die Diskussion um die gleiche Entlohnung von Frauen und Männer ist seit langem ein brisantes Thema. Jüngst sorgte ein Café in Australien für Schlagzeilen, indem es Männer auffordert, mehr Geld für einen Kaffee zu bezahlen als Frauen, um den Gehaltsunterschied zwischen ihnen und den weiblichen Counterparts auszugleichen. Dieses Beispiel macht auf die immer noch vorherrschenden und vor allem frappierenden Gehaltsunterschiede aufmerksam und zeigt, dass wir auch in der heutigen Zeit von einer „tatsächlichen Gleichstellung der Geschlechter" meilenweit entfernt sind. Die Ursachen für diese Gehaltsunterschiede sind vielfältig. Sie reichen von Segregation am Arbeitsmarkt über Erwerbsunterbrechungen bis hin zu Diskriminierung und von Frauen sich selbstauferlegten Hemmnissen. Natürlich versucht die Politik, durch neue Gesetzgebungen der anhaltenden Ungleichheit entgegenzutreten, jedoch sind diese Bemühungen leider nur zum Teil von Erfolg gekrönt. Aktionen wie der jährliche „Equal Pay Day", der auf die Missstände in Bezug auf die Entlohnung aufmerksam machen soll, scheinen gute Ansatzpunkte zu sein, helfen allerdings nur wenig. Eine Orientierung an anderen Ländern, vor allem an den skandinavischen, um den Gender Pay Gap zu minimieren, ist in Deutschland noch nicht konsequent zu erkennen. In diesen Ländern ist zwar ebenfalls ein Lohnunterschied gegeben, allerdings wird diesem aktiv entgegengewirkt, wie unter anderem durch eine striktere Gesetzgebung. Betrachtet man den Gender Pay Gap im Zusammenhang mit der sogenannten Arbeitswelt 4.0, so lässt sich Folgendes feststellen: Trotz zahlreicher Studien, welche sich mit dem Einfluss der Digitalisierung auf die Arbeitswelt von Morgen beschäftigen, wird selten auf die mögliche künftige Situation der Frauen in der Arbeitswelt 4.0 eingegangen. Das Thema Gender gilt in diesem Zusammenhang als „Blind Spot", als sogenannter blinder Fleck, dem nicht allzu große Beachtung geschenkt wird. Jedoch ist gerade dieser Aspekt so bedeutend. „Die Digitalisierung ist für Frauen so etwas, wie es die Pille in den Sechzigerjahren war: Sie eröffnet alle möglichen Freiheiten“, so Sylvia Coutinho, Chefin der Großbank UBS in Brasilien (Coutinho zitiert in: Borchardt 2016: o. S.). Die Digitalisierung scheint nach dieser Aussage ein von Interessensvertretern gestaltbarer Prozess zu sein. Damit einhergehend stellt sich die Frage, ob diese Erkenntnis ebenfalls auf den Gender Pay Gap zutrifft. Ergeben sich durch den digitalen Wandel diesbezüglich Chancen für die Frauen oder bringt die Digitalisierung ebenso wie die Pille Nebenwirkungen für das Lohngefälle mit sich?

Um dieser Frage auf den Grund zu gehen, wird zunächst der Gender Pay Gap genauer betrachtet, bevor die Arbeitswelt 4.0 sowie die damit einhergehenden Megatrends näher erläutert werden. Dabei bedürfen die Auswirkungen auf die Beschäftigungsentwicklung, ebenso wie mögliche neue Kompetenz- und Qualifikationsanforderungen und etwaige Veränderungen in Bezug auf die Erwerbsformen, einer genaueren Analyse. Anhand dieser Ergebnisse wird anschließend ein Ausblick auf die potenzielle Entwicklung des Gender Pay Gap in einer Arbeitswelt 4.0 gegeben, wobei Gestaltungsmöglichkeiten zur Minimierung der Lohnlücke in diesen Kontext einfließen. Abschließend gibt das Fazit eine Zusammenfassung der Ergebnisse und es erfolgt ein kurzer Ausblick auf weitere mögliche Entwicklungen.

2 Der Gender Pay Gap

Der Begriff Gender Pay Gap (GPG) ist seit Jahren in aller Munde und dient als „das“ Schlagwort, wenn es um das Thema Verdienstunterschiede zwischen den Geschlechtern geht. Dabei ist zu berücksichtigen, dass beim Gender Pay Gap von einer bereinigten und unbereinigten Lohnlücke gesprochen werden kann. Im Folgenden erfolgen daher zunächst die Begriffsdefinitionen, die gesetzlichen Rahmenbedingungen sowie die vergleichende Darstellung der Höhe des Gender Pay Gap. Begriffe, die mit dem Gender Pay Gap gleichgesetzt beziehungsweise in Verbindung gebracht und auch im Rahmen dieses Beitrags als Synonyme verwendet werden, sind: geschlechtsspezifische Einkommenslücke, Lohngefälle, Einkommensunterschied und Lohndifferenz.

2.1 Definition Gender Pay Gap

Das Statistische Bundesamt beschreibt den **unbereinigten** Gender Pay Gap als „[...] den geschlechtsspezifischen Verdienstunterschied zwischen Frauen und Männern." (Statistisches Bundesamt 2018a). Zur Berechnung des Gender Pay Gap, der vom Statistischen Bundesamt auf der Basis 1,9 Millionen sozialversicherter Beschäftigter aller Branchen und Berufe erhoben wird, gilt: „[...] die Differenz des durchschnittlichen Bruttostundenverdienstes der Männer und Frauen im Verhältnis zum Bruttostundenverdienst der Männer." (Statistisches Bundesamt 2018a). Oder auch als Formel anders ausgedrückt: Für die Berechnung des Gender Pay Gap wird der durchschnittlicher Bruttostundenverdienst der Männer abzüglich dem durchschnittlichen Bruttostundenverdienst der Frauen herangezogen und durch den durchschnittlichen Bruttostundenverdienst der Männer dividiert und mit 100 multipliziert. (Vgl. Statistisches Bundesamt 2018a).

Diese Vorgehensweise ist europaweit gleich geregelt und stellt den Hauptindikator für die ungleiche Entlohnung von Frauen und Männern dar. (Vgl. tagesschau 2018). Im Jahr 2017 betrug die Höhe des unbereinigten Gender Pay Gap 21 Prozent, das heißt, Frauen verdienten mit einem durchschnittlichen Bruttostundenverdienst von 16,59 Euro 21 Prozent weniger als Männer, die einen durchschnittlichen Bruttostundenverdienst von 21,00 Euro aufwiesen. (Vgl. Statistisches Bundesamt 2018b).

Neben diesem sogenannten unbereinigten Gender Pay Gap existiert auch noch der **bereinigte** Gender Pay Gap. Hierbei „[...] wird jener Teil des Verdienstunterschieds herausgerechnet, der auf strukturelle Unterschiede zwischen den Geschlechtergruppen zurückzuführen ist, wie Unterschiede bei Berufen, Beschäftigungsumfang, Bildungsstand, Berufserfahrung oder der geringere Anteil von Frauen in Führungspositionen." (Statistisches Bundesamt 2018a). Daher wird hier von einem „bereinigten" Gender Pay Gap gesprochen. Aber selbst dann, wenn diese genannten Faktoren in die Berechnung mit einbezogen werden, bleibt immer noch ein unerklärter Rest an Lohndifferenz in Höhe von sechs Prozent bestehen. (Vgl. Statistisches Bundesamt 2016).

Ein weiterer Terminus, der in engem Zusammenhang mit dem Gender Pay Gap steht, ist die sogenannte **Entgeltungleichheit.** Dieser Fachausdruck kann als Überbegriff bezeichnet werden und soll verdeutlichen, was mit Gender Pay Gap eigentlich ausgedrückt werden soll. Unter Entgelt sind „[...] die üblichen Grund- oder Mindestlöhne und -gehälter sowie alle sonstigen Vergütungen zu verstehen, die der Arbeitgeber aufgrund des Dienstverhältnisses dem Arbeitnehmer unmittelbar oder mittelbar in bar oder in Sachleistungen zahlt" (Artikel 157 Absatz 2 Vertrag über die Arbeitsweise der Europäischen Union), wobei es sich bei den sonstigen Vergütungen um Sonderzahlungen, Zuschlägen und/oder Ähnliches handelt. Um die Ungleichheit aufzuwiegen, muss für gleiche beziehungsweise gleichwertige Arbeit gleiches Entgelt gezahlt werden, wobei **gleiche** und **gleichwertige Arbeit** nicht äquivalent zu betrachten sind. Unter dem Begriff gleiche Arbeit werden hierbei Tätigkeiten verstanden, die „[...] im Hinblick auf die Art der Arbeit, der Ausbildungsforderung und

Arbeitsbedingungen eine vergleichbare Situation gegeben [...]" ist. (Tondorf 2009: 10). Gleichwertige Arbeit bezeichnet hingegen Tätigkeiten „[...] die verschiedenartig, jedoch unter Berücksichtigung der tatsächlichen Umstände bezüglich der Arbeit, der Ausbildungsforderung und Arbeitsbedingungen von gleichem Wert sind". (Tondorf 2009: 10). Im Rahmen dieser Arbeit werden inhaltlich primär jene Ursachen diskutiert, die sich auf den unbereinigten Gender Pay Gap beziehen.

2.2 Gesetzliche Rahmenbedingungen des Gender Pay Gap

Sowohl auf nationaler als auch internationaler Ebene existieren Gesetze und Richtlinien, die der ungleichen Behandlung von Frauen und Männern entgegenwirken sollen. So ist beispielsweise im Grundgesetz der Bundesrepublik verankert, dass die Gleichstellung von Frauen und Männern gewährleistet werden muss und der Staat dafür Sorge zu tragen hat, etwaige Nachteile zu beseitigen. (Vgl. Grundgesetz Artikel 3). Das Allgemeine Gleichbehandlungsgesetz (AGG), das im Jahr 2006 verabschiedet wurde, beschäftigt sich eingehend mit der Entgeltgleichheit zwischen den Geschlechtern und verbietet jegliche Benachteiligung in Bezug auf Beschäftigungs- und Arbeitsbedingungen inklusive Arbeitsentgelt sowie Auswahlkriterien und Einstellungsbedingungen. (Vgl. Allgemeines Gleichbehandlungsgesetz § 2 Absatz 1 und 2 Anwendungsbereich). Eine erst vor kurzem beschlossene Gesetzgebung, das sogenannte „Gesetz zur Förderung der Transparenz von Entgeltstrukturen", auch bekannt unter „Entgelttransparenzgesetz", das seit 01. Januar 2018 in Kraft getreten ist, soll helfen, gleichen Lohn für gleiche oder gleichwertige Arbeit in der Praxis durchzusetzen. (Vgl. EntgTranspG § 3 (2)). Arbeitnehmer haben durch dieses Gesetz die Möglichkeit, in Betrieben mit mehr als 200 Mitarbeitern, Auskünfte über die Lohnstrukturen zu erhalten. Dazu wird eine Vergleichsgruppe gebildet, die aus mindestens sechs Mitarbeitern des jeweiligen anderen Geschlechts besteht und die eine vergleichbare Tätigkeit ausüben. Erst dann ist ein Auskunftsanspruch gewährleistet. Im Wesentlichen soll das Gesetz dafür sorgen, eventuell vorherrschende Ungleichheiten in Bezug auf das Entgelt frühzeitig aufzudecken und Handlungsschritte einzuleiten. (Vgl. BMFSFJ 2017: 6). Zudem soll ein Prüfverfahren zur Einhaltung der Entgeltgleichheit eingeführt werden. „Private Unternehmen mit mehr als 500 Beschäftigten werden aufgefordert, die Löhne regelmäßig mit Hilfe betrieblicher Prüfverfahren auf die Einhaltung des Gebots der Entgeltgleichheit zu überprüfen" (Haufe 2017) und darüber hinaus einen Bericht über den Stand der Gleichstellung zu verfassen. (Vgl. BMFSFJ 2017: 7 f.). Auf europäischer Ebene gibt es ebenfalls zahlreiche Gesetzgebungen, die eine Gleichberechtigung der Geschlechter auf allen Ebenen sicherstellen sollen. Einige wenige wichtige Beispiele hierfür sind:

– das seit dem Jahr 1957 für alle EU-Mitglieder geltende Gesetz zur Sicherstellung des gleichen Entgeltes für gleichwertige Arbeit (vgl. Artikel 157 Absatz 1 Vertrag über die Arbeitsweise der Europäischen Union (AEUV) und

- die seit dem Jahr 1975 geltende Entgeltgleichheitsrichtlinie des Europäischen Rates (vgl. Richtlinie 75/117/EWG, seit dem Jahr 2009 Art. 34 der Richtlinie 2006/54/EG).

Diese beiden Richtlinien bilden zusammen mit weiteren Richtlinien das rechtliche europäische Gefüge zur Entgeltgleichheit. Weitere hierfür eingeführte rechtliche Instrumente sind:
- die Richtlinie 97/80/EWG über die Beweislast bei Diskriminierung des Geschlechtes,
- die Richtlinie 86/378/EWG, die zur Gleichstellung von betrieblichen Systemen der sozialen Sicherheit verabschiedet wurde,
- die Richtlinie 2006/54/EG Artikel 4, die bei gleicher beziehungsweise gleichwertig anzusehender Arbeit Diskriminierung aufgrund des Geschlechtes in Bezug auf sämtliche Entgeltbestandteile und -bedingungen verbietet,
- die Verordnung im Rahmen des Artikels 157 Absatz 1 des Vertrages über die Arbeitsweise der Europäischen Union, der ebenfalls auf gleiches Entgelt von Frauen und Männern abzielt. Alle Mitgliedstaaten werden verpflichtet, gleiches Entgelt sowohl für Männer als auch für Frauen bei gleicher oder gleichwertiger Arbeit zu gewährleisten. (Vgl. Artikel 157 Absatz 1 Vertrag über die Arbeitsweise der Europäischen Union (AEUV).

In ähnlicher Weise gibt es auch außerhalb Europas viele Gesetze und Richtlinien, die eine faire Entlohnung möglich machen sollen und damit Lohnungleichheiten zwischen den Geschlechtern vermeiden sollen. So hat beispielsweise die USA bereits im Jahr 1963 den „Equal Pay Act" verabschiedet, der dafür Sorge zu tragen hat, jegliche Entgeltungleichheit zu verhindern. (Vgl. The Equal Pay Act of 1963, SEC. 206. [Section 6]). Ein weiteres Beispiel für einen solchen „Act" ist der in England vorherrschende „Equality Act 2010", der im April 2017 erweitert wurde und nunmehr versucht, wie Deutschland durch Offenlegung der Gehaltsstrukturen bei Firmen über 250 Mitarbeitern mehr Transparenz zu schaffen. (Vgl. The Equality Act 2010 [Gender Pay Gap Information] Regulations 2017).

Die erwähnten internationalen Gesetzgebungen und Richtlinien zeigen auf, dass nicht nur die Bundesrepublik Deutschland mit dem Problem eines Gender Pay Gap zu kämpfen hat, sondern dass Lohnungleichheit ein weltweit bestehendes Problem darstellt. Dabei lohnt es sich, einen genaueren Vergleich anzustellen, wo sich Deutschland im internationalen Vergleich bezüglich der Entgelt(un)gleichheit befindet.

2.3 Der Gender Pay Gap im internationalen Vergleich

Die direkte Vergleichbarkeit des Gender Pay Gap zwischen den Ländern ist durch die Verwendung unterschiedlicher Datenquellen ein sehr komplexes Unterfangen. So stehen etwa allein in Deutschland zur Erhebung des Gender Pay Gap unterschiedliche Datenquellen zur Verfügung. Dabei unterscheiden sich die Erhebungsquellen hinsichtlich der zeitlichen Abgrenzung, Betriebsgrößen sowie branchenmäßigen Abgrenzung, erhobenen Einkommensmerkmalen sowie bei den individuellen und betrieblichen Merkmalen. Hierbei werden Daten von allen Datenquellen, einem Teil der Datenquellen oder nur einer Datenquelle verwendet. Demzufolge ist das errechnete Ausmaß des Gender Pay Gap von verschiedenen Einflussgrößen abhängig. (Vgl. Bergmann et al. 2008: 2).

Die gängigsten Statistiken sind die vierteljährliche Verdiensterhebung und die Verdienststrukturerhebung des Statistischen Bundesamtes, das Sozioökonomische Panel (SOEP), das Linked-Employee-Panel des Instituts für Arbeitsmarkt- und Berufsforschung IAB sowie die Statistik des Online-Portals „Frauenspiegel". (Vgl. Achatz 2010: 279 f.). Wie bereits anfänglich erwähnt, beträgt der **unbereinigte** Gender Pay Gap nach der Berechnung des Statistischen Bundesamtes 21 Prozent. Wird dieser Wert auf europäischer Ebene verglichen, so wird deutlich, wie groß das Ausmaß des Lohngefälles in der Bundesrepublik wirklich ist.

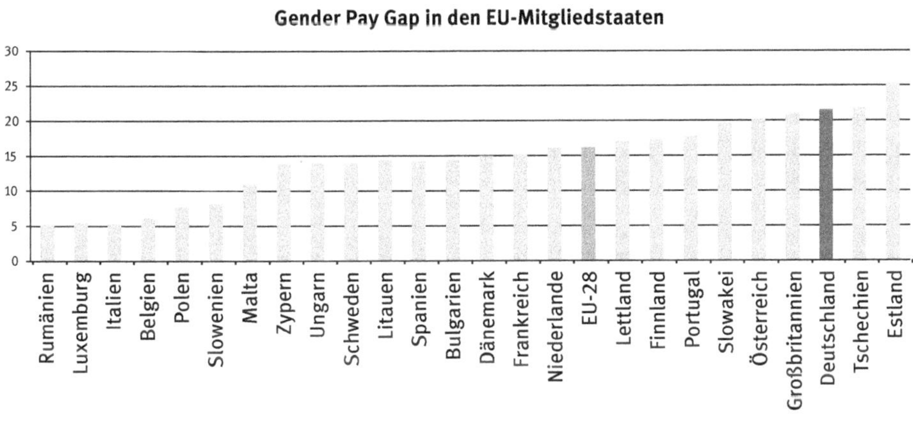

Abb. 1: Gender Pay Gap in Europa in Prozent, Quelle: eigene Darstellung in Anlehnung an Eurostat 2018.

Aus Abbildung 1 wird ersichtlich, dass Deutschland seit Jahren europaweit zu den Schlusslichtern gehört, wobei der Gender Pay Gap dabei keinen Hinweis für die „[…] allgemeine Gleichbehandlung von Männern und Frauen in einer Volkswirtschaft […]" (Achatz 2010: 282) darstellt, sondern ausschließlich die Lohnunterschiede zwischen abhängig beschäftigten Frauen und Männern verdeutlicht. Um die tatsächliche Situation der Frauen in den jeweiligen Ländern darzustellen, bedarf es demnach weiterer länderspezifischer Indikatoren. So lassen sich die niedrigen Werte in Italien und Rumänien zum Beispiel dadurch erklären, dass dort die Erwerbsquote der Frauen im Allgemeinen sehr niedrig ist. Dementsprechend postuliert eine Theorie, dass die meisten Länder mit einer niedrigen Frauenbeschäftigungsquote auch ein unterdurchschnittliches Lohngefälle aufweisen, wohingegen Länder mit einer ausgeprägten Segregation am Arbeitsmarkt oder einem hohen Anteil an teilzeitbeschäftigten Frauen über ein großes Lohngefälle verfügen. Letzteres trifft besonders auf Deutschland zu. (Vgl. Achatz 2010: 282).

In den letzten Jahren gab es im Bereich des Gender Pay Gap erhebliche Verschiebungen. So näherten sich beispielsweise in Österreich, Ungarn, Rumänien und Spanien die durchschnittlichen Einkommen zwischen den Geschlechtern an. In Portugal und Slowenien hingegen vergrößerte sich die Einkommenslücke. Lediglich in Deutschland hat sich in den letzten Jahren kaum eine Veränderung ergeben. Knapp ein Prozent konnte die Bundesrepublik Deutschland innerhalb von fünf Jahren gerade einmal gutmachen. (Vgl. Deutsche Welle 2018).

Außerhalb der EU gibt es ebenfalls repräsentative Quellen, die verdeutlichen sollen, wie groß der Einkommensunterschied zwischen Frauen und Männern ist. Die Organisation für wirtschaftliche Zusammenarbeit und Entwicklung OECD erhebt eigene Datenquellen, die sich an den Medianbruttostundenlöhnen (Mittelwert) von Männern und Frauen im Verhältnis zum Medianbruttolohn der Männer bemessen. (Vgl. OECD 2017). Hier wird gleichermaßen deutlich, wie gravierend die Unterschiede in einigen Teilen der Erde sind.

Wie die Abbildung 2 deutlich belegt, haben alle OECD-Mitgliedstaaten mit dem Gender Pay Gap zu kämpfen, wobei Deutschland über dem OECD-Durchschnitt von 14,1 Prozent liegt, was erneut die frappierende Lohnungleichheit in der Bundesrepublik Deutschland verdeutlicht.

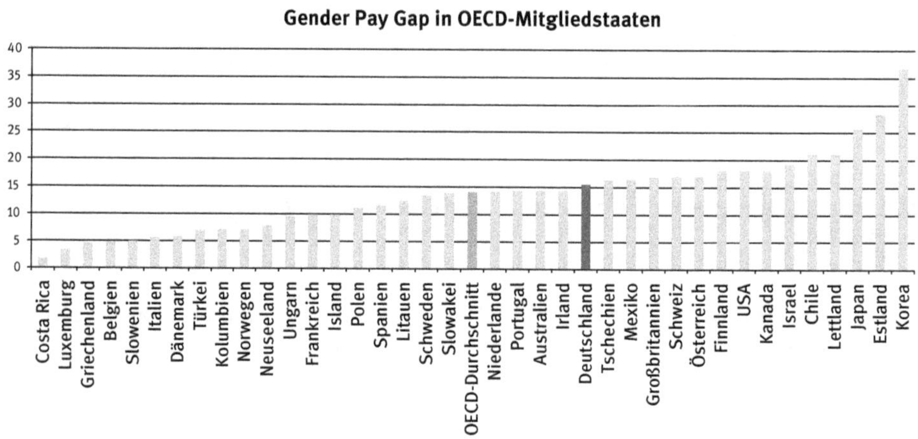

Abb. 2: Gender Pay Gap in OECD-Ländern in Prozent, Quelle: eigene Darstellung nach OECD 2018.

3 Der Gender Pay Gap und seine Entwicklungstendenzen in der Arbeitswelt 4.0

Die Arbeitswelt befindet sich heute und auch in Zukunft in einem ständigen Wandel. Vor allem aktuell schreitet die Veränderung mit großem Tempo voran. Schlagwörter wie Industrie 4.0, Digitalisierung 4.0 und Arbeit 4.0 sind in den Medien allgegenwärtig und machen einen Großteil der momentanen Forschung aus. Die Chancen und Risiken, die mit den Veränderungen der Arbeitswelt 4.0 einhergehen, sind hierbei relativ ungewiss. Im Folgenden wird daher untersucht, ob die Gründe, die heute für den Gender Pay Gap verantwortlich sind, sich auch in einer Arbeitswelt 4.0 weiterhin negativ auf die Lohnlücke zwischen Männern und Frauen auswirken. Oder können die Rahmenbedingungen einer Arbeitswelt 4.0 eventuell zur Verringerung der Lohnungleichheit beitragen?

3.1 Die Megatrends der Arbeitswelt 4.0

In der heutigen Zeit sind viele sogenannte „Megatrends“, die Einfluss auf die Arbeitswelt von morgen haben könnten, in aller Munde. So wurden der demografische Wandel und damit einhergehend eine immer älter werdende Belegschaft sowie eine rücklaufende Erwerbsquote umfassend in den Medien diskutiert, ebenso wie die Globalisierung, die ein internationales Handeln und Produzieren über Kontinente hinweg ermöglicht. Jedoch hat wohl keiner dieser Trends einen so großen Einfluss auf das Arbeiten der Zukunft und spielt eine so wesentliche Rolle in der Arbeitswelt von morgen wie die sogenannte **Digitalisierung** (im Folgenden auch analog als digitaler Wandel oder digitale Transformation bezeichnet). Spätestens seit der Einführung des Internets ist diese Begrifflichkeit kein Fremdwort mehr. Vormals noch als Umwandlung von analogen Informationen in digitale Formen bezeichnet (vgl. Tutanach 2014), hat die Digitalisierung in der heutigen Zeit eine weitaus tiefere Bedeutung und wird unser Arbeiten, wie wir es heute noch kennen, in Zukunft radikal verändern. Smart Factories (unter anderem selbstorganisierende Fertigungsanlagen) halten im Produktionsbereich längst Einzug und Big Data (große Datenmengen) sowie Cloud-Computing-Systeme (Bereitstellung von IT-Infrastrukturen) kommen im Dienstleistungs- und Verwaltungsbereich vermehrt zum Einsatz. Fortschritte in der Kommunikations- und Informationstechnologie sind allgegenwärtig, immerhin benutzten im Jahr 2013 bereits 61 Prozent der Beschäftigten in Deutschland einen Computer am Arbeitsplatz – mit steigender Tendenz. (Vgl. Statista 2014). Und es gibt kaum mehr Menschen, die kein Smartphone besitzen, das sowohl auf der Arbeit als auch privat mobil und flexibel macht. Bis zum Jahr 2020 werden weltweit demnach mehr Menschen Mobiltelefone haben als Elektrizität zuhause. (Vgl. BMAS 2017: 20, basierend auf einer Studie von Cisco 2016).

Die reale und die virtuelle Welt verschmelzen zunehmend miteinander. Das sogenannte „Internet der Dinge“, welches es ermöglicht, Objekte miteinander kommunizieren zu lassen, bringt neue Möglichkeiten hervor: Geschäftsprozesse werden optimiert und mithilfe wissensbasierter Systeme unterstützt. Dies wiederum befähigt Mitarbeiter, zu jeder Zeit an jedem Ort der Welt auf Daten und Informationen zuzugreifen. Die digitale Vernetzung macht es zudem möglich, Maschinen miteinander zu verknüpfen, aufeinander abzustimmen und somit die Produktion von Waren effizient und zeitsparend zu verbessern und zu produzieren. (Vgl. Rump, Walter 2013: 16, Shareground und Universität St. Gallen 2015). So halten moderne Maschinen und Robotik heute schon Einzug in die privaten Haushalte und Unternehmen und werden in Zukunft immer präsenter. Werner Eichhorst und Florian Buhlmann gehen davon aus, dass „[...] in einer von der Digitalisierung geprägten Zukunft Roboter und intelligente Maschinen aller Voraussicht nach noch weit mehr und anspruchsvollere Aufgaben übernehmen können, als dies heute der Fall ist.“ (Eichhorst, Buhlman 2015: 2 f.). Dies kann im Umkehrschluss nur einen Wandel in allen Bereichen des Lebens bedeuten.

Im Folgenden werden vor allem die Beschäftigungseffekte in unterschiedlichen Berufsbereichen, alte und neue Erwerbsformen sowie veränderte Qualifikations- und Kompetenzanforderungen im Berufsleben näher betrachtet, um die Auswirkungen der Arbeitswelt 4.0 auf den Gender Pay Gap zu beleuchten. Die hierzu vorliegenden Studien zeigen zwar, dass allgemein von großen Veränderungen ausgegangen werden muss. Doch Genderaspekte werden dabei nur selten mit in die Untersuchungen einbezogen. So klagt Deborah Oliveira in ihrem Forschungspapier „Gender und Digitalisierung“ an, dass sich die meisten Studien vornehmlich mit dem Wandel traditionell männlicher Berufsbereiche befassen und die Auswirkungen auf die Branchen mit überwiegend weiblichen Beschäftigten dabei völlig ausblenden. (Vgl. Oliveira 2017: 27). Werden Genderaspekte allerdings berücksichtigt, sind die Ansichten gespalten. Für die Einen sind die Frauen ganz klar die Gewinnerinnen, für die Anderen hingegen die Verliererinnen der Arbeitswelt 4.0. Die Auswirkungen auf den Gender Pay Gap bleiben dabei meist vollständig unberührt. Daher handelt es sich bei den nachfolgenden Ausführungen zur Entwicklung des Gender Pay Gap in der Arbeitswelt 4.0 und den damit einhergehenden Handlungsmöglichkeiten auf gesellschaftlicher, betrieblicher und politischer Ebene vornehmlich um eigene Hypothesen auf Grundlage existierender Literatur.

3.2 Beschäftigungsentwicklung in der Arbeitswelt 4.0 und ihre Auswirkungen auf den Gender Pay Gap

Laut zahlreicher Studien hat die digitale Veränderung zum Teil große Auswirkungen auf den Arbeitsmarkt und somit auf die Beschäftigungsentwicklung. Nahezu jeder Beruf und jede Branche werden demnach mehr oder weniger stark von der

Digitalisierung betroffen sein. In diesem Fall geht es vornehmlich um die mögliche Automatisierbarkeit von Berufen, sprich den Ersatz der Menschen durch Maschinen. Wie groß die Auswirkungen auf den Arbeitsmarkt und die Beschäftigungsverhältnisse sein werden, ist jedoch noch recht ungewiss, daher kommen auch verschiede Studien zu unterschiedlichen Ergebnissen (siehe hierzu auch den Beitrag von Christine Werner in diesem Buch). Entscheidend in diesem Kontext ist die Frage, inwieweit Frauen von den Veränderungen des Arbeitsmarktes in der Arbeitswelt 4.0 betroffen sein werden: Brechen ihre Berufe mit den damit verbundenen Beschäftigungsfeldern weg oder entstehen neue? Und schaffen diese alten und neuen Berufsbilder und Beschäftigungsfelder veränderte Lohnunterschiede zwischen Männern und Frauen?

Die Gründe für die Einkommensunterschiede in unterschiedlichen Berufen beruhen auf verschiedenen Aspekten. So hat beispielsweise die **horizontale Segregation** am Arbeitsmarkt einen starken Einfluss darauf. Diese „[...] beschreibt die Ungleichverteilung von Frauen und Männern in verschiedenen beruflichen Tätigkeitsfeldern, sogenannten Männer-, Frauen- und gemischtgeschlechtlichen Berufen oder Branchen." (Wetterer 2002: 64). Entscheidend hierbei ist, dass die Wertigkeit des jeweiligen Berufes davon abhängt, von welchem Geschlecht dieser Beruf vorwiegend ausgeübt wird. So haben besonders weiblich besetzte Berufe wie Krankenschwester oder Erzieherin einen geringeren sozialen Status als männlich besetzte Berufe wie Ingenieur. (Vgl. Wetterer 2002: 81). Nun zeigen aber Frauen, bezogen auf die Berufswahl, oft eine eindeutige Präferenz hin zu sozialen und pflegerischen und weg von mathematisch-naturwissenschaftlichen Berufen. Diese Entscheidung hat negative Konsequenzen, sie bewirkt einen Gender Pay Gap zugunsten der Männer, denn männlich dominierte Berufe eröffnen höhere Einkommenschancen als weiblich dominierte. (Vgl. Teubner 2008: 501). Damit entsteht ein Gender Pay Gap aufgrund der Berufswahl von Frauen.

Inwieweit nun die Berufsbilder von Frauen von der Digitalisierung und damit mit einem eventuellen Wegbrechen in einer Arbeitswelt 4.0 betroffen sind, hat das Sozioökonomische Panel SOEP unter Verwendung der Studie von A. T. Kearney belegt. Die Abbildung 3 zeigt, dass Frauen durch ihre Berufswahl (horizontale Segregation) stark von der Digitalisierung getroffen werden können. Sie gehören zwar auch zu den ungefährdeten Berufen, also den typischen Frauenberufen, die Mehrzahl der Berufsgruppen unterliegt jedoch der Gefahr, vom digitalen Wandel beeinflusst zu werden. Dem nach scheinen von den 17,2 Millionen gefährdeten Arbeitsplätzen vornehmlich die der Frauen der Gefahr der Automatisierung zu unterliegen. (Vgl. A. T. Kearney 2015: 23).

Auch die folgende Tabelle 1 verdeutlicht diese Annahme. Die Wahl der Berufe stellt für die Frauen die Weichen, ob eine Gefährdung vorliegt oder nicht. Typische Frauenberufe sind auf beiden Seiten vorhanden, vermehrt jedoch unter den gefährdeten Berufsgruppen, vor allem in Berufen mit routinemäßigen und damit gut automatisierbaren Tätigkeiten (Büro- und Sekretariatsberufe sowie Buchhaltung) sind Frauen überproportional vertreten. Dies lässt vermuten, dass Frauen „[...] überdurch-

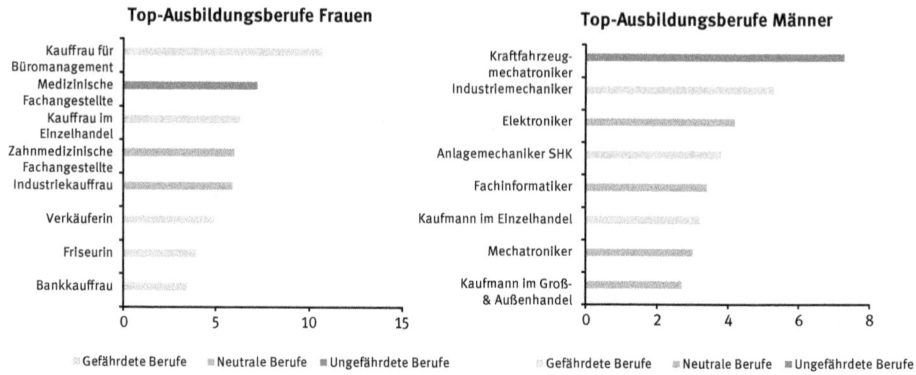

Abb. 3: Gefährdungspotenzial der Top-Ausbildungsberufe von Frauen und Männern, Quelle: eigene Darstellung in Anlehnung an Statistisches Bundesamt 2018c, Grabka 2016.

Tab. 1: Frauenanteil und Einkommensniveau in gefährdeten und ungefährdeten Berufen, Quelle: eigene Darstellung in Anlehnung an A. T. Kearney 2015, Angaben zum Einkommensniveau von Frauen basierend auf dem Sozioökonomischen Panel, Grabka 2016.

Top 10 der *gefährdeten* Berufe	**in Mio.**	**Frauenanteil**	**Einkommensniveau**
Büro- und Sekretariatsberufe	2,7	**65 %**	90 %
Berufe im Verkauf	1,1	**71 %**	**76 %**
Berufe im Gastronomieservice	1,0	**83 %**	91 %
Berufe in der kaufmännischen und technischen Betriebswirtschaft	0,9	17 %	67 %
Post und Zustelldienst	0,7	49 %	n. v.
Köche/Köchinnen	0,7	42 %	75 %
Bankkaufleute	0,5	**54 %**	70 %
Lagerwirtschaft	0,4	47 %	92 %
Metallbearbeitung	0,4	4 %	86 %
Buchhaltung	0,3	**78 %**	81 %
Insgesamt	**8,7**		**80 %**
Top 10 der *ungefährdeten* Berufe	**in Mio.**	**Frauenanteil**	**Einkommensniveau**
Kinderbetreuung und -erziehung	0,8	83 %	87 %
Gesundheits- und Krankenpflege	0,7	88 %	81 %
Aufsichts- und Führungskräfte – Unternehmensorganisation- und -strategie	0,5	**31 %**	**69 %**
Maschinenbau- und Betriebstechnik	0,4	10 %	100 %
Kraftfahrzeugtechniker	0,4	3 %	95 %
Vertrieb (Einkaufs-, Vertriebs- und Handelsberufe)	0,4	40 %	85 %
Sozialarbeit und Sozialpädagogik	0,3	19 %	98 %
Altenpflege	0,3	78 %	92 %
Hochschullehre und -forschung	0,2	11 %	n. v.
Bauelektrik	0,2	10 %	86 %
Insgesamt	**4,2**		**70 %**

schnittlich stark vom potenziellen Beschäftigungsabbau betroffen sein könnten“. (Grabka 2016: 20).

Werden die Studien auf das Einkommensniveau von vollzeitbeschäftigten Frauen prozentual zum Bruttomonatseinkommen der Männer bezogen, so lässt sich erkennen, dass bei den gefährdeten Berufen im Schnitt ein „Gender Pay Gap“ von 20 Prozent besteht, bei den ungefährdeten sogar von 30 Prozent. Demnach sind Lohnunterschiede genau in den Berufen besonders gravierend, die zukünftig eine Rolle spielen werden. Ein zu 100 Prozent gleiches Einkommen ist lediglich in einer männerdominierenden Berufsgruppe (Maschinenbau- und Betriebstechnik) vorhanden. Ein geringer Gehaltsunterschied besteht darüber hinaus in den ohnehin von Frauen dominierten Berufsgruppen (unter anderem Sozialarbeit und Sozialpädagogik), in denen das Einkommen generell geringer ausfällt.

Was bedeuten diese Ausführungen für mögliche Maßnahmen in einer Arbeitswelt 4.0, um den Gender Pay Gap zu senken? Junge Frauen und Mädchen sollten vermehrt für die zukünftigen Jobmöglichkeiten in den MINT-Berufen (Mathematik, Ingenieurs- und Naturwissenschaften, Technik) interessiert werden. Zwar steigt die Zahl der weiblichen Studierenden in diesen Fächern schon heute kontinuierlich (über 30 Prozent der MINT-Studierenden waren im Jahr 2015 weiblich), doch liegt der weibliche Anteil noch immer erheblich unter dem der Männer. (Vgl. Krempl 2016). Gerade in Zeiten des Fachkräftemangels in diesen Bereichen, der sich im Zuge der Digitalisierung noch verschärfen wird, können technisch-basierte Abschlüsse eine Chance für Frauen darstellen. Zwar gibt es Ansätze wie beispielsweise den „Girls' Day“, bei dem junge Mädchen zwischen zehn und 15 Jahren in technisch versierte Berufe schnuppern können oder auch spezielle Tage für Schülerinnen an technischen Universitäten, jedoch ist diese Art der Sensibilisierung für solche Berufe nur ein Tropfen auf den heißen Stein. Eine weitaus intensivere Sensibilisierung ist nötig. Frauen sollte der Querschnittscharakter von IT-Studiengängen aufgezeigt werden, denn Kenntnisse in diesem Bereich können in Zukunft in allen relevanten Tätigkeitsfeldern interessante Berufsmöglichkeiten eröffnen. Neben einer noch intensiveren Sensibilisierung für IT-bezogene Berufe sollten darüber hinaus frauendominierten Berufen ein höherer Stellenwert beigemessen werden. Werden die Verdienststrukturen sogenannter „Care-Berufe“ (care = engl. „Fürsorge“) im internationalen Vergleich betrachtet, so lässt sich feststellen, dass Deutschland zu den Schlusslichtern gehört. (Vgl. Hipp, Kelle 2016: 16). Aber gerade diese Berufe sind es doch, die in Zukunft nur schwer durch Maschinen ersetzt werden können. Besonders im Hinblick auf den demografischen Wandel sind Arbeitskräfte in diesem Bereich wichtig. Hier sollte die Politik ansetzen und Wege finden, in diesen Bereichen die Gehaltsstrukturen zu verbessern. So sind Lena Hipp und Nadja Kelle zurecht der Meinung, dass eine „[...] finanzielle Aufwertung von Fürsorgearbeit [...]“ dringend notwendig ist. (Hipp, Kelle 2016: 55). Unter Fürsorgearbeit sind hier Tätigkeiten in der Alten- und Krankenpflege sowie in der (Kinder-)Betreuung und Erziehung zu verstehen. Dies könnte vor allem durch eine stärkere gewerkschaftliche Organisation oder kollektive Lohnabschlüsse geschaffen werden. (Vgl. Hipp, Kelle 2016: 4). Auch entsprechende Tarifverträge könnten das Lohngefälle reduzieren. Vor allem jedoch die soziale Aufwertung der Care-Tätigkeiten, also den weiblich dominierten Berufsbildern, wäre zwingend erforderlich, um den Status und das damit verbundene Einkommen zu erhöhen. Die andere Alternative wäre, mehr Männer in die sozialen und pflegerischen Berufe zu bringen, denn dort, wo Berufe männlich besetzt sind, besteht automatisch eine bessere Entlohnung.

Demzufolge gib es zwei Gesichtspunkte zu beachten: Zum einen muss die horizontale Segregation am Arbeitsmarkt aufgebrochen werden, sodass mehr Frauen auch Berufe der Rubrik „Männerberufe" ausführen und umgekehrt. Zum anderen sollten die frauendominierten Branchen und Berufe sozial aufgewertet werden und einen in der Gesellschaft höheren Stellenwert erhalten, um damit höhere Verdienstchancen zu ermöglichen.

Neben der horizontalen sorgt auch die **vertikale Segregation** am Arbeitsmarkt für geschlechtsbezogene Lohnunterschiede. Diese bedeutet, dass Lohnunterschiede zwischen Männer und Frauen gegeben sind, weil sie auf unterschiedlichen Hierarchieebenen anteilig ungleich verteilt sind. (Vgl. Wetterer 2002). So steigen Frauen innerhalb eines Berufs seltener in höher dotierte Positionen auf als Männer, es gibt also mehr Männer als Frauen in Führungspositionen. (Vgl. Achatz 2008: 276). In diesem Bereich sind auch die Gehaltsunterschiede am frappierendsten. Allerdings können sich hier in der Arbeitswelt 4.0 eventuell Chancen eröffnen. Zum einen steigt die Zahl der Hochschulabsolventinnen kontinuierlich an, was bedeutet, dass Frauen einen immer höheren Bildungsgrad aufweisen, der gerade in der digitalen Welt gefragt ist. Zum anderen verfügen Frauen genau über jene Kompetenzen, die zukünftig vermehrt eine Rolle spielen, Soft Skills sind hier das Stichwort. (Vgl. Funke 2016: 31 ff.).

In Zukunft sind gerade auch für **Führungskräfte** andere Kompetenzen entscheidend. „Die neue Arbeitswelt braucht vor allem kommunikative und soziale Kompetenzen und Teamgeist." (Bultemeier 2016: 28). „Typisch männliche" Verhaltensmuster vermag es in Zukunft zwar immer noch in den Führungsetagen geben, jedoch gewinnen „typisch weibliche" Attribute an Signifikanz. Diese Kompetenzverschiebung sollten Frauen nutzen, um die „gläserne Decke" zu durchstoßen und ihre Stellung in den Führungsebenen weiter auszubauen. Zusätzlich bietet die Digitalisierung einen weiteren positiven Aspekt, um als Frau auf eine höhere Karrierestufe zu gelangen. So schafft der digitale Wandel eine höhere Transparenz. Damit werden Prozesse in den Unternehmen durch neue Informationstechnologien durchschaubarer. Für Mitarbeiter bedeutet dies einen tieferen Einblick in die Unternehmensgeschehnisse wie beispielsweise Bewerbungs- und Auswahlprozesse. So postuliert Deborah Oliveira, dass neue Technologien mit neuen Bewertungssystemen, welche auf einer kennzahlbasierenden Systemsteuerung beruhen, eine Transparenz auf allen Ebenen schaffen. Dadurch werden Karriereentscheidungen objektiver, da nicht mehr einzelne Führungskräfte über den Aufstieg entscheiden, sondern der Auswahlprozess auf Grundlage von Daten und Zahlen sowie definierten Auswahlkriterien basiert. Die Auswahl wird demnach nicht mehr anhand von individueller Sympathie oder anderen subjektiven Kriterien getroffen, sondern anhand von Leistungen. So vermindern sich „homosoziale Rekrutierungsmuster", sprich die Tendenz von Führungskräften, ihnen ähnliche Personen zu bevorzugen, also die Förderung des gleichen Geschlechts. (Vgl. Oliveira 2017: 52 ff.). Zusätzlich haben Unternehmen so „[...] die Möglichkeit, verbindliche Zielvorgaben für den Anteil von Frauen in Führungspositionen festzusetzen und Gleichstellung als Kennzahl in der Bewertung von Führungskräften zu berücksichtigen". (Boes zitiert in Oliveira 2017: 53). Diese neu gewonnene Transparenz und neutrale Bewertungssysteme können Frauen eine echte Chance bieten, auf der Karriereleiter nach oben zu klettern und somit steigende Zahlen von Frauen in Führungsebenen zu bringen. Je höher die Zahl der Frauen in Führungspositionen ist, desto eher vermag sich der Gender Pay Gap zugunsten der Frauen verändern.

Abschließend betrachtet eröffnet die Arbeitswelt 4.0 im Hinblick auf die horizontale und vertikale Segregation am Arbeitsmarkt den Frauen durchaus Chancen. Frauen müssten gewillt sein, auch Studienfächer zu belegen, die bessere berufliche Aufstiegschancen und höhere Einkommen implizieren. Oder frauendominierte Berufsbilder müssten für Männer interessanter gemacht werden, so dass deren Anteil in diesen Branchen steigt. Dadurch könnte der Gender Pay Gap gesenkt werden. Es ist nicht verwunderlich, dass in Ländern wie dem ehemaligen Ostblock mehr Frauen in mathematisch-naturwissenschaftlichen Bereichen zu finden waren als in demokratischen reichen Ländern. Dieses Phänomen wird damit erklärt, dass den Frauen im Ostblock schnell bewusst wurde, dass sich mit dieser Berufswahl ihre Lebens- und Berufssituation wesentlich verbessert. Nur in reichen Ländern scheinen persönliche Präferenzen in der Berufswahl ausgelebt werden zu können. Aber spätestens in der Rentensituation werden Frauen ihre mögliche berufliche Fehlentscheidung sichtbar.

Die vertikale Segregation am Arbeitsmarkt und der damit verbundene Gender Pay Gap könnte durch den schnelleren hierarchischen Aufstieg von Frauen in der Arbeitswelt 4.0 verringert werden. Die Digitalisierung personalwirtschaftlicher Prozesse sowie veränderte Kompetenzanforderungen im Hinblick auf Führungsaufgaben sind hier die Stichworte.

3.3 Erwerbsformen in der Arbeitswelt 4.0 und ihre Auswirkungen auf den Gender Pay Gap

Die Digitalisierung ermöglicht nicht nur eine technische Flexibilität der Arbeitsprozesse, sondern eröffnet darüber hinaus die Chance, über zeitliche Grenzen hinweg miteinander zu kommunizieren und zu interagieren. Dies erlaubt eine zunehmende Flexibilisierung der Arbeit in Form von selbstbestimmten Arbeitszeiten und dezentralem (mobilem) Arbeiten. Es rückt also ein zeit- und ortsunabhängiges Arbeiten vermehrt in den Vordergrund, die Präsenzarbeit (Präsentismus) hingegen in den Hintergrund. (Vgl. BMAS 2017: 79). Ein zunehmend individuelles Arbeiten wird dadurch für die Mitarbeiter möglich und die Bedeutung des Homeoffice wächst. Diese Arbeitsform wird bereits heute von einigen Unternehmen genutzt. Neben diesem Wandel entstehen darüber hinaus ganz neue Arbeitsformen. Das Arbeiten über digitale Plattformen, das sogenannte **Crowdsourcing** beziehungsweise **Crowdworking**, gewinnt in Zukunft an Bedeutung. So ermöglicht das Internet über digitale Plattformen den schnellen und flexiblen Zugriff auf eine Vielzahl von Arbeitskräften (Crowd = engl. „Menge"). Die Aufträge werden dabei anonym ausgeschrieben und über Plattformen vermittelt. Anfallende Aufgaben und Projekte können so ganz leicht ausgelagert und von Menschen auf der ganzen Welt ohne großen Aufwand bearbeitet werden. Dies ermöglicht eine rasche und flexible Bearbeitung bestimmter Unternehmensaufgaben. (Vgl. Blohm et al. 2014: 51 f., Shareground und Universität St. Gallen 2015). Zwar ist das Prinzip des Crowdworking in Deutschland im Vergleich zu anderen Ländern noch nicht wirklich angekommen, jedoch könnte sich zukünftig ein relevanter Arbeitsmarkt entwickeln. (Vgl. Sachverständigenkommission zum Zweiten Gleichstellungsbericht der Bundesregierung 2017: 160 f.). Denn diese Form des Arbeitens ermöglicht für die Beschäftigten einen vereinfachten Zugang zu Arbeitsmöglichkeiten, ein flexibles Agieren und für die Unternehmen eine Bandbreite an externen zusätzlichen Informationen, Ideen und Lösungen. (Vgl. Blohm et al. 2014: 51 ff.). Diese zukünftige **Plattformökonomie** wird gemäß des Zentrums für Europäische Wirtschaftsforschung ZEW zufolge zum heutigen Zeitpunkt überwiegend von Männern als Crowdworker genutzt. Dies kann sich jedoch in Zukunft ändern, betrachtet man die daraus resultierenden Vorteile für Frauen. (Vgl. ZEW 2015: 4). Denn solche Plattformen bieten die Möglichkeit eines haushaltsnahen und geschlechtsneutralen Zugangs zur Arbeit und tragen zu einer Vereinbarkeit von Familie und Beruf bei. Eine Expertise im Rahmen des „Erfolgsfaktor Familie" hat festgestellt, dass 80 Prozent der Beschäftigten mit minderjährigen Kindern durch Homeoffice Familie und Beruf besser miteinander vereinbaren können, ohne dieses Angebot der Unternehmen beträgt dies lediglich ein Drittel. (Vgl. BMFSFJ 2016: 28 f.). „Digital unterstützte, zeitliche und räumlich flexible Arbeitsformen ermöglichen somit eine Zeitsouveränität, die es Beschäftigten mit Kindern oder Pflegeaufgaben erlaubt, Beruf und Familie so zu koordinieren, dass sie den damit verbundenen Aufgaben besser gerecht werden können". (BMFSFJ 2015). Daher können vor allem Mütter von dieser Arbeitsform profitieren, denn sie bietet eine echte Alternative zur Erwerbsunterbrechung, aber auch zur Teilzeitarbeit. Mütter können sich so auf ihre Kinder fokussieren, ohne ihre Karriere aus den Augen zu verlieren.

Auch könnte das Klischee als „Hinzuverdiener" zukünftig der Vergangenheit angehören, da diese Form des Arbeitens auch Männern die Möglichkeit bietet, sich familiären Aufgaben zuzuwenden und aktiv an der Kindererziehung teilzunehmen oder gar zu übernehmen. Dies kann zu einer stärkeren partnerschaftlichen Arbeitsteilung zwischen den Geschlechtern führen und somit beiden Partnern gleiche Karrierechancen einräumen. Um diesen positiven Aspekt der digitalen Veränderung in Form flexibilisierter Arbeit zu nutzen, müssten jedoch die bisherigen Anforderungen an die klassische Präsenzkultur aufgebrochen werden. Viele Unternehmen suggerieren mit der Anwesenheit am Arbeitsplatz eine höhere Jobmotivation mit einer einhergehenden stärkeren Karriereorientierung und damit bessere Aufstiegschancen. Diese Sichtweise bringt zuhause bleibende Frauen in eine schlechtere Karriereposition. (Vgl. Dauderstädt 2016: 45).

Frauen könnten jedoch durch flexibles Arbeiten auch **Nachteile** erfahren. Das Homeoffice könnte für Frauen schnell zu einer Falle werden. Denn die Gefahr des Homeoffice besteht darin, dass diese Form des Arbeitens die traditionellen Arbeitsteilungsmuster zwischen den Geschlechtern weiter festigen könnte – die Frau als diejenige, die zuhause bleibt und damit unsichtbar für das Unternehmen wird, der Mann hingegen als derjenige, der sich sichtbar und präsent im Unternehmen darstellen kann. Ein weiterer Nachteil des Homeoffice besteht darin, dass die Arbeitsleistungen von Frauen, die von zuhause aus geleistet werden, zumeist negativer als die ihrer männlichen Kollegen bewertet werden. Auch sind laut Yvonne Lott und Heejung Chung selbstbestimmte Arbeitszeiten für Frauen im Gegensatz zu den von Männern nicht mit Einkommenszuwächsen verbunden. (Vgl. Lott, Chung 2016: 760 f.). Unmittelbare Diskriminierung scheint hier das Stichwort zu sein. Auch die Gefahr der Selbstausbeutung ist sehr groß, denn flexibles Arbeiten führt auch zu einer Entgrenzung von Arbeit und Privatem. „Funkstille nach Feierabend" wäre hierfür eine adäquate Lösungsmöglichkeit. (Vgl. Kirschbaum 2015 zitiert in Oliveira, 2017: 49).

Des Weiteren können sich **Geschlechterstereotypen** bei der Plattform-Auftragsvergabe einschleichen. „Auch, wenn Algorithmen Plattformarbeit zuteilen, ist Geschlechtsdiskriminierung als Ergebnis nicht ausgeschlossen". (BMFSFJ 2017a: 160). Prinzipiell dienen Algorithmen dazu, objektiv und ohne Ansehen der Person Entscheidungen zu treffen. Jedoch wird die Software von Menschen gestaltet, vornehmlich von Männern. Dies birgt die Gefahr, dass Geschlechterstereotypen unbewusst eingeschrieben werden. Wird bei der Suchmaschine Google beispielsweise „Frauen sollten" eingegeben, so erscheinen Ergebnisse wie „Frauen sollten nicht wählen", „Frauen sollten Röcke tragen" oder „Frauen sollten weiß tragen – wie Küchengeräte", und das sind nur einige der Einträge, die vorgeschlagen werden. Das bekräftigt die Vermutung, dass Algorithmen, auf denen solchen Suchmaschinen basieren, nicht zwingend vorurteilsfrei konfiguriert werden. (Vgl. Weber 2016). Daher liegt bei der Auftragsvergabe auf Plattformen die Vermutung nahe, dass eine diskriminierungsfreie geschlechtsbezogene Selektion kaum gegeben ist. Software muss demnach auf etwaige Stereotypen geprüft werden. Und dies vor allem vor dem Hintergrund, dass die steigende Leistungsfähigkeit der Algorithmen es zunehmend einfacher macht, Daten zusammenzuführen und auf deren Basis zu entscheiden. So können Prognosen erstellt werden, die beispielsweise vorhersagen, wie groß die Wahrscheinlichkeit ist, dass eine Frau alleinerziehende Mutter wird oder Ähnliches. (Siehe zur Thematik auch den Beitrag von Britta Schinzel in diesem Buch). Dies würde sich nicht nur im Rahmen der Plattformen-Auftragsvergabe negativ auswirken, sondern auf die gesamte berufliche Situation der Frauen. Zur Vermeidung geschlechtsdiskriminierender Programmierung von Algorithmen ist daher der Gesetzgeber aufgefordert, entsprechende Rahmenbedingungen zu setzen. Zwar gibt es bereits Gesetze, wie beispielsweise das bestehende Verbot unangemessener Benachteiligung, das in den Allgemeinen Geschäftsbedingungen der Plattformbetreiber verankert ist. Nach Angaben des zweiten Gleichstellungsberichtes der Bundesregierung bedarf dies allerdings einer Verschärfung, um spezifischen Gefahren digitaler Auswahlprozesse entgegenzuwirken. (Vgl. BMFSFJ 2017: 217). So fordert Heiko Maas gar ein digitales Antidiskriminierungsgesetz, durch das explizit verhindert werden soll, dass Algorithmen die Daten der Nutzer analysieren und sie anhand der Ergebnisse benachteiligen. (Vgl. FAZ 2017). Die Hoffnung besteht aber auch, dass vermehrt Frauen in technischen Berufen Fuß fassen und selbst zu Programmiererinnen dieser Algorithmen werden. Es wäre dann davon auszugehen, dass eingeschriebene Geschlechterdiskriminierungen umso geringer sind, je mehr Frauen bei der Gestaltung der Algorithmen beteiligt sind. Edelgard Kutzner und Victoria Schnier sind der Ansicht, dass es sich bei der Digitalisierung um einen Prozess handelt, der mitgestaltet werden kann. Um diesen Prozess allerdings geschlechtergerecht zu gestalten, „[...] ist es notwendig, [...] [ihn] bewusst und beteiligungsorientiert anzulegen." (Kutzner, Schnier 2017: 152).

Neben der Kontrolle der Auswahlkriterien bei der Plattform-Auftragsvergabe ist ein weiterer Aspekt zu berücksichtigen. So sind viele der auf den Plattformen tätigen Beschäftigten als **(Solo-)Selbstständige** aktiv. Die Plattformbetreiber übernehmen damit keine Arbeitgeberverantwortung. Demnach haben die (Solo-)Selbstständigen keinen Anspruch auf Sozialversicherung und müssen für ihre Absicherung selbst aufkommen. Zudem schwanken die Honorarzahlungen für die Tätigkeiten immens und können oftmals unter dem durchschnittlichen Stundenlohn von „normalen" Arbeitnehmern liegen. (Vgl. BMAS 2017: 58). Als Selbstständige sind erneut die Frauen benachteiligt, verdienen sie doch im Vergleich zu ihren männlichen Kollegen erheblich weniger: Ganze 44 Prozent beträgt das Lohngefälle im Bereich der Selbstständigkeit. (Vgl. Lechmann 2014 zitiert in Gather et al. 2017: 4). Und nicht zu vernachlässigen ist der durch diese Arbeit auch entstehende Zeitdruck. Wer ein gutes Einkommen generieren möchte, muss schnell viele Aufträge annehmen und bearbeiten.

Die Erwerbsform **„Teilzeitarbeit"** ist ein weiterer starker Treiber des Gender Pay Gap. Denn wer weniger arbeitet, verdient auch weniger. Besonders dramatisch macht sich dieser Einkommensunterschied bei der späteren Rente bemerkbar. Nicht umsonst wird bei Teilzeitarbeit auch von der Armutsfalle gesprochen. Und Teilzeitarbeit ist die klassische Erwerbstätigkeit von Frauen im Vergleich zu der von Männern. So arbeiten Frauen aktuell mehr als dreimal häufiger in Teilzeitarbeit als Männer, wie eine Anfrage der Linksfraktion ergeben hat. (Vgl. RP online 2017). Und die Tendenz, dass der Anteil der Teilzeitarbeit am gesamten Arbeitsangebot stetig zunimmt, bleibt erhalten. Er stieg vom Jahr 2000 bis zum Jahr 2016 von 13,4 auf 21,7 Prozent oder anders ausgedrückt: Die von Teilzeitbeschäftigten geleisteten Arbeitsstunden sind im Jahr 2016 um knapp 68 Prozent höher als im Jahr 2000. (Vgl. RP online 2017). Es ist davon auszugehen, dass die flexibilisierten Erwerbsformen der Arbeitswelt 4.0 einen weiteren Anstieg der Teilzeitarbeit begünstigen. Denn die Möglichkeit, wie beispielsweise als Crowdworker, wirklich nur so viel zu arbeiten, wie es Familie und Haushalt zulassen, ist hierbei größer als in einem festangestellten Normalarbeitsverhältnis mit Präsenzpflicht. Damit wird aber einer der Hauptgründe für die großen Gehaltsunterschiede zwischen Männern und Frauen verstärkt, denn Frauen werden auf die Annahme des einen oder anderen Plattform-Auftrags verzichten, wenn es die familiäre Situation erfordert. Diese Vorgehensweise ist auf Plattformen leichter umzusetzen im Vergleich zur Zeitreduktion in einem Normalarbeitsverhältnis. Die nachteiligen Auswirkungen von Teilzeitarbeit auf das (Renten-)Einkommen von Frauen werden regierungsseitig zwar erkannt, so soll ab dem 01. Januar 2019 das Brückenteilzeitgesetz in Kraft treten. Es beinhaltet, „[...] dass Arbeitnehmer für einen Zeitraum von mindestens einem, höchstens jedoch für fünf Jahre ihre Arbeitszeit reduzieren können. Die Tarifvertragsparteien sollen zudem die Möglichkeit erhalten, hiervon abweichende Regelungen zu vereinbaren." (Haufe online 2018). Gleichzeitig soll den in Teilzeit arbeitenden Beschäftigten eine leichtere Rückkehr in ein Vollzeitarbeitsverhältnis im Sinne eines Rückkehrrechts ermöglicht werden. (Vgl. Haufe online 2018). Positiv scheint bei diesem Gesetzesentwurf die Wirkung eines gesetzlich garantierten Rückkehrrechts in die Vollzeiterwerbstätigkeit zu sein. Doch wird dies für Frauen weitestgehen wirkungslos sein, glaubt die Linken-Politikerin Susanne Ferschl. (Vgl. Rhein-Zeitung 2018: 1). Bedauerlicherweise muss jedoch davon ausgegangen werden, dass dies gerade für die von der Teilzeitfalle betroffenen Frauen wirkungslos bleibt. Denn dieses sogenannte Brückenteilzeitgesetz soll nur für Unternehmen ab einer Größe von 45 Mitarbeitern greifen. Nachdem aber 60 Prozent aller teilzeiterwerbstätigen Mütter in einem zu kleinen Unternehmen (weniger als 50 Mitarbeiter) arbeiten, bleibt dieses Gesetz für einen Großteil der Frauen wirkungslos. (Vgl. Rhein-Zeitung 2018:1).

Doch sorgt Teilzeitarbeit nicht nur für absolute Einkommensunterschiede zwischen Männern und Frauen, sondern auch für eine vertikale Segregation. Denn Teilzeitarbeit ist ein gravierendes Karrierehemmnis wie die Advance Studie von Sander et al. (2016) belegt. Die Studie zeigt, dass bereits eine zehnprozentige Reduktion der Arbeitszeit ausreicht, um seine Karrierechancen zu halbieren. (Vgl. Sander et al. 2016). Gerhard Bosch ist daher der Ansicht, dass die skandinavischen Länder als positives Beispiel für eine neue Arbeitsmarktordnung mit flexiblen Erwerbsverläufen fungieren können. „Die zuvor oft prekäre Teilzeitarbeit gehört in Skandinavien inzwischen zu normalen Episoden im Erwerbsverlauf und wirkt sich anders als in den meisten anderen Ländern nicht negativ auf das künftige Einkommensniveau oder die Karrierechancen aus." (Bosch 2015: 497).

Die Teilzeitfalle stellt für Frauen heute schon eine wesentliche Ursache für die Existenz des Gender Pay Gap dar. Die Arbeitswelt 4.0 mit ihren noch stärker flexibilisierten Erwerbsformen kann daher zu einer Verschärfung der Situation für Frauen beitragen. Und Lösungen seitens der Regierung sind nicht erkennbar. Eher gegenteilig, das Brückenteilzeitgesetz verankert sogar gesetzlich den Anspruch auf Teilzeitarbeit.

Zusammenfassend lässt sich für die neuen flexibilisierten Beschäftigungsformen Folgendes festhalten:
Auf der einen Seite bedeutet flexibilisierte Arbeit eine hohe Selbstbestimmtheit, was als positiver Aspekt betrachtet werden kann, auf der anderen Seite bedeutet dies jedoch eine hohe Beschäftigungs- und Einkommensunsicherheit. (Vgl. BMAS 2016: 58). Der Staat ist daher aufgefordert, gesetzliche Rahmenbedingungen für die neuen Beschäftigungsformen zu gestalten. Ein gesetzlicher Mindestschutz für Entgelt, Arbeitserholung und Arbeitsschutz sowie soziale Absicherung sollten daher einen genauso hohen Stellenwert haben wie der Schutz vor Diskriminierung. Werden einheitliche Regelungen in Bezug auf das Arbeiten auf Plattformen getroffen, könnte diese Art des Arbeitens eine echte Chance für die Erwerbstätigkeit der Frauen sein und damit einen weiteren positiven Schritt in Richtung gerechter Entlohnung darstellen.

3.4 Qualifikations- und Kompetenzanforderungen in der Arbeitswelt 4.0 und ihre Auswirkungen auf den Gender Pay Gap – Lösungsansätze

Neben den veränderten Erwerbsformen spielen neue Kompetenz- und Qualifikationsanforderungen ebenfalls eine Rolle für die Lohnentwicklung in der Arbeitswelt von Morgen.

Das „**Upgrading**", sprich die Aufwertung von Qualifikationen, führt zu einer „[...] Substitution von einfachen Tätigkeiten mit monotonem und repetitivem Charakter." (Vgl. Arntz et al. 2016: 7). Als Resultat werden die verbliebenden Tätigkeiten, wie bereits erwähnt, zunehmend komplexer und anspruchsvoller und setzen somit ein erhöhtes Qualifikationsniveau voraus. Der Mensch wird vermehrt als Entscheider und Koordinator agieren. (Vgl. Kagermann 2014: 608). Auch eine Polarisierung der Qualifikationsanforderungen wird diskutiert. In diesem Szenario sinkt vor allem die Nachfrage nach Beschäftigten mit mittlerem Qualifikationsniveau. Voraussetzung hierfür ist, dass die Tätigkeiten der mittleren Kategorie so strukturiert sind, dass sie einfach automatisiert werden können. Demnach wird sich eine Schere zwischen komplexen Tätigkeiten, die hohe Qualifikationsanforderungen voraussetzen, und einfachen, nicht routinierten (daher schwierig zu automatisieren) Tätigkeiten mit niedrigem Qualifikationsniveau bilden. (Vgl. Hirsch-Kreinsen 2015: 10 ff.).

Es scheint sich herauszukristallisieren, dass höher qualifizierte Beschäftigte zwar nicht gänzlich vor den Folgen der Digitalisierung gefeit sind, jedoch im Vergleich zu niedriger qualifizierten Mitarbeitern ein weitaus geringeres Risiko haben, von Maschinen ersetzt zu werden. Durch die steigende Komplexität der Tätigkeiten wird der Bedarf an hochqualifizierten Beschäftigten (Beschäftigte mit Fach- und Hochschulabschluss) demnach stetig steigen. Die Nachfrage nach Personen mit abgeschlossener Berufsausbildung wird hingegen weniger. (Vgl. Wolter et al. 2015: 48). Daraus scheint sich eine Kluft zwischen den Qualifikationen zu bilden. So wird der Arbeitsmarkt der Zukunft von niedrigqualifizierten Mitarbeitern im Niedriglohnsektor und hochqualifizierten im Hochlohnsektor geprägt sein. (Vgl. Goos et al. 2009: 12, OECD 2016: 4). Darüber hinaus ist es für Arbeitnehmer wichtig, neben einem erhöhten Qualifizierungsniveau und beruflichem Fachwissen andere Kompetenzen vorzuweisen, um auf dem Arbeitsmarkt bestehen zu können. Gemäß des „Future of Jobs Report" des Weltwirtschaftsforums WEF werden in Zukunft soziale und systembezogene Kompetenzen einen höheren Stellenwert erlangen als bisher. (Vgl. World Economic Forum 2016: 21 ff., Schwab 2016: 64).

Zukünftig wird es wichtig sein, sich mit neuen Technologien zu identifizieren sowie Software- und IT-Kenntnisse vorzuweisen. Dies gilt jedoch nicht nur für Berufe in der IT-Branche, sondern dient als Basisanforderung für jegliche Berufsgruppen. (Vgl. Gebhardt et al. 2015: 50). Darüber hinaus scheinen die Jobs der Zukunft weniger körperlich anstrengend, dafür aber geistig anspruchsvoller und vielfältiger zu sein. (Vgl. Arnold et al. 2016: 4). Vor allem die Komplexität der Arbeits- und Produktionsprozesse nimmt stetig zu. Somit kommen vor allem diejenigen Beschäftigte zum Zuge, „[...] die sich auf das theoretische Verständnis von Prozessen und die adäquate Nutzung der verfügbaren Informationen [...]"fokussieren. (Zuboff 1988 zitiert in Ittermann et al. 2015: 46 f.). Dies lässt vermuten, dass vor allem diejenigen Mitarbeiter profitieren, die bereits jetzt ein höheres Bildungsniveau und Wissen in den jeweiligen Fachgebieten aufweisen. Ebenfalls erwähnenswert ist die Tatsache, dass zudem überfachliche Fähigkeiten an Relevanz gewinnen. Prozess-Know-how, interdisziplinäre Arbeitsweisen und die Fähigkeit des kontinuierlichen Erlernens neuer Kenntnisse sind hierbei die ausschlaggebenden Aspekte. Zusätzlich gewinnen soziale Kompetenzen und Kreativität (Soft Skills) an Bedeutung. (Vgl. Arntz et al. 2016: 6 f., Hammermann, Stettes 2016: 3).

Das **lebenslange Lernen** wird demnach unumgänglich sein, um auf dem Arbeitsmarkt bestehen zu können und den Anforderungen der Arbeitswelt 4.0 gerecht zu werden. Vor allem, um langfristig komparative Vorteile gegenüber den Maschinen zu behalten. (Vgl. Bonin et al. 2015: 3). Dies bedeutet im Umkehrschluss, dass eine intensive und kontinuierliche Investition in das Humankapital, sprich in produktionsbezogene Qualifikationen, unumgänglich scheint. Hier besteht eine erhöhte Gefahr für Frauen, denn sie partizipieren weniger an betrieblichen Fort- und Weiterbildungsmaßnahmen als ihre männlichen Kollegen. Motiv hierfür liegt in der Sichtweise der Unternehmen auf Frauen begründet: Nachdem Frauen häufigere Erwerbsunterbrechungen durch Elternzeit oder Pflege als Männer aufweisen, lohnen sich Fort- und Weiterbildungsmaßnahmen weniger. Auch die hohe Teilzeitquote der Frauen verhindert eine Investition in deren Humankapital, denn eine volle Potenzialausnutzung kann in Teilzeit nicht stattfinden. Zudem sind die meisten Teilzeitbeschäftigten auch nicht in der Lage, selbst finanziell für ihre Weiterbildung aufzukommen. (Vgl. Preißing 2014: 228).

Um jedoch die Beschäftigungsfähigkeit der Frauen zu erhalten oder zu verbessern und damit weiteres Auseinanderdriften der Löhne zu verhindern, sind gezielte **Weiterbildungsmaßnahmen** vor allem für Frauen notwendig. Man könnte sogar ein Recht auf Weiterbildung andenken, wie es etwa in Dänemark oder Österreich gegeben ist. Diese Länder bieten eine finanzielle Unterstützung für entsprechende Weiterbildungen an. (vgl. Wetzel, 2015: 183). Auch Andrea Nahles setzt sich für ein Recht auf Weiterbildung ein, also gesetzlich zu verankern, dass eine regelmäßige Berufs- und Weiterbildungsberatung stattfindet. Die Kosten für Beratung, Weiterbildung, Freistellung und Lohnersatz sollten dabei gleichberechtigt auf alle beteiligten Parteien (Staat, Unternehmen, Individuen) übertragen werden. (Vgl. BMAS 2016: 107).

Denn Weiterbildung und Anpassung an veränderte Kompetenzen werden in Zukunft der Schlüssel sein, um auf dem Arbeitsmarkt zu bestehen. Halten Frauen ihre Kompetenzen angepasst an die digitale Veränderungen, sind sie gerade in Zeiten des steigenden Fachkräftemangels höchst gefragt. So sollte der Erwerb digitaler Kompetenzen in das Bildungssystem integriert und die damit einhergehenden Chancen und Risiken aufgezeigt werden. (Vgl. bitkom 2016: 4). Dabei können andere Länder als Vorbilder dienen. So haben unter anderem Frankreich, Finnland und Belgien bereits technische Aspekte in die Schulbildung aufgenommen. (Vgl. Kollmann, Schmidt 2016: 20). Um die Bedeutung digitaler Kompetenzen zu belegen, soll die Studie von Accenture herangezogen werden. Diese kommt zu der Schlussfolgerung, dass im Falle einer Zusammenarbeit von Regierung und Unternehmen im Sinne einer Verdoppelung der Geschwindigkeit, „[...] mit der Frauen digital kompetent werden [...]". (Babylon 2016: 14), bereits im Jahr 2040 die Geschlechtergleichheit am Arbeitsplatz in den Industriestaaten erreicht werden könnte. (Vgl. Babylon 2016). Hierbei muss jedoch die Geschlechtergleichstellung am Arbeitsplatz nicht automatisch eine Verringerung der Lohndifferenz bedeuten.

Gerade die Möglichkeiten der Digitalisierung bieten eine kostengünstige und flexible Weiterbildung im Rahmen sogenannter **„Bildungsclouds"**. Dabei handelt es sich um Wissensreservoirs im Internet, die „[...] vernetztes, individuelles sowie interaktives Lernen unterstützen und für jeden zugänglich [sind]". (bitkom 2016: 4). Es wird eine einfache Möglichkeit geschaffen, passende Bildungsinhalte für den eigenen Bedarf leicht zu finden und einfach zu nutzen. (Vgl. Bundesministerium für Bildung und Forschung 2016: 6). Bildungsclouds wären eine kostengünstige Alternative für dieses Dilemma. Zwar sind diese Clouds zum jetzigen Zeitpunkt noch nicht wirklich in Benutzung, könnten zukünftig allerdings für die Weiterbildungsproblematik einen echten Lösungsansatz bieten – sowohl für (teilzeittätige) Frauen als auch für Unternehmen.

Abschließend kann zu den Qualifikations- und Kompetenzanforderungen in einer Arbeitswelt 4.0 festgehalten werden, dass Frauen zwangsläufig eine Affinität sowie entsprechende Kompetenzen bezüglich der Digitalisierung der Arbeitswelt entwickeln müssen. Falls nicht, werden sie die Verlierer der Arbeitswelt 4.0 sein, einerseits im Hinblick auf ihre Verdienstmöglichkeiten, andererseits im Hinblick auf einen möglichen Arbeitsplatzverlust.

4 Lösungsansätze zur Überwindung des Gender Pay Gap

Was in Zukunft geschehen wird, ist gestaltbar. Daher sollten die Rahmenbedingungen, innerhalb derer die Digitalisierung stattfindet, frühzeitig geschaffen werden. Es gibt Handlungsfelder, bei denen unterschiedliche Entscheidungsträger schon heute Einfluss nehmen könnten, um die Stellung der Frauen zu verbessern und das Lohngefälle zu verringern. Das nachfolgende Kapitel gibt daher einen kurzen Überblick über mögliche Lösungsansätze.

Vor allem auf politischer Ebene kann und sollte mehr getan werden, um eine Gleichstellung bei der Entlohnung zwischen den Geschlechtern zu bewirken. Zweifelsohne wurden in den letzten Jahren einige gesetzliche Weichen gestellt und versucht, Einfluss auf den Gender Pay Gap zu nehmen. Die Einführung eines einheitlichen Mindestlohnes von 8,50 Euro im Jahr 2015 und eine Erhöhung auf 8,84 Euro im Jahr 2017 haben dazu beigetragen, den Gender Pay Gap um einen Prozentpunkt zu senken. Dies vermag auf den ersten Blick nicht viel zu sein. Berücksichtigt man jedoch, dass vor dieser Gesetzgebung der Gender Pay Gap seit Jahren stagnierte, ist diese Verringerung ein erster Lichtblick. Bedauerlicherweise gibt es trotz gesetzlicher Regelungen vermehrt Unternehmen, die gegen dieses Mindestlohngesetz verstoßen. Und wiederum sind es die Frauen und Personen mit geringem Bildungsniveau, die davon betroffen sind. (Vgl. Zeit Online 2018).

Neben dem Mindestlohngesetz hat es im Jahr 2016 eine weitere Gesetzeseinführung zur Vermeidung der vertikalen Segregation von Frauen gegeben. Um der ungerechten Situation von Frauen in Managementpositionen entgegenzuwirken, wurde die sogenannte „Frauenquote“ für Aufsichtsräte vereinbart: 30 Prozent der Aufsichtsratsmitglieder müssen demnach weiblich sein. Wird dieser Prozentsatz nicht erreicht, bleibt die zu besetzende Position leer, anstatt sie mit einem männlichen Kandidaten zu besetzen. Zum jetzigen Zeitpunkt hat sich gezeigt, dass die eingeführte Quote positive Auswirkungen hat und Unternehmen keine leeren Stühle aufweisen. Waren im Jahr 2012 gerade einmal vier Prozent der Vorstandsmitglieder in den 200 größten Unternehmen weiblich, so sind es im Jahr 2017 immerhin schon 8,6 Prozent. (Vgl. Statista 2017). Natürlich ist solch eine Quote nicht das Allheilmittel und die zünftige Entwicklung gilt abzuwarten. Dennoch sind mit einer Einführung erste Weichen gestellt worden, um Frauen in eine bessere Position zu bringen und somit dem Gender Pay Gap entgegenzuwirken.

Ferner soll das im Jahr 2017 eingeführte Entgelttransparenzgesetz für Frauen die Chance bieten, Entgeltunterschiede aufzudecken. (Vgl. EntgTranspG 2017).Dieses Gesetz zielt darauf ab, mehr Transparenz bezüglich der Gehälter zu bewirken. Dies könnte Frauen dabei helfen, Entgeltunterschiede aufzudecken und Gehälter besser verhandeln zu können. Allerdings kommt das Gesetz erst zur Anwendung, wenn sich Vergleichsgruppen bilden. Da sich aber viele Frauen gar nicht oder nur in geringem Maße über die Ungerechtigkeit im Bilde sind, ist es fraglich, ob das Gesetz wie gewünscht zur Anwendung kommt, denn „wo kein Kläger, da kein Richter". Beispielhaft ist in diesem Kontext Island zu nennen. Es hat beispielsweise als erstes Land weltweit ungleiche Bezahlung per Gesetz verboten. Demnach sind alle Firmen verpflichtet, der Regierung einen Nachweis über die gleiche Entlohnung vorzulegen. (Vgl. Steuer 2018) Auch Frankreich möchte gleichziehen und härter gegen die unterschiedlichen Gehälter vorgehen. So wird von Unternehmen gefordert, in den nächsten drei Jahren die Lohnungleichheit auszugleichen, sonst drohen Sanktionen in Form von Geldbußen – ein radikaler Schritt, der allerdings genau das bewirkt, was er soll: gleiche Entlohnung für beide Geschlechter. (Vgl. Freigang 2018).

Diese angeführten Gesetzgebungen vermögen zwar prinzipiell einen guten Ansatzpunkt darstellen, berücksichtigen jedoch prinzipiell nicht, dass der größte Teil des Entgeltunterschiedes auf strukturellen Ursachen beruht wie unterschiedlichen Erwerbsbiografien, Rollenbildern oder Erwerbsunterbrechungen. Und diese strukturellen Ursachen werden auch in einer Arbeitswelt 4.0 noch gegeben sein. Daher muss vor allem hier angesetzt werden. (Vgl. Arbeitgeberverband Baden-Württemberg o. J.). Die Schaffung eines bedarfsgerechten Betreuungssystems kann dazu beitragen, Frauen auf dem Arbeitsmarkt eine bessere Position einzuräumen. Eine begrenzte Anzahl an Betreuungsplätzen macht berufstätige Frauen nach der Geburt oftmals zur Hausfrau und Mutter und verhindert somit einen Wiedereintritt ins Berufsleben. Es wurden zwar in der Vergangenheit bereits Anstrengungen unternommen, neue Betreuungsplätze zu schaffen, jedoch ist dies nur ein Faktor, der bedacht werden muss. Daher ist nicht nur die Anzahl der Betreuungsplätze von Bedeutung, vielmehr sind es die Öffnungszeiten, die eine Rolle spielen: 24-Stunden-Kitas sind in der heutigen Zeit immer noch eine Seltenheit. Das Bundesministerium für Familie, Senioren, Frauen und Jugend BMFSFJ hat daher das Programm „KitaPlus" ins Leben gerufen, das die Erweiterung von Betreuungszeiten fördert und somit die Erwerbsbiografien von Männern und Frauen durch verminderte Erwerbsunterbrechung anzugleichen versucht. (Vgl. BMFSFJ 2017b: 5).

Im internationalen Vergleich wird erkennbar, wie rückständig Deutschland bezüglich Familienarbeit ist. Denn die Inanspruchnahme von Elternzeit erfolgt immer noch vornehmlich seitens der Frauen. Zwar gibt es staatliche Anreize für Männer, auch in Elternzeit zu gehen, indem zwei Monate länger Elterngeld bezahlt wird (Vgl. BEEG Absatz 2 Satz 2)Doch scheint dieser finanzielle Anreiz nicht stark genug zu sein, um Männer flächendeckend in Elternzeit zu bringen. Andere Länder, vor allem die skandinavischen, nehmen hierbei eine Vorbildfunktion ein. Sie verpflichten gesetzlich die

Männer mit sogenannten „Vätermonaten" zur aktiven Teilnahme an der Kindererziehung, was im Umkehrschluss Frauen die Vereinbarkeit von Familie und Beruf erleichtert. (Vgl. Rötter 2014: 51). Die Einführung einer neuen Elternzeitregelung mit verpflichtenden „Vätermonaten" wäre daher in Deutschland ein möglicher Ansatzpunkt, um die Karrierechancen von Frauen zu erhöhen.

Ein weiteres Handlungsfeld auf politischer Ebene ist das Ehegattensplitting. So sollte über eine Abschaffung dieses Steuersystems nachgedacht werden, wird hier doch vor allem für Frauen eine beschränkte Erwerbstätigkeit oder gar der Verzicht auf Arbeit suggeriert. Dieses Steuermodell treibt verheiratete Frauen in die Teilzeitarbeit mit all ihren negativen Konsequenzen für die Erwerbstätigkeit. Denn eine Vollzeiterwerbstätigkeit bringt bei der gemeinsamen Steuerveranlagung oftmals kaum eine finanzielle Verbesserung. Je länger aber eine Teilzeitbeschäftigung anhält, desto schwieriger ist die Rückkehr in ein Normalarbeitsverhältnis, da oftmals eine Dequalifizierung während dieser Zeit stattgefunden hat. (Vgl. BMFSFJ 2017: 183 ff., Preißing 2014: 224 ff.). Das neue Brückenteilzeitgesetz wird hierfür, wie bereits dargestellt, auch keine Lösung darstellen. Es sollte daher ein Steuer- und Sozialsystem geschaffen werden, das die Erwerbstätigkeit beider Ehepartner zu gleichen Anteilen fördert. Gesetzliche Rahmenbedingungen sollten beide Geschlechter berücksichtigen und nicht zusätzlich eine Kluft schaffen.

Neben gesetzlichen Regelungen, die zur Durchsetzung meist eine gewisse Anlaufzeit benötigen, könnte aber auf gesellschaftlicher und betrieblicher Ebene sofort gehandelt werden. Zum einen stellen Betriebsräte Repräsentanten des Unternehmens dar, die sich für die Interessen der Frauen einsetzen und Hilfestellung bei Gleichbehandlung bieten könnten. Zum anderen sollten vermehrt Sensibilisierungsmaßnahmen stattfinden. Denn vielen Männer ist gar nicht bewusst, dass Frauen eine Benachteiligung in Zusammenhang mit Entlohnung erfahren. (Vgl. Domscheid-Berg 2015: 170 ff.). Mit Sensibilisierungstrainings könnten den männlichen Arbeitnehmer nicht nur die Missstände aufgezeigt werden, vielmehr könnten Männer aufgefordert werden, ihren weiblichen Kolleginnen beizustehen, sich bewusst zu machen, wie unterschiedlich die Gehälter sind. Denn je mehr Menschen die Ungleichheit bewusst gemacht wird, desto mehr stehen sie für eine Verbesserung der Lage ein.

Wie die vorangegangenen Aspekte aufzeigen, gibt es bereits eine Vielzahl von Gesetzgebungen, welche die finanzielle Gleichstellung von Frauen fördern sollen. Nichtsdestotrotz sind noch einige Baustellen sowohl auf politischer als auch auf betrieblicher und gesellschaftlicher Ebene offen. Deutschland sollte sich vermehrt an den vorbildlichen skandinavischen Ländern orientieren und härter gegen das Lohngefälle vorgehen.

5 Fazit und Ausblick

Die Arbeitswelt befindet sich in einem Transformationsprozess, der von digitalen Einflüssen geprägt wird. Die Digitalisierung mit allen technischen Neuerungen wird in allen Bereichen des Lebens Einfluss auf den Menschen nehmen. Prozesse und Kommunikation werden flexibler und lassen sich unabhängig von Ort und Zeit steuern, Menschen können von jedem Ort der Welt aus miteinander interagieren. Insbesondere in Bezug auf den Arbeitsmarkt wird eine Veränderung eintreten. Tätigkeiten werden durch Maschinen automatisiert und Beschäftigte ersetzt, neue Arbeitsformen entstehen, Qualifikations- und Kompetenzanforderung werden sich ändern. Das genaue Ausmaß ist jedoch nicht absehbar und bisherige Studien beruhen einzig und allein auf Prognosen. So gehen Extremszenarien davon aus, dass Millionen von Arbeitsplätzen verschwinden, andere hingegen gehe davon aus, dass Umstrukturierungen stattfinden und Branchen sich verlagern, wodurch neue Arbeitsplätze entstehen. Egal welches Szenario zum Tragen kommt, eines wird jedoch sichtbar: Die neue Arbeitswelt ist sowohl mit Chancen als auch Risiken behaftet. Die Auswirkungen auf die Frauenerwerbstätigkeit und damit auch auf den Gender Pay Gap wurden jedoch bisher kaum berücksichtigt. Dabei ist das Thema der Entwicklung des Gender Pay Gap genauso aktuell wie die Veränderung der Arbeitswelt. Die Einflussfaktoren, die für die Einkommenslücke verantwortlich gemacht werden können, sind dabei vielfältig. Die strukturellen Aspekte verursachen jedoch den größten Teil des Ungleichgewichts. Wird nun die Arbeitswelt 4.0 und deren Wirkungen auf den Gender Pay Gap betrachtet, so geht das Extremszenario von A. T. Kearney davon aus, dass die Lohnschere weiter steigen wird **und Frauen die Verlierer der neuen Arbeitswelt sind**. Dies muss jedoch nicht der Fall sein. Viele Aspekte, die den Gender Pay Gap verursachen, werden in Zukunft zwar noch präsent sein. Doch können sich Chancen für das weibliche Geschlecht auftun, wenn im Rahmen der Digitalisierung erkannt wird, dass es sich hierbei um einen **gestaltbaren** Prozess handelt Alle Akteure sollten daraufhin wirken, Entgeltgleichheit herzustellen. Sowohl auf politischer als auch betrieblicher Ebene gilt es, Gestaltungs- und Handlungsräume für die Gleichstellung der Frauen zu etablieren.

Allgemein ist es gerade in Zeiten des Umbruchs wichtig, neue Rahmenbedingungen durchzusetzen und eine Mitbestimmung auf allen Ebenen zu schaffen, insbesondere im Hinblick auf die unterschiedlichen Interessensgruppen. Die Ursachen des Gender Pay Gap sind seit Jahrzehnten hinreichend bekannt, ob sie sich in Zukunft auflösen, ist allerdings fraglich. Warum also warten, bis eventuell eine Veränderung zugunsten von Frauen eintritt? Es ist wichtig, schon heute aktiv zu werden, um negative Entwicklungen vorzubeugen.

Die Forschung bietet zu wenige Grundlagen, um eine verbindliche Aussage über die Entwicklung der Lohnlücke treffen zu können. Daher müssen sich die Diskussionen insbesondere in Bezug auf die Lohnunterschiede verschärfen. Zusätzlich ist es vonnöten, die unterschiedlichen Wirtschaftszweige und die Auswirkungen auf eben diese in die offenen Forschungsfragen einzubeziehen. Denn die meisten Studien legen vornehmlich den Fokus auf die Industrie und weniger auf den Dienstleistungssektor oder andere Wirtschaftszweige, die vermehrt von Frauen dominiert werden. Gerade im Transformationsprozess ist es daher wichtig zu handeln, um Frauen für den zukünftigen Wandel zu wappnen. Dies ist allerdings nur möglich, wenn eine intensivere Beschäftigung mit den Auswirkungen der Digitalisierung auf die Frauen und den Gender Pay Gap stattfindet. Eines ist allerdings heute schon deutlich: Frauen müssen gefordert und gefördert werden, um auf dem Arbeitsmarkt bestehen zu können. So mögen Forderungen nach einem Einheitslohn oder Entlohnung nach Leistung nicht nach Bildungsabschluss oder Qualifizierung zum jetzigen Zeitpunkt zwar noch utopisch wirken. Sie könnten aber in Zukunft einen erwägenswerten Ansatzpunkt bieten.

Nachwort

Teile dieses Buchbeitrages wurden als bisher unveröffentlichte Bachelor- und Masterthesis an der Hochschule Fulda verfasst: Escher, K. (2015): Ursachen und Lösungen für den Gender Pay Gap, unveröffentlichte Bachelorthesis an der Hochschule Fulda sowie Escher, K. (2018): Gender Pay Gap – Realität in einer Arbeitswelt 4.0?, unveröffentlichte Masterthesis an der Hochschule Fulda.

Literatur- und Quellenverzeichnis

acatech – Deutsche Akademie der Technikerschaft (Hrsg.) (2016): Kompetenzentwicklungsstudie Industrie 4.0 – Erste Ergebnisse und Schlussfolgerungen, http://www.acatech.de/fileadmin/user_upload/Baumstruktur_nach_Website/Acatech/root/de/Publikationen/Kooperationspublikationen/acatech_DOSSIER_Kompetenzentwicklung_Web.pdf (letzter Aufruf: 22.07.2018).

Achatz, J. (2010): Geschlechterungleichheit im Betrieb, Berlin: edition sigma.

Albrecht, V. (2007): Geschlechterdifferenzierung in der Arbeitswelt. Peter Lang GmbH, Frankfurt Main: Internationaler Verlag der Wissenschaft.

Allgemeines Gleichbehandlungsgesetz (AGG) § 2 Absatz 1, http://www.gesetze-im-internet.de/agg/BJNR189710006.html (letzter Aufruf: 22.07.2018).

Arbeitgeber Baden-Württemberg (o. J.): Entgelttransparenzgesetz erzeugt neue überflüssige Bürokratie und schließt Lohnlücke nicht, https://www.agv-bw.de/arbeit-und-soziales/arbeitsrecht/entgelttransparenzgesetz (letzter Aufruf: 22.07.2018).

Arntz, M., Gregory, T., Jansen, S., Zierahn, U. (2016): Tätigkeitwandel und Weiterbildungsbedarf in der digitalen Transformation, S. 1–55, Mannheim: acatech – Deutsche Akademie der Technikwissenschaften (Hrsg.).

Babylon, S. (2015): Accenture Studie: Getting to equal: How Digital is Helping Close the Gender Gap at Work.

Bergmann, N., Prenner, P., Schelepa, S., Sorger, C. (2008): Situationsbericht zum Thema Einkommensunterschiede. Endbericht, Wien: L&R Sozialforschung.

Bitkom (2016): Thesenpapier Arbeit 4.0 Die deutsche Arbeitswelt zukunftsfähig gestalten, Bundesverband Informationswirtschaft. Telekommunikation und Neue Medien e. V. Berlin, https://www.arbeitenviernull.de/fileadmin/user_upload/Bitkom.pdf (letzter Aufruf: 22.07.2018).

Blohm, I., Leimeister, J. M., Zogaj, S. (2014): Crowdsourcing und Crowd Work – ein Zukunftsmodell der IT-gestützten Arbeitsorganisation?, in: Brenner, W., Hess, Th. (Hrsg.): Wirtschaftsinformatik in Wissenschaft und Praxis, Business Engineering, Berlin Heidelberg: Springer-Verlag, S. 51–64.

BMAS Bundesministerium für Arbeit und Soziales (2017): Weissbuch Arbeiten 4.0, https://www.bmas.de/SharedDocs/Downloads/DE/PDF-Publikationen/a883-weissbuch.pdf?__blob=publicationFile (letzter Aufruf: 22.07.2018).

BMBF Bundesministerium für Bildung und Forschung (2013): Zukunftsbild „Industrie 4.0“, https://www.bmbf.de/pub/Zukunftsbild_Industrie_4.0.pdf (letzter Aufruf: 22.07.2018).

BMFSFJ Bundesministerium für Familie, Senioren, Frauen und Jugend (Hrsg.) (2012): Frauen im Minijob – Motive und (Fehl-)Anreize für die Aufnahme geringfügiger Beschäftigung im Lebenslauf, https://www.bmfsfj.de/blob/93862/4ba520100f0bde228598d1271c32cfd4/frauen-im-minijob-data.pdf (letzter Aufruf: 22.07.2018).

BMFSFJ Bundesministerium für Familie, Senioren, Frauen und Jugend (Hrsg.) (2015): Digitalisierung der Arbeitswelt: Mobile Arbeitsformen eröffnen Chancen für eine partnerschaftliche Aufgabenteilung, https://www.perspektive-wiedereinstieg.de/Inhalte/DE/Unternehmen/Familienbewusste_Personalpolitik/digitalisierung_der_arbeitswelt_mobile_arbeitsformen_eroeffnen_chancen_fuer_eine_partnerschaftliche_aufgabenteilung.html (letzter Aufruf: 06.08.2018).

BMFSFJ Bundesministerium für Familie, Senioren, Frauen und Jugend (Hrsg.) (2017a): Das Entgelttransparenzgesetz – Informationen zum Gesetz zur Förderung der Entgelttransparenz, https://www.bmfsfj.de/blob/117322/cbecce81bb4ce80ad969176e3a6b8293/das-entgelttransparenzgesetz-informationen-zum-gesetz-zur-foerderung-der-entgelttransparenz-data.pdf (letzter Aufruf: 22.07.2018).

BMFSFJ Bundesministerium für Familie, Senioren, Frauen und Jugend (Hrsg.) (2017b): KitaPlus: Weil gute Betreuung keine Frage der Uhrzeit ist, https://www.bmfsfj.de/blob/120136/52398cb69e6629faef2fc0cbb0ae4a26/kita-plus-weil-gute-betreuung-keine-frage-der-uhrzeit-ist-wanderausstellung-data.pdf (letzter Aufruf: 22.07.2018).

BMFSFJ Bundesministerium für Familie, Senioren, Frauen und Jugend (Hrsg.) (2017c): Zweiter Gleichstellungsbericht der Bundesregierung, https://www.bmfsfj.de/blob/116926/003c4e01eb4c43b925318434f61483a8/zweiter-gleichstellungsbericht-gutachten-data.pdf (letzter Aufruf: 22.07.2018).

BMSFSFJ Bundesministerium für Familie, Senioren, Frauen und Jugend (Hrsg.) (2016): Digitalisierung – Chancen und Herausforderungen für die partnerschaftliche Vereinbarkeit von Familie und Beruf – Expertise der Roland Berger GmbH im Rahmen des Unternehmensprogramms Erfolgsfaktor Familie, https://www.bmfsfj.de/blob/108986/13abe13cebbeb2136c29d9bdf5753bdd/digitalisierung-chancen-und-herausforderungen-data.pdf (letzter Aufruf: 22.07.2018).

Bonin, H., Gregory, T., Ziehran, U. (2015): Übertragung der Studie Frey/Osborne (2013) auf Deutschland, Kurzexpertise Nr. 57, ZEW Berlin.

Borchardt, A. (17. Juni 2016): Essay – Frauen profitieren von der Digitalisierung – wenn sie sie mitgestalten, in: Süddeutsche Zeitung, http://www.sueddeutsche.de/digital/samstagsessay-die-last-der-freien-liebe-1.3038555 (letzter Aufruf: 22.07.2018).

Bosch, G. (2015): Eine neue Ordnung der Arbeit: Herausforderungen für die Politik, in: Arbeit der Zukunft, Frankfurt am Main: Campus Verlag GmbH, S. 480–502.

Bultemeier, A. and Marrs, K. (Hrsg.) (2016): Frauen in der digitalen Arbeitswelt von morgen, München.

Bundesagentur für Arbeit, Statistik/Arbeitsmarktberichterstattung (2017): Berichte: Blickpunkt Arbeitsmarkt – Die Arbeitsmarktsituation von Frauen und Männern 2016, Nürnberg.

Cisco (03. Februar 2016): 10th Annual Cisco Visual Networking Index (VNI) Mobile Forecast Projects 70 Percent of Global Population Will Be Mobile Users, https://newsroom.cisco.com/press-release-content?articleId=1741352 (letzter Aufruf: 08.08.2018).

Dauderstädt, K. (2016): Digitalisierte Welt: Frauen 4.0 – rund um die Uhr vernetzt? Chancen erkennen, Risiken benennen!, in: dbb bundesfrauenvertretung (Hrsg.). Berlin.

Dengler, K., Matthes, B. (2015): Folgen der Digitalisierung für die Arbeitswelt, Substituierbarkeitspotenziale von Berufen in Deutschland. IAB Forschungsbericht 11/2015, Nürnberg.

Deppe, K. (2017): Geschichte der Arbeit: Arbeit 4.0 in Planet Wissen, https://www.planet-wissen.de/gesellschaft/arbeit/die_geschichte_der_arbeit_und_was_sie_heute_bedeutet/arbeit-vier-punkt-null-100.html (letzter Aufruf: 22.07.2018).

Deutsche Welle (Hrsg.) (2018): Gut 21 Prozent weniger Lohn für Frauen, Deutsche Welle, http://www.dw.com/de/gut-21-prozent-weniger-lohn-für-frauen/a-42864383 (letzter Aufruf: 22.07.2018).

Domscheid-Berg, A. (2015): Ein bisschen gleich ist nicht genug, München: Heyne Verlag.

Dürr, B. (2015): Neues Gesetz in den Niederlanden Ich will Heimarbeit – du darfst, in: Spiegel Online, http://www.spiegel.de/karriere/home-office-niederlande-garantieren-heimarbeit-per-gesetz-a-1028521.html (letzter Aufruf: 22.07.208).

Eichhorst, W., Buhlmann, F. (2015): Die Zukunft der Arbeit und der Wandel der Arbeitswelt, Standpunkte Nr. 77. Bonn: IZA (Hrsg.).

Eichhorst, W., Hinte, H., Rinne, U., Tobsch, V. (2016): Digitalisierung und Arbeitsmarkt: Aktuelle Entwicklungen und sozialpolitische Herausforderungen, Standpunkte Nr. 85. Bonn: IZA (Hrsg.).

EntgTranspG, EntgTranspG Gesetz zur Förderung der Entgelttransparenz zwischen Frauen und Männern (Entgelttransparenzgesetz – EntgTranspG), https://www.gesetze-im-internet.de/entgtranspg/__3.html (letzter Aufruf: 06.08.2018).

Escher, K. (2015): Ursachen und Lösungen für den Gender Pay Gap, unveröffentlichte Bachelorthesis an der Hochschule Fulda, Fulda.

Escher, K. (2018): Gender Pay Gap – Realität in einer Arbeitswelt 4.0? unveröffentlichte Masterthesis an der Hochschule Fulda, Fulda.

Europäisches Parlament: Richtlinie 2006/54/EG des Europäischen Parlaments und des Rates, Artikel 4: Vertrag zur Verwirklichung des Grundsatzes der Chancengleichheit und Gleichbehandlung von Männern und Frauen in Arbeits- und Beschäftigungsfragen (Neufassung), http://eurlex.europa.eu/LexUriServ/LexUriServ.do?uri=OJ:L:2006:204:0023:0036:de:PDF (letzter Aufruf: 22.07.2018).

Eurostat Statistics Explained (2018): Gender pay gap statistics, http://ec.europa.eu/eurostat/statistics-explained/index.php/Gender_pay_gap_statistics (letzter Aufruf: 22.07.2018).

FAZ Frankfurter Allgemeine Zeitung (2017): Maas fordert digitales Antidiskriminierung-Gesetz, http://www.faz.net/aktuell/wirtschaft/unternehmen/maas-fordert-digitales-antidiskriminierung-gesetz-15088974.html (letzter Aufruf: 22.07.2018).

Fink, C. (2010): Verdienstunterschiede zwischen Männern und Frauen – Eine Ursachenanalyse auf Grundlage der Verdienststrukturerhebung 2006, hg. vom Statistischen Bundesamt, Wiesbaden.

Foster, H., Lukoschat, H., Schaeffer-Hegel, B. (2000): Die ganze Demokratie: Zur Professionalisierung von Frauen für die Politik, Herbolzheim: CENTAURUS Verlags-GmbH & Co. KG.

Freigang, C. (2018): Gleicher Job, gleicher Lohn – sonst gibt es eine saftige Busse, in: Basler Zeitung, https://bazonline.ch/wirtschaft/unternehmen-und-konjunktur/frankreich-will-firmen-fuer-ungleiche-loehne-buessen/story/13943615 (letzter Aufruf: 22.07.2018).

Frey, C. B., Osborne, M. A. (2013): The future of employment: how susceptible are jobs to computerisation?, http://www.oxfordmartin.ox.ac.uk/downloads/academic/The_Future_of_Employment.pdf (letzter Aufruf: 22.07.2018).

Funke, Ch. (2016): Sheconomy – Warum die Zukunft der Arbeitswelt weiblich ist, München: C. Bertelsmann Verlag.

Gärtner, D., Grimm, V., Lang, J., Gesine, S. (2014): Kollektive Lohnverhandlungen und der Gender Pay Gap, in: IAB Discussion Paper 14/ 201, hg. vom Institut für Arbeitsmarkt und Berufsforschung.

Gather, C., Schürmann, L., Trenkmann, J. (2017): (Solo)-Selbstständigkeit als gleichstellungspolitische Herausforderung, Expertise für den Zweiten Gleichstellungsbericht der Bundesregierung, http://www.gleichstellungsbericht.de (letzter Aufruf: 22.07.2018).

Gebhardt, J., Grimm, A., Neugebauer (2015): Entwicklung 4.0 – Ausblick auf zukünftige Anforderungen an und Auswirkungen auf Arbeit und Ausbildung, in: Journal of Technical Eduaction (JOTED), Band 3, Heft 2, S. 45–61.

Gode, S., Rühmann, B. (2018): Seit 100 Jahren dürfen Frauen wählen, in: Focus Ausgabe 08/2018, S. 14–15, Focus Magazin Verlag GmbH, München.

Goos, M., Manning, A., Salomons, A. (2009): Explaining Job Polarization: Routine-Biased Technological Change and Offshoring, http://personal.lse.ac.uk/manning/work/ExplainingJobPolarization.pdf (letzter Aufruf: 22.07.2018).

Grabka, M. M. (2016): Genderspezifische Verteilungseffekte der Digitalisierung (SOEP/DIW Berlin) „Arbeit 4.0 – Blind Spot Gender" / 3, Berlin, Gender Studies Tagung des DIW Berlin & FES.

Grundgesetz der Bundesrepublik Deutschland, Artikel 3 Absatz 2, http://dejure.org/gesetze/GG/3.html (letzter Aufruf: 22.07.2018).

Hammermann, A., Stettes, O. (2016): Qualifikationsbedarf und Qualifizierung: Anforderungen im Zeichen der Digitalisierung, IW policy paper Nr. 3.

Haufe Online (13.06.2018): Brückenteilzeit. Das Kabinett beschließt Gesetz zur befristeten Teilzeit, https://www.haufe.de/personal/arbeitsrecht/gesetz-zur-befristeten-teilzeit_76_413146.html (letzter Aufruf: 30.07.2018).

Haufe Online (2017): Entgelttransparenzgesetz 2018, https://www.haufe.de/personal/arbeitsrecht/lohngleichheit-neues-zum-entgelttransparenzgesetz_76_398490.html (letzter Aufruf: 22.07.2018).

Hipp, L., Kelle, N. (2015): Nur Luft und Liebe? Die Entlohnung sozialer Dienstleistungen im Länder und Berufsvergleich, Expertise, Friedrich-Ebert-Stiftung (Hrsg.), Berlin.

Hübler, O. (2003): Geschlechtsspezifische Lohnunterschiede in Mitteilungen aus der Arbeitsmarkt- und Berufsforschung, S. 539–559, Stuttgart: Kohlhammer, Vol. 36, 2003, 4.

ING-DiBa (2015): Die Roboter kommen Folgen der Automatisierung für den deutschen Arbeitsmarkt, https://www.ing-diba.de/pdf/ueber-uns/presse/publikationen/ing-diba-economic-research-die-roboter-kommen.pdf (letzter Aufruf: 22.07.2018).

International Labour Organization Global Wage Report (2014/15): Wages and income inequality, Geneva, http://www.ilo.org/wcmsp5/groups/public/@dgreports/@dcomm/@publ/documents/publication/wcms_324678.pdf (letzter Aufruf: 22.07.2018).

Ittermann, P., Niehaus, J., Hirsch-Kreinsen, H. (2015): Arbeiten in der Industrie 4.0 Trendbestimmung und Arbeitspolitische Handlungsfelder, Study Nr. 308, Juli 2015, Düsseldorf: Hans-Böckler-Stiftung.

Kearney, A. T. (2015): Wie werden wir morgen Leben. Deutschland 2064 – Die Welt unserer Kinder, Berlin: Tempus, Corporate GmbH (ZEIT Verlag), http://www.atkearney.de/documents/6645533/7018232/Deutschland+2064+-+Wie+werden+wir+morgen+leben.pdf/2601f89b-eca8-4521-b43c-4f2b9a04c42c (letzter Aufruf: 22.07.2018).

Kerl, Ch. (2016): Mindestlohn reicht in Großstädten oft nicht zum Leben, in: Berliner Morgenpost, https://www.morgenpost.de/politik/article208864563/Mindestlohn-reicht-in-Grossstaedten-oft-nicht-zum-Leben.html (letzter Aufruf: 22.07.2018).

Klenner, Ch., Lott, Y. (2016): Arbeitszeitoptionen im Lebensverlauf. Bedingungen und Barrieren ihrer Nutzung im Betrieb, WSI Study Nr. 004, August 2016, Düsseldorf: Hans-Böckler-Stiftung (Hrsg.).

Kollmann, T., Schmidt, H. (2016): Deutschland 4.0. Wie die digitale Transformation gelingt, Wiesbaden: Springer Gabler.

Krempl, S. (2016): Frauenanteil bei MINT-Studiengängen auf über 30 Prozent gestiegen, in: heise online, Hannover: Heise Gruppe, https://www.heise.de/newsticker/meldung/Frauenanteil-bei-MINT-Studiengaengen-auf-ueber-30-Prozent-gestiegen-3578082.html (letzter Aufruf: 22.07.2018).

Kühnlein, M. (2009): Daten, Fakten und Hintergründe zum Gender Pay Gap in Deutschland. Informationen zum Equal Pay Day 2009, Deutscher Frauenrat (Hrsg.), https://www.bayernsfrauen.de/imperia/md/content/stmas/bayernsfrauen/deutscher_frauenrat_daten_fakten_zum_gender_pay_gap_2009.pdf (letzter Aufruf: 22.07.2018).

Kutzner, E., Schnier, V. (2017): Geschlechterverhältnisse in Digitalisierungsprozessen von Arbeit: konzeptionelle Überlegungen und empirische Fragestellungen in Zeitschrift für Arbeitsforschung, Arbeitsgestaltung und Arbeitspolitik, Berlin: De Gruyter Oldenbourg.

Lohngerechtigkeit: Tagesschau (15.03.2018): Lohngerechtigkeit Wie hoch ist der Gender Pay Gap wirklich?, https://faktenfinder.tagesschau.de/inland/genderpaygap-103.html (letzter Aufruf: 26.07.2018).

Lott, Y., Chung, H. (2016): Gender discrepancies in the outcomes of schedule control on overtime hours and income in Germany, in: in: European Sociological Review 32 (6), S. 752–765.

Matuschek, I. (2016): Industrie 4.0, Arbeit 4.0 – Gesellschaft 4.0? Eine Literaturstudie, Berlin: Rosa Luxemburgstiftung (Hrsg.).

OECD (Hrsg.) (2016): Policy Brief on the Future of Work – Automation and Independent Work in a Digital Economy, OECD Publishing.

OECD (Hrsg.) (2018): Gender wage gap (Indicators), https://data.oecd.org/earnwage/gender-wage-gap.html (letzter Aufruf: 22.07.2018).

Oliveira, D. (2017): Gender und Digitalisierung Wie Technik allein die Geschlechterfrage nicht lösen wird, Düsseldorf: Hans-Böckler-Stiftung (Hrsg.).

Preißing, D. (2014): Auswirkungen prekärer und atypischer Beschäftigungsverhältnisse auf die Kompetenzentwicklung im demografischen Wandel, in: Preißing, D. (2014) (Hrsg.): Erfolgreiches Personalmanagement im demografischen Wandel, München: De Gruyter Oldenbourg, 2. Auflage, S. 203–236.

Rhein-Zeitung, Rhein-Zeitung (28. Juli 2018): Mütter bleiben in Teilzeitfalle gefangen, 73. Jg., Nr. 173, Andernach/Mayen.

Rötter, Y. (2014): Familienpolitik im Kontext des Neo-Institutionalismus: Deutschland, Schweden und Frankreich aus der Gender-Perspektive, Hamburg: Diplomica Verlag GmbH.

RP online: RP online (16. Dezember 2017): Frauen arbeiten dreimal häufiger in Teilzeit als Männer, https://rp-online.de/wirtschaft/frauen-arbeiten-mehr-als-dreimal-so-viel-in-teilzeit-als-maenner_aid-17700959 (letzter Aufruf: 30.07.2018).

Rump, J., Eilers, S. (Hrsg.) (2017): Auf dem Weg zur Arbeit 4.0 Innovationen im HR, Berlin, Heidelberg: Springer Gabler.

Rump, J., Walter, N. (Hrsg.) (2013): Arbeitswelt 2030 – Trends, Prognosen, Gestaltungsmöglichkeiten, Stuttgart: Schäffer-Poeschel Verlag.

Sander, G., Georgakakis, D., van Dellen, B., Maier, M. (2016): The Penalty of Part-time Work, Final Report, April 2016, https://www.alexandria.unisg.ch/250162/2/Advance-FINAL-REPORT-23-April-2016-ohne-Anhang.pdf (letzter Aufruf: 22.08.2017).

Schwab, K. (2016): Die vierte industrielle Revolution, München: Pantheon Verlag.

Shareground und Universität St. Gallen (Hrsg.) (2015): Arbeit 4.0: Megatrends digitaler Arbeit der Zukunft – 25 Thesen, https://www.cio.de/g/deutsche-telekom-universitaet-st-gallen-arbeit-4-0-25-thesen,112006 (letzter Aufruf: 25.04.2018).

Statista (2014): Anteil der Beschäftigten in europäischen Ländern, die bei der Arbeit einen PC verwenden in den Jahren 2013 und 2014, https://de.statista.com/statistik/daten/studie/162953/umfrage/anteil-der-europaeischen-beschaeftigten-die-bei-der-arbeit-einen-pc-verwenden/ (letzter Aufruf: 22.07.2018).

Statista (2017): Frauenanteil in den Vorständen der 100 bzw. 200 größten deutschen Unternehmen von 2006 bis 2017, https://de.statista.com/statistik/daten/studie/180102/umfrage/frauenanteil-in-den-vorstaenden-der-200-groessten-deutschen-unternehmen/ (letzter Aufruf: 22.07.2018).

Statistisches Bundesamt (2016): Verdienstunterschied zwischen Frauen und Männern in Deutschland bei 21 %, Pressemitteilung Nr. 097 vom 16.03.2016, https://www.destatis.de/DE/PresseService/Presse/Pressemitteilungen/2016/03/PD16_097_621.html (letzter Aufruf: 22.07.2018).

Statistisches Bundesamt (2018a): Berufliche Bildung, https://www.destatis.de/DE/ZahlenFakten/GesellschaftStaat/BildungForschungKultur/BeruflicheBildung/BeruflicheBildung.html (letzter Aufruf: 22.07.2018).

Statistisches Bundesamt (2018b): Pressemitteilung Nr. 099 vom 15.03.2018: Verdienstunterschied zwischen Frauen und Männern in Deutschland 2017 bei 21 %, https://www.destatis.de/DE/PresseService/Presse/Pressemitteilungen/2018/03/PD18_099_621.html (letzter Aufruf: 26.07.2018).

Statistisches Bundesamt (2018c): Wie wird der Gender Pay Gap erhoben und berechnet?, https://www.destatis.de/DE/ZahlenFakten/GesamtwirtschaftUmwelt/VerdiensteArbeitskosten/FAQ/GenderPayGap.html (letzter Aufruf: 25.07.2018).

Stettes, O. (2016): Arbeitswelt der Zukunft – Wie die Digitalisierung den Arbeitsmarkt verändert, Institut der deutschen Wirtschaft Köln Medien GmbH, Köln.

Steuer, H. (2018): Island verbietet ungleiche Löhne von Frauen und Männern, in: Handelsblatt, http://www.handelsblatt.com/politik/international/gesetz-gegen-genderpay-gap-island-verbietet-ungleiche-loehne-von-frauen-und-maennern/20809742.html (letzter Aufruf: 22.07.2018).

Teubner, U. (2008): Beruf: Vom Frauenberuf zur Geschlechterkonstruktion im Berufssystem, in: Becker, R., Kortendiek, B. (Hrsg.): Handbuch Frauen- und Geschlechterforschung. Theorie, Methoden, Empirie, Geschlecht und Gesellschaft, Bd, 35, Wiesbaden: VS Verlag für Sozialwissenschaften, 2. Auflage, S. 491–498.

The Equal Pay Act of 1963, https://www.eeoc.gov/laws/statutes/epa.cfm (letzter Aufruf: 22.07.2018).

The Equality Act 2010 (Gender Pay Gap Information) Regulations 2017, http://www.legislation.gov.uk/ukdsi/2017/9780111152010 (letzter Aufruf: 22.07.2018).

Tondorf, K. (2009): Fair P(l)ay „Entgeltgleichheit für Männer und Frauen", hg. vom Bundesministerium für Familie, Senioren, Frauen und Jugend, Rostock: Publikationsversand der Bundesregierung, 4. Auflage.

Tutanach: Was ist Digitalisierung? in: Big Data Insider, Vogel IT-Medien GmbH (Hrsg.), https://www.bigdata-insider.de/was-ist-digitalisierung-a-626489/ (letzter Aufruf: 22.07.2018).

Vereinigung der Bayerischen Wirtschaft e. V. (2015): Der Mensch in der digitalen Arbeitswelt, https://www.arbeitenviernull.de/fileadmin/Futurale/Statements/PDFs/vbw.pdf (letzter Aufruf: 22.07.2018).

Vertrag über die Arbeitsweise der Europäischen Union, Artikel 157, Absatz 2, https://dejure.org/gesetze/AEUV/157.html (letzter Aufruf: 22.07.2018).

Vogler, L., Düll, N., Kriechel, B. (2016): Arbeitsmarkt 2030 Wirtschaft und Arbeitsmarkt im digitalen Zeitalter Prognose 2016, BMAS (Hrsg.), http://www.economix.org/assets/content/ERC%20Arbeitsmarkt%202030%20-%20Prognose%202016%20-%20Langfassung.pdf (letzter Aufruf: 22.07.2018).

Weber, S. (2016): Wenn Algorithmen Vorurteile haben, in: Süddeutsche Zeitung, http://www.sueddeutsche.de/digital/diskriminierung-wenn-algorithmen-vorurteile-haben-1.2806403 (letzter Aufruf: 22.07.2018).

Werner, Ch. (2017): Arbeit in der digitalen Transformation – Chancen und Risiken für die Erwerbstätigkeit von Frauen, Unveröffentlichte Masterarbeit an der Hochschulde Fulda, Fulda.

Wetterer, A. (2002): Arbeitsteilung- und Geschlechterkonstruktion. „Gender at work" in theoretischer und historischer Perspektive, Univ. Kassel, Habil.-Schrift, 2000, Konstanz: UVK Verlagsgesellschaft.

Wetzel, D. (2015): Arbeit 4.0. Was Beschäftigte und Unternehmen verändern müssen, Freiburg im Breisgau: Verlag Herder GmbH.

Wolter, M. I., Mönnig, A., Hummel, M., Schneemann, Ch. Weber, E., Zika, G., Helmrich, R., Maier, T., Neuber-Pohl, C. (2015): Industrie 4.0 und die Folgen für Arbeitsmarkt und Wirtschaft. Szenario-Rechnungen im Rahmen der BIBB-IAB-Qualifikations- und Berufsfeldprojektionen, in: Institut für Arbeitsmarkt und Berufsforschung der Bundesagentur für Arbeit (Hrsg.), IAB-Forschungsbericht Nr. 8, S 1–65.

World Economic Forum (Hrsg.) (2016): Global Challenge Insight Report – The Future of Jobs Employment, Skills and Workforce Strategy for the Fourth Industrial Revolution.

Zeit Online (2018): Millionen Beschäftigte erhalten weniger als den Mindestlohn, http://www.zeit.de/wirtschaft/2018-01/mindestlohn-studie-boeckler-stiftung-angestellte (letzter Aufruf: 22.07.2018).

ZEW – Zentrum für Europäische Wirtschaftsforschung (2015): Befragung zum sozioökonomischen Hintergrund und zu den Motiven von Crowdworkern, Endbericht zur Kurzexpertise Nr. 56 an das Bundesministerium für Arbeit und Soziales, Mannheim/Berlin.

Zimmermann, K. F. (2013): Reflexionen zur Zukunft der Arbeit, Standpunkte Nr. 56, Bonn: IZA (Hrsg.).

Anja Thies

Nachhaltiges Personalmanagement in der Arbeitswelt 4.0 – Eine kritische Betrachtung der Herausforderungen unter Gendergesichtspunkten

Dr. Anja Thies ist seit 2011 Professorin für Allgemeine Betriebswirtschaftslehre mit dem Schwerpunkt „Personalmanagement“ an der Hochschule Fulda. Neben der Lehre beschäftigt sie sich im Rahmen ihrer Forschung vor allem mit der Vereinbarkeit der Zukunftstrends in der Arbeitswelt mit Nachhaltigkeitsbestrebungen im Personalmanagement. Zuvor war sie 15 Jahre lang in der Human-Resources-Abteilung eines großen Healthcare-Unternehmens tätig und nahm vielfältige Personalmanagement-, Projekt- und Führungsaufgaben wahr.

https://doi.org/10.1515/9783110588675-006

1 Einleitung

Seit den 1990er-Jahren halten Bemühungen um Nachhaltigkeit Einzug in Unternehmen, abzielend auf eine Balance von Verbrauch und Reproduktion sämtlicher Ressourcen eines Unternehmens – einschließlich der Humanressourcen. Rund zehn Jahre später wurde damit begonnen, personalwirtschaftliche Aufgaben unter Nachhaltigkeitsgesichtspunkten zu gestalten. Dabei stand Nachhaltigkeit als ethisch-moralischer Wert im Sinne gesellschaftlicher und sozialer Verantwortung im Vordergrund. In den Jahren danach wurde ein idealtypischer Ansatz entwickelt, der nachhaltiges Personalmanagement als strategisches, integratives Konzept versteht (vgl. Ehnert 2012b: 134), dem eine langfristige Vision zugrunde liegt und sich auf den Aufbau, die Entwicklung und den Erhalt von Personalpotenzialen fokussiert. Das aufgrund der demografischen Entwicklung sinkende Arbeitskräfteangebot insgesamt und der Fachkräftemangel im Speziellen (vgl. dazu Elias-Linde, 2013) tragen dazu bei, dass Unternehmen den Nachhaltigkeitsgedanken vermehrt in ihre Personalpolitik aufnehmen und versuchen, durch den Erhalt von Humanressourcen langfristig für Erfolgs- und Bestandssicherung zu sorgen. (Vgl. Ehnert 2012a: 14′15).

Fast zeitgleich kommt im Jahr 2011 zum ersten Mal der Begriff „Industrie 4.0“ auf, mit dem eine „[...] vom Internet getriebene 4. industrielle Revolution“ (Kagermann, Lukas 2011) gemeint ist. Seitdem beschäftigen sich Wissenschaft, Politik und Wirtschaft mit deren Auswirkungen auf verschiedenste Bereiche, so auch auf die Arbeit. Es wird der Begriff „Arbeit 4.0“ geprägt, verstanden als eine von Digitalisierung, Automatisierung und Roboterisierung beherrschte Arbeitswelt. Eine schnelllebige, dynamische Veränderung von Arbeitsinhalten und -bedingungen trifft somit auf eine langfristig orientierte Personalarbeit, was folgende Fragen aufkommen lässt:

- Ist nachhaltiges Personalmanagement in einer Arbeitswelt 4.0 zweckmäßig und umsetzbar?
- Kommt nachhaltigkeitsorientierter Personalarbeit in Anbetracht der Charakteristika von Arbeit 4.0 womöglich erst recht Bedeutung zu?
- Sind Arbeit 4.0-Bedingungen förderlich für ein nachhaltiges Personalmanagement?

Es wird unterstellt, dass es zwischen nachhaltiger Personalarbeit und der Gestaltung der Arbeitswelt 4.0 Wechselwirkungen gibt. Mit der Intention, obige Fragen zu beantworten, sind diese zu identifizieren und im Hinblick auf etwaige Chancen sowie Herausforderungen und Risiken zu untersuchen.

Den Ausführungen liegt die Annahme zugrunde, dass die Auswirkungen der digitalen Transformation gleichermaßen männliche wie weibliche Erwerbstätige betrifft. Beide Geschlechtergruppen weisen jedoch historisch bedingt voneinander abweichende Entwicklungen in der Erwerbstätigkeit und somit unterschiedliche Ausgangssituationen auf. Die Arbeitswelt zeigt sich in vielen Bereichen noch immer an Männern orientiert, und Gleichstellung ist derzeit nicht in vollem Umfang gegeben. Vor diesem Hintergrund soll ein genauerer Blick auf die Frauenerwerbstätigkeit in der Arbeitswelt 4.0 im Kontext von nachhaltiger Personalarbeit geworfen werden, zumal Aussprüche zu finden sind wie beispielsweise „Frauen können die Gewinnerinnen des digitalen Wandels werden, [...]“ (Nahles 2015), ein Fachartikel „Arbeit 4.0 ist weiblich!“ lautet (Brutzki 2016) oder in einem Artikel formuliert wird: „Die Digitalisierung ist eine Revolution, die eine neue Umgebung schafft, in der Vielfalt jeglicher Art, auch Gender-Diversity, die Voraussetzung ist, um die Potenziale der Transformation ausschöpfen zu können, [...].“ (Klein-Magar 2016: 36).

Eine umfassende wissenschaftliche Auseinandersetzung mit nachhaltigem Personalmanagement in der Arbeitswelt 4.0 unter Gendergesichtspunkten, die nach Branchen, Qualifikationsniveaus, Berufen, Hierarchieebenen, Generationenzugehörigkeit beziehungsweise Alter et cetera differenziert, kann in diesem Beitrag nicht geleistet werden. An geeigneten Stellen wird jedoch auf relevante Spezifika hingewiesen.

Die Ausführungen zielen darauf ab, eine Verbindung zwischen der Arbeitswelt 4.0 und nachhaltigem Personalmanagement herzustellen. Dabei sollen die besonderen Implikationen des digitalen Wandels für erwerbstätige Frauen ermittelt werden. Es gilt Herausforderungen und Möglichkeiten zu erörtern und Schlussfolgerungen für die Umsetzung nachhaltiger Personalarbeit zu ziehen. Dem Beitrag liegen aktuelle Studien und Internet-Beiträge sowie Fachliteratur zugrunde. Da sich die digitale Transformation noch in ihren Anfängen befindet und die Vorstellungen über deren weitere Entwicklung lediglich mögliche, jedoch spekulative Szenarien abbilden, baut die Bearbeitung auf den Annahmen auf, wie sie derzeit von Personen aus Wissenschaft, Politik und Wirtschaft vertreten werden.

2 Einordnung themenrelevanter Begriffe

Der vorzunehmenden Analyse und Diskussion sind Erläuterungen der darin verwendeten Begriffe vorzuschalten. Mit der Charakterisierung von nachhaltiger Personalarbeit und Arbeit 4.0 soll ein Ausgangsverständnis erzielt werden, um die anschließende Erörterung nachvollziehbar zu machen. Darüber hinaus wird auf Frauenerwerbstätigkeit und Gendergesichtspunkte im Arbeitskontext eingegangen, womit auf die Ableitung von Implikationen der Arbeitswelt 4.0 für weibliche Erwerbstätige in Kapitel 3 hingeführt wird.

2.1 Verständnis von nachhaltigem Personalmanagement

Die Auslegung dessen, was nachhaltiges Personalmanagement meint, hängt vom zugrunde liegenden Konzept ab. Hier wird dem Gestaltungsansatz gefolgt, bei dem Personalmanagement strategiebasiert und langfristig angelegt ist, soziale, ökologische sowie ökonomische Prinzipien integrativ berücksichtigt und mit dem die Gewinnung, Erhaltung und Entwicklung von Beschäftigten gelingen soll, die zukunftsorientiert agieren und dafür selbst Verantwortung übernehmen. (Vgl. Kirschten 2008: 257 ff.). Die genannten Prinzipien gehen auf das Drei-Säulen-Modell der Nachhaltigkeit zurück. Heute wird bevorzugt auf das sogenannte Nachhaltigkeitsdreieck zurückgegriffen, das die Gleichberechtigung der drei Dimensionen visualisiert und eine differenzierte Zuordnung ihrer Ausprägungen zulässt. (Vgl. Kirschten 2017: 42 ff.).

Wirtschaftlichem Handeln ist immanent, dass mit einem möglichst geringen Einsatz von Mitteln, wozu auch das Humankapital zählt, ein möglichst hoher Grad der Zielerfüllung erreicht werden soll. Diese traditionelle Unternehmens-Maxime wird im nachhaltigen Personalmanagement um eine soziale Dimension ergänzt. In Anbetracht eines sich verknappenden Arbeitskräftereservoirs erfährt die soziale Nachhaltigkeit zunehmend stärkere Beachtung, da der Bedeutung von Humanressourcen für die Bestandssicherung von Unternehmen ein höherer Wert als zu Zeiten eines Überangebots an Arbeitskräften beigemessen wird. Sie unterstützt des Weiteren den gesellschaftlichen Fortbestand (vgl. Pufé 2012: 98), wenn mit ihr der Abbau von Unterschieden aufgrund von sozialer Schichtzugehörigkeit, Alter oder Geschlecht gelingt und zu mehr Verteilungsgerechtigkeit zwischen den Gesellschaftsmitgliedern führt. (Vgl. Kirschten 2017: 41, unter Bezugnahme auf Pufé 2012: 99). Sozial nachhaltiges Personalmanagement beschäftigt sich also unter anderem auch damit, wie und wodurch Personalarbeit Gendergerechtigkeit realisieren kann. In Anbetracht der Themenstellung wird im Rahmen dieses Beitrags der Akzent konsequenterweise vor allem auf die soziale Nachhaltigkeitsdimension gelegt.

Die dritte Determinante des Konzepts eines nachhaltigen Personalmanagements hat die Integration ökologischer Aspekte zum Gegenstand. Aufgrund der alltäglichen Konfrontation mit ökologischen Herausforderungen und der Sorge um die generationenübergreifende Erhaltung der Umwelt erwarten Mitarbeiter von ihren Arbeitgebern, dass sie umweltorientiert handeln. Deren Realisierung von Umweltschutz bedingt wiederum, dass die Mitarbeiter über umweltorientiertes Know-how verfügen und zu umweltgerechtem Handeln motiviert werden. Demnach muss sich ein Personalmanagement auch der Umsetzung einer betrieblichen Umweltschutzstrategie widmen (vgl. Dyckhoff, Souren 2008: 144) und zum Beispiel bei der Personalauswahl auf das Vorhandensein ökologischer Kompetenzen achten und im Weiteren deren Förderung durch Qualifizierungsmaßnahmen unterstützen.

Ökonomische, ökologische und soziale Zielsetzungen gleichermaßen anzustreben, kann nicht reibungslos erfolgen. Es gilt zunächst die Ziele auszuloten und zu realisieren, die in einer indifferenten oder sogar komplementären Beziehung zueinander stehen. Wenn ökologisch und sozial nachhaltige Maßnahmen Kosten verursachen, stehen sie in einem konkurrierenden Verhältnis zu ökonomischen Nachhaltigkeitszielen. Dabei ist zu bedenken, dass von kurzfristig gewinnmindernden ökologischen oder sozialen Zielen positive Langfristeffekte auf die Substanzerhaltung von Unternehmen ausgehen können. Alle Beiträge zur Stärkung der Unternehmensüberlebensfähigkeit können letztlich als sozial nachhaltig interpretiert werden, wenn dadurch Beschäftigung gesichert werden kann.

Auf Nachhaltigkeit fokussiertes Personalmanagement bedarf einer entsprechenden Vision und deren Verankerung in der Organisationskultur eines Unternehmens. (Vgl. Zaugg 2009: 72). Es verlangt die Einbeziehung der Wertschöpfungsziele des Unternehmens, der Interessen der Arbeitskräfte und der Werte der Gesellschaft. Seine Realisierung setzt an allen Funktionen des Personalmanagements an.

2.2 Zentrale Merkmale der Arbeit 4.0

Um etwaige Ansatzpunkte für ein nachhaltiges Personalmanagements in der Arbeitswelt 4.0 auszumachen, sind deren wesentliche Kennzeichen herauszuarbeiten. Aufgrund des modellhaften Zukunftscharakters von Arbeit 4.0 ist bei der Skizzierung auf Annahmen zurückzugreifen, die von der Forschung sowie im Rahmen von Fachtagungen oder Workshops unter Beteiligung von Führungskräften, Beschäftigten, Arbeitgeberverbänden und Gewerkschaften bislang hervorgebracht wurden.

Der Begriff „Arbeit(en) 4.0“ hat seine Wurzel in der Beschäftigung mit den Implikationen der sogenannten vierten industriellen Revolution, von der seit der Hannover-Messe 2011 die Rede ist. Von einer Revolution zu sprechen, ist deswegen gerechtfertigt, weil die sich seit geraumer Zeit abzeichnenden Veränderungen von außerordentlicher Komplexität, Tiefe und Breite sind, in exponentieller Geschwindigkeit voranschreiten und die Transformation ganzer Systeme nach sich ziehen. Sie wirken grundlegend darauf ein, wie Menschen leben, arbeiten und miteinander agieren. (Vgl. Schwab 2016: 9, 12). Ausgangspunkt der vierten industriellen Revolution ist das Internet, das die reale und eine virtuelle Welt miteinander zu einem Internet der Dinge verbindet. (Vgl. BMBF o. J.). Im Mittelpunkt der Betrachtung der Arbeit 4.0 stehen Arbeitsformen und -bedingungen und deren Veränderungen durch den technologischen Fortschritt, geprägt von Vernetzung, Digitalisierung und Flexibilität.

Die fortschreitende Digitalisierung ist in einem Gesamtzusammenhang mit weiteren Einflussfaktoren zu sehen, die sich gegenseitig bedingen. Hierzu zählen die zunehmende Globalisierung von Unternehmen sowie der demografische Wandel. Dieser führt in den Unternehmen zu alternden Belegschaften und ist bei der Gestaltung der Arbeit 4.0 zu berücksichtigen. Er bedeutet außerdem eine Abnahme des verfügbaren Arbeitskräftepotenzials als Folge des Geburtenrückgangs, die rein rechnerisch der digitalen Transformation der Arbeitswelt, bei der bestimmte Tätigkeiten und Arbeitsplätze wegfallen, entgegenkommt. Schließlich nimmt der gesellschaftliche Wertewandel Einfluss auf die Arbeit. Werte sind ausschlaggebend dafür, ob zum Beispiel digitalisierungsbedingte Veränderungen im täglichen Leben und in Bezug auf die Arbeit angenommen werden. (Vgl. BMAS 2017: 18).

Die Charakterisierung des Arbeitens 4.0 ist in den herangezogenen Publikationen nahezu deckungsgleich. Exemplarisch wird auf drei Quellen zurückgegriffen, um in einem stichwortartigen Überblick die zu erwartenden wesentlichen Entwicklungen im Arbeitskontext darzustellen:

- Reduzierung beziehungsweise Wegfall repetitiver, monotoner Arbeitsverrichtungen (vgl. Bertelsmann Stiftung 2015: 22, 77)
- Reduzierung körperlich belastender Arbeitstätigkeiten und Unterstützung kognitiver Arbeitsleistung durch intelligente Technik (vgl. Bertelsmann Stiftung 2015: 47)
- Wegfall von Arbeitsplätzen durch Substitution von menschlicher Arbeit durch Maschinen und Algorithmen sowie durch Ersetzung professioneller Beschäftigung durch freiwillige digitale Arbeit beispielsweise durch Kunden statt durch Beschäftigte (vgl. Shareground und Universität St. Gallen 2015: 16)
- Entstehung neuer Tätigkeitsfelder, verbunden mit hohen Qualifikationsanforderungen (zum Beispiel kreative Aufgaben, nicht-lineares Denken, sinnhafte Kombination und Interpretation von Daten) (vgl. Shareground und Universität St. Gallen 2015: 21, 24; Bertelsmann Stiftung 2015: 36)
- Ausprobieren verschiedener Lösungen von zu bearbeitenden Problemen sowie Zulassen von Fehlern (vgl. Bertelsmann Stiftung 2015: 45)

- Zunahme der Relevanz von Bildung in Anbetracht steigender Komplexität der Arbeit und von lebenslangem Lernen zur Erlangung von Employability (vgl. Bertelsmann Stiftung 2015: 22, 28 f.)
- Veränderung der Arbeitskultur durch neue Formen des (global) kollaborativen und vernetzten Arbeitens mit hohen Anforderungen an die Kommunikationsfähigkeit, soziale Intelligenz sowie Bereitschaft und Umsetzung von Wissensaustausch (vgl. Bultemeier, Marrs 2016: 7 f.) aufgrund steigender Transparenzansprüche und der Abnahme des Wertes von Herrschaftswissen (vgl. Shareground und Universität St. Gallen 2015: 15)
- Veränderung der Bedeutung von Karriere und Etablierung neuer Karrierewege (vgl. Bultemeier, Marrs 2016: 8)
- Erfordernis anderer Führungsleitbilder (vgl. Bultemeier, Marrs 2016: 7) mit einem Verständnis von Führen als Ermöglichen, Ermutigen und Ermächtigen (vgl. Bertelsmann Stiftung 2015: 27, 45)
- Auflösung hierarchischer Strukturen zugunsten von Peer-to-Peer-Arbeitsbeziehungen auf Augenhöhe (vgl. Shareground und Universität St. Gallen 2015: 12), begleitet von Verantwortungsdelegation, dezentralen Entscheidungsprozessen und Vertrauen in die Eigenverantwortung als Grundvoraussetzungen (vgl. Bertelsmann Stiftung 2015: 26)
- Möglichkeit zu orts- und zeitunabhängigem Arbeiten in Kombination mit Arbeitsformen wie Jobsharing und Ähnlichem, verbunden mit einem Verschwimmen von Arbeit und Privatleben (vgl. Bertelsmann Stiftung 2015: 26; Shareground und Universität St. Gallen 2015: 22 f.)
- Abnahme unbefristeter Arbeitsverträge bei gleichzeitiger Zunahme von Job-Hopping, atypischen Beschäftigungsverhältnissen und eines „hiring on demand" beziehungsweise selbstständiger Erwerbstätigkeit sowie Übernahme von Arbeitsaufträgen und Projekten via Croudworking, das heißt Entstehung von Arbeitsplätzen ohne eindeutige organisationale Zugehörigkeit, einhergehend mit Selbstmanagement (vgl. Shareground und Universität St. Gallen 2015: 11, 13, 20, 26, 33; Bertelsmann Stiftung 2015: 26)

Die genannten Merkmale sind als Tendenzen zu verstehen, die je nach Branche, Beruf oder Arbeitstätigkeit in unterschiedlichem Maße zutreffen und je nach Digitalisierungsstadium unterschiedlich ausgeprägt sein können.

2.3 Frauenerwerbstätigkeit und Genderaspekte im Arbeitskontext

Artikel 3 Absatz 2 des Grundgesetzes der Bundesrepublik Deutschland stellt Frauen und Männer rechtlich gleich und legt die Förderung der Gleichberechtigung fest. Aus Absatz 3 sowie aus § 1 des Allgemeinen Gleichbehandlungsgesetzes geht hervor, dass Benachteiligungen unter anderem wegen des Geschlechts zu verhindern oder zu beseitigen sind. Diese Regelungen haben generelle Gültigkeit und sind demnach auch im Zusammenhang mit Erwerbstätigkeit zu befolgen. Bestrebungen zur nachhaltigen Förderung von Chancengleichheit und Gleichstellung von Frauen und Männern werden unter dem Begriff des Gender-Mainstreamings subsumiert. „Gender" hebt nicht nur auf das Geschlecht ab, sondern umfasst auch die jeweiligen Lebenslagen von Frauen und Männern. Um diesen gerecht zu werden, gilt es die genderspezifischen Auswirkungen von geplanten Entscheidungen, Regelungen und Maßnahmen bei der Umsetzung zu berücksichtigen. (Vgl. BMFSFJ 2016; Belwe 2002: 2; Steinhage 2006).

Das Thema dieser Abhandlung wirft die Frage auf, ob und inwieweit Arbeit 4.0 zur Realisierung von (mehr) Gendergerechtigkeit beitragen kann. (Vgl. Oliveira 2017: 36). Hauer spricht von einer „[...] Hoffnung auf hohes Gleichstellungspotenzial [...] durch den digitalen Wandel [...]." (Hauer 2016: 172). Ausgehend davon, dass Chancengleichheit und Gleichstellung in einer Vielzahl von Unternehmen noch nicht erreicht sind und sich weibliche Erwerbstätige Verbesserungen in diesen Bereichen wünschen, sind die sich ergebenden Veränderungen der Arbeitswelt hinsichtlich ihrer diesbezüglichen Chancen für Frauen zu untersuchen. Diesen sind etwaige Risiken der zukünftigen Arbeitsgestaltung gegenüberzustellen, welche die ermittelten Gleichstellungspotenziale schmälern oder gänzlich kontraproduktiv sein könnten.

Das Wissen um Möglichkeiten und Grenzen der Arbeit 4.0 hinsichtlich ihres Beitrags zur Gendergerechtigkeit dient auch den Unternehmen, die eine Gender-Mainstreaming-Strategie verfolgen und ihre Personal- und Führungsarbeit diesbezüglich nachhaltig ausrichten wollen. Unternehmen, die sich bei ihrer Nachhaltigkeitsberichtserstattung beispielsweise an den G4-Leitlinien der Global Reporting Initiative (GRI) oder am Deutschen Nachhaltigkeitskodex orientieren, wird nahegelegt, auf Aspekte wie Chancengleichheit und -gerechtigkeit sowie geschlechtsunabhängige Entlohnung einzugehen. (Vgl. GRI 2015: 9; Deutscher Nachhaltigkeitskodex 2017). Es ist deutlich zu erkennen, dass nachhaltiges Handeln auch Maßnahmen zur Gleichstellung von erwerbstätigen Frauen und Männern impliziert. Nachhaltiges Personalmanagement betreibende Unternehmen sind sich in Anbetracht des voranschreitenden Fachkräftemangels der Dringlichkeit bewusst, das noch verfügbare weibliche Erwerbspersonenpotenzial auszuschöpfen. Um Frauen als Arbeitskräfte zu gewinnen und an sich zu binden, bedarf es der Berücksichtigung ihrer spezifischen Bedürfnisse in Bezug auf Arbeit.

Nachfolgend wird die derzeitige Ausgangssituation von Frauen auf dem Arbeitsmarkt mithilfe statistischer Daten grob skizziert, um die Vorstellung von Frauenerwerbstätigkeit in Deutschland zu präzisieren:

Im Jahr 2014 waren 73 Prozent der Frauen im Alter von 20 bis 64 Jahren erwerbstätig; die Frauenerwerbslosenquote lag bei 4,6 Prozent. Unter Berücksichtigung der Korrelation von Bildungsabschluss und Erwerbslosigkeitsrisiko zeigten sich eine 9,9 prozentige Erwerbslosenquote bei geringqualifizierten und eine 2,8 prozentige bei hochqualifizierten Frauen. Im selben Jahr konnte ein ungenutztes Arbeitskräftepotenzial in Höhe von 14 Prozent festgestellt werden, das sich ungefähr hälftig aus

Frauen und Männern zusammensetzte. Differenziert nach Voll- und Teilzeittätigkeit gab es 73 Prozent Frauen unter den Unterbeschäftigten (Erwerbstätige, die zusätzliche Arbeitsstunden wünschen und dafür verfügbar sind); 53 Prozent der Frauen gehörten zur Stillen Reserve (Arbeitsuchende, die keine kurzfristige Arbeitsaufnahme bewerkstelligen können), und 3,1 Millionen mehr Frauen als Männer zählten zu den Nichterwerbspersonen. In der Altersgruppe der 20- bis 24-Jährigen lag der Anteil von Frauen ohne Erwerbstätigkeit und nicht in Aus- oder Weiterbildung befindlich bei elf Prozent. (Vgl. Crößmann, Mischke 2016: 6, 10, 14, 17, 26).

Insgesamt weist die Statistik einen Anstieg des Qualifikationsniveaus von Erwerbstätigen aus. Der Anteil von 20- bis 64-jährigen Frauen mit Hochschul- oder vergleichbarem Bildungsabschluss erreichte im Jahr 2014 25 Prozent, während der Anteil der Geringqualifizierten elf Prozent ausmachte. Bei alleiniger Betrachtung der 25- bis 29-Jährigen hatten bereits 30 Prozent der Frauen einen hohen Bildungsabschluss. Was die Teilnahme an Bildung und Weiterbildung betrifft, war trotz permanenter Veränderungen der Arbeitswelt eine stagnierende Quote von acht Prozent bei den Frauen zu konstatieren. (Vgl. Crößmann, Mischke 2016: 34, 38).

Der durchschnittliche Bruttoverdienst lag im Jahr 2014 bei erwerbstätigen Frauen um rund 22 Prozent niedriger als bei Männern; dabei sind unterschiedliche Qualifikationsgrade, Beschäftigungsumfang, Alter et cetera nicht herausgerechnet. Der Lohnunterschied ist zum Teil auf andere Erwerbsbiografien von Frauen zurückzuführen: Sie übernehmen häufiger als Männer familiäre Aufgaben, unterbrechen ihre Erwerbstätigkeit oftmals deswegen oder versuchen, beidem gerecht zu werden, indem sie in Teilzeit arbeiten. Außerdem arbeiten mehr Frauen als Männer in Niedriglohnbranchen. Mit Blick auf den vermuteten Anstieg freiberuflicher Tätigkeiten und solcher im technischen Bereich in der Arbeitswelt 4.0 ist zu konstatieren, dass im Wirtschaftsbereich „Erbringung von freiberuflichen, wissenschaftlichen und technischen Dienstleistungen“ der Verdienst von Frauen im Jahr 2014 um ein Drittel geringer als der von Männern war. (Vgl. Crößmann, Mischke 2016: 42).

Im genannten Jahr arbeitete fast die Hälfte der Frauen in Teilzeit, 29 Prozent von ihnen aufgrund der von ihnen wahrgenommenen Betreuung von Familienangehörigen und 21 Prozent aufgrund anderer familiärer oder persönlicher Verpflichtungen. Neun Prozent der Frauen waren befristet beschäftigt. Befristungen sind typisch in Branchen, in denen vielfach Frauen arbeiten. Das Vorkommen von Befristungen bei Erwerbstätigen mit mittleren und hohen Bildungsabschlüssen dürfte auf deren Einsatz für zeitlich begrenzte Projekte zurückzuführen sein. Auffällig ist die Zunahme an Menschen (ab 15 Jahren) mit Nebentätigkeiten. Die Mehrfachbeschäftigung war im Jahr 2014 bei Frauen um 0,8 Prozent höher als bei Männern, was daran liegen dürfte, dass Frauen eher in Teilzeit oder geringfügig beschäftigt sind und mehrere Tätigkeiten wahrnehmen können oder müssen, wenn sie ihr Einkommen und ihre Altersvorsorge aufbessern wollen. (Vgl. Crößmann, Mischke 2016: 48, 52, 56).

Die zunehmende Digitalisierung von Arbeit ermöglicht mobiles Arbeiten. Es erstaunt, dass die Quote von Erwerbspersonen, die ihrer Tätigkeit gelegentlich oder regelmäßig von zuhause aus nachgehen, in den letzten zehn Jahren bis zum Jahr 2014 um zwei Prozent bei den Frauen auf zehn Prozent und um drei Prozent bei den Männern auf zwölf Prozent gesunken ist. Obwohl sich mobiles Arbeiten grundsätzlich anbietet, um Beruf und Familie besser miteinander zu vereinbaren, waren es im Jahr 2014 nur 13 Prozent der 25- bis 54-Jährigen mit Kindern, die angaben, dieses Arbeitsmodell umzusetzen. (Vgl. Crößmann, Mischke 2016: 60).

Was die berufliche Selbstständigkeit angeht, lag der weibliche Anteil im Jahr 2012 bei 32 Prozent. Der Frauenanteil bei den Selbstständigen mit abhängigen Beschäftigten wurde mit 24 Prozent beziffert. (Vgl. Mai, Marder-Puch 2013: 492). Der Anteil von Frauen in Führungspositionen (Führungskräfte im Produktionsbereich bis hin zu Vorstands- beziehungsweise Geschäftsleitungsmitgliedern) wurde im selben Jahr mit knapp 29 Prozent ausgewiesen. Er variiert grundsätzlich stark branchenabhängig und hängt vom Frauenanteil in der Branche insgesamt ab. (Vgl. Statistisches Bundesamt 2014: 14).

Die Alterung der Gesellschaft und der Geburtenrückgang spiegeln sich auch in der Erwerbsbeteiligung wider. Der Anteil der 60- bis 64-Jährigen betrug im Jahr 2014 53 Prozent, wobei in dieser Altersgruppe um 13 Prozent weniger erwerbstätige Frauen als Männer zu finden waren. Höhere Bildungsniveaus tragen dazu bei, dass Menschen länger am Erwerbsleben teilnehmen. Selbst nach Erreichen des 65. Lebensjahres waren im Jahr 2014 immer noch 14 Prozent der 65- bis 69-Jährigen erwerbstätig, davon zehn Prozent der Frauen. Gerade für Selbstständige und mithelfende Familienangehörige kommt Erwerbstätigkeit im höheren Alter in Betracht, da für sie keine bindende Regelaltersgrenze gilt und sie sich den Lebensunterhalt im Alter sichern wollen oder müssen. (Vgl. Crößmann, Mischke 2016: 68, 74).

Die statistischen Daten geben Hinweise auf Themenfelder, die insbesondere von Politik und Wirtschaft zu besetzen sind, wenn ein Mehr an Chancengleichheit und Gleichstellung erreicht werden soll. Das Bundesministerium für Familie, Senioren, Frauen und Jugend gibt in seinem digitalen Gleichstellungsatlas mit 38 Indikatoren aus vier Bereichen – darunter die arbeitsrelevanten Gebiete „Bildung, Berufswahl und wissenschaftliche Qualifikation" und „Arbeit und Einkommen" – Auskunft über geschlechtsspezifische Unterschiede. (Vgl. BMFSFJ 2017a). Es thematisiert die Benachteiligungen am Arbeitsmarkt und behandelt Fragen wie Lohngerechtigkeit, gleichstellungsorientierte Berufs- und Studienwahl, Frauen in Führungspositionen, berufliche Selbstständigkeit und den beruflichen Wiedereinstieg nach familienbedingter Unterbrechung. (Vgl. BMFSJ 2017b).

Im Genderkontext interessieren auch Werte und Haltungen zur Frauenerwerbstätigkeit von Frauen selbst, aber auch von Männern, die Vorgesetzte, Kollegen, Mitarbeiter und im privaten Kontext Ehe- beziehungsweise Lebenspartner von Frauen und Elternteil gemeinsamer Kinder sind. Werte und Einstellungen werden vor allem durch kulturelle Normen, Erziehung und eigene Erfahrungen im Zuge des menschlichen Sozialisierungsprozesses geprägt. Eine Reduzierung von Menschen auf ihr Geschlecht durch stereotype Erwartungen und Zuschreibungen schmälert deren Verwirklichungsmöglichkeiten (vgl. Sachverständigenkommission zum Zweiten Gleichstellungsbericht der Bundesregierung, 2017: 17 f.), sodass es erforderlich ist, sich solcher Stereotypien bewusst zu werden und an deren Eliminierung zu arbeiten.

Auch wenn sich geschlechtsbezogene Rollenbilder im Laufe der Zeit verändern und sich das Bild der erwerbstätigen Frau in der westlichen Welt gegenüber früher im Sinne der Gleichstellung deutlich gewandelt hat, sind weiterhin Einstellungen gegenüber arbeitenden Frauen existent, welche diskriminierende Handlungen geschehen lassen und Chancengleichheit beeinträchtigen. Es ist zu erwähnen, dass sich Vorurteile nicht ausschließlich gegen das jeweils andere Geschlecht richten, sondern auch Frauen gegenüber Frauen und Männer gegenüber Männern Vorurteile haben können.

3 Frauenerwerbstätigkeit in der Arbeitswelt 4.0

Anknüpfend an die Skizzierung der Arbeit 4.0 sind in diesem Kapitel deren mögliche Chancen und Herausforderungen für erwerbstätige Frauen zu identifizieren. Die kritische Beleuchtung der von einer digitalen Arbeitswelt zu erwartenden Vor- und Nachteile werden an ausgewählten Aspekten festgemacht, die als Ansatzpunkte in einem nachhaltigen Personalmanagement bedeutsam erscheinen. Kompetenzen, Arbeitsformen und Karriereverläufe, Arbeitszeit und -ort sowie die Arbeits- und Führungskultur werden als nachhaltigkeitsrelevante Kriterien identifiziert und der Untersuchung zugrunde gelegt. Ihr werden Annahmen darüber vorangestellt, wie erwerbstätige Frauen in Abhängigkeit ihrer verschiedenen Lebenswelten von der digitalen Transformation im Arbeitskontext betroffen sein und welche Haltung sie ihr gegenüber einnehmen könnten.

3.1 Annahmen zur Einstellung erwerbstätiger Frauen gegenüber der Arbeitswelt 4.0

Die mit der Digitalisierung im Arbeitskontext zu erwartenden Veränderungen betreffen Erwerbstätige unabhängig von ihrem Geschlecht. Allerdings differieren die Ausgangssituationen berufstätiger Frauen und Männer sowie ihre Vorstellungen, Werte und Ziele, die sie mit Erwerbstätigkeit verbinden. Im Folgenden soll deshalb das etwaige gleichstellungsförderliche Potenzial betrachtet werden, das erwerbstätigen Frauen in einer Arbeitswelt 4.0 grundsätzlich zur Verfügung steht. Ob einzelne Implikationen des Arbeitens 4.0 von erwerbstätigen Frauen vor- oder nachteilig wahrgenommen werden, hängt von vielerlei Faktoren ab. Eine Bewertung muss unter Berücksichtigung der individuellen Umstände erfolgen.

Welche Aspekte eine Rolle spielen, sind einer Studie aus dem Jahr 2016 zu entnehmen, in der Lebensrealitäten und familien- und gleichstellungspolitische Erwartungen von Frauen in Deutschland zwischen 18 und 40 Jahren untersucht wurden. (Vgl. Wippermann, 2016). Sich auf diese Altersgruppe zu konzentrieren, ist angebracht, da sie das derzeitige und künftige weibliche Erwerbspersonenpotenzial ausmacht. Deren heutigen Bedürfnisse sind durch die während ihres Heranwachsens vorherrschenden Gesellschaftsthemen geprägt und zeigen sich unter Berücksichtigung ihrer Zugehörigkeit zu sozialen Schichten und Milieus auf vielfältige Weise. (Vgl. Wippermann 2016: 10 f.). Die unterschiedlichen Lebenswelten der befragten Studienteilnehmerinnen bildet Wippermann in sogenannten DELTA-Milieus® ab. Anhand der Dimensionen „soziale Lage" (Unter-, Mittel-, Oberschicht) und „Grundorientierung" (gemeinsame Traditionen, Selbstverwirklichung, Selbstmanagement) identifiziert er insgesamt neun dieser Milieus. (Vgl. Wippermann 2016: 25). In die Charakterisierung der Milieus gehen die jeweiligen Werte und Lebensstile, die erwerbsarbeitsbezogenen Haltungen und Wünsche der untersuchten Zielgruppe sowie die Bedeutung von Gleichstellung für sie ein; auf die Bedingungen der Arbeitswelt 4.0 wird nicht gezielt abgehoben. Unter Berücksichtigung der Merkmale der Arbeitswelt 4.0 lassen sich in Verbindung mit den Aussagen der Studie zum vorherrschenden Bildungsstand in den Milieus, zu deren Aufgeschlossenheit gegenüber Modernisierung und technologischem Fortschritt, zum Nutzungsverhalten in Bezug auf neue Medien sowie zu deren Motiven, einer Erwerbstätigkeit nachzugehen, nachfolgende Annahmen ableiten.

Weibliche **Performer** mit guter akademischer Qualifikation sehen in ihrer Arbeit Erfüllung, Erfolg und Sinn und legen beruflichen Ehrgeiz und Leistungsbereitschaft an den Tag. Ab 35 Jahren aufwärts werden sie sich der Erschöpfungsgefahr ihres Arbeitsengagements bewusst und streben nach einer flexibleren betrieblichen Arbeitskultur, insbesondere was den Ort der Tätigkeitsausübung sowie das Angebot und den Service hinsichtlich Kinderbetreuung betrifft. Sie arbeiten gerne ergebnisorientiert und organisieren sich dabei am liebsten zeitlich selbstbestimmt. Sie begrüßen die technologischen Entwicklungen und haben bereits jetzt die neuen Medien in ihren privaten wie beruflichen Alltag integriert. (Vgl. Wippermann 2016: 28 ff.). Unter diesen Voraussetzungen ist zu vermuten, dass sie in der digitalen Transformation eine Chance sehen, ihre arbeitsbezogenen Bedürfnisse einfacher befriedigen zu können. Allerdings dürften diese beeinflusst sein von der in Bezug auf Familienarbeit in diesem DELTA-Milieu® dominierenden Rollenteilung zwischen ihnen und ihren männlichen Partnern, von denen sie sich mehr Einsatz in diesem Bereich wünschen. (Vgl. Wippermann 2016: 33).

Auch die **Postmateriellen** verfügen über eine gute Berufsausbildung oder einen hohen akademischen Abschluss. Entsprechend gleichen ihre Motive für Erwerbstätigkeit denen der Performer. Ihrer Auffassung, dass Mütter wie Väter viel Zeit mit ihren Kindern verbringen sollten, entspringt der ausgeprägte Wunsch nach lebensphasenangepasster Erwerbszeit sowie nach Anerkennung und (finanzieller) Wertschätzung von Familienarbeit wie von Erwerbsarbeit. Die berufliche Leistungsorientierung ist im Postmateriellen-Milieu schwächer als im Performer-Milieu ausgeprägt. So sind den Milieu-Angehörigen Freiräume wichtig, um beispielsweise auch ihre sozialen, ökologischen, kulturellen oder intellektuellen Interessen verwirklichen zu können. Mit der Nutzung der neuen Medien sind sie vertraut. (Vgl. Wippermann 2016: 40 ff.). Wird unterstellt, dass Arbeit 4.0 eine einfachere Steuerung der Erwerbstätigkeit in Abhängigkeit von Lebensphasen ermöglicht, liegt es nahe, dass die Postmateriellen Potenzial in der Digitalisierung der Arbeitswelt sehen.

Gerade für die jüngeren Frauen im Milieu der **Etablierten** ist die eigene Erwerbstätigkeit eine unbedingte Selbstverständlichkeit. Als hoch qualifizierte, ambitionierte Frauen sind ihnen Leistung und Perfektion wichtig; ebenso messen sie Hierarchie und Rang eine Bedeutung bei. Die Gründung einer Familie erfolgt eher spät; diese wird dann als Kraftquelle betrachtet, um daraus Energie für eine parallel fortlaufende Erwerbstätigkeit zu schöpfen. Die Etablierten wollen Beruf und Familie bestmöglich miteinander vereinbaren und wünschen sich von ihren Arbeitgebern deshalb ausreichend zeitliche und räumliche Flexibilität oder können sich Selbstständigkeit als Arbeitsform vorstellen, bei der sie die Selbstbestimmungshoheit über Arbeitszeit und -ort haben. (Vgl. Wippermann 2016: 52 ff.). Für Frauen, die diesem Milieu zuzuordnen sind, könnte die Arbeitswelt 4.0 Wege aufzeigen, die ihren Vorstellungen von Erwerbsarbeit entgegenkommen. Vor dem Hintergrund ihres Bildungsstandes kann davon ausgegangen werden, dass sie die arbeitsbezogene Digitalisierung begrüßen.

Die DELTA-Milieus® der weiblichen **Traditionellen** und **Konservativen** lassen sich unter Berücksichtigung der Vielzahl ihrer Gemeinsamkeiten zusammenfassen. Sie bringen überwiegend eine gute duale oder vollzeitschulische Ausbildung mit, sehen in der Familie ihren Lebensmittelpunkt und setzen bei traditioneller Rollenteilung zwischen ihnen und ihren Partnern das Modell um, nach der Familiengründung oder im Falle der notwendigen Betreuung pflegebedürftiger Familienangehöriger nicht mehr oder allenfalls in Teilzeit berufstätig zu sein. Für Neuerungen lassen sie sich bedingt begeistern. Dem technologischen Wandel gegenüber sind sie grundsätzlich aufgeschlossen, aber den gesellschaftlichen Veränderungen bringen sie Skepsis entgegen. (Vgl. Wippermann 2016: 64 ff.). Aufgrund der Betonung der Bedeutung von Familie dürften sich die weiblichen Traditionellen und Konservativen von einer Arbeit 4.0 nur eingeschränkt angesprochen fühlen. Wenn es die finanzielle Situation zulässt, würden sie sich der Erwerbstätigkeit vorzugsweise ganz entziehen. Im Falle einer Teilzeitbeschäftigung würden sie etwaige Chancen der Digitalisierung wahrscheinlich nicht aktiv – zum Beispiel durch Aufbau einer Selbstständigkeit – ergreifen, sondern bei abhängiger Erwerbsarbeit der Umsetzung ihrer Arbeitgeber folgen.

Vertreterinnen der **Bürgerlichen Mitte** halten gerne an Bestehendem fest und akzeptieren Veränderungen aufgrund ihrer Unabänderlichkeit. Sie gehören vorrangig der Mittelschicht an, was für das Vorhandensein einer soliden Berufsausbildung spricht. Sie sind um eine dauerhafte Balance von Arbeit und Freizeit bemüht und stellen berufliche Ambitionen hinter Familienbelange, sodass sie typischerweise nicht karriereorientiert sind, aber gerne in Teilzeit arbeiten. (Vgl. Wippermann 2016: 74 ff.). Diese Charakterisierung spricht dafür, dass weibliche Angehörige der Bürgerlichen

Mitte sich von den Neuerungen der zukünftigen Arbeitswelt eher wenig tangiert sehen, sich zwar an sie anpassen, aber nur mäßiges Interesse daran haben, die sich eröffnenden Möglichkeiten eigeninitiativ zu nutzen.

Die sogenannten **Benachteiligten** sind überwiegend in der Unterschicht anzutreffen. Das heißt, ihre schulische Ausbildung ist gering, und sie bekleiden eher niedrige berufliche Positionen. Unter ihnen befindet sich eine Vielzahl von Familienernährerinnen und Alleinerziehenden, sodass Erwerbstätigkeit und Familienarbeit gleichermaßen durch sie geleistet werden. Mit Blick auf die Digitalisierung der Arbeit und die damit steigenden Anforderungen an Bildungsabschlüsse tragen die Frauen dieses Milieus zwar Sorge, ihre Arbeitsplätze zu verlieren, verhaften jedoch in der Gegenwart und unternehmen nichts, um ihre Beschäftigungsfähigkeit für die Zukunft zu stärken. (Vgl. Wippermann 2016: 86 ff.).

Frauen, die eigene Wege gehen und ihre Kreativität ausleben wollen, streben nach einer Erwerbstätigkeit, bei der sie sich selbstverwirklichen und persönlich weiterentwickeln können und die ihnen existenzielle Unabhängigkeit ermöglicht. Mit diesen Werten werden sie der (oberen) Mittelschicht und dem Milieu der **Expeditiven** zugerechnet, welche die Zeit – vor allem die nach der Arbeit – als wichtigstes Gut verstehen. (Vgl. Wippermann 2016: 98 ff.). Ausgehend von einem guten bis hohen Qualifikationsniveau, dürfte es ihnen nicht schwer fallen, sich in der Arbeitswelt 4.0 zurechtzufinden. Diese dürfte vor allem für Frauen, die ihr kreatives Potenzial und ihren Selbstverwirklichungsdrang in einer Berufstätigkeit realisieren wollen, attraktiv sein. Arbeit 4.0-typische Arbeits(zeit)formen könnten zudem einen Beitrag leisten, Zeit selbstbestimmter als bisher einzuteilen und zu gestalten.

Weibliche **Hedonisten** arbeiten, um Geld zu verdienen und sich damit ihre auf Spaß ausgerichteten Freizeitaktivitäten zu finanzieren. Sie präferieren eine Berufstätigkeit mit Erlebnis- und Wohlfühlcharakter; aus täglichen Routinen brechen sie gerne aus. So sind sie beispielsweise auch in klassischen Männerberufen anzutreffen, sofern sie sich Zugang zu diesen verschaffen konnten. Bedingt durch ihr Leben im Hier und Jetzt ist ihre Zukunftsorientierung schwach ausgeprägt. (Vgl. Wippermann 2016: 110 ff.). Als Angehörige der Unterschicht beziehungsweise der (unteren) Mittelschicht mit eher niedrigem Bildungsstand dürften sich die Vertreterinnen der Hedonisten von einer Arbeitswelt 4.0 eher weniger angezogen fühlen. Auf arbeitsbezogene digitalisierungsbedingte Veränderungen werden sie sich zum Erhalt ihrer Arbeitsmarktfähigkeit kaum vorbereiten, und nach resultierenden Vorteilen werden sie nicht aktiv suchen.

Wie die differenzierten Ausführungen zeigen, trifft die digitale Transformation in der Arbeitswelt vornehmlich auf Offenheit bei erwerbstätigen Frauen aus den Milieus Performer, Postmaterielle, Etablierte und gegebenenfalls in begrenztem Umfang Expeditive. Vertreterinnen der Benachteiligten und Hedonisten laufen Gefahr, in Zukunft keine Arbeit zu finden, wenn sie es verpassen, sich den Anforderungen der Arbeitswelt 4.0 frühzeitig zu stellen, und nichts tun, um ihre Beschäftigungsfähigkeit unter digitalisierungsabhängigen Arbeitsbedingungen aufrechtzuerhalten. Von erwerbstätigen Frauen aus dem Milieu der Traditionellen, Konservativen und dem der Bürgerlichen Mitte ist zu erwarten, dass sie sich den arbeitsbezogenen Veränderungen der Zukunft nicht verschließen und sich ihnen anpassen. Sie werden sie jedoch nicht von sich aus im Rahmen ihrer Erwerbstätigkeit – sofern sie aus finanziellen Gründen auf sie nicht verzichten können – suchen und zum eigenen Vorteil nutzen.

3.2 Kritische Beleuchtung der Implikationen der Arbeitswelt 4.0 für erwerbstätige Frauen

3.2.1 Folgerungen hinsichtlich erforderlicher Qualifikationen und Kompetenzen

Unstrittig ist, dass Digitalisierung den Charakter von Arbeit verändert. Die Veränderungen können sich auf Arbeitsinhalte, -abläufe und auch die Art der Arbeitserbringung beziehen. Ebenso entstehen gänzlich neue Aufgaben, Tätigkeitsfelder im Bereich nicht automatisierbarer Tätigkeiten sowie neue Berufe, insbesondere mit starkem Fokus auf Dienstleistungs-, technische und wissenschaftliche Berufe. (Vgl. BMAS 2016c: 3). Entsprechend bedarf es passender Qualifikationen und Kompetenzen, die es im Zuge der schulischen und beruflichen Ausbildung, eines Studiums und berufsbegleitender Weiterbildung zu erwerben beziehungsweise erweitern gilt. Mehr denn je ist lebenslanges Lernen gefragt, um mindestens bis zum Renteneintrittsalter der Wissens- und Informationsdynamik standzuhalten und einer Erwerbstätigkeit nachgehen zu können. Erwerbstätige müssen deshalb selbst oder mit Unterstützung ihrer Arbeitgeber für die kontinuierliche Aufrechterhaltung ihrer Beschäftigungs- und Handlungsfähigkeit sorgen. (Vgl. BMAS 2016c: 1, 3). Berufliche Handlungskompetenz setzt Fach-, soziale und Selbstkompetenz voraus, welche unter anderem durch Methoden-, Kommunikations- und Lernkompetenz gespeist werden. (Vgl. Bisani 1995: 226).

Im Arbeitsbericht der Plattform „Digitale Arbeitswelt" zur beruflichen Weiterbildung wird vorausgesagt, dass die Qualifikationsprofile an Komplexität zunehmen werden. Betont wird die Relevanz „[...] sozial-kommunikative[r] Kompetenzen, [von] Kompetenzen zu systemischem Denken, Abstraktionsfähigkeit und die Fähigkeit zur schnellen Informationsverarbeitung und Datenselektion [...]." (BMAS 2016c: 3). Erwerbstätige müssen souverän mit Internetquellen, Endgeräten und Anwendungen umgehen können. Welche Kompetenzen im Bereich der Informationstechnik in welcher Tiefe und in welchem Ausmaß konkret benötigt werden, ist branchen-, berufs- und aufgabenabhängig. Über fachliche und methodische Kompetenzen hinaus sind in einer digitalen Arbeitswelt kreative Fertigkeiten, ganzheitliches und vernetztes Denken, Wandlungsfähigkeit, unternehmerisches Denken sowie kommunikative und kooperative Fähigkeiten von Belang. Im Hinblick auf die bei digitalem Arbeiten mögliche Freiheit, Arbeitszeit und -ort selbst zu bestimmen, kommen Selbst- und Zeitmanagementkompetenzen hinzu; und Führungskräfte benötigen besondere Kommunikations- und Aufgabenmanagementkompetenzen, um Homeoffice-Mitarbeiter zu führen. (Vgl. BMAS 2016c: 3).

Was fachlich-methodische Kompetenzen betrifft, erlangen in einer digital geprägten Arbeitswelt die sogenannten MINT-Berufe (Berufe in den Bereichen Mathematik, Informatik, Naturwissenschaften und Technik) eine starke Bedeutung. Zahlreiche Bemühungen gelten der Steigerung des Frauenanteils in diesen Berufen, um den hohen Bedarf an Fachkräften decken zu können. (Vgl. Bundesagentur für Arbeit 2016: 5). Der Frauenanteil an sozialversicherungspflichtigen MINT-Beschäftigten betrug im Jahr 2015 lediglich 15 Prozent, wobei etwas mehr Frauen Tätigkeiten auf höherem akademischem Qualifikationsniveau (Expertenfunktionen) ausübten. Rund 40 Prozent der weiblichen MINT-Erwerbstätigen waren in den Berufsfeldern Mathematik und Naturwissenschaften beschäftigt, während 13 Prozent technischen und 16 Prozent Informatik-Berufen nachgingen. Die Quote weiblicher Experten (Akademikerinnen) unter 35 Jahren in mathematischen und naturwissenschaftlichen Berufsfeldern war mit 46 Prozent um acht Prozent höher als über alle Altersklassen hinweg; ähnlich zeigte sich die Entwicklung bei nicht-akademischen weiblichen MINT-Fachkräften und -Spezialisten. (Vgl. Bundesagentur für Arbeit 2016: 7).

Die Bundesagentur für Arbeit kommt zu dem Ergebnis „[...], dass bei sonst gleichbleibenden Rahmenbedingungen in den kommenden Jahren insbesondere auf Fachkräfte- und Spezialistenniveau eher nicht mit einem deutlich steigenden Frauenanteil in diesen MINT-Berufsfeldern zu rechnen ist. Und auch in der Gesamtbetrachtung der MINT-Berufe fällt der Frauenanteil unter Jüngeren mit ebenfalls 15 Prozent nicht höher aus als insgesamt." (Bundesagentur für Arbeit 2016: 9). Der akademische Nachwuchs mit Abschluss in MINT-Studienfächern scheint grundsätzlich gesichert; allerdings befanden sich im Jahr 2015 lediglich 28 Prozent Frauen unter den entsprechenden Studieninteressierten. Bedarf besteht an nicht-akademischen MINT-Nachwuchskräften, unter denen im Jahr 2015 nur zwölf Prozent Frauen in betrieblicher Ausbildung waren. (Vgl. Bundesagentur für Arbeit 2016: 4).

MINT-Berufe sind augenscheinlich männlich dominiert, sodass sich hier Potenzial für Gleichstellung eröffnet. Durch die Digitalisierung der Arbeitswelt wird es in beträchtlichem Umfang zu besetzende Stellen in MINT-Berufen geben. Eine Untersuchung aus dem Jahr 1987 brachte hervor „[...], dass Frauen in technischen Berufen insbesondere ein größeres Verantwortungsbewusstsein gegenüber den gesellschaftlichen Folgen von Technik zeigen als Männer" (Keppler 2005: 17), was dafür spricht, Frauen aufgrund ihres wertvollen Beitrags in technischen Berufen zu begrüßen. Digitalisierung und Technologisierung können erwerbstätigen Frauen mit MINT-Kompetenzen vielfältige Chancen bieten, ihr Know-how und ihre Stärken in die Gestaltung der Arbeitswelt 4.0 einzubringen. Voraussetzung ist, dass sie selbst Interesse an MINT-Berufen haben und bei der Besetzung entsprechender Stellen berücksichtigt werden.

Wie die statistischen Daten zeigen, sind sie in Berufsausbildung und Studium in diesen Fachgebieten jedoch unterrepräsentiert. Gründe dafür mögen zum einen in gegebenenfalls doch frauentypischen Neigungen zu anderen als zu MINT-Berufen liegen. Zum anderen scheint die maskulin geprägte Kultur in der Tech-Wirtschaft abschreckend auf Frauen zu wirken. (Vgl. Borchardt 2016). Laut einer DGB-Studie aus dem Jahr 2013 sind die in dieser Branche vorherrschenden Rollenmuster, Benachteiligungen von Frauen sowohl bei der Vereinbarkeit von Beruf und Familie als auch bei der Vergütung sowie begrenzte Karriereaussichten die Hauptargumente, weshalb weibliche Erwerbstätige sie wenig attraktiv finden. (Vgl. DGB Bundesvorstand 2013). Dies bedeutet, dass den genannten Chancen für weibliche Erwerbstätige Limitationen in den Rahmenbedingungen für eine Beschäftigung in den MINT-Berufen der Arbeitswelt 4.0 entgegenstehen.

Unter Bezugnahme auf die vorgestellten DELTA-Milieus® sprechen MINT-Berufe vermutlich vor allem Vertreterinnen der Milieus Performer, Postmaterielle und gegebenenfalls Etablierte an, für die aufgrund ihres hohen Bildungsstandes Tätigkeiten im akademischen Bereich infrage kommen. Sie dürften im Zugang zu technischen Arbeitsfeldern Möglichkeiten sehen, sich in diese mit ihren fachlichen Kompetenzen einzubringen. Allerdings könnten das bestehende Gehaltsgefälle zwischen männlichen und weiblichen MINT-Beschäftigten sowie die Benachteiligungen bei der Karriereentwicklung von Frauen in der Tech-Branche den Ambitionen abträglich sein. Angehörige der Traditionellen und Konservativen und die der Bürgerlichen Mitte kommen unter Berücksichtigung ihres Qualifikationsniveaus grundsätzlich für nicht-akademische MINT-Berufe in Betracht. Aufgrund ihres distanzierten Verhältnisses zu technologischen Neuerungen werden sie sich vermutlich jedoch eher anderen als den MINT-Berufen zuwenden. Da sie der Familie einen mindestens ebenso hohen Stellenwert wie dem Beruf beimessen, kommen die skizzierten Arbeitsbedingungen in der Tech-Wirtschaft ihren Vorstellungen von Vereinbarkeit von Beruf und Familie zudem nicht entgegen.

In vielen Tätigkeiten der künftigen Arbeitswelt halten Computer und Maschinen Einzug, sodass es technischen Könnens im Umgang mit ihnen bedarf. Technisches Können entscheidet über die Beschäftigungsfähigkeit (Employability) von Erwerbstätigen. (Vgl. Shareground und Universität St. Gallen 2015: 28). Um die Arbeit 4.0 dauerhaft zu bewältigen, müssen sich weibliche wie männliche Erwerbstätige permanent auf dem Laufenden halten. Auf berufstätige Frauen insbesondere der DELTA-Milieus® Traditionelle, Konservative und Bürgerliche Mitte, die Erwerbsunterbrechungen durch Kindererziehung und/oder Pflege von Angehörigen haben sowie in Teilzeit arbeiten, kommt die Herausforderung zu, kontinuierlich dafür zu sorgen, auf dem aktuellen Stand der technischen Entwicklungen in ihren Berufen zu bleiben. (Vgl. Klein-Magar, Regitz 2016: 11). Dieser ist die Basis für Veränderungsfähigkeit, die eine langfristige Beschäftigungsfähigkeit sichert und als zentrale Kompetenz in der digitalen Arbeitswelt angesehen wird.

Das der Arbeit 4.0 immanente vernetzte Arbeiten bedingt sozial-kommunikative, kollaborative, integrative und empathische Fähigkeiten – Kompetenzen, die häufig eher Frauen als Männern zugeschrieben werden. Auf den ersten Blick könnte vermutet werden, dass erwerbstätige Frauen in der Arbeitswelt 4.0 Männern gegenüber im Vorteil sind. Laut Geschlechterstudien existieren tatsächlich Unterschiede hinsichtlich der sozialen Kompetenz, jedoch sind diese nicht signifikant. (Vgl. Lang 2009: 154).

Um für das Arbeiten in Zukunft gut aufgestellt zu sein, braucht es des Weiteren Mut, Risikoabwägung, Entscheidungsfähigkeit, Selbstvertrauen und die Fähigkeit, Grenzen setzen zu können. (Vgl. Bertelsmann Stiftung 2015: 29). Hierbei handelt es sich um Selbstkompetenzen, die oft mit Maskulinität in Verbindung gebracht werden. (Vgl. Hauer 2016: 176). Auch hier sind die Unterschiede zwischen Frauen und Männern nicht gravierend; vielmehr nimmt die jeweilige Persönlichkeit Einfluss auf die soziale und persönliche Kompetenz eines Menschen. (Vgl. Lang 2009: 154 f.).

Zeit- und ortsunabhängiges Arbeiten verlangt die Beherrschung von Selbstorganisation und Zeitmanagement. In Seminaren wird angeboten, diese Fähigkeiten zu optimieren, um eine Work-Life-Balance zu erreichen. Viele von ihnen richten sich speziell an erwerbstätige Frauen, obwohl Organisationstalent und Multitasking-Fähigkeit eher als feminine Attribute interpretiert werden. Es scheint davon ausgegangen zu werden, dass Frauen eine diesbezügliche Weiterbildung entweder nötiger als Männer haben oder sie spezielle oder andere Bedürfnisse aufweisen, wenn es um Selbst- und Zeitmanagement geht. Die Seminarangebote für Frauen stellen meistens auf die Ausgangssituation ab, dass diese neben einer Erwerbstätigkeit familiären Aufgaben nachkommen und beiden Anforderungen gleichermaßen gerecht werden wollen. Schulungen, die sowohl weibliche als auch männliche Berufstätige ansprechen, werben dagegen mit der Erreichbarkeit eines erfüllteren Lebens durch Ausgleich von Arbeit und Freizeit. Auch beim Kompetenzfeld „Selbst- und Zeitmanagement“ wird somit evident, dass Geschlechterstereotype gegenwärtig sind. Dass solche frauenspezifischen Weiterbildungen von weiblichen Erwerbstätigen nachgefragt werden, kann dahingehend interpretiert werden, dass sie sich selbst in der Rolle der berufstätigen Frau sehen, der es gelingen muss, berufliche und familienbezogene Arbeit erfolgreich in Einklang zu bringen. Damit unterliegen sie selbst dem Geschlechterstereotyp und hinterfragen nicht, weshalb die Bewältigung von Arbeitstätigkeit und familiären Aufgaben nicht gerade auch an erwerbstätige Männer herangetragen wird.

Um ein weiteres Geschlechterstereotyp könnte es sich handeln, wenn behauptet wird, dass weiblichen Führungskräften die Führung 4.0 aufgrund der für sie angeblich charakteristischen Kompetenzen wie Kommunikations-, Kollaborations- und Integrationsfähigkeit besonders liegt. Ihnen wird ebenso unterstellt, dass sie die Netzwerk-Kultur der Arbeitswelt 4.0 präferieren (vgl. Dierkes, Laatz 2016: 23), „[...] weil sie überwiegend sachlich an Aufgaben herangehen und typisch männliche Kämpfe um Territorien vermeiden. Außerdem fällt es ihnen leichter, ihre MitarbeiterInnen zu Kreativität zu ermutigen, Talente weiterzuentwickeln und ihren empowerten Teams den Rücken frei zu halten.“ (Clever 2016: 17.) Aussagen dieser Art fußen auf der Differenztheorie. Diese „[...] hebt [...] die Unterschiede zwischen den Geschlechtern hervor und erklärt, dass bestimmte Fähigkeiten weiblich seien, die von Führungskräften gefordert werden. In diesem Ansatz werden Fähigkeiten, wie Empathie und Kommunikationsfähigkeit, als typisch weibliche Eigenschaften eingestuft und die Frau als ideale Führungskraft aufgefasst. Nicht nur die Existenz des weiblichen Führungsstils wird dort postuliert, sondern eine Überlegenheit gegenüber männlichen Managementprinzipien.“ (Glaesner 2007: 69.) Nach Glaesner gibt es zwar geschlechtsabhängige Abweichungen im Führungsstil von Frauen und Männern, jedoch beeinflussen vielmehr Herkunft und Alter das Führungsverhalten. Aus der Befürwortung der Differenztheorie resultiert eine Fortsetzung diskriminierender Haltungen und Handlungen. (Vgl. Glaesner 2007: 70).

Unter der Annahme, dass Geschlechterstereotype fortbestehen, können folgende Thesen aufgestellt werden: Wenn in der Arbeitswelt 4.0 tatsächlich ein höherer Bedarf an Sozial- und Selbstkompetenzen vorliegt und diese als frauentypisch angesehen werden, können erwerbstätige Frauen von diesem Stereotyp profitieren, wenn sie aufgrund solcher Zuschreibungen bei der Mitarbeiterselektion oder der Beauftragung als Freiberufliche für ein Projekt ausgewählt werden. Insofern könnten sich ihre Chancen auf Gleichstellung gegenüber heute erhöhen. Wird bei der Besetzung einer Stelle oder einer Projektvergabe auf persönliche Kompetenzen wie Risiko- und Entscheidungsfreude Wert gelegt, kann es jedoch weiterhin sein, dass männlichen Kandidaten der Vorzug gegeben wird, denen diese Kompetenzen geschlechtsstereotypisch eher zugerechnet werden.

Die beispielhaft dargestellten Implikationen der Arbeitswelt 4.0 in Bezug auf Qualifikationen und Kompetenzen machen transparent, dass sie grundsätzlich Potenziale wie Herausforderungen für berufstätige Frauen beinhalten, aber gleichermaßen auch für männliche Erwerbspersonen. Nicht außer Acht zu lassen sind die aus Geschlechterstereotypen hervorgehenden Diskriminierungen, mit denen eventuell mehr weibliche als männliche Erwerbstätige bereits konfrontiert sind und bei denen einen gewisse Wahrscheinlichkeit besteht, dass sie sich durch die voranschreitende digitale Transformation noch verstärken.

3.2.2 Auswirkungen auf Arbeitsformen und Karriereverläufe

In vielen Veröffentlichungen ist davon die Rede, dass traditionelle Arbeitsverhältnisse in der Arbeitswelt 4.0 obsolet werden könnten. Folgende Szenarien zeichnen sich ab:

- Aufgabe der Erwerbstätigkeit und Arbeitslosigkeit durch Beschäftigungsverlust (vgl. Dueck 2015: 41; Hauer 2016: 172)
- Entstehung/Ausweitung atypischer Arbeitsverhältnisse (vgl. Bertelsmann Stiftung 2015: 26)
- temporäre, aufgabenbezogene Arbeitseinsätze durch „hiring on demand“ (vgl. Shareground und Universität St. Gallen 2015: 13) in Verbindung mit Solo-Selbstständigkeit (vgl. Clever 2016: 17), häufig auf Basis von Crowdworking
- Entstehung hybrider Konstruktionen durch Kombination von Selbstständigkeit und abhängiger Beschäftigung (vgl. Bertelsmann Stiftung 2015: 26)
- Abkehr von bisherigen durch Vollzeit, Präsenz und erwerbsbiografischer Kontinuität gekennzeichneten Karrieremustern hin zu „beweglichen“ Karrieren mit horizontalen Rollenwechseln (vgl. Bultemeier, Marrs 2016: 8)

Da menschliche Arbeit aufgrund der Digitalisierung teilweise durch Computer und Maschinen ersetzt werden wird, besteht das Risiko, dass Arbeitsplätze wegfallen. Bonin et al. gehen derzeit bei zwölf Prozent der Arbeitsplätze in Deutschland von einer hohen Automatisierungswahrscheinlichkeit aus, die insbesondere Geringqualifizierte und -verdienende treffen wird. (Vgl. Bonin et al. 2015: i). Laut geschlechterdifferenzierenden Prognosen sind weibliche Erwerbstätige deutlich mehr von Beschäftigungsverlusten bedroht. (Vgl. Hauer 2016: 173). Demnach werden vor allem Angehörige des DELTA-Milieus® der Benachteiligten, die über eine eher geringe Schulbildung verfügen und mehrheitlich niedrige berufliche Positionen bekleiden, dem Arbeitsplatzrisiko ausgesetzt sein. Da der Anteil an Familienernährerinnen und Alleinerziehenden unter ihnen hoch ist und sie auf ein Einkommen aus Erwerbstätigkeit angewiesen sind, stellt die digitalisierungsbedingte Entwicklung eine Herausforderung dar, der Erwerbslosigkeit zu entgehen und Arbeit zu finden, die keine (hohen) Qualifikationen voraussetzt. Es ist wahrscheinlich, dass sie mehreren Mini-Jobs nachgehen müssen, um ihren Lebensunterhalt und den ihrer Familien bestreiten zu können. Sie werden voraussichtlich häufig in atypischen Beschäftigungsverhältnissen zu finden sein. Werden diese gezwungenermaßen wahrgenommen, ist in diesen die Vergütung niedrig, und bieten sie wenig arbeits- und sozialrechtliche Absicherung, kann von prekärer Beschäftigung gesprochen werden, die nicht geeignet ist, eine Existenzsicherung und soziale Sicherung dauerhaft zu gewährleisten. Ein gewisser Anteil erwerbstätiger Frauen wird also eindeutig negativen Konsequenzen der Arbeit 4.0 ausgesetzt sein und muss die mögliche Hoffnung auf mehr Geschlechtergerechtigkeit für sich abschlägig bewerten.

Die Gefahr eines neuen Prekariats wird auch bei neuen Arbeitsformen gesehen wie beim sogenannten Crowdworking, das heißt über digitale Plattformen vergebene Auftragsarbeit an Externe oder eigene Mitarbeiter (vgl. Bertschek et al. 2016: 4), die vielfach am heimischen PC verrichtet werden kann (vgl. Benner 2016: 12). Hinter externem Crowdworking verbirgt sich das Prinzip des „hiring on demand" und bedeutet einen Wandel vom herkömmlichen Arbeitsverhältnis zu bedarfsorientierten Arbeitseinsätzen. (Vgl. Shareground und Universität St. Gallen 2015: 13). Gewerkschaften weisen auf den daraus resultierenden Abbau der Vertretung von Arbeitnehmerinteressen hin. (Vgl. Brutzki 2016: 46); denn für ihre Arbeitsbedingungen tragen externe Crowdworker als Solo-Selbstständige selbst Verantwortung. Die Hauptgründe für Crowdworking liegen in den Möglichkeiten, örtlich und zeitlich flexibel arbeiten zu können. (Vgl. Bertschek et al. 2016: 4, 9 ff.). Es wird davon ausgegangen, dass das Arbeitsmodell des Crowdworkings mit fortschreitender Digitalisierung bis hin zur Vollzeiterwerbstätigkeit genutzt wird.

Crowdworking dürfte für Erwerbstätige von Interesse sein, die Arbeit und private Belange in Einklang bringen möchten. Bei Fortführung der Rollenteilung, bei der primär die Frauen Familienarbeit leisten, ist zu vermuten, dass den Erwerbstätigen unter ihnen Crowdworking attraktiv erscheint, da sie die Online-Aufträge selbstbestimmt in solchen Zeiten ausführen können, in denen sie keinen familiären Aufgaben nachkommen (müssen). Für erwerbstätige Frauen der DELTA-Milieus® Postmaterielle und Etablierte mit hoher Qualifikation, für die eine eigene Erwerbstätigkeit selbstverständlich ist und die nach lebensphasenangepasster Erwerbszeit streben, scheint Crowdworking vom Grundansatz her ideal zu sein. Crowdworking kann aber auch zum Aufbrechen der bisher vielfach üblichen Rollenteilung zwischen Frauen und Männern und damit zu größerer Geschlechtergerechtigkeit beitragen, wenn nämlich Männer Crowdworking wählen, um neben ihrer Erwerbstätigkeit Familienarbeit zu übernehmen. So gesehen, steckt in der neuen Arbeitsform Gleichstellungspotenzial. Weibliche Angehörige des akademisch qualifizierten DELTA-Milieus® Performer wünschen sich eine Zunahme des Engagements ihrer Partner bei familiären Aufgaben. Sie dürften es also begrüßen, wenn die Beteiligung an Familienarbeit für ihre Partner zur Selbstverständlichkeit wird und sie sich dementsprechend für diese Art zu arbeiten entscheiden.

Mit Crowdworking gehen Selbstausbeutungsrisiken einher, insbesondere wenn aufgrund niedriger Honorare und fehlender Abführung von Sozialversicherungsbeiträgen eine Vielzahl von Aufträgen anzunehmen ist, um das jetzige Leben zu finanzieren und Vorsorge für das Alter zu treffen. Des Weiteren mangelt es bei diesem Arbeitsmodell an geregelten, transparenten Arbeitsbedingungen, wie sie viele abhängig Beschäftigte in der derzeitigen Arbeitswelt durch Tarifverträge und Betriebsvereinbarungen kennen. Die Verhandlungsposition von externen Crowdworkern gegenüber den beauftragenden Unternehmen ist aufgrund des geringen Organisationsgrades in Gewerkschaften oder Interessenverbänden und der Macht der Unternehmen überwiegend schlecht. Gewerkschaften fordern arbeits- und sozialrechtliche Regelungen, welche die Crowdworker schützen und prekäre Auswüchse verhindern. In diesem Kontext ist allerdings kritisch einzuwenden, dass Regulierungen die Flexibilität einschränken könnten, die Erwerbstätige zu Crowdworking motivieren.

Es stellt sich die Frage, wie bei Crowdworking Aufträge vergeben werden und ob sich weiblichen wie männlichen digitalen Arbeitskräften dieselbe Chance auf Beauftragung bietet. Die klassische Personalauswahl mittels Bewerbungsunterlagen und Vorstellungsgesprächen entfällt. Vielmehr erfolgt ein Matching zwischen Auftragsanforderungen und digitalen Erwerbstätigen, was bedeutet, dass sich die Crowdworker mit ihren Kompetenzen, Erfahrungen und Kapazitäten in Gestalt individueller Datenprofile quantifizieren müssen, damit ein elektronischer Abgleich durchgeführt werden kann. (Vgl. Shareground und Universität St. Gallen 2015: 36). Auf den ersten Blick ist zu vermuten, dass die der herkömmlichen Personalauswahl immanenten genderbezogenen Beurteilungsfehler damit ausgeschlossen werden können, sodass Tendenzen zur Diskriminierung von Frauen reduziert sind und ein Mehr an Gleichbehandlung erreicht werden kann. Den dem Matching zugrunde liegenden Algorithmen können in Abhängigkeit der programmierenden Person jedoch Geschlechterstereotype innewohnen (vgl. Kutzner 2017: 121 f.), sodass nach wie vor die Eliminierung geschlechtsbezogener Bevor- und Benachteiligungen nicht gewährleistet ist. Besonders herausfordernd dürfte es sein, wenn Teilleistungen von verschiedenen Crowdworkern in projektbezogener Zusammenarbeit zu einem Ganzen zusammenzuführen und soziale und interkulturelle Kompetenzen für Abstimmungen miteinander vonnöten sind. Diese Kompetenzkategorien sind in Datenprofilen bislang kaum abbildbar, sodass ein elektronisches Matching hier an seine Grenzen gerät. Der vermeintliche Vorteil eines auf angeblich objektiven Aspekten beruhenden Matchings von digitalen Arbeitskräften und Arbeitsaufträgen muss nicht gegeben sein. Bei der Bewerbung um Crowdworking-Aufträge besteht unter Umständen die Gefahr eines Wettbewerbsnachteils von Frauen. Diese kann beispielsweise dann akut werden, wenn ein elektronisches Matching der wahrscheinlich auch weiterhin angenommenen stärkeren Ausprägung sozialer Kompetenzen bei Frauen im Vergleich zu Männern nicht Rechnung trägt. Ein weiterer Nachteil könnte darin begründet sein, dass manche weibliche Crowdworker aufgrund von Erwerbsunterbrechungen geringere Berufserfahrung als ihre männlichen Mitbewerber aufweisen oder aufgrund von Familienarbeit weniger Kapazität für Aufträge anbieten können.

Zum einen bringt die Arbeitswelt 4.0 Erwerbstätige dazu, während ihres Arbeitslebens des Öfteren ihren Arbeitgeber und ihre Tätigkeit zu wechseln. (Vgl. Bertelsmann Stiftung 2015: 26). Zum anderen entspricht dies aber auch der Werthaltung der bis auf Weiteres im Erwerbsleben aktiven Generation Y (zwischen 1980 und 1995 beziehungsweise 2000 Geborene), deren Angehörige bewusst Arbeitsplatz- und Arbeitgeberwechsel anstreben, um sich weiterzuentwickeln und persönliche Erfüllung zu finden. (Vgl. Huber, Rauch 2013: 22). Das Bedürfnis nach Job Rotation soll bei der Nachfolgergeneration Z (ab 1995 beziehungsweise 2000 Geborene), die ab jetzt zunehmend in die Erwerbstätigkeit einsteigt, deutlich weniger ausgeprägt sein. (Vgl. Scholz, zitiert von Bedürftig 2016). Für das Erwerbsleben in einer digitalen Arbeitswelt werden laut Einschätzungen der Wissenschaft Karrieren typisch sein, die sich von einer durch Kontinuität geprägten Erwerbsbiografie abwenden und zu mehrdimensionalen, agilen Berufswegen hinführen. Die Bedeutung von Vollzeittätigkeit und täglicher Präsenz im Unternehmen wird abnehmen; Karriereunterbrechungen und späte Karrieren werden einfacher möglich und von Unternehmen und der Gesellschaft eher akzeptiert sein. (Vgl. Bultemeier, Marrs 2016: 8). Die künftige Karrieregestaltung erfordert demnach Durchlässigkeit, die Rollenwechsel in vertikaler wie horizontaler Hinsicht selbstverständlich werden lässt, sodass zwischen Teamarbeit, Projektverantwortung und Führungsfunktion hin- und hergewechselt werden kann, ohne dass eine (temporäre) Rückkehr einer Führungskraft in eine Position ohne Führungsverantwortung als Degradierung empfunden und angesehen wird. (Vgl. Benz 2016: 31). Von einer solchen Entwicklung könnten erwerbstätige Frauen der DELTA-Milieus® Performer und Postmaterielle profitieren, die beruflichen Ehrgeiz haben und hohe Leistungsbereitschaft zeigen.

Bis heute sind es vornehmlich Frauen, die zur Erziehung von Kindern oder Pflege von Angehörigen zeitweise aus ihrer Erwerbstätigkeit aussteigen oder ihre Arbeitszeit reduzieren. (Vgl. Diener et al., 2013: 13). Eine quantitative Repräsentativuntersuchung hat hervorgebracht,

> [...] dass Männer eine Erwerbsunterbrechung in Bezug auf *Frauen* als Teil der *Normal*biografie begreifen; dagegen in Bezug auf sich selbst als *Un*normalität und Ausnahme. Der Wunsch nach Familiengründung ist für Männer nicht konnotiert mit der Möglichkeit, die eigene Erwerbstätigkeit zu unterbrechen. *Wiedereinstieg in die Erwerbstätigkeit* kommt für die meisten Männer allenfalls im Zusammenhang mit Arbeitslosigkeit vor und hat daher einen negativen Beigeschmack. (Wippermann et al. 2010: 10.)

Die familienbedingte Erwerbsunterbrechung von Frauen kann auch finanzielle Gründe haben: Aufgrund der besseren Entlohnung erhält häufig der Mann seine Erwerbstätigkeit aufrecht, und die Partnerin stellt ihre geringer vergütete Berufstätigkeit hinten an. Erwerbsunterbrechungen und -reduzierungen schränken in der Regel die Weiterbildungsbeteiligung und Aufstiegschancen ein, was einen Karriereknick bedeuten kann, einhergehend mit weiterhin deutlichen Verdienstunterschieden von weiblichen und männlichen Erwerbstätigen, geringeren Rentenansprüchen und höherem Armutsrisiko, wenn Frauen nach Familienzeiten in den Beruf – gerne in Teilzeit – zurückkehren. (Vgl. Joachimiak 2013; Diener et al. 2013: 13). Wenn im digitalen Zeitalter Erwerbsunterbrechungen, Teilzeitmodelle und Ähnliches „bewegliche" Karrieren tragfähig machen, weist dieser Prozess Gleichstellungspotenzial auf. Voraussetzung ist ein Umdenken dahingehend, dass nicht geradlinigen Lebensläufen nichts Negatives mehr anhaftet und keine Frauendiskriminierung bei der Personalauswahl oder Crowdworking-Beauftragung resultiert. Gleichstellung erfordert in diesem Zusammenhang gleichsam eine Aufhebung der Gender Pay Gap. Bemühungen der Bundesregierung und von Unternehmen in Richtung einer Reduzierung des Entgeltgefälles zwischen weiblichen und männlichen Erwerbspersonen sind angelaufen, jedoch wird die Entfaltung von Gleichstellung in Bezug auf Karriereverläufe und Vergütung Zeit in Anspruch nehmen, sodass die existierenden Ungleichgewichte nicht automatisch mit einer Arbeitswelt 4.0 eliminiert sind.

3.2.3 Ableitungen in Bezug auf die zeitliche und örtliche Arbeitsgestaltung

Digitalisierung ermöglicht das Arbeiten an beliebigen Orten und zu selbstbestimmten Zeiten. Schon heute setzen Erwerbstätige ihre Leistungserbringung zum Teil in Telearbeit im Homeoffice in Kombination mit flexiblen Arbeitszeitmodellen um. Unternehmen können dadurch Büroarbeitsplätze einsparen, ihre Betriebszeiten kundenorientiert ausdehnen, ihre Produktionsanlagen und Maschinen gewinnbringend ausnutzen sowie Logistik „just in time" realisieren. (Vgl. BMAS 2016a: 4, 8). Zeitliche und örtliche Gestaltungsfreiheit begünstigt die global-vernetzte Zusammenarbeit, bei der unterschiedliche Zeitzonen zu berücksichtigen sind und die eine Verfügbarkeit außerhalb der regulären Tagesarbeitszeit im eigenen Land erfordert. Unternehmen profitieren schließlich bei der Gewinnung und Bindung von Mitarbeitern, für die solche Flexibilitätsfreiräume attraktiv sind.

Erwerbstätige verfolgen mit zeit- und ortsflexiblen Arbeitsmodellen unterschiedliche Motive. Für die Generation Y stellt Flexibilität einen hohen Wert dar. Weibliche wie männliche Erwerbspersonen dürften eine ihnen zugestandene Flexibilität schätzen, um Erwerbs- und Privatleben zu harmonisieren, was für Frauen ein Mehr an Gleichstellung bedeuten kann, wenn sie selbst und/oder ihre Partner von zeit- und ortsflexiblem Arbeiten Gebrauch machen, um Berufstätigkeit und Familie miteinander zu vereinbaren. Insbesondere Arbeitszeitflexibilität kann dazu beitragen, dass Erwerbstätige nebenberuflich leichter Weiterbildung betreiben können. Zuhause arbeitende Erwerbstätige werten es positiv, wenn sie ihrer Tätigkeit dort weitgehend konzentriert und störungsfrei nachgehen können. Lassen sich durch flexible Arbeitszeitgestaltung private Zeitbedarfe einfacher koordinieren, und entfallen Wegezeiten zum betrieblichen Arbeitsort, kann Stress reduziert werden, was der Arbeitszufriedenheit und Gesundheit der Beschäftigten zugutekommt. (Vgl. BMAS 2016a: 4, 6).

Über die derzeitige Inanspruchnahme von Homeoffice-Arbeitsplätzen mit der Gelegenheit zu zeitlich selbstbestimmtem Arbeiten und das Interesse an flexiblen Möglichkeiten der Leistungserbringung ist zu erfahren, dass derzeit 40 Prozent der Arbeitsplätze in Deutschland vom Grunde her telearbeitsfähig sind, das Potenzial aber nicht ausgeschöpft wird. Für das Jahr 2016 wurde ermittelt, dass nur zwölf Prozent der abhängig Beschäftigten überwiegend oder gelegentlich im Homeoffice tätig sind, obwohl 66 Prozent die Möglichkeit gerne ergreifen würden. Erklärt wird dies zum einen damit, dass es vor allem von der Qualifikation und beruflichen Stellung abhängt, ob die Homeoffice-Möglichkeit in Anspruch genommen wird; Geschlecht, Haushaltstyp und Vorhandensein von Kindern spielen eine untergeordnete Rolle. Zum anderen ist die geringe Realisierungsquote auf das mangelnde Angebot auf Arbeitgeberseite zurückzuführen, zum Teil aus Sorge, die Mitarbeiterleistung am heimischen Arbeitsplatz nicht ausreichend kontrollieren zu können. (Vgl. Brenke 2016: 95, 100, 103 f.). Hinzu kommt, dass die Einrichtung von Homeoffice-Arbeitsplätzen mit Kosten verbunden ist und sich Kommunikation und Koordination herausfordernd darstellen können, wenn Beschäftigte nicht oder nur eingeschränkt im Betrieb präsent sind. Außerdem sehen Arbeitgeber in der Erfüllung datenschutzrechtlicher Anforderungen eine Grenze bei der Umsetzung von Telearbeit im privaten Umfeld der Mitarbeiter. Aufgrund der besonderen Anforderungen halten Unternehmen zudem nicht alle Beschäftigten für geeignet, zeit- und ortssouverän zu arbeiten. (Vgl. BMAS 2016a: 8, 10). Weibliche Erwerbstätige mögen diesbezüglich eher als Männer Diskriminierung erfahren. Solange sie es sind, die sich um Kindererziehung oder die Pflege von Angehörigen kümmern und dies mithilfe von Homeoffice-Arbeit zu vereinbaren versuchen, mag es sein, dass unterstellt wird, sie lassen sich durch ihre familiären Aufgaben von der Arbeit ablenken, sodass ihnen die Möglichkeit zeit- und ortsflexiblen Arbeitens verwehrt wird.

Auch auf Seiten der Erwerbstätigen findet sich Skepsis in Bezug auf zeit- und ortsflexibles Arbeiten. Es kann nämlich zu Isolation führen, weil es an sozialer Einbindung in das Unternehmensgeschehen mangelt. Des Weiteren kann es zu einem fließenden Ineinanderübergehen von Arbeit und Privatleben (sogenanntes Work-Life-

Blending) kommen, wenn es nicht gelingt, eine klare Grenze zwischen beiden Bereichen ziehen. Den etwaigen Verdacht des Arbeitgebers, dass bei Homeoffice-Tätigkeit privaten Themen Vorrang eingeräumt wird und darunter Quantität und Qualität der Arbeitsleistung leiden, vor Augen habend, besteht die Gefahr, dass die Beschäftigten meinen, erst recht unter Beweis stellen zu müssen, dass sie am heimischen Arbeitsplatz ausreichend und gut arbeiten. Entsprechend arbeiten sie oft deutlich mehr und legen keine erholungsfördernden Pausen ein, was insgesamt zu gesundheitlichen Schäden führen kann. Zudem tragen Homeoffices mit privater Ausstattung ergonomischen Normen und Anforderungen des Arbeitsschutzes häufig nur ungenügend Rechnung, was ebenfalls gesundheitsbeeinträchtigend wirken kann. (Vgl. BMAS 2016a: 7).

Über die speziell von Frauen wahrgenommenen digitalisierungsbedingten Möglichkeiten und Grenzen der Vereinbarkeit von Beruf und Familie geben unter anderem Befragungsergebnisse des Instituts DGB-Index Gute Arbeit Auskunft: 20 Prozent bestätigen eine Verbesserung der Vereinbarungssituation, zwölf Prozent konstatieren eine Verschlechterung. In Bezug auf die Übernahme von familiärer Pflegeverantwortung nehmen lediglich rund 33 Prozent der weiblichen Beschäftigten eine Erleichterung wahr. (Vgl. Richter, Weusthoff 2017: 20 ff.). Das Argument, dass die Arbeitswelt 4.0 mit der Option, zeit- und ortsflexibel zu arbeiten, insbesondere Frauen ihren Beruf und Familienarbeit leichter in Einklang bringen lässt, kann also nur bedingt aufrechterhalten werden. Offensichtlich besteht weiterer Handlungsbedarf, um die Vereinbarungssituation für Frauen (und Männer) zu optimieren.

Die Ausführungen haben die wesentlichen Vor- und Nachteile orts- und zeitsouveränen Arbeitens sowohl für Unternehmen als auch Erwerbstätige transparent gemacht. Implikationen speziell für weibliche Erwerbspersonen lassen sich kaum ableiten. Zeit- und ortsflexibles Arbeiten kommt nur in ausgewählten Branchen und bei bestimmten Berufstätigkeiten infrage und bietet sich überwiegend für Erwerbstätige mit höherer Qualifikation an – in Bezug auf weibliche Erwerbspersonen somit vornehmlich für Angehörige der DELTA-Milieus® Performer und Postmaterielle. Für sie eröffnet sich insofern Gleichstellungspotenzial, als dass sowohl sie als auch ihre männlichen Partner diese Form des Arbeitens umsetzen können, sodass unter ihnen eine gleichberechtigtere Verteilung familiärer Aufgaben erfolgen kann und beide Geschlechter vergleichbare Ausgangsbedingungen haben, wenn es um ihre berufliche Entwicklung geht. Die Ermöglichung zeit- und ortsflexibler Arbeit ist als nur ein Baustein auf dem Weg zu mehr Gleichstellung zu werten; daneben bedarf es zum Beispiel gendergerechter Mitarbeiterauswahl, -beurteilung und -vergütung, die zeit- und ortssouveränes Arbeiten zweckmäßig unterstützen.

Es wird davon ausgegangen, dass der Trend zu Arbeitszeitflexibilität, dezentralen Arbeitsorten und hoher Mobilität zunimmt. Entsprechend wird sich das bislang nicht ausgeschöpfte Potenzial an Telearbeit und Homeoffice reduzieren. Insofern gilt es die betrieblichen Möglichkeiten auszuloten und mithilfe gesetzlicher, tariflicher und betrieblicher Regelungen geeignete Rahmenbedingungen zu schaffen. (Vgl. BMAS 2016b: 2).

3.2.4 Konsequenzen für die Arbeits- und Führungskultur

Die in der Arbeitswelt 4.0 für viele Erwerbstätige positiv anmutenden Effekte greifen nur dann, wenn die Veränderungen in eine geeignete Arbeits- und Führungskultur eingebettet sind. Diese ist auch Voraussetzung dafür, dass erwerbstätige Frauen von etwaigen von der digitalen Arbeitswelt ausgehenden Gleichstellungspotenzialen profitieren können. Im Folgenden sind diejenigen Gestaltungsparameter einer Arbeits- und Führungskultur zu beleuchten, von denen anzunehmen ist, dass sie im Kontext gendergerechter Erwerbstätigkeit von Bedeutung sind, und die durch ein nachhaltiges Personalmanagement dahingehend beeinflussbar scheinen.

Um orts- und zeitflexibles Arbeiten erfolgreich zu realisieren, muss es für alle Beteiligten selbstverständlich werden, dass nicht nur Vollzeitpräsenz am betrieblichen Arbeitsort Arbeitsleistung hervorbringt. Die verhaltene Einführung von Homeoffice-Arbeitsplätzen untermauert die Einstellung, Anwesenheit stehe für Arbeitsleistung, ebenso wie die Zugrundelegung von Präsenz als Kriterium bei der Karriereförderung, bei der zum Beispiel in Teilzeit Arbeitende, die eine reduzierte Anwesenheit im Unternehmen aufweisen und deren Anteil in hohem Maße weiblich ist, benachteiligt sein können. In Unternehmen sind heute überwiegend männliche Erwerbstätige vollzeitpräsent, sodass von einer maskulin geprägten Präsenzkultur gesprochen wird, in der Männer Frauen gegenüber im Vorteil sind, wenn Anwesenheit „[...] als zentrale Machtressource im Kampf um Karrierepositionen“ (Bultemeier, Marrs 2016: 8) betrachtet wird. In der Arbeitswelt 4.0 mit einer Ausdehnung zeit- und ortsflexiblen Arbeitens kann ständige Verfügbarkeit nicht erwartet werden. Betrieblicher Präsenz zu vorgegebenen Zeiten dürfte somit in Zukunft eine geringere Relevanz beigemessen werden, wenn es um Arbeitsleistung und Karriere geht. Vielmehr ist eine Arbeitskultur vonnöten, in der allein die erbrachten Ergebnisse zählen. (Vgl. Shareground und Universität St. Gallen 2015: 34). Eine solche kann erwerbstätigen Frauen, die aufgrund geringerer betrieblicher Präsenz in ihrem Fortkommen ausgebremst wurden, nützen, wenn mit ihr einhergeht, dass nicht mehr Präsenz mit Karriereentwicklung belohnt wird. Ein solcher Kulturwandel kommt vor allem hochqualifizierte Frauen zugute, die den DELTA-Milieus® der Performer und Postmateriellen angehören und Tätigkeiten ausüben, die orts- und zeitflexibles Arbeiten zulassen.

Eine an Leistungsergebnissen ausgerichtete Arbeitskultur knüpft an eine Führung auf Grundlage von Zielen an. (Vgl. Bruch et al. 2016: 25). Bei Beschäftigten, deren Arbeitsaufgaben über Routinetätigkeiten hinausgehen und die Erfüllungszeitpunkt und -qualität beeinflussen können, ist die Anwendung der Führungstechnik „Management by Objectives (MbO)“ schon lange Praxis. Sie ist jedoch nicht frei von Diskriminierungspotenzial, zum einen im Zielvereinbarungsprozess, zum anderen bei der Beurteilung der Zielerreichung. Bei der Vereinbarung von Zielen ist generell kritisch anzumerken, dass zwischen Vorgesetzten und Mitarbeitern ein Abhängigkeitsverhältnis gegeben und damit die Verhandlungsmacht asymmetrisch verteilt ist. Dominieren Vorgesetzte demzufolge den Zielvereinbarungsprozess, fließt in diesen unbewusst deren Menschenbild in Bezug auf die Mitarbeiter ein. Männliche als auch weibliche Führungskräfte haben von Geschlechterstereotypen geprägte Frauen- und Männerbilder, die unbeabsichtigt wirken und Art und Anspruch der Ziele, die mit weiblichen und männlichen Mitarbeitern zu vereinbaren sind, mitbestimmen können. Bei der Beurteilung der Zielerreichung können ebenso geschlechterabhängige Zuweisungen von Eigenschaften zum Tragen kommen und Diskriminierung freisetzen. Einer solchen können Frauen wie Männer gleichermaßen ausgesetzt sein. Mit Blick auf das Streben nach Gleichstellung im Arbeitsleben könnte sie jedoch weibliche Erwerbstätige, die diesbezüglich noch immer Defizite wahrnehmen, weiterhin bei ihrem beruflichen Vorankommen in finanzieller Hinsicht und in Bezug auf ihre Karriereentwicklung behindern, da die Beurteilung der Zielerreichung durch die vorgesetzte Führungskraft in der Regel Einfluss auf die Höhe der (variablen) Vergütung sowie auf Entscheidungen über Qualifizierungsmaßnahmen und Beförderung nimmt. Die Umwandlung einer Präsenz- in eine Ergebniskultur bringt demnach das in ihr wohnende Gleichstellungspotenzial nicht automatisch zur Entfaltung.

Erwerbstätige, die schon heute zeitflexibles Arbeiten im Homeoffice praktizieren, machen teilweise entweder die Erfahrung, dass von ihnen Verfügbarkeit nahezu rund um die Uhr ex- oder implizit erwartet wird, oder meinen, ständig erreichbar sein zu müssen, weil sie befürchten, dass ihnen eine Nichtverfügbarkeit negativ ausgelegt werden könnte. Bei fortschreitender Arbeitsverdichtung führt permanente Erreichbarkeit zu Entgrenzung von Arbeit und Privatem. Das Risiko, überfordert zu werden oder sich selbst zu überfordern und gar auszubeuten, geht mit gesundheitlichen Gefährdungen einher. Krankheitsbedingte Ausfälle sind weder im Interesse der Erwerbstätigen noch in dem der Unternehmen. Birgt orts- und zeitflexibles Arbeiten in der Arbeitswelt 4.0 zwar die Chance, Berufs- und Familienarbeit besser miteinander zu verbinden, so ist trotzdem eine Dreifachbelastung durch Arbeit, Haushalt sowie familiäre Betreuung und Pflege gegeben. Die Arbeitskultur 4.0 setzt auf Selbstkompetenz der Erwerbstätigen, wozu auch die Fähigkeit zählt, mit Stress umgehen zu können. (Vgl. Bruch et al. 2016: 26). Erzeugt die Vereinbarung von Familie und Beruf bereits heute schon Stress, ist von dessen Anstieg auszugehen, wenn das Arbeiten unter 4.0-Bedingungen an Dynamik und Intensität gewinnt und das Ziel, Berufs- und Familienleben zu harmonisieren, damit noch herausfordernder wird. Bleibt es gewollt oder ungewollt dabei, dass die Familienarbeit überwiegend bei den Frauen liegt, wird sich die Arbeits- und Lebenssituation weiblicher Erwerbstätiger u. U. verschlechtern statt verbessern und die Realisierung von Gleichstellungspotenzialen erschweren. Diese Konstellation könnte insbesondere bei Frauen eintreten, die mit hoher Qualifikation, dem Wunsch nach finanzieller Unabhängigkeit durch Nachgehen einer Berufstätigkeit und einem gleichzeitig hohen Wert von Familie den DELTA-Milieus® der Performer, Postmateriellen oder Etablierten zuzuordnen sind.

Die Arbeitswelt 4.0-typischen zeit- und ortsflexiblen Arbeitsformen bedingen eine Vertrauenskultur und ein Unterstützungsklima, wenn ihre Umsetzung erfolgreich sein soll. Zum einen muss sich das Verhältnis von Vorgesetzten und Mitarbeitern durch positive Führungsbeziehungen auszeichnen; zum anderen muss es selbstverständlich sein, dass sich Führungskräfte und Mitarbeiter sowie Mitarbeiter untereinander bei Bedarf gegenseitig unterstützen. (Vgl. Bruch et al., 2016: 26). Solange Führungskräfte ihren zuhause und zeitlich selbstbestimmt arbeitenden Mitarbeitern misstrauen, weil Skepsis darüber vorherrscht, ob unter diesen Bedingungen überhaupt und in welcher Qualität Arbeitsleistung erbracht wird, kann sich keine Vertrauenskultur etablieren; erst recht nicht, wenn die Bedenken zu Kontrolle und Überwachung führen. Ist Vertrauen nicht gegeben, wird dies auch die Bereitschaft zur gegenseitigen Unterstützung beeinträchtigen. Wird eher Frauen als Männern unterstellt, sie lassen sich bei der Arbeit zuhause durch familiäre Aufgaben ablenken, ist davon auszugehen, dass sich weibliche Erwerbstätige mehr als ihre männlichen Kollegen eine vertrauensbasierte Führungskultur wünschen.

Es stellt sich aber vor allem die zentrale Frage, wie es überhaupt gelingen kann, dass Vertrauen zwischen Vorgesetzten und Mitarbeitern sowie Mitarbeitern untereinander entsteht. Aus folgenden Gründen könnte die Verankerung einer Vertrauens- und Unterstützungskultur in der Arbeitswelt 4.0 herausfordernd sein:

- Arbeiten an einem anderen als dem betrieblichen Arbeitsort fördert die Gefahr, aufgrund mangelnder sozialer Einbindung vom Unternehmensgeschehen abgekoppelt zu werden. Eine daraus resultierende Entfremdung stellt eine Hürde bei der Implementierung einer Vertrauenskultur dar.
- Eine Konsequenz beweglicher Karrieren, bei denen Erwerbstätige einmal Führungs-, ein anderes Mal ausführende Funktionen ausüben, ist, dass häufige Vorgesetztenwechsel stattfinden und immer wieder von Neuem das Vertrauen zwischen Führungskräften und Mitarbeitern auszuloten ist.
- In Anbetracht von Job-Hopping und zeitlich begrenzter Zusammenarbeit in Projekten ist auch bei operativ tätigen Mitarbeitern keine Konstanz hinsichtlich ihrer Zugehörigkeit zu einem Unternehmen beziehungsweise Arbeitsteam zu erwarten. Entsprechend fängt der Aufbau von Vertrauen immer wieder von vorne an.
- Externe Crowdworker arbeiten ihre Aufträge in der Regel unabhängig voneinander ab und sind nicht in das auftraggebende Unternehmen sozial integriert. Um sie an der Entwicklung einer gemeinsamen Vertrauenskultur zu beteiligen, müsste es Gelegenheit zu kollegialer Zusammenarbeit geben.

Eine Arbeits- und Führungskultur, die der Umsetzung des Arbeitens 4.0 dient und zudem gendersensibel ist, kristallisiert sich als notwendig heraus. Sie lässt sich jedoch nicht anordnen. Die Anforderungen an sie setzen entsprechende Werte und Einstellungen aller Erwerbstätigen voraus. Deren Entwicklung benötigt Zeit und bedarf positiver Erfahrungen, damit sie verankert und gelebt werden.

4 Beitrag nachhaltiger Personalarbeit zur gendersensitiven Gestaltung von Arbeit 4.0

Eine genderfaire Gestaltung der Erwerbsarbeit unter 4.0-Bedingungen bedarf geeigneter Rahmenbedingungen, um die Chancen zu nutzen und die erkannten Risiken zu minimieren. Darauf können der Staat mit seiner Gesetzgebung, Erwerbstätige selbst und auch Unternehmen Einfluss nehmen. Im Folgenden liegt der Fokus auf dem Personalmanagement von Unternehmen mit seinen verschiedenen Funktionen. Dabei wird eine Personalarbeit zugrunde gelegt, die sich der Nachhaltigkeits-Maxime verschreibt. Da ein Personalmanagement, das sowohl den Nachhaltigkeitsprinzipien als auch dem Anspruch an Gendergerechtigkeit genügen will, mit Herausforderungen bei dieser dualen Zielverfolgung rechnen muss, sind auch die Grenzen der Umsetzung zu benennen.

Zunächst wird die prinzipielle Verträglichkeit eines nachhaltigen Personalmanagements mit der von Dynamik und Volatilität gekennzeichneten digitalen Arbeitswelt erörtert, bevor Nachhaltigkeit und Genderfairness als personalwirtschaftliche Grundsätze einer Unternehmenskultur 4.0 miteinander in Beziehung gebracht werden. Es schließt sich eine kritische Diskussion ausgewählter Ansatzpunkte eines nachhaltigkeitsorientierten Personalmanagements hinsichtlich ihrer Machbarkeit und ihres Nutzens im Kontext einer Genderaspekte berücksichtigenden Arbeitswelt 4.0 an.

4.1 Verhältnis von nachhaltigkeitsgeleiteter Personalarbeit und digitaler Arbeitswelt

Langfristorientierung ist ein wesentliches Merkmal nachhaltigen Handelns. Digitalisierung geht jedoch mit rasanten Entwicklungen einher und fordert schnelles Handeln. Konsequenterweise ist eine Antwort darauf zu finden, ob die Transformation der Arbeitswelt, die Agilität fordert, mit den auf Langfristigkeit angelegten Nachhaltigkeitszielen vereinbar ist. (Vgl. Banthien, Bode 2016: 3). Schaltegger und Petersen gelangen zu dem Resultat, dass Digitalisierung und Nachhaltigkeit aufeinander aufbauen. (Vgl. Schaltegger, Petersen 2016: 17). Vielfach wird die Bedeutung der Digitalisierung als zukunftssicherndes und damit nachhaltiges Geschäftsfeld von Unternehmen thematisiert, ohne einen Bezug zu nachhaltigem Personalmanagement herzustellen. Darauf, dass Digitalisierung auch mit Nachhaltigkeit im Hinblick auf den Umgang mit Humanressourcen in Beziehung gesetzt werden muss, deuten folgende Beiträge in der Fachliteratur und Hinweise im Internet hin.

Das CAE-Forum (CAE: „Computer-aided engineering“) bot auf der Hannover-Messe im April 2017 an, unter dem Motto „Schöne neue Arbeitswelt 4.0 – Digitalisierung und soziale Nachhaltigkeit“ darüber zu diskutieren, wie die künftige Art des (Zusammen-)Arbeitens in Unternehmen mit dem an den Zielen für nachhaltige Entwicklung der Vereinten Nationen werteorientierten und menschenzentrierten Ansatz zusammenpasst. (Vgl. hannovermesse.de 2017).

Barth et al. weisen auf das Konfliktpotenzial hin, das aufgrund der Überlagerung von technologischer Transformation und Nachhaltigkeitsbestrebungen zu erwarten ist, und nennen wachsende Exklusion und soziale Ungleichheit aufgrund zunehmender Lohnunterschiede als Beispiele dafür. Bestimmten Arbeitspraktiken in der digitalen Arbeitswelt sprechen sie jeglichen Nachhaltigkeitscharakter ab. (Vgl. Barth et al. 2016: 342).

In einem Debattenbeitrag treffen Ternès und Englert folgende Aussage: „Doch den immer kürzeren Innovationszyklen und der steigenden Agilität zum Trotz: Für die Zukunft braucht es ein nachhaltiges (HR-)Management." (Ternès, Englert 2017). Ihrer Auffassung nach braucht es zur Umsetzung von Innovationen und einer digitalen Arbeitswelt Strukturen, die Eingang in eine nachhaltige Unternehmensführung finden. Die Unternehmensverantwortlichen müssen die mit der Digitalisierung verbundenen Herausforderungen identifizieren und verinnerlichen, damit die Mitarbeiter hinter der Nachhaltigkeitsstrategie stehen können. So kann erreicht werden, dass ein Verhalten realisiert wird, das nicht von kurzfristiger Gewinnorientierung geleitet ist. Mit geeigneter Führung und Kommunikation kann es nach Ansicht von Ternès und Englert gelingen, dass sich die Mitarbeiter für Nachhaltigkeitsziele einsetzen und durch die Entfaltung von Innovationspotenzialen die Substanzerhaltung ihrer Unternehmen langfristig sichern. Konkret bedeutet dies für die Unternehmen, mit ihren Humanressourcen verantwortungsvoll umzugehen, indem sie deren Werte, Bedürfnisse und Fähigkeiten berücksichtigen. Hierin zeigt sich Wertschätzung, die in Motivation und Identifikation der Beschäftigten mit dem Unternehmen münden und Leistungs- und Innovationsbereitschaft hervorbringen, die zum langfristigen Fortbestand des Unternehmens beitragen. (Vgl. Ternès, Englert 2017).

Resümee

Die Aussagen verdeutlichen die Notwendigkeit der Bereitstellung von Lösungen zur nachhaltigen Gestaltung der Arbeitswelt 4.0, wenn mit fortschreitender Digitalisierung nachhaltige Zukunftssicherung der Unternehmen betrieben wird. Die Chance auf nachhaltige unternehmerische Tätigkeit kann nur dann erfolgswirksam entfaltet werden, wenn die Erwerbstätigen Arbeitsbedingungen vorfinden, die ihre Beiträge zur Umsetzung des digitalen Wandels fördern. Insofern stellt nachhaltiges Personalmanagement einen Ansatz mit vielen Handlungsfeldern dar, der parallel zur Digitalisierung Anwendung finden muss. Digitalisierung und nachhaltige Personalarbeit müssen verzahnt werden, damit einerseits Unternehmen langfristig überleben und andererseits Beschäftigte erwerbsfähig bleiben und den technologischen Wandel stützen. Der Aussage von Schaltegger und Petersen, dass Digitalisierung und Nachhaltigkeit aufeinander aufbauen, kann somit auch in Bezug auf nachhaltigkeitsorientiertes Personalmanagement zugestimmt werden.

4.2 Verankerung von Nachhaltigkeit und Genderfairness in einer Unternehmenskultur 4.0

Ein Unternehmen, das seine Systeme und Prozesse an der digitalen Transformation ausrichtet, kommt nicht umhin, seine daran orientierten Geschäftsvisionen und -strategien in konkrete Werte, Normen und Einstellungen zu überführen, welche die Grundlage für die Umsetzung des Wandels sind. Es ist eine individuelle Unternehmenskultur 4.0 zu entwickeln, welche die angestrebte „neue“ Identität des Unternehmens abbildet und mithilfe von Unternehmens- und Führungsgrundsätzen nach innen wie nach außen vermittelt. Damit sie die Funktion, das Verhalten der Unternehmensmitglieder zu beeinflussen, erfüllen kann, ist an sie der Anspruch der Authentizität zu stellen, sodass die in ihr beschriebenen Werte, Normen und Einstellungen allen Beteiligten plausibel sind und dazu führen, dass sie gelebt werden. Voraussetzung ist, dass die Unternehmensleitung überzeugt hinter ihrer Entscheidung steht, sich den Anforderungen der Digitalisierung zu stellen. Da eine Anordnung einer unter Umständen radikalen Änderung der Unternehmenskultur nicht akzeptiert würde, empfehlen sich die Partizipation der Beschäftigten an der Gestaltung der Zielkultur 4.0 sowie eine schrittweise Annäherung an diese. Von der Kreierung einer Unternehmenskultur 4.0 bis hin zur Verinnerlichung bei allen Mitarbeitern braucht es Zeit, die umso länger ist, je weiter das Unternehmen derzeit von digitalen Systemen und Prozessen entfernt ist. Da die hohe Geschwindigkeit der Digitalisierung permanent Änderungen in der Geschäftstätigkeit hervorrufen und Auswirkungen auf das Miteinander im Unternehmen haben wird, ist die Unternehmenskultur in regelmäßigen Abständen zu überprüfen und bei Bedarf anzupassen.

Die Führungs- und Arbeitskultur 4.0, wie sie in Gliederungspunkt 3.2.4 skizziert wurde, muss mit ihren Werten und Überzeugungen Eingang in die Unternehmenskultur 4.0 finden. Entsprechend sind Aussagen

- zur Offenheit gegenüber Veränderungen,
- zu den dazugehörigen Anpassungs- und Lernerfordernissen,
- zum Umgang mit Unsicherheit,
- zur Rolle von Schnelligkeit und Agilität,
- zur Erwünschtheit kreativer Verbesserungsideen,
- zum Umgang mit Fehlern,
- zur Leistungsorientierung,
- zur Kommunikation und Vernetzung,
- zur Wichtigkeit von Wissenstransfer,
- zur Zusammenarbeit im Kontext zeit- und ortsflexibler Arbeitsformen,
- zu Karriereoptionen und
- zur partnerschaftlichen Mitarbeiterführung

zu formulieren.

Zudem ist die mit der Ausrichtung an ökonomischer, ökologischer und sozialer Nachhaltigkeit verbundene Mission in entsprechende Kulturbotschaften zu transferieren, um damit zu erreichen, dass alle Unternehmensmitglieder Nachhaltigkeit in ihr Denken und Handeln integrieren. Zaugg benennt folgende sechs von einem nachhaltigen Personalmanagement zu erfüllende Kriterien, die mit der Unternehmenskultur in einer engen Verbindung stehen und darin zu manifestieren sind: Partizipation, Wertschöpfungsorientierung, Strategieorientierung, Kompetenzorientierung, Anspruchsgruppenorientierung und Flexibilität. Der elementare Kern, um den sich diese Kriterien spannen, ist Vertrauen, sodass es einer vertrauensbasierten Unternehmenskultur bedarf, wenn Nachhaltigkeit erfolgswirksam umgesetzt werden soll. Nachhaltiges Personalmanagement bedingt, dass eine Unternehmensleitung ihren Beschäftigten sowie weiteren internen und externen relevanten Anspruchsgruppen vertraut und umgekehrt. Gleichzeitig besitzt es die Kraft, Vertrauen zu erzeugen und zu verstärken. (Vgl. Zaugg 2009: 71 f.). Gelingt es einem Unternehmen, mithilfe einer Nachhaltigkeitsstrategie Vertrauen aufzubauen, dürfte auch eine glaubhafte Basis für eine Unternehmens- beziehungsweise Arbeitskultur 4.0 geschaffen sein, sodass die digitale Transformation unter vertrauenswürdigen Bedingungen erfolgen kann und von den Mitarbeitern akzeptiert, mitgetragen und sogar aktiv vorangetrieben wird. Das heißt, der Ausrichtung der Unternehmenskultur auf die Erfordernisse der künftigen Arbeitswelt muss die Ausrichtung auf Nachhaltigkeit vorangehen.

„Die Ablösung von Hierarchien und die Regelungen durch Netzwerke und Marktmechanismen zwingen Entscheidungsträger zu einer vermehrten Kooperation mit verschiedenen Anspruchsgruppen. Mitarbeitende, von denen ein unternehmerisches Denken in Netzwerkstrukturen verlangt wird, sollten als Partner ernst genommen werden.“ (Zaugg 2009: 180). Ohne konkrete Bezugnahme auf die Arbeitswelt 4.0 spricht Zaugg Entwicklungen an, die charakteristisch für sie sind. Insofern bestätigt er indirekt, dass Anspruchsgruppenorientierung und Partizipation zentrale Ansatzpunkte zur Realisierung sowohl einer nachhaltigen Personalarbeit als auch der zukünftig vorherrschenden Art zu arbeiten darstellen. Dementsprechend ist eine Stakeholder-Analyse vonnöten, die transparent macht, wie hoch der Stellenwert der relevanten Anspruchsgruppen für das jeweilige Unternehmen ist. (Vgl. Zaugg 2009: 180).

Eine Anspruchsgruppe von hoher Bedeutung stellen in jedem Fall die Erwerbstätigen dar; zum einen die bereits vorhandenen Mitarbeiter, zum anderen diejenigen, die künftig für ein Unternehmen arbeiten werden, sei es auf Grundlage eines Arbeitsvertrages oder eines Crowdworking-Auftrags. Aus dem Wissen heraus, dass diese Anspruchsgruppe nur so lange zur Mit- beziehungsweise Zusammenarbeit bereit sein wird, wie der Nutzen die zu erbringenden „Opfer“ übersteigt (vgl. Zaugg 2009: 181, unter Bezugnahme auf die Anreiz-Beitrags-Theorie von March und Simon 1976), leitet sich ab, dass deren Erwartungen an das Unternehmen zu ermitteln sind, um daran die Personalpolitik auszurichten sowie entsprechende Werte, Normen und Einstellungen in der Unternehmenskultur zu verankern. Zuverlässigkeit in der Umsetzung wirkt wiederum vertrauensbildend und nachhaltig.

Die Anspruchsgruppe der Erwerbstätigen ist heterogen, sodass es zweckmäßig erscheint, bei der Stakeholder-Analyse differenziert vorzugehen. Zum einen sollte eine Unternehmenskultur etabliert werden, die auf Diversity-Management als wichtigen Bestandteil eines nachhaltigen Personalmanagements Wert legt. Zum anderen sind zielgerichtet Rahmenbedingungen zu kreieren, unter denen die Beschäftigten ihre Kompetenzen und Leistungsbeiträge optimal entfalten können, weil ihre jeweiligen Lebensrealitäten berücksichtigt werden und ihr Potenzial wertgeschätzt wird. (Vgl. Berufsbildungszentrum Augsburg 2015: 9). Ein Diversity-Management hebt auf personelle Vielfalt ab, von der sich Unternehmen im Hinblick auf eine Arbeitswelt 4.0 eine gesteigerte Innovationskraft und in Bezug auf nachhaltige Personalarbeit eine erhöhte Mitarbeiterbindung versprechen. (Vgl. Berger, Dietz 2016: 4). Unter den vielen diversitätsrelevanten Merkmalen ist „Geschlecht" eines, dem Beachtung zu schenken ist, was im Kontext dieser Ausarbeitung zur Empfehlung überleitet, den Aspekt der Genderfairness in die Formulierung einer nachhaltigkeitsbewussten Unternehmenskultur aufzunehmen. Damit wird der Grundstein dafür gelegt, in Bezug auf Arbeitsbedingungen, -strukturen und -prozesse für vorhandene Geschlechterstereotypen zu sensibilisieren und etwaige Diskriminierungen in diesem Zusammenhang zu beseitigen. Zaugg misst der (Gender-) Diversity-Thematik in Verbindung mit nachhaltiger Personalarbeit ebenfalls Bedeutung bei, da seiner Einschätzung nach Erwerbstätige „[...] mit besonderen Bedürfnissen nachhaltigen Systemen aufgeschlossener gegenüberstehen als Menschen mit klassischen Lebensentwürfen und Rollenaufteilungen." (Zaugg 2009: 140). Davon ausgehend, dass erwerbstätige Frauen eben solche besonderen Bedürfnisse haben, stellen sie wie auch andere Gruppen von Erwerbstätigen mit speziellen Ansprüchen diejenigen dar, die nachhaltiges Personalmanagement vorantreiben und ihre Unternehmen bei dessen Implementierung unterstützen. Wie Diversity-Gerechtigkeit im Allgemeinen und Gendergerechtigkeit im Besonderen Einzug in die Kultur eines Unternehmens halten können, zeigen neben Praxishandbüchern über Diversity- und Gender-Management (zum Beispiel Doblhofer, Küng 2008, insb. Kapitel 4.8) auch komprimierte Praxisleitfäden (zum Beispiel Berufsbildungszentrum Augsburg 2015).

Resümee

Zusammenfassend ist festzuhalten, dass sich Unternehmen für den digitalen Wandel der Arbeitswelt erfolgreich aufstellen können, wenn sie für die Arbeitskultur 4.0 zunächst ein stabiles Fundament in Form einer Unternehmenskultur errichten, welche die Überzeugung von der Sinnhaftigkeit einer nachhaltigen Ausrichtung des Unternehmens widerspiegelt. Dazu gehört insbesondere das ernsthafte Bekenntnis zur Umsetzung von Anspruchsgruppenorientierung, die eine differenzierte Auseinandersetzung mit den Werten, Bedürfnissen, Einstellungen und Erwartungen der relevanten Stakeholder verlangt. In diesem Zuge kommen Unternehmen nicht daran vorbei, sich auch mit der Anspruchsgruppe weiblicher Erwerbstätiger zu beschäftigen und Genderfairness in der Unternehmenskultur zu verankern. Auf der Grundlage einer nachhaltigen und Genderaspekte berücksichtigenden Unternehmenskultur ist den

Anforderungen von Arbeit 4.0 Rechnung zu tragen, indem diese mit den Ansprüchen an Nachhaltigkeit und Stakeholder-Orientierung harmonisiert werden, sodass eine „neue" Unternehmenskultur 4.0 alle drei Kriterien erfasst und abbildet.

4.3 Möglichkeiten und Grenzen ausgewählter personalwirtschaftlicher Funktionen

Eine nachhaltigkeitsorientierte Unternehmenskultur 4.0, die neben anderen Leitbildern Gendergerechtigkeit verankert hat, ist in eine Personalpolitik zu überführen, die sicherstellt, dass die personalwirtschaftlichen Funktionen so gestaltet werden und zum Einsatz kommen, dass sie den gesetzten Ansprüchen Rechnung tragen. Nachfolgend werden diejenigen Funktionen kritisch diskutiert, die in Kapitel 3 als diejenigen identifiziert wurden, die von besonderer Relevanz sind und Ansatzpunkte dafür bieten können, dass erwerbstätige Frauen die Potenziale einer Arbeitswelt 4.0 mithilfe nachhaltiger Personalarbeit nutzen können.

4.3.1 Personalgewinnung und -auswahl

Nachhaltigen Stellenbesetzungen in einem Unternehmen muss eine auf Nachhaltigkeit ausgerichtete Personalbedarfsplanung vorangehen, die frühzeitig und langfristig erfolgt und in der Lage ist, den Substanznachschub an Humanressourcen zu steuern. Sie inkludiert ein Demografie- und (unter anderem Gender-)Diversity-Management, das Auskunft über die soziodemografischen Daten der derzeitigen und anzustrebenden künftigen Belegschaft erteilt. Dabei sind nicht nur herkömmliche Beschäftigungsverhältnisse in den Blick zu nehmen, sondern auch Konstellationen der Zusammenarbeit mit freiberuflich Tätigen und mit unternehmensübergreifenden Netzwerken, die für eine Arbeitswelt 4.0 bezeichnend sind.

Im Zuge eines Diversity-Managements ist ein zweckmäßiger und praktikabler Differenzierungsgrad zu identifizieren, um Maßnahmen so zielgruppengerecht wie möglich abzuleiten. So, wie bei Cultural-Diversity-Maßnahmen die einzubeziehenden unternehmensrelevanten Landeskulturen zu berücksichtigen sind, so muss im Kontext eines Gender-Diversity-Managements überlegt werden, ob und inwieweit weitere Differenzierungen innerhalb der Gruppen „Weibliche Erwerbstätige" und „Männliche Erwerbstätige" zielführend sind. Um geeignete Maßnahmen beispielsweise für Frauen zu generieren, könnten die von Wippermann beschriebenen DELTA-Milieus® herangezogen werden.

Neben der quantitativen, zeitlichen und örtlichen Personalplanung ist eine qualitative Planung unerlässlich. (Vgl. Elias-Linde, 2013: 180 ff.). Ihr kommt insofern eine Schlüsselrolle zu, als dass sie für ein Kompetenzmanagement verantwortlich ist, das künftige leistungs- und erfolgsrelevante Kompetenzen samt ihrer Facetten für betriebliche Aufgaben und Positionen identifiziert und beschreibt. Ein nach personalen, Aktivitäts- und Handlungs-, fachlich-methodischen und sozial-kommunikativen Kompetenzen (vgl. Heyse, Erpenbeck 2009) differenzierendes Kompetenzmanagement ist Dreh- und Angelpunkt einer nachhaltigen Personalplanung. Mit ihm wird der Nachhaltigkeitsmaßstab im Sinne der von Zaugg formulierten Nachhaltigkeitskriterien erfüllt, wenn es durch ihn gelingt, das Risiko von Fehlbesetzungen zu reduzieren, zukünftige Personalpotenziale aufzubauen und mit deren Hilfe Innovationen hervorzubringen, Personalrekrutierung und -selektion effektiv und effizient umzusetzen, Personalengpässe zu verhindern sowie auf sich ändernde Rahmenbedingungen durch rasche Zuordnung von Personen zu Aufgaben vorbereitet zu sein. (Vgl. Zaugg 2009: 283 ff.).

Um den Anspruch an ein genderorientiertes Kompetenzmanagement zu erfüllen, bietet sich das auf Heyse und Erpenbeck zurückgehende KODE®-Instrument an (KODE®: *KO*mpetenz*D*iagnostik und -*E*ntwicklung), ein Analyseverfahren zur direkten Messung individueller Handlungsfähigkeiten. Kreuser zeigt beispielhaft auf, wie es unter Gendergesichtspunkten eingesetzt und wie dabei Nachhaltigkeit sichergestellt werden kann. (Vgl. Kreuser 2010).

Der internen Personalgewinnung wird besonderer Nachhaltigkeitscharakter zugesprochen (vgl. Zaugg 2009: 292), da sie mittels Personalentwicklungsmaßnahmen für Kompetenzförderung sorgt, die Mitarbeitern innerbetriebliche Laufbahnen erlaubt und den Unternehmen nachhaltigkeitsbewusste Personalbindung ermöglicht. Unter Nachhaltigkeitsgesichtspunkten handelt es sich bei der externen Personalgewinnung um eine Beschaffungsstrategie mit aktivem Personalmarketing, welche die Erhaltung und Entwicklung der externen Humanressourcenquellen in das Personalmanagement integriert. Unter diesen sind vor allem Bildungsinstitutionen zu verstehen, aber auch andere Unternehmen und derzeit Nicht-Erwerbstätige, die für eine Erwerbstätigkeit noch zu gewinnen sind.

Im Sinne des Kompetenzmanagements sind langfristige Kooperationen mit „Schlüssel"-Bildungsinstitutionen wie (Hoch-)Schulen hervorzuheben, welche die in den Unternehmen erwünschten Einstellungen und Kompetenzen vermitteln und fördern. (Vgl. Elias-Linde 2013: 188 ff.). Da eine nachhaltige Personalbeschaffung bestrebt ist, „[...] vor allem solche Mitarbeiter zu gewinnen, die nicht nur über fachliche, sondern auch über soziale und ökologische Qualifikationen und Kompetenzen verfügen und nachhaltige Werthaltungen mitbringen" (vgl. Kirschten 2008: 260) und somit Nachhaltigkeitskulturträger (vgl. Zaugg 2009: 292) darstellen, verwundert es nicht, dass sich Bildungseinrichtungen aktuell mit wachsender Intensität darum bemühen, Nachhaltigkeit in ihren Bildungsangeboten zu thematisieren. Gleichzeitig findet die Vermittlung von Digitalisierungskompetenzen verstärkt Eingang in die Curricula von Bildungsangeboten, um auf die Arbeitswelt 4.0 vorzubereiten. Mit dem Erfahrungsaustausch und Wissenstransfer im Rahmen von (Hoch-)Schulkooperationen setzen Unternehmen das Nachhaltigkeitskriterium der Kompetenz- und Wissensorientierung um.

So betriebenes Personalmarketing kann verstärkt werden, wenn eigene Mitarbeiter als Botschafter des Unternehmens agieren und die Arbeitgebermarke zur Zielgruppe potenziell künftiger Beschäftigter transportieren. Auf diese Weise können sich Unternehmen mit ihrem Image beim derzeitigen und zukünftigen Arbeitskräftereservoir nachhaltig positionieren. Unter der Voraussetzung, dass (Hoch-)Schulen eine marktgerechte Ausbildung gewährleisten, führt dies idealerweise dazu, dass Vakanzen zeitnah und passgenau besetzt werden können, was wiederum wertschöpfend zur Erhöhung von Produktivität und Umsatzgenerierung beiträgt und damit der Sicherung der Unternehmensexistenz dient. (Vgl. Zaugg 2009: 354 ff.).

Unternehmen, die aus Gründen der demografischen Entwicklung und des Fachkräftemangels auf nachhaltige Personalarbeit setzen, müssen sich umfangreich über das grundsätzlich zur Verfügung stehende Beschaffungspotenzial informieren. Laut Kurzbericht des Instituts für Arbeitsmarkt- und Berufsforschung (IAB) zur Projektion des Arbeitsangebots bis 2050 nimmt der Anteil von Frauen am gesamten Erwerbspersonenpotenzial durch steigende Erwerbsquoten zu, wenn auch mit leicht sinkender Dynamik. (Vgl. Fuchs, Dörfler 2005: 1). Es liegt also nahe, sich im Rahmen von Personalmarketing und Rekrutierung verstärkt der Gruppe weiblicher Erwerbstätiger zu widmen und sie gezielt anzusprechen. Die lediglich gendergerechte Gestaltung von Stellenanzeigen reicht dabei nicht aus. Es gilt ausfindig zu machen, auf welchem Weg die Zielgruppe am besten zu erreichen ist, und alle zu nutzenden Informationsmedien inhaltlich so aufzubereiten, dass in ihnen zum Ausdruck kommt, mit welchen Arbeitgeberleistungen das jeweilige Unternehmen ihre Bedürfnisse im Arbeitskontext zufriedenstellen kann. Anhaltspunkte zu den Vorstellungen und Wünschen erwerbstätiger Frauen können die Beschreibungen der DELTA-Milieus® liefern.

Authentisch ist es, wenn bei einer zielgerichteten Ansprache von Frauen eigene Mitarbeiterinnen als Referenzgeberinnen fungieren. Um Aufmerksamkeit und Interesse an einer Bewerbung zu erzielen, sind die auf Nachhaltigkeit und Zukunftsorientierung basierenden Unternehmenswerte zu vermitteln. Des Weiteren ist ein realistisches Bild darüber zu erzeugen, wie diese in der Praxis umgesetzt werden und dass weibliche wie männliche Beschäftigte eine jeweils bedürfnisgerechte Arbeitswelt vorfinden. Entsprechend gehören zu einer ehrlichen und glaubwürdigen Unternehmensdarstellung Informationen zu den Arbeitsbedingungen 4.0, wie sie aktuell gegeben und möglicherweise geplant sind, sowie zu den materiellen und immateriellen Leistungen, welche die künftigen Beschäftigten erwarten. Diese müssen sich entsprechend auf genderfaire Vergütung und Laufbahnentwicklung, auf Arbeitszeitregelungen und die Möglichkeit zeit- und ortsflexiblen Arbeitens oder betriebliche Sozialleistungen und -einrichtungen wie Angebote zur Unterstützung der Betreuung von Kindern und pflegebedürftigen Familienangehörigen beziehen.

Wie bereits erwähnt, spielen Bildungseinrichtungen eine besondere Rolle, wenn es um die frühzeitige Ansprache künftiger Mitarbeiter geht. In vielen Unternehmen besteht im Hinblick auf die Arbeit 4.0 ein hoher Bedarf an Personal aus den MINT-Bereichen, sodass Handlungsdruck gegeben ist. Um einseitiger männlicher Dominanz und damit gegebenenfalls verbundenen Geschlechterstereotypen vorzubeugen oder eine bereits vorhandene auszugleichen, bietet es sich an, dass genderbewusste Unternehmen Maßnahmen ergreifen, damit sich Mädchen und Frauen bei der Ausrichtung ihrer schulischen Schwerpunkte beziehungsweise bei der Ausbildungs-, Studien- und Berufswahl verstärkt den MINT-Fächern und -Berufen zuwenden. Neben regelmäßigen Aktionen erscheint ein systematisches „Candidate-Relationship-Management" zweckmäßig, bei der zu Frauen mit MINT-Ausrichtung und identifizierter Passung zur Unternehmenskultur mittels attraktiver Angebote (zum Beispiel Mentoring, Workshops zu interessanten Themen) Beziehungen aufgebaut werden, sodass bereits eine frühzeitige Bindung an das Unternehmen erwirkt wird. Ein solcher Kandidatinnenpool stellt ein nachhaltiges Instrument zur Besetzung von Stellen dar und verkürzt Vakanzzeiten. Analog ist zu verfahren, um männliche Kandidaten für bislang eher frauentypische Berufsfelder zu begeistern. Mit einer solchen Vorgehensweise kann ein Unternehmen unter Beweis stellen, dass ihm an einer ganzheitlichen Umsetzung von Gendergerechtigkeit gelegen ist. Dies dürfte bei weiblichen wie bei männlichen Mitarbeitern und Arbeitsplatzinteressierten vertrauensbildend wirken, was wiederum Zauggs Aussage belegt, dass Vertrauen sowohl Voraussetzung als auch Ergebnis von nachhaltigem Personalmanagement ist.

Zaugg attestiert einer Personalbeschaffung Nachhaltigkeit, wenn sie Belegschaftsmitglieder am Rekrutierungs- und Auswahlprozess teilhaben lässt und sie so gestaltet wird, dass eine wertschöpfende Selbstselektion der Bewerber für eine Position stattfindet. Auf diese Weise gehen beim Unternehmen qualifizierte Bewerbungen ein, die ihm den Aufwand ersparen, ungeeignete Bewerbungen auszusortieren, was die Geschwindigkeit von Stellenbesetzungen erhöht. Dabei hilft ein professionelles e-Recruiting mit effizienten Workflow-Prozessen, wie es in einer Personalabteilung, die selbst der Digitalisierung folgt, selbstverständlich sein sollte.

Aus Zauggs Sicht gilt es bei der nachhaltigen Personalbeschaffung Temporärlösungen zu vermeiden. (Vgl. Zaugg 2009: 292). An dieser Stelle könnte Konfliktpotenzial zur Stellenbesetzungspolitik in der Arbeitswelt 4.0 auszumachen zu sein, die herkömmliche Beschäftigungsverhältnisse via Arbeitsvertrag zugunsten zeitlich befristeter aufgaben- oder projektbezogener Crowdworking-Vereinbarungen in den Hintergrund treten lässt. Sowohl internes als auch externes Crowdworking ist neben Fragen von Datenschutz und Datensicherheit mit einer Vielzahl arbeitsrechtlicher Aspekte verbunden, zu denen es bislang kaum Lösungen gibt. In Internet-Foren wird auf die Notwendigkeit hingewiesen, für arbeitsschutzrechtliche Regelungen zu sorgen. Thematisiert werden unter anderem Fragen der Abgrenzung von Solo-Selbstständigkeit und abhängiger Beschäftigung, der Scheinselbstständigkeit sowie Fragen bezüglich Vergütung, Arbeitszeiten, der Gewährung von Pausenzeiten und Erholungsurlaub, des Anspruchs auf Lohnfortzahlung im Krankheitsfall, des Anspruchs auf Mutterschutz und Elternzeit, auf Kündigungsschutz und so weiter. Die Klärung des Status von Crowdworkern ist insofern essenziell, da sich dieser auf deren soziale Absicherung auswirkt. (Vgl. IG Metall 2017). In diesem Punkt können erwerbstätige Frauen besonders betroffen sein. Im Durchschnitt beziehen sie schon jetzt geringere Arbeitseinkommen, arbeiten zwecks Vereinbarung von Familie und Arbeitstätigkeit häufig in Teilzeit und haben infolge familienbedingter Unterbrechungen kürzere Lebensarbeitszeiten, was zu niedrigeren Sozialversicherungsleistungen als bei in Vollzeit tätigen Männern führt.

Des Weiteren werden im Zusammenhang mit der Klärung arbeitsrechtlicher Themen rund um das Crowdworking die zu beachtenden Mitwirkungsrechte des Betriebsrates aufgezeigt, die von Informations- über Beratungs- bis hin zu Mitbestimmungsrechten gehen. (Vgl. Köhler 2017). Ein Unternehmen, das die Arbeitsverhältnisse mit seinen Mitarbeitern nachhaltig gestaltet, legt damit einen Maßstab auch für Crowdworking-Vereinbarungen. Mit dem gleichzeitigen Anspruch, Gendergerechtigkeit zu verwirklichen, ist auf die unter Umständen besonderen Auswirkungen von Crowdworking-Konstellationen auf erwerbstätige Frauen zu achten, um genderfaire Rahmenbedingungen zu schaffen. Es erscheint angebracht, die Diskussionen und zu erwartenden gerichtlichen Entscheidungen im Zusammenhang mit Crowdworking zu verfolgen, um sich als Unternehmen selbst, aber auch die Crowdworker zu schützen. Einen aktuellen Stand aus rechtsvergleichender Sicht gibt das vom Hugo Sinzheimer Institut für Arbeitsrecht erstellte Gutachten wieder. (Vgl. Waas et al. 2017).

Der Anwerbung potenzieller Mitarbeiter und Crowdworker folgt die Personalauswahl, die so zu gestalten ist, dass sie nachhaltige Wertschöpfung ermöglicht. Dementsprechend ist an effiziente Selektionsprozesse, wie sie durch ein eRecruiting unterstützt werden, sowie an einfach anwendbare sowie zeit- und kostensparende Auswahlverfahren zu denken, die eine rasche Stellenbesetzung beziehungsweise Auftragsvergabe gewährleisten. Wertschöpfend ist es, wenn kostengenerierende Fehlentscheidungen vermieden werden und es gelingt, diejenigen Personen zu identifizieren, die den zugrunde liegenden Anforderungsprofilen am besten entsprechen. Bei vorhandener Passung ist davon auszugehen, dass ungewollte Kündigungen und Produktivitätsverluste reduziert werden. Zum einen müssen sich die bereits jetzt und künftig geforderten Kompetenzen für eine digitale Arbeitswelt in den Anforderungsprofilen niederschlagen. Zum anderen ist der Nachhaltigkeitsmaxime eines Unternehmens dadurch Rechnung zu tragen, dass umweltbezogene und soziale beziehungsweise gesellschaftsbezogene Nachhaltigkeitskompetenzen sowie Innovationsfähigkeit und Kreativität abgebildet werden. (Vgl. Kirschten 2017: 152). Letztere sind Anforderungen, die sowohl unter Arbeit 4.0- als auch Nachhaltigkeitsgesichtspunkten gleichermaßen einen hohen Stellenwert besitzen. Am Ende eines Auswahlprozesses muss eine fachlich geeignete Person stehen, die zudem den höchsten „Fit“ zur Arbeitskultur 4.0 sowie zur nachhaltigen Unternehmenskultur aufweist.

Um dem Nachhaltigkeitskriterium der Anspruchsgruppenorientierung zu genügen, müssen angemessene und sinnvolle Auswahlverfahren (zum Beispiel Vorstellungsgespräche, Leistungs- und Persönlichkeitstests, Assessment-Center) zum Einsatz kommen, die von den Teilnehmenden akzeptiert werden. (Vgl. Kirschten 2017: 137). Eine auf soziale Vielfalt rekurrierende nachhaltige Personalauswahl verlangt zudem eine diversity- und genderfaire Eignungsüberprüfung. Die daran beteiligten Führungskräfte und Verantwortlichen der Personalabteilungen müssen diesbezüglich hinreichend geschult sein. Wird sie online durchgeführt, was mit zunehmender Digitalisierung der Personalarbeit zu erwarten ist und wie sie bei der Beauftragung von Crowdworkern bereits stattfindet, bedarf es Algorithmen, die für ein diskriminierungsfreies „Matching“ sorgen.

Resümee

Insgesamt lassen sich bei der Personalgewinnung und -auswahl sowohl synergetische als auch konfliktäre Beziehungen zwischen der Arbeit 4.0 und nachhaltigem Personalmanagement ausmachen. Die Digitalisierung kann zu mehr Effizienz bei der Personalbeschaffung beitragen und für nachhaltige Wertschöpfung sorgen. Zudem zielen die Arbeit 4.0 und Nachhaltigkeitsbestrebungen bei der Personalgewinnung zum Teil auf dieselben Kompetenzen ab, insbesondere wenn es um Innovationsfähigkeit und Kreativität geht. Um den rekrutierungsrelevanten Implikationen der Arbeitswelt 4.0 mit nachhaltiger Personalarbeit zu begegnen, ist das Hauptaugenmerk auf die Pflege der Humanressourcenquellen insbesondere in Form von Kooperationen mit Bildungseinrichtungen zu legen, damit Personal mit nachhaltigkeits- und 4.0-relevanten Qualifikationen und Kompetenzen beständig gewonnen werden kann. Unter Gendergesichtspunkten ist eine nachhaltige Personalbeschaffung in der Arbeitswelt 4.0 durch aktives Personalmarketing zu forcieren, das auf wertschätzende und vorurteilsfreie Art männliche wie weibliche Erwerbstätige anspricht und sie unter anderem über genderfaire berufliche Aufstiegs- und Fortbildungsmöglichkeiten und familienfreundliche Arbeitsbedingungen informiert oder Wege eines Wiedereinstiegs nach Erwerbsunterbrechung aufzeigt. Als herausfordernd und mit Konfliktpotenzialen behaftet dürfte der Aspekt gewertet werden, dass die Arbeitswelt 4.0 stark auf kurzfristige Temporärlösungen setzt, während nachhaltiges Personalmanagement nach langfristiger Mitarbeiterbindung strebt.

4.3.2 Personaleinsatz

Nachhaltige Personaleinsatzgestaltung setzt unmittelbar an der Rekrutierung an, indem sie bereits nach der Einstellungszusage für die fachliche und insbesondere soziale Integration neuer Mitarbeiter auf Basis eines Onboarding-Konzepts sorgt. (Vgl. Lohaus, Habermann 2016). Ein solches bezweckt, dass neue Mitarbeiter ihre Aufgaben beherrschen und ihre Position entsprechend ausfüllen, Transparenz über die Ziele ihrer Tätigkeit haben und wissen, wer im Unternehmen und im Team für was zuständig ist, und sich letztlich wohlfühlen, weil sie von den anderen Beschäftigten akzeptiert werden und diese ihnen vertrauen. (Vgl. Feldman 1981: 309 ff.). Diese Vorgehensweise kommt bei Erwerbstätigen infrage, mit denen ein Arbeitsverhältnis eingegangen wird; im Falle von externem Crowdworking scheint ein Onboarding zunächst obsolet. Sobald Crowdworker Teilaufträge übernehmen und zusammen mit anderen in ein Gesamtprojekt eingebunden sind, das auf längere Sicht angelegt ist und einer Vernetzung unter den Beteiligten bedarf, ist jedoch durchaus über Onboarding-Maßnahmen nachzudenken, damit diese über Rollenklarheit verfügen, selbstwirksam tätig werden und mit den anderen Teammitgliedern vertrauensvoll zusammenarbeiten zu können.

Eine erfolgreiche Zusammenarbeit ist im Sinne von Unternehmen und Crowdworkern, da sie Grundlage für nachfolgende Beauftragungen sein kann. Insofern kann ein auf die spezielle Konstellation abgestimmtes Onboarding für beide Parteien von Nutzen sein. Um sich sozial integriert zu fühlen, muss es gelingen, dass sich die Crowdworker mit den Werten und Einstellungen ihres beauftragenden Unternehmens identifizieren können und dessen Kultur mittragen. Dies beinhaltet auch die Übernahme nachhaltigkeits- und genderbezogener Kulturelemente. Crowdworker, die gleichzeitig oder nacheinander für unterschiedliche Unternehmen tätig werden, stehen vor der Herausforderung, sich auf verschiedene Organisationskulturen einzulassen und sich womöglich parallel an diesen auszurichten.

Sind neue Mitarbeiter oder Crowdworker an Bord eines Unternehmens geholt, ist deren Einsatz zu gestalten. Zu den Dimensionen des Personaleinsatzes gehören die Arbeitsgestaltung, die Arbeitszeitgestaltung, die Bestimmung des Arbeitsortes sowie die Gestaltung einer menschengerechten Arbeitsweise. (Vgl. Zaugg 2009: 313). Nach Zauggs idealtypischem Bild trägt ein nachhaltiger Personaleinsatz dem Prinzip der Selbstverantwortung Rechnung und gesteht den Beschäftigten einen hohen Grad an Autonomie zu. Eine Voraussetzung ist, Partizipation zuzulassen, sodass die Beschäftigten weitestgehend den eigenen Bedürfnissen entsprechend selbstbestimmt agieren und entscheiden können.

Des Weiteren sollte der Personaleinsatz zu Kompetenzentwicklung und Erfahrungszuwachs verhelfen, was den Unternehmen in Form von Flexibilität zugutekommt und eine die Volkswirtschaft beeinträchtigende Arbeitslosigkeit reduziert. Eine sich unter anderem durch nachhaltigen Personaleinsatz gebildete Vertrauenskultur kann dazu beitragen, eine Strategie zur Anpassung an die sich in der Arbeitswelt 4.0 rasant verändernden Rahmenbedingungen zu generieren, die von breiten Kompetenzprofilen motivierter Beschäftigter getragen wird. Unter diesen Annahmen erfüllt sich das Nachhaltigkeitskriterium der Wertschöpfungsorientierung, da mit einer nachhaltigen Gestaltung des Personaleinsatzes unter anderem die Einsparung von Infrastrukturkosten (weil zum Beispiel bei zeit- und ortsflexiblem Arbeiten das Vorhalten von Büroräumen entfällt), eine Verringerung von Fehlzeiten, eine höhere Arbeitszufriedenheit und Produktivität, Mitarbeiterbindung und eine Erleichterung der Personalgewinnung durch ein attraktives Arbeitgeberimage einhergehen. (Vgl. Zaugg 2009: 320 ff.).

Ob Unternehmen, wie von Zaugg behauptet, auch von einer Reduzierung von Arbeitskonflikten profitieren, erscheint fraglich. Es ist nicht immer davon auszugehen, dass die individuellen Interessen und Bedürfnisse der Erwerbstätigen miteinander harmonieren. Wie bereits heute schon, setzt Teamarbeit auch in der digitalen Arbeitswelt voraus, divergierende Vorstellungen zur Umsetzung der Zusammenarbeit in Einklang zu bringen. Dies erfordert eine Vielzahl von Abstimmungen, welche mit Konfliktpotenzial behaftet sind, und endet im Ergebnis in Zugeständnissen einzelner, welche die Selbstbestimmtheit einschränken. Es bedarf Konfliktfähigkeit und Konfliktlösungskompetenz aller Beteiligten, die ein nachhaltiges Personalmanagement mit Qualifizierungsmaßnahmen und der Bereitstellung von Konfliktmanagementsystemen unterstützen müssen.

In Bezug auf Arbeitszeit und -ort ist zunächst an jegliche Modelle zu denken, die Erwerbstätigen wie Unternehmen Flexibilität erlauben. Nachhaltigkeitsbestrebungen und Arbeit 4.0 gehen diesbezüglich in dieselbe Richtung. Die Diskussion in Gliederungspunkt 3.2.3 zeigt allerdings, dass viele Modelle zwar den Unternehmen Flexibilität bieten, diese jedoch nicht immer nachhaltige Erwerbstätigkeit der Beschäftigten sicherstellen, weil sie zum Teil mit einem Prekarisierungsrisiko behaftet sind, wenn aus ihnen resultiert, dass die Tätigkeit nicht auf Dauer angelegt ist und die Erwerbstätigen schlecht oder gar nicht vom erzielten Einkommen leben können. Bei einem Angebot zu arbeitszeit- und -ortflexiblem Arbeiten haben Unternehmen offenbar eher ökonomische Nachhaltigkeit vor Augen, während bei Erwerbstätigen die Vorstellung von sozialer Nachhaltigkeit zum Beispiel in Form eines sicheren Arbeitsplatzes und einer Erleichterung bei der Vereinbarkeit von Berufstätigkeit und Familienarbeit dominiert.

Ein ernst gemeintes nachhaltiges Personalmanagement schenkt bei der Umsetzung flexibler Arbeitsbeziehungen den sozialen Konsequenzen für die Beschäftigten Beachtung, unabhängig von deren Geschlecht. Idealerweise werden Vereinbarungen dazu den jeweiligen Lebensphasen von Berufstätigen und deren davon abhängigen Prioritäten in Bezug auf Arbeit, Familie und Freizeit sowie deren Lebens- und Partnerschaftsmodellen gerecht. Was weibliche Erwerbstätige angeht, können sich Unternehmen mithilfe der DELTA-Milieus® nach Wippermann über die verschiedenen Ansprüche von Frauen im Hinblick auf Arbeitszeit und -ort bewusst werden. In analoger Weise sind die diesbezüglichen Vorstellungen von Männern zu ermitteln. Grundsätzlich sollte es Männern wie Frauen möglich sein, einer Erwerbstätigkeit nachzugehen, die kein Prekariat nach sich zieht. Dies bedeutet, dass es Einzelfallbetrachtungen der jeweiligen Lebensumstände und individueller Lösungen bedarf.

Realistischerweise ist anzumerken, dass Unternehmen dabei sehr wahrscheinlich an Grenzen stoßen werden, da sie die Umsetzung ihrer Geschäftstätigkeit gewährleisten müssen, um langfristig als Arbeitgeber oder Crowdworking-Auftraggeber zur Verfügung stehen zu können. Schon jetzt stellen gleichzeitig von mehreren Beschäftigten geäußerte Teilzeitwünsche und der Wunsch nach Arbeiten im Homeoffice Herausforderungen bei der Aufrechterhaltung der Arbeitsfähigkeit einzelner Abteilungen in Unternehmen dar. Erwerbstätige erwarten von ihren Arbeit- oder Auftraggebern Flexibilität, können oder wollen selbst jedoch nur in gewissem Umfang Flexibilität bieten. Eine Arbeitswelt 4.0, in der vom Grunde her ein hohes Flexibilitätspotenzial gegeben ist, kann demzufolge nur dann ökonomisch und sozial nachhaltig gestaltet werden, wenn sowohl Unternehmen als auch Erwerbstätige ihre Flexibilitätsgrenzen ausloten und so weit wie möglich abstecken, damit allen Beteiligten Nutzen entsteht. Eine Aushandlung von zeitlichen und örtlichen Gestaltungsspielräumen geht in der Regel nicht reibungslos vonstatten, sodass auch an dieser Stelle Konfliktmanagementsysteme gefragt sind, die helfen, einvernehmliche Lösungen zu erarbeiten.

Zeit- und ortsflexibles Arbeiten und insbesondere das Crowdworking werfen im Hinblick auf den Schutz von Erwerbstätigen zum einen Fragen zur Vereinbarkeit mit derzeit geltendem Recht auf, weshalb sich Sachverständige auf dem Gebiet des Arbeits- und Sozialrechts, Gewerkschaften und Betriebsräte damit beschäftigen. Zum anderen wird aus medizinischer und psychologischer Sicht kritisch hinterfragt, welche gesundheitlichen Auswirkungen diese Art zu arbeiten haben kann. Die geäußerten Bedenken lassen Skepsis im Hinblick auf Nachhaltigkeitsziele aufkommen.

Resümee

Gerade der Bereich des Personaleinsatzes 4.0 scheint im Hinblick auf soziale Nachhaltigkeit sehr sensibel zu sein. Da die arbeits- und sozialrechtliche sowie medizinische und psychologische Debatte anhält und bislang nur wenige Lösungskonzepte vorliegen, bleibt abzuwarten, ob und inwieweit es gelingen wird, den mit Besorgnis betrachteten Risiken für Erwerbstätige sozial nachhaltig entgegenzuwirken. Unternehmen, welche die Umsetzung einer Arbeitswelt 4.0 mit nachhaltigem Personalmanagement angehen wollen, müssen die etwaigen Wirkungen moderner Personaleinsatzgestaltung auf ihre Mitarbeiter antizipieren und sozial nachhaltige Rahmenbedingungen schaffen, um über eine langfristig arbeitsfähige und gesunde Humanressourcenbasis zu verfügen. Auch wenn Crowdworker als Solo-Selbstständige nicht zum Mitarbeiterstamm zählen, muss es für sozial nachhaltig agierende Unternehmen selbstverständlich sein, sich auch um deren Einsatzbelange zu kümmern, da sie Bestandteil der unternehmerischen Leistungserbringung sind und eine Nichtverfügbarkeit die Ausübung der Geschäftstätigkeit und damit die wirtschaftliche Nachhaltigkeit beeinträchtigen würde. Insofern gilt es sowohl Mitarbeiter als auch Crowdworker beispielsweise in Angebote einzubinden, die der Personalpflege zuzuordnen sind und Maßnahmen zur Milderung gesundheitskritischer Folgen des Personaleinsatzes beinhalten. In diesem Zusammenhang ist an ein Betriebliches Gesundheitsmanagement (BGM) zu denken, das auf dem zentralen Element der Gefährdungsbeurteilung zur Erfassung physischer und psychischer Risiken aufbaut und präventive wie korrektive Maßnahmen des Arbeits- und Gesundheitsschutzes sowie der Gesundheitsförderung umfasst. Damit ein BGM größtmögliche Wirksamkeit entfaltet, empfiehlt es sich, die Angebote bei Bedarf differenziert zu gestalten, da es Unterschiede in der Gesundheit, bei Gesundheitsrisiken und beim Gesundheitsverhalten zum Beispiel in Abhängigkeit vom Geschlecht, Alter, et cetera gibt. (Vgl. Tempel et al. 2013).

4.3.3 Betriebliche Anreizgestaltung

Unter Zugrundelegung der Anreiz-Beitrags-Theorie (vgl. March, Simon 1958), nach der durch ein ausgewogenes Gleichgewicht zwischen geeigneten Anreizen auf Arbeitgeberseite und Leistungsbeiträgen der Beschäftigten langfristige Mitarbeiterbindung zu erzielen ist, gilt es solche zu identifizieren, die nachhaltig wirken, Genderfairness berücksichtigen und die Rahmenbedingungen der Arbeitswelt 4.0 einbeziehen.

Grundsätzlich ist dabei sowohl an materielle als auch immaterielle Anreize zu denken. Spätestens seit den von Herzberg et al. im Rahmen ihrer Zwei-Faktoren-Theorie (vgl. Herzberg et al. 1959) hervorgebrachten Ergebnissen ist bekannt, dass von sozialen sowie den vom Unternehmen und von der Arbeit selbst ausgehenden Anreizen eine längerfristig anhaltende Wirkung auf die Motivation der Beschäftigten zu erwarten ist. Mit diesen Anreizen, die für intrinsische Leistungsaktivierung stehen, und mit indirekt materiellen Anreizen in Gestalt freiwilliger betrieblicher Zusatzleistungen lassen sich die von Zaugg formulierten Nachhaltigkeitskriterien gut umsetzen. Gerade die Gestaltung betrieblicher Sozialleistungen lässt Partizipation, Anspruchsgruppenorientierung und Flexibilität zu, wenn sie den lebensphasenabhängigen Bedürfnispräferenzen von Beschäftigten und deren Angehörigen Rechnung tragen und zum Beispiel nach dem Cafeteria-Prinzip periodisch wiederkehrend im Rahmen eines gewissen Budgets Freiheit bei deren Wahl ermöglichen. (Vgl. Wagner 1986: 16 ff.). Dies impliziert gendergerechte Angebote von Arbeitgeberleistungen für weibliche und männliche Mitarbeiter, die beispielsweise Arbeit und Familienleben miteinander vereinbaren möchten und im Rahmen eines Cafeteria-Modells betriebliche Angebote zur Kinderbetreuung oder betriebliche Unterstützung bei der Organisation der Pflege von Familienangehörigen auswählen können.

Finden bei der Anreizgestaltung die Erfordernisse der Tätigkeit Berücksichtigung, indem beispielsweise Arbeitsinhalte und -bedingungen unternehmerisches Denken fördern, Verantwortungsübernahme gestatten sowie einen fruchtbaren Boden für innovative Leistungen und Kulturwandel bereiten, ist ihr strategischer Charakter zuzuschreiben. Den braucht es, um den Weg in die Arbeitswelt 4.0 einzuschlagen und langfristig Wertschöpfung zu generieren. (Vgl. Zaugg 2009: 331 ff.). Schließlich versprechen sich Unternehmen von nachhaltiger Anreizpolitik, die auf intrinsisch wirkende Anreize setzt, einen Beitrag zur Kompetenz- und Wissensorientierung; denn: „Intrinsisch motivierte Mitarbeitende sind eher dazu bereit, Wissen zu teilen als extrinsisch motivierte Mitarbeitende." (Zaugg 2009: 335).

Mit Blick auf die materielle Anreizgestaltung in Form von Vergütung sind prinzipiell Anforderungs-, Leistungs-, Markt- und Sozialgerechtigkeit, Motivationsförderung, Wirtschaftlichkeit, Flexibilität sowie Einfachheit, Logik und Transparenz anzustreben. (Vgl. Zaugg 2009: 330). Bislang wird nachhaltige Entlohnung in der Literatur nur wenig thematisiert und auch selten mit den Implikationen des Arbeitens 4.0 in Verbindung gebracht. Am ehesten lassen sich Aussagen zur Beachtung von Nachhaltigkeitsorientierung bei der außertariflichen Vergütung von Führungskräften finden.

Albarracin stellt jedoch fest, dass es so gut wie keine Ansätze zur Integration von sozialen, ökologischen und/oder wirtschaftsethischen Kriterien in die Vergütungsstrukturen von Führungskräften gibt, sodass Entgeltsysteme selbst bei dieser Zielgruppe bislang unzureichend als Instrument zur nachhaltigen Unternehmensgestaltung genutzt werden. (Vgl. Albarracin 2015). Demgegenüber behaupten Unternehmensberater der hkp/// group, dass Deutschland bei der Entlohnung Nachhaltigkeit vorbildlich verwirklicht. (Vgl. hkp/// group, 2015). Im Mittelpunkt ihrer Aussagen steht die Abbildung von Nachhaltigkeit in Form von variabler Vergütung, deren Auszahlung über einen längeren Zeitraum gestreckt wird. Diese Vorgehensweise folgt Abschnitt 4.2.3 des Deutschen Corporate Governance Kodex (DCGK), der sich unter anderem auf die Vergütung von Vorstandsmitgliedern deutscher börsennotierter Gesellschaften bezieht und in dem es heißt: „Die Vergütungsstruktur ist auf eine nachhaltige Unternehmensentwicklung auszurichten. Die monetären Vergütungsteile sollen fixe und variable Bestandteile umfassen. Der Aufsichtsrat hat dafür zu sorgen, dass variable Vergütungsteile grundsätzlich eine mehrjährige Bemessungsgrundlage haben, die im Wesentlichen zukunftsbezogen sein soll." (DCGK, 2017: 7).

Einer der hkp/// group-Berater sagt: „Je höher der Anteil langfristiger Vergütung und je mehr finanzielle und nicht-finanzielle Ziele sinnvoll miteinander auf Nachhaltigkeit abgestellt sind, desto präziser wird dauerhafter Erfolg honoriert." (Kayser 2015). Nachhaltigkeit wird hier ausschließlich mit Langfristigkeit gleichgesetzt. Außerdem beziehen sich die von den Unternehmensberatern genannten Beispiele für nachhaltigkeitsgesteuerte Vergütung nur auf ökologische Nachhaltigkeit als Beitrag zu dauerhafter wirtschaftlicher Wertschöpfung. Dazu passt Albarracins Ergebnis zur Untersuchung von Nachhaltigkeit in Vergütungssystemen von 1.600 Großunternehmen, nach dem im Branchenvergleich Energie- und Wasserversorgungsunternehmen, deren Geschäftstätigkeit einen hohen Bezug zu Umweltbelangen aufweist, am ehesten Nachhaltigkeit in die Vergütung einbeziehen. (Vgl. Albarracin 2015).

Variable Vergütung wird an die Erreichung vereinbarter Ziele gekoppelt, das heißt, es wird auf die von Drucker entwickelte Führungstechnik „Management by Objectives (MbO)" rekurriert. (Vgl. Drucker 1954). Bei ihr handelt es sich um einen Ansatz transaktionaler Führung, der in der Unternehmenspraxis vielfach Anwendung findet, in der Regel jedoch vorrangig für außertariflich bezahlte Führungskräfte und Vertriebsmitarbeiter sowie überwiegend mit Bezug auf nur ein Geschäftsjahr als zeitliche Größe. Damit wird ein unter Umständen erheblicher Teil der Belegschaft ausgeklammert und das Nachhaltigkeitskriterium der Langfristigkeit nicht erfüllt. Ist ein Jahr aus Nachhaltigkeitsgesichtspunkten als zu kurz zu beurteilen, erscheint es aus dem Blickwinkel der Arbeit 4.0 in Anbetracht hoher Marktdynamik und rasanter Technologiesprünge wiederum zu lang. (Vgl. Booz 2016: 3). Agiles Arbeiten verlangt die flexible Möglichkeit, zu jeder Zeit neue Ziele festzulegen oder neue Priorisierungen hinsichtlich der Relevanz oder Dringlichkeit vereinbarter Ziele vorzunehmen. Schnelle und häufige Veränderungen von Zielen lassen sich in einem eher technokratischen Performance-Management-System kaum abbilden. Variable Vergütung auf Basis des bislang üblichen MbO-Ansatzes wird somit weder dem Anspruch an Nachhaltigkeit noch den Anforderungen der Arbeitswelt 4.0 gerecht.

Im Zusammenhang mit der neuen Arbeitswelt werden Performance-Management-Modelle diskutiert, die den in ihr üblichen Matrix-, Projekt- und Teamstrukturen Beachtung schenken. Aufgrund der zu erwartenden Auflösung klassisch hierarchischer Beziehungen zwischen Führungskräften und Mitarbeitern und des damit einhergehenden Wandels der Führungsrolle bieten sich Modelle an, bei denen sich die Mitglieder eines Teams gemeinsam Ziele setzen und Messgrößen für deren Erreichung vereinbaren. Allerdings bedarf es einer Trennung von Zielerreichungsbewertung und der Entscheidung über variable Vergütung, da Teams zwar selbst beurteilen können, ob und inwieweit die vereinbarten Ziele erreicht wurden, aber in der Regel nicht befugt sind, über die Verteilung variabler Vergütungsbestandteile zu disponieren. (Vgl. Booz 2016: 5). Es ist zu klären, ob die Ausdehnung des Autonomiegrades eines Teams zielführend ist, sodass es die Zuordnung variabler Vergütung innerhalb eines vorgegebenen Budgets komplett eigenständig übernimmt. Vergütungssachverständige erörtern die Abkehr von variabler Vergütung als Ergebnis individueller Zielerreichungen zugunsten variabler Vergütung in Abhängigkeit des gesamten Unternehmenserfolgs. (Vgl. Comp & Ben 2016: 3 ff.).

Die Arbeit von Menschen, die in der künftigen Arbeitswelt im operativen Leistungserstellungsprozess tätig sein werden, wird vielfach durch Automatisierung und Roboterisierung geprägt sein. Die Erwerbstätigen sind dann dafür verantwortlich, dass Maschinen und Roboter anforderungsgemäß programmiert sind und überwacht werden, damit deren permanente Einsatzfähigkeit gewährleistet ist. Um sie dafür zu motivieren, ist an eine leistungsbezogene Vergütung in Form von Prämien zu denken (vgl. Strobl 2016), die zusätzlich zu einem Grundentgelt gewährt werden und die eine Reduzierung von Ausfall-, Reparatur- und Wartungszeiten in Bezug auf Maschinen oder Roboter (Nutzungsprämien) oder Vorschläge für Prozess- oder technische Innovationen (Ideenprämien) honorieren. Prämien wirken mitarbeiterbindend, wenn durch sie erreicht wird, dass sich die Mitarbeiter noch stärker mit ihrer Arbeit, ihrem Unternehmen und dessen Zielen identifizieren. Deren Auslobung kann jedoch auch zu erhöhtem Wettbewerb unter ihnen und Konflikten führen, die das Betriebsklima beeinträchtigen und Anlass für innere Kündigungen sein können. Zudem ist anzumerken, dass der administrative Aufwand für die Unternehmen zur Erfassung und Abrechnung der individuellen Mitarbeiterleistungen hoch sein kann, selbst wenn elektronische Datenverarbeitungssysteme zur Verfügung stehen.

Auch bei der Programmierung, Überwachung und Betreuung von technischen Apparaturen und Robotern ist davon auszugehen, dass diese durch Teams wahrgenommen werden, sodass auch hier die Frage nach Gruppen- statt Individualprämien zu stellen ist. Wird das Engagement einzelner leistungsorientierter Mitarbeiter jedoch nicht ausreichend belohnt, kann dies auf lange Sicht zu Enttäuschung und einer Abkehr vom Unternehmen führen, was der Erhaltung von Humanressourcensubstanz entgegenstünde.

Die Umsetzung von Nachhaltigkeit in der Vergütung betrifft ebenso die Crowdworker. Es wurde bislang unterstellt, dass diese als Solo-Selbstständige tätig werden und ein Honorar für ihre Leistungen beziehen. In der Rechtswissenschaft und -praxis wird jedoch noch diskutiert, ob Crowdworker Solo-Selbstständige, Scheinselbstständige oder Leiharbeitskräfte sind, dem Heimarbeitsgesetz unterliegen oder bei Erfüllung bestimmter Kriterien wie Eingliederung in die Organisation des auftraggebenden Unternehmens oder Weisungsgebundenheit sogar Arbeitnehmereigenschaft haben. Je nach Zuordnung determinieren unterschiedliche Gesetze die Art der Vergütung. An dieser Stelle wird an die aktuelle Handhabung bei der Entlohnung von Crowdworking angeknüpft. Diese richtet sich nach den Allgemeinen Geschäftsbedingungen der von Unternehmen selbst betriebenen oder von ihnen eingeschalteten Internetplattformen zur Auftragsvermittlung und weist Unterschiede auf. Allgemein wird derzeit praktiziertes Crowdworking wegen seiner niedrigen Vergütung und seiner Prekarisierungsrisiken (siehe Gliederungspunkt 4.3.2) stark kritisiert. So existieren Praktiken, bei denen nur die als Crowdworker tätige Person eine Vergütung erhält, die einen Auftrag am schnellsten erledigt hat oder deren Ergebnis vom auftraggebenden Unternehmen als zufriedenstellend akzeptiert wurde. Crowdworker, deren Leistung trotz vollständiger Erbringung abgelehnt wird, beziehen weder Entgelt noch eine Aufwandsentschädigung. (Vgl. Deutscher Bundestag 2015: 4).

Die stark komprimierte Wiedergabe der aktuellen Situation reicht aus, um Handlungsbedarf in Bezug auf die Vergütung von Crowdworking zu konstatieren. Unternehmen, die ihre Arbeitswelt 4.0 personalwirtschaftlich nachhaltig gestalten wollen, müssen auch ihre Crowdworker aus sozialen und ethischen Motiven fair und angemessen bezahlen. Es gilt, sich zu einer menschenwürdigen Vergütungspraxis zu bekennen und zu verpflichten. Ein Beispiel dafür stellt Punkt 3 des Code of Conduct „Grundsätze für bezahltes Crowdsourcing/Crowdworking" dar, den im Oktober 2017 nunmehr acht Crowdsourcing-Plattformen unterzeichnet haben. (Vgl. crowdsourcing-code.de 2017). Die Formulierungen darin sind abstrakt und geben keine Informationen zur Höhe und Umsetzung der Vergütung von Crowdworkern. Sie zeigen jedoch, dass sich die unterzeichnenden Crowdsourcing-Plattformen über die Missbrauchs- und Ausbeutungsgefahren bei der Beauftragung von Crowdworkern bewusst sind, was auf soziales Verantwortungsbewusstsein diesen gegenüber hindeutet und vorsichtig als Ansatz nachhaltigen Personalmanagements interpretiert werden kann.

Grundsätzlich sieht eine nachhaltige Vergütungspolitik geschlechterunabhängige Arbeitsentgelte vor. Die Nachhaltigkeitsberichterstattungsleitlinie G4-LA13 der Global Reporting Initiative (GRI) verlangt von den sich daran orientierenden Unternehmen Transparenz über die Umsetzung gleicher Entlohnung von Männern und Frauen. (Vgl. GRI 2015: 9). Die für Deutschland mit 21 Prozent beziehungsweise sechs Prozent nach Bereinigung (das heißt Betrachtung gleicher formaler Qualifikation bei ansonsten gleichen Merkmalen) ausgewiesene Lohnlücke für das Jahr 2017 lässt auf versteckte Benachteiligung von Frauen bei deren Vergütung schließen. Die Ursachen für geschlechterabhängige Entgeltunterschiede sind vielschichtig und bedürfen einer differenzierten Betrachtung unter anderem hinsichtlich Branchen, Qualifikationen, Berufen und Hierarchieebenen. Die deutsche Bundesregierung hat bereits Maßnahmen ergriffen und welche in Planung, deren Eignung zur Reduzierung beziehungsweise Beseitigung von Entgeltunterschieden zwischen männlichen und weiblichen Erwerbstätigen umstritten ist (zum Beispiel DGB 2017, zum Gesetz zur Förderung der Transparenz von Entgeltstrukturen zwischen Frauen und Männern). Zum einen handelt es sich um Maßnahmen, für die sie selbst Umsetzungsverantwortung zeigt; zum anderen geht es um solche, die sie zusammen mit den Tarifparteien anstrebt, sowie um Gesetze, die Unternehmen in die Verantwortung nehmen, einen Beitrag zum Abbau der Entgeltlücke zu leisten. (Vgl. BMFSFJ 2017c).

Mit Blick auf den zu erwartenden wachsenden Fachkräftemangel müssen Unternehmen gendergerechter Vergütung noch größere Relevanz beimessen als bisher, wenn es um die Erschließung des noch nicht ausgeschöpften weiblichen Erwerbspersonenpotenzials geht. Zudem übt der gesellschaftliche Wertewandel Druck auf Unternehmen aus, Werten wie Gleichberechtigung und Gleichstellung von Männern und Frauen mehr Aufmerksamkeit zu schenken. Einer der wichtigsten Ansatzpunkte bei der Entlohnung ist der, auf die Vermeidung von Rollenstereotypen und geschlechtsspezifischen Zuschreibungen bei der Arbeitsbewertung und Leistungsbeurteilung hinzuwirken. Diese werden als wesentliche Gründe für indirekte Benachteiligung und mittelbare Diskriminierung von Frauen gerade auch im Entlohnungskontext gesehen. (Vgl. BMFSFJ 2017c).

Ein nachhaltig agierendes Unternehmen, das sein Bestehen in der Arbeitswelt 4.0 festigen will, muss die in seiner Unternehmenskultur verankerte Genderfairness ganzheitlich praktizieren und auch auf betriebliche Anreizsysteme anwenden. Auch wenn Benachteiligungen von Frauen häufig unbewusst erfolgen, ist der Erwerb von Genderkompetenz essenziell. Führungskräfte und Mitarbeiter müssen Trainings erhalten, durch die sie für Geschlechteraspekte im Arbeitsumfeld sensibilisiert werden, um sie in gleichstellungsorientiertes Handeln transferieren zu können.

Resümee

Insgesamt lässt sich feststellen, dass die betriebliche Anreizgestaltung bei der Sicherung von Humanressourcen zur Aufrechterhaltung der Unternehmensexistenz eine Rolle spielt. Von nachhaltiger Bindungswirkung sind immaterielle und indirekte materielle Anreize, die an den jeweils aktuellen, lebensphasenabhängigen Bedürfnissen der Beschäftigten ansetzen. Bei der Integration von Nachhaltigkeitskriterien in die materielle Anreizgestaltung ist noch Verbesserungspotenzial auszumachen. Findet Teamorientierung in die variable Vergütung und in die Prämienentlohnung Eingang, wird dem Trend der Arbeitswelt 4.0 zu Teamarbeit Rechnung getragen. Als besonders herausfordernd stellt sich die Frage nach der Vergütung von Crowdworking dar. Der bisherigen Handhabung ist soziale Nachhaltigkeit abzusprechen und bedarf der Optimierung. Eine nachhaltigkeitsbezogene Vergütung hat der Gleichstellungsmaxime zu folgen. In einer Arbeitswelt 4.0 sind die diesbezüglich begonnenen Initiativen weiterzuführen; denn Unternehmen sind auf die Ausschöpfung des gesamten Humanressourcenreservoirs angewiesen, was bedeutet, gerade auch für Frauen attraktiv zu sein, die als Arbeitskräfte noch zu gewinnen sind. Dazu gehört, Frauen bei der Entlohnung dieselbe Behandlung wie Männern zukommen zu lassen und ihnen dieselben Entwicklungs- und Verdienstchancen zu bieten.

4.3.4 Personalführung und -entwicklung

Personalführung und Personalentwicklung sind die zwei personalwirtschaftlichen Disziplinen, denen in der Arbeitswelt 4.0 wie unter Nachhaltigkeitsgesichtspunkten die größte Bedeutung beigemessen wird. Komprimiert ausgedrückt, geht es nach dem traditionellen Verständnis von Personalführung um die wirksame und zielorientierte Einflussnahme einer Führungskraft auf das Verhalten ihrer Mitarbeiter – individuell und teambezogen – im Rahmen einer Interaktionsbeziehung mithilfe von Kommunikation. (Vgl. Weibler 2012: 14 ff.).

„Personalentwicklung sind Maßnahmen zur Vermittlung von Qualifikationen, welche die aktuellen und zukünftigen Leistungen von Führungskräften und Mitarbeitern steigern (Bildung), sowie Maßnahmen, welche die berufliche Entwicklung von Führungskräften und Mitarbeitern unterstützen (Förderung)." (Stock-Homburg 2013: 205). Führungskräfte haben für ihre eigene Personalentwicklung und für die ihrer Mitarbeiter zu sorgen; sie ist als eine wichtige Führungsaufgabe zu verstehen. Insofern sind Personalführung und -entwicklung eng miteinander verwoben und werden in diesem Gliederungspunkt gemeinsam behandelt. Becker bezieht in seiner Definition von Personalentwicklung zudem die Organisationsentwicklung ein, unter die er auch Teamentwicklung und Projektarbeit subsumiert. (Vgl. Becker 2013: 5). Da Teamorientierung und Organisationsentwicklung bei der Gestaltung der Arbeitswelt 4.0 und im Hinblick auf Nachhaltigkeitsbestrebungen eine entscheidende Rolle spielen und Führungskräfte dazu ihren Beitrag zu leisten haben, wird im Weiteren dieses erweiterte Begriffsverständnis von Personalentwicklung zugrunde gelegt.

Der Begriffslogik folgend wird im Kontext der digitalen Arbeitswelt 4.0 von Führung 4.0 beziehungsweise Leadership 4.0 oder Digital Leadership gesprochen. Neben dem Aspekt des Einsatzes digitaler Medien in der Führungskommunikation wird in Veröffentlichungen die Frage der Anpassung von Führungsverhalten an die Anforderungen der digitalen Arbeitswelt thematisiert. Die zentralen digitalisierungsbedingten Veränderungen mit Auswirkung auf Personalführung und -entwicklung sind die Auflösung der gehabten Organisation sowie die Änderung von Arbeitsinhalten. (Vgl. Schwarzmüller et al. 2017: 618, unter Bezugnahme auf Shareground und Universität St. Gallen 2015). Betriebliche Wertschöpfung wird zukünftig verstärkt in Netzwerken generiert, die sich teilweise sogar unternehmensübergreifend bilden. Damit verbunden ist zeit- und ortsunabhängige Zusammenarbeit der Beteiligten mit all ihren bereits dargelegten positiven wie negativen Konsequenzen. Operative Tätigkeiten wandeln sich vom Ausführen hin zum Überwachen technologischer Apparaturen; darüber hinaus entstehen neue Tätigkeitsfelder, die insbesondere kognitiv fordernden und/oder kreativen Charakter haben oder die von komplexer zwischenmenschlicher Interaktion gekennzeichnet sind. Um mit den sich permanent verändernden Anforderungen und Bedingungen umgehen zu können, müssen Erwerbstätige ein hohes Maß an Agilität aufweisen. Kontinuierliches Lernen und Weiterbilden sind unabdingbar, um die Beschäftigungs- und Arbeitsmarktfähigkeit im Laufe eines Erwerbslebens aufrechtzuerhalten. (Vgl. Schwarzmüller et al. 2017: 619).

Die Arbeitswelt 4.0 ist demnach auf nachhaltige Personalentwicklung angewiesen, sodass die Beschäftigungsfähigkeit (Employability) der Erwerbstätigen im digitalen Zeitalter gewährleistet ist und Unternehmen davon im Sinne ihrer eigenen Substanzerhaltung profitieren.

Wenn von Erwerbstätigen auch Kompetenzerwerb und Qualifizierung in Eigenverantwortung verlangt wird, so ist es an den Führungskräften, ihre Mitarbeiter mithilfe von Arbeit 4.0-Kompetenzmodellen dahingehend zu steuern und zu unterstützen, dass diese sich die Kenntnisse, Fähigkeiten und Fertigkeiten aneignen, die der derzeitigen und künftigen Aufgabenerfüllung im Unternehmen dienen. Dadurch können Mitarbeiterbindung erzeugt und idealerweise Innovationen hervorgebracht werden, die ein Unternehmen zukunftsfest machen. Olbert-Bock et al. formulieren dazu: „Führungskräfte werden in Unternehmen unter Nachhaltigkeitsgesichtspunkten zu Garanten von ‚Workability' und ‚Employability', die ihre Aufgabe als Gestaltung der Balance zwischen Nutzung und Erhaltung der humanen und sozialen Ressourcen verstehen." (Olbert-Bock et al. 2014: 40). Dazu müssen sie im Rahmen einer nachhaltigen Führung des Weiteren Verantwortung für die Gesundheit ihrer Mitarbeiter, deren Engagement und Zufriedenheit, deren Überzeugungen und Werte sowie deren Zusammenarbeit miteinander übernehmen. (Vgl. Olbert-Bock et al. 2016: 81). Führungskräfte nehmen eine Vorbildfunktion ein und haben die in der Unternehmens- und Arbeitskultur 4.0 verankerten Normen, Werte und Einstellungen vorzuleben und an die Beschäftigten zu vermitteln, damit diese den Wandel ihres Unternehmens mittragen und ihn aus Überzeugung mitgestalten, um zu dessen Überleben im digitalen Zeitalter beizutragen und sich ihre Beschäftigung zu sichern.

Dieselbe Rolle kommt Führungskräften zu, wenn es um den kulturellen Wert „Genderfairness" geht, den sie im Rahmen nachhaltiger Mitarbeiterführung umzusetzen haben. Generell gilt die von Beschäftigten wahrgenommene Fairness ihnen gegenüber als Indikator von Nachhaltigkeit in der Führung. (Vgl. Eggers, Hollmann 2011: 147). Nachhaltig agierende Unternehmen, die sich der Bedeutung von Frauen als Erwerbstätige und deren Lebensumstände bewusst sind, achten darauf, dass ihre Führungskräfte über Genderkompetenz verfügen, damit diese im Rahmen des von ihnen durchzuführenden Performance-Managements, bei der Leistungs-, Kompetenz- und Potenzialbeurteilung, bei der Laufbahngestaltung und bei der Auswahl von Personalentwicklungsmaßnahmen Gender-Aspekten Rechnung tragen. Vorbildliches diversity- und gendersensitives Verhalten dürfte sich auf die Mitarbeiter übertragen, deren respektvolle und wertschätzende Zusammenarbeit stärken sowie Engagement und Zufriedenheit hervorrufen. Sofern es authentisch und unternehmensganzheitlich erfolgt, sind imageförderliche Wirkungen zu erwarten, die sich in der Mitarbeiterbindung niederschlagen und im Außenauftritt die Personalgewinnung positiv beeinflussen können.

Mit Blick auf die mit zeit- und ortsflexiblem Arbeiten einhergehenden Gesundheitsrisiken durch Entgrenzung von Arbeits- und Privatleben, die zunehmende Arbeitsgeschwindigkeit und den steigenden Leistungs- beziehungsweise Ergebnisdruck muss die Führung 4.0 dem (gesundheitlichen) Wohlbefinden der Beschäftigten einen zentralen Stellenwert einräumen, wenn sie eine langfristige Aufrechterhaltung von deren Arbeitsfähigkeit bezweckt. Um Leistung und Arbeitszufriedenheit langfristig in Balance zu halten, müssen Führungskräfte Unternehmens- und Mitarbeiterziele in Einklang bringen sowie ihre Mitarbeiter individuell und gezielt dabei unterstützen, dass sie ihre Leistungsfähigkeit möglichst dauerhaft erhalten können. (Vgl. Eggers, Hollmann 2011: 148).

Auf Gesundheit und Wohlergehen ausgerichtete Maßnahmen eines Unternehmens sind der Personalpflege zuzuordnen und wichtiger Bestandteil eines nachhaltigen Personalmanagements. (Vgl. Zaugg 2009: 261 ff.). Idealerweise implementieren Unternehmen ein Betriebliches Gesundheitsmanagement, das den Anforderungen von Arbeitsschutz und -sicherheit gerecht wird, Angebote zur Gesundheitsförderung beinhaltet und mit einem Betrieblichen Eingliederungsmanagement auf Grundlage des § 84 Abs. 2 SGB IX Arbeitsunfähigkeit vorbeugt und überwindet. Bei der Umsetzung kommt vielfach den Führungskräften die Verantwortung gem. Arbeitsschutzgesetz und Arbeitsstättenverordnung zu, Gefährdungsbeurteilungen zur Erfassung physischer und psychischer Arbeitsbelastungen vorzunehmen. Dabei ist es zwingend notwendig, dass der Gesetzgeber die Regelungen an die veränderten Bedingungen der Arbeitswelt 4.0 anpasst. Des Weiteren sind die Führungskräfte für ihre Mitarbeiter Ansprechpersonen, wenn diese Beeinträchtigungen ihres Wohlbefindens beziehungsweise ihrer Gesundheit wahrnehmen und es darum geht, Abhilfe zu schaffen, sofern tatsächliche oder vermutete Ursachen mit der Tätigkeit zusammenhängen. Umgekehrt resultiert aus der Fürsorgepflicht von Führungskräften die Aufgabe, die Initiative zu ergreifen und einzuschreiten, wenn sie Störungen im Bereich von Gesundheit und Wohlergehen ihrer Mitarbeiter bemerken. Dabei ist es gesundheitsbewusster Führung zuträglich, wenn Wissen über die unterschiedliche Gesundheit von Männern und Frauen und deren jeweilige gesundheitsrelevante Bedürfnisse vorhanden ist.

Nachhaltige Personalpflege und gesundheitsbewusste Mitarbeiterführung sind in einer Arbeitswelt 4.0 mehr denn je von Wichtigkeit; jedoch ist die Frage zu beantworten, wie Führungskräfte ihren Aufgaben in diesem Zusammenhang überhaupt nachkommen können. Die rechtlichen Regelungen sehen bei Telearbeit im Homeoffice eine Gefährdungsbeurteilung lediglich im Zuge der erstmaligen Beurteilung der Arbeitsplatzbedingungen vor; mobiles Arbeiten unterliegt nicht einmal der Arbeitsstättenverordnung, sodass die betreffenden Beschäftigten auf die Einhaltung der geltenden Arbeits- und Gesundheitsvorschriften zu verpflichten sind und sie diesbezüglich Eigenverantwortung übernehmen müssen. (Vgl. Deutscher Bundestag 2017: 6 ff.). Nachhaltige Personalführung geht darüber hinaus, den gesetzlichen Vorschriften Genüge zu tun. Vielmehr benötigen Führungskräfte wie Beschäftigte Schulungen zur Sensibilisierung für die gesundheitlichen Risiken des Arbeitens 4.0; zudem müssen Führungskräfte Gesundheitsthemen zu einem festen Bestandteil ihrer Mitarbeiterkommunikation machen, damit die Mitarbeiter die ihnen übertragene Selbstverantwortung ernst nehmen. Dies sollte gleichermaßen in Bezug auf beauftragte Crowdworker gelten, die als Solo-Selbstständige zwar nicht der Arbeitsschutzverpflichtung des beauftragenden Unternehmens unterliegen, aber bei denen ein Interesse an deren Arbeitsfähigkeit besteht, damit die vereinbarten Leistungsergebnisse erbracht werden können.

Nicht nur in Bezug auf Gesundheits- und Wellbeing-Management erscheinen die Möglichkeiten zur Einflussnahme durch Führungskräfte limitiert. Generell verändern sich die Einflussmöglichkeiten von Führungskräften im digitalen Zeitalter, bedingt durch Demokratisierungstendenzen bis hin zu holokratischen Organisationsstrukturen, die mit der Abgabe von klassischer Führungsmacht einhergehen. (Vgl. Schwarzmüller et al. 2017: 621). Die dieser Entwicklung immanenten Arbeitswerte wie Autonomie und Eigenverantwortung werden auch in der Nachhaltigkeitsliteratur stark betont, sodass Führung 4.0 und nachhaltige Führung in ihren Bestrebungen übereinzustimmen scheinen. Beide sind sich einig, dass bei der Umsetzung Vertrauen eine essenzielle Rolle spielt und Führungskräfte dazu dem Beziehungsmanagement eine hohe Priorität einräumen müssen. Ein solches fokussiert auf Personalentwicklung und setzt auf Vernetzung, Teambuilding und das Coachen der Mitarbeiter, um geeignete Rahmenbedingungen zu schaffen und sie für ihre Aufgaben zu befähigen („Enabling“) und in ihrem Tun zu bestärken („Empowerment“).

Hinter diesem Ansatz verbirgt sich das Prinzip der Selbstführung, also der „[...] selbstgesteuerten Führung ‚von innen heraus‘ [...].“ (Schirmer, Woydt 2016: 191). Dabei begegnen sich Führungskräfte und Mitarbeiter auf Augenhöhe, und Führung verlagert sich von der Top-down- hin zur Peer-to-Peer-Ebene. Selbstführung beruht insbesondere auf dem Erkennen der eigenen Stärken und Schwächen. Dabei ist es unerheblich, welchem Geschlecht die Mitglieder eines zusammenarbeitenden Teams angehören. Gendersensitiven Führungskräften gelingt idealerweise eine geschlechterunabhängige Reflexion über die individuellen Stärken und Schwächen der beteiligten Personen und strebt eine zielführende Bündelung der Stärken und einen Ausgleich der Schwächen an.

Es heißt, die in der Arbeitswelt 4.0 gefragte Art der kooperativen Führung in vernetzten und interdependenten Strukturen komme Frauen entgegen, „[...] weil sie Teamplayerinnen sind, weil sie gerne coachen und Mitarbeiterentwicklung als Wert an sich betrachten.“ (Bultemeier, Marrs 2016: 8). Des Weiteren werden „Reflexionsfähigkeit, Moderation und Offenheit für Feedbacks“ als soziale, 4.0-förderliche

Führungseigenschaften genannt, die weiblich konnotiert sind. (Vgl. Bultemeier, Marrs 2016: 11). Ob dem wirklich so ist oder diese Charakteristika vielmehr geschlechtsunabhängig von der Persönlichkeit eines Menschen abhängen, sei dahingestellt. Jedenfalls könnte der Wandel der Führung unter Arbeit 4.0-Bedingungen den weiblichen Erwerbstätigen eine Chance bieten, die bislang von einer Führungsposition abgesehen haben oder davon absehen mussten. Führung, die nach traditionellem Muster Arbeiten in Vollzeit und Präsenz im Unternehmen bedeutet, war beziehungsweise ist für sie selten leistbar, wenn sie neben einer Berufstätigkeit die Hauptverantwortung für die Familienarbeit tragen. Mit einem neuen Führungsverständnis, nach dem zum Beispiel Führung auf Zeit für abgrenzbare Projekttätigkeiten, Führen in Teilzeit oder nach dem Jobsharing-Modell („Shared Leadership“) möglich sein sollen (vgl. Siegert 2016: 15; Meier-Comte 2016: 19), tun sich für Frauen, die familiären Aufgaben nachgehen und eine Führungskarriere anstreben, Möglichkeiten auf, Beruf und Familie leichter miteinander zu verbinden. Diese Ansätze offerieren gleichermaßen männlichen Erwerbstätigen mit Führungsambitionen die Gelegenheit, sich partnerschaftlich an der Betreuung von Familienmitgliedern zu beteiligen. Insofern kann einer so verstandenen Führung Genderfreundlichkeit zugesprochen werden. Es wird dadurch möglich, das Erwerbspersonenpotenzial insbesondere mit hoher Qualifizierung besser auszuschöpfen, was einem nachhaltigen Personalmanagement zuträglich ist.

Mit Blick auf die erforderlichen Führungsaufgaben wird klar, dass auf die Führungskräfte erhöhte und zum Teil andere als bisher gestellte Kompetenzanforderungen zukommen werden. (Vgl. Schwarzmüller et al. 2017: 622 f.). Sowohl die digitale Transformation als auch nachhaltiges Personalmanagement stellen Veränderungen dar, die einer Steuerung bedürfen. Führungskräfte müssen die Funktion von Change Agents wahrnehmen und über Expertise in Change Management verfügen. In Anbetracht von in immer kürzeren Abständen stattfindenden Veränderungen müssen Führungskräfte ein hohes Maß an Agilität besitzen, was erklärt, weshalb der Begriff der agilen Führung immer mehr Verwendung findet. Da bei Veränderungen Neuland betreten wird, muss Führung Raum geben, um neue Methoden, Modelle, Arbeits- und Organisationsformen et cetera auszuprobieren. Führungskräfte müssen somit auch in der Lage sein, Ungewissheit auszuhalten und misslungene Versuche hinzunehmen. Aus kreativen Experimenten können Innovationen hervorgehen, die das Fortbestehen eines Unternehmens nachhaltig sichern. Entsprechend bedarf es einer Führungskultur, die Fehler und Lernen durch Trial-and-Error zulässt. Darüber hinaus ist zu berücksichtigen, dass die Zusammenarbeit mit Mitarbeitern, Crowdworkern und sonstigen externen Kontakten vielfach virtuell erfolgt. Dies verlangt von Führungskräften IT-Kompetenzen für den Umgang mit digitalen Tools sowie die Fähigkeit, in verteilten Strukturen führen zu können („Distance Leadership“). Ergänzend ist Diversity-Kompetenz vonnöten, um der Vielfalt der Beteiligten Rechnung zu tragen. Sie schließt Gender-, interkulturelle und Sprachkompetenz ein.

Das Spektrum der aufgezeigten Kompetenzanforderungen ist breit und macht deutlich, dass bei der Personalentwicklung die Zielgruppe der Führungskräfte von großer Bedeutung ist, um sie mit Methoden und Instrumenten auszustatten, mit denen sie bei den Beschäftigten Verhaltensbeeinflussung ausüben und damit die Arbeitswelt 4.0 nachhaltig gestalten kann. Die Umstellung in Richtung Führung 4.0 dürfte sowohl für derzeitige Führungskräfte als auch abhängig Beschäftigte eine Herausforderung darstellen, wenn sie in der noch vorherrschenden traditionellen Arbeitswelt sozialisiert wurden. Somit bedarf es geeigneter Personalentwicklungsmaßnahmen, die zur Auflösung dieser klassisch hierarchiefokussierten Rollen-, Führungs- und Arbeitsmuster beitragen.

Die vorliegenden Prognosen darüber, was Personalführung im digitalen Zeitalter zu leisten hat, und die verfügbaren Empfehlungen für nachhaltige Führung und Personalentwicklung verstärken die aus Nachhaltigkeitssicht geäußerte Forderung, zukunftsrelevante Qualifikationen bereits in Bildungsinstitutionen wie (Hoch-)Schulen zu vermitteln, damit diese Erwerbstätige hervorbringen, die den Anforderungen der Arbeitswelt 4.0 gewachsen sind.

Resümee

Es kann bestätigt werden, dass Personalführung und -entwicklung sowohl in Bezug auf die Arbeit 4.0 als auch das nachhaltige Personalmanagement von herausragender Bedeutung sind. Die Herausforderungen der digitalen Arbeitswelt sind nur zu meistern, wenn alle Arbeitskräfte die nötigen Qualifikationen und Kompetenzen mitbringen und diese stets auf dem aktuellen Stand halten. Nachhaltiges Personalmanagement zielt mit seinem Streben nach Employability genau darauf ab und kommt damit Erwerbstätigen wie Unternehmen zugute. Da die Arbeit an sich, ihre Inhalte, Aufgaben, Prozesse usw. umfangreiche und teilweise einschneidende Veränderungen gegenüber heute darstellen, braucht es ein begleitendes Chance Management, welches durch Führungskräfte zu leisten ist. Sie müssen in der Lage sein, ihre Führung agil an den sich schnell verändernden Gegebenheiten auszurichten. Um nachhaltige Wirkung im Sinne der Bindung von internen wie externen Humanressourcen an ein Unternehmen zu erzielen, ist deren Bedürfnissen nach Autonomie und Eigenverantwortung Beachtung zu schenken, in Anbetracht der sich verstärkenden Teamorientierung beziehungsfördernd zu führen und unter Berücksichtigung möglicher Belastungs- und Gesundheitsrisiken für das Wohlergehen der Beschäftigten zu sorgen. Um diesen Ansprüchen gerecht werden zu können, bedarf es einer Vielzahl von Führungskompetenzen, die Führungskräften qua nachhaltiger Personalentwicklung zu vermitteln sind. Eine Arbeitswelt 4.0, die unter Fachkräftemangel leidet und in der sich Unternehmen um Humanressourcennachschub aktiv bemühen müssen, ist mehr denn je auf die Ausschöpfung des gesamten Erwerbspersonenpotenzials angewiesen. Insofern müssen Personalführung und -entwicklung Gendergesichtspunkten Rechnung tragen, um gezielt weibliche Erwerbspersonen anzusprechen und im Sinne der Nachhaltigkeit Rahmenbedingungen zu schaffen, die ihnen wie ihren männlichen Kollegen dieselben Chancen einer Laufbahnentwicklung eröffnen. Die Arbeitswelt 4.0 mit ihrem Umgang mit Arbeitszeit und -ort, mit Optionen wie Führen auf Zeit, Führen in Teilzeit oder „Shared Leadership“ könnte einen Beitrag dazu leisten, Frauen als Arbeitskräfte für sich zu gewinnen und an sich zu binden, womit sie die personalwirtschaftliche Nachhaltigkeitsstrategie von Unternehmen stützt.

5 Schlussbetrachtung

Die Ergebnisse der vorgenommenen Untersuchung zeigen ein vielschichtiges Bild von der Bedeutung der Arbeitswelt 4.0 im Allgemeinen und deren besonderen Implikationen für weibliche Erwerbstätige. Ausgangspunkt für die Beschäftigung mit den Auswirkungen des Arbeitens 4.0 für die Frauenerwerbstätigkeit war die Annahme, dass ihnen Gleichstellungspotenziale immanent sind. Es zeigt sich, dass sie in dieser absoluten Form nicht aufrechterhalten werden kann, was von der Sozialwissenschaftlerin Hella Baumeister auf den Punkt gebracht wird: „Die neuen Technologien eröffnen generell die Möglichkeit, Geschlechterverhältnisse neu zu verhandeln, Machtverhältnisse, Rollenzuschreibungen und Arbeitsteilung zu hinterfragen und zu ändern. Das ist aber keineswegs von vornherein ein Erfolgsmodell.“ (Baumeister 2017). Zusammengefasst kann festgestellt werden, dass hoch qualifizierte Frauen, die ihrer Erwerbstätigkeit hohe Bedeutung beimessen, die Möglichkeiten der Arbeitswelt 4.0 stärker für sich nutzen können als gering qualifizierte. Entsprechend lautet auch Baumeisters Fazit: „Die prognostizierten neuen Möglichkeitsräume für Frauen konzentrieren sich offenbar auf die Gruppe der relativ privilegierten jungen Frauen mit Hochschulabschluss.“ (Baumeister 2017).

Arbeit mittels digitaler Kommunikations- und Informationstechnologien erweitert das Angebot, einer Berufstätigkeit zeit- und ortsflexibel nachzugehen oder sich selbstständig zu machen, was den Grad der Selbstbestimmung erhöht. Grundsätzlich erlauben die künftigen Arbeitsbedingungen erwerbstätigen Frauen wie auch Männern, Berufstätigkeit, Familienbetreuung und Aufgaben im Haushalt besser miteinander zu verbinden. Da bislang gerade Frauen die Herausforderung in der Umsetzung des eigenen Anspruchs an eine Vereinbarkeit von Beruf und Familie als ursächlich dafür angeben, dass sie ihre Erwerbstätigkeit oder Karriereabsichten aufgeben, kann vermutet werden, dass sich die mit der zunehmenden Digitalisierung einhergehenden Freiheiten in der Arbeitsgestaltung eher positiv auf Gleichberechtigung und Gleichstellung von Frauen und Männern auswirken.

Zu allen erörterten Arbeit 4.0-Aspekten konnten gleichermaßen Potenziale und Grenzen ermittelt werden, auf die Erwerbstätige unabhängig von ihrer Geschlechtszugehörigkeit in Zukunft treffen könnten. Es wurde transparent, dass die im Zuge der Ausarbeitung separat betrachteten Gestaltungsparameter eng miteinander zusammenhängen. So ist die Umsetzung eines Parameters häufig Voraussetzung zur Verwirklichung der Potenziale eines anderen. Eine wesentliche Erkenntnis ist, dass eine gendersensible Arbeits- und Führungskultur 4.0 eine wichtige Basis ist, damit erwerbstätige Frauen von einer Förderung der in einer digitalen Arbeitswelt erforderlichen Kompetenzen, den neuen Arbeitsformen und den darin möglichen Karrierewegen sowie von zeitlich und örtlich selbstbestimmtem Arbeiten profitieren. In ihr müssen gesellschaftliche Werte und Einstellungen verankert sein, die der Vielfalt der Erwerbstätigen in Bezug auf Geschlecht, Alter, Nationalität usw. gleichberechtigt Beachtung schenken und zur Selbstverständlichkeit werden. Gleichzeitig muss sie sich den Anforderungen des Arbeitens 4.0 bewusst und offen für dessen bedarfs- und bedürfnisgerechte Gestaltung sein.

Der Wertewandel in Bezug auf Frauenerwerbstätigkeit könnte durch die Auflösung von Geschlechterstereotypen begünstigt werden. Auch wenn sich Rollenbilder im Zeitverlauf schon langsam verändert haben, ist von einem Fortbestehen von Geschlechterrollen auszugehen. Mit einem schnellen Wandel, der zu einer Änderung der Arbeits- und Lebenssituation erwerbstätiger Frauen führt, ist nicht zu rechnen. Die Möglichkeiten der Arbeitswelt 4.0 könnten ein Katalysator dafür sein, dass die derzeit vorherrschenden Frauen- und Männerbilder überdacht werden und Politik und Wirtschaft sich um Rahmenbedingungen bemühen, die den Wandlungsprozess forcieren. Dabei ist zu verhindern, dass sich neue Geschlechterstereotype entwickeln, die wieder zu Benachteiligungen und Diskriminierungen führen könnten.

Wenn Unternehmen mithilfe einer geeigneten Arbeits- und Führungskultur sowie förderlicher Maßnahmen die Potenziale digitaler Arbeit zur Entfaltung bringen und deren Risiken minimieren, können sowohl sie selbst als auch die Erwerbstätigen profitieren. Beziehen sie hierbei Genderaspekte ein, bieten sich vielen berufstätigen Frauen Chancen zur Verbesserung ihrer Arbeitssituation. Geschäftsleitungen, Führungskräfte sowie die Personalabteilungen als verantwortliche Akteure müssen von den Potenzialen der digitalen Transformation überzeugt sein, eine Vision von deren Umsetzung haben, diese aktiv leben sowie Gestaltungsfreiheit zulassen. Den Personalabteilungen kommt die Aufgabe zu, Ansätze einer Personal- und Führungsarbeit für die gesamte Organisation zu entwickeln, die zum Gelingen einer Arbeitswelt 4.0 im Sinne des Unternehmens und der Beschäftigten beitragen kann.

In diesem Zusammenhang wurde das Konzept des nachhaltigen Personalmanagements näher betrachtet. Die Auseinandersetzung damit, in welchem Verhältnis dieses zur Arbeitswelt 4.0 steht, hat hervorgebracht, dass die Digitalisierung der Arbeit und nachhaltigkeitsbewusste Personalarbeit miteinander verzahnt sind. Als Fundament braucht es eine Unternehmenskultur, die den Anforderungen beider Ausrichtungen Rechnung trägt. Im Hinblick darauf, dass Frauen Erwerbspersonenpotenziale darstellen, die zur Reduzierung des auch in Zukunft absehbaren Fachkräftemangels noch auszuschöpfen sind, muss vor allem das Nachhaltigkeitskriterium der Anspruchsgruppenorientierung ernst genommen und mit Gendergerechtigkeit in Verbindung gebracht werden. Diese ist explizit in eine Unternehmenskultur 4.0 aufzunehmen und in allen personalwirtschaftlichen Funktionen umzusetzen. Um dies zu gewährleisten, bedarf es Genderkompetenz bei allen Beteiligten, insbesondere jedoch bei

Führungskräften und Mitarbeitern der Personalabteilungen, die personalbezogene Entscheidungen treffen. Gendersensibilität hilft Handlungsbedarfe zu erkennen sowie gleichstellungsfördernde Maßnahmen und genderfaires Verhalten abzuleiten, sodass benachteiligende Geschlechterstereotypen mehr und mehr eliminiert werden.

Im Zuge der Beschäftigung mit relevanten personalwirtschaftlichen Funktionen konnten mehrfach synergetische Beziehungen zwischen Nachhaltigkeitsorientierung und Arbeit 4.0 ausgemacht werden. Dies wird insbesondere auf den Gebieten der Personalführung und -entwicklung evident. Durch deren nachhaltige Ausrichtung wird Arbeiten 4.0 erst möglich. Jedoch zeigen sich auch Konstellationen, die mit Herausforderungen und Konfliktpotenzial behaftet sind. So stehen bei der Personalbeschaffung die Arbeit 4.0-typischen Temporärlösungen im Widerspruch zur langfristigen Mitarbeitergewinnung und -bindung, wonach nachhaltiges Personalmanagement strebt. Darüber hinaus erweist sich die Gestaltung des Personaleinsatzes in der digitalen Arbeitswelt unter Nachhaltigkeitsgesichtspunkten als besonders sensibel, da die mit ihr einhergehende Flexibilität in Bezug auf Arbeitszeit und -ort gesundheitliche Gefahren birgt, welche die Employability der Erwerbstätigen beeinträchtigen können. Sie ermöglicht allerdings auch Konstrukte, die zu einem Mehr an Gleichstellung beitragen, wenn erwerbstätige Frauen und Männer diese nutzen, um Berufstätigkeit und familiäre Belange in Einklang zu bringen und dadurch ihre berufliche Laufbahn weiterzuverfolgen.

Insbesondere die sich zunehmend etablierende Arbeitsform des Crowdworkings lässt noch Nachhaltigkeitsdefizite erkennen. In Anbetracht der Prekarisierungsrisiken mangelt es insbesondere der Vergütungsgestaltung, wie sie sich derzeit noch darstellt, an sozialer Nachhaltigkeit. Nachhaltige Entlohnungspolitik ist im Übrigen auch unter Genderaspekten ein zentrales Handlungsfeld, um in der Arbeitswelt 4.0 für personellen Nachwuchs insbesondere durch Frauen zu sorgen.

Abschließend soll eine Beantwortung der in Kapitel 1 formulierten Leitfragen erfolgen. Mit den Ausführungen konnte dargelegt werden, dass nachhaltiges Personalmanagement in einer Arbeitswelt 4.0 überwiegend machbar ist, auch wenn zum Teil noch konkrete Lösungen für bestimmte Problemstellungen gefunden werden müssen. Es hat sich herauskristallisiert, dass nachhaltige Personalarbeit unter 4.0-Bedingungen nicht nur zweckmäßig, sondern notwendig ist, um Arbeitskräfte aktiv in die Umsetzung des digitalen Wandels einzubeziehen und Zukunftssicherung für die Unternehmen sowie für die Erwerbstätigen zu betreiben. Hinsichtlich des Flexibilitätsanspruchs eines nachhaltigen Personalmanagements kann sogar argumentiert werden, dass die Arbeitswelt 4.0 zahlreiche Möglichkeiten eröffnet, diesem gerecht zu werden. Da Nachhaltigkeitsorientierung in der Personalarbeit Gendergerechtigkeit inkludiert, bietet sie einen erfolgversprechenden Ansatz, insbesondere erwerbstätige Frauen dabei zu unterstützen, die in der Arbeitswelt 4.0 liegenden Chancen wahrzunehmen und deren Risiken zu reduzieren. In Anbetracht dessen, dass sich wissenschaftliche und politische Diskurse bislang vornehmlich der Situation hoch qualifizierter Frauen angenommen haben, erscheint es unbedingt erforderlich, sich durch weitere Forschung differenziert nach Branchen und beruflichen Tätigkeiten mit den Folgen der digitalen Arbeitswelt für weniger gut ausgebildete Frauen auseinanderzusetzen, denen Arbeitsplatzverlust und Erwerbslosigkeit drohen könnten. Da sie einen Großteil der weiblichen Erwerbspersonen ausmachen und anzunehmen ist, dass sie von den sich durch die Arbeitswelt 4.0 eröffnenden Chancen nur wenig profitieren können, bedarf es weitergehender Untersuchungen, ob und inwieweit Unternehmen durch ein nachhaltiges Personalmanagement überhaupt dazu beitragen können, dass sie in der digitalen Arbeitswelt arbeitsmarkt- und beschäftigungsfähig bleiben.

Literatur- und Quellenverzeichnis

Albarracin, L. (2015): Nachhaltigkeitskriterien und Vergütungssysteme, in: GoingPublic-Magazin, (online) www.goingpublic.de/nachhaltigkeitskriterien-und-verguetungssysteme?format=pdf (letzter Aufruf: 23.12.2017).

Banthien, H., Bode, A. (2016): Industrie 4.0 und Nachhaltigkeit: Chancen und Risiken für die Nachhaltige Entwicklung, Bericht der IFOK GmbH im Auftrag des Rates für Nachhaltige Entwicklung (RNE), Berlin, (online) https://www.nachhaltigkeitsrat.de/wp-content/uploads/migration/documents/20161230_IFOK_Bericht_Industrie_4-0_und_Nachhaltige_Entwicklung.pdf (letzter Aufruf: 23.10.2017).

Barth, Th., Jochum, G., Littig, B. (2016): Nachhaltige Arbeit und gesellschaftliche Naturverhältnisse: Theoretische Zugänge und Forschungsperspektiven, in: Barth, Th., Jochum, G., Littig, B. (Hrsg.): Nachhaltige Arbeit. Soziologische Beiträge zur Neubestimmung der gesellschaftlichen Naturverhältnisse, Frankfurt am Main: Campus Verlag, S. 311–352.

Baumeister, H. (2017): Arbeit 4.0 – schöne neue (Frauen)Arbeitswelt?, in: frauenseiten.bremen.de, 03.04.2017, (online) https://frauenseiten.bremen.de/blog/arbeit-4-0-schoene-neue-frauenarbeitswelt/ (letzter Aufruf: 13.10.2017).

Becker, M. (2013): Personalentwicklung. Bildung, Förderung und Organisationsentwicklung in Theorie und Praxis, Stuttgart: Schäffer-Poeschel, 6. Auflage.

Bedürftig, D. (2016): Was Generation Z vom Berufsleben erwartet, in: welt.de, 06.03.2017, (online) https://www.welt.de/wirtschaft/karriere/bildung/article152993066/Was-Generation-Z-vom-Berufsleben-erwartet.html (letzter Aufruf: 06.10.2017).

Belwe, K. (2002): Editorial, in: Bundeszentrale für politische Bildung (Hrsg.): Aus Politik und Zeitgeschichte, Beilage zur Wochenzeitung „Das Parlament“, Bonn, 19.08.2002, S. 2.

Benner, Ch. (2016): Gute digitale Arbeit gestalten, in: Bultemeier, A. und Marrs, K. (Hrsg.): Frauen in der digitalen Arbeitswelt von morgen (Handlungsbroschüre), München, S. 12–13.

Benz, C. (2016): Mit neuen Rollen in die digitale Zukunft, in: Bultemeier, A., Marrs, K. (Hrsg.): Frauen in der digitalen Arbeitswelt von morgen (Handlungsbroschüre), München, S. 30–31.

Berger, S., Dietz, A. (2016): Handlungsempfehlung – Vielfalt im Unternehmen/Diversity Management, herausgegeben vom Institut für deutsche Wirtschaft Köln e. V., Köln.

Bertelsmann Stiftung (2015): Arbeiten 4.0. Wie werden wir in Zukunft arbeiten? Ergebnisse des BarCamps Arbeiten 4.0, Gütersloh, (online) https://www.bertelsmann-stiftung.de/fileadmin/files/user_upload/BST_BarCamp_11digital.pdf (letzter Aufruf: 07.09.2017).

Bertschek, I., Ohnemus, J., Viete, S. (2016): Befragung zum sozioökonomischen Hintergrund und zu den Motiven von Crowdworkern, Bundesministerium für Arbeit und Soziales (BMAS), Mannheim Zentrum für Europäische Wirtschaftsforschung (ZEW): Endbericht zur Kurzexpertise, Forschungsbericht Nr. 462.

Berufsbildungszentrum Augsburg der Lehmbaugruppe gGmbH (2015): Gender und Diversity als zukunftsorientierte Unternehmensstrategie. Ein Praxisleitfaden, Augsburg, (online) https://www.bbz-augsburg.de/fileadmin/bbz-augsburg.de/public/upload/pdf/Toolbox_Gender_und_Diversity_BBZ.pdf (letzter Aufruf: 13.11.2017).

Bisani, F. (1995): Personalwesen und Personalführung: der State of the Art der betrieblichen Personalarbeit, Wiesbaden: Gabler, 4. Auflage.

BMAS (Bundesministerium für Arbeit und Soziales) (2016a): Abteilung „Grundsatzfragen des Sozialstaats, der Arbeitswelt und der sozialen Marktwirtschaft": Orts- und zeitflexibles Arbeiten gestalten, Empfehlungen der Plattform „Digitale Arbeitswelt", Juli 2016, Berlin.

BMAS (Bundesministerium für Arbeit und Soziales) (2016b): Handlungsempfehlungen der Plattform „Digitale Arbeitswelt" zum orts- und zeitflexiblen Arbeiten, Berlin, (online) http://www.bmas.de/SharedDocs/Downloads/DE/PDF,-Pressemitteilungen/2016/bericht-plattform-digitale-arbeitswelt.pdf?__blob=publicationFile&v=3 (letzter Aufruf: 08.10.2017).

BMAS (Bundesministerium für Arbeit und Soziales) (2016c): Handlungsempfehlungen der Plattform „Digitale Arbeitswelt" zur beruflichen Weiterbildung, Berlin, (online) https://www.de.digital/DIGITAL/Redaktion/DE/IT-Gipfel/Download/2016/handlungsempfehlungen-der-plattform-digitale-arbeitswelt.pdf?__blob=publicationFile&v=3 (letzter Aufruf: 29.09.2017).

BMAS (Bundesministerium für Arbeit und Soziales) (2017): Weissbuch „Arbeiten 4.0", Berlin.

BMBF (Bundesministerium für Bildung und Forschung): Webseite „Industrie 4.0", (online) https://www.bmbf.de/de/zukunftsprojekt-industrie-4-0-848.html (letzter Aufruf: 05.09.2017).

BMFSFJ (Bundesministerium für Familie, Senioren, Frauen und Jugend) (2016): Strategie „Gender Mainstreaming", 19.02.2016, (online) https://www.bmfsfj.de/bmfsfj/themen/gleichstellung/gleichstellung-und-teilhabe/strategie-gender-mainstreaming/strategie--gender-mainstreaming-/80436?view=DEFAULT (letzter Aufruf: 08.09.2017).

BMFSFJ (Bundesministerium für Familie, Senioren, Frauen und Jugend) (2017a): Gleichstellungsatlas, (online) https://www.bmfsfj.de/bmfsfj/service/gleichstellungsatlas (letzter Aufruf: 12.09.2017).

BMFSFJ (Bundesministerium für Familie, Senioren, Frauen und Jugend) (2017b): Gleichstellungspolitik: Politik für Frauen und Männer, (online) https://www.bmfsfj.de/bmfsfj/themen/gleichstellung (letzter Aufruf: 12.09.2017).

BMFSFJ (Bundesministerium für Familie, Senioren, Frauen und Jugend) (2017c): Lohngerechtigkeit, (online) https://www.bmfsfj.de/bmfsfj/themen/gleichstellung/frauen-und-arbeitswelt/lohngerechtigkeit/80398 (letzter Aufruf: 26.12.2017).

Booz, R., in Comp & Ben (2016): One size does not fit all, Comp & Ben, Ausgabe 2, April 2016, (online) http://www.compbenmagazin.de/wp-content/uploads/sites/7/2016/04/1_Artikel.pdf (letzter Aufruf: 25.12.2017), S. 3–7.

Borchardt, A. (2016): Frauen profitieren von der Digitalisierung – wenn sie sie mitgestalten, in: Süddeutsche.de digital, (online) http://www.sueddeutsche.de/digital/2.220/samstagsessay-die-last-der-freien-liebe-1.3038555 (letzter Aufruf: 30.09.2017).

Brenke, K. (2016): Home Office: Möglichkeiten werden bei weitem nicht ausgeschöpft, in: DIW Wochenbericht, 83. Jg., Nr. 5, 03.02.2016, (online) http://www.diw.de/documents/publikationen/73/diw_01.c.526038.de/16-5-1.pdf (letzter Aufruf: 05.10.2017), S. 95–105.

Bruch, H., Block, Ch., Färber, J. (2016): Arbeitswelt im Umbruch – Von den erfolgreichen Pionieren lernen. TOP JOB-Trendstudie 2016 des Instituts für Führung und Personalmanagement der Universität St. Gallen, Konstanz: zeag GmbH – Zentrum für Arbeitgeberattraktivität.

Brutzki, U. (2016): Arbeit 4.0 ist weiblich! Digitalisierung Gender-gerecht gestalten!, in: FIfF-Kommunikation, 33. Jg., Nr. 4, S. 46–48.

Bultemeier, A., Marrs, K. (2016): Gestaltungsszenarien für eine gendergerechte Arbeitswelt von morgen, in: Bultemeier, A., Marrs, K. (Hrsg.): Frauen in der digitalen Arbeitswelt von morgen (Handlungsbroschüre), München, S. 6–8.

Bundesagentur für Arbeit, Statistik/Arbeitsmarktberichterstattung (2016): Der Arbeitsmarkt in Deutschland – MINT-Berufe, Nürnberg, (online) https://statistik.arbeitsagentur.de/Statischer-Content/Arbeitsmarktberichte/Berufe/generische-Publikationen/Broschuere-MINT.pdf (letzter Aufruf: 30.09.2017).

Clever, X., im Gespräch mit Dr. J. Witte (2016): Der perfekte Sturm, in: Bultemeier, A., Marrs, K. (Hrsg.): Frauen in der digitalen Arbeitswelt von morgen (Handlungsbroschüre), München, S. 16–17.

Comp & Ben (2016): One size does not fit all, in: Comp & Ben, Ausgabe 2, April 2016, (online) http://www.compbenmagazin.de/wp-content/uploads/sites/7/2016/04/1_Artikel.pdf (letzter Aufruf: 25.12.2017), S. 3–7.

Crößmann, A., Mischke, J. (2016): Arbeitsmarkt auf einen Blick – Deutschland und Europa, Broschüre des Statistischen Bundesamtes, Wiesbaden.

crowdsourcing-code.de (2017): Code of Conduct – Grundsätze für bezahltes Crowdsourcing/Crowdworking. Leitfaden für eine gewinnbringende und faire Zusammenarbeit zwischen Crowdsourcing-Unternehmen und Crowdworkern, (online) http://www.crowdsourcing-code.de/ (letzter Aufruf: 25.12.2017).

DCGK (Deutscher Corporate Governance Kodex) in der Fassung vom 7. Februar 2017 mit Beschlüssen aus der Plenarsitzung vom 7. Februar 2017, (online) http://www.dcgk.de//files/dcgk/usercontent/de/download/kodex/170424_Kodex.pdf (letzter Aufruf: 23.12.2017).

Deutscher Bundestag (2015): Rechtsfragen zum Crowdsourcing, Aktenzeichen: WD 6-3000-156/14, Berlin, (online) https://www.bundestag.de/blob/406942/2aaf68d8454b9ac2accf79818b4b9809/wd-6-156-14-pdf-data.pdf (letzter Aufruf: 25.12.2017).

Deutscher Bundestag (2017): Telearbeit und Mobiles Arbeiten. Voraussetzungen, Merkmale und rechtliche Rahmenbedingungen, Aktenzeichen: WD 6-3000-149/16, Berlin, (online) https://www.bundestag.de/blob/516470/3a2134679f90bd45dc12dbef26049977/wd-6-149-16-pdf-data.pdf (letzter Aufruf: 28.12.2017).

Deutscher Nachhaltigkeitskodex (2017): Der Nachhaltigkeitskodex, Stand: 20.07.2017, (online) http://www.deutscher-nachhaltigkeitskodex.de/de/dnk/der-nachhaltigkeitskodex.html (letzter Aufruf: 12.09.2017).

DGB (Deutscher Gewerkschaftsbund) (2017): Stellungnahme des Deutschen Gewerkschaftsbundes zum Entwurf des Gesetzes zur Förderung der Transparenz von Entgeltstrukturen zwischen Frauen und Männern vom 22.02.2017, Berlin, (online) www.dgb.de/themen/++co++3d83f452-0258-11e7-b71c-525400e5a74a (letzter Aufruf: 26.12.2017).

DGB (Deutscher Gewerkschaftsbund), Bundesvorstand, Abteilung Arbeitsmarktpolitik (2013): Frauen in MINT-Berufen – Weibliche Fachkräfte im Spannungsfeld Familie, Beruf und beruflichen Entwicklungsmöglichkeiten, in: arbeitsmarkt aktuell, Nr. 3, Juni 2013, Berlin, (online) http://www.dgb.de/themen/++co++55947064-dff5-11e2-8fc5-00188b4dc422 (letzter Aufruf: 30.09.2017).

Diener, K., Götz, S., Schreyer, F., Stephan, G. (2013): Beruflicher Wiedereinstieg von Frauen nach längerer familienbedingter Erwerbsunterbrechung, Ergebnisse der Evaluation des ESF-Programms „Perspektive Wiedereinstieg“, herausgegeben vom Bundesministerium für Familie, Senioren, Frauen und Jugend (BMFSFJ), Referat Öffentlichkeitsarbeit, Berlin, (online) https://www.bmfsfj.de/blob/93358/82234089d705724268d0bab68f516d1b/beruflicher-wiedereinstieg-von-frauen-nach-laengerer-familienbedingter-erwerbsunterbrechung-data.pdf (letzter Aufruf: 06.10.2017).

Dierkes, E., Laatz, K. (2016): Mehr Frauen für die IT, in: Bultemeier, A., Marrs, K. (Hrsg.): Frauen in der digitalen Arbeitswelt von morgen (Handlungsbroschüre), München, S. 22–23.

Doblhofer, D., Küng, Z. (2008): Gender Mainstreaming – Gleichstellungsmanagement als Erfolgsfaktor – das Praxishandbuch, Heidelberg: Springer Medizin Verlag.

Drucker, P. F. (1954): The Practice of Management, New York: Harper & Row.

Dueck, G. (2015): Arbeiten 4.0, in: Bertelsmann Stiftung (Hrsg.): Arbeiten 4.0. Wie werden wir in Zukunft arbeiten? Ergebnisse des BarCamps Arbeiten 4.0. Gütersloh, (online) https://www.bertelsmann-stiftung.de/fileadmin/files/user_upload/BST_BarCamp_11digital.pdf (letzter Aufruf: 07.09.2017), S. 41–42.

Dyckhoff, H., Souren, R. (2008): Nachhaltige Unternehmensführung. Grundzüge industriellen Umweltmanagements, Kapitel 10: Umweltorientiertes Personalmanagement, Berlin, Heidelberg: Springer, S. 144–156.

Eggers, B., Hollmann, S. (2011): Führung – quo vadis? Auf dem Weg zu einem „Sustainable Leadership“, in: Eggers, B., Ahlers, F., Eichenberg, T. (Hrsg.): Integrierte Unternehmungsführung, Wiesbaden: Gabler, S. 137–149.

Ehnert, I. (2012a): Episode 1 der Mobile Lecture-Veranstaltung „Nachhaltiges Personalmanagement, (online) https://www.youtube.com/watch?v=NMbF9Ff_RdU (letzter Aufruf: 02.09.2017).

Ehnert, I. (2012b): Nachhaltigkeit im Personalmanagement: Konzeption und Implementierungsansätze, in: Kaiser, S., Kozica, A. (Hrsg.): Ethik im Personalmanagement. Zentrale Konzepte, Ansätze und Fragestellungen, München und Mering: Rainer Hampp Verlag, S. 131–157.

Elias-Linde, S. (2013): Personalknappheit und nachhaltiges Humanressourcenmanagement, Analyse, Lösungsansätze und Gestaltungsmöglichkeiten, Wiesbaden: Springer Gabler.

Feldman, D. Ch. (1981): The Multiple Socialization of Organization Members, in: Academy of Management Review, 6. Jg., Nr. 2, S. 309–318.

Fuchs, J., Dörfler, K. (2005): Projektion des Arbeitsangebots bis 2050. Demografische Effekte sind nicht mehr zu bremsen, IAB-Kurzbericht, Ausgabe Nr. 11 vom 26.07.2005.

Glaesner, K. (2007): Geheimrezept weibliche Führung? Hintergründe, Mythen und Konzepte zum weiblichen Führungsstil. Eine empirische Untersuchung beim Deutschen Gewerkschaftsbund, Kassel: kassel university press.

GRI (Global Reporting Initiative) (2015): G4-Leitlinien zur Nachhaltigkeitsberichterstattung, 2. Auflage, deutsche Übersetzung, Niederlande, (online) https://www.globalreporting.org/resourcelibrary/German-G4-Part-One.pdf (letzter Aufruf: 07.09.2017).

hannovermesse.de (2017): CAE-Forum: Schöne neue Arbeitswelt 4.0 – Digitalisierung und soziale Nachhaltigkeit, (online) http://www.hannovermesse.de/veranstaltung/schoene-neue-arbeitswelt-4.0-digitalisierung-und-soziale-nachhaltigkeit/VOR/80473 (letzter Aufruf: 22.10.2017).

Hauer, G. (2016): Digitalisierung – Selbstläufer Richtung Gleichstellung? Von der Hartnäckigkeit geschlechtstypischer Zuschreibungen, dem Strukturwandel in wichtigen Frauenbranchen und der Chance sozialer Innovation, in: WISO, 39. Jg., Nr. 4, S. 171–183.

Herzberg, F., Mausner, B., Bloch Snyderman, B. (1959): The Motivation to Work, New York: John Wiley & Sons.

Heyse, V., Erpenbeck, J. (2009): Kompetenztraining. Informations- und Trainingsprogramme, Stuttgart: Schäffer-Poeschel, 2. Auflage.

hkp/// group (2015): Nachhaltigkeit ist in der Vergütung längst Standard!, (online) http://www.hkp.com/de/site-wide-content/interviews/20150115-interview-jks-dvo-nachhaltigkeit-in-der-verguetung.html (letzter Aufruf: 23.12.2017).

Huber, Th., Rauch, Ch. (2013): Generation Y – Das Selbstverständnis der Manager von morgen. Eine Trendstudie des Zukunftsinstituts im Auftrag von Signium International, herausgegeben von Signium International, Düsseldorf, (online) https://www.zukunftsinstitut.de/fileadmin/

user_upload/Publikationen/Auftragsstudien/studie_generation_y_signium.pdf (letzter Aufruf: 06.10.2017).

IG Metall (2017): Crowdworking: Studie des Hugo-Sinzheimer-Institut (HSI). „Die IG Metall ist auf der Höhe der Zeit", 09.06.2017, (online) https://www.igmetall.de/crowdworking-studie-des-hugo-sinzheimer-institut-hsi-25481.htm (letzter Aufruf: 20.11.2017).

Janshen, D., Rudolph, H. et al. (1987): Ingenieurinnen. Frauen für die Zukunft, Berlin: de Gruyter.

Joachimiak, W. (2013): Frauenverdienste – Männerverdienste: Wie groß ist der Abstand wirklich?, in: Destatis/Statistisches Bundesamt, 19.03.2013, (online) https://www.destatis.de/DE/Publikationen/STATmagazin/VerdiensteArbeitskosten/2013_03/2013_03VerdienstUnterschiede.html (letzter Aufruf: 06.10.207).

Kagermann, H., Lukas, W.-D. (2011): Industrie 4.0: Mit dem Internet der Dinge auf dem Weg zur 4. industriellen Revolution, in: VDI-Nachrichten, 01.04.2011, Ausgabe 13, (online) http://www.vdi-nachrichten.com/Technik-Gesellschaft/Industrie-40-Mit-Internet-Dinge-Weg-4-industriellen-Revolution (letzter Aufruf: 02.09.2017).

Kayser, J. (2015): Interview mit J. Kayser und D. Voggeser auf der Webseite der hkp/// group: Nachhaltigkeit ist in der Vergütung längst Standard!, (online) http://www.hkp.com/de/site-wide-content/interviews/20150115-interview-jks-dvo-nachhaltigkeit-in-der-verguetung.html (letzter Aufruf: 23.12.2017).

Keppler, D. (2005): Kompetenzen zur nachhaltigen Technikentwicklung: Welche Rolle spielt der Faktor Geschlecht?, in: Ipublic, 9. Jg., S. 12–20.

Kirschten, U. (2008): Integrativer Gestaltungsansatz für ein nachhaltiges Human Resource Management, in: UmweltWirtschaftsForum (UWF), Nr. 4, S. 257–265.

Kirschten, U. (2017): Nachhaltiges Personalmanagement. Aktuelle Konzepte, Innovationen und Unternehmensentwicklung, Konstanz, München: UVK Verlagsgesellschaft.

Klein-Magar, M. (2016): Vielfalt für Innovation, in: Bultemeier, A., Marrs, K. (Hrsg.): Frauen in der digitalen Arbeitswelt von morgen (Handlungsbroschüre), München, S. 36–37.

Klein-Magar, M., Regitz, Ch. (2016): Führung und Karriere 4.0, in: Bultemeier, A., Marrs, K. (Hrsg.): Frauen in der digitalen Arbeitswelt von morgen (Handlungsbroschüre), München, S. 10–11.

Köhler, M. (2017): Crowdworking: Die arbeitsrechtlichen Konsequenzen, Expertenforum Arbeitsrecht, (online): https://efarbeitsrecht.net/crowdworking/ (letzter Aufruf: 20.11.2017).

Kreuser, K. (2010): Tolerieren, Unterscheiden, Verändern! Strategisches Kompetenzmanagement mit KODE® unter Diversity-Aspekten am Beispiel von Gender, Heidelberg: Carl-Auer Verlag.

Kutzner, E. (2017): Arbeit und Geschlecht. Die Geschlechterperspektive in der Auseinandersetzung mit Arbeit – aktuelle Fragen und Herausforderungen, Abschlussbericht des Projekts „Arbeit und Geschlecht in der aktuellen Forschung und Forschungsförderung" der Hans-Böckler-Stiftung, Düsseldorf.

Lang, D. (2009): Soziale Kompetenz und Persönlichkeit, Zusammenhänge zwischen sozialer Kompetenz und den Big Five der Persönlichkeit bei jungen Erwachsenen, Landau: Verlag Empirische Pädagogik.

Lohaus, D., Habermann, W. (2016): Integrationsmanagement – Onboarding neuer Mitarbeiter, Göttingen: Vandenhoeck & Rupprecht, 2. Auflage.

Mai, Ch.-M., Marder-Puch, K. (2013): Selbstständigkeit in Deutschland, in: Statistisches Bundesamt Deutschland (Hrsg.): Wirtschaft und Statistik – Juli 2013, Wiesbaden, S. 482–496.

March, J. G., Simon, H. A. (1958): Organizations, New York: Wiley.

Meier-Comte, E. (2016): Mit kollektiver Intelligenz in die digitale Arbeitswelt, in: Bultemeier, A., Marrs, K. (Hrsg.): Frauen in der digitalen Arbeitswelt von morgen (Handlungsbroschüre), München, S. 18–19.

Nahles, A. (2015), in Eubel, C.: Nahles: Frauen können die Gewinnerinnen des digitalen Wandels werden, in: Der Tagesspiegel, 16.07.2015, (online) http://www.tagesspiegel.de/politik/

arbeiten-4-0-nahles-frauen-koennen-die-gewinnerinnen-des-digitalen-wandels-werden/12059328.html (letzter Aufruf: 02.09.2017).

Olbert-Bock, S., Mannsky, A., Redzepi, A. (2014): Nachhaltige Personalführung. Eine Frage der menschlichen Haltung, in: KMU-Magazin, Nr. 1/2, Januar/Februar 2014, S. 40–43.

Olbert-Bock, S., Redzepi, A., Winnistörfer, H. (2016): Herausforderungen einer nachhaltigen Personalführung, in: KMU-Magazin, Nr. 3, März 2016, S. 81–83.

Oliveira, D. (2017): Gender und Digitalisierung, Wie Technik allein die Geschlechterfrage nicht lösen wird. Working Paper Forschungsförderung, Nr. 37, Mai 2017, Düsseldorf: Hans-Böckler-Stiftung.

Pufé, I. (2012): Nachhaltigkeit, Konstanz, München: UVK Verlagsgesellschaft.

Richter, M., Weusthoff, A. (2017): Was bedeutet die Digitalisierung der Arbeitswelt für Frauen? Eine Beschäftigtenumfrage, herausgegeben vom DGB-Bundesvorstand, Abteilung Frauen, Gleichstellungs- und Familienpolitik, Berlin, (online) http://www.dgb.de/themen/++co++4e0680f4-0278-11e7-b9a4-525400e5a74a (letzter Aufruf: 08.10.2017).

Sachverständigenkommission zum Zweiten Gleichstellungsbericht der Bundesregierung (2017): Erwerbs- und Sorgearbeit gemeinsam neu gestalten. Gutachten für den Zweiten Gleichstellungsbericht der Bundesregierung, Berlin, (online) www.gleichstellungsbericht.de/gutachten2gleichstellungsbericht.pdf (letzter Aufruf: 13.09.2017).

Schaltegger, S., Petersen, H. (2016): Die Rolle des Nachhaltigkeitsmanagements in der Digitalisierung, in: Bundesdeutscher Arbeitskreis für Umweltbewusstes Management (B. A. U. M.) e. V. (Hrsg.): Digitalisierung und Nachhaltigkeit, B. A. U. M. e. V. Jahrbuch 2017, München: ALTOP Verlags- und Vertriebsgesellschaft für umweltfreundliche Produkte mbH, S. 17–20.

Schirmer, U., Woydt, S. (2016): Mitarbeiterführung, Berlin, Heidelberg: Springer Gabler, 3. Auflage.

Schwab, K. (2016): Die Vierte Industrielle Revolution, München: Pantheon Verlag.

Schwarzmüller, T., Brosi, P., Welpe, I. (2017): Führung 4.0 – Wie die Digitalisierung Führung verändert, in: Hildebrandt, A., Landhäußer, W. (Hrsg.): CSR und Digitalisierung, Der digitale Wandel als Chance und Herausforderung für Wirtschaft und Gesellschaft, Berlin, Heidelberg: Springer, S. 617–628.

Shareground und Universität St. Gallen (2015): Arbeit 4.0: Megatrends digitaler Arbeit der Zukunft – 25 Thesen. Ergebnisse eines Projekts von Shareground und der Universität St. Gallen, (online) https://www.cio.de/g/deutsche-telekom-universitaet-st-gallen-arbeit-4-0-25-thesen,112006#galleryHeadline (letzter Aufruf: 07.09.2017).

Siegert, E. (2016): Eine neue Kultur vorleben, in: Bultemeier, A., Marrs, K. (Hrsg.): Frauen in der digitalen Arbeitswelt von morgen (Handlungsbroschüre), München, S. 14–15.

Statistisches Bundesamt (2014): Auf dem Weg zur Gleichstellung? Bildung, Arbeit und Soziales – Unterschiede zwischen Frauen und Männern, Broschüre des Statistischen Bundesamtes Deutschland, Wiesbaden.

Stock-Homburg, R. (2013): Personalmanagement. Theorien – Konzepte – Instrumente, Wiesbaden: Springer Gabler, 3. Auflage.

Strobl, F. (2016), in Blum, C. (Interview): Vorteil durch Wandel: Neue Vergütungsmodelle durch Industrie 4.0 und Lean/Themenblog Lean vom 29.11.2016, (online) http://www.management-circle.de/blog/interview-vorteil-durch-wandel-neue-verguetungsmodelle-durch-industrie-40-und-lean/ (letzter Aufruf: 25.12.2017).

Tempel, G., Jung, F., Schröder, C. (2013): Die Gesundheit von Männern ist nicht die Gesundheit von Frauen, in: Gesundheitsamt Bremen, Abteilung Gesundheit und Umwelt (Hrsg.): Gesundheitsbericht 05/2013, (online) https://www.gesundheitsamt.bremen.de/info/detail.php?gsid=bremen125.c.3093.de#Gesundheitsberichte (letzter Aufruf: 18.12.2017).

Ternès, A., Englert, M. (2017): Digitalisierung? Ja, aber bitte mit Nachhaltigkeit, Debattenbeitrag in: personalwirtschaft.de, 08.05.2017, (online) https://www.personalwirtschaft.de/fuehrung/artikel/digitalisierung-ja-aber-bitte-mit-nachhaltigkeit.html (letzter Aufruf: 22.10.2017).

Waas, B., Liebman, W. B., Lyubarsky, A., Kezuka, K. (2017): Crowdwork – A Comparative Law Perspective, Frankfurt am Main: Bund-Verlag.

Wagner, D. (1986): Möglichkeiten und Grenzen des Cafeteria-Ansatzes in der Bundesrepublik Deutschland, in: Betriebswirtschaftliche Forschung und Praxis (BFuP), Heft 1, S. 16–27.

Weibler, J. (2012): Personalführung, München: Vahlen, 2. Auflage.

Wippermann, C. (2016): Was junge Frauen wollen: Lebensrealitäten und familien- und gleichstellungspolitische Erwartungen von Frauen zwischen 18 und 40 Jahren, herausgegeben von der Friedrich-Ebert-Stiftung – Forum Politik und Gesellschaft, Berlin.

Wippermann, C., Wippermann, K., Sinus Sociovision GmbH (2010): Perspektive Wiedereinstieg. Ziele, Motive und Erfahrungen von Frauen vor, während und nach dem beruflichen Wiedereinstieg. Quantitative Repräsentativuntersuchung von Sinus Sociovision im Auftrag des Bundesministeriums für Familie, Senioren, Frauen und Jugend (BMFSFJ), herausgegeben vom BMFSFJ, Berlin, 4. Auflage.

Zaugg, R. J. (2009): Nachhaltiges Personalmanagement, Eine neue Perspektive und empirische Exploration des Human Resource Management. Wiesbaden: Gabler.

Uta Kirschten

Strategien einer nachhaltigen Personalentwicklung zur Förderung der Frauenerwerbstätigkeit in der Arbeitswelt 4.0

Dr. Uta Kirschten ist seit 2013 Professorin für Personalmanagement an der Westsächsischen Hochschule Zwickau. Von 2007 bis 2013 war Frau Kirschten Professorin für Human Resources Management an der privaten AKAD Hochschule Leipzig. Ihre Forschungsschwerpunkte liegen in den Bereichen nachhaltiges Personalmanagement, Work-Life-Balance, Frauen in Führungspositionen, Innovation, Digitalisierung und Arbeit sowie Wissensmanagement. Darüber hinaus verfügt Frau Kirschten über eine langjährige Berufspraxis in Forschung, Beratung und Lehre.

https://doi.org/10.1515/9783110588675-007

1 Einleitung

Frauen sind von der digitalen Transformation der Wirtschaft besonders betroffen, da sie häufig in Berufen arbeiten, die leicht durch den Einsatz digitaler Technologien ersetzt werden können. Um ihre Beschäftigungschancen zu sichern und auch zu verbessern, stellt sich die Frage, welche Qualifikationen und Kompetenzen gerade Frauen in einer Arbeitswelt 4.0 benötigen. Und welche Strategien und Instrumente der Personalentwicklung geeignet und wichtig sind, um die erforderlichen Qualifikationen und Kompetenzen den Frauen zu vermitteln.

Neben der Digitalisierung hat sich auch das Nachhaltige Wirtschaften von Unternehmen zu einem wesentlichen neuen Themenfeld und Aufgabenbereich für die Unternehmen und die Wirtschaft entwickelt. Daher beschäftigt sich dieser Artikel nicht nur mit den Anforderungen und der Strategieentwicklung der Personalentwicklung für eine Arbeitswelt 4.0, sondern stellt darüber hinaus die Frage, welche besonderen Anforderungen aber auch Gestaltungsmöglichkeiten die Personalentwicklung für eine Arbeitswelt 4.0 in nachhaltig wirtschaftenden Unternehmen bietet. Als nachhaltig wirtschaftende Unternehmen werden hier diejenigen Unternehmen verstanden, die ihr Unternehmenshandeln ökologisch verträglich, sozial gerecht und wirtschaftlich leistungsfähig gestalten.

Insgesamt wird mit dieser Themenstellung ein gänzlich neues Forschungsfeld eröffnet.

2 Charakterisierung der nachhaltigen Personalentwicklung als Teilbereich eines nachhaltigen Personalmanagements

Um die Inhalte und Bedeutung der nachhaltigen Personalentwicklung besser einordnen zu können, wird zunächst erläutert, was die Autorin unter einer nachhaltigen Unternehmenstätigkeit und einem nachhaltigen Personalmanagement versteht.

2.1 Bedeutung des Personalmanagements für eine nachhaltige Unternehmenstätigkeit

Unter einer nachhaltigen Unternehmenstätigkeit wird hier eine sozial gerechte, ökologisch verträgliche und wirtschaftlich leistungsfähige Unternehmenstätigkeit verstanden. Die Entwicklung einer nachhaltigen Unternehmenstätigkeit sowie einer nachhaltigen Wirtschaft ist eine zentrale Herausforderung des 21. Jahrhunderts, die auch und gerade im Zusammenhang mit der Digitalisierung der Arbeitswelt an Bedeutung gewinnt.

Bereits im Jahre 1987 hat die World Commission on Environment and Development (WCED) der Vereinten Nationen das **Leitbild einer nachhaltigen Entwicklung** in ihrem Abschlussbericht „Our Common Future" definiert: „Sustainable Development meets the needs of the present without compromising the ability of future generations to meet their own needs." (WCED 1987: 43). Damit ist eine Entwicklung gemeint, die gewährleistet, dass künftige Generationen hinsichtlich ihrer Bedürfnisbefriedigung nicht schlechter gestellt sind als die gegenwärtig lebenden Generationen (intergenerative Gerechtigkeit). Zusätzlich sollen auch die derzeit lebenden Generationen ihre Bedürfnisse befriedigen können (intragenerative Gerechtigkeit). Weiter fordert das Leitbild die Verbindung zwischen einer ökologisch verträglichen, einer sozial gerechten und einer wirtschaftlich leistungsfähigen Entwicklung, die in den drei Dimensionen der Nachhaltigkeit (Ökologie, Soziales, Ökonomie) zum Ausdruck kommen.

Um das Leitbild einer nachhaltigen Entwicklung in der Wirtschaft umzusetzen, sind vor allem die Unternehmen gefordert, ihr Handeln und ihre Leistungserstellung an diesem Leitbild ausrichten. Ziel ist die Entwicklung der Unternehmen hin zu einer ökologisch verträglichen, sozial gerechten und wirtschaftlich leistungsfähigen Unternehmenstätigkeit. Unternehmen, die diesen nachhaltigen Entwicklungsprozess durchlaufen, werden als nachhaltigkeitsorientierte Unternehmen charakterisiert; diejenigen Unternehmen, die bereits umfassend ökologisch verträglich, sozial gerecht und wirtschaftlich leistungsfähig handeln, können als nachhaltige Unternehmen bezeichnet werden.

Insgesamt kommt den Unternehmen eine sehr große Bedeutung für die Umsetzung einer nachhaltigen Entwicklung zu, die auf drei zentralen Argumenten basiert.

Erstens entscheiden die Unternehmen selbst über die **Gestaltung ihrer Produkte und Leistungen**, die Auswahl der Inhaltstoffe und Materialien sowie den Leistungsumfang der hergestellten Produkte. Damit beeinflussen sie wesentlich die ökologische Verträglichkeit der eingesetzten Roh- und Inhaltstoffe, die Lebensdauer, den Gebrauchsnutzen und die Recyclingfähigkeit der Produkte, aber auch die ökologischen, sozialen und ökonomischen Auswirkungen der hergestellten Produkte und Dienstleistungen.

Zweitens entscheiden die Unternehmen mit der **Wahl ihrer Leistungserstellungsverfahren** über den Ressourcenverbrauch, die Umweltbelastungen und die Emissionen ihrer Leistungserstellung, aber auch über die Arbeitsbedingungen der Beschäftigten.

Drittens **steuern die Unternehmen ihre Wirtschaftsprozesse über die gesamte, meist internationale Wertschöpfungs- und Lieferkette**. Mit der Auftragsvergabe an Dritte (in der Regel Zulieferer, Hersteller von Vorprodukten, Transportunternehmen) bestimmen und beeinflussen sie die Anforderungen und Vorgaben an die Zusammenarbeit in der Wertschöpfungskette. Dies wirkt sich auch aus auf die ökologischen, ökonomischen und sozialen Kriterien der Leistungserstellung und Leistungsverwertung sowie auf die nationalen und internationalen Arbeitsbedingungen der Beschäftigten.

In den Unternehmen handeln immer Menschen, die in ihren jeweiligen Aufgabengebieten Strategien entwickeln, Entscheidungen treffen, diese durch geeignete Maßnahmen umsetzen und somit auch für die Folgen ihrer Entscheidungen verantwortlich sind. Das heißt, dass die Mitarbeiter eines Unternehmens die zentralen handelnden Akteure im Unternehmen sind und dadurch auch wesentlich das ökologische, ökonomische und soziale Handeln und Verhalten eines Unternehmens mitbestimmen und beeinflussen.

Das Personalmanagement wiederum ist zuständig für die Mitarbeiter im Unternehmen, genauer gesagt für alle strategischen, taktischen und operativen personalbezogenen Aufgaben im Unternehmen. (Vgl. Kirschten 2017). Es setzt die Unternehmensziele um in personalorientierte Ziele, Strategien, Aufgaben sowie Maßnahmen und gestaltet die Personalmanagementsysteme, um langfristig den Unternehmenserfolg zu sichern. Die Aufgabenbereiche des Personalmanagements umfassen die Beschaffung geeigneter Mitarbeiter, die Gestaltung der Arbeitsbedingungen und des Personaleinsatzes, die berufliche Bildung und Förderung der Mitarbeiter, die Unterstützung der Führungskräfte bei ihren Leitungsaufgaben und letztlich bei Personalüberhängen auch die Freisetzung von Mitarbeitern. Zusätzlich unterstützt das Personalmanagement die Kommunikation im Unternehmen, fördert das Wissensmanagement und begleitet das Unternehmen bei seiner organisationalen und inhaltlichen Entwicklung. Daraus leitet sich die große Bedeutung des Personalmanagements auch für die Entwicklung und Gestaltung einer nachhaltigen Unternehmenstätigkeit ab.

In Unternehmen, die ihr Handeln und ihre Leistungserstellung am Leitbild der Nachhaltigkeit ausrichten und nach einer ökologisch verträglichen, sozial gerechten und wirtschaftlich leistungsfähigen Unternehmensentwicklung streben, muss sich auch das Personalmanagement weiterentwickeln hin zu einem nachhaltigen Personalmanagement. Ein solch nachhaltiges Personalmanagement ist strategisch, taktisch und operativ ausgerichtet und nicht nur dem wirtschaftlichen Erfolg, sondern auch der ökologischen und sozialen Verantwortung des Unternehmens im Hinblick auf alle personalrelevanten Aufgaben verpflichtet. Damit begleitet und unterstützt ein nachhaltiges Personalmanagement die ökonomisch tragfähige, ökologische verantwortliche und sozial gerechte Tätigkeit und Entwicklung der Mitarbeiter sowie des Unternehmens insgesamt. Das **wesentliche Ziel** eines nachhaltigen Personalmanagements ist es, „[...] zukunftsorientierte, ökologisch, ökonomisch und sozial engagierte, innovative und verantwortungsbewusst handelnde Mitarbeiter zu gewinnen, ihre Leistungsfähigkeit durch soziale, ökologische, ökonomische und inspirierend gestaltete Arbeitsbedingungen zu erhalten und zu fördern, sie in ihren aufgabenbezogenen und nachhaltigkeitsorientierten Arbeitsbereichen weiter zu entwickeln und bei einer Personalüberdeckung auch wieder sozial verträglich abzubauen.“ (Kirschten 2017: 58 f.). Damit umfasst ein nachhaltiges Personalmanagement alle

Teilfunktionen des Personalmanagements, wozu insbesondere die Personalbeschaffung, der Personaleinsatz und die Personalführung, sowie die Personalentwicklung und die Personalfreisetzung gehören. Wichtige Querschnittsbereiche bilden die Personalplanung, das Personalmarketing und das Personalcontrolling. Zusätzlich weist das nachhaltige Personalmanagement enge inhaltliche und funktionale Bezüge zum Wissensmanagement, zur Kommunikation, zum Change Management sowie zum Innovationsmanagement auf. Die Abbildung 1 verdeutlicht das selbst entwickelte Integrative Konzept eines nachhaltigen und zukunftsfähigen Personalmanagements.

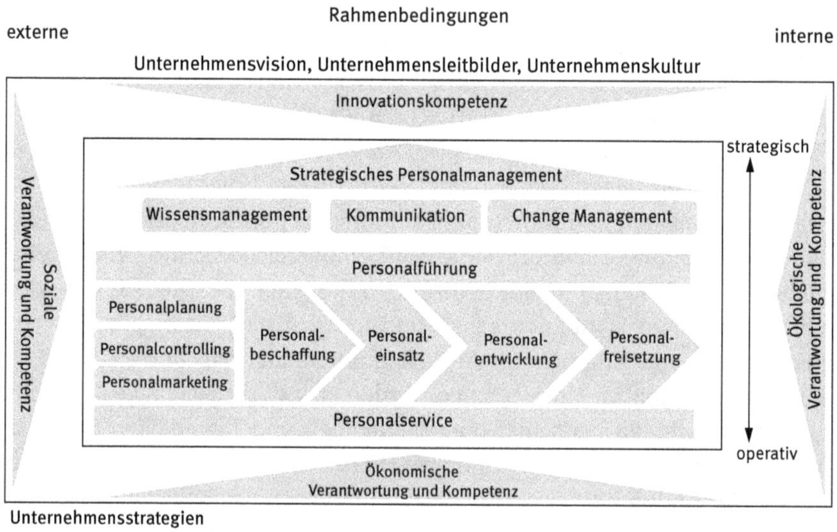

Abb. 1: Integratives Konzept eines nachhaltigen und zukunftsfähigen Personalmanagements, Quelle: Kirschten, 2017: 60.

Die digitale Transformation der Wirtschaft und der Unternehmen stellt eine weitere Herausforderung für ein nachhaltiges Personalmanagement dar. Dabei gilt es einerseits, die neuen Anforderungen der digitalen Technologien, Qualifikationen und Kompetenzen in das nachhaltige Personalmanagement zu integrieren. Andererseits müssen auch die vielfältigen Potenziale digitaler Technologien zur Unterstützung und Weiterentwicklung eines nachhaltigen Personalmanagements identifiziert und umgesetzt werden.

2.2 Inhalte einer nachhaltigen Personalentwicklung

Die nachhaltige Personalentwicklung ist ein wichtiger Funktionsbereich des nachhaltigen Personalmanagements. Sie „[...] umfasst alle Aktivitäten und Maßnahmen der Potenzialanalyse, der Bildung und der Förderung, die der Sicherung der Beschäftigungsfähigkeit der Mitarbeiter im Hinblick auf die aktuellen und zukünftigen Arbeitsanforderungen eines nachhaltigkeitsorientierten Unternehmens dienen. Die Aktivitäten sollen zielgerichtet und systematisch geplant, umgesetzt und hinsichtlich ihres Erfolges beurteilt werden." (Kirschten 2017: 253).

Die **nachhaltige Potenzialanalyse** identifiziert die individuellen Leistungs- und Entwicklungspotenziale aber auch die Entwicklungswünsche der Mitarbeiter für nachhaltige Aufgabenbereiche. Ihre Ergebnisse bilden die Grundlage für die Auswahl, Umsetzung und Erfolgskontrolle geeigneter Maßnahmen zur Potenzialentwicklung in nachhaltigen Tätigkeitsfeldern. Ziel der Potenzialentwicklung ist das Ausschöpfen der individuellen Leistungs- und Entwicklungspotenziale der Mitarbeiter.

Die **nachhaltige berufliche Bildung** umfasst alle Qualifikationsmaßnahmen, die der beruflichen Ausbildung, Fortbildung und Umschulung dienen und dabei auch berufsbezogene ökologische, soziale und ökonomische Inhalte vermitteln. Die Ausbildung beinhaltet die duale Ausbildung, duale Studiengänge, Hochschulstudiengänge, Traineeprogramme sowie das Anlernen einfacherer Tätigkeiten und Praktika. Die Fortbildung wird unterschieden in die Anpassungs-, Ergänzungs- und Aufstiegsfortbildung. Eine Umschulung bedeutet den Wechsel des Berufsfeldes, meist aus privaten oder gesundheitlichen Gründen.

Zur **nachhaltigen beruflichen Förderung** gehören alle Qualifikationsmaßnahmen, die der beruflichen Entwicklung der Mitarbeiter dienen und dabei ökologische, ökonomische und soziale berufsbezogene Fachkenntnisse, Fähigkeiten, Fertigkeiten und Verhaltensweisen weiterentwickeln. Die berufliche Förderung lässt sich nochmals in Maßnahmen der individuellen Weiterbildung, in das Karrieremanagement und das Nachfolgemanagement unterteilen.

Die Teilbereiche der Personalentwicklung werden in der Abbildung 2 zusammenfassend dargestellt.

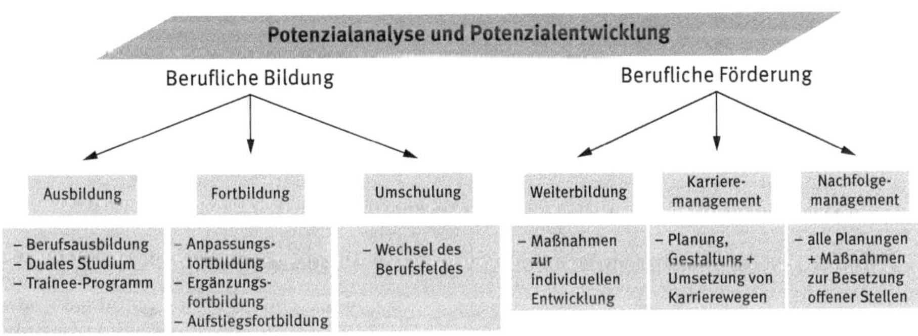

Abb. 2: Teilbereiche der Personalentwicklung, Quelle: Kirschten 2017: 254.

Um die eigene Unternehmenstätigkeit nachhaltig auszurichten, bedarf es Mitarbeiter, die sehr gut qualifiziert, hoch motiviert und innovativ sind. Zusätzlich zu ihren sehr guten fachlichen Qualifikationen müssen diese Mitarbeiter auch über ökologisches, soziales, ökonomisches und innovationsbezogenes Fach- und Querschnittswissen in ihren jeweiligen Aufgabenbereichen verfügen. Dies ist wichtig, um die nachhaltigen Gestaltungsmöglichkeiten sowie die Auswirkungen ihres aufgabenbezogenen Handelns auszuschöpfen, abzuschätzen und in ihrem alltäglichen Handeln auch zu berücksichtigen. In unserer zunehmend wissensorientierten Wirtschaft haben sich die Mitarbeiter zur wichtigsten Ressource einer langfristig erfolgreichen Unternehmenstätigkeit entwickelt. Insofern kommt den Mitarbeitern eine noch größere Bedeutung zu, da ihr Wissen, ihre Entscheidungen und ihr Handeln wesentlich die Leistungserstellung und den Unternehmenserfolg mitbestimmen. Daher sind die Mitarbeiter die zentralen Akteure einer nachhaltigen und zukunftsfähigen Unternehmensentwicklung.

2.3 Ziele und Aufgaben einer nachhaltigen Personalentwicklung

Das **zentrale Ziel** einer nachhaltigen Personalentwicklung besteht darin, mit Hilfe der Potenzialanalyse und -entwicklung, sowie durch geeignete Maßnahmen der beruflichen Bildung und der beruflichen Förderung die Beschäftigungsfähigkeit, einen aktuellen Wissensstand sowie die umfangreiche Leistungsfähigkeit der Mitarbeiter für ihre berufsbezogenen nachhaltigkeitsrelevanten Wissensgebiete und Handlungsbezüge sicherzustellen. Dadurch soll einerseits die Leistungsfähigkeit und der Erfolg des Unternehmens gesichert, andererseits aber auch die individuellen Entwicklungspotenziale und Entwicklungswünsche der Mitarbeiter berücksichtigt und wenn möglich erfüllt werden. Aus dieser übergeordneten Zielstellung können weitere Ziele für verschiedene Interessensgruppen abgeleitet werden (siehe hierzu Abbildung 3).

Abb. 3: Ziele der nachhaltigkeitsorientierten Personalentwicklung, Quelle: Kirschten 2017: 255.

Die **Unternehmen** verfolgen mit der nachhaltigen Personalentwicklung das Ziel, die Beschäftigungs- und Leistungsfähigkeit ihrer Mitarbeiter längerfristig zu erhalten und ihre Entwicklungspotenziale auszuschöpfen. Dadurch soll die eigene nachhaltigkeitsorientierte Leistungs- und Wettbewerbsfähigkeit des Unternehmens dauerhaft sichergestellt werden. Zusätzlich müssen die Mitarbeiter durch die nachhaltige Personalentwicklung auf sich ändernde berufliche Anforderungen vorbereitet werden, wie sie beispielsweise die Digitalisierung der Arbeitswelt in vielen Aufgabenbereichen erfordert. Neben der Steigerung der Leistungsfähigkeit ist auch die Förderung der Flexibilität und Innovationsfähigkeit der Mitarbeiter gewünscht, um neuen Herausforderungen umgehend, problembezogen und innovativ begegnen zu können.

Ein weiteres Unternehmensziel der nachhaltigen Personalentwicklung besteht darin, durch die innerbetriebliche berufliche Bildung und Förderung den quantitativen und qualitativen zukünftigen Personalbedarf zu decken sowie gleichzeitig unabhängiger von externen Arbeitsmärkten zu werden. Leistungsfähige und vor allem leistungsbereite Mitarbeiter können jedoch nur entwickelt werden, wenn auch die individuellen Entwicklungswünsche der Mitarbeiter berücksichtigt werden.

Die **Mitarbeiter** möchten ihre individuellen beruflichen Entwicklungsziele verwirklichen. Wichtig sind hierbei vor allem die Sicherung der eigenen Berufsfähigkeit und des eigenen Arbeitsplatzes, aber gegebenenfalls auch die individuelle Mobilität am Arbeitsmarkt durch kontinuierliche Aktualisierung und Weiterentwicklung des berufsrelevanten Wissens, Könnens und ihrer Fähigkeiten. Viele Mitarbeiter möchten sich aber auch inhaltlich beziehungsweise aufgabenbezogen weiterentwickeln, um anspruchsvollere oder neue Aufgaben mit oder ohne Führungsverantwortung zu übernehmen. Auch die Übernahme gesellschaftlich oder ökologisch sinnstiftender und verantwortungsvoller Aufgaben kann für Mitarbeiter ein wichtiges Ziel sein. Mit der Entfaltung der eigenen Fähigkeiten und Weiterentwicklung ihrer Qualifikationen und Kompetenzen möchten die Mitarbeiter nicht nur ihre individuellen beruflichen Entwicklungsziele verwirklichen, sondern streben meist auch ein höheres Entgelt, soziale Anerkennung oder auch umfangreichere Machtbefugnisse an.

Auch die **Gesellschaft** verbindet eigene Ziele mit der nachhaltigkeitsorientierten Personalentwicklung. Grundlegend ist die rechtliche Verankerung des Grundrechtes auf persönliche Entfaltung der Menschen in der Bundesrepublik Deutschland im Grundgesetz. Weitere gesellschaftliche Ziele sind der Erhalt aber auch die Entwicklung des gesellschaftlichen Humanvermögens sowie ein optimaler Einsatz der Erwerbstätigen durch ihre Bildung und Förderung. Zusätzlich hat die Gesellschaft ein Interesse an der Entwicklung sozialer, ökologischer, ökonomischer und innovativer Qualifikationen und Kompetenzen der Arbeitnehmer, da diese insgesamt für die Unterstützung einer nachhaltigen Entwicklung der Unternehmen entscheidend sind. Dies korrespondiert mit dem ebenfalls seit dem Jahr 1994 im Grundgesetz verankerten Ziel einer nachhaltigen gesellschaftlichen Entwicklung. (Vgl. GG Artikel 20a).

Aus diesen vorgestellten Zielen der Personalentwicklung kann die zentrale Aufgabe der Personalentwicklung abgeleitet werden: Die **zentrale Aufgabe der Personal-**

entwicklung besteht darin, die Beschäftigungsfähigkeit der Mitarbeiter für das Unternehmen durch geeignete Bildungs- und Förderungsmaßnahmen sicherzustellen und auch weiter zu entwickeln. Dadurch sollen die Mitarbeiter ihre aktuellen und zukünftigen nachhaltigkeitsbezogenen Arbeitsanforderungen gut bewältigen können. Gleichzeitig sichert ein Unternehmen durch eine kontinuierliche Personalentwicklung auch die eigene dauerhafte ökonomische, ökologische und soziale Leistungs- und Innovationsfähigkeit und damit ebenso seinen langfristigen Erfolg. (Vgl. Kirschten 2017: 256).

3 Charakteristika der Arbeitswelt 4.0

Wodurch lässt sich die Arbeitswelt 4.0 prägnant beschreiben? Um einen ersten Eindruck von den Inhalten der Arbeitswelt 4.0 zu bekommen, beschäftigt sich dieses Kapitel zunächst mit dem Leitbild der digitalen Transformation sowie mit wesentlichen Begrifflichkeiten im Zusammenhang Wirtschaft, Arbeit und Digitalisierung.

3.1 Digitale Transformation als Leitbild

Aktuell ist die **Digitalisierung** der wesentliche Treiber der technologischen Entwicklungen, die mittlerweile weite Teile unseres Lebens durchdringen und unsere Gesellschaft, unsere Wirtschaft, die Unternehmen und damit auch die Arbeitswelt deutlich verändern. Die Entwicklung digitaler Technologien hat dabei eine Schlüsselfunktion für die Veränderung aller Lebensbereiche, so auch unserer Arbeitswelt. Der zugehörige Schlüsselbegriff ist die **„digitale Transformation“** (vgl. BMAS 2017: 19), mit der die Entwicklung unserer Gesellschaft und Wirtschaft hin zu einer digital vernetzten Gesellschaft und Wirtschaft bezeichnet wird.

Durch die Entwicklung neuer digitaler Technologien und der weltweiten Nutzung des Internets entstehen neue Möglichkeiten zur Echtzeitvernetzung, Interaktion und Kommunikation, nicht nur zwischen Menschen, sondern insbesondere auch zwischen Menschen und Maschinen sowie zwischen Maschinen und Produktteilen untereinander, die als „Cyber-physische Produktionssysteme“ (CPS) bezeichnet werden. Die Nutzungsmöglichkeiten erstrecken sich auf neue Formen digitaler Produktionstechnologien, die durch einen hohen Grad an Automatisierung und Mechanisierung gekennzeichnet sind, auf neue digitale Geschäftsmodelle und neue digitale Märkte, digitale und internationale Netzwerke, aber auch auf neue mobile und digital unterstützte Informations- und Kommunikationssysteme sowie Arbeitsmodelle. Dabei beeinflusst die Digitalisierung erheblich die Wettbewerbs- und Innovationsfähigkeit der Unternehmen.

Von der Digitalisierung der Wirtschaft erhoffen sich die Unternehmen vor allem Effizienzsteigerungen, die aus folgenden Faktoren resultieren:

- Verkürzung der Entwicklungszyklen für neue Produkte und deren Markteinführung
- Verringerung von Fehlerquoten durch den Einsatz digitale Techniken
- schnellere Identifikation und Reparatur von Störungen
- Steigerung der Produktivität durch die Digitalisierung
- Investitionen in Cyber-physische Systeme und die digitale Entwicklung von Produktionsanlagen und Fabriken

So kann die **digitale Transformation als ein neues Leitbild unserer Wirtschaft und Gesellschaft** interpretiert werden. Die mit der Digitalisierung einhergehenden Veränderungen und deren Auswirkungen vor allem für die Arbeitswelt sind heute jedoch nur teilweise vorhersagbar.

In Verbindung mit der Digitalisierung haben sich für unterschiedliche Anwendungsbereiche verschiedene Begrifflichkeiten entwickelt, die nun genauer betrachtet werden.

3.2 Vielfalt der Begrifflichkeiten

Die Entwicklung intelligenter Gegenstände, basierend auf der Weiterentwicklung und Vernetzung digitaler Technologien wird international als **„Internet of Things" (IoT)** beziehungsweise deutsch **„Internet der Dinge"** bezeichnet. (Vgl. Klinkow 2017: 17). Kern ist hierbei die Verknüpfung von Alltagsgegenständen der physikalischen Welt mit digitalen Technologien (vgl. Windelband, Dworschak 2015: 26) sowie die digitale Vernetzung zwischen Menschen, Maschinen, Dienstleistungen und Produkten. Dadurch entstehen intelligente Gegenstände, die mit kleinen Computern ausgestattet sind und die Menschen in ganz unterschiedlichen Lebensbereichen unterstützen. Beispiele für derartige intelligente Gegenstände sind unter anderem Fitness-Tracker, die am Handgelenk getragen werden und dem Träger Informationen über gelaufene Schritte, verbrauchte Kalorien, Pulsfrequenz etc. liefern oder auch die Navigationssysteme im Auto. So entwickelt sich die Welt, in der wir leben, von einer physikalischen Welt immer mehr zu einer digital vernetzten Welt.

Der internationale Ausdruck **„Industrial Internet of Things" (IIoT)** bezieht das „Internet of Things" auf den konkreten Anwendungsbereich der Industrie, in dem intelligente industrielle Systeme entwickelt werden. In Deutschland hat sich dafür der Begriff **Industrie 4.0** etabliert. Das Kürzel „4.0" bedeutet, dass die Digitalisierung und die digitale Transformation als Beginn der 4. Industriellen Revolution interpretiert wird. Ob sich die Digitalisierung tatsächlich als Auslöser der 4. Industriellen Revolution entwickeln wird, werden wir jedoch erst später wissen.

Inhaltlich bezieht sich der Begriff **Industrie 4.0** (beziehungsweise des industrial internet of things) auf die Entwicklung und den Einsatz von Cyber-physischen Systemen (CPS) in der industriellen Produktion. Cyber-physische Systeme sind Netzwerke von Objekten, wie zum Beispiel Gebäude, Geräte, Maschinen, Bauteile, Produktionsanlagen, Verkehrsmittel oder Logistikkomponenten, die mit Kommunikationsmodulen (Sensoren und Aktoren, Computern) ausgestattet sind und Daten per Funk beziehungsweise über das Internet austauschen können. (Vgl. Spöttl, Windelband 2017: 7, Windelband, Dworschak 2015: 26). Sensoren ermöglichen eine weltweite Erfassung, Auswertung und Speicherung verfügbarer Informationen und Daten. Zusätzlich können die CPS über sognannte Aktoren auf die physikalische Welt einwirken. Über Computersteuerungen können Maschinen, Anlagen, einzelne Werkstücke aber auch ganze Fertigungsprozesse große Datenmengen austauschen und die Produktion, aber auch die Lagerhaltung und Logistik selbst steuern.

Unter dem Begriff **„Intelligente Fabrik“** beziehungsweise **„Smart Factory“** sollen ganze Fabriken aber auch ganze Wertschöpfungsprozesse in der Industrie 4.0 erfasst, vernetzt und optimiert werden. Hier werden die Informations- und Mikrosystemtechnik miteinander gekoppelt und so (weltweit) vernetzte intelligente Systeme entwickelt. (Vgl. Spöttl, Windelband 2017: 7). Dadurch können Transaktionskosten gesenkt und die Effizienz der Leistungserstellung gesteigert werden. Für die industriellen Unternehmen und ihre Mitarbeiter bewirkt die Entwicklung zur Industrie 4.0 erhebliche, teils sogar radikale Veränderungen, die auch die Anforderungen und Qualifikationen der Mitarbeiter drastisch verändern und eine Personalentwicklung notwendig machen.

Neben dem Begriff Industrie 4.0 hat sich das Kürzel „4.0“ auch für andere konkrete Anwendungsbereiche etabliert. So ist mittlerweile auch von Innovation 4.0, Bauen 4.0 oder aber auch von der Arbeit 4.0 zu lesen. Der Begriff **Arbeit 4.0** beziehungsweise der **Arbeitswelt 4.0** ist bislang noch wenig spezifiziert. Hier wird unter der Arbeitswelt 4.0 die Gesamtheit der Veränderungen in der Arbeitswelt verstanden, die aus der Digitalisierung, das heißt der Entwicklung und Nutzung digitaler Technologien in der Wirtschaft, in den Unternehmen und im Arbeitsleben resultieren. Die Auswirkungen der Digitalisierung auf die Arbeitswelt 4.0 umfassen dabei die Rahmenbedingungen der Arbeit, konkrete Arbeitsbedingungen und Arbeitsinhalte, aber auch die Weiterentwicklung von Arbeitsmodellen (Formen und Inhalte der Zusammenarbeit) sowie veränderte Anforderungen an die Qualifikationen und Kompetenzen der Arbeitnehmer.

Mit dem Begriff **Bildung 4.0** wird hier die Gesamtheit der Veränderungen bezeichnet, die sich aus der Nutzung digitaler Technologien für die beziehungsweise in der Bildung ergeben. Dazu gehören unter anderem der Einsatz von E-Learning, das heißt von digitalen und webbasierten Lernformen und Lernplattformen, wie beispielsweise online Seminare, Video-Vorlesungen, webbasierte Trainings, digitale Weiterbildungen, Erklärvideos, MOOCs (Massiv Open Online Course) und interaktive digitale Lerngruppen, um nur einige zu nennen. Aber auch die Kombination von traditionellem Präsenzlernen und digitalen Lernformen, die als Blended Learning bezeichnet wird, kann als Entwicklung hin zu einer Bildung 4.0 eingeordnet werden. Einen weiteren noch sehr neuen Entwicklungsbereich im Rahmen der Bildung 4.0 stellen Internet-Universitäten dar, die sich bisher überwiegend in den USA entwickelt haben. (Vgl. Dräger, Müller-Eiselt 2017).

4 Arbeitswelt 4.0 als Herausforderung für die nachhaltige Personalentwicklung

Für die nachhaltige Personalentwicklung bedeuten die Entwicklungen hin zu einer Arbeitswelt 4.0 vielfältige neue Herausforderungen, mit denen sie sich auseinandersetzen muss. Einige wesentliche Herausforderungen werden im Folgenden vorgestellt.

4.1 Veränderungen von Aufgabenbereichen und Berufsbildern

Der zunehmende Einsatz neuer digitaler Technologien in den Unternehmen verändert nicht nur viele Aufgabenbereiche, sondern auch Berufsbilder. Kollaborative Roboter, selbstlernende Computerprogramme, virtuelle Realität und Anwendungen von 3D-Druckern beispielsweise sind mittlerweile so weit entwickelt, dass ein steigender Anteil an beruflichen Tätigkeiten durch diese Technologien als ersetzbar eingestuft wird. (Vgl. Dengler, Matthes 2018: 4). Dies gilt vor allem für automatisierbare Tätigkeiten, die mittlerweile von Computeralgorithmen oder Robotern übernommen werden können und bisherige berufsbezogene Aufgabenbereiche und Kerntätigkeiten verändern. Erkennbar sind diese Veränderungen daran, dass automatisierbare Tätigkeiten in Stellenausschreibungen oder Ausbildungsordnungen nicht mehr benannt oder für die Berufsausübung nicht mehr als wichtig eingeschätzt werden, wie beispielsweise die Tätigkeiten „Modelle anfertigen“ oder „Berechnen“. (Vgl. Dengler, Matthes 2018: 4).

Gleichzeitig entwickeln sich neue Tätigkeitsfelder, Berufsbilder und Kompetenzen durch die Digitalisierung. Dazu gehören zum Beispiel Softwareanwendungen (zum Beispiel Geoinformationssysteme, Simulationssoftware, Entwicklungsumgebungen), Umgang mit neuen Technologien (zum Beispiel mit 3D-Drucker), Kenntnisse rechtlicher Vorgaben oder auch Aufgaben im Bereich Qualitäts- und Prozessmanagement. (Vgl. Dengler, Matthes 2018: 4).

Neue Berufe entwickeln sich bisher erst langsam. Recherchen im BERUFENET belegen, dass seit dem Jahr 2013 zum Beispiel der Beruf des Data Scientist (Analyse und Nutzung großer Datenmengen aus verschiedenen Quellen für parallel laufende Produktions- oder Geschäftsprozesse) oder auch der Interfacedesigner (Entwicklung von Benutzeroberflächen für Computersysteme oder technische Produkte in Abstimmung mit den Bedürfnissen und Fähigkeiten der Nutzer) neu entstanden sind. (Vgl. Dengler, Matthes 2018: 4).

Das Substituierbarkeitspotenzial für verschiedene berufliche Anforderungsprofile, das heißt der Anteil der Tätigkeiten, die im Zuge der Digitalisierung in bestimmten Anforderungsbereichen potenziell von Computern erledigt werden können, hat sich vor allem für Helferberufe und Fachkräfteberufe bis zum Jahr 2016 deutlich erhöht.

(Vgl. Dengler, Matthes 2018: 1). Detailliert beschäftigt sich Frau Werner in ihrem Artikel in diesem Buch mit den berufsspezifischen Entwicklungen einer Arbeitswelt 4.0.

4.2 Veränderungen der Frauenerwerbstätigkeit durch Arbeit 4.0

Die Digitalisierung der Wirtschaft wird auch erhebliche Auswirkungen auf die Erwerbstätigkeit von Frauen haben. Die Abbildung 4 zeigt die Frauenanteile in den TOP 10 gefährdeten und ungefährdeten Berufen. (Vgl. A. T. Kearney 2015, Grabka 2016: 9). Hier wird sichtbar, dass Frauen häufig in den Berufen arbeiten, die besonders vom digitalen Wandel bedroht sein könnten. Dazu gehören unter anderem Berufe im Gastronomieservice, in der Buchhaltung, Berufe im Verkauf, Büro- und Sekretariatsberufe sowie Post- und Zustelldienste. Andererseits sind auch viele Frauen in Berufen beschäftigt, die nach derzeitigen Prognosen wenig vom digitalen Wandel bedroht sein werden. Dazu gehören zum Beispiel Berufe in der Gesundheits- und Krankenpflege, in der Kinderbetreuung und -erziehung, in der Altenpflege und im Vertrieb.

Allerdings üben Frauen häufig auch qualitativ einfachere Berufe oder Tätigkeitsbereiche aus, die wiederum deutlich stärker von der Digitalisierung bedroht sein könnten. Insgesamt besteht also ein recht hohes Gefährdungspotenzial für die Berufe, in denen häufig Frauen arbeiten.

TOP-10 der gefährdeten Berufe

	Beschäftigte
Büro- und Sekretariatsberufe	2,7 Mio.
Berufe im Verkauf	1,1 Mio.
Berufe im Gastronomieservice	1,0 Mio.
Berufe in der kaufmännischen und technischen Betriebswirtschaft	0,9 Mio.
Berufe für Post- und Zustelldienste	0,7 Mio.
Köche/Köchinnen	0,7 Mio.
Bankkaufleute	0,5 Mio.
Berufe in der Lagerwirtschaft	0,4 Mio.
Berufe in der Metallbearbeitung	0,4 Mio.
Berufe in der Buchhaltung	0,3 Mio.

TOP-10 der ungefährdeten Berufe

	Beschäftigte
Berufe in der Kinderbetreuung und -erziehung	0,8 Mio.
Berufe in der Gesundheits- und Krankenpflege	0,7 Mio.
Aufsichts- und Führungskräfte, Unternehmensorganisation und -strategie	0,5 Mio.
Berufe in der Maschinenbau- und Betriebstechnik	0,4 Mio.
Berufe in der Kraftfahrzeugtechnik	0,4 Mio.
Berufe im Vertrieb (Einkaufs-, Vertriebs- und Handelsberufe)	0,3 Mio.
Berufe in der Sozialarbeit und Sozialpädagogik	0,3 Mio.
Berufe in der Altenpflege	0,3 Mio.
Berufe in der Hochschullehre und -forschung	0,2 Mio.
Berufe in der Bauelektrik	0,2 Mio.

Abb. 4: Frauenanteile in vom digitalen Wandel betroffenen Berufen, Quelle: eigene Abbildung, Daten: A. T. Kearney 2015, Grabka 2016: 9, Angaben zum Frauenanteil basierend auf SOEPv31.

4.3 Geschlechtsspezifische Wahl von Ausbildungsberufen

Die hohen Frauenanteile in den Berufsfeldern, die besonders vom digitalen Wandel bedroht werden könnten, sind wesentlich zurückzuführen auf die immer noch stark geschlechtsspezifische Wahl von Ausbildungsberufen. Deutlich wird dies bei der Betrachtung der beliebtesten Ausbildungsberufe von Frauen in Deutschland im Jahr 2016, die in der folgenden Abbildung 5 zu sehen sind.

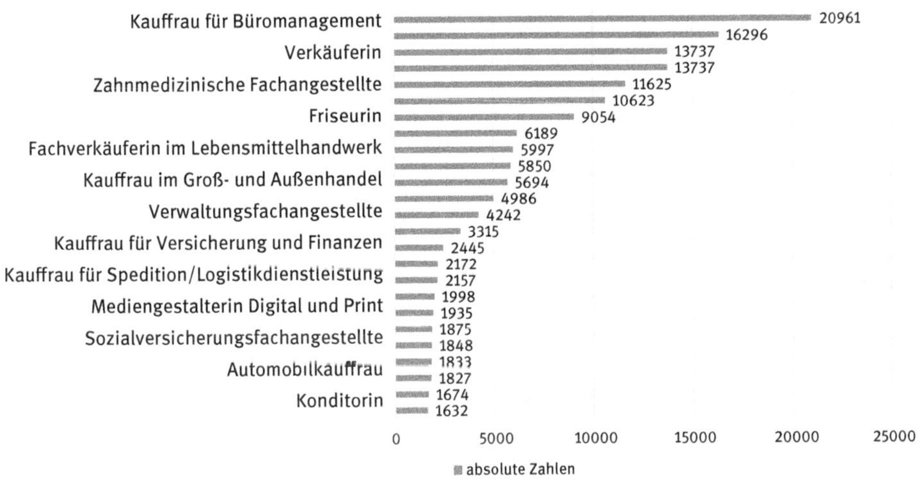

Abb. 5: Die 25 häufigsten Ausbildungsberufe von Frauen in Deutschland im Jahr 2015, Quelle: eigene Darstellung, Daten: https://www.boeckler.de/52370.htm.

Insgesamt werden mit den in Abbildung 5 aufgeführten 25 häufigsten Ausbildungsberufen mehr als 76 Prozent aller neuen Ausbildungsverträge mit Frauen geschlossen. (Vgl. www.boeckler.de/52370.htm). Aus der Abbildung ist auch ersichtlich, dass Frauen bis heute häufiger Dienstleistungsberufe erlernen und seltener handwerkliche oder technische Berufe, die eher von den Männern bevorzugt gewählt werden. Damit besteht auch bei der jüngeren Generation der Frauen eine stark geschlechtsspezifische Wahl der Ausbildungsberufe. Zurückzuführen ist dies auf Geschlechterstereotype, das heißt mentalen Vereinfachungen von komplexen Verhaltensweisen oder Eigenschaften von Männern und Frauen, die sich zum Beispiel in der Einschätzung „typisch Mann“ oder „typisch Frau“ äußern. (Vgl. Müller 1999: 139 f.). Doch auch traditionelle Denkmuster sowie die jeweiligen Arbeitsbedingungen beeinflussen die Berufswahl. (Vgl. Hobler et al. 2017, Busch-Heizmann 2015: 3).

Auch bei der **Hochschulausbildung** lässt sich eine ähnliche Tendenz erkennen. Insgesamt absolvierten im Jahr 2014 mehr Frauen (30 Prozent) ein Hochschulstudium als Männer (27 Prozent). (Vgl. Grabka 2016: 14, Berechnungen basierend auf dem SOEPv31). Allerdings bevorzugten die Frauen vor allem sprach- und kulturwissenschaftliche sowie sozialwissenschaftliche Studiengänge, wie die Abbildung 6 zeigt.

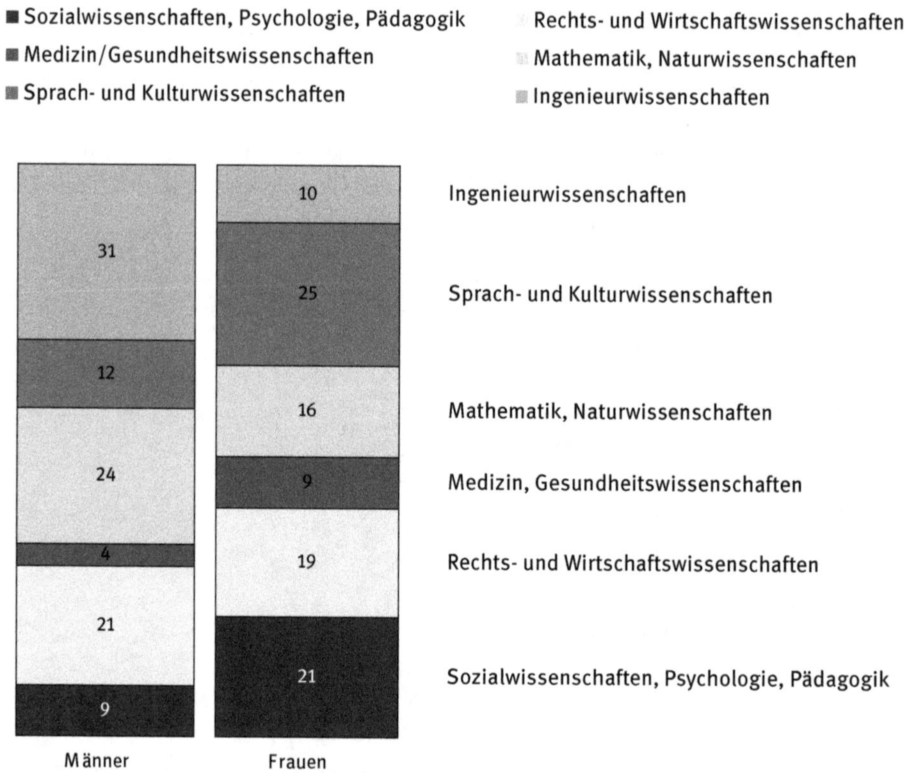

Abb. 6: Studiengangwahl von Männern und Frauen im Jahr 2016 in Prozent, Quelle: eigene Darstellung, Daten: DSW/DZHW 21. Sozialerhebung, Middendorff et al. 2017.

Demgegenüber hat sich der Frauenanteil an den MINT-Studiengängen (MINT = Mathematik, Informatik, Naturwissenschaften, Technik) seit dem Jahr 2000 bis zum Jahr 2016 nur marginal von 29,9 Prozent (im Winterssemster 2010/11) auf 32,0 Prozent im Wintersemester 2016/17 erhöht (vgl. Abbildung 7) und bleibt damit insgesamt immer noch recht gering. (Vgl. Middendorff et al. 2017, Statistisches Bundesamt 2018). Noch geringer ist der Anteil an Frauen, die tatsächlich in MINT-Berufen arbeiten: Er betrug im Juni 2015 gerade einmal 15 Prozent. (Vgl. Bundesagentur für Arbeit 2016: 8).

4.4 Steigende Bedeutung digitaler Technologien im Arbeitsleben

Sowohl die Unternehmen als auch die Erwerbstätigen schätzen die Bedeutung vieler digitaler Technologien und Entwicklungen, wie zum Beispiel Big Data, Internet of Things, Robotik, 3D-Druck, Blockchain, Augmented und Virtual Reality, Künstlicher Intelligenz und Drohnen als hoch ein. (Vgl. Berg 2017: 5). Allerdings kommen bislang viele der abgefragten digitalen Technologien nur in ca. 20 Prozent bis 50 Prozent der befragten Unternehmen tatsächlich zum Einsatz, wie die folgende Abbildung 8 zeigt.

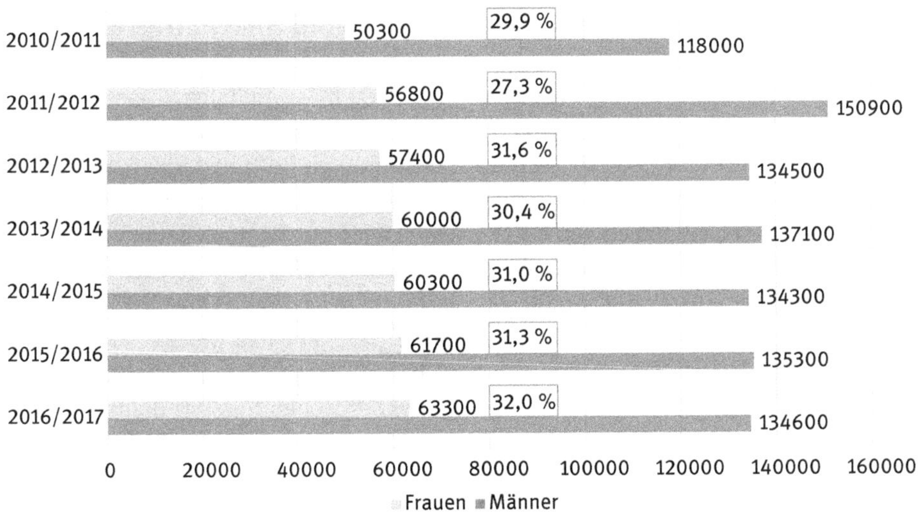

MINT: Mathematik, Informatik, Naturwissenschaften, Technik
Datenquelle: Statistisches Bundesamt 2018 IW Medien/ iwd

Abb. 7: Anzahl der MINT-Studienanfänger an deutschen Hochschulen nach Geschlecht, Quelle: eigene Darstellung, Daten: Statistisches Bundesamt 2018, IW Medien /iwd.

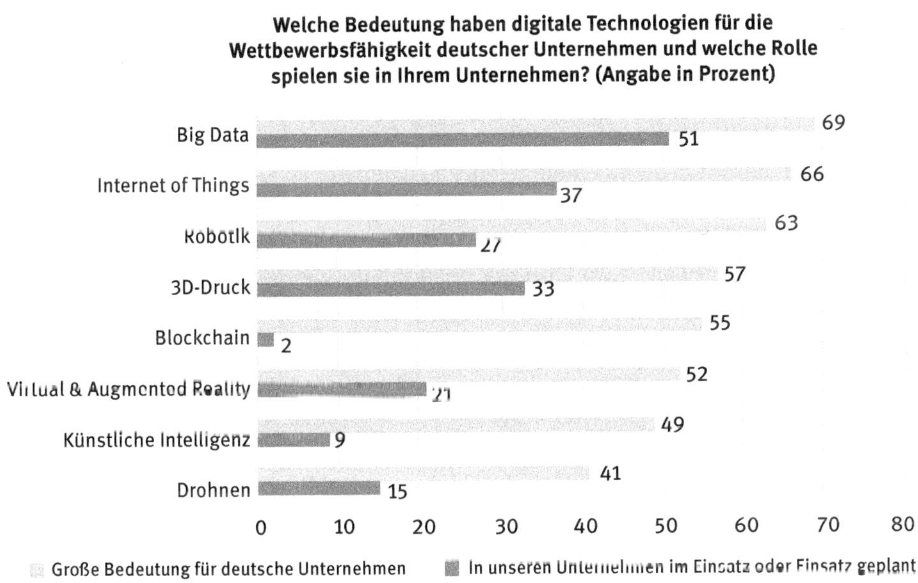

Abb. 8: Bedeutung und Einsatz digitaler Technologien in deutschen Unternehmen, Quelle: eigene Darstellung; Daten: Bitkom 2017, Berg 2017: 10.

4.5 Unzureichende digitale Kompetenzen der Beschäftigten

Damit Unternehmen die Chancen und Veränderungen der digitalen Transformation nutzen und umsetzen können, brauchen sie Mitarbeiter, die über digitale Kompetenzen verfügen. Die Mitarbeiter müssen offen sein für digitale Transformationsprozesse, um die Innovationspotenziale zu identifizieren, sie müssen digitale Qualifikationen und Kompetenzen haben, um mit den neuen digitalen Technologien umgehen zu können, ihre Potenziale auszuschöpfen und sie in ihren Aufgabenbereichen fach- und situationsgerecht nutzen zu können.

Doch was sind eigentlich digitale Kompetenzen? Für das weitere Verständnis werden digitale Kompetenzen hier wie folgt begrifflich abgegrenzt: **Digitale Kompetenzen** befähigen die Mitarbeiter zur aufgabenbezogenen Nutzung digitaler Technologien und fördern die Offenheit und Veränderungsbereitschaft der Mitarbeiter für neue Anforderungen, Einsatzbereiche, Arbeitsweisen, aufgabenbezogene Weiterentwicklungen und Kommunikationsmöglichkeiten, die durch die Digitalisierung in ihren Aufgabenbereichen entstehen.

Bislang sind die digitalen Qualifikationen und Kompetenzen der Beschäftigten jedoch nur unzureichend vorhanden, wie eine aktuelle Studie von Bitkom belegt, in der im August 2017 1.010 Bundesbürger ab 14 Jahren zur Bedeutung digitaler Kompetenzen befragt wurden. (Vgl. Bitkom 2017, www.bitkom.org). Für unser Thema interessant sind vor allem die folgenden Ergebnisse:

So schätzen 77 Prozent der befragten Erwerbstätigen (n=551) die zukünftige Bedeutung digitaler Kompetenzen für ihren Arbeitsplatz als genauso wichtig ein wie fachliche und soziale Kompetenzen; acht Prozent der Befragten sind sogar der Ansicht, dass sich die Digitalkompetenz zur wichtigsten beruflichen Fähigkeit entwickeln wird. (Vgl. Berg 2017: 6, www.bitkom.org). Damit ist die Mehrheit der Befragten der Meinung, dass sich digitale Kompetenzen zu den neuen Kernkompetenzen entwickeln werden.

Demgegenüber fühlen sich viele Erwerbstätige nicht gut vorbereitet auf eine mögliche digitale Arbeitswelt. Zwar wird der Weiterbildung eine hohe Bedeutung beigemessen, jedoch sind die bisherigen Weiterbildungsaktivitäten eher gering. So sind 92 Prozent der Befragten (n= 1010 Bundesbürger) der Meinung, das lebenslanges Lernen im Zuge der Digitalisierung immer wichtiger wird. Auch sind 89 Prozent der Befragten der Meinung, dass Weiterbildungen mit digitalen Themen die Chancen auf dem Arbeitsmarkt erhöhen. Und 88 Prozent der Befragten sind davon überzeugt, dass man sich heute auch zu digitalen Technologien weiterbilden muss, um im Beruf erfolgreich zu sein. (Vgl. Berg 2017: 4). Allerdings sind Weiterbildungen zu Digitalthemen bislang eher die Ausnahme, wie die folgende Abbildung 9 belegt.

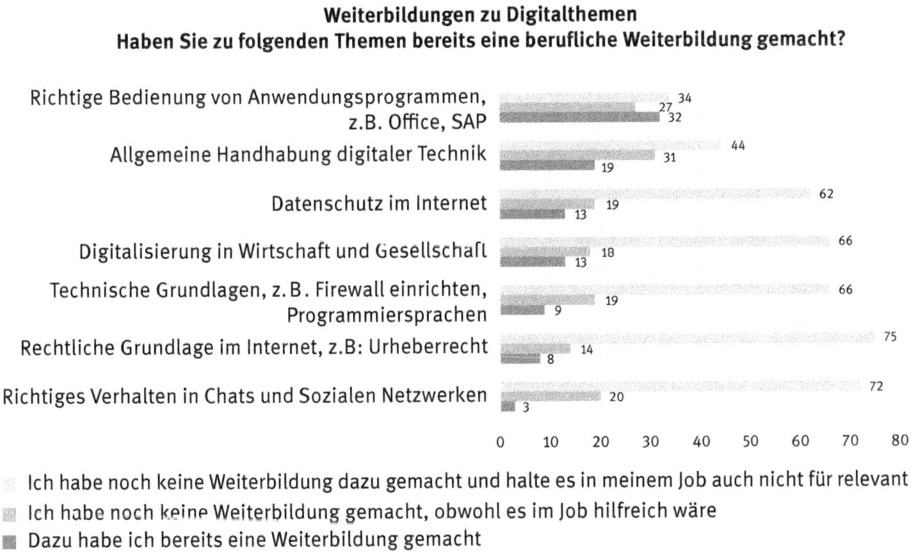

Abb. 9: Berufliche Weiterbildungen zu Digitalthemen, Quelle: eigene Darstellung; Daten: Berg 2017: 7.

Als wesentliche Gründe benennen die Befragten die mangelnde Zeit und mangelnde Angebote. So stimmen 72 Prozent der Befragten der Aussage zu, dass sie während der Arbeit keine Zeit haben, um sich im Umgang mit neuen digitalen Technologien weiterzubilden; bei 59 Prozent der Befragten werden Weiterbildungen zu digitalen Themen nicht vom Arbeitgeber angeboten; und 39 Prozent der Befragten stimmen der Aussage zu, dass ihr Arbeitgeber zwar vermehrt auf digitale Technologien setzt, ohne jedoch in die hierfür erforderlichen Weiterbildungen für seine Mitarbeiter zu investieren. (Vgl. Berg 2017: 8). Allerdings nutzen 76 Prozent der Bundesbürger private Weiterbildungsangebote. (Vgl. Berg 2017: 9).

Beachtenswert ist, dass digitale Lernformate auch bei privaten Weiterbildungen noch wenig genutzt werden, wie die Abbildung 10 zeigt. Das gilt auch für Weiterbildungen bei Computerprogrammen. Lediglich für die allgemeine Handhabung digitaler Techniken werden mehr digitale Lernformate als klassische Lernformate genutzt (siehe Abbildung 10).

Demgegenüber sind diejenigen Befragten, die wenigstens ein digitales Lernformat nutzen, der Ansicht, dass digitale Technologien das lebenslange Lernen erleichtern (siehe Abbildung 11).

Konkrete Untersuchungen zur Weiterbildung in digitalen Technologien beziehungsweise Aufgabenbereichen für Frauen sind derzeit noch nicht verfügbar. So müssen die bestehenden Untersuchungsergebnisse näherungsweise für beide Geschlechter interpretiert werden.

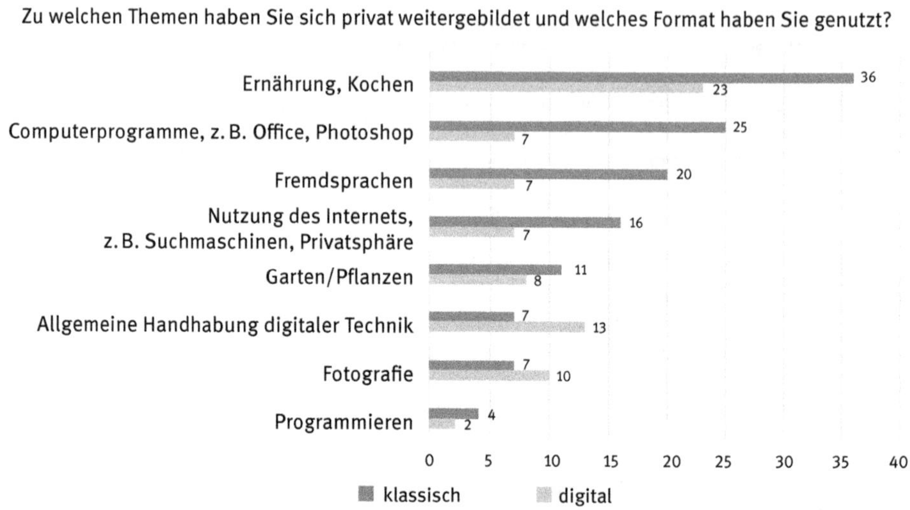

Basis: Alle Bundesbürger ab 14 Jahren (n=1010). Mehrfachnennungen möglich. Datenquelle: Bitkom Research. Berg 2017:10

Abb. 10: Nutzung digitaler Lernformate bei privaten Weiterbildungen, Quelle: eigene Darstellung; Daten: Berg 2017: 10.

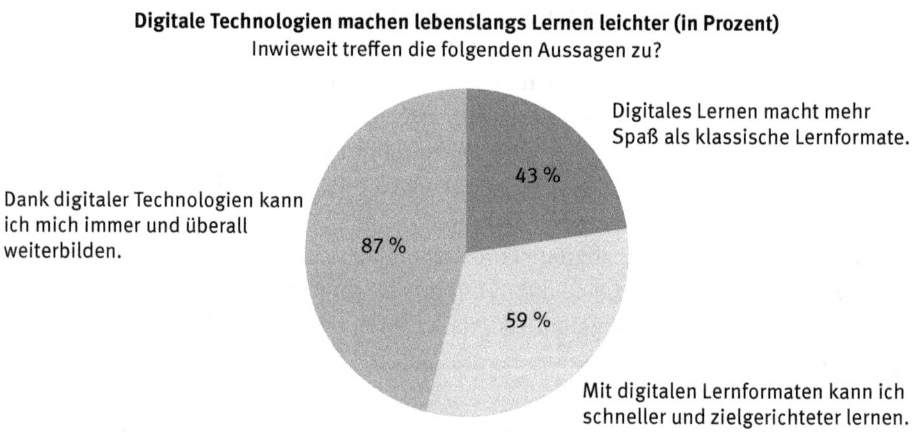

Basis: Befragte, die mindestens ein digitales Lernformat genutzt haben (n=459).
Angaben für „trifft voll und ganz zu“ und für „trifft eher zu“
Datenquelle: Bitkom Research. Berg 2017:12

Abb. 11: Digitale Technologien machen lebenslanges Lernen leichter, Quelle: eigene Darstellung; Daten: Berg 2017: 12.

4.6 Veränderungen der Bildung durch die Digitalisierung

Die Digitalisierung verändert auch die Bildungsmethoden erheblich. Auch wenn das E-Learning mit seinen verschiedenen webbasierten und elektronischen Methoden schon seit gut zwei Jahrzehnten bekannt und verbreitet ist, entwickeln sich durch die Digitalisierung nochmal ganz neue Bildungsmethoden. Dazu gehören zum Beispiel fachliche Erklärvideos, die in das Internet (zum Beispiel auf youtube) eingestellt werden, die Entwicklung von MOOCs (Massiv Open Online Courses), das gemeinsame und interaktive Lernen auf Lernplattformen, flippt classrooms, Lernspiele bis hin zu Hochschulen und Universitäten, die einen Teil oder auch alle Studiengänge mittlerweile online anbieten. (Vgl. Dräger, Müller-Eiselt 2017).

Diese neuen digitalen Lern- und Bildungsmethoden haben drei wesentliche Effekte:

Erstens ermöglichen sie durch das online-Angebot von Kursen, Lernplattformen und Studiengängen sehr viel mehr Menschen **Zugang zu umfangreichen Bildungsangeboten.** Davon profitieren auch diejenigen, die bislang einen eher geringen Zugang insbesondere zu höheren Bildungsangeboten hatten.

Zweitens eröffnen neue digitale Bildungsmethoden mit ihrem weltweiten Zugang eine hohe zeitliche, örtliche aber auch inhaltliche **Flexibilität des Lernens** sowie **des Lehrens.**

Drittens fördern digitale Lernangebote auch die **Personalisierung der Lernmethoden und der Bildungsangebote.** So erkennen digitale Lernprogramme mittlerweile das Lernverhalten der Nutzer, ihre Lerngeschwindigkeit, aber auch Schwierigkeiten bei der Lösung bestimmter Aufgaben. Entsprechend der individuellen Lernsituation und dem Lernverständnis bietet das Programm dem Nutzer beispielsweise zusätzliche Übungsaufgaben oder weitere Informationen zu einem bestimmten Thema an, um das Verständnis zu erhöhen. Damit reagiert das Programm auf das individuelle Lernverhalten des Nutzers und kann sich diesem anpassen. Sind die Lernenden zusätzlich bereit, persönliche Informationen über ihre bisherigen Leistungen, Berufserfahrungen, Kenntnisse et cetera preiszugeben, so können leistungsfähige Computerprogramme beispielsweise Erfolgswahrscheinlichkeiten für das Bestehen bestimmter Kurse oder ganzer Studiengänge errechnen. Diese Individualisierung hat den Vorteil, auf die persönliche Lernsituation und das individuelle Lernverhalten beispielsweise von Frauen mit Mehrfachbelastungen reagieren zu können und damit den Lernprozess situationsgerecht auf einzelne Nutzer anzupassen. Allerdings können auch ganz neue Risiken entstehen. So erfordert die Personalisierung der Lernprogramme die Bereitstellung und Nutzung vieler persönlicher Informationen (wie beispielsweise über frühere Leistungen). Werden jedoch basierend auf den eingegebenen früheren Leistungen eventuelle Erfolgswahrscheinlichkeiten für das Bestehen einer Weiterbildung, eines Kurses oder Studiengangs vom Programm errechnet, so könnten Bildungsanbieter diese Informationen nutzen, um entsprechend über die

Zulassung zu einem Kurs oder Studiengang beziehungsweise die Höhe der Gebühren für das Bildungsangebot zu entscheiden. (Vgl. Dräger, Müller-Eiselt 2017: 133 ff.).

Welche Auswirkungen diese Entwicklungen digitaler Bildungsangebote für die Personalentwicklung und Bildung von Frauen haben könnten, werden in den nächsten Kapiteln aufgegriffen.

5 Strategien einer nachhaltigen beruflichen Bildung für Frauen in einer Arbeitswelt 4.0

Unter Berücksichtigung der gerade diskutierten Herausforderungen einer Arbeitswelt 4.0 stellt sich die Frage, welche Strategien die nachhaltige berufliche Bildung entwickeln sollte, um Frauen gut auf die Veränderungen der digitalen Arbeitswelt vorzubereiten. Ausgehend von der Analyse der Anforderungen, die die Digitalisierung an eine nachhaltige berufliche Bildung stellt, werden die notwendigen Qualifikationen und Kompetenzen herausgearbeitet, verschiedene Bildungsstrategien entwickelt sowie die sozialen und ökologischen Effekte der nachhaltigen beruflichen Bildungsstrategien diskutiert.

5.1 Anforderungen an eine nachhaltige berufliche Bildung

Eine digitale Arbeitswelt mit immer leistungsfähigeren Informations- und Kommunikationstechnologien, hochentwickelten Robotern, Sensortechnologien und der digitalen Vernetzung stellt auch neue Anforderungen an die berufliche Bildung. Dabei gilt es verschiedene Themenfelder zu berücksichtigen:

Erstens geht es um die **Inhalte der Bildung**. So erfordert die steigende Digitalisierung der Leistungserstellungsprozesse aber auch ein nachhaltiges unternehmerisches Handeln eine verstärkte Integration digitaler Kenntnisse, Fähigkeiten und Fertigkeiten in die berufliche Ausbildung und berufliche Förderung. Ziel ist es, die für eine Arbeitswelt 4.0 erforderlichen digitalen Qualifikationen und Kompetenzen in den jeweiligen Berufsbildern zu vermitteln.

Zweitens verändert die steigende Digitalisierung auch die **Möglichkeiten, Methoden und Instrumente des Lehrens und Lernens.** Hier bieten sich viele Chancen zur Entwicklung und Nutzung neuer digitaler Lehr- und Lernformen, die ein mobiles, das heißt zeit- und ortsunabhängiges Lernen ermöglichen. Darüber hinaus können auch neue Lerntechniken und Instrumente zum Einsatz kommen (zum Beispiel Tablets, spielorientierte Vermittlung von Inhalten, Nutzung von Augmented und Virtual Reality, Datenbrillen, Datenhandschuhen, personalisierte Lernsoftware, interaktive Lernplattformen). Für die Lernenden kann die Digitalisierung vielfältige Vorteile haben: Dazu gehören zum Beispiel zeit- und ortsunabhängiges Lernen durch **online-Lehrangebote** (webbasierte Lehrangebote), ein leichterer beziehungsweise nutzungsgerechterer Zugriff auf (webbasierte) Lehrinhalte und Wissen, eine stärkere Individualisierung von Lernformen sowie überhaupt die verstärkte Nutzung digitaler Lernformen und -instrumente, aber auch neue Möglichkeiten gemeinsamen Lernens. Allerdings kann digitalisiertes Lernen auch neue Risiken beinhalten wie beispielsweise durch eine steigende Eigenverantwortlichkeit für digitales Lernen und Weiterbildungen, die notwendige leistungsfähige technische Ausstattung (leistungsfähiger Laptop, schnelles Internet), die Preisgabe vieler persönlicher Daten oder entstehende Belastungen durch die Anforderung eines kontinuierlichen und interaktiven Lernens. Insgesamt verändert die Digitalisierung sowohl die Instrumente und Prozesse des Lehrens und Lernens, aber auch die Organisation von Lernprozessen.

Drittens wird auch die **Organisation von Bildungsprozessen und Bildungssystemen** durch die Digitalisierung beeinflusst und verändert. Dies betrifft unter anderem die Nutzung digitaler oder webbasierter (Lern-)Plattformen für Bildungsprozesse, die Interaktivität und die Zusammenarbeit mit anderen beim digitalen Lernen, die zunehmende Unterstützung der Bildungsprozesse selbst durch die Digitalisierung sowie die Weiterentwicklung digitaler Bildungsprozesse und Bildungssysteme (hinsichtlich Kommunikation, Zusammenarbeit, Aufgabenverteilung, Ausstattung mit digitalen Lernformen).

Viertens muss auch das **Ausbildungspersonal** für den Einsatz digitaler Lehr- und Lernformen sowie geeigneter digitaler Technologien gebildet und gefördert werden. So muss auch das Ausbildungspersonal lernen, mit den digitalen (Lern-)Technologien umzugehen, ihre Potenziale auszuschöpfen und sie in der Ausbildung und Weiterbildung adäquat für Bildungszwecke einzusetzen. Und zwar in dreifacher Hinsicht: Erstens benötigt das Ausbildungspersonal selbst Kenntnisse und Fähigkeiten über die digitalen Technologien, ihre Anwendungs- und Steuerungsmöglichkeiten. Zweitens geht es auch um die Entwicklung neuer Konzepte zum Einsatz digitaler Medien in der beruflichen Bildung, das heißt für Lehr-, Lern- und Arbeitsprozesse. Drittens verändert sich mit dem Einsatz digitaler Lernmethoden auch die Rolle des Ausbildungspersonals: weg vom Lehrer und hin zum Coach der Lernenden.

Fünftens verändert die Digitalisierung auch die Anforderungen an die **Ausstattung der Bildungsstätten**. So müssen die Ausbildungsstätten zunächst mit den digitalen Lerntechnologien, dafür notwendigen Geräten und einer leistungsfähigen Infrastruktur (schnelles Internet, leistungsfähige Computer, geeignete Räumlichkeiten et cetera) ausgerüstet werden, um die vielfältigen Möglichkeiten eines digitalen Lernens überhaupt ausschöpfen zu können. Dies bedeutet auch einen erheblichen Investitionsbedarf für die Ausbildungsinstitutionen.

Sechstens müssen auch **geschlechtsspezifische Besonderheiten von Frauen** bei der Bildung für eine Arbeitswelt 4.0 untersucht werden, um die Chancen aber auch mögliche Risiken der Bildung für digitale Aufgabenbereiche speziell für Frauen bei der Entwicklung von Strategien und Konzepten berücksichtigen zu können.

Siebentens bedarf es einer **gemeinsamen Analyse der digitalen Transformation hin zu einer Arbeit 4.0 und ihrer ökologischen, sozialen und ökonomischen Auswirkungen auf die Unternehmenstätigkeit**, um von vornherein wesentliche Entwicklungspotenziale und Chancen, aber auch mögliche ökologische und soziale Risiken und negative Auswirkungen auf eine nachhaltige Unternehmens- und Wirtschaftsentwicklung zu identifizieren, abzuschätzen und frühzeitig gegensteuern zu können.

5.2 Wichtige Qualifikationen und Kompetenzen für eine nachhaltige und digitale Arbeitswelt 4.0

Die berufliche Bildung soll diejenigen Qualifikationen und Kompetenzen vermitteln, die für die Erfüllung beruflicher Aufgaben notwendig sind. Wesentliche Qualifikations- und Kompetenzbereiche sind fachliche, methodische, soziale und persönliche Qualifikationen. Die zunehmende Integration digitaler Technologien in die Unternehmen erfordert darüber hinaus digitale Qualifikationen und Kompetenzen.

Zur Unterstützung einer nachhaltigen Unternehmenstätigkeit werden zusätzlich zu den grundlegenden fachlichen, methodischen, sozialen und persönlichen Qualifikationen und Kompetenzen jeweils berufsspezifische ökologische, soziale und ökonomische Qualifikationen und Kompetenzen benötigt. Grundlegende aufgabenspezifische nachhaltigkeitsrelevante Qualifikationen und Kompetenzen werden in der folgenden Tabelle 1 vorgestellt.

Digitale Qualifikationen und Kompetenzen

Damit Unternehmen die Anforderungen, Potenziale und Veränderungen der digitalen Transformation erkennen, nutzen und bewältigen können, brauchen sie Mitarbeiter, die zusätzlich zu den bereits vorgestellten Qualifikationen und Kompetenzen auch über digitale Qualifikationen und Kompetenzen verfügen. Die Mitarbeiter müssen offen sein für digitale Transformationsprozesse, um die Innovationspotenziale zu identifizieren, sie müssen digitale Qualifikationen und Kompetenzen haben, um mit den neuen digitalen Technologien umgehen zu können, deren Potenziale auszuschöpfen und sie in ihren Aufgabenbereichen fach- und situationsgerecht nutzen zu können. Doch was sind eigentlich digitale Kompetenzen?

Die Deutsche Gesellschaft für Personalführung e. V. hat in Expertenkreisen die folgende **Arbeitsdefinition für digitale Kompetenzen** entwickelt:

„Digitale Kompetenzen sind (neue) Fähigkeiten, die Mitarbeiterinnen und Mitarbeiter in die Lage versetzen, digitale Technologien anzuwenden, im Rahmen ihres Aufgabenprofils zu nutzen und darüber hinaus die digitale Transformation von Geschäftsprozessen mit voranzutreiben. Es lassen sich drei Dimensionen unterscheiden: Neben fachlich-technischen und Businesskompetenzen spielt die digitale Fitness eine

Tab. 1: Grundlegende und aufgabenbezogene nachhaltigkeitsrelevante Qualifikationen und Kompetenzen, Quelle: vgl. Kirschten 2017: 259; Antes 2003: 535.

Bereiche	Grundlegende und aufgabenbezogene nachhaltigkeitsrelevante Qualifikationen und Kompetenzen
Fachlich	– Grundlegende und vertiefte fachspezifische Kenntnisse des jeweiligen Aufgabenbereichs – ökologische, naturwissenschaftliche und umweltbezogene Kenntnisse und Kompetenzen – gesellschaftliche und soziale Kenntnisse und Kompetenzen – ökonomische Kenntnisse und Kompetenzen – innovationsbezogene Kenntnisse und Kompetenzen – technische Kenntnisse und Kompetenzen – Kenntnisse über nationale, internationale und globale Wechselwirkungen zwischen ökologischen, ökonomischen und sozialen Phänomenen, Problemstellungen und Handlungen – Kenntnisse über Wertschöpfungsketten und Lieferketten
Methodisch	– Qualifikationen und Kompetenzen zur Strukturierung und Bewältigung von Arbeitsprozessen – Planungstechniken, Analysetechniken, Problembearbeitungsstrategien – Konzeptentwicklung, Projektmanagement – Gesprächsführung, Moderation, Präsentationstechniken – Kommunikationsstrategien, Konfliktmanagement – Kreativitätstechniken, Techniken zur Wissensgenerierung, -nutzung und -bewahrung – Strategien und Techniken zur Entwicklung von Innovationen
Sozial	– Einführungsvermögen, Empathie, Sozialverhalten – Teamfähigkeit, Teamarbeit, Kooperationsfähigkeit – Konfliktfähigkeit, Kommunikationsfähigkeit, Durchsetzungsvermögen – Führungsfähigkeit und -kompetenz: Planung, Organisation, Zielsetzung, Delegation von Aufgaben, Kontrolle, Motivationsfähigkeit
Persönlich	– Zielorientiertes Arbeiten – Selbstständigkeit, Eigeninitiative, Verantwortungsübernahme – Selbstmotivation, Lernfähigkeit und Lernwilligkeit – Reflexion des eigenen Handelns und seiner Auswirkungen – Belastbarkeit, Flexibilität, Mobilität, Zuverlässigkeit – Fähigkeit zum vernetzten Denken in Kreisläufen und Wirkungsgefügen – Inter- und transdisziplinäres Denken und Handeln – Fähigkeit zur Bearbeitung komplexer Problemstellungen

wesentliche Rolle. Letztere speist sich aus Offenheit, Interesse und Veränderungsantrieb gegenüber digitalen Möglichkeiten.“ (Quelle: DGFP 2016: 10).

Diese Arbeitsdefinition unterscheidet **drei Dimensionen** der digitalen Kompetenzen: die fachlich-technischen Kompetenzen, Businesskompetenzen und die digitale Fitness.

Die **fachlich-technischen digitalen Kompetenzen** sind jeweils von den konkreten Aufgabenbereichen der Mitarbeiter abhängig. Allerdings bedarf es hier einer grundlegenden Informations- und Datenkompetenz der Mitarbeiter, die die Mitarbeiter befähigt, mit digitalen Technologien umzugehen und die fachlich relevanten großen Datenmengen zu nutzen, das heißt auszuwerten und weiter zu verarbeiten. Dazu müssen die Mitarbeiter die Bedeutung der erfassten und verarbeiteten Daten für das Unternehmen erkennen und in der Lage sein, aufgabenbezogene Selektionen und Priorisierungen bei der Datenverarbeitung durchzuführen. Wichtig sind hierbei Kenntnisse der rechtlichen Vorgaben und Auflagen des Datenschutzes für den Umgang und die Verarbeitung der Daten. Die Mitarbeiter müssen also befähigt werden, die Datenkomplexität aufgabenbezogen zu reduzieren und mit den Daten verantwortungsvoll umzugehen. (Vgl. DGFP 2016: 10 f.).

Die **digitalen Businesskompetenzen** umfassen vier Kompetenzbereiche: Eigenverantwortlichkeit, Kommunikationsfähigkeit, Vernetzungskompetenz und Agilität. Die Kompetenzbereiche sind nicht neu, jedoch verschieben sich ihre Bedeutungen und ihre Inhalte im Zuge der Digitalisierung. Tabelle 2 zeigt die jeweiligen Kompetenzbereiche mit ihrer heutigen Bedeutung und ihrer Bedeutungsverschiebung im Zuge der Digitalisierung.

Mit **digitaler Fitness** ist die grundlegende Offenheit und das Interesse der Mitarbeiter gegenüber der Digitalisierung gemeint, ein grundlegendes Wissen über die digitalen technologischen Möglichkeiten und Anwendungen im konkreten fachlichen Aufgabengebiet und eine ausgeprägte Sensibilität hinsichtlich der rechtlichen Rahmenbedingungen im Umgang mit digitalen Daten. (Vgl. DGFP 2016: 14). Die digitale Fitness wird von der DGFP als grundlegende Strategie des Personalmanagements zur Entwicklung digitaler Kompetenzen angesehen. (Vgl. DGFP 2016: 14).

Für das weitere Verständnis wird eine **eigene Definition digitaler Kompetenzen** zugrunde gelegt:

Digitale Kompetenzen befähigen die Mitarbeiter zur aufgabenbezogenen Nutzung digitaler Technologien und fördern die Offenheit und Veränderungsbereitschaft der Mitarbeiter für neue Anforderungen, Einsatzbereiche, Arbeitsweisen, aufgabenbezogene Weiterentwicklungen und Kommunikationsmöglichkeiten, die durch die Digitalisierung in ihren Aufgabenbereichen entstehen.

Dazu gehören unter anderem folgende Qualifikationen und Kompetenzen:

- Wissen und Kenntnisse über digitale Technologien, die im Aufgabenbereich zum Einsatz kommen (zum Beispiel über 3D-Drucker, kollaborative Roboter, cyberphysische Produktionssysteme)
- Kenntnisse und Fähigkeiten zur Anwendung, Steuerung und Überwachung von digitalen Technologien, zum Beispiel cyber-physische Produktionssysteme, Computerprogramme, Datenbrillen, Datenhandschuhe, Augmented Reality, Virtual Reality, CAVE
- Fertigkeiten im Einsatz von Notebooks, Tablets und Smartphones zur Aufgabenbearbeitung und Steuerung digitaler Technologien

Tab. 2: Bedeutungsentwicklung der Businesskompetenzbereiche durch die Digitalisierung, Quelle: vgl. DGFP 2016: 12.

Kompetenzbereich	Heutiges Verständnis	Bedeutungsverschiebung der Kompetenz durch Digitalisierung
Eigenverantwortlichkeit	– Aktives Einholen von Informationen – Autorisierung zu eigenverantwortlichen Entscheidungen im begrenzten Rahmen – Effizientes Zeit- und Ressourcenmanagement und Selbststeuerung	– Verstärkt Arbeit auf Ad-hoc-Basis – Beschleunigte Entscheidungsprozesse und deren Umsetzung – Auswirkungen des eigenen Handelns abschätzen können – Höheres Ausmaß an Selbstmanagement
Kommunikationsfähigkeit	– Effiziente interne und externe Kommunikation – Beteiligung auf Social-Media-Plattformen – Teilen von Wissen und Expertise – Bewusstsein für die Konsequenzen von Kommunikation	– Proaktive Kommunikation – Paralleles Benutzen neuer Kanäle – Höhere Transparenz und Verbreitung von Informationen – Höhere Geschwindigkeit der Kommunikationsprozesse – Verbesserte globale und interkulturelle Kommunikation gesteigerte Kommunikation zwischen Mensch und Maschine
Vernetzungskompetenz	– Reale und virtuelle Netzwerke aufbauen, fördern und pflegen – Share Economy: Wissen und Informationen bereitstellen – Akzeptanz verschiedener Organisationsformen – Teamzusammenhalt in virtuellen Teams	– Einfachere Vernetzung über zeitliche und räumliche Grenzen hinweg – Zunehmende Intensität und Bedeutung der Vernetzung – Amorphe, fluide und hierarchiefreie Projektstrukturen – Problemlösung durch Vernetzung und Synergien
Agilität	– Veränderungsbereitschaft – Entscheidungen revidieren, andere Ansätze erschließen – Motivation und Engagement	– Häufiges und schnelles Einstellen auf neue Situationen und Veränderungen – Stärker ausgeprägte Lernfähigkeit: häufigeres Umlernen, Bereitschaft zu lebenslangem Lernen

– Steigerung der Medienkompetenz, das heißt der Kompetenz zum Umgang mit digitalen Medien
– Reflexion und Berücksichtigung der Chancen und Risiken digitaler Technologien und der mit ihnen verbundenen ökologischen und sozialen Auswirkungen sowie der Möglichkeiten und Grenzen des Einsatzes digitaler Technologien im Arbeitsleben und in konkreten beruflichen Aufgabenbereichen

Schulung des Ausbildungspersonals hinsichtlich Kenntnissen und Umgang mit digitalen Technologien

Auch das Ausbildungspersonal benötigt zukünftig detaillierte Kenntnisse über digitale Technologien und ihre Anwendungs- und Einsatzmöglichkeiten in beruflichen Aufgabenbereichen. Dies ist wichtig, um die Veränderungen in den Ausbildungsberufen durch den Einsatz digitaler Technologien den Auszubildenden vermitteln zu können. Zusätzlich sollte das Ausbildungspersonal auch umfassende Qualifikationen und Kompetenzen zum Einsatz digitaler Lerntechnologien und Lerntechniken haben. Dazu gehören zum Beispiel der Einsatz von Datenhandschuhen, Augmented und Virtual Reality, Datenbrillen, Tablets, und Smartphones zur Vermittlung von Ausbildungsinhalten und zum anwendungsbezogenen Üben bestimmter Tätigkeiten (zum Beispiel virtuelles Schweißen). Aber auch Qualifikationen im Bereich des E-Learning, das heißt des Einsatzes von internetbasierten Lerninstrumenten, wie zum Beispiel Webinare, lernbezogene Online-Spiele, Nutzung von Tabletts und Lernplattformen (zur Organisation der Bildungsarbeit und zur Bereitstellung von Materialien), Erklärvideos, oder Flippt-Claasrooms werden immer wichtiger. Die Nutzung digitaler Lerntechnologien und Lehr- und Lerninstrumente kommt zum einen den Auszubildenden entgegen, die mit digitalen Technologien aufgewachsen sind und völlig selbstverständlich mit ihnen umgehen. Andererseits bereiten digitale Lehr- und Lerntechniken aufgabenbezogen auf die Anwendung digitaler Technologien im Beruf vor. Zusätzlich ermöglichen sie eine höhere zeitliche und örtliche Flexibilität der Ausbildung. Diese kann insbesondere jungen Eltern und vor allem jungen Müttern im Hinblick auf die Vereinbarkeit von Ausbildung und Familie zugutekommen. Aber auch noch nicht volljährige Auszubildende können davon profitieren, um zum Beispiel größere Distanzen zwischen Wohnort und Ausbildungsstätte beziehungsweise Berufsschule besser überwinden zu können beziehungsweise nicht mehr ständig hin- und herfahren zu müssen.

Besonderheiten der Kompetenzentwicklung für Frauen

Die Entwicklung digitaler und nachhaltiger Qualifikationen und Kompetenzen ist für Frauen insbesondere dann wichtig, wenn sie in Berufen und Aufgabenbereichen arbeiten, die stark vom digitalen Wandel bedroht sind (siehe Kapitel 4). Dadurch können Frauen ihre Beschäftigungsfähigkeit einerseits in den bedrohten oder sich weiterentwickelnden Aufgabenbereichen und Berufen erhalten. Zusätzlich können sie durch den Kompetenzerwerb auch neue oder anspruchsvollere Aufgabenbereiche für sich erschließen und besetzen. Bei der Kompetenzentwicklung sollten Frauen mehrere Strategien verfolgen:

Ausbau digitale Kompetenz

Frauen sollten ihre berufsbezogenen digitalen Qualifikationen und Kompetenzen möglichst umfassend ausbauen, um sowohl in bisherigen Aufgabenbereichen den neuen digitalen Anforderungen gerecht zu werden, als auch für neue berufsbezogene digitale Aufgabenbereiche gut qualifiziert zu sein. So bestätigt auch die internationale Studie „Getting to Equal: How Digital is Helping Close the Gender Gap at Work", dass eine hohe Digital Fluency Frauen dabei hilft, ihre Beschäftigungschancen in einer digitalen Arbeitswelt zu sichern, auszubauen und auch ihre Karriereperspektiven zu verbessern. (Vgl. Accenture 2016). Unter **Digital Fluency** versteht die Studie die Vertrautheit mit digitalen Technologien, die Nutzung digitaler Technologien im Alltag und im Beruf sowie das Ausmaß, in dem die Digitalisierung neue berufliche Möglichkeiten für Personen eröffnen. (Vgl. Accenture 2016a). Je höher die Digital Fluency von Frauen ist, desto besser sind ihre Beschäftigungs- und Karrierechancen in einer Arbeitswelt 4.0. Die Digital Fluency spiegelt sich sowohl im Verständnis digitaler Kompetenzen der DGFP (mit ihren drei Dimensionen) als auch der eigenen Definition digitaler Kompetenzen. Allerdings kommt die Studie „Getting to Equal" zu dem Ergebnis, dass die Digital Fluency deutscher Frauen im Vergleich zu anderen Ländern lediglich einen mittleren Platz (Platz 11) belegt. (Vgl. Accenture 2016: 6). Sie ist in Deutschland also noch deutlich ausbaufähig.

Stärkung nicht-substitutierbarer Kompetenzen

Es gilt vor allem diejenigen Kompetenzen zu stärken, die auch zukünftig nicht oder schlecht durch digitale Technologien und die Künstliche Intelligenz ersetzt werden können. Dazu zählen neben guten fachlichen und methodischen Kompetenzen insbesondere soziale und persönliche Kompetenzen. Vor allem soziale Qualifikationen und Kompetenzen, wie zum Beispiel Empathie, Kommunikations- und Konfliktfähigkeit, Teamfähigkeit, Durchsetzungsvermögen und Führungsstärke können bislang noch kaum durch digitale Technologien und Künstliche Intelligenz ersetzt werden. Zusätzlich werden sie in einer digitalen Arbeitswelt deutlich an Bedeutung gewinnen. Daher sind dies wichtige Qualifikationen beziehungsweise Kompetenzen für die Sicherung der eigenen Beschäftigungsfähigkeit und zur Verbesserung der eigenen Karriereperspektiven in einer digitalen Arbeitswelt.

Nachhaltige Kompetenzen

Neben ausgeprägten digitalen Kompetenzen sind auch umfangreiche nachhaltige (ökologische, soziale, ökonomische) Qualifikationen und Kompetenzen in den fachlichen, methodischen, sozialen und persönlichen Kompetenzbereichen für Frauen wichtig und können die Beschäftigungschancen deutlich erhöhen. Der weltweite Ressourcenverbrauch sowie die Umweltbelastungen werden in den kommenden Jahrzehnten aufgrund der Bevölkerungsentwicklung sowie unserer Gesellschafts- und Wirtschaftssysteme sehr wahrscheinlich noch deutlich zunehmen. Dies fordert vor allem von unserer Gesellschaft aber auch von unserer Wirtschaft zukünftig Problemlösungen, die die ökologischen Auswirkungen, die ökonomische Leistungsfähigkeit und die sozialen Auswirkungen gemeinsam berücksichtigen. Dies kann nur erreicht werden, wenn die Beschäftigten umfangreiche nachhaltige Qualifikationen und Kompetenzen besitzen. Die Digitalisierung kann hierbei unterstützend und problemlösend wirken, da leistungsfähige digitale Technologien und Künstliche Intelligenz vermutlich besser in der Lage sind, komplexe Wechselwirkungen zwischen ökologischen, ökonomischen und sozialen Entscheidungen und Aktivitäten zu berücksichtigen und andererseits hoffentlich auch neue Problemlösungen eines nachhaltigen Wirtschaftens unter Berücksichtigung dieser Komplexität erarbeiten können. Frauen, die sowohl über umfangreiche nachhaltige als auch digitale berufsbezogene Kompetenzen verfügen, werden dadurch ihre zukünftigen Beschäftigungs- und Karrierechancen deutlich verbessern können.

5.3 Ausbildungsstrategien für eine nachhaltige und digitale Arbeitswelt 4.0

Die Entwicklung einer Berufsbildung 4.0, das heißt die Integration der neuen digitalen Anforderungen, Qualifikationen und Fähigkeiten in die berufliche Bildung, steht bislang noch am Anfang und ist aktuell als eine, wenn nicht die, zentrale Herausforderung der Bildung zu betrachten.

Deutlich wird dies beispielsweise an der „Bildungsoffensive für die digitale Wissensgesellschaft, die das Bundesministerium für Bildung und Forschung vor einigen Jahren initiiert hat. Sie dient als bildungsbereichsübergreifendes Handlungsgerüst zur Vermittlung von digitalen Kompetenzen. Dazu gehört die Entwicklung didaktischer Konzepte zum Einsatz digitaler Medien für Lehrende sowie die technische Ausstattung, die Entwicklung einer geeigneten Infrastruktur und die Gestaltung wesentlicher Rahmenbedingungen, aber auch die Unterstützung bei der notwendigen Organisationsentwicklung von der frühkindlichen Bildung, Schulbildung, Hochschulbildung bis zur beruflichen Aus- und Weiterbildung. (Vgl. BMBF 2017a: 5). Im Zusammenhang mit dieser Bildungsoffensive wurde im Sommer 2016 die Dachinitiative „Berufsbildung 4.0“ gegründet. Sie dient dazu, die Qualifikationsanforderungen der Digitalisierung in ausgewählten Berufsbildern zu untersuchen sowie die Ausstattung der überbetrieblichen Berufsbildungsstätten und den Einsatz digitaler Medien in der Ausbildung zu fördern. (Vgl. BMBF 2017a: 5). Mit der Dachinitiative „Berufsbildung 4.0“ sollen auch die Vereinbarungen der Allianz für Aus- und Weiterbildung erfüllt werden, die zwischen der Bundesregierung und der Wirtschaft bestehen, um den digitalen Wandel zu begleiten und die Ausbildung bedarfsgerecht auf die Anforderungen einer digitalen Wirtschaft auszurichten. Die Initiative „Berufsbildung 4.0“ umfasst verschiedene Programme und Initiativen. Unter anderem gehören dazu die „Fachkräftequalifikation und Kompetenzen für die digitalisierte Arbeit von morgen“, die „Förderung von Digitalisierung in überbetrieblichen Berufsbildungsstätten und Kompetenzzentren“, „digitale Medien in der beruflichen Bildung“ und die „Aus- und Weiterbildung in der Wirtschaft 4.0“. (Vgl. BMBF 2017a: 6 ff.).

5.3.1 Entwicklung neuer Ausbildungsberufe

Die Entwicklung neuer digitaler Ausbildungsberufe spiegelt die Verbreitung digitaler Technologien in der Arbeitswelt und trägt den gestiegenen Anforderungen im Umgang mit digitalen Technologien Rechnung. Aktuell gibt es nur wenige tatsächlich neu entwickelte digitaler Ausbildungsberufe, die jedoch für Frauen durchaus interessant sein können.

Beispielsweise gibt es den neuen Ausbildungsberuf **„Kauffrau im E-Commerce“**, der den Verkauf von Produkten und Dienstleistungen im Internet lehrt. Dies könnte für Frauen eine interessante und zukunftssichernde Alternative zur Wahl der bisherigen Kauffrau sein. Dafür spricht auch die Internetaffinität gerade der jüngeren Generationen, für die der Umgang mit digitalen Medien und dem Internet mittlerweile selbstverständlich ist.

Als **„Mediengestalterin Digital und Print in der Fachrichtung Gestaltung und Technik“** werden Medienprodukte gestaltet und Produktionsabläufe geplant, wobei die Daten für den digitalen Einsatz aufbereitet und für den jeweiligen Verwendungszweck zusammengestellt werden. Neben fachlichen und methodischen Qualifikationen und Kompetenzen könnte dieser neue Ausbildungsberuf vor allem auch die sozialen Qualifikationen und Kompetenzen sowie die kommunikationsorientierten Kompetenzen ansprechen, die insbesondere bei Frauen stark ausgeprägt sind. Hier sollten die Informations- und Werbestrategien zielgruppengerecht ausgebaut werden, um den Beruf Mediengestalterin für Frauen als Ausbildungsberuf attraktiver und bekannter zu machen.

Abgesehen von diesen wenigen tatsächlich neu entwickelten und staatlich anerkannten deutschen Ausbildungsberufen im Berufenet der Arbeitsagentur entstehen in den meisten Branchen durch die Digitalisierung neue Aufgabenfelder und Tätigkeitsbereiche. Mittlerweile gibt es verschiedene Studien darüber, welche neuen Berufe und Aufgabenbereiche in den nächsten Jahren und Jahrzehnten wohl durch die Digitalisierung entstehen werden. Einige häufig in der Diskussion genannten neuen digitalen Aufgabenbereiche und Berufe sind unter anderem IT Sicherheitsberater, Drohnen-Pilot, Roboter-Berater, -Betreuer, -Erzieher, Umwelttechnologe, BIM-Manager (Building-Information-Modeling, (Bauwerksdatenmodellierung), Digital Marketing Manager, E-Commerce-Manager, Tele-Mediziner, Cloud-Engineer. (Vgl. zum Beispiel Sudahl 2018).

Bei der Neuentwicklung von Berufsfeldern sollten zwei Entwicklungsstrategien berücksichtigt werden:

Erstens sollten die Informations- und Werbestrategien für neue Berufe zielgruppengerecht gestaltet werden, um so auch gezielt Frauen als eigene Zielgruppe für diese neuen Ausbildungsberufe anzusprechen, ihr Interesse zu steigern und so die bisher verbreitete genderspezifische Berufswahl aufzubrechen.

Zweitens sollten bei der Neuentwicklung der Berufe die Chance genutzt werden, berufsrelevante nachhaltige Ausbildungsinhalte, das heißt ökologische, soziale und ökonomische berufsrelevante Qualifikationen und Kompetenzen in die neuen Berufsfelder zu integrieren. Dadurch könnten von vornherein auch die ökologischen, sozialen und ökonomischen Auswirkungen der Digitalisierung in den neuen Berufsfeldern berücksichtigt werden. Da nachhaltige Aufgabenbereiche und Berufe gerade von jüngeren Generationen als interessante Berufsfelder geschätzt werden, könnten diese neuen Berufe auch für Frauen deutlich interessanter werden.

5.3.2 Weiterentwicklung bestehender Ausbildungsberufe

Neben der Entwicklung neuer Ausbildungsberufe ist die Weiterentwicklung bestehender Berufe eine gut geeignete und auch zeitlich meist schneller umsetzbare Strategie, um digitale Anforderungen in die Ausbildungen zu integrieren. Darüber hinaus weisen etliche bestehende Berufe vielfältige inhaltliche Bezüge zur Digitalisierung und zum Einsatz digitaler Technologien auf, an die eine inhaltliche Weiterentwicklung gut anknüpfen kann. Beispiele hierfür sind unter anderem der/die Elektroniker/in für Automatisierungstechnik, der/die Produktionstechnologen/in oder auch der/die Mechatroniker/in.

Ein Beispiel für einen bereits im Hinblick auf die digitalen Anforderungen weiterentwickelten Ausbildungsberuf sind Verfahrenstechnologen Metall, die es in verschiedenen Fachrichtungen (Fachrichtung Eisen- und Stahlmetallurgie, Fachrichtung Nichteisenmetallumformung, Fachrichtung Nichteisenmetallurgie, Fachrichtung Stahlumformung) gibt. Die Ausbildung im Beruf Verfahrensmechaniker wird derzeit modernisiert, um aktuelle technische und inhaltliche Entwicklungen in der Berufspraxis zu integrieren. Dazu gehören unter anderem die Digitalisierung, die Industrie 4.0, geänderte Anforderungen durch Leitsysteme aber auch integrierte Managementsysteme. Daher ändert sich auch die Berufsbezeichnung von Verfahrensmechanikern in Verfahrenstechnologen. (Vgl. Berufenet).

Die Weiterentwicklung bestehender Berufe zur Integration digitaler Anforderungen in die jeweiligen Aufgabenbereiche sollte insbesondere die folgenden drei Kompetenzbereiche berücksichtigen:

Erstens: Die **Ergänzung bestehender Ausbildungsinhalte** um Qualifikationen, Fähigkeiten, Fertigkeiten und Kompetenzen zum Umgang mit digitalen Technologien im jeweiligen Berufsfeld. Dazu gehören beispielsweise

- Wissen und Kenntnisse über digitale Technologien, die im Aufgabenbereich zum Einsatz kommen (zum Beispiel 3D-Drucker, Roboter, Cyber-physische Produktionssysteme),
- Kenntnisse und Fähigkeiten zum Einsatz und zur Anwendung, Steuerung und Überwachung von digitalen Technologien, zum Beispiel Cyber-physische Produktionssysteme, Computerprogramme, Datenbrillen, Datenhandschuhe, Virtual Reality, Augmented Reality, CAVE,
- Einsatz von Notebooks und Tablets zur Aufgabenbearbeitung und Steuerung digitaler Technologien.

Zweitens: Die Vermittlung und **Förderung einer grundlegenden digitalen Medienkompetenz**, die die Akzeptanz und die Nutzung neuer digitaler Technologien im jeweiligen Aufgabenbereich unterstützt.

Drittens: Die **Integration** ökologischer, sozialer und ökonomischer berufsbezogener Qualifikationen und Kompetenzen in die Weiterentwicklung bestehender Ausbildungsberufe, um die vielfältigen Auswirkungen der Digitalisierung auf die jeweiligen Berufsfelder sowie im Hinblick auf eine nachhaltige Unternehmenstätigkeit berücksichtigen zu können und ggf. auch lenkend eingreifen beziehungsweise gestalten zu können.

Die Weiterentwicklung bestehender Berufsfelder im Hinblick auf die Integration digitaler Technologien und Kompetenzen, aber auch nachhaltiger Anforderungen und Kompetenzen verspricht eine Attraktivitätssteigerung der Berufe gerade für Frauen. Zusätzlich bedarf es frauenspezifischer Informations- und Werbestrategien der Personalentwicklung, um auf die digital und nachhaltig weiterentwickelten Berufe besonders aufmerksam zu machen.

5.3.3 Studiengänge für eine Arbeitswelt 4.0

Auch viele Studiengänge weisen bereits heute wichtige inhaltliche Bezüge zu digitalen Technologien und neuen digitalen Anforderungen auf, die weiterentwickelt werden können.

Beispielsweise gibt es ein breites Studienangebot technischer Studiengänge in den Fachgebieten IT-Systeme, IT-Sicherheit, Informatik, Robotik, Automatisierungstechnik, Maschinen- und Anlagenbau und Produktionstechnik, die sowieso schon Qualifikationen und Kompetenzen in der Entwicklung und Nutzung digitaler Technologien vermitteln und auch die neuen digitalen Entwicklungen berücksichtigen.

Zusätzlich entwickeln sich auch neue Studiengänge, die von vornherein spezifische Anforderungen und Kenntnisse digitaler Technologien berücksichtigen. Dazu gehören beispielsweise der Studiengang **Mechatronics**, der grob die Themenfelder Mechanik, Mechatronik, Echtzeitsysteme und Embedded Computing umfasst. Aber auch der Studiengang **Produktionstechnik** vermittelt vielfältiges Fachwissen über

Fertigungstechnologien bis hin zu den Grundlagen der Unternehmensführung. Ein weiteres Beispiel ist der Studiengang **Produktionsmanagement**, der die Simulation von Fertigungsprozessen bis hin zum Controlling von Produktionsprozessen umfasst.

Doch auch viele naturwissenschaftliche, umwelttechnologische, nachhaltigkeitsorientierte und geisteswissenschaftliche Studiengänge haben vielfältige Potenziale zur Integration digitaler Technologien und Wissensbestände, sofern sie diese nicht sowieso schon berücksichtigen.

Hier gilt es, gezielt die neuen digitalen aber auch nachhaltigkeitsorientierten Bezüge und Qualifikationen in die Weiterentwicklung der Studiengänge zu integrieren. Um verstärkt Frauen auch für die MINT- und nachhaltigkeitsorientierten Studiengänge zu interessieren, sollten die Hochschulen und Universitäten ihre Informationsangebote über das bestehende Angebot hinaus zielgruppengerecht ausbauen.

5.3.4 Trainee-Programme

Traineeprogramme dienen Hochschulabsolventen zur systematischen und praxisorientierten Einarbeitung in ihre Berufspraxis und werden mittlerweile von vielen Unternehmen angeboten. Innerhalb von circa sechs bis 24 Monaten lernen die Trainees (Hochschulabsolventen) je nach konkretem Traineeprogramm entweder alle wesentlichen Geschäfts- und Funktionsbereiche des Unternehmens kennen oder können sich auf bestimmte Funktionsbereiche spezialisieren. (Vgl. Kirschten 2017: 292 f.).

Auch Traineeprogramme sind gut geeignet, um Hochschulabsolventen berufs- und aufgabenbezogene sowie unternehmensspezifische digitale und nachhaltigkeitsorientierte Anforderungen, Qualifikationen und Kompetenzen zu vermitteln. Bei der Einarbeitung in die verschiedenen Unternehmensbereiche lernen die Trainees die Nutzung und den Einsatz digitaler Technologien sowie ökologische, soziale und ökonomische Bezüge in den verschiedenen Aufgabenbereichen konkret kennen.

Sofern bestehende Traineeprogramme nicht bereits digitale und nachhaltige berufsbezogene Kenntnisse und Fähigkeiten vermitteln, sollten sie entsprechend dem Einsatz digitaler Technologien und nachhaltiger Aufgabenbereiche in den verschiedenen Aufgabenbereichen weiterentwickelt werden.

Zusätzlich könnten spezifische **Traineeprogramme für Frauen** entwickelt werden. Diese sollten je nach inhaltlicher Ausrichtung des Traineeprogramms die berufsspezifischen fachlichen, digitalen und nachhaltigkeitsbezogenen fachlichen Kompetenzen vermitteln. Zusätzlich könnten besondere methodische, soziale und persönliche Kompetenzen vermittelt und vor allem weiterentwickelt werden. Beispielsweise wäre hier eine frühzeitige berufsbezogene Vernetzung der weiblichen Trainees (zum Aufbau beruflicher Netzwerke) wichtig. Ebenso sollte eine gezielte mittel- bis längerfristige Karriereplanung und -entwicklung (inklusive spezifischer Fach- und Führungsqualifikationsangebote) unter besonderer Berücksichtigung frauenspezifischer und familienspezifischer Berufs- und Lebensplanungen, Berufsbiografien sowie einer besonderen Konzentration auf die Vereinbarkeit von Beruf und Familie bereits in diese Traineeprogramme integriert werden.

5.3.5 Perspektiven für Frauen in der beruflichen Bildung 4.0

Welche Chancen und Risiken die Entwicklung einer beruflichen Bildung 4.0 für Frauen zukünftig haben wird, lässt sich heute nur schwer abschätzen. Dennoch können schon jetzt einige Veränderungen identifiziert werden, die insbesondere für Frauen neue Perspektiven bieten. Dazu gehören unter anderem die folgenden Entwicklungen.

Aktuelle Studien prognostizieren, dass vor allem Büro- und Sekretariatsberufe, Berufe im Verkauf und im Gastronomieservice, aber auch Berufe in der kaufmännischen und technischen Betriebswirtschaft, Bankkaufleute und Buchhalter durch die Digitalisierung stark gefährdet sind. Diese Berufsfelder weisen einen hohen Frauenanteil auf. Das bedeutet, dass viele heute von Frauen dominierte Berufsfelder zukünftig durch die Digitalisierung ersetzt werden könnten. Für die Frauen ergibt sich hierdurch ein hohes Risiko bei der Wahl frauentypischer Ausbildungsberufe.

Chancen für Frauen ergeben sich aus der Tatsache, dass Frauen meist bessere Schul-, Hochschul- und Ausbildungsabschlüsse aufweisen als Männer. Je höher die Bildungsabschlüsse von Frauen sind, desto besser sind auch ihre Chancen in zukünftig gefragten Berufsfeldern. Dies gilt vor allem für Spezialisten- und Expertenberufe, die eine Meister oder Technikerausbildung (für Spezialisten) beziehungsweise ein Hochschulstudium (für Experten) voraussetzen. Zusätzlich steigern Frauen ihre Ausbildungs- und Berufschancen, wenn sie bei ihrer Berufswahl diejenigen Berufe stärker berücksichtigen, die zukünftig in einer digitalisierten Arbeitswelt besonders gefragt und heute immer noch eher männerdominiert sind.

Neue Berufschancen ergeben sich für Frauen durch die **Veränderungen der MINT-Berufe** (MINT = Mathematik, Informatik, Naturwissenschaften, Technik) durch den Einsatz digitaler Technologien aber auch durch die Integration spezifisch ökologischer, sozialer und ökonomischer Inhalte in die Berufsfelder. So werden zusätzlich zu den fachspezifischen Anforderungen zukünftig verstärkt auch nachhaltige, digitale, kommunikative, netzwerkorientierte und managementbezogene Anforderungen wichtig werden. Beispielsweise werden sich neue technische Entwicklungen stärker im Hinblick auf ihre unternehmerische und ökonomische Verwertbarkeit und Integration, aber auch auf ihre ökologischen Auswirkungen sowie auf ihren Kundennutzen hin ausrichten. Dies erfordert zusätzliche wirtschaftliche, kommunikative, ökologische, soziale sowie management- und marketingorientierte Kompetenzen.

Auch die Form der **Entwicklungszusammenarbeit** wird sich noch stärker am Projektmanagement orientieren. (Vgl. Marrs, Bultmeier 2016: 7). Die inhaltliche Vielfalt und stärkere Konzentration auf nachhaltige und managementbezogene Aufgabenbereiche steigert die Attraktivität dieser MINT-Berufsfelder auch für Frauen. Dies könnte dazu führen, dass Frauen zukünftig nicht mehr primär frauenspezifische Ausbildungsberufe erlernen, sondern auch zunehmend bislang noch typische männerspezifische Ausbildungsberufe beziehungsweise sich neu entwickelnde Ausbildungsberufe ergreifen.

Die Entscheidung von Frauen für die Aufnahme eines Ausbildungsberufs im MINT-Bereich könnte auch durch den Einsatz digitaler Technologien in der Ausbildung gefördert werden. So kann der Einsatz von Augmented und Virtual Reality in der Ausbildung (zum Beispiel durch Datenbrillen, Datenhandschuhe, virtuelles Schweißen) das Erlernen körperlich schwerer Fertigkeiten erleichtern und die MINT-Berufe auch insgesamt attraktiver für Frauen machen. Vor allem die jüngeren Generationen weisen eine hohe digitale Medienkompetenz auf und lernen gerne mit digitalen Medien (zum Beispiel Tablet, E-Learning, spielebasierte Lernprogramm). Ein weiterer Vorteil des Einsatzes digitaler Medien besteht in der anschaulicheren Vermittlung komplexer und schwieriger technischer oder naturwissenschaftlicher Ausbildungsinhalte (zum Beispiel Blick in das Innere einer Druckmaschine, der den Auszubildenden sonst nicht möglich wäre).

Die **Attraktivität von Berufsausbildungen** für Frauen wird auch durch überbetriebliche Ausbildungsstätten gefördert, die zukunftsorientierte Bildungsinhalte mit neusten Technologien und Standards vermitteln. Überbetriebliche Ausbildungsstätten ergänzen die duale Ausbildung in den Betrieben und in den Berufsschulen durch praxisorientierte und innovative Lehrgänge, Lerninhalte und den Einsatz digitaler Technologien für Lehrzwecke (zum Beispiel Augmented Reality, Virtual Reality, 3D-Drucker, Industrieroboter, digital vernetzte Elektrofahrzeuge). Diese Bildungsangebote können auch von kleinen und mittelständischen Unternehmen genutzt werden, die so auch Ausbildungen anbieten können, ohne selbst alle Ausbildungsinhalte abdecken zu müssen. Der Einsatz moderner digitaler Bildungsmedien und -technologien steigert zusätzlich das jeweilige Ausbildungsangebot. Für Frauen können dadurch auch Ausbildungen in kleinen und mittelständischen Unternehmen attraktiver werden, wenn sie durch die Bildungsangebote der überbetrieblichen Berufsbildungsstätten mit modernen und digitalen Technologien für eine Arbeitswelt 4.0 ausgebildet werden. Die Weiterentwicklung der überbetrieblichen Bildungsstätten zu Kompetenzzentren und nachfrageorientierten Bildungsdienstleistern, die neues Wissen und neue Technologien in die Ausbildung integrieren, wird vom BMBF gefördert. Aktuell gibt es deutschlandweit 34 Kompetenzzentren mit unterschiedlichen fachlichen Schwerpunkten. (Vgl. BMBF 2016).

5.3.6 Soziale Effekte einer beruflichen Bildung 4.0

Gerade die jüngeren Generationen sind mit digitalen Technologien aufgewachsen, so dass die tägliche Nutzung diverser digitaler Technologien für sie völlig selbstverständlich ist. Insofern bringen auch jüngere Frauen von vorn herein schon wichtige digitale

Qualifikationen und Fähigkeiten mit. Dies erleichtert ihnen auch den Zugang zu neuen oder weiterentwickelten digitalen Berufsfeldern und steigert ihre Ausbildungs- und Berufschancen in einer Arbeitswelt 4.0.

Entscheiden sich Frauen für qualitativ anspruchsvollere Berufsfelder, die durch die Digitalisierung der Wirtschaft und Arbeitswelt zukünftig an Bedeutung gewinnen werden, so können Frauen dadurch nicht nur ihre Beschäftigungschancen, sondern auch ihre Verdienstmöglichkeiten steigern, da in diesen höher qualifizierten Berufen auch in der Regel höhere Gehälter gezahlt werden als in geringer qualifizierten Berufsfeldern.

Der verstärkte Einsatz digitaler Technologien, Künstlicher Intelligenz und kollaborativer Roboter verändert auch die Arbeitsbelastungen bestimmter Berufe. Bislang körperlich schwere, monotone oder gesundheitlich belastende Aufgaben können zum Beispiel verstärkt von Robotern oder digitalen Produktionsanlagen übernommen werden. Dadurch werden die Mitarbeiter entlastet und können verstärkt anspruchsvollere und abwechslungsreichere Aufgaben im Bereich der Planung, Organisation, Steuerung und Kontrolle ihres Berufsfeldes übernehmen. Derartige digitale Aufgabenveränderungen könnten das Interesse von Frauen an diesen Berufen deutlich steigern.

Neue **Softwareprogramme** können die bisherigen Leistungen in Schule, Studium und Beruf sowie die persönlichen Präferenzen von Personen berücksichtigen und entsprechend den bisherigen Leistungen und Neigungen geeignete Ausbildungsberufe oder auch Studiengänge vorschlagen. Dies könnte auch Frauen bei der Wahl eines für sie geeigneten Berufes oder Studiums unterstützen und ggf. auch ihre technischen Potenziale sichtbar machen. Manche Softwareprogramme können sogar aus bisherigen Leistungen den zu erwartenden Erfolg eines Studiums oder einer Ausbildung errechnen. Darin verbirgt sich jedoch die Gefahr, dass jemand, dem das Softwareprogramm einen geringen Ausbildungs- oder Studienerfolg prognostiziert, ggf. gar nicht erst genommen wird beziehungsweise vielleicht auch zukünftig höhere Studiengebühren zahlen müsste.

Die Nutzung digitaler Technologien und E-Learning in der Ausbildung ermöglicht auch die Entwicklung örtlich und zeitlich flexibler, das heißt **mobiler Bildungskonzepte**, die wiederum deutlich die Vereinbarkeit von Beruf, Familie und Privatleben der Auszubildenden verbessern können. Insbesondere Frauen können von flexiblen Bildungskonzepten bei der Vereinbarung von Ausbildung und Familie profitieren, da sie auch heute noch häufig den Hauptteil der Familienarbeit leisten. Damit leisten mobile beziehungsweise flexible Bildungskonzepte auch einen Beitrag zur Verbesserung der Work-Life-Balance der Auszubildenden. Andererseits können flexible Ausbildungskonzepte auch die Entgrenzung zwischen Ausbildung und Familie beziehungsweise Privatleben fördern und damit gegebenenfalls zu physischen und psychischen Überlastungen speziell der Frauen führen.

Gleichzeitig fördern flexible und mobile Bildungskonzepte auch das Angebot von **Teilzeitausbildungen**. Unterstützt durch den Einsatz digitaler Technologien und durch E-Learning können insbesondere (junge) Mütter beziehungsweise Eltern trotz

Familienarbeit eine Ausbildung in Teilzeit absolvieren. Dies erleichtert gerade jungen Eltern die Entscheidung für eine Ausbildung und ermöglicht vielleicht erst ihre tatsächliche Umsetzung.

Der Einsatz **digitaler Lernmethoden** und neuer Lernkonzepte in der Ausbildung kann die Attraktivität der Ausbildung aber auch die Motivation und damit auch die Leistungen der Auszubildenden während der Ausbildung deutlich steigern und zusätzlich die zeitliche und örtliche Flexibilität während der Ausbildung erhöhen.

Die Entwicklung **individualisierter Ausbildungs- und Lernsoftware** berücksichtigt bei den Lerneinheiten das individuelle Lernverhalten, die persönlichen Lernerfolge und auch die Lerngeschwindigkeit. Entsprechend des individuellen Lernverhaltens und Lernerfolges werden beispielsweise zusätzliche Übungen, inhaltliche Wiederholungen oder weiteres Lernmaterial angeboten. Damit steigern diese individualisierten Lernprogramme den Lernerfolg und ermöglichen gleichzeitig eine hohe Vereinbarkeit mit verschiedenen Aufgabenbereichen, was sie gerade für Frauen mit Mehrfahrbelastungen sehr attraktiv macht.

Werden zusätzlich **digitale Lerngruppen** eingerichtet, so können hierdurch die Lernbereitschaft aber auch die Lernerfolge der Einzelnen durch die Zusammenarbeit und gegenseitige Unterstützung in der Gruppe gefördert werden. Dies könnte gerade Frauen mit mehrfachen Belastungen zugutekommen.

5.3.7 Ökologische Effekte einer beruflichen Bildung 4.0

Der Einsatz digitaler Technologien sowie die Vermittlung neuen digitalen Wissens in der Berufsausbildung hat auch verschiedene ökologische Auswirkungen, die im Folgenden erläutert werden.

Der Einsatz digitaler Technologien kann die systematische Integration berufsbezogenen ökologischen Wissens in die Ausbildung unterstützen. Mit Hilfe geeigneter Softwareprogramme und Künstlicher Intelligenz können die Vielfalt ökologischer Einflussfaktoren und Auswirkungen sowie ihre komplexen Wechselwirkungen in konkreten Berufsfeldern detaillierter analysiert und berücksichtigt werden. Zusätzlich kann der Einsatz digitaler Technologien durch zum Beispiel Simulationen bestimmter Arbeitstechniken Ressourcenverbräuche (beispielsweise an Material, Energie) und Umweltbelastungen reduzieren sowie ökologisch verträgliche Arbeitsabläufe und Verhaltensweisen aufzeigen.

Die Entwicklung mobiler und flexibler digitaler Ausbildungskonzepte sowie der verstärkte Einsatz von **E-Learning und Webbasiertem Lernen** in der Ausbildung können auch zu Verkehrsentlastungen und damit zu weniger Luftbelastungen beitragen, da die Auszubildenden einen Teil ihrer Ausbildungsinhalte auch zum Beispiel von zu Hause aus oder ortsunabhängig (mobil) absolvieren können. So verringern sich unter anderem die Fahrten zwischen Wohnung und Ausbildungsstätte und Betrieb.

Andererseits fördert der steigende Einsatz digitaler Medien und Technologien in der Ausbildung sowohl den Energieverbrauch als auch den Ressourcenverbrauch von beispielsweise seltenen Metallen und seltenen Erden für die Herstellung digitaler Geräte, Technologien und Netzwerke. Wie gravierend diese zusätzlichen Energie- und Ressourcenverbräuche für den Ausbildungsbereich zukünftig sein werden und welche ökologischen Auswirkungen daraus resultieren, lässt sich heute nur schwer abschätzen. Positive ökologische Effekte könnten jedoch durch die Weiterentwicklung und verstärkte Nutzung regenerativer Energiequellen (Solartechnologie, Energiegewinnung durch Wind- und Wasserkraft) entstehen. Die Weiterentwicklung dieser Technologien könnte ebenfalls durch den Einsatz geeigneter Softwareprogramme und Künstlicher Intelligenz unterstützt werden.

5.4 Fortbildung für eine Arbeitswelt 4.0

Alle Bildungsmaßnahmen, die auf den berufsspezifischen Qualifikationen aufbauen und nach einer abgeschlossenen Berufsausbildung erfolgen, werden als Fortbildung bezeichnet. (Vgl. §1 ff. BBiG). Zur Fortbildung gehören als Teilbereiche die Anpassungsfortbildung, die Aufstiegsfortbildung und die Ergänzungsfortbildung.

Gerade die **Anpassungsfortbildung** muss zukünftig stark ausgebaut werden. Sie zielt darauf, die neuen berufsspezifischen Qualifikationsanforderungen, die durch den Einsatz digitaler Technologien und nachhaltiger Anforderungen in den jeweiligen Berufsfeldern entstehen, frühzeitig aufzugreifen und den Beschäftigten das aktuelle berufsbezogene digitale, ökologische, soziale und ökonomische Wissen sowie die notwendigen Fertigkeiten zu vermitteln. Dadurch sichern die Unternehmen aber auch die Beschäftigten selbst ihre dauerhafte Beschäftigungsfähigkeit in den neuen Berufsfeldern.

Vor allem Frauen können durch die Inanspruchnahme von Anpassungsfortbildungen ihre Beschäftigungsfähigkeit im Hinblick neuer digitaler beruflicher Anforderungen sichern. Voraussetzung hierfür ist natürlich ein entsprechendes Angebot an Anpassungsfortbildungen durch die Arbeitgeber und weitere Bildungsinstitutionen, die neue berufsbezogene digitale und nachhaltige Anforderungen und Qualifikationen vermitteln. Dies gilt umso mehr, je stärker der jeweilige Beruf von Veränderungen durch die Digitalisierung und der Nachhaltigkeit betroffen ist.

Auch die **Aufstiegsfortbildung** wird mit zunehmendem Einsatz digitaler Technologien in den Unternehmen und der nachhaltigen Unternehmensorientierung an Bedeutung gewinnen. Ihr Ziel ist es, die berufsbezogenen Qualifikationen zu erweitern und zu vertiefen, um Mitarbeiter auf die Übernahme inhaltlich anspruchsvollerer beruflicher Aufgaben vorzubereiten. (Vgl. Kirschten 2017: 294). Dazu gehören unter anderem Maßnahmen zur fachlichen Qualifikation, zur Nachwuchsförderung und zur Führungskräfteentwicklung. Mit Hilfe einer vorangehenden Potenzialanalyse können die Entwicklungspotenziale der Mitarbeiter, aber auch ihre beruflichen Entwicklungswünsche detailliert identifiziert und berücksichtigt werden.

Im Hinblick auf die Digitalisierung lassen sich zwei Effekte identifizieren.

Erstens können mit Aufstiegsfortbildungen die notwendigen anspruchsvolleren digitalen und nachhaltigen Kenntnisse, Fähigkeiten und Fertigkeiten vermittelt werden.

Zweitens eröffnen Anpassungsfortbildungen den Mitarbeitern die Möglichkeit, sich aus denjenigen Berufsfeldern beziehungsweise Aufgabenbereichen heraus weiter zu entwickeln, die von der Digitalisierung zukünftig bedroht sein werden. So können Mitarbeiter, deren Aufgabenbereiche sich durch die Digitalisierung stark verändern oder wegfallen, durch Aufstiegsfortbildungen in neue, anspruchsvollere Aufgabenbereiche weiterentwickeln und dadurch auch ihre Beschäftigungsfähigkeit sichern. Dies ist vor allem für diejenigen Frauen relevant, die in vom digitalen Wandel bedrohten Berufen arbeiten. Für sie können Aufstiegsfortbildungen einen doppelten Effekt haben: Erstens sichern sie ihre Beschäftigungsfähigkeit durch die Erweiterung ihrer digitalen Kompetenzen, andererseits können sich durch Aufstiegsfortbildungen auch neue anspruchsvollere Aufgabenbereiche in digitalen und nachhaltigen Aufgabenbereichen eröffnen.

Ergänzungsfortbildungen dienen dazu, unabhängig von der bestehenden beruflichen Qualifikation zusätzliche, neue Qualifikationen zu erwerben. Dazu gehören zum Beispiel das Erlernen einer weiteren Fremdsprache, eines zusätzlichen Softwareprogramms oder anderer digitaler Qualifikationen sowie ergänzender ökologischer, sozialer und ökonomischer Qualifikationen und Kompetenzen, die über das berufsbezogene Anforderungsprofil hinausgehen. Beispielsweise könnte eine Ergänzungsfortbildung zur Anwendung digitaler Technologien eine zukunftsfähige Zusatzqualifikation und eine Erweiterung des beruflichen Fähigkeitsprofils für Mitarbeiter sein. Nachhaltige Ergänzungsfortbildungen eröffnen ebenfalls neue anspruchsvollere Aufgabenbereiche für Frauen. Insgesamt helfen Ergänzungsfortbildungen Frauen dabei, ihre Berufsfähigkeit und ihre Entwicklungschancen zu verbessern.

Inwieweit Frauen zukünftig berufsbezogene digitale Anpassungs-, Aufstiegs- und/oder Ergänzungsfortbildungen für ihre Aufgabenbereiche angeboten werden, hängt von verschiedenen Faktoren ab.

Während digitale Anpassungs- und Aufstiegsfortbildungen auch zukünftig wahrscheinlich vorrangig von den Arbeitgebern angeboten werden, könnte die Verantwortung für digitale Ergänzungsfortbildungen stärker auf die Beschäftigten selbst verlagert werden.

Allerdings wird das zukünftige arbeitgeberseitige Fortbildungsangebot auch von der konkreten Beschäftigungsform abhängen. Diejenigen Erwerbstätigen, die in festen Beschäftigungsverhältnissen arbeiten, werden eher in den Genuss von Fortbildungen kommen als diejenigen, die freiberuflich arbeiten. Gerade diejenigen, die in denen sich neu entwickelnden Arbeitsformen des Remote-Working (ortsungebundene Projektarbeit für Auftraggeber oder Arbeitgeber), Co-Working (freiberufliche Zusammenarbeit) oder Crowd-Working (digitale Auftragsvergabe von Auftragsgebern über Internetplattformen an freiberuflich Tätige) selbstständig arbeiten, werden zukünftig wohl auch verstärkt selbst die Verantwortung und die Kosten für ihre berufliche Anpassungs-, Aufstiegs- und Ergänzungsfortbildung übernehmen müssen.

Individualisierte E-Learning-Angebote werden sicher zukünftig auch in der Fortbildung an Bedeutung gewinnen und damit auch die Flexibilität und Individualität des Lernens steigern, was die Vereinbarkeit von Fortbildungen, Beruf und Familie gerade für Frauen steigern kann. Individualisierte E-Learning-Programme basieren jedoch auf der Preisgabe persönlicher Informationen der Nutzer. Diese persönlichen Informationen können nicht nur zur Bewertung des Lernerfolges verwendet werden, sondern auch zur Berechnung der Erfolgswahrscheinlichkeit der angebotenen Fortbildung. Wird die Erfolgswahrscheinlichkeit als eher gering eingeschätzt, so kann das dazu führen, dass eine Fortbildung vielleicht gar nicht angeboten wird beziehungsweise nur zu einem höheren Preis. Das Nachsehen könnten hierbei diejenigen Frauen haben, deren Erfolgswahrscheinlichkeit für eine Fortbildung aufgrund von Mehrfachbelastungen durch das Programm als gering eingeschätzt wird.

5.5 Umschulung für eine Arbeitswelt 4.0

Die Umschulung oder auch berufsverändernde Bildung dient dem Wechsel des Berufsfeldes, wenn der bislang gelernte beziehungsweise ausgeübte Beruf aus bestimmten Gründen nicht mehr ausgeübt werden kann. Damit qualifiziert die Umschulung Mitarbeiter für ein neues Berufsfeld. Diese Bildungsvariante ist vor allem für diejenigen Mitarbeiter wichtig, deren bisheriger Beruf durch die Digitalisierung und künstliche Intelligenz sehr stark gefährdet ist und zukünftig wahrscheinlich nicht mehr benötigt werden wird. Dies trifft nach aktuellen Prognosen insbesondere Berufe und Aufgabenbereiche mit relativ geringen bis mittleren Qualifikationsanforderungen. Aber auch typische Frauenberufe sind eher von dem digitalen Wandel bedroht. Bietet der bisherige Beruf durch die digitalen Veränderungen für Frauen keine Beschäftigungsperspektiven mehr, so kann eine Umschulung helfen, die Beschäftigungsfähigkeit in einem neuen zukunftsfähigen digitalen oder nachhaltigen Berufsfeld zu sichern. Bereits genannte Beispiele sind der E-Commerce Handel, informationstechnologische Berufe oder auch soziale, umweltorientierte und Gesundheitsberufe.

6 Strategien einer nachhaltigen beruflichen Förderung für Frauen in einer Arbeitswelt 4.0

Die berufliche Förderung beinhaltet alle Maßnahmen, die Mitarbeiter bei ihrer individuellen beruflichen Entwicklung unterstützen und begleiten. (Vgl. Kirschten

2017: 298). Wesentliche Teilbereiche der beruflichen Förderung sind die Weiterbildung, das Karrieremanagement und die Nachfolgeplanung.

Im Zuge der Digitalisierung bietet die **berufliche Förderung** interessante und notwendige Ansatzpunkte, um die Mitarbeiter bei der Bewältigung der komplexer werdenden Arbeitswelt 4.0 und ihrer zunehmend digitalen Aufgabenbereiche systematisch durch geeignete Fördermaßnahmen zu unterstützen und weiterzubilden. Dabei sollten die neuen digitalen Anforderungen und Qualifikationserfordernisse einer Arbeitswelt 4.0 verbunden werden mit den individuellen beruflichen Entwicklungswünschen der Mitarbeiter aber auch mit den unternehmensbezogenen Interessen der beruflichen Förderung. Gleiches gilt für die Förderung nachhaltiger Qualifikationen und Kompetenzen, die zukunftsfähige berufliche Entwicklungschancen für Frauen eröffnen.

Die **individuellen Ziele** der Mitarbeiter im Hinblick auf eine berufliche Förderung können sich erstrecken auf die Ausschöpfung der eigenen berufsbezogenen Entwicklungspotenziale aber auch der Entwicklungsangebote im Unternehmen, der Übernahme anspruchsvollerer Aufgabenbereiche sowie der beruflichen Selbstentfaltung durch sinnstiftende und herausfordernde beziehungsweise interessante Tätigkeiten.

Die **betrieblichen Ziele** an die berufliche Förderung der Mitarbeiter umfassen die Gewährleistung eines gut qualifizierten Fach- und Führungsnachwuchses, die Ausschöpfung der vorhandenen Entwicklungspotenziale der Mitarbeiter, sowie die anforderungs- und nachhaltigkeitsgerechte Förderung der Mitarbeiter bei der Verwirklichung ihrer individuellen beruflichen Entwicklungsziele. Damit möchte ein Unternehmen dauerhaft seinen Bedarf an leistungsfähigen Fach- und Führungskräften absichern. So steigert ein attraktives Angebot an beruflichen Förderungsmöglichkeiten das Image des Unternehmens als attraktiver Arbeitgeber, fördert die Mitarbeiterzufriedenheit und stärkt so auch die Bindung der leistungsbereiten Mitarbeiter an das Unternehmen.

6.1 Weiterbildung für eine Arbeitswelt 4.0

Die berufliche Weiterbildung beinhaltet alle Maßnahmen der individuellen berufsbezogenen Entwicklung der Mitarbeiter (§1 BBiG). Dazu gehören alle Maßnahmen, die der Vertiefung und Erweiterung des Fachwissens der Mitarbeiter dienen sowie die Handlungskompetenzen zur Anwendung des Gelernten im Beruf weiterentwickeln.

Die neuen beruflichen Anforderungen durch die Digitalisierung und die nachhaltige Orientierung der Unternehmen sollten unbedingt auch in der beruflichen Weiterbildung in den verschiedenen Kompetenzbereichen berücksichtigt werden.

Fachlich bietet sich die Vertiefung und Erweiterung von Kenntnissen im Umgang mit berufsbezogenen digitalen Technologien an, wie beispielsweise erweiterte IT-Kenntnisse, Softwarekenntnisse, Einsatz und Steuerung kollaborativer Roboter, Umgang mit Virtual und Augmented Reality et cetera. Zusätzlich sollten ökologische, soziale und ökonomische fachbezogene Kenntnisse erweitert werden.

Methodisch können digitale Technologien die Bewältigung der Arbeitsaufgaben vielfältig unterstützen, zum Beispiel durch geeignete Softwareprogramme zur Datenerfassung, -verarbeitung, -weiterleitung und -speicherung oder auch durch die Nutzung digitaler Technologien zur Steuerung und Kontrolle von Produktions- und Arbeitsprozessen (wie Tabletnutzung, RFID-Chips, Fernwartung und digitaler Fehlersuche). Aber auch Tools zur digitalen Projektplanung und -arbeit, Tools zur digitalen Unterstützung der Kommunikation mit Kollegen und Kunden (beispielsweise durch Videokonferenzen) sowie der Umgang mit E-Learning-Programmen werden zukünftig an Bedeutung gewinnen.

Auch die **soziale und persönliche** Weiterentwicklung kann einerseits durch digitale Technologien unterstützt werden (zum Beispiel durch gemeinsame Projektarbeit auf Lernplattformen, online-Verhaltenstrainings), andererseits können digitale Technologien auch die sozialen und persönlichen Qualifikationen und Kompetenzen selbst fördern, wie beispielsweise durch den Einsatz digitaler Kommunikationsmedien, die Nutzung digitaler Konfliktbewältigungsstrategien beziehungsweise -medien oder den Einsatz geeigneter digitaler Medien zur Persönlichkeitsentwicklung.

Für Frauen sind Weiterbildungsangebote insbesondere dann wichtig, wenn sie in vom digitalen Wandel bedrohten Berufsfeldern arbeiten und durch die Weiterbildung ihre Chancen auf eine Weiterbeschäftigung in zukünftigen digitalen Aufgabenbereichen erhöhen können oder durch den Erwerb vertiefter oder zusätzlicher Qualifikationen neue digitale und anspruchsvollere Aufgabenbereiche übernehmen können.

Das steigende Angebot an online angebotenen Kursen und Studiengängen durch digitale Bildungsanbieter, klassische Hochschulen und Internet-Hochschulen wird zukünftig ein breites Angebot an digital relevanten Weiterbildungen für ganz unterschiedliche Berufsfelder bereithalten. Die Kosten dieser meist auch digital angebotenen Weiterbildungen werden umso mehr sinken, je größer die Nachfrage wird. Sofern die online-Angebote einmal erarbeitet sind, verursachen sie kaum zusätzliche Kosten, egal wie viele Nutzer die Angebote nachfragen. Das macht online-Weiterbildungen auch für diejenigen Interessierten attraktiv und erschwinglich, die sich keine teuren Weiterbildungen leisten können oder sich nicht dafür verschulden möchten, wie zum Beispiel Familien oder Alleinerziehende.

Moderne Softwareprogramme sind heute schon in der Lage, Interessenten bei der Identifikation und Auswahl geeigneter Weiterbildungsangebote zu unterstützen. Unter Berücksichtigung des individuellen Lebenslaufs und beruflichen Werdegangs sowie der bisherigen Qualifikationen, Kompetenzen und Berufserfahrungen können diese Softwareprogramme geeignete fachliche, methodische oder auch soziale und persönliche Weiterbildungsangebote für konkrete Nutzer identifizieren. Damit wird die Suche nach geeigneten Weiterbildungen einfacher, übersichtlicher und schneller. Damit kann aber auch das Risiko verbunden sein, dass nur denjenigen Personen oder Zielgruppen Weiterbildungen für digitale und/oder nachhaltige Themenbereiche angeboten werden, deren Erfolgswahrscheinlichkeit für einen guten Abschluss der Weiterbildung als hoch eingeschätzt wird oder die als förderungswürdige Zielgruppe im Programm hinterlegt sind. So könnten beispielsweise Frauen, die bisher in Teilzeit arbeiten, vom Programm von vornherein ausgeschlossen werden, da für ihren Beschäftigungsumfang eine umfangreiche Weiterbildung eventuell als zu teuer für den Arbeitgeber eingeschätzt wird. Um derartige Auswahlprozesse zu meiden, müssen die vom Programm zu berücksichtigen Daten und Auswahlkriterien besonders sorgfältig geprüft werden.

Hier wird ein grundlegendes Risiko deutlich: So könnte der Zugang zu beschäftigungssichernden Weiterbildungen für diejenigen Frauen erschwert werden, die in weniger anspruchsvollen Aufgabenbereichen oder die nur in Teilzeit arbeiten, da Weiterbildungen hierfür als zu teuer eingeschätzt werden. Dies würde die zukünftigen Beschäftigungschancen dieser Frauen zusätzlich verringern beziehungsweise könnte sie dazu zwingen, die Verantwortung und die Kosten für notwendige Weiterbildungen selbst zu übernehmen. Damit einher ginge eine zusätzliche Benachteiligung von Frauen, die in weniger anspruchsvollen Aufgabenbereichen oder in Teilzeit arbeiten, aber auch die Vernachlässigung vorhandener Arbeitskräftepotenziale.

Um derartige Entwicklungen zu vermeiden, sollte die Weiterbildung aller erwerbstätigen Frauen aus Sicht der Unternehmen als zukunftsorientierte Investition betrachtet und gefördert werden. Damit werden die Frauen auf die neuen Anforderungen einer Arbeitswelt 4.0, den Umgang mit digitalen Technologien sowie auf steigende ökologische, soziale und ökonomische berufsbezogene Anforderungen vorbereitet und auch fachlich und methodisch vertieft weitergebildet. Dadurch können die vorhandenen Fähigkeits- und Leistungspotenziale vor allem der Frauen im Hinblick auf die zukünftigen digitalen berufsbezogenen Anforderungen entwickelt und ausgeschöpft werden, zumal die Gewinnung neuer externer Fach- und Führungsnachwuchskräfte sich zukünftig aufgrund des demografischen Wandels immer schwieriger gestalten wird.

Unabhängig von der bisherigen Diskussion müssen die Erwerbstätigen und Erwerbsfähigen zukünftig verstärkt auch selbst die Verantwortung für die eigene digitale Weiterbildung übernehmen, um ihre Beschäftigungsfähigkeit in einer digitalen Arbeitswelt zu sichern.

Umgesetzt werden kann die Vermittlung digitaler und nachhaltiger Qualifikationen und Kompetenzen im Rahmen der Weiterbildungen für eine digitale und nachhaltige Arbeitswelt mit ganz unterschiedlichen Methoden der Personalentwicklung, die im siebenten Kapitel diskutiert werden.

6.2 Nachhaltiges Karrieremanagement für Frauen in einer Arbeitswelt 4.0

Die berufliche Karriere bezeichnet die berufliche Entwicklung und Übernahme verschiedener Aufgabenbereiche beziehungsweise Stellen einer Person im Laufe des individuellen Berufslebens. (Vgl. Kirschten 2017: 299). Im allgemeinen Sprachgebrauch verbindet sich mit dem Begriff „Karriere" ein Stellenwechsel mit zunehmender fachlicher, sozialer und materieller Anerkennung und anspruchsvolleren Arbeitsaufgaben. Das muss jedoch nicht immer der Fall sein. So kann auch die Übernahme anderer Aufgabenbereiche unabhängig von der fachlichen, sozialen und materiellen Anerkennung im Sinne eines Stellenwechsels als Karriere bezeichnet werden.

Für die älteren Generationen der Beschäftigten hatte die Karriere im Berufsleben meist eine hohe Bedeutung. Bei den jüngeren Generationen (Generation Y und Z) scheint die Karriereorientierung nicht ganz so stark ausgeprägt zu sein, wie aktuelle Studien belegen. Für die Gewinnung und Bindung fachlich kompetenter Mitarbeiter ist das Angebot von Karriereperspektiven durch Unternehmen nach wie vor ein wichtiger Aufgabenbereich. Daran ändert auch die Digitalisierung nichts. Im Gegenteil: Da das zukünftige Angebot an Nachwuchskräften aufgrund des demografischen Wandels abnehmen wird, müssen die Unternehmen verstärkt attraktive Anreize zur Gewinnung und Bindung gut qualifizierter Fach- und Führungskräfte sowie attraktive Karriereperspektiven entwickeln. Hier ist ein systematisches Karrieremanagement gefordert.

Allerdings wird die Entwicklung neuer attraktiver **Karrieremodelle** für die Unternehmen zukünftiger nicht einfacher. Die Forderung nach agilen Unternehmen, die sich schnell und flexibel an neue Anforderungen anpassen können, führt zu einer weiteren Verschlankung der Unternehmen, dem Abbau von formalen Hierarchien und einer steigenden Projektarbeit. Damit entfallen aber auch typische hierarchieorientierte Karrierewege und Karrierepositionen. Insofern gilt es, neue und flexiblere Karrierewege, -positionen und Karrierestrategien unabhängig von formalen Hierarchien zu entwickeln. Mit der Digitalisierung und steigenden mobilen Projektarbeit können neue inhaltlich anspruchsvolle Aufgabenbereiche als Karriereoptionen entwickelt werden, ohne traditionell hierarchisch höhere Positionen anbieten zu müssen. Kombiniert mit zeitlich und örtlich flexiblen Arbeitsbereichen, aber auch mit Teilzeitkarriereangeboten könnten so auch für Frauen interessante Karrieremodelle entstehen, die ihnen genügend Spielraum für die Vereinbarkeit beruflicher und privater Verpflichtungen gibt. Inhaltlich sollten die Karrierestrategien natürlich auch die neuen digitalen und nachhaltigen Anforderungen, Aufgabenbereiche und Qualifikationen mitberücksichtigen und in die Karriereentwicklung integrieren.

Da Frauen auch heute noch in anspruchs- und verantwortungsvolleren Aufgabenbereichen sowie in höheren Führungspositionen oft unterrepräsentiert sind, gilt es insbesondere im Karrieremanagement spezielle Strategien und Maßnahmen zur Förderung und Entwicklung von Frauen für Karrierepositionen in einer nachhaltigen Arbeitswelt 4.0 zu entwickeln und umzusetzen. Besonders geeignet sind hierbei die folgenden Strategien:

Ernstgemeintes Bekenntnis der Unternehmensführung zur Karriereförderung von Frauen im Unternehmen

Ausgangspunkt eines frauenorientierten Karrieremanagements sollte ein glaubwürdiges und ernstgemeintes Bekenntnis der Unternehmensleitung zur Karriereförderung von Frauen für gehobene Fach- und Führungsaufgaben in einer Arbeitswelt 4.0 sein. Das Bekenntnis der Unternehmensleitung signalisiert unternehmensweit, dass die Karriereförderung von Frauen erwünscht und idealerweise auch durch die Bereitstellung von Ressourcen (Budget, Personal) unterstützt und umgesetzt wird. Dies vermittelt auch untergeordneten Geschäftsbereichen und Abteilungen, dass die Förderung von Frauenkarrieren auch im digitalen Wandel ein wichtiges Unternehmensziel darstellt und eine besondere Beachtung im Unternehmen erfährt. Untermauert werden kann diese Willenserklärung der Unternehmensleitung durch verbindliche unternehmensinterne Zielvorgaben für die Besetzung eines bestimmten Anteils von Führungspositionen mit Frauen. Diese Wertschätzung und der ausdrückliche Wille zur Karriereförderung von Frauen ist eine wichtige Voraussetzung für die Entwicklung und Umsetzung weiterer karriereorientierter Strategien.

Förderung der Vereinbarkeit von Karriere und Familie

Die unzureichende Vereinbarkeit von Karriere und Familie ist bis heute einer der wesentlichsten Gründe, warum Frauen bei gleich guter Ausbildung und Qualifikation relativ seltener Führungspositionen besetzen. Daher ist die Entwicklung von Strategien zur Verbesserung der Vereinbarkeit von Karriere und Familie für Frauen besonders wichtig. Mögliche Strategien könnten zum Beispiel die Entwicklung und das Angebot von Teilzeitkarrieremodellen auch für verantwortungsvollere Führungsaufgaben sein. Mittlerweile sind Teilzeitarbeitsmodelle in sehr vielen Aufgabenbereichen weit verbreitet und haben sich vielfach bewährt. Auch für anspruchsvolle Fach- und Führungsaufgaben gibt es mittlerweile Teilzeitarbeitsmodelle, allerdings ist deren Verbreitung und vor allem Akzeptanz in der Praxis noch recht gering. Daher sollten Unternehmen hier ansetzen und aufgaben- sowie unternehmensspezifische Teilzeitarbeitsmodelle für gehobene Fach- und Führungskräfte entwickeln und vor allem ihren Mitarbeiterinnen anbieten, wie Job-Sharing-Modelle (zum Beispiel Top-Sharing-Modelle).

Die steigende Nutzung digitaler Technologien erleichtert dabei eine Teilzeitführung, da viele Informations- und Kommunikationsprozesse über elektronische Informations- und Kommunikationstechnologien (wie Email, Videokonferenzen, gemeinsamer Datenzugriff über Clouds, kontinuierliche Erreichbarkeit über Smartphone und Tablet) erfolgen können und so die zeitliche und örtliche Unabhängigkeit der Zusammenarbeit unterstützen.

Attraktives Angebot an Work-Life-Balance-Maßnahmen

Zusätzlich zu flexibleren Arbeitszeitmodellen ist auch zukünftig ein attraktives Angebot an Work-Life-Balance-Maßnahmen durch die Unternehmen wichtig, um die Vereinbarkeit von Beruf, Familie und Privatleben zu erleichtern. Mögliche Angebote sollten sich nach den Bedürfnissen der beschäftigten Frauen richten, die zum Beispiel mittels einer Mitarbeiterinnenbefragung erhoben werden können. Grundsätzlich gehören neben flexiblen Arbeitszeitmodellen zu den attraktiven Angeboten für Frauen und Familien unter anderem die Vermittlung oder eigene Bereitstellung von Kindergartenplätzen oder einer Notfallbetreuung für die Kinder der eigenen Mitarbeiterinnen, falls der Kindergarten geschlossen hat oder ein Krankheitsfall eintritt. Aber auch Beratungs- und Serviceangebote für den Pflegebedarf von Familienangehörigen sowie Langzeitarbeitskonten, um familienbedingte Schwankungen der Arbeitszeit ausgleichen zu können, sind wichtige Instrumente zur Verbesserung der Work-Life-Balance. Darüber hinaus werden Angebote im Gesundheitsbereich (Beratung, betriebliche Sportgruppen, Grippeimpfung und so weiter) sowie spezifische Angebote für ältere Mitarbeiterinnen vielfach geschätzt.

Gezielte Personalentwicklung für Frauen als Vorbereitung und Qualifikation für gehobene Fach-, Führungs- und Projektaufgaben

Besonders wichtig ist eine **spezifische Personalentwicklung für Frauen**, um sie für die Übernahme anspruchsvoller Fach-, Führungs- und Projektaufgaben in einer nachhaltigen Arbeitswelt 4.0 vorzubereiten und hierfür zu qualifizieren. Geeignete Maßnahmen sind unter anderem Trainings zur Führungskräfteentwicklung, spezielle fachbezogene oder projektbezogene Entwicklungsmaßnahmen, die neue digitale und nachhaltige Anforderungen und Qualifikationen vermitteln, aber auch Maßnahmen zur Entwicklung der methodischen, sozialen und persönlichen Qualifikationen (zum Beispiel im Hinblick auf Führungsstile, methodische Unterstützung durch Projekt- und Teammanagement, Präsentationstechniken, Umgang mit Softwareprogrammen, Kommunikations- und Konfliktbewältigungstrainings). Zusätzlich eignen sich **Coachingmaßnahmen** zur Begleitung der Frauen in neuen digitalen oder nachhaltigen Aufgabenbereichen und Führungssituationen und zur Reflektion und Entwicklung eines eigenen selbstbewussten Arbeits- und Führungsverhaltens. Besonders auf Frauen abgestimmte **Mentoringprogramme** unterstützen unter anderem den Aufbau von und die Integration in berufliche Netzwerke, die Wissensvermittlung hinsichtlich berufs- und aufgabenbezogener Verhaltensweisen, die Kontaktaufnahme und -pflege mit Geschäftspartnern und internen sowie externen Kollegen und fördern die Weitergabe von beruflichem Erfahrungswissen zwischen Mentor und Mentee. Übernehmen Frauen die Funktion des Mentors, so ist die Vorbildfunktion ein weiterer wichtiger Vorteil des Mentoring. Die verstärkte Integration digitaler Technologien und digitaler Lernformate kann die Personal- und Karriereentwicklung in den verschiedenen Instrumenten vielfältig unterstützen, flexibilisieren und auch individualisieren, um die persönlichen Bedürfnisse der karrierewilligen Frauen besser berücksichtigen zu können.

Spezifisches Karrieremanagement für Frauen

Eine ernstgemeinte Frauenförderung bedarf auch eines spezifischen Karrieremanagements für Frauen. Dieses sollte unter anderem mögliche familienbedingte Unterbrechungen der Berufstätigkeit von vornherein mitberücksichtigen, ebenso wie zwischenzeitliche Teilzeitbeschäftigungen, die später jedoch wieder in Vollzeitbeschäftigungen umgewandelt werden können. Zusätzlich sollte ein frauenspezifisches Karrieremanagement auch besondere Fortbildungen und Weiterbildungen für zukünftige digitale Aufgabenbereiche für Frauen mit Karrierewünschen anbieten, die ggf. auch in der Elternzeit oder in Pflegezeiten in Anspruch genommen werden können, um beruflich auf dem aktuellen Wissensstand zu bleiben beziehungsweise sich auch schon auf die Übernahme anspruchsvollerer Aufgabenbereiche vorbereiten zu können. Hierbei bietet sich unter anderem der Einsatz von E-Learning Formaten an, die es zum Beispiel Frauen in Erziehungszeiten ermöglichen, orts- und zeitindividuell Lerneinheiten oder Trainingsmaßnahmen zu absolvieren und zeitlich in ihre Familienpflichten zu integrieren. Zusätzlich sollte ein frauenspezifisches Karrieremanagement auch die **Netzwerkbildung** zwischen (weiblichen) Nachwuchsführungskräften und fachlichen Spezialisten fördern, die ebenfalls durch entsprechende Online-Plattformen unterstützt werden können. Auch regelmäßige Informationen (digital und schriftlich) über Förderungs- und Weiterbildungsmaßnahmen, freiwerdende Stellen und aktuelle Entwicklungen und Karriereplanungen im Unternehmen sollten als **„Karriere-Newsletter“** mit in das Karrieremanagement integriert werden. In dem Zusammenhang ist es empfehlenswert, einen spezifischen digitalen **Karrierepool** für Frauen aufzubauen, um unternehmensweit einen aktuellen Überblick über qualifizierte und interessierte weibliche Nachwuchsfach- und -führungskräfte zu haben.

6.3 Nachfolgemanagement für eine Arbeitswelt 4.0

Das Nachfolgemanagement bildet einen eigenen Teilbereich der beruflichen Förderung und beinhaltet alle Planungen und Maßnahmen zur Besetzung offener Stellen mit geeigneten internen Mitarbeitern oder extern zu beschaffenden neuen Mitarbeitern.

Für die Unternehmen wird das Nachfolgemanagement immer wichtiger, da einerseits in den nächsten Jahren gerade die geburtenstarken Jahrgänge in den Ruhestand gehen werden und dadurch ein wachsender Nachbesetzungsbedarf in vielen Unternehmen entstehen wird. Teilweise ist dieser hohe Nachbesetzungsbedarf schon heute deutlich spürbar. Andererseits werden die Fachkräfteengpässe zukünftig sehr wahrscheinlich noch zunehmen, da jüngere Nachwuchskräfte aufgrund des demografischen Wandels knapper werden, wodurch die Nachfolgeplanung nochmals an Bedeutung gewinnt. Diese Entwicklung kann auch die aktuelle Geburtenrate von 1,5 Kindern pro Frau nicht stoppen. (Vgl. Statistisches Bundesamt 2018, Spiegel.de). Zusätzlich stellt die Digitalisierung der Arbeitswelt neue Anforderungen an die Qualifikation der Mitarbeiter für die nach zu besetzenden Stellen, so dass entsprechende Qualifikationsmaßnahmen beziehungsweise eine externe Beschaffung geeigneter Mitarbeiter frühzeitig geplant und umgesetzt werden müssen.

Das Nachfolgemanagement sollte von der Unternehmensleitung als **integrativer und strategisch geplanter wichtiger Managementbereich** in allen Managementebenen im Unternehmen verankert und mit entsprechenden Ressourcen (Budget, Personal) ausgestattet werden. Wichtig sind auch eindeutige personelle Zuständigkeiten für das Nachfolgemanagement sowie ein mittelfristiger Planungshorizont. Die Erarbeitung einer Altersstrukturanalyse ist für ein systematisches Nachfolgemanagement unverzichtbar, um einen mittelfristigen Überblick über zumindest die planbaren und absehbaren nach zu besetzenden Stellen (zum Beispiel durch Mitarbeiter, die in den Ruhestand gehen, absehbare Kündigungen etc.) hinsichtlich Zeitpunkt und Qualifikation zu haben. Hilfreich ist hierbei auch ein umfassendes digitales Informationssystem über die relevanten unternehmensinternen und -externen Arbeitsmärkte. Auch ein digitaler **„Nachfolgerpool"**, der aktuelle Personal- und Qualifikationsdaten potenziell geeigneter Nachfolger für freiwerdende Positionen enthält, ist ein wichtiges Instrument. Hier könnten auch besondere Prioritäten für weibliche Nachfolger festgelegt und ggf. mit erforderlichen Personalentwicklungsmaßnahmen abgestimmt werden.

Der Prozess des Nachfolgemanagements umfasst vier wesentliche Phasen (vgl. Stock-Homburg 2013: 126):

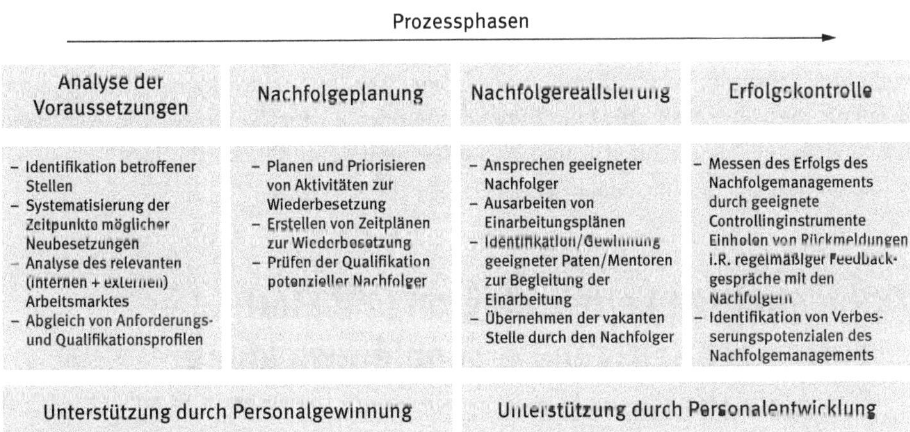

Abb. 12: Prozess des Nachfolgemanagements, Quelle: Kirschten 2017: 305, vgl. auch Stock-Homburg 2013: 126.

- die Analyse der Voraussetzungen
- die Nachfolgeplanung
- die Nachfolgerealisierung
- die Erfolgskontrolle (siehe Abbildung 12)

Ein mittel- bis langfristiges, gut geplantes und systematisch umgesetztes Nachfolgemanagement ist insbesondere für diejenigen Aufgabenbereiche wichtig, die inhaltlich vielfältige und anspruchsvolle Anforderungen an die Stelleninhaber stellen. Die veränderten Anforderungen durch die Einführung und Nutzung **digitaler Technologien** in den Unternehmen sowie die zunehmende nachhaltige Unternehmensorientierung steigert noch die Notwendigkeit eines systematischen und integrierten Nachfolgemanagements, da die erforderlichen Qualifikationen und Kompetenzen zunehmend schwerer auf dem externen Arbeitsmarkt verfügbar sind. Hier müssen bereits bei der Analyse der Voraussetzungen im Nachfolgemanagementprozess die neuen beziehungsweise veränderten digitalen und nachhaltigen Anforderungen an die zukünftigen Stelleninhaber identifiziert und möglichst genau beschrieben sowie in aktuellen Anforderungsprofilen festgeschrieben werden.

Bei der Nachfolgeplanung ist zusätzlich zu berücksichtigen, welche **potenziellen Nachfolger** für die Stellennachbesetzung infrage kommen und inwieweit gegebenenfalls ein inhaltlicher Qualifikationsbedarf der Nachfolger besteht, um den veränderten digitalen und nachhaltigen Stellenanforderungen gerecht zu werden. Geeignete Nachfolgekandidaten müssen auch frühzeitig angesprochen werden und der mögliche Qualifikationsbedarf ist auch zeitlich rechtzeitig mit einzuplanen. Hier könnte anforderungsgerecht qualifizierten Frauen eine besondere Aufmerksamkeit geschenkt werden, um deren Potenziale zu nutzen und ggf. auch weiterzuentwickeln. Gleichzeitig könnten geeignete Instrumente der Personalentwicklung die Einarbeitung und Übernahme des neuen beziehungsweise nach zu besetzenden Aufgabenbereichs begleiten, zum Beispiel durch sogenannte **Tandems**. In Tandems arbeiten der bisherige Stelleninhaber und der (zukünftige) Nachfolger über einen gewissen Zeitraum (zum Beispiel einen oder mehrere Monate) zusammen, wobei der Nachfolger alle wichtigen Aufgabenbereiche kennenlernt und vom älteren Stelleninhaber wichtiges Fach- und Erfahrungswissen mitlernen kann.

7 Nachhaltige Lernstrategien und Methoden einer nachhaltigen Personalentwicklung für die Arbeitswelt 4.0

Für die Umsetzung einer nachhaltigen beruflichen Bildung ist es wichtig, konkrete Lernstrategien zu entwickeln, die in diesem Kapitel vorgestellt werden. Darüber hinaus wird das Spektrum der Lernmethoden für eine nachhaltige Personalentwicklung überblickartig vorgestellt und konkrete digitale Lernmethoden genauer vorgestellt.

7.1 Nachhaltige Lernstrategien

Die Umsetzung einer nachhaltigen beruflichen Bildung und Förderung für eine nachhaltige Arbeitswelt 4.0 bedarf geeigneter Lernstrategien, die die Herausforderungen der nachhaltigen und digitalen Transformation berücksichtigen und Entwicklungschancen durch die Digitalisierung in der Personalentwicklung nutzen.

Zu den grundlegenden Lernstrategien gehören insbesondere die folgenden Strategien:

Lebenslanges Lernen der Mitarbeiter fördern
Da bestimmte Teile unseres Wissens (insbesondere das technologische, ökologische, umweltbezogene, informations- und kommunikationsbezogene und berufliche Wissen) in immer kürzeren Zeitabständen veralten, reicht es schon lange nicht mehr aus, beispielsweise nur eine Berufsausbildung zu absolvieren oder nach mehreren Jahren an einer beruflichen Weiterbildung teilzunehmen. Vielmehr zeigt die digitale Transformation sehr deutlich, wie schnell sich berufsbezogenes Wissen weiterentwickelt. Daher ist es heute unerlässlich, kontinuierliche Lernprozesse über das gesamte Berufsleben einer Person zu etablieren. Dazu ist es wichtig, unternehmensintern aber auch unternehmensübergreifend geeignete Lernstrukturen aufzubauen, geeignete Lernanreize und attraktive Lehrangebote zu entwickeln, die ein kontinuierliches Lernen, das heißt ein Lernen in regelmäßigen zeitlichen Abständen fördern und attraktiv machen.

Zielgruppengerechte Gestaltung der Lernstrategien und Personalentwicklung
Bestimmte Mitarbeitergruppen zeigen ein unterschiedliches Lernverhalten und bevorzugen verschiedene Lernmethoden (wie digitale Lernmethoden, Präsenzlernen) sowie individuelle Lernzeiten. Außerdem gibt es verschiedene Lerntypen, die zu berücksichtigen sind. Für einen hohen Lernerfolg ist es daher wichtig, konkrete Zielgruppen für bestimmte Lernstrategien und Personalentwicklungsmaßnahmen zu identifizieren und Lernangebote auf die Präferenzen dieser Zielgruppen abzustimmen. Mögliche abzugrenzende Zielgruppen könnten zum Beispiel jüngere beziehungsweise ältere Mitarbeiter sein, Frauen, Mitarbeiter mit eher geringen, hohen oder spezialisierten Qualifikationen, fachbezogene Zielgruppen, oder auch Führungsnachwuchskräfte. Zielgruppenspezifische Lernpräferenzen könnten mithilfe einer Mitarbeiterbefragung abgefragt werden und als Grundlage für eine zielgruppengerechte Gestaltung der Lernangebote dienen. Zusätzlich sollten auch zielgruppenübergreifende Lernangebote und Entwicklungsmöglichkeiten angeboten werden, um den

Wissenstransfer zwischen den Mitarbeitern sowie das qualifikations-, alters- und geschlechtsübergreifende Lernen der Mitarbeiter zu fördern.

Interaktive Lernprozesse und das Selbstlernen der Mitarbeiter fördern

Gerade die digitalen Medien und Technologien ermöglichen mittlerweile vielfältige interaktive Lernprozesse, zum Beispiel durch einen Informations- und Wissensaustausch in sozialen Medien, Fachgruppen oder informellen Netzwerken und mit Wissensdatenbanken. Diese interaktiven, teils auch selbstinitiierten und berufsübergreifenden Lernprozesse der Mitarbeiter gilt es zu unterstützen und zu fördern, um dadurch zusätzliche Lernprozesse anzustoßen und neues Wissen zu generieren und auszutauschen. Gleichzeitig kann durch die interaktiven Lernprozesse auch die Kontinuität des Lernens gesteigert werden. Gerade das Lernen in sozialen und fachlichen Netzwerken ermöglicht einen vielfältigen Wissensaustausch und die gegenseitige Unterstützung bei der Suche nach Problemlösungen.

Insgesamt umfassen die Lernstrategien für eine nachhaltige Arbeitswelt 4.0 ein Spektrum von formalen Lernstrategien und Lernangeboten bis hin zur Unterstützung interaktiver und auch selbstorganisierter Lernprozesse (siehe Abbildung 13).

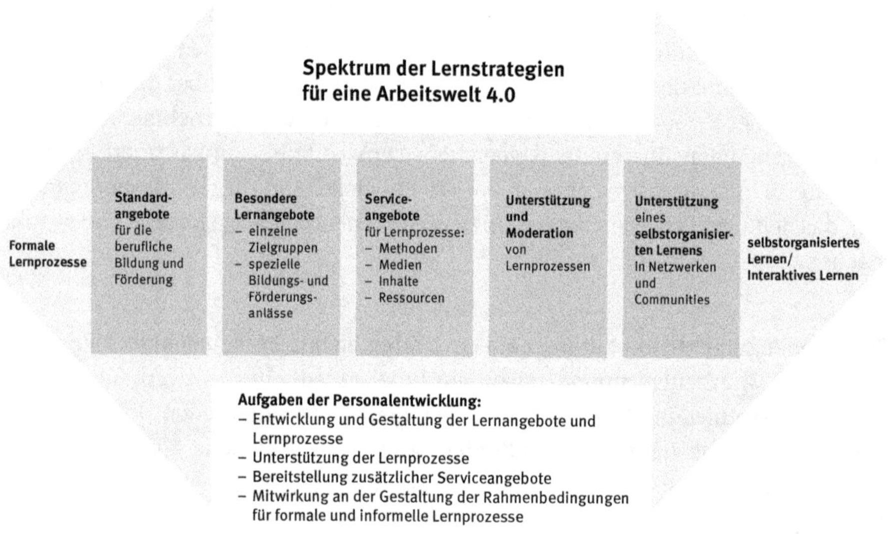

Abb. 13: Spektrum der Lernstrategien der Personalentwicklung, Quelle: eigene Darstellung, erweitert von: Meier, Seufert 2016: 234.

Die standardisierten Angebote für die berufliche Bildung und Förderung bilden das Grundgerüst und sollten hinsichtlich der vermittelten Inhalte aber auch der eingesetzten digitalen Instrumente beziehungsweise Methoden auf die aktuellen Anforderungen der berufsbezogenen Digitalisierung angepasst werden. Über dieses Standardangebot hinaus ist es wichtig, zusätzliche Lernangebote für besondere digitale Themenstellungen, Aufgabenbereiche oder zur Vermittlung digitaler Qualifikationen und Kompetenzen zu entwickeln und anzubieten. Das Angebot kann sich auch an spezifische berufliche Bildungs- oder Förderungsbedarfe richten, zum Beispiel besondere Traineeprogramme für digitale Aufgabenbereiche oder spezifische Weiterbildungen in digitalen Themenbereichen. Das zusätzliche Serviceangebot soll Lernprozesse unterstützen, in dem zum Beispiel besondere digitale Medien, Lernmethoden, Zugriff auf spezifische Wissensbestände oder weitere Ressourcen den Mitarbeitern zum Lernen zur Verfügung gestellt werden.

Als weitere Strategie und gleichzeitig Aufgabe der Personalentwicklung ist die Unterstützung und Moderation der berufsbezogenen Lernprozesse durch geschulte Mitarbeiter, Ressourcen, zeitliche Freiräume, Vernetzungsangeboten und Diskussionsplattformen wichtig. Das Personalmanagement sollte jedoch die Mitarbeiter auch bei ihren Initiativen zum selbstorganisierten Lernen unterstützen. Hilfreich können hierfür Informationsangebote über zum Beispiel fachspezifische Netzwerke und Communities, Diskussionsforen und Best Practices Plattformen sein, die die Mitarbeiter bei informellen, spontanen und selbstbestimmten Lernprozessen begleiten.

7.2 Methoden der Personalentwicklung für eine Arbeitswelt 4.0

Für Maßnahmen der beruflichen Bildung und Förderung stehen der Personalentwicklung vielfältige Methoden zur Verfügung (siehe Abbildung 14). Das Methodenspektrum reicht von grundlegenden Methoden zur Personalentwicklung über weiterentwickelte sowie neu entwickelte Methoden, die insbesondere ökologische und soziale berufsbezogene Qualifikationen, Kompetenzen und Wechselwirkungen vermitteln, bis hin zu spezifisch digitalen Methoden für eine nachhaltige Arbeitswelt 4.0. Dabei muss sich die Auswahl einer konkreten Methode am zu vermittelnden Inhalt (Qualifikation), den zu vermittelnden Fertigkeiten (zum Beispiel Anwendung digitaler Technologien) sowie der Umsetzung des Gelernten in die berufliche Praxis (Kompetenzentwicklung) orientieren. Für die Vermittlung digitaler Qualifikationen und Kompetenzen können daher sowohl grundlegende, erweiterte aber auch spezifisch digitale Methoden gut geeignet beziehungsweise auch kombiniert im Lernprozess eingesetzt werden.

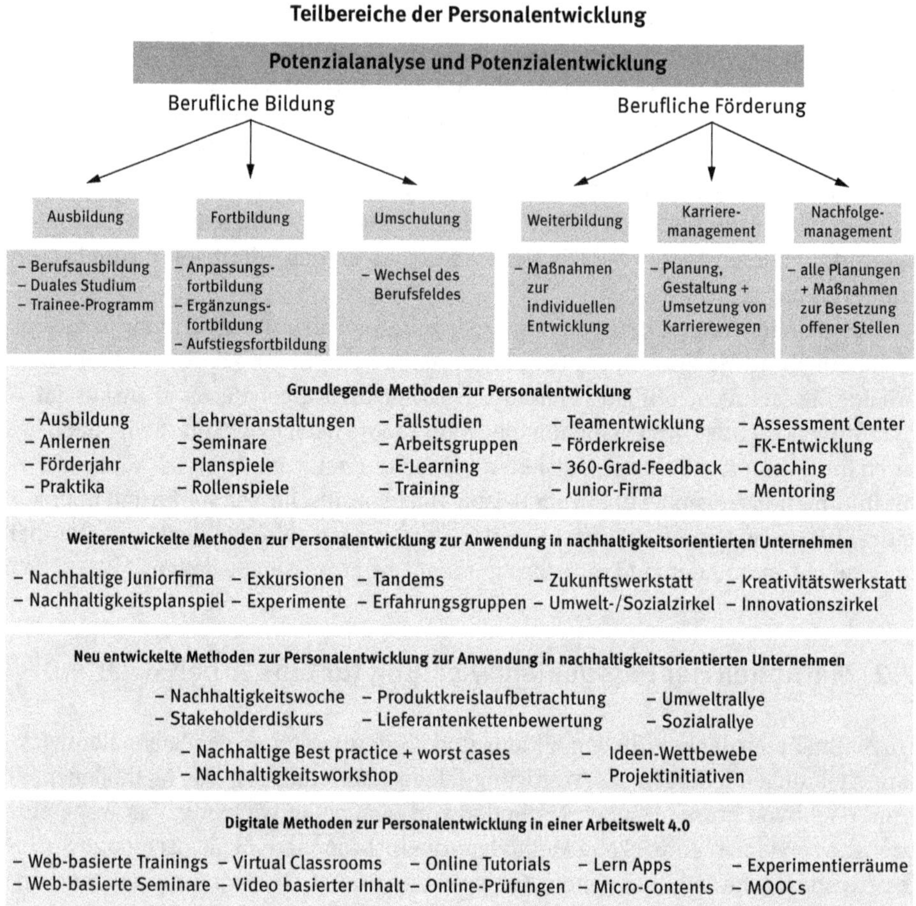

Abb. 14: Methoden der Personalentwicklung für eine Arbeitswelt 4.0, Quelle: eigene Darstellung. Erweitert aus: Kirschten 2017: 309.

Bevor einzelne digitale Methoden der Personalentwicklung vorgestellt werden, erfolgt zunächst eine grundlegende Einordnung der digitalen Methoden.

Unter **E-Learning** wird grundsätzlich die Nutzung elektronischer Medien (Computer, Internet) für Lehr- und Lernformen verstanden. Für die Lernenden hat dies den Vorteil, zeitlich und örtlich selbstbestimmter und flexibler lernen zu können. (Vgl. Kirschten 2017: 314). Die digialen Weiterentwicklungen des E-Learnings können als Digital Learning bezeichnet werden (siehe unten).

Die Kombination aus E-Learning und Präsenzveranstaltungen wird als **Blended Learning** bezeichnet. Hierbei werden bestimmte Lerneinheiten digital absolviert (zum Beispiel Veranstaltungen im Virtual Classroom mit Online-Prüfungen) und andere Lerneinheiten werden als Präsenzveranstaltung (wie Präsenz-Seminar, Experimentierraum) angeboten. Diese Kombination von digitalem und Präsenz-Lernen hat den Vorteil, dass die Lernenden einen Teil selbstbestimmt erarbeiten können, und trotzdem durch Präsenzeinheiten einen persönlichen Kontakt und Austausch mit den anderen Lernenden sowie mit den Lehrenden aufbauen können, um ggf. auch Unklarheiten zu klären und eine ausgeprägtere Identifikation mit der Lerngruppe zu erreichen.

Digital Learning ermöglicht das flexible orts- und zeitunabhängige Lernen mit kabellosen (mobilen) digitalen Medien (Laptops, Tablets, Smartphones), die jederzeit auf digitale Informations-, Daten- und Kommunikationsnetze zugreifen können. So bildet das Digital Learning die Voraussetzung für mobiles Lernen. Dadurch können Personen unabhängig von Ort und Zeit selbstbestimmt lernen. Beispielsweise können Reise- oder Wartezeiten (in der S-Bahn, im Zug, beim Arzt im Wartezimmer) zum Lernen genutzt werden. Wissen kann auch vor Ort erworben werden, zum Beispiel an historischen Orten, in Museen oder auf Exkursionen, sofern entsprechende Informations- und Kommunikationsnetze bestehen. Zusätzlich unterstützt das digitale Lernen die Verteilung von Lerninhalten sowie die Kommunikation zwischen Lernenden über die mobilen Endgeräte und mobilen Anwendungen (zum Beispiel Apps.).

Ein besonderer **Vorteil** der digitalen Lernmethoden besteht in der möglichen Individualisierung des Lernens. Hierbei erfassen und reagieren digitale Lernprogramme auf das individuelle Lernverhalten und den Lernfortschritt des Nutzers und stellen bedarfsgerecht zusätzliche Übungen und Informationen für den Nutzer bereit. Insgesamt entwickeln sich die Leistungsfähigkeit und Vielfalt der Einsatzmöglichkeiten von digitalen Lernformen rasant. Damit bieten sie flexible, individualisierte und vielfältige einsetzbare Methoden für die berufliche Bildung und Förderung gerade für Frauen, um stärker selbstbestimmt sowie ort- und zeitunabhängig zu lernen. Dies ist vor allem bei Mehrfachverpflichtungen, wie zum Beispiel der Kinderbetreuung, Berufstätigkeit oder Versorgung pflegebedürftiger Angehöriger wichtig.

Exemplarisch werden im Folgenden einige spezifisch digitale Methoden der Personalentwicklung vorgestellt.

Webbasierte Trainings und webbasierte Seminare sind virtuelle interaktive Lernangebote, die Lernenden über das Internet beziehungsweise konkrete Internetplattformen angeboten werden. Je nach konkreten Lerninhalten kann es sich um Seminare (Wissenserarbeitung oder Problembearbeitung) handeln oder um virtuelle Trainings, in denen konkrete problembezogene Themenbereiche oder spezifische Kompetenzen erlernt werden sollten. Die Trainings und Seminare können entweder als Einzelanwendung für einzelne Lernende oder als gemeinsames Lernangebot für mehrere Lernende konzipiert werden.

Virtuelle Classrooms (virtual classrooms) sind webbasierte Vorlesungen oder Veranstaltungen, die über digitale Technologien und entsprechende Softwareprogramme in der Regel über das Internet angeboten werden. Die Teilnehmer verabreden sich zu einer bestimmten Zeit, um gemeinsam virtuell zum Beispiel an einer Vorlesung oder Veranstaltung teilzunehmen. Der wesentliche Unterschied zu Präsenzvorlesungen ist, dass sich die Teilnehmer virtuell treffen und an völlig verschiedenen Orten sein können. Virtuell Classrooms bieten meist vielfältige softwaregestützte Interaktionsmöglichkeiten der Teilnehmer (zum Beispiel Redebeiträge).

Lehr- und Lernvideos und videobasierte Inhalte vermitteln Wissen und Zusammenhänge anschaulich über Videos. So können Anwendungsbezüge, Praxisbeispiel, Problembereiche und Zusammenhänge visuell und auditiv dargestellt werden und bieten meist einen höheren Unterhaltungs- und Informationswert, aber auch einen besseren Lerneffekt.

Online-Tutorials ermöglichen die interaktive Übung, Erklärung und Vertiefung bestimmter Wissensgebiete zwischen den Lernenden und einem virtuellen Tutor, der für Fragen zur Verfügung steht und Übungen anleitet.

Online-Prüfungen und Online-Tests sind eine orts- und zeitunabhängige virtuelle Prüfungsmöglichkeit für Lernende, die ihr Wissen kontrollieren möchten oder ausbildungsbezogen bestimmte Prüfungen beziehungsweise Test ablegen können. Wichtig ist hier die eindeutige Identifikation der zu Prüfenden, die meist über persönliche Zugangsdaten zum digitalen Prüfungssystem sichergestellt wird.

Lern-Apps digitale Lernprogramme, die speziell für mobile digitale Endgeräte (zum Beispiel Tablet, Smartphone) entwickelt wurden und den Lernenden orts- und zeitunabhängige Lerneinheiten beziehungsweise Lernmöglichkeiten über die mobilen Endgeräte zur Verfügung stellen.

Micro-Contents sind kurze Lerneinheiten (meist nur wenige Minuten), in denen Lernende kurze Pausen beziehungsweise kurze Zeiteinheiten selbstbestimmt zur konkreten Wissensvermittlung oder Wissenswiederholung nutzen können. Zunehmend werden auch Interaktions- und Anwendungsbezüge in die Micro-Contents integriert.

Massive Open Online Course (MOOCs) bezeichnen Onlinekurse (Vorlesungen, Seminare, Veranstaltungen), die ohne Zugangsbeschränkung und Gebühren online als Video oder interaktive Lehrveranstaltung angeboten werden und so der Öffentlichkeit zur Verfügung stehen. Hier werden traditionelle Lehrmethoden (wie Vorlesung, Videos, Literatur) kombiniert mit digitalen beziehungsweise virtuellen Möglichkeiten der Interaktion zwischen Lehrenden und Lernenden (zum Beispiel in virtueller Kleingruppenarbeit, virtuellen Diskussionsforen und Lerngruppen). Die einzige Voraussetzung für den Zugang zu MOOCs ist ein Internetzugang und das individuelle Lerninteresse des Nutzers.

Betriebliche Experimentier- und Lernräume sind eine Initiative des BMBF. Hier können Unternehmen, Mitarbeiter und Auszubildende neue Arbeitskonzepte oder den Einsatz digitaler Technologien zu ganz unterschiedlichen Themenbereichen ausprobieren. (Vgl. http://www.arbeitenviernull.de/experimentierraeume/). „In den Experimentierräumen geht es um die Themen, die für Unternehmen und Belegschaften schon immer eine herausragende Rolle gespielt haben. Wie gestaltet man die Arbeit so, dass alle gesund bleiben und ihre Ideen einbringen können? Welche Qualifikationen und Kompetenzen sind unverzichtbar für die Arbeitswelt von morgen? Wie organisiert man Zusammenarbeit?“ (http://www.arbeitenviernull.de/experimentierraeume/).

Neben den vielfältigen neuen digitalen Lernmethoden bleibt aber auch der Einsatz traditioneller Lernformen wichtig, weil sie auf die direkte und persönliche Interaktion abstellen, die vor allem für die Vermittlung sozialer und persönlicher Kompetenzen wichtig ist. Insofern erscheint eine Kombination der digitalen mit den klassischen Lehr- und Lernmethoden je nach zu vermittelnden Inhalten eine gute Empfehlung zu sein.

8 Fazit

Die Auseinandersetzung hat die Vielfalt der Einflussfaktoren und Wechselwirkungen zwischen der digitalen Transformation im Hinblick auf die Entwicklung einer Arbeitswelt 4.0 und ihren Auswirkungen auf eine nachhaltige Personalentwicklung unter besonderer Berücksichtigung der Beschäftigungschancen von Frauen herausgearbeitet. Dabei steht die Erforschung dieses Themenfeldes erst am Anfang und bleibt daher noch lückenhaft. Resümierend lassen sich folgende wesentlichen Chancen und Risiken einer digitalen Arbeitswelt für die Beschäftigung von Frauen ableiten.

Die Entwicklung einer Arbeitswelt 4.0 bietet auch Frauen zukünftig vielfältige Beschäftigungschancen. Die sich durch die Digitalisierung neu entwickelnden Beschäftigungsfelder fordern neben fachlichen und digitalen Qualifikationen und Kompetenzen zunehmend auch soziale und persönliche Kompetenzen (zum Beispiel organisatorische, kommunikative, Teamfähigkeit), die bei Frauen meist stark ausgeprägt sind. Zusätzlich erleichtert die Digitalisierung viele Aufgabenbereiche beziehungsweise macht sie anschaulicher, so dass auch technische, naturwissenschaftliche oder ingenieurwissenschaftliche Berufsfelder für Frauen interessanter werden. Allerdings müssen hier auch spezifische Personalwerbungsstrategien entwickelt werden, um speziell Frauen für die neuen Aufgabenbereiche und Berufsfelder zu interessieren und anzusprechen.

Die berufliche Bildung und Förderung gewinnt durch den Einsatz digitaler Bildungsmethoden deutlich an Attraktivität aber auch an Flexibilität. So kann der Einsatz digitaler Lernmethoden zum Beispiel Ausbildungsberufe gerade für die jungen Generationen interessanter, abwechslungsreicher und lehrreicher gestalten. Zusätzlich ermöglichen digitale Lernmethoden auch das Angebot von Teilzeitausbildungen oder auch einer höheren örtlichen Flexibilität zwischen Wohnort und Ausbildungsstätte. Die bietet vor allem Frauen mit Mehrfachbelastungen besser vereinbare Ausbildungsbedingungen.

Auch die Weiterbildung und berufliche Förderung profitiert von der Digitalisierung. Die Entwicklung neuer digitaler Lernmethoden ermöglicht Frauen beispielsweise einen mobilen, kostengünstigen und zunehmend auch personalisierten Zugang und Nutzung von Bildungs- und Weiterbildungsangeboten. Inhaltlich können Frauen hier auf ihren meist umfassenden Kenntnissen und Kompetenzen gut aufbauen. Wichtig ist die Entwicklung neuer, flexibler Karrierestrategien gerade für Frauen, um ihre individuellen Lebenssituationen und Mehrfachbeanspruchungen besser berücksichtigen zu können. Dahinter muss jedoch auch ein eindeutiges Bekenntnis der Unternehmensleitung zur Frauenförderung stehen.

Allerdings birgt die Digitalisierung der Arbeitswelt auch Risiken für die Beschäftigungschancen der Frauen.

Bleibt die Wahl der Ausbildungsberufe von Frauen weiterhin so genderspezifisch wie bisher, so verringern Frauen ihre Chancen auf zukunftsträchtige Berufsfelder einer digitalen Arbeitswelt.

Neu entwickelte digitale Lernmethoden ermöglichen einen mobilen, kostengünstigeren und zunehmend auch personalisierten Zugang zu Bildung. Gerade die Personalisierung bietet große Vorteile, um die individuelle Lernleistung zu fördern und gleichzeitig die persönlichen Lernbedingungen zu berücksichtigen. Allerdings erfordern personalisierte Lernmethoden die Preisgabe vieler persönlicher Informationen, zum Beispiel über bisherige Leistungen, Berufserfahrungen, Qualifikationen etc. Mit der Speicherung und Verarbeitung dieser Informationen sind sie potenziell auch zukünftigen Arbeitgebern zugänglich. Diese wiederum könnten die Informationen bei der Auswahlentscheidung für eine Stellenbesetzung oder einer Weiterbildungsmaßnahme berücksichtigen. Teils können Softwareprogramme bereits aufgrund der eingegebenen persönlichen Informationen die Erfolgswahrscheinlichkeit für Ausbildungen, Weiterbildungen oder Stellenbesetzungen errechnen. Hieraus ergibt sich das Risiko, dass zukünftig Computerprogramme die zu erwartenden Ausbildungs- oder Arbeitsleistungen errechnen, ohne das die Person selbst eine Chance hat, im persönlichen Gespräch zu überzeugen beziehungsweise sich durch die tatsächliche Arbeitsleistung zu bewähren. Das kann Frauen zum Verhängnis werden, die zum Beispiel in Teilzeit arbeiten, eine Familie versorgen müssen oder alleinerziehend sind.

Auch die sich neu entwickelnden selbstständigen Arbeitsformen, wie zum Beispiel Co-Working, Crowdworking oder freiberufliche mobile Projektarbeit bergen Risiken für Frauen. So erleichtert eine freiberufliche Tätigkeit vermutlich die Vereinbarkeit von Beruf, Familie und Privatleben, führt allerdings auch zur Entgrenzung zwischen den verschiedenen Lebensbereichen. Zusätzlich verlagert sich die Verantwortung für die notwendige Aus- und Weiterbildung zur Beschäftigungssicherung in einer digitalen Arbeitswelt zunehmend auf die Berufstätigen selbst. Die Unternehmen hingegen vergeben dann nur noch Arbeitsaufträge mit einer definierten Arbeitsleistung. Die dafür notwendige Qualifikation müssen die freiberuflichen Auftragnehmer selbst nachweisen.

Für die nachhaltige Personalentwicklung ergeben sich aus der Digitalisierung der Arbeitswelt vielfältige Herausforderungen. Ihre wesentliche Aufgabe ist es dabei, die Entwicklungspotenziale und -wünsche der Frauen für erweiterte und neue Beschäftigungsfelder in einer Arbeitswelt 4.0 durch geeignete Strategien und Maßnahmen zu unterstützen und zu fördern. Dafür hält die nachhaltige Personalentwicklung ein vielfältiges Spektrum an geeigneten Personalentwicklungsmethoden bereit, muss sich aber auch selbst weiterentwickeln.

Literatur- und Quellenverzeichnis

Accenture (2016a): Accenture-Studie: Digitale Fähigkeiten beschleunigen Gleichberechtigung am Arbeitsplatz, Pressemitteilung, http://presseservice.pressrelations.de/pressemitteilung/accenturestudie-digitale-faehigkeiten-beschleunigen-gleichberechtigung-am-arbeitsplatz-600045.html (letzter Aufruf: 16.04.2018).

Accenture (2016b): Getting to Equal. How Digital is Helping Close the Gender Gap at Work, https://www.accenture.com/us-en/gender-equality-research (letzter Aufruf: 16.04.2018).

Antes, R. (2003): Ökologisch orientierte Personalarbeit, in: Kramer, M., Strebel, H., Kayser, G. (Hrsg.): Internationales Umweltmanagement. Band III, Operatives Umweltmanagement im internationalen und interdisziplinären Kontext, Wiesbaden, S. 523–533.

Arbeiten 4.0 (o. J.), https://www.arbeitenviernull.de/experimentierraeume/themen/wissen-qualifizierung.html (letzter Aufruf: 13.03.2018).

Berg, A. (2017): Arbeit und Qualifizierung in einer digitalen Welt, Präsentation in Berlin, 17.11.2017, https://www.bitkom.org/Presse/Anhaenge-an-PIs/2017/11-November/Bitkom-Charts-Qualifizierung-17-11-2017-final.pdf (letzter Aufruf: 24.02.2018).

Berufenet, https://berufenet.arbeitsagentur.de/berufenet/faces/index?path=null/kurzbeschreibung&dkz=130926 (letzter Aufruf: 14.03.2018).

Berufenet a, https://berufenet.arbeitsagentur.de/berufenet/faces/index?path=null/kurzbeschreibung&dkz=57883 (letzter Aufruf: 14.03.2018).

Berufenet b, https://berufenet.arbeitsagentur.de/berufenet/faces/index?path=null/kurzbeschreibung&dkz=67789&such=Produktionstechnologe~Prozent2F-technologin (letzter Aufruf: 14.03.2018).

Berufenet c, https://berufenet.arbeitsagentur.de/berufenet/faces/neuordnungenBerufe?_afrLoop=1404402044156892&_afrWindowMode=0&_afrWindowId=t7r4my05&_adf.ctrl-state=dir5ukp8r_362 (letzter Aufruf: 14.03.2018).

Bitkom (2017): Bitkom research, www.bitkom.org (letzter Aufruf: 20.06.2018).

BMAS (2017) Bundesministerium für Arbeit und Soziales (Hrsg.): Weissbuch Arbeiten 4.0, Berlin.

BMAS (o. J.) (Bundesministerium für Arbeit und Soziales): CSR-Berichtspflicht, http://www.csr-in-deutschland.de/DE/Politik/CSR-national/Aktivitaeten-der-Bundesregierung/CSR-Berichtspflichten/richtlinie-zur-berichterstattung.html (letzter Aufruf: 13.03.2018).

BMBF (2016) Bundesministerium für Bildung und Forschung (Hrsg.): Überbetriebliche Ausbildungsstätten, Berlin.

BMBF (2017a) Bundesministerium für Bildung und Forschung (Hrsg.): Berufsbildung 4.0 – den digitalen Wandel gestalten. Programme und Initiativen des BMBF, Bonn, November 2017.

BMBF (2017b) Bundesministerium für Bildung und Forschung (Hrsg.): Frauen in der digitalen Arbeitswelt von morgen, Berlin 2017.

Bundesagentur für Arbeit (2016): Der Arbeitsmarkt in Deutschland, MINT-Berufe, hrsg. von der Bundesagentur für Arbeit, Statistik/Arbeitsmarktberichterstattung, März 2016, Nürnberg.

Busch-Heizmann, A. (2015): Frauenberufe, Männerberufe und die „Drehtür" – Ausmaß und Implikationen für West- und Ostdeutschland, in: WSI-Mitteilungen, 8/2015, S. 3.

Crowdsourcing (2018), https://t3n.de/news/crowdsourcing-meets-coworking-arbeitsmodelle-zukunft-314294/ (letzter Aufruf: 06.04.2018).

Crowdworking (2016), (o. A.): https://www.boeckler.de/pdf/schule_ue_crowdworking_2016.pdf (letzter Aufruf: 06.04.2018).

Dena (Hrsg.) (2017): Dena-Metastudie: Analyse der mit erhöhtem IT-Einsatz verbundenen Energieverbräuche infolge der zunehmenden Digitalisierung. Status Quo und Prognosen, Herausgegeben von der Deutschen Energieagentur GmbH (dena), Berlin, November 2017.

Dengler, K., Matthes, B. (2018): Wenige Berufsbilder halten mit der Digitalisierung Schritt, 4/2018, in: IAB-Kurzbericht, 4/2018, S. 1–11.

Deutscher Bundestag (2017), Drucksache 18/13304 vom 08.08.2017.

DGFP (Hrsg.) (2016): Leitfaden: Kompetenzen im digitalisierten Unternehmen. Ergebnisse aus Expertenkreisen im Rahmen eine BMWI geförderten Forschungsprojektes, DGFP-Praxispapiere 2/2016, hrsg. von der Deutschen Gesellschaft für Personalführung e. V.

Dräger, J., Müller-Eiselt, R. (2017): Die digitale Bildungsreform, 3. aktualisierte Auflage, München 2017.

DSW/DZHW, DSW/DZHW 21. Sozialerhebung, http://www.dzhw.eu/projekte/pr_show?pr_id=446 (letzter Aufruf: 20.04.2018).

FAZ (2018), www.faz.net/aktuell/wirtschaft/crowdworking-als-neue-arbeitsform-14993621.html?printPagedArticle=true#pageIndex_0 (letzter Aufruf: 06.04.2018).

Grabka, M. M. (2016): Genderspezifische Verteilungseffekte der Digitalisierung, Vortrag auf der 3. Gender Studies Tagung des DIW Berlin & FES „Arbeit 4.0 – Blind Spot Gender".

Hobler, D., Pfahl, S., Horvath, S. (2017): Die 25 häufigsten Ausbildungsberufe von Frauen und Männern 2015, https://www.boeckler.de/52370.html (letzter Aufruf: 22.02.2018).

Hülsbömer, S., Genovese, B. (2017): Was ist Blockchain?, in: Computerwoche.de, https://www.computerwoche.de/a/print/noimages/blockchain-was-ist-das,3227284 (letzter Aufruf: 24.02.2018).

Industrie 4.0 Berufe, https://www.weingarten.ihk.de/innovation/Industrie_4_0/Industrie-4-0-Berufe/3010068 (letzter Aufruf: 16.04.2018).

Kearney, A. T. (2015), Pressemitteilung vom 03.12.2015, https://www.atkearney.de/pressemitteilung/-/asset_publisher/00OIL7Jc67KL/content/45-Prozent-jobs-durch-roboter-bedroht (letzter Aufruf: 15.04.2018).

Kiener, S. (2017): AR, MR, VR und AV: Augmented Reality – sieht so die Zukunft aus?, in: https://www.computerwoche.de/a/augmented-reality-sieht-so-die-zukunft-aus,3331205 (letzter Aufruf: 07.04.2018).

Kirschten, U. (2017): Nachhaltiges Personalmanagement, Konstanz.

Klinkow, S. (2017): Eine Option für das nachhaltige Wirtschaften?, in: Ökologisches Wirtschaften, 3/2017, S. 16–17, Schwerpunkt: Industrie 4.0.

Marrs, K., Bultmeier, A. (2016): Handlungsbroschüre Frauen in der digitalen Arbeitswelt von morgen, München.

Meier, C., Seufert, S. (2016): Digitale Transformation. Implikationen für die Personalentwicklung, in: Schwuchow, K. Gutmann, J. (Hrsg.): Personalentwicklung. Themen, Trends, Best Practices 2017, Freiburg u. a.

Middendorff, E., Apolinarski, B., Becker, K., Bornkessel, P., Brandt, T., Heißenberg, S., Poskowsky, J. (2017): Die wirtschaftliche und soziale Lage der Studierenden in Deutschland 2016. Zusammenfassung zur 21. Sozialerhebung des Deutschen Studentenwerks – durchgeführt vom Deutschen Zentrum für Hochschul- und Wissenschaftsforschung, Berlin: Bundesministerium für Bildung und Forschung (BMBF).

Müller, U. (1999): Zwischen Licht und Grauzone: Frauen in Führungspositionen, in: Zeitschrift Arbeit, Heft 2, Jg. 8, hrsg. von Bosch, G., Dortmund u. a., S. 139–140.

Nölle, S. (2016): Einsatz von Augmented Reality Technologien in der Entwicklung bei Volkswagen, ARVIKA Projekt, Vortrag beim VDE in Paderborn, 17.05.2016.

Spiegel.de (o. J.), http://www.spiegel.de/gesundheit/schwangerschaft/geburten-in-deutschland-statistisches-bundesamt-jede-fuenfte-frau-bleibt-kinderlos-a-1159787.html (letzter Aufruf: 13.04.2018).

Spöttl, G. and Windelband, L. (Hrsg.) (2017): Industrie 4.0. Risiken und Chancen für die Berufsausbildung. Bielefeld 2017.

Statistisches Bundesamt (2018): Geburtenanstieg setzte sich 2016 fort, https://www.destatis.de/DE/PresseService/Presse/Pressemitteilungen/2018/03/PD18_115_122.html (letzter Aufruf: 13.04.2018).

Stock-Homburg, R. (2013): Personalmanagement. Theorien, Konzepte, Instrumente, Wiesbaden, 3. Auflage.

Sudahl, M. (2018): Welche neuen Berufe die Digitalisierung schafft, https://www.produktion.de/nachrichten/unternehmen-maerkte/welche-neuen-berufe-die-digitalisierung-schafft-275.html (letzter Aufruf: 16.04.2018).

Tönnis, M. (2010): Augmented Reality – Einblicke in die Erweiterte Realität, München.

Tutanch, Litzel, N. (2017): Definition Was ist Digitalisierung?, https://www.bigdata-insider.de/was-ist-digitalisierung-a-626489/ (letzter Aufruf: 15.02.2018).

WCED – UN World Commission on Environment Development (Hrsg.) (1987): Our Common Future, Oxford u. a.

Windebrand, L., Dworschak, B. (2015): Veränderungen in der industriellen Produktion – Notwendige Kompetenzen auf dem Weg vom Internet der Dinge zu Industrie 4.0, in: Berufsbildung in Wissenschaft und Praxis (BWP), Jg. 44, Heft 6, S. 26–29.

WSI (2017), GenderDatenPortal: https://www.boeckler.de/wsi_38957.htm (letzter Aufruf: 15.04.2018).

Zeit.de (2018), http://www.zeit.de/arbeit/2018-03/coworking-spaces-bueros-startups-selbststaendige/komplettansicht (letzter Aufruf: 06.04.2018).

Stefanie Deinert

Arbeitswelt 4.0 – Passt der rechtliche Rahmen?

Dr. iur. Stefanie Deinert war nach dem Studium der Rechtswissenschaften und ihrer Promotion an der Freien Universität in Berlin bis 2010 als Rechtsanwältin unter anderem mit den Schwerpunkten Arbeitsrecht und Öffentliches Dienstrecht in Berlin tätig. Im Jahr 2011 übernahm sie eine Vertretungsprofessur für Arbeits- und Sozialrecht an der Fachhochschule Köln am Institut für Soziales Recht (ISR). Seit 2012 ist sie als Professorin für Wirtschaftsrecht, insbesondere für Arbeitsrecht an der Hochschule Fulda tätig. Sie ist Mitglied im Leitungsteam des Forschungszentrums „Gesellschaft und Nachhaltigkeit“ (CeSST – Centre of Research for Society and Sustainability) und forscht insbesondere zu den Themen soziale Nachhaltigkeit, Corporate Social Responsibility CSR und Recht sowie zu Themen des Öffentlichen Dienstrechtes.

https://doi.org/10.1515/9783110588675-008

1 Einleitung

Eine viel diskutierte Frage im Zusammenhang mit der Arbeitswelt 4.0 ist, ob die rechtlichen Rahmenbedingungen, entworfen für eine analoge Arbeitswelt, den Anforderungen einer durch eine rasant fortschreitende Digitalisierung geprägten Arbeitswelt noch gerecht werden.

Fragen zur Arbeitswelt 4.0 stellen sich in vielen Bereichen. Ausgangspunkt der Debatte war vor allem die Arbeit in der Industrie 4.0, wobei der Schwerpunkt häufig auf den Wandlungen in der industriellen Produktion liegt. Aber auch die rasanten Veränderungen der Arbeitswelt im Dienstleistungsbereich und der Wissensarbeit werden seit längerem thematisiert.

Die folgende Betrachtung bezieht sich insbesondere auf die digitale Mobilarbeit als eine der unter der Auflösung der Orts- und (häufig auch) der Zeitgebundenheit praktizierten Arbeitsform der Arbeitswelt 4.0. Die bekannteste und am häufigsten vorkommende Form dieser Tätigkeit ist die Telearbeit, oft auch als Homeoffice bezeichnet, die folgend daher im Mittelpunkt stehen soll. Dieser Arbeitsform kommt besondere Bedeutung zu bei der Betrachtung von Chancen und Risiken neuer Arbeitsformen sowie im Kontext der Vereinbarkeit von Beruf und Familie und der Frauenerwerbstätigkeit in der zukünftigen Arbeitswelt. (Vgl. Bissels, Hidalgo 2014: 77).

2 Begriffsklärungen zur „Arbeitswelt 4.0“

Industrie 4.0, das heißt Digitalisierung. Digitalisierung bedeutet auch Arbeitswelt 4.0; das heißt Digitalisierung der Arbeitswelt. Digitalisierung der Arbeitswelt bedeutet „digitale Arbeit“, heißt aber auch neue Arbeitsformen wie „mobile Arbeit“ oder auch „digitale Mobilarbeit“. Damit verbunden ist eine Renaissance der „Telearbeit“, auch als „Homeoffice“ bezeichnet.

Industrie 4.0 und Digitalisierung

Auf der Plattform “Industrie 4.0” des Bundesministeriums für Wirtschaft und Energie und des Bundesministeriums für Bildung und Forschung ist zu lesen:

„In der Industrie 4.0 verzahnt sich die Produktion mit modernster Informations- und Kommunikationstechnik. Treibende Kraft dieser Entwicklung ist die rasant zunehmende Digitalisierung von Wirtschaft und Gesellschaft. Sie verändert nachhaltig die Art und Weise, wie zukünftig in Deutschland produziert und gearbeitet wird: Nach Dampfmaschine, Fließband, Elektronik und IT bestimmen nun intelligente Fabriken (sogenannte „Smart Factories“) die vierte industrielle Revolution.” (Plattform „Industrie 4.0“).

Ob diese Definition alle relevanten Aspekte und Zusammenhänge erfasst, kann an dieser Stelle offenbleiben. Jede der zahlreichen Publikationen enthält eine eigene Definition, sodass sich jeder, der sich mit dem Thema „Industrie 4.0“ befasst, sich eine Definition zu eigen machen kann.

Fest steht jedoch, und dies ist im Hinblick auf den folgenden Beitrag der entscheidende Punkt, dass von dieser Entwicklung alle Wirtschaftsbereiche (und natürlich auch die öffentliche Verwaltung) betroffen sein werden.

Betroffen ist zunächst die industrielle Industrie, geprägt durch Schlagwörter wie zum Beispiel „Automatisierung“ „Smart Factories“ oder „Internet der Dinge“, die auch Namen gebend ist für die Industrie 4.0. Die Entwicklung umfasst aber auch die Nutzung moderner digitaler Technologien im Dienstleistungsbereich, wie etwa bei der Lenkung von Fahrzeugflotten, beim Einsatz von Software für Bankgeschäfte wie Überweisungen oder bei standardisierten Rechtsvorgängen. Es geht zum Beispiel um Algorithmen, Internetschnittstellen, Analysetools, Big Data, Cloud-Computing-Systeme, Online-Plattformen, Shop-Systeme oder Online-Märkte, um nur einige Beispiele zu nennen. Wir hören von Firmen, welche die Paketzustellung per Drohne testen. Als neuerer Trend schwappte die sogenannte On-Demand Economy aus den USA nach Deutschland über. Mit einer App auf dem Mobiltelefon können Dienstleistungen aller Art bestellt werden: ein Taxi, die Reinigungskraft, der Lebensmitteleinkauf oder das viergängige Abendmenü. In Deutschland ist die Nutzung neuer Technologien im Dienstleistungsbereich sogar weit mehr verbreitet als in der Produktion. Der Begriff Industrie 4.0 scheint insofern zu eng. Von einer Digitalisierung zu sprechen erscheint passender.

Arbeit 4.0

Wie die Digitalisierung unsere Arbeitswelt bereits verändert hat und auch zukünftig stark verändern wird, haben zahlreiche Studien zum Thema verdeutlicht (Vgl. zum Beispiel Arntz et al.: 2016, Arntz et al. 2016a, Dengler et al. 2016, Bonin et al. 2015, Dengler, Matthes 2015). Wenn sämtliche Wirtschaftsbereiche und auch die Verwaltung durch die Digitalisierung einer Veränderung unterliegen, dann ist die Veränderung der Arbeitswelt eine zwingende Folge. Geprägt wurde hierfür der Begriff „Arbeit 4.0“. Im Glossar des Bundesministeriums für Arbeit und Soziales kann man folgende Definition nachlesen: „Der Begriff ‚Arbeiten 4.0’ knüpft an die aktuelle Diskussion über die vierte industrielle Revolution (Industrie 4.0) an, rückt aber die Arbeitsformen und Arbeitsverhältnisse ins Zentrum – nicht nur im industriellen Sektor, sondern in der gesamten Arbeitswelt. [...] ‚Arbeiten 4.0‘ wird vernetzter, digitaler und flexibler sein. Wie die zukünftige Arbeitswelt im Einzelnen aussehen wird, ist noch offen.“ (BMAS: Glossar; Stichwort „Arbeiten 4.0“).

Arbeiten 4.0 kann in diesem Zusammenhang als Oberbegriff angesehen werden für alle Formen und Ausprägungen, die die Industrie 4.0 im weiteren Sinne der Digitalisierung mit sich bringt. (Vgl. zu weiteren Definitionen des Begriffs „Arbeit 4.0“ zum Beispiel Giesen, Kersten 2017: 13 f., 23 f., Conzelmann 2017: 31 ff.). Dies zeigt, dass bisher keine exakte Vorstellung darüber besteht, wie genau die Arbeitswelt in der Arbeit 4.0 im Einzelnen aussehen wird. Fest steht aber, dass die Arbeit aufgrund der technischen Entwicklungen digitaler und mobiler wird. In diesem Zusammenhang tauchen zum Beispiel neue Arbeitsformen wie digitale Arbeit oder mobile Arbeit und digitale Mobilarbeit auf, alte Arbeitsformen wie Telearbeit oder auch Homeoffice erlangen wieder Aufmerksamkeit.

Digitale Arbeit

Digitale Arbeit als Begleiterscheinung der Digitalisierung ist heute weit verbreitet. Nach einer empirischen Untersuchung im Auftrag des Bundesministeriums für Arbeit und Soziales (BMAS) nutzten 83 Prozent der Beschäftigten bereits im Jahr 2015 bei ihrer beruflichen Tätigkeit digitale Informations- oder Kommunikationstechnologien wie zum Beispiel Computer, Internet, Laptop, Tablet oder Smartphone. Bei Befragten mit hohem Ausbildungslevel (Universität beziehungsweise Fachhochschule) belief sich dieser Anteil sogar auf 98 Prozent. (Vgl. BMAS 2016a: 6). Natürlich gibt es große Unterschiede zwischen Branchen und Arten der beruflichen Tätigkeit. (Vgl. Schwemmle, Wedde 2018: 10).

Die Definitionen des Begriffes „digitale Arbeit“ in den neueren Publikationen gleichen sich im Wesentlichen. Exemplarisch soll hier eine Definition von Schwemmle und Wedde angeführt werden.

Sie verstehen „digitale Arbeit“ als „[...] Dachkategorie für alle erwerbsbezogenen Tätigkeiten, die

- unter maßgeblicher Nutzung informations- und kommunikationstechnischer Arbeitsmittel verrichtet werden – klassischerweise stationäre, mittlerweile zum großen Teil vernetzte Arbeitsplatzrechner, in stark zunehmender Tendenz aber auch mobile und gleichfalls weitgehend vernetzte Devices wie Notebooks, Tablets und Smartphones – und
- deren Arbeitsgegenstände zu wesentlichen Anteilen als Informationen in digitalisierter Form existieren; [das heißt, es geht um] Arbeit mit digitalen Arbeitsmitteln (Werkzeugen) an digitalisierten Arbeitsgegenständen [Werkstücken].“ (Schwemmle, Wedde 2018: 8).

Mobile Arbeit und digitale Mobilarbeit

Bereits die in der 13. Legislaturperiode des Deutschen Bundestages eingesetzte Enquête-Kommission „Deutschlands Weg in die Informationsgesellschaft“ prognostizierte, dass die „[...] arbeitsplatzspezifische Zeit- und Ortsgebundenheit [...] schon bald eine untergeordnete Rolle spielen [werde].“ (Deutscher Bundestag 1998: 41). Bereits im Jahr 2011 war jeder fünfte Erwerbstätige in Deutschland aus beruflichen Gründen mobil, ergab der Gesundheitsreport des Dachverbandes der Betriebskrankenkassen (BKK 2011). (Vgl. Ruppenthal, Rüger 2011). Inzwischen ist die Zahl auf mehr als ein Drittel gestiegen. (Vgl. Knieps, Pfaff 2017: 110). Durch die Digitalisierung und die damit verbundenen technischen Möglichkeiten sowie durch Globalisierungsprozesse wird Arbeit zeitlich, organisatorisch und räumlich entgrenzt und damit weniger ortsgebunden, also mobil.

Der Begriff „mobiles Arbeiten“ wird häufig auch als „mobile Telearbeit“ (vgl. Walk 2016: Rn. 1) oder „Mobile Office“ (vgl. Oberthür 2013: 246) oder auch als „digitale Mobilarbeit“ bezeichnet, wobei der letztgenannte Begriff wohl der am häufigsten gebrauchte ist. Mobile Arbeit ist gekennzeichnet durch eine Verbindung mit der Betriebsstätte aufgrund von Informations- und Kommunikationstechnik (vgl. Wiebauer 2016, § 1 ArbchG, Rn. 47 ff., Schulze, Ratzesberger 2016: 109) und ist weder an einen Arbeitsplatz in der Betriebsstätte noch an einen Arbeitsplatz zu Hause (wie etwa Telearbeit, vergleiche folgend) gebunden. Arbeit kann aufgrund der Existenz moderner mobiler Endgeräte von einem beliebigen Ort aus über das mobile Netz erledigt werden. (Vgl. Steffan 2015: 1414, Oberthür 2013: 246, Wissenschaftliche Dienste 2017: 5). Gearbeitet wird von zu Hause, von unterwegs im Zug oder Flugzeug, im Hotel, im Café oder im Park – überall dort, wo man, wenn nötig – Netz hat. Nach der ECaTT-Norm (vgl. Electronic Commerce and Telework Trends) gilt es als mobile Telearbeit, wenn mindestens zehn Stunden pro Woche an einem anderen Ort als der zentralen Betriebsstätte oder der Wohnung gearbeitet wird und hierbei eine online-Datenübertragung benutzt wird. (Vgl. Empirica 2000: 10). Danach müssen mobile Arbeitskräfte zu einem gewissen Umfang räumlich mobil und dabei virtuell vernetzt sein. (Vgl. Vogl, Nies 2013: 15).

Flexibel ist dabei nicht nur der Arbeitsort, sondern in der Regel auch die Arbeitszeit. Arbeit kann häufig nicht nur von überall, sondern auch zu jeder Zeit erledigt werden. Allerdings trifft dies nicht immer zu. Bei manchen Formen mobiler Digitalarbeit ist der Ort oder/und die Zeit fixiert, wie etwa bei einer Videokonferenz, bei der alle Teilnehmenden zur gleichen Zeit im virtuellen Raum anwesend sein müssen. Wird hingegen direkt beim Kunden gearbeitet, ist meist der Ort vorgegeben. (Vgl. Vogl, Nies 2013: 16).

Telearbeit

Telearbeit, bekannt auch als Homeoffice, ist zunehmend verbreitet. Eine aktuelle branchenübergreifende Befragung von 800 Führungskräften aus Firmen mit über 1000 Mitarbeiter in 15 Ländern (darunter Deutschland, USA, Frankreich, Italien, Großbritannien, vgl. Digital workplace report 2017) kommt zu dem Ergebnis, dass derzeit 40 Prozent der großen Unternehmen Mitarbeiter beschäftigen, die von zu Hause aus arbeiten. Der Anteil soll zukünftig auf 56 Prozent steigen. In deutschen Unternehmen arbeiten circa 21 Prozent der Beschäftigten in Telearbeit. (Vgl. IW Köln. Statistica 2018. Stand 2012). Einige Unternehmen rudern aber auch wieder zurück, wie etwa über IBM, Yahoo und HP bekannt geworden ist. Gründe hierfür könnten zum Beispiel eine schwierigere Zusammenarbeit und eine schlechtere Kommunikation der Mitarbeiter sein. In Anbetracht der Ergebnisse der oben genannten Studie scheint dies jedoch kein allgemeiner Trend zu sein. Vielmehr bringt die Arbeitswelt 4.0 eine Renaissance der Telearbeit mit sich. (Vgl. Raif, Nann 2016: 221).

Bereits die 1998 eingesetzte Enquête-Kommission des Deutschen Bundestages „Deutschlands Weg in die Informationsgesellschaft“ sah in der Telearbeit die „[...] bekannteste Erscheinungsform der Auflösung traditioneller Raum-/Zeitbindungen in der Arbeitswelt [...]“ (Deutscher Bundestag 1998: 55 f.). Sie schrieb der Telearbeit eine zunehmende Bedeutung in der Informationsgesellschaft zu und sah bezüglich der potentiellen Vorzüge dieser Arbeitsform einen breiten politischen und gesellschaftlichen Konsens. (Vgl. Deutscher Bundestag 1998: 55 f.).

In den 1980er-Jahren wurde Telearbeit von ihren Befürwortern ebenso wie auch von ihren Gegnern als potenzielle Arbeitsform insbesondere für Frauen identifiziert. Grund hierfür war einerseits die geschlechterspezifische Segregation der ausgelagerten Tätigkeiten und andererseits die Zuweisung der Reproduktionsarbeit an Frauen und dem damit verbundenen Bedarf an zeitlicher und räumlicher Flexibilität. (Vgl. Strauf, Nägele 1996: 38 unter Verweis auf DGB 88, Goldmann, Richter 1991: 11, Huber 1987: 118). Telearbeit wurde als eine Möglichkeit für die Mütter gesehen, „[...] eine gewisse Kontinuität im Erwerbsleben aufrecht zu erhalten [...]“ und um „[...] die beiden Bereiche Beruf und Familie miteinander zu verbinden.“ (Höfels 2013: 17).

Telearbeit, vor allem als Möglichkeit für Frauen, einen Berufsausstieg und damit das Karriereende aufgrund der Kinderbetreuung zu vermeiden und trotz anfallender Versorgungstätigkeit einer Erwerbstätigkeit nachzugehen, war noch bis in die beginnenden 2000er-Jahre der Tenor der Debatte um die Vorteile von Telearbeit. (Vgl. zum Beispiel Winker 2001: 7 ff.). Heute kann man in diesem Zusammenhang durchaus auch etwas zur Telearbeit als einer Möglichkeit der Verbesserung der Vereinbarkeit von Familie und Beruf lesen, ohne dass sich dies ausdrücklich nur auf Frauen bezieht. Vielmehr werden beide Geschlechter als Verantwortliche für die Versorgungsarbeit inklusive der Kinderbetreuung und -erziehung angesehen, zumindest in der Theorie. Die Praxis sieht bekanntermaßen häufig noch anders aus.

Das Arbeiten von zu Hause ermöglicht nicht nur Kinderbetreuenden, eine (nahezu) Vollzeittätigkeit und beseitigt damit eines der größten Hemmnisse einer erfolgreichen Karriere. Auch andere private Bedürfnisse, wie die Betreuung von Angehörigen, Fort- und Weiterbildungen oder auch die Ausübung von Sport oder sonstigen Hobbys lassen sich besser mit der beruflichen Tätigkeit vereinbaren.

Die mit der Telearbeit verbundene Orts- und Zeitsouveränität (natürlich in Abhängigkeit von Branche und Tätigkeit) entsprechend der jeweiligen privaten Bedürfnisse der Arbeitnehmer hat weitgehend positive Effekte. (Vgl. Schwemmle, Wedde 2018: 12 unter Verweis auf den diesbezüglichen Konsens in der Fachliteratur und entsprechende Studien seit den 1990er-Jahren, unter anderem auf eine eigene Vorgängerstudie von Schwemmle, Wedde 2012: 46–53). Neben einer besseren Vereinbarkeit von Erwerbstätigkeit und privaten Lebensbereichen wird ein Vorteil von Homeoffice vor allem in der Reduzierung gebundener Zeit für Fahrten von und zur Arbeit gesehen. Zudem würden zum Teil günstigere Ausführungsbedingungen im Homeoffice gegenüber der Arbeit in der Betriebsstäte, etwa in einem Großraumbüro angenommen. (Vgl. Fergen 2017: 195 unter Verweis auf eine Studie des BMAS zum Homeoffice, vgl. BMAS 2015). Letzteres stellt einen Vorteil der Telearbeit zumindest bezüglich des Gesundheitsschutzes gegenüber der digitalen Mobilarbeit dar. Dass der Umgang mit einem hohen Maß an Souveränität für viele Arbeitnehmer in Bezug auf die Arbeitsorganisation eine große Herausforderung darstellt, soll hier nicht unerwähnt bleiben. Auch die Gefahr der Selbstausbeutung und völliger Entgrenzung von Arbeit und Privatem soll nicht verschwiegen werden. (Vgl. hierzu beispielsweise Ahlers 2017: 148 ff.). Nicht zuletzt kann der Mangel an sozialen Kontakten für einzelne Arbeitnehmer als Nachteil der Telearbeit empfunden werden. Aus Sicht der Unternehmen werden zum Beispiel fehlende Kommunikationsräume und mangelnder Zugriff auf die Beschäftigten bei gleichzeitig bestehenbleibender Zuständigkeit als Nachteil angesehen. All dies sind jedoch Fragen der Gestaltung der Telearbeit im Einzelnen, welche die oben genannten Vorteile des Homeoffice nicht schmälern können, sondern lediglich diesbezügliche Herausforderungen für die Beteiligten darstellen.

Für eine erhöhte Relevanz der Telearbeit in der Praxis spricht auch, dass der Gesetzgeber den Begriff der Telearbeit mit der Novellierung der Arbeitsstättenverordnung (ArbeitsstättVO) im November 2016 erstmals legal definiert hat:

> Telearbeitsplätze sind [danach] vom Arbeitgeber fest eingerichtete Bildschirmarbeitsplätze im Privatbereich der Beschäftigten, für die der Arbeitgeber eine mit den Beschäftigten vereinbarte wöchentliche Arbeitszeit und die Dauer der Einrichtung festgelegt hat. Ein Telearbeitsplatz ist vom Arbeitgeber erst dann eingerichtet, wenn Arbeitgeber und Beschäftigte die Bedingungen der Telearbeit arbeitsvertraglich oder im Rahmen einer Vereinbarung festgelegt haben und die benötigte Ausstattung des Telearbeitsplatzes mit Mobiliar, Arbeitsmitteln einschließlich der Kommunikationseinrichtungen durch den Arbeitgeber oder eine von ihm beauftragte Person im Privatbereich des Beschäftigten bereitgestellt und installiert ist.
>
> (§ 2 AbS. 7 ArbStättV).

Telearbeit bezeichnet damit alle Arbeitsformen, bei denen Beschäftigte jedenfalls einen Teil ihrer Arbeit mithilfe eines vom Arbeitgeber fest eingerichteten Bildschirmarbeitsplatzes außerhalb des Betriebes erbringen. (Vgl. Vogelsang 2015: § 164 Rn. 2, Walk 2016: Rn. 1). Die Beschäftigten sind dabei mit der Betriebsstätte des Arbeitgebers über Informations- und Kommunikationseinrichtungen verbunden. (Vgl. Wissenschaftliche Dienste 2017: 4). Dabei existieren verschiedene Organisationsformen, insbesondere die Teleheimarbeit, bei der sich der Telearbeitsplatz ständig im Privatbereich der Beschäftigten befindet und die alternierende Telearbeit, bei der ein Wechsel der Arbeit am Arbeitsplatz zu Hause und am Arbeitsplatz in der Betriebsstätte stattfindet. (Vgl. Steffan 2015: 1414).

3 Arbeiten 4.0: Positive und negative Effekte im Hinblick auf digitale Mobilarbeit und Telearbeit

Wenn – zumindest in letzter Zeit – über die Arbeitswelt 4.0 und die damit verbundenen Veränderungen gesprochen oder geschrieben wird oder wenn Daten aus der Praxis hierzu erhoben werden (vgl. zum Beispiel die Studien „Arbeit 4.0: Megatrends digitaler Arbeit der Zukunft– 25 Thesen“ von Shareground, Universität St. Gallen 2015, „Digitale Arbeit in Deutschland: Potenziale und Problemlagen“ von Schwemmle, Wedde:

2012 sowie „Alles unter Kontrolle? Arbeitspolitik und Arbeitsrecht in digitalen Zeiten" von Schwemmle, Wedde: 2018), so ist immer von „Chancen" und „Risiken" – oder auch positiver formuliert – „Herausforderungen" der „Arbeit 4.0" die Rede. Ein breites Spektrum an neuen Möglichkeiten (Chancen) steht einer Vielzahl von Risiken (Herausforderungen) gegenüber. Die Überlegungen zur Arbeitswelt 4.0 gehen, und müssen dies auch zwingend tun, deshalb in zwei Richtungen, von denen die erste bereits länger im Fokus von Wissenschaft und Politik steht, die zweite erst hinzugekommen ist, als die digitale Transformation mehr Fahrt aufgenommen hat. (Vgl. Schwemmle, Wedde 2018: 6). Schwemmle und Wedde identifizieren in ihrer aktuellen Studie (vgl. Schwemmle, Wedde 2018: 6) folgende Effekte der „Arbeit 4.0", die teilweise für alle Arbeitsbereiche und Arbeitsformen zutreffen; teilweise aber auch die spezifische Problemlage bei digitaler Mobilarbeit und Telearbeit betreffen.

3.1 Positive Effekte

Als positive Effekte werden zum Beispiel die Ermöglichung einer erweiterten Mobilität und Flexibilität der Arbeit in den Dimensionen von Ort und Zeit beschrieben. Damit verbunden sind beispielsweise neue Möglichkeiten für bestehende Arbeitsformen, wie etwa die Telearbeit, die in weitaus mehr Arbeitsbereichen hochqualifizierter Tätigkeiten als vor der Digitalisierung einsetzbar ist, aber auch für neue Formen mobiler Arbeit (digitale Mobilarbeit). (Vgl. Schwemmle, Wedde 2018: 6). Die Beschäftigten knüpfen hieran Hoffnungen auf mehr Zeitsouveränität und auf eine bessere Vereinbarkeit von Arbeit und Privatleben („Work-Life-Balance"). (Vgl. Fergen 2017: 194).

3.2 Negative Effeke

Den tatsächlichen oder zumindest möglichen positiven Effekten stehen allerdings eine Reihe negativer Effekte digitaler Technik und Organisationsformen gegenüber, vor allem für Arbeitsplätze, für die soziale Sicherheit und die Privatsphäre. Sie zeigen sich in Form von Risiken wie digitaler Substitution, Kontrolle und Prekarisierung. (Vgl. Schwemmle, Wedde 2018: 6). Als Negativeffekte werden – bezogen auf die Digitalisierung der Arbeitswelt insgesamt – vor allem folgende Aspekte diskutiert:

Digitalisierungsverlierer durch Beschäftigungsverlust?

Nach dem Globalisierungsverlierer kommt nun der sogenannte Digitalisierungsverlierer, der dem Jobkiller Digitalisierung zum Opfer fällt, so die weit verbreitete Ansicht und Angst. (Vgl. zum Beispiel Schwemmle, Wedde 2018: 17, Schliesky 2017, BMAS 2016: 16). Zahlreiche Studien prognostizieren allerdings, dass es nicht zu signifikanten Beschäftigungsverlusten durch die Digitalisierung kommen wird. (Vgl. BMAS 2016a: 47 f., 51). Entscheidend sei allerdings hierfür, dass die individuelle Beschäftigungsfähigkeit durch entsprechende Qualifizierungsmaßnahmen im Wandel des Arbeitsmarktes erhalten bleibe. (Vgl. BMAS 2016a: 100, 103).

Entsicherte Beschäftigungsverhältnisse: Substitutionseffekt, Digitalisierung als Treiber prekärer Beschäftigungsverhältnisse

Digitalisierung wird als wachsender Machtfaktor wahrgenommen, der zur Entsicherung der Arbeitnehmer führt. Arbeitnehmer fühlen sich ersetzbar (Substitutionseffekt) und unterliegen aufgrund der Konkurrenz zwischen Mensch und Maschine einem gesteigerten Lohndruck. Digitalisierung erweist sich zudem als Treiber prekärer Beschäftigungsverhältnisse: Leih- und Werkvertragsarbeit (in Form von SoloSelbstständigkeit und durch Subunternehmen) nimmt zu. (Vgl. Schwemmle, Wedde 2018: 19 ff. unter Verweis auf zahlreiche Literatur und Studien). Insbesondere durch die neuen technischen und organisatorischen Gegebenheiten und den damit verbundenen Möglichkeiten, zum Beispiel Produktionsprozesse flexibler zu gestalten, wächst der Anreiz für Unternehmen, Arbeitskraft nur fallweise und zeitweise zu kaufen und zu kombinieren, ohne dauerhaft Arbeitnehmer dafür zu beschäftigen. Neben den oben genannten und bereits lange verbreiteten Formen entsicherter Beschäftigungsverhältnisse haben sich neue Arbeitsformen der sogenannten Plattform-Ökonomie etabliert. Sie sind bekannt unter Bezeichnungen wie Clickwork, Clowdwork, Crowdwork, On-Demand-Work oder Gigwork und werden häufig in Form von Solo-Selbstständigkeit verrichtet. (Vgl. Schwemmle, Wedde 2018: 25 f.; zur Kategorisierung kommerzieller digitaler Arbeitsplattformen vgl. auch Schmidt 2016: 7). Die Beschäftigten sind damit jeglichem Arbeitnehmerschutz entzogen, wobei Vergütung erfolgsbezogen gezahlt wird.

Entkollektivierung und Aushöhlung betrieblicher Mitbestimmung

Die Verschiebung der Macht der Unternehmen gegenüber den Beschäftigten wird begünstigt durch die Entkollektivierung der Arbeit, da eine Solidarisierung zwischen den Beschäftigten zum Beispiel in der zunehmenden Entbetrieblichung der Arbeit und der damit verbundenen Zersplitterung der Belegschaft kaum noch möglich ist. (Vgl. Schwemmle, Wedde 2018: 25 f.). Dies betrifft insbesondere die in diesem Beitrag besprochenen Arbeitsformen der mobilen Arbeit und der Telearbeit, bei dem Vorgesetzte, aber auch Betriebsrat sowie Arbeits-, Daten- und Gesundheitsschützer zwar die Zuständigkeit behalten, sich die Beschäftigten aber nicht mehr in deren Zugriffsbereich befinden, wenn sie außerhalb der Betriebsstätte tätig sind. (Vgl. Schwemmle, Wedde 2018: 29).

Zudem wird die Wahrnehmung betrieblicher Interessenvertretung in Zeiten der Arbeit 4.0 enorm erschwert und es besteht die Gefahr der Aushöhlung der betrieblichen Mitbestimmung, insbesondere aufgrund von Faktoren, wie zum Beispiel der Auflösung klassischer Betriebsstrukturen und der grenzüberschreitenden globalen Auftragserbringung, der Erbringung der Arbeit in Formen mobiler Arbeit sowie der elektronischen Vernetzung und Big Data. Mit neuen Software-Strukturen auf der Basis von Cloud Computing und Software as a Service (SaaS) gehen ständig größere oder kleinere Anpassungen einher, die zu Veränderungen der Funktionalitäten und Möglichkeiten der Systeme führen können, sodass es zum Beispiel keine eindeutigen Einführungstermine für diese Systeme gibt. Weitere, sich auf die Realisierung der Mitbestimmung negativ auswirkende Faktoren sind die neuen Möglichkeiten der Verhaltens- und Leistungskontrollen, inklusive neuer Analysemethoden und das ab dem 25.5.2018 geltende neue europäische Datenschutzrecht mit zahlreichen Gestaltungsoptionen für Arbeitgeber, ohne dass hierfür ein einschlägiges Mitbestimmungsrecht besteht sowie die beteiligungsfreie externe Vergabe von Arbeitsaufträgen an Crowdworker. (Vgl. Schwemmle, Wedde 2018: 44).

Erweiterte Kontrolle und Überwachung sowie Gefahren für Beschäftigungsdaten
Erweiterte technische Möglichkeiten erlauben eine zunehmende Kontrolle und Überwachung der Beschäftigten. Dies bezieht sich nicht nur auf deren Arbeitstätigkeit, -qualität und -effektivität und die diesbezügliche Leistungsunterschiede („Röntgenbilder aus der Arbeitswelt", vgl. Kucklick 2014: 22 f., vgl. auch Institut DGB.Index Gute Arbeit 2016: 13), sondern auch auf die Privatsphäre, insbesondere am Arbeitsplatz (vgl. Apt et al. 2016: 48), wie etwa der Einsatz von sogenannten Handscannern im Logistikbereich. Dass die neuen technischen Entwicklungen im Rahmen der Digitalisierung neue Möglichkeiten zur Sammlung, Speicherung und Verarbeitung personenbezogener Daten im Betrieb bis hinein ins Privatleben und im globalen Kontext eröffnen, steht außer Frage. In Gefahr sind dadurch die Persönlichkeitsrechte der Betroffenen.

Entmächtigung menschlicher Arbeitskraft
Die menschliche Arbeitskraft wird entmächtigt, Handlungsspielräume der Beschäftigten werden durch genau gesteuerte und vorgegebene Handlungs- und Vorgehensweisen eingeschränkt, wie etwa durch bereits erwähnte Nutzung von Handscannern, zum Beispiel bei Amazon. Entscheidungen, wie etwa im Bewerbungsprozess, werden vielfach durch Prozesse algorithmischer Entscheidungsfindung getroffen, nicht mehr durch Menschen. Ähnliches gilt zum Beispiel auch für die Personaleinsatzplanung. (Vgl. Schwemmle, Wedde 2018: 30 f.).

Digitale Entgrenzung von Beruf und Privatem
Die digitale Entgrenzung von Beruf und Privatem nimmt zu, insbesondere durch ständige Verfügbarkeit der Beschäftigten, zum Beispiel durch ständige Erreichbarkeit nach Arbeitsschluss, am Wochenende oder im Urlaub. Auch wenn dies arbeitgeberseitig nicht eindeutig als Erwartung formuliert wird, werden in der Regel kurze Reaktions- und Bearbeitungszeiten, zum Beispiel auf E-Mail-Anfragen vorausgesetzt. Damit verbunden sind längere und unregelmäßige Arbeitszeiten, die nachweislich

zu gesundheitlichen und sozialen Beeinträchtigungen und zur Erholungsunfähigkeit führen. (Vgl. Ferges 2017: 197 f. unter Verweis auf zahlreiche Studien). Die digitale Technik ermöglicht eine ausufernde arbeitsbezogene Verfügbarkeit, die einen großen Teil der abhängig Beschäftigten betrifft, derzeit etwa 58 Prozent. (Vgl. die repräsentative Umfrage von ver.di 2015: 8). Ausgelöst wird diese durch Kontaktieren von Seiten des Arbeitgebers, teilweise aber auch durch Kontaktieren von Seiten der Erwerbstätigen selbst. (Stichwort „entgrenzte Arbeit“, zum Beispiel durch das Bearbeiten beruflicher E-Mails von zu Hause, im Café, auf der Dienstreise, nach Feierabend, am Wochenende, im Urlaub, „immer und überall als Normalzustand“ (vgl. Schwemmle, Wedde 2018, 10 f., Carstensen 2015: 189). Eine Metastudie für die Bundesanstalt für Arbeitsschutz und Arbeitsmedizin (BAuA) über „die Auswirkungen arbeitsbezogener erweiterter Erreichbarkeit auf Life-Domain-Balance und Gesundheit“ kommt zu folgendem Fazit: „Arbeitsbezogene erweiterte Erreichbarkeit ist [...] als Risiko für Gesundheit und Life-Domain-Balance zu bewerten.“ (Pangert et al. 2016: 39). Die Verlagerung der Arbeit in den Privatbereich ist zudem ein Zeichen von zu intensiven Arbeitsanforderungen (im Sinne von „Menge pro Zeiteinheit“). (Vgl. Hassler et al. 2016: 50). Diesen Zusammenhang zeigt auch der DGB Index Gute Arbeit von 2014. (Vgl. Institut DGB-Index 2014: 12).

Fremdbestimmte Mobilitäts- und Flexibilitätsanforderungen

Eine wachsende Anzahl von Beschäftigten sieht sich fremdbestimmten Mobilitäts- und Flexibilitätsanforderungen ausgesetzt. Attraktiv im Sinne der oben genannten positiven Effekte ist die Zeit- und Ortssouveränität sowie Verbesserung der Work-Life-Balance für Arbeitnehmer jedoch nur, wenn sie diese selbstbestimmt ausüben können (sogenannte Arbeitszeit- und Arbeitsortsouveränität), da sie ihre Arbeit dann ihren privaten Bedürfnissen anpassen können. (Vgl. Boes et al. 2016: 234). Dies ist nicht der Fall, wenn wechselnde Orte und wechselnde Arbeitszeit allein arbeitgeberseitig bestimmt werden. (Vgl. aber auch bereits oben zu den Risiken bei hohem Maß an flexibel und selbstbestimmten Arbeiten für Arbeitnehmer zum Beispiel bei Ahlers 2017: 148 ff.).

Verlängerte Arbeitszeiten

Die mit der digitalen Mobilarbeit verbundene flexible Gestaltung der Arbeitszeit führt – neben den bereits erwähnten Effekten der Entgrenzung von Beruf und Privatem und der ständigen Erreichbarkeit – zu einer Verlängerung des Arbeitstages. (Vgl. Fergen 2017: 194).

Auswirkungen auf die Gesundheit

Als weitere spezifische Negativeffekte – insbesondere für die hier im Fokus stehenden Arbeitsformen der digitalen Mobilarbeit und der Telearbeit – lassen sich vor allem

Auswirkungen auf die physische und psychische Gesundheit identifizieren. Ergonomie-Probleme bei mobiler Arbeit etwa ergeben sich zum Beispiel daraus, dass mobile Endgeräte (Laptops, Smartphones und Ähnliches) nicht für eine dauerhafte Nutzung über einen ganzen Arbeitstag hinweg geeignet sind. Häufig sind sie aufgrund der Größe von Bildschirm und Tatstatur nicht zur Eingabe von Daten geeignet. Zur Verfügung stehende Sitzgelegenheiten sind häufig nicht ideal, zum Beispiel bei der Arbeit am Laptop auf den Knien oder dem heimischen Sofa. Auch die Arbeitsumgebungsbedingungen sind häufig unzulänglich wie beispielsweise in Zügen, Hotelzimmern oder Wartebereichen von Flughäfen, etwa aufgrund der Lärm- und Beleuchtungsverhältnisse. (Vgl. Ferges 2017: 195 f.).

Bilanz

Die Bilanz auf der Positiv-Negativ-Liste zeigt ein großes Potenzial, welches es zu nutzen, aber noch größere Risiken für die Beschäftigten, die es einzudämmen gilt. Die Frage ist deshalb, wie kann einerseits das Potenzial voll ausgeschöpft und anderseits die Realisierung der Risiken vermieden werden.

4 Herausforderungen der Arbeitspolitik für „gute Arbeit" in Zeiten der Digitalisierung

Die Digitalisierung der Arbeit führt trotz ihrer zahlreichen Möglichkeiten nicht automatisch zu „guter Arbeit", dies zeigt die lange Liste der aufgeführten tatsächlichen oder möglichen Negativeffekte. Bereits 2012 haben Schwemmle und Wedde dies in den Ergebnissen ihrer Studie so formuliert:

> Digitale Vernetzung führt nicht allein aufgrund des segensreichen Wirkens der Technik und im Selbstlauf zu guter Arbeit, sondern ist in ihrer heutigen Realität durch Ambivalenzen und Defizite gekennzeichnet: Sie bietet, so lässt sich unsere bisherige Bestandsaufnahme zusammenfassen, den einen weniger echte Freiheit als möglich, den anderen weniger Sicherheit als nötig wäre. [...] Soll digitale Arbeit besser werden, so gilt es, sie durch gezielte Intervention zu humanisieren, die Chancen auf erweiterte Autonomie besser zu nutzen, diese durch Rechte und Ressourcen für Erwerbstätige flankierend zu sichern, Verfügbarkeitszumutungen und Prekaritätsrisiken zu begrenzen und gesundheitliche Beeinträchtigungen zu minimieren.
>
> (Schwemmle, Wedde 2012: 68).

Die Enquête-Kommission des Deutschen Bundestages „Internet und digitale Gesellschaft" hat zur Frage, was unter „guter Arbeit" in einer digitalisierten Welt zu verstehen ist, im Jahr 2013 unter anderem folgende „Leitlinien für eine gute digitale Arbeit" formuliert: (Vgl. Deutscher Bundestag 2013: 76)

– erweiterte Autonomie von Erwerbstätigen bei der Wahl von Arbeitsort und Arbeitszeit sowie eine verbesserte Work-Life-Balance

- Minimierung von Belastungen und Beanspruchungen, wie sie aus der vielfach entgrenzenden Wirkung digitaler Vernetzung entstehen, etwa bei einer permanenten Erreichbarkeit
- Schutz der Daten und Gewährleistung der Persönlichkeitsrechte der Erwerbstätigen
- Gewährleistung individueller und kollektiver Zugangs-, Kommunikations- und Teilhaberechte im Netz; insbesondere dort, wo sich Arbeit aus der Sphäre des klassischen Betriebes in den virtuellen Raum des Internets verlagert hat
- Schaffung wirksamer Mechanismen der sozialen Absicherung (insbesondere Kranken– und Rentenversicherung) auch für Selbstständige und Freiberufler

5 Die arbeitspolitische Debatte zur Digitalisierung der Arbeitswelt und staatliche Handlungsempfehlungen

Aus der Vorgabe, wie die Gestaltung „guter Arbeit" in Zeiten der Digitalisierung aussehen sollte sowie aus den spezifischen Problemlagen bei digitaler Mobilarbeit und Telearbeit ergeben sich Herausforderungen für die staatliche Arbeitspolitik, als diejenige Ebene, auf der Strategien, Konzepte und konkrete Umsetzungsvorschläge entwickelt werden.

Schwemmle und Wedde (Schwemmle, Wedde 2018) haben in ihrer aktuellen Studie die Makroebene staatlicher Arbeitspolitik anhand verschiedener Dokumente untersucht (Bericht der Enquête-Kommission des Deutschen Bundestags „Zukunft der Medien in Wirtschaft und Gesellschaft, Deutschlands Weg in die Informationsgesellschaft", vgl. Deutscher Bundestag 1998; Bericht der Enquête-Kommission des Deutschen Bundestags „Internet und digitale Gesellschaft" vgl. Deutscher Bundestag 2013; Grünbuch „Arbeiten 4.0" des Bundesministeriums für Arbeit und Soziales von 2015, vgl. BMAS 2015a; Weissbuch „Arbeiten 4.0" des Bundesministeriums für Arbeit und Soziales von 2016, vgl. BMAS 2016a).

Im Hinblick auf die erfolgten Maßnahmen für „gute Arbeit" in Zeiten der Digitalisierung kommen sie zu einem recht ernüchternden Ergebnis: „Betrachtet man den realen Output staatlicher Arbeitspolitik zur Digitalisierung, so hat sich diese zwar mit steigender Intensität bemüht, ‚es' zu tun, aber de facto hat sie ‚es' nicht getan – zumindest, was praktische Konzepte und deren gesetzgeberische Realisierung anbetrifft." (Schwemmle, Wedde 2018: 48). Die „[...] begrüßenswerte Zuwendung [hat] bis dato noch keine sichtbaren Resultate gezeitigt oder auch nur hinreichend konkrete und in überschaubaren Zeiträumen realisierbare Projekte hervorgebracht, die geeignet wären, Arbeit in digitalen Kontexten tatsächlich besser werden zu lassen und den Risiken digitaler Entsicherung, Entkollektivierung und Entmächtigung wirksam zu begegnen." (Schwemmle, Wedde 2018: 48).

Im Hinblick auf die in diesem Beitrag zu untersuchende Frage, ob der derzeitige rechtliche Rahmen noch zur „Arbeit 4.0" passt, formuliert Annuß in seinem Plädoyer für ein zukunftsfähiges Arbeitsrecht treffend: Die im Weissbuch „Arbeiten 4.0" enthaltenen Vorschläge zur Fortentwicklung des Arbeitsrechts beschränken sich „[...] im Wesentlichen auf Feinjustierungen des heutigen Regelungssystems, dessen strukturprägende Grundannahmen als unverändert gültig vorausgesetzt werden. Damit wurde die Chance vertan, in einem breit angelegten Diskurs zu klären, inwieweit der für den wertebasierten Kapitalismus der deutschen Nachkriegsordnung errichtete arbeitsrechtliche Rahmen noch immer von einem gesellschaftlichen Konsens getragen ist und den ordnungspolitischen Grundvorstellungen der modernen Wettbewerbsgesellschaft entspricht." (Annuß 2017: 345).

Betrachtet man die von staatlicher Seite bisher vorgelegten arbeitspolitischen Konzepte, Strategien und Maßnahmen, so lassen sich diese Aussagen nur unterstreichen.

Dies lässt sich gut veranschaulichen anhand einzelner – im Hinblick auf die Relevanz für die digitale Mobilarbeit und Telearbeit ausgewählten – Strategien und Maßnahmen. Die arbeitspolitische Debatte geht dabei in zwei Richtungen: Es geht einerseits um die Nutzung des Potenzials von digital erweiterten Gestaltungsoptionen für mehr Orts- und Zeitsouveränität von Beschäftigten (Chancen) und andererseits um die Eingrenzung der damit verbundenen Risiken.

5.1 Arbeitspolitische Strategien und Maßnahmen im Hinblick auf die Nutzung des Potenzials von digital erweiterten Gestaltungsoptionen für mehr Orts- und Zeitsouveränität der Beschäftigten

Zum Aspekt der Nutzung des Potenzials von digital erweiterten Gestaltungsoptionen für mehr Orts- und Zeitsouveränität der Beschäftigten werden vor allem die Erhöhung der Autonomie der Beschäftigten zur Verbesserung der Work-Life-Balance, die Förderung des Konzepts der Telearbeit sowie die Flexibilisierung und Kontrolle der Arbeitszeit diskutiert.

Empfohlen wurde insoweit von staatlicher Seite eine Regelung durch freiwillige Betriebs- und Tarifvereinbarungen. Gesetzgeberischer Handlungsbedarf wird zunächst nicht gesehen. Die Enquête-Kommission des Deutschen Bundestages formulierte 2013 in ihrem Bericht: „Sollte sich in mittelfristiger Perspektive erweisen, dass sich auf dem Weg freiwilliger Vereinbarungen der Betriebs- und Tarifparteien zur mobilen Arbeit für große Teile der Erwerbstätigen keine substanziellen Fortschritte in Richtung einer erweiterten Autonomie und einer Verbesserung der Work-Life-Balance erreichen lassen, sollte der Gesetzgeber prüfen, ob entsprechender gesetzlicher Handlungsbedarf besteht." (Deutscher Bundestag 2013: 99).

Zum Potenzial der Konzepte mobiler Arbeit und insbesondere der Telearbeit wurde zwar bereits im Jahr 2013 in dem vom BMAS herausgegebenen Grünbuch „Arbeit 4.0" formuliert: „Zeit- und ortsunabhängiges Arbeiten [...] [bietet] Gestaltungschancen für die Entwicklung von arbeitnehmerfreundlichen Formen von Flexibilität, z. B. im Rahmen von unterschiedlichen Modellen der Telearbeit." (BMAS 2015a: 65). Zudem wurde als Hindernis für eine weitere Verbreitung der Telearbeit vor allem ein „fehlender einheitlicher Schutzrahmen" für Telearbeiter identifiziert, weshalb der Gesetzgeber gefordert sei: „Durch die Realisierung gesetzlicher Mindestbedingungen ließen sich eine Schwächung von Rechtspositionen vermeiden und bisher vorhandene rechtliche Unsicherheiten beseitigen, die bis dato als Barrieren einer schnelleren Diffusion der Telearbeit wirken. Im Ergebnis sollte dies die Akzeptanz und damit die Chancen für eine raschere Ausbreitung von Telearbeit erhöhen." (Deutscher Bundestag 2013: 56). Für eine gesetzliche Verankerung der Mindestanforderungen zur Telearbeit hatte jedoch bereits die Enquête-Kommission im Jahr 1998 ausdrücklich votiert (vgl. Deutscher Bundestag 1998: 59), bekanntermaßen ohne dass der Gesetzgeber in der Folgezeit tätig geworden wäre. (Vgl. ausführlich auch Schwemmle, Wedde 2018: 34).

Wohl am meisten diskutiert in der arbeitspolitischen Debatte im Kontext – nicht nur der Förderung von mobiler Arbeit und Telearbeit, sondern der Nutzung der Potenziale der Arbeitswelt 4.0 insgesamt – wird das Arbeitszeitrecht. Arbeitgeber- und Wirtschaftsverbände fordern eine Lockerung des Arbeitszeitrechts, da sie der Ansicht sind, dass die bestehenden gesetzlichen Beschränkungen Hemmnisse darstellen. (Vgl. BDA 2015: 3 f.).

Dass eine Änderung der Vorgaben des Arbeitszeitrechts erforderlich ist, wurde zwar bereits auch auf staatlicher arbeitspolitischer Ebene anerkannt, wie zum Beispiel das Weissbuch „Arbeit 4.0" (BMAS 2016a: 116) zeigt. Allerdings wurde zunächst auf die Erweiterung der gesetzlichen Spielräume für Betriebs- und Tarifpartner Bezug genommen, um „[...] auf dieser Grundlage betriebliche Experimentierräume einzurichten." (BMAS 2016a: 116). In diesen Kontext passt auch die Aussage von Andrea Nahles, Bundesministerin für Arbeit und Soziales in der letzten Legislaturperiode, in der sie sich für die Möglichkeit der Erweiterung des gesetzlichen Rahmens unter der Voraussetzung „ausgehandelter Flexibilität" durch Tarifverträge und Betriebsvereinbarungen ausspricht. (Vgl. FAZ 2016).

Im Weissbuch „Arbeit 4.0" wurde weiterhin angemerkt, dass die Arbeitszeiten so ausgestaltet werden müssen, dass die Beschäftigten vor Entgrenzung und Überforderung geschützt werden und dass durch mehr Wahlarbeitszeitoptionen mehr Zeit- und Ortssouveränität erreicht werde. (Vgl. BMAS 2016a: 116 f.). Hierzu enthält das Weissbuch aber auch Überlegungen zur mittelfristigen Schaffung eines auf zwei Jahre befristeten Wahlarbeitszeitgesetzes zur Kombination von mehr Wahlarbeitszeitoptionen mit dem geltenden Arbeitszeitgesetz, inklusive entsprechender oben genannter

Schutzregeln für die Arbeitnehmer zum Schutz vor Entgrenzung und Überforderung sowie anderer spezifischer Schutzregeln für die neuen Arbeitsformen. (Vgl. BMAS 2016a: 124). Weitergehender konkreter gesetzgeberischer Handlungsbedarf wird von staatlicher Seite nicht gesehen.

Die Gewerkschaften hingegen sprechen sich noch weitergehend gegen jede Lockerung des Arbeitszeitrechts aus und sehen die gewerkschaftliche Arbeitszeitpolitik vor der Aufgabe, den Flexibilisierungsforderungen des Kapitals Grenzen zu setzen und plädieren dafür, nur den Souveränitätswünschen der Beschäftigten Spielräume zu sichern. (Vgl. Schröder, Urban 2017: 6 ff.). Sie lehnen die Aufweichung des Arbeitszeitrechts entschieden ab. Ihnen geht es dabei vor allem um das strategische Ziel der Rückgewinnung der gewerkschaftlichen und persönlichen Souveränität im Umgang mit der Zeit auf drei Ebenen: im Betrieb, in der Tarifpolitik und auf der Ebene der Gesetzgebung. Sie fordern einen „Neustart der Arbeitspolitik" in diesem Sinne und starteten hierzu einige Kampagnen, wie etwa die Arbeitszeitkampagne der IG-Metall unter dem Motto: „Mein Leben – meine Zeit. Arbeit neu denken", von ver.di: „Kurze Vollzeit als Chance für alle – mehr Zeit für mich" sowie der IG BAU: „Faire Arbeit Jetzt!" (vgl. Schröder, Urban 2017: 6 ff.).

Die Gewerkschaften begründen ihre Forderungen vor allem mit dem durch arbeitswissenschaftliche Erkenntnisse nachgewiesenen engen Zusammenhang zwischen Arbeitszeit und Gesundheit und den derzeit zu langen Arbeitszeiten, der Arbeitszeitflexibilisierung, Arbeitszeitkonten und sogenannten atypischen Arbeitszeiten, wie sie derzeit etwa im Dienstleistungssektor stark ausgeprägt seien. Vor allem Lage und zeitlicher Umfang der Arbeit beeinflussten maßgeblich die körperliche und die psychische Gesundheit und hätten Auswirkungen auf die Vereinbarkeit von Beruf und Privatleben. Neben den gesundheitlichen Risiken seien zudem die sozialen Risiken zu beachten. Sie befürworten aber auch eine selbstbestimmte Flexibilisierung der Arbeitszeit. (Vgl. Schröder, Urban 2017: 8 f.).

Insbesondere Arbeitgeber- und Wirtschaftsverbände, aber auch wirtschaftsnahe Wissenschaftler und Politiker sehen hingegen jegliche Anpassung des gesetzlichen Schutzrahmens zu Gunsten der Beschäftigten als „Bremse für Beschleunigungspotenziale" im Hinblick auf neue technische Möglichkeiten und die digitale Mobilarbeit (vgl. Fergen 2017: 194), was sicher auch einer der Gründe dafür ist, warum die staatliche Arbeitspolitik auch im Hinblick auf Flexibilisierungsbeschränkungen so zurückhaltend mit der Feststellung von gesetzgeberischem Handlungsbedarf ist.

Im Ergebnis bleiben die von staatlicher Seite diskutierten Handlungsoptionen vage und es mangelt an konkreten Umsetzungsvorschlägen dahingehend, wie das Potenzial von digital erweiterten Gestaltungsoptionen für mehr Orts- und Zeitsouveränität der Beschäftigten ausgeschöpft werden kann. Insbesondere mit Blick auf die Förderung mobiler Arbeit und Telearbeit fehlt es an konkreten Strategien und Maßnahmen.

5.2 Arbeitspolitische Strategien zur Eingrenzung der mit den neuen technischen Möglichkeiten verbundenen Gefahren

Geht es in der arbeitspolitischen Debatte um die Eingrenzung der mit den neuen technischen Möglichkeiten verbundenen Gefahren, so werden vor allem Aspekte wie Beschäftigungsverlust und Qualifizierung, Entsicherung der Beschäftigungsverhältnisse, digitale Entgrenzung, Gesundheitsgefahren, Kontrolle und Überwachung, Schutz von Beschäftigtendaten, die Entkollektivierung und die Aushöhlung der betrieblichen Mitbestimmung diskutiert.

Beschäftigungsverlust und Qualifizierung
Erwähnt wurde zwar bereits, dass nach den derzeitigen Prognosen mit signifikanten Beschäftigungsverlusten durch die Digitalisierung nicht zu rechnen ist. Dies gilt allerdings – so das Weissbuch „Arbeit 4.0“ – nur unter der Voraussetzung, dass die individuelle Beschäftigungsfähigkeit durch entsprechende Qualifizierungsmaßnahmen im Wandel des Arbeitsmarktes erhalten bleibe. (Vgl. BMAS 2016a: 47 f., 51, 100, 103). Betont wird die „[...] herausragende Bedeutung von Bildung, Weiterbildung und Qualifizierung für eine erfolgreiche digitale Transformation“ (BMAS 2016a: 103) und dass „[...] eine vorausschauende und strategische Qualifizierungspolitik zum Dreh- und Angelpunkt der Beschäftigungs- und Arbeitsmarktpolitik im digitalen Wandel [werde].“ (BMAS 2016a: 102). Die durch Bundesregierung, Länder und Sozialpartner sowie weitere Akteure zu entwickelnde Qualifizierungs- und Weiterbildungsstrategie müsse umfassend und langfristig ausgerichtet sein. (Vgl. BMAS 2016a: 106). Angestrebt wird zudem ein Recht auf Weiterbildung. (Vgl. BMAS 2016a: 114). Die Arbeitgeberverbände lehnen ein solches Recht dagegen entschieden ab. (Vgl. BDA 2017). Vorgeschlagen im Weissbuch wird zudem langfristig die Schaffung „[...] ein[es] persönliche[n] Erwerbstätigenkonto[s] mit einem steuerfinanzierten ‚Startkapital‘,[...] das [Arbeitnehmer] für Qualifizierung und Auszeiten nutzen können.“ (BMAS 2016a: 113) Weitergehende konkrete Handlungsoptionen zu diesem Thema sind in der arbeitspolitischen Debatte nicht zu finden.

Entsicherung der Beschäftigungsverhältnisse: Substitutionseffekt, prekäre Beschäftigungsverhältnisse
Im Hinblick auf die Gefahr der Entsicherung der Beschäftigungsverhältnisse wird vor allem die Vermeidung der Entsicherung der Beschäftigung durch Zunahme prekärer Beschäftigungsverhältnisse diskutiert. So versucht die Arbeitspolitik bereits seit längerem, der auch unabhängig von der Digitalisierung der Arbeitswelt zunehmenden Leih- und Werkvertragsarbeit sowie der Befristung von Arbeitsverträgen entgegenzuwirken. Zuletzt wurden durch das Gesetz gegen Missbrauch von Leiharbeit und Werkvertragsarbeit die Regeln mit Wirkung zum 1. April 2017 verschärft (Gesetz zur Änderung des Arbeitnehmerüberlassungsgesetzes und anderer Gesetze vom 21. Februar

2017, veröffentlicht im BGBl. 2017 Teil I Nr. 8, 8. Februar 2017). Ob dies den gewünschten Erfolg bringt, wird in der Praxis noch zu beweisen sein. Während die gesetzliche Neuregelung aber insbesondere die Fälle von Scheinselbstständigkeit und verdeckter Leiharbeit verhindern soll (vgl. Deutscher Bundestag 2016: 1), bleibt das Problem des fehlenden sozialen Schutzes der steigenden Zahl (Solo-)Selbstständiger durch neue Arbeitsformen wie zum Beispiel Crowdwork oder Plattformarbeit außen vor, wie sie gerade auch im Rahmen der hier betrachteten digitalen Mobilarbeit oder Telearbeit ausgeübt werden. Dabei hat bereits die Enquête-Kommission des Deutschen Bundestages „Zukunft der Medien in Wirtschaft und Gesellschaft; Deutschlands Weg in die Informationsgesellschaft" zum Komplex „Arbeit 21" vom Jahr 1998 darauf hingewiesen, dass für diese „[...] Nicht-Norm-Beschäftigungsverhältnisse [...] die überkommenen Finanzierungsgrundlagen der sozialen Sicherungssysteme neu überdacht werden müssen. Dabei ist zu prüfen, wie neu entstehende Zwischenstufen von selbstständiger Arbeit und abhängiger Beschäftigung in das soziale Sicherungssystem einbezogen werden." (Deutscher Bundestag 1998: 60). Die Enquête-Kommission 2013 wies erneut auf die Problematik hin, wollte diese aber lediglich „im Auge behalten" (Deutscher Bundestag 2013: 75). Auch im Grünbuch 2015 heißt es:

> Im Zusammenhang mit der zunehmenden Digitalisierung der Wirtschafts- und Arbeitswelt wird derzeit vielfach ein weiterer Anstieg der (Solo-)Selbstständigkeit prognostiziert, die ohnehin in den letzten Jahrzehnten deutlich angewachsen ist. Deshalb wäre in einem ersten Schritt zu klären, welche neuen Arbeitsformen in welchem Umfang entstanden sind oder weiter entstehen. [...] Im Bereich online-plattformbasierter Dienstleistungen besteht ein hoher Diskussionsbedarf um faire Standards. Im Blick auf mögliche politische Maßnahmen stellten sich u. a. Fragen nach den Auswirkungen solcher Geschäftsmodelle auf die soziale Sicherung und die Einkommen für (Solo-)Selbstständige, nach möglichen Unterstützungen für Selbstorganisation und Interessenvertretung dieser Erwerbstätigengruppen und nach deren rechtlichem Status zwischen echter und Scheinselbstständigkeit.
>
> (BMAS 2015a: 57, 59, 66 f.)

Schließlich formuliert das Weissbuch „Arbeit 4.0" das Ziel: „[...] eine[r] bessere[n] soziale[n] Absicherung und faire Arbeitsbedingungen [...]"(BMAS 2016a:6) und noch weitergehend:

> Sollten diese Arbeitsformen an Bedeutung gewinnen [was zunächst empirisch zu überprüfen wäre], müssten vor allem auf arbeitnehmerähnliche Selbstständige zugeschnittene neue Schutzkonzepte entwickelt werden. In früherer Zeit wurde mit dem Heimarbeitsgesetz ein Schutzrahmen für eine besondere Gruppe geschaffen, der spezielle Regelungen vorsieht, z. B. Vergütungsregelungen und Urlaubszuschläge. Ein vergleichbarer Ansatz wäre für Plattformbeschäftigte oder bestimmte Crowdworker denkbar, falls in einer sich weiter entfaltenden Plattformökonomie eine neue prekäre Beschäftigungsform auf dem deutschen Arbeitsmarkt Fuß fasst.
>
> (BMAS 2016a: 175)

„Sachgerecht und angemessen" sei zudem die grundsätzliche Einbeziehung von Selbstständigen in die Rentenversicherung. (BMAS 2016a: 176). Zudem sollten „[...]

Selbstständige ermutigt werden, ihre sozialen Interessen in kollektiven Organisationsstrukturen zu bündeln. Die Möglichkeiten des geltenden Rechts, etwa zum Abschluss von Tarifverträgen zugunsten selbstständiger arbeitnehmerähnlicher Personen, sollten verstärkt genutzt werden. Die entsprechende Informationslage soll verbessert werden." (BMAS 2016a: 176).

Die Problemlage aufgrund der Entsicherung durch prekäre Beschäftigungsverhältnisse wird damit umfassend auf arbeitspolitischer Ebene diskutiert. Ungeachtet dessen fehlt es jedoch bisher entweder an konkreten Vorschlägen von staatlicher Seite oder auch – sofern bereits Vorschläge existieren – an konkreten Maßnahmen zur Umsetzung der vorgeschlagenen Handlungsoptionen. Andere wesentliche Aspekte im Zusammenhang mit der Gefahr der Entsicherung der Beschäftigungsverhältnisse bleiben in der staatlichen arbeitspolitischen Debatte weitgehend unerwähnt. Dies gilt zum Beispiel für den Substitutionsdruck, den Beschäftigte durch die zunehmenden technischen Möglichkeiten empfinden und die damit verbundene Angst, dass ihre menschliche Arbeitskraft zunehmend durch fortschreitende Automatisierungsprozesse ersetzt werden könnte. (Vgl. Schwemmle, Wedde 2018:41 f.).

Digitale Entgrenzung

Die Herausforderungen, die sich aus der durch die Digitalisierung der Arbeit forcierten Entgrenzung der Arbeit in räumlicher und zeitlicher Dimension ergeben, sind mit unterschiedlicher Intensität bereits seit zwei Jahrzehnten Teil der arbeitspolitischen und arbeitsrechtlichen Debatte. (Vgl. Schwemmle, Wedde 2018: 34). Dass das Gefahrenpotenzial der Entgrenzung zwischen Beruf und Privatem insbesondere bei mobiler Arbeit und Telearbeit aufgrund der Eigenart dieser Arbeitsformen besonders groß ist, darauf wurde bereits hingewiesen.

Die Enquête-Kommission des Deutschen Bundestages (vgl. Deutscher Bundestag 2013: 65, Fn 293) identifizierte die Problemlage ebenso wie das Grünbuch „Arbeiten 4.0" (vgl. BMAS 2015a:65) und das Weissbuch „Arbeiten 4.0" (vgl. BMAS 2016a: 78).

Die Enquête-Kommission vom Jahr 2013 empfahl, das Problem der „digital erweiterten Erreichbarkeit und Verfügbarkeit" zunächst durch folgende Maßnahmen zu beheben: einerseits durch Qualifikationsmaßnahmen zum „selbstverantwortliche[n] Umgang mit den Freiheiten orts- und zeitflexibler Arbeit" (Deutscher Bundestag 2013: 65, Fn 293) und andererseits durch Berücksichtigung des Anrechts auf Nichterreichbarkeit durch Betriebs- und Tarifpartner. Für den Fall, dass diese nicht erfolgreich sein sollten, müsse der Gesetzgeber jedoch prüfen, ob ein „Recht auf Nichterreichbarkeit und Nicht-Reaktion" im Arbeitszeitgesetz verankert werden sollte, welches danach zur Anwendung kommen soll, wenn Höchstarbeitszeiten überschritten sind oder die Voraussetzungen für Ruhepausen und -zeiten vorliegen. (Vgl. Deutscher Bundestag 2013: 97 f.). Das Weissbuch „Arbeiten 4.0" (BMAS 2016a: 78) greift diesen Vorschlag allerdings nicht auf und verneint einen gesetzgeberischen Handlungsbedarf. Verwiesen wird auf bestehende gesetzliche Regelungen, nach denen Arbeitnehmer ohne entsprechende vertragliche Vereinbarung ohnehin nicht zur Erbringung von Überstunden verpflichtet seien (vgl. hierzu Schwemmle, Wedde 2018: 36) sowie auf Regelungen der Betriebs- und Tarifparteien (vgl. BMAS 2016a: 119).

Im Ergebnis fehlt es – trotz frühzeitiger Erkenntnis der Problemlage – auch hier an konkreten arbeitspolitischen Maßnahmen von staatlicher Seite, um die mit der Digitalisierung einhergehenden Gefahr der Entgrenzung zwischen Beruf und Privatem entgegenzuwirken. Mehr noch, die Arbeitspolitik hat sich nach einem ersten Vorstoß in Richtung Anpassung der Gesetzgebung wieder unter Verweis auf vertragliche Regelungen zwischen Tarif-, Betriebs- und Arbeitsvertragsparteien zurückgezogen.

Gesundheitsgefahren

Die Gesundheitsgefahren im Kontext der „Arbeit 4.0" werden auf der Ebene staatlicher Arbeitspolitik in verschiedenen Zusammenhängen diskutiert. Dabei geht es bei den Maßnahmen zur Reduzierung dieser Gefahren einerseits um den staatlichen Arbeits- und Gesundheitsschutz und andererseits um das Agieren der beteiligten Parteien in der betrieblichen Praxis, die häufig miteinander verknüpft werden.

Bezüglich der Gesundheitsgefahren aufgrund der „Entbetrieblichung" bei digitaler Mobilarbeit und Telearbeit sieht die staatliche Arbeitspolitik staatlichen Handlungsbedarf im Hinblick auf den Arbeitsschutz überall dort, wo der Arbeitsschutz an den Betriebsbegriff anknüpft. (Vgl. Schwemmle, Wedde 2018: 39). Die Enquête-Kommission „Internet und digitale Gesellschaft" vom Jahr 2013 zum Beispiel wies darauf hin, dass „[...] die neue Mobilität digitaler Erwerbstätigkeit [...] die Grenzen des traditionellen, auf feste betriebliche Arbeitsplätze bezogenen Arbeitsschutzes [überschreitet] und [...] neue Anforderungen an die ergonomische Gestaltung von Arbeitsmitteln und Arbeitsumgebungen mit sich [bringt]." (Deutscher Bundestag 2013: 98).

Die Kommission empfahl deshalb folgende Initiativen:

- Die Einhaltung ergonomischer Grundanforderungen und Anpassung an die besonderen Bedingungen ortsflexibler Tätigkeit bei für berufliche Zwecke verwendeten mobilen Geräten.
- Eine Einrichtung mobiler Arbeitsplätze unter Garantie des Arbeitgebers für die Einhaltung der einschlägigen Arbeitsschutznormen sowie einer Gefährdungsbeurteilung gem. § 5 ArbSchG.
- Die Prüfung, ob es einer gezielten Erweiterung und Anpassung der relevanten Normen des Arbeits- und Gesundheitsschutzes, die für ortsfeste Arbeitsplätze gelten, geben muss. (Vgl. Deutscher Bundestag 2013: 98).

Das Weissbuch vom Jahr 2016 stellt die Frage, wie „[...] in Bezug auf den Arbeitsort und die Arbeitsmittel beim mobilen Arbeiten, z. B. hinsichtlich Ergonomie vergleichbare Schutzstandards sichergestellt werden können wie bei Arbeitsplätzen im Betrieb." (BMAS 2016a: 78). Unter der Überschrift „Gesunde Arbeit: Ansätze für den Arbeitsschutz 4.0" wird dann aber nur allgemein ausgeführt: „Arbeitsschutz muss nicht nur an den digitalen, sondern auch an den zunehmend spürbaren demografischen Wandel angepasst werden. Dazu wird es notwendig sein, neben den physischen die psychischen Beanspruchungen von Arbeit stärker in den Fokus zu rücken. Das BMAS wird deshalb darauf hinwirken, die Instrumente des Arbeitsschutzes zu einem „Arbeitsschutz 4.0" fortzuentwickeln." (BMAS 2016a: 141). Eine gesetzliche Verankerung erforderlicher Maßnahmen sieht das Dokument nicht vor. Die Gewerkschaften dagegen plädieren für eine Schließung der „Modernisierungslücken im Arbeitsschutzrecht", insbesondere weil die Anforderungen des Arbeitsschutzes vor allem im Rahmen mobiler Arbeitsformen missachtet würden. (Vgl. Schröder, Urban 2017: 9). Auch im Hinblick auf die mit der Arbeit 4.0 einhergehenden Gesundheitsgefahren beziehungsweise deren Eindämmung fehlt es an konkreten Maßnahmen von Seiten der staatlichen Arbeitspolitik.

Kontrolle und Überwachung sowie Schutz von Beschäftigtendaten

Den erweiterten Möglichkeiten der Kontrolle und Überwachung der Beschäftigten durch die Digitalisierung in arbeitsbezogenen Kontexten bis hinein in die Privatsphäre werden bisher – trotz frühzeitiger Erkenntnis der damit verbundenen Gefahren – in der arbeitspolitischen Debatte nicht die erforderliche Bedeutung zugemessen. Dabei handelt es sich in erster Linie um Fragen des Beschäftigungsdatenschutzes.

Bereits die Enquête-Kommission vom Jahr 1998 wies darauf hin, dass das aufgrund neuer Möglichkeiten zur Sammlung, Speicherung und Verarbeitung personenbezogener Daten bestehende „[...] erhebliche [...] Gefährdungspotenzial für den Schutz der Privatsphäre und das informationelle Selbstbestimmungsrecht von Arbeitnehmern, [...] eine gesetzgeberische Initiative zum Arbeitnehmerdatenschutz erforderlich macht" (Deutscher Bundestag 1998: 59), um die Persönlichkeitsrechte der Betroffenen zu sichern und dem internationalen Datentransfer Rechnung zu tragen. (Vgl. Deutscher Bundestag 1998: 59). Das Weissbuch „Arbeit 4.0" enthält darüber hinaus eine detaillierte Analyse des gesetzgeberischen Handlungsbedarfs (vgl. BMAS 2016a: 144 f.), verzichtet aber auf konkrete Aussagen zu einer Neuregelung des Beschäftigungsdatenschutzes und stellt lediglich fest, dass eine Absenkung des bestehenden Beschäftigungsdatenschutzes nicht erfolgen wird. (Vgl. BMAS 2016a: 147; vgl. dazu auch Schwemmle, Wedde 2018: 48). Laut seinem Weissbuch plant das BMAS allerdings ein eigenständiges Beschäftigungsdatenschutzgesetz und will hierfür „[...] die Spielräume, die die EU–DSGVO den nationalen Gesetzgebern für konkretisierende Regelungen einräumt, umfassend nutzen. Dafür wird es einen interdisziplinär besetzten Beirat einsetzen, der das Ministerium dabei unterstützt, diese eigenständigen gesetzlichen Regelungen zum Beschäftigtendatenschutz auf der Grundlage einer Bestandsaufnahme und im Rahmen eines verbindlichen Zeitplans vorzubereiten." (BMAS 2016a:151). Arbeitgeber- und Wirtschaftsverbände hingegen warnen vor einer „Überregulierung mit unnötiger Bürokratie" zum Zwecke der Rechtssicherheit. (BMAS 2016a: 147).

Im Hinblick auf die Gefahren, die mit den zunehmenden Möglichkeiten der Überwachung und Kontrolle im Rahmen der Digitalisierung verbunden sind, ist ein wirksamer Schutz der Beschäftigten ganz wesentlich von der Regulierung des Beschäftigungsdatenschutzes durch den Gesetzgeber abhängig. Inwieweit hier bereits die durch die staatliche Arbeitspolitik anvisierten gesetzgeberischen Maßnahmen umgesetzt wurden, wird im Kapitel zu den derzeitigen rechtlichen Rahmenbedingungen zu mobiler Arbeit und Telearbeit zu untersuchen sein.

Entkollektivierung und Aushöhlung der betrieblichen Mitbestimmung

Diskutiert auf der Ebene staatlicher Arbeitspolitik wird darüber hinaus die als einer der Negativeffekte der digitalisierten Arbeitswelt identifizierte Entkollektivierung der Beschäftigten aufgrund zunehmender Entbetrieblichung. Relevant ist dies insbesondere im Hinblick auf eine Gefahr der Realisierung der betrieblichen Interessenvertretung durch eine Aushöhlung der Mitbestimmung. Bereits im Jahr 1998 hatte die Enquête-Kommission des Bundestags empfohlen:

> [...] zu prüfen, ob und wie eine offene gesetzliche Formulierung des Betriebsbegriffs gewährleistet werden kann, die mit Blick auf Telearbeit und andere mobile und räumlich dislozierte Arbeitsformen sicherzustellen hätte, daß jeder Beschäftigte eindeutig einem Betrieb im betriebsverfassungsrechtlichen Sinn zugeordnet werden und Mitbestimmung auch in vernetzten Wertschöpfungsverbünden und virtuellen Unternehmensstrukturen auf tragfähigen rechtlichen Grundlagen basieren kann. Neben dem bisher entscheidenden Definitionsmerkmal der räumlichen Verbundenheit sollte sich auch aus der kommunikationstechnischen und organisatorischen Verbindung zwischen einem konkreten Arbeitsplatz und einer zentralen Betriebsstätte das Vorliegen eines Betriebes ableiten lassen.
>
> (Deutscher Bundestag 1998: 58 f.).

Die Enquête-Kommission vom Jahr 2013 schloss sich dieser Einschätzung zwar an, vermied aber weitere konkretere Empfehlungen. (Vgl. Deutscher Bundestag 2013:18). Das Grünbuch „Arbeiten 4.0“ (BMAS 2015a:67) fragte lediglich danach, ob „[...] die Grundbegriffe des Arbeitsrechts (wie der Arbeitnehmer- oder der Betriebsbegriff) auch in der digitalen Arbeitswelt [noch greifen]?“, ohne die Frage jedoch zu beantworten. Das Weissbuch „Arbeit 4.0“ verweist lediglich auf die „[...] Ausgestaltung des Betriebsbegriffs durch die Rechtsprechung und die weite Öffnung des Betriebsverfassungsgesetzes für Vereinbarungslösungen“ (BMAS 2016a: 163), lehnt aber „[...] eine formale Definition des Betriebsbegriffs, die morgen bereits von neueren Entwicklungen überholt zu werden droht“ (BMAS 2016a: 165), ausdrücklich ab und sieht keinen gesetzgeberischen Handlungsbedarf. Erwähnt wird darüber hinaus, dass die Notwendigkeit eines Mitbestimmungsrechts auf Datenschutz für Betriebsräte thematisiert wurde und durch das BMAS zu „[...] prüfen [sei], ob und inwieweit in diesem Bereich gesetzgeberischer Handlungsbedarf besteht.“ (BMAS 2016a: 149). Lediglich eine konkrete gesetzgeberische Maßnahme im Bereich der Mitbestimmung wurde angeregt: Die Erleichterung der Hinzuziehung interner und externer fachlicher Unterstützung im Rahmen des Mitbestimmungsrechts gem. § 87 Abs. 1 Nr. 6 BetrVG, die Einführung und Anwendung technischer Einrichtungen die dazu bestimmt sind, das Verhalten oder die Leistung der Arbeitnehmer zu überwachen betreffend. (Vgl. BMAS 2016a: 159).

Es zeigt sich, dass im Hinblick auf die Gefahren einer Aushöhlung der betrieblichen Mitbestimmung durch die Entbetrieblichung im Rahmen der digitalisierten Arbeitswelt von der ursprünglichen Empfehlung zur Prüfung der Notwendigkeit eines gesetzgeberischen Handelns zuletzt wieder abgerückt wurde und die Debatte zu dieser Frage seit dem Jahr 1998 im Wesentlichen auf demselben Stand verharrt.

5.3 Zusammenfassung der arbeitspolitischen Debatte

Zusammenfassend zu diesem Einblick in die arbeitspolitische Debatte auf staatlicher Ebene kann die eingangs von Schwemmle und Wedde (Schwemmle, Wedde 2018: 48) formulierte Aussage nur erneut unterstrichen werden. Ungeachtet der frühen und zahlreichen Erkenntnisse zu den mit der Digitalisierung verbundenen Gefahren und der Notwendigkeit der Eindämmung finden sich kaum konkret formulierte Strategien und Maßnahmen zu einer erfolgsversprechenden Lösung der einzelnen Problemlagen. Dies betrifft die hier benannten Gefahren der „Arbeit 4.0“ insgesamt ebenso wie die spezifischen Gefahren, die mit den in diesem Beitrag näher betrachteten Arbeitsformen der mobilen Arbeit und Telearbeit verbunden sind.

5.4 Staatliche Handlungsempfehlungen zu den Herausforderungen der Arbeit 4.0

Staatliche Arbeitspolitik zum Thema Arbeit 4.0 beschränkt sich vor allem darauf, Handlungsempfehlungen zu geben. Statt in seiner Gesetzgebungsfunktion zur Schaffung eines besseren rechtlichen Rahmens für die Herausforderungen der Arbeit 4.0 insgesamt, insbesondere aber auch für die mobile Arbeit und die Telearbeit tätig zu werden, zieht sich der Staat zurück und gibt verschiedene Handlungsempfehlungen. (Vgl. Wissenschaftliche Dienste 2017: 18 ff.). Verwiesen wird vor allen auf Lösungen durch die Tarif- und Betriebsparteien. In diesen Kontext passt auch, wenn das BMAS als einer der wesentlichen Voraussetzungen für die Gestaltung einer zukunftsfähigen Arbeitsrechtsordnung die Stabilisierung und Stärkung der Tarifstrukturen in Deutschland anführt (vgl. BMAS 2016a: 11, 157), allerdings auch dies ohne konkrete Maßnahmen zu benennen. Es wird lediglich der Hinweis gegeben, dass Tarifbindung dadurch gesteigert werden könne, dass Anreize – etwa durch Schaffung von tarifdispositivem Gesetzesrecht – für den Beitritt in Arbeitgeberverbände und Gewerkschaften geschaffen werden. (Vgl. BMAS 2016a: 157). Arbeitnehmer in Betrieben ohne Tarifbindung und/oder ohne Betriebsrat bleiben nach dieser Strategie – ebenso wie sonstige Erwerbstätige, die etwa als (Solo-)Selbstständige tätig sind – ohne Schutz. Empfohlen wird von staatlicher Seite darüber hinaus eine entsprechende Ausgestaltung beziehungsweise Anpassung der Arbeitsverträge. „Sinnvoll wäre es, die rechtliche Beziehung zwischen Arbeitgeber und Arbeitnehmer so auszugestalten, dass die spezifischen Problemfelder soweit wie möglich antizipiert und adäquat geregelt werden.“ (Wissenschaftliche Dienste 2017: 18; vgl. zur Telearbeit zum Beispiel Wissenschaftliche Dienste 2017: 18; Kamann 2016: 75, 78; Fergen 2017: 203; vgl. zur mobilen Arbeit zum Beispiel Wissenschaftliche Dienste 2017: 18 unter Verweis auf Schaub 2015: § 82, Rn. 1; Kamann 2016: 75, 77).

6 Digitale Mobilarbeit und Telearbeit: Änderungs- und Anpassungsbedarf des Arbeitsrechts in Zeiten der Digitalisierung

Es ergeben sich aus den in der arbeitspolitischen Debatte diskutierten (oder auch vernachlässigten) Aspekten zu den Chancen und Risiken der Arbeitswelt 4.0 auch für das Arbeitsrecht zahlreiche Fragen. Dies wird noch deutlicher, wenn man die Praxis in der digitalisierten Arbeitswelt betrachtet. Denn „[…] manche technischen Entwicklungen [sind] mächtiger […], als das Arbeitsrecht. Die Industrie 4.0 braucht deshalb ein Arbeitsrecht 4.0. Denn es ist besser, wenn sich das Arbeitsrecht mit Augenmaß der technischen Entwicklung anpasst, als von der Realität überrollt zu werden.“ (Dzida: 2015: 1).

6.1 Relevante Fragen zum Arbeitsrecht in Zeiten der Digitalisierung

Ein Brainstorming – selbstverständlich ohne Anspruch auf Vollständigkeit – lässt zum Beispiel über folgende Fragen nachdenken:

- Wenn Dienstleistungen per App übers Handy abgerufen werden können und überwiegend selbstständige Personen für diese Dienstleistungen eingesetzt werden: Welche Auswirkungen hat dies auf den gesamten Arbeitsmarkt und die Sozialversicherung?
- Wenn zahlreiche Branchen existieren, in denen es keine klassischen Betrieb mehr gibt, weil alle Arbeitnehmer – technisch perfekt vernetzt – von zu Hause aus arbeiten: Ändert sich die Rolle und Bedeutung von Gewerkschaften und Betriebsräten?
- Welche Bedeutung hat das geltende Arbeitszeitrecht, wenn Ort und Zeit der Arbeit keinen festen Regeln mehr folgen?

- Wenn Fabrikarbeiter nicht mehr neben Robotern tätig sind, sondern gleichsam Hand in Hand mit Cobots, also kollaborierenden Robotern arbeiten: Muss der Datenschutz neu justiert werden?
- Wenn Bewerber nicht mehr von Personalern, sondern von Computern eingestellt werden, die auch gleich noch den Herzschlag, die Augenbewegungen und den Gesichtsausdruck des Bewerbers messen können: Welche Arbeitnehmerrechte bestehen dann noch im Bewerbungsverfahren beziehungsweise gesamten Einstellungsprozess?
- Wenn Arbeitnehmer mit Google-Brillen zur Arbeit erscheinen: Muss der Arbeitgeber dies dulden, insbesondere, wenn er Angst um seine Betriebsgeheimnisse hat?
- Wenn Arbeitnehmer sich Chips einpflanzen lassen, um die lästige Zugangskarte für das Unternehmen nicht mehr dabei haben zu müssen und/oder ihre Identifizierung mit dem Unternehmen kundtun möchten: Was bedeutet dies für den Arbeitnehmerdatenschutz, wenn über diese Chips Arbeitszeitkontrollen vorgenommen werden (können), aber auch private Daten gesammelt werden können?
- Wenn Arbeitnehmer aufgrund der Nutzung von Handys jederzeit erreichbar sind, eine sonstige Entgrenzung zwischen Arbeit und Privatem erfolgt wie etwa beim Homeoffice, passen dann geltende gesetzliche Arbeitszeitregelungen und das Urlaubsrecht noch? Was ist Arbeitszeit, die zu vergüten ist?
- ...?

Die Liste ließe sich um viele Fragen erweitern. Über die Auswirkungen der digitalen Arbeitswelt auf das Arbeitsrecht beziehungsweise über die notwendigen Änderungen und Anpassungen existiert derzeit eine unüberschaubare Vielzahl von Publikationen. (Vgl. zum Beispiel Giesen, Kersten 2017: 26 f.).

In Bezug auf die in diesem Beitrag im Mittelpunkt stehenden Arbeitsformen der digitalen Mobilarbeit und Telearbeit ergeben sich unter Beachtung der identifizierten Positiv- und Negativeffekte sowie der Vorgaben zu „guter Arbeit“ in der Digitalisierung vor allem folgende relevante arbeitsrechtliche Aspekte.

Aspekte des individuellen Arbeitsrechts (und gegebenenfalls des Sozialrechts):
- Zulässigkeit digitaler Mobilarbeit und Telearbeit
- Beschäftigtenstatus bei mobiler Arbeit und Telearbeit und soziale Absicherung
- Anspruch auf und Pflicht zu mobile(r) Arbeit und Telearbeit
- Kosten für Arbeitsmittel
- Bestimmungen zur Arbeitszeit und Kontrolle
- Betriebsrisiko bei mobiler Arbeit und Telearbeit
- Haftung im Rahmen von mobiler Arbeit und Telearbeit

Aspekte des (staatlichen) Arbeits- und Gesundheitsschutzrechts:
- Arbeits- und Gesundheitsschutz im Rahmen von mobiler Arbeit und Telearbeit (außerhalb des Arbeitszeitrechts)
- Gesetzlicher Unfallschutz

Aspekte des Datenschutzes:
- Schutz personenbezogener Daten der Beschäftigten
- Sicherung betrieblicher Daten bei mobiler Arbeit und Telearbeit

Aspekte des kollektiven Arbeitsrechts:
- Betriebsverfassungsrecht und Gewährleistung der betrieblichen Mitbestimmung
- Fragen des Arbeitskampf- und Tarifrechts

Es liegt auf der Hand, dass sich – ungeachtet der staatlichen Verweigerungshaltung in Bezug auf eine Anpassung des Rechtsrahmens – nicht all diese Fragen mit dem derzeit zur Verfügung stehenden Rechtsrahmen lösen lassen. Die Notwendigkeit einer Änderung und Anpassung des Arbeitsrechts im Hinblick auf die Digitalisierung der Arbeitswelt und die neuen Arbeitsformen, namentlich mobile Arbeitsformen und insbesondere die hier betrachtete Telearbeit, steht außer Zweifel. (Vgl. zum Beispiel Giesen, Kersten 2017: 5 f.).

Im Hinblick auf den gegenwärtigen rechtlichen Rahmen für eine Digitalisierung der Arbeitswelt konstatieren Schwemmle und Wedde im Anschluss an ihre nüchterne Analyse zur dahinter stehenden Arbeitspolitik (vgl. Schwemmle, Wedde 2018: 48), ganz allgemein, dass in Konsequenz unzureichender arbeitspolitischer Maßnahmen „[...] ein Vergleich der 2012 vorgefundenen (dies bezieht sich auf die Vorgängerstudie, vgl. Schwemmle, Wedde 2012, Anmerkung der Verfasserin) arbeitsrechtlichen Rahmenbedingungen für digitale Arbeit mit der heutigen Situation zu der Feststellung führt, dass keines der von uns damals benannten Themen bzw. Probleme entfallen ist. Damit trifft die digitale Arbeit der Zukunft nach wie vor auf das an analogen Zuständen ausgerichtete Arbeitsrecht der Vergangenheit.“ (Schwemmle, Wedde 2018: 49). Eine Betrachtung des rechtlichen Rahmens zur digitalen Mobilarbeit und zur Telearbeit zeigt, dass einige Fragen unproblematisch mit dem derzeit zur Verfügung stehenden Rechtsrahmen beantwortet werden können. Die Lösung anderer Problemlagen erfordert Änderungen und Anpassungen des bestehenden Rechtsrahmens.

Annuß spricht sich in seinem Plädoyer für ein zukunftsfähiges Arbeitsrecht dafür aus, in der Debatte nicht allein „Zuflucht im Klein-Klein technischer Details“ (Annuß 2017: 347) zu suchen, sondern stattdessen einen „[...] zweistufigen Diskursprozess zu beginnen, der sich zunächst über die Rolle des Arbeitsrechts in unserer Gesellschaftsordnung versichert und darauf aufbauend Vorschläge für die Ausgestaltung einer zukunftsfähigen Arbeitsrechtsordnung entwickelt.“ (Annuß 2017: 347). Als einen der „Meilensteine für ein zukunftsfähiges Arbeitsrecht“ (Annuß 2017: 347) bezeichnet er zunächst ein einheitliches europäisches Arbeitsrecht und die Schaffung der hierfür erforderlichen Zuständigkeit der EU.

Bei den existierenden Änderungs- und Anpassungsvorschlägen zu den rechtlichen Rahmenbedingungen geht es im Kern jeweils um zwei Aspekte und deren Spannungsfeld:

- Einerseits die Ausnutzung der neuen Gestaltungsmöglichkeiten, die eine digitalisierte Arbeitswelt bietet, wie etwa wesentlich mehr Möglichkeiten zur mobilen Arbeit, insbesondere auch zur Telearbeit – also die Nutzung der Chancen digitaler Arbeit.
- Andererseits die Begrenzung der Risiken, die insbesondere für die Beschäftigten bereits bestehen beziehungsweise die sich durch die Umsetzung der oben genannten Gestaltungsmöglichkeiten ergeben.

Zu beachten ist auch, dass sich nicht alle Herausforderungen der Arbeitswelt 4.0 allein durch einen angemessenen rechtlichen Rahmen bewältigen lassen. Häufig bedarf es (zumindest auch) technisch-organisatorischer Lösungen. Aber auch deren Umsetzung ist teilweise nur möglich, wenn gesetzgeberische Möglichkeiten oder Verpflichtungen geschaffen werden. Die Analyse der derzeitigen rechtlichen Rahmenbedingungen zur digitalen Mobilarbeit und zur Telearbeit im Hinblick auf die oben genannten Fragestellungen zeigt folgende Situation.

6.2 Beschäftigtenstatus von mobil Arbeitenden und Telearbeitern und soziale Absicherung

Bevor der Beschäftigtenstatus von mobil Arbeitenden und Telearbeitern diskutiert wird, stellt sich die Frage nach der Zulässigkeit mobiler Arbeit und Telearbeit. Mobile Arbeit ist zwar weder gesetzlich noch in einer Verordnung ausdrücklich geregelt, allerdings spricht dies nicht gegen eine generelle Zulässigkeit. (Vgl. Schulze, Ratzesberger 2016: 109 f., Wissenschaftliche Dienste 2017: 5). Die Aufnahme des Begriffes in das Gesetz lässt aber zumindest eine grundsätzliche Aussage zur Zulässigkeit von Telearbeit zu. (Wissenschaftliche Dienste 2017: 4).

Anders stellt sich die derzeitige rechtliche Situation zum Beschäftigungsstatus der mobil Arbeitenden und der Telearbeiter dar. Der Beschäftigungsstatus; das heißt die arbeits- und sozialrechtliche Einordnung der Beschäftigten ist nach der derzeitigen Rechtslage der entscheidende Punkt für eine soziale Absicherung der Beschäftigten. Hiernach entscheidet sich, ob diese als Arbeitnehmer im Sinne der § 611a BGB den vollständigen Schutz als abhängig Beschäftigte genießen, das heißt vor allem Anspruch auf Mindestlohn nach dem MiLoG, bezahlten Urlaub nach dem BUrlG, Entgeltfortzahlung im Krankheitsfall nach dem EFZG haben, dem Kündigungsschutz, dem Mutterschutz nach dem MuSchG und der Sozialversicherungspflicht unterliegen und Anspruch auf Arbeitslosengeld im Falle der Arbeitslosigkeit (ALG I nach SGB III) haben oder als selbstständig Tätige auf sämtlichen sozialen Schutz verzichten müssen. (Vgl. auch Schwemmle, Wedde 2018: 43).

Der Beschäftigungsstatus der mobil Arbeitenden und in Telearbeit tätigen kann unterschiedlich sein: Mobil Arbeitende können in einem normalen Arbeitsverhältnis in Voll- oder Teilzeit als Arbeitnehmer oder in freier Mitarbeit als (Solo-)Selbstständige tätig sein. (Vgl. Walk 2016: Rn 1; Wissenschaftliche Dienste 2017: 5). Wird die Tätigkeit im Rahmen sogenannter freier Mitarbeit ausgeübt, muss geprüft werden, ob Scheinselbstständigkeit vorliegt. Ergibt die Prüfung, dass die Beschäftigung faktisch im Rahmen eines Arbeitsverhältnisses im Sinne der § 611a BGB erfolgt, kommt es auf die Bezeichnung nicht an. Rechtlich handelt es sich dann um Arbeitnehmer. (Vgl. § 611a Abs. 1 S.4 BGB).

Telearbeiter gem. § 2 Abs. 7 ArbStättV sind in der Regel in einem normalen Arbeitsverhältnis im Sinne der § 611a BGB als Voll- oder Teilzeitarbeitnehmer beschäftigt. (Vgl. Bundesrat 2016: 26, Aligbe 2016: 596, 598, Begriff des Beschäftigten im Sinne des § 2 Abs. 2 ArbSchG, Wissenschaftliche Dienste 2017: 5). Das für die Tätigkeit in freier Mitarbeit bei mobiler Arbeit ausgeführte, gilt für Telearbeiter gleichermaßen. Für Beschäftigte in Telearbeit ist zudem zu prüfen, ob es sich um Heimarbeiter im Sinne der §§ 1 Abs. 1 lit.a, Abs. 2 HeimarbG handelt.

In diesem Zusammenhang ist allerdings auf die neuen Arbeitsformen hinzuweisen, welche die Digitalisierung der Arbeit mit sich bringt und die auch im Rahmen von digitaler Mobilarbeit und Telearbeit von Bedeutung sind: Die Rede ist von Crowdworking und Plattformarbeit. Crowdworking (oder auch Crowdsourcing) ist eine digitale Form des Outsourcings. Unternehmen schreiben einzelne Projekte oder kleine Arbeitsaufgaben über webbasierte Plattformen aus. Registrierte User haben die Möglichkeit, ihre Arbeitskraft und ihre Fähigkeiten weltweit anzubieten und die ausgeschriebenen Arbeitsaufgaben ortsunabhängig abzuarbeiten. Unternehmen können personelle Engpässe in den eigenen Reihen auffangen, flexibel auf Auftragsspitzen reagieren und von der „Intelligenz der Masse“ profitieren. „Crowdworking ist somit eine moderne Form von Drittpersonaleinsatz, die sich der modernen Kommunikationsmittel bedient.” (Günther, Böglmüller 2015: 1029 f. unter Verweis auf Däubler, Klebe 2015: 1032).

Die rechtliche Einordnung dieser Tätigkeiten ist zwar bislang wenig behandelt und pauschal nicht möglich; es handelt sich vielmehr um einen Sammelbegriff von im Einzelfall unterschiedlich ausgestalteten Beschäftigungsformen. (Vgl. Günther, Böglmüller 2015: 1030). Faktisch ist mit diesen Arbeitsformen jedoch selten eine Tätigkeit im Rahmen von abhängigen Arbeitsverhältnissen im Sinne der § 611a BGB verbunden. Vielmehr sind die Beschäftigten überwiegend im Rahmen von (Solo-)Selbstständigkeit als sogenannte freie Mitarbeiter tätig. Crowdworker bieten ihre Dienste in der Regel freiwillig an, sind nicht in den Betrieb der Auftraggeber eingegliedert und unterwerfen sich nicht deren Weisungen; welche insbesondere in Bezug auf den Arbeitsort und die Lage der Arbeitszeit nicht existieren. Häufig verfügen sie über eigene Arbeits- und Betriebsmittel (zum Beispiel Software zur Entwicklung eines Designs); gerade in hochqualifizierten und hochspezialisierten Bereichen. Die Verwendung von Arbeitsmitteln des Auftraggebers machen Crowdworker zudem nicht schon allein zu Arbeitnehmer – so die Rechtsprechung. (Vgl. Günther, Böglmüller 2015: 1030). Überwiegend wird die Arbeitnehmereigenschaft von Crowdworkern deshalb verneint (vgl. zum Beispiel Krause 2016: B 104, Lingelmann, Otto 2015: 1442, Däubler, Klebe 2015: 1035,

Günther, Böglmüller 2015: 1031), jedenfalls bei externer Erbringung von Crowdworking. In den Fällen der konzern- und unternehmensinternen Erbringung von Crowdworking hingegen wird eher ein Arbeitsverhältnis im Sinne der § 611a BGB vorliegen. (Vgl. Schwemmle, Wedde: 43). Insgesamt sind die Arbeitsbedingungen in der Crowd je nach Branche und Tätigkeit sehr unterschiedlich. (Vgl. i.E. zu den Arbeitsbedingungen in der Crowd: Gerber, Krzywdzinski 2017: 203 ff.). Zur Schwierigkeit der Bestimmung der Qualität der Beschäftigung in der Praxis im Einzelfall (vgl. hierzu im Einzelnen zum Beispiel Heise 2017: 1574 ff.) kommt die Schwierigkeit der Durchsetzung der arbeits- und sozialrechtlichen Konsequenzen selbst bei Feststellung der Arbeitnehmereigenschaft. Erschwert wird dies etwa dadurch, dass Aufträge häufig grenzüberschreitend vergeben werden. (Vgl. Schwemmle, Wedde: 44).

Ungeachtet der offensichtlichen Problemlage und der Zunahme von (Solo-)Selbstständigkeit in der Arbeit 4.0 ist der Gesetzgeber in Bezug auf die soziale Absicherung insbesondere von Crowdworkern und Plattform-Arbeitern bisher nicht tätig geworden. Und dies, obwohl dieses Problem bereits seit langer Zeit besteht, denn es betrifft neben den Crowdworkern auch andere Erwerbstätige, etwa im Rahmen agiler Projektarbeit im IT-Bereich. (Vgl. Heise 2017: 1577). Die arbeitspolitischen Empfehlungen zur Absicherung von Beschäftigten in der (Solo-)Selbstständigkeit sind vom Gesetzgeber nicht umgesetzt worden; sodass ein dringender Handlungsbedarf des Gesetzgebers zur arbeits- und sozialversicherungsrechtlichen Absicherung dieser Beschäftigten nach wie vor besteht. (Vgl. auch Schwemmle, Wedde 2018: 44).

Nach anderer Ansicht allerdings (vgl. zum Beispiel Günther, Böglmüller 2015: 1030) sind Crowdworker nicht schutzbedürftiger als „klassische" Dienstleister. Unternehmerische Risiken stünden unternehmerischen Erwerbschancen gegenüber. Über Plattformen hätten Crowdworker zudem erleichterten Zugang zu potenziellen Auftraggebern. Ein Sonderschutz sei nicht angebracht, da andernfalls die „[...] etablierte Differenzierung zwischen abhängiger und selbstständiger Arbeit aufgegeben [...]" würde. (Günther, Böglmüller 2015: 1030). Die rechtliche Herausforderung bestünde lediglich darin, die Kriterien zur Ermittlung der Scheinselbstständigkeit unter Berücksichtigung der Herausforderungen der Industrie 4.0. weiterzuentwickeln. (Vgl. Günther, Böglmüller 2015: 1030).

Eine solche Weiterentwicklung kann in dem mit Geltung zum 01.04.2017 neu eingefügten § 611a BGB gesehen werden. Ob diese Änderung, welche im Wesentlichen nur die bereits bis dahin in der Rechtsprechung festgeschriebenen Kriterien zur Arbeitnehmereigenschaft erfasst und die Reformvorschläge außen vor gelassen hat (vgl. zum Beispiel Heise 2017: 1571), dies leisten kann, wird sich zeigen müssen.

Konkrete Vorschläge zur Änderung der Rechtslage zur sozialen Absicherung der Beschäftigten, vor allem in der Crowd, existieren kaum. In der Regel sind die Aussagen sehr allgemein, wie zum Beispiel „Ein Arbeitsrecht für die digitale Arbeitswelt muss also unter Wahrung der spezifischen Kommunikationsstruktur und Zugänge des Internets sowie der Funktionsweise des auch wettbewerblichen Modells des Crowdworking gedacht werden." (Kocher, Hensel 2016: 990). Angeregt (vgl. zum Beispiel Heise

2017: 1577) wird aber zum Beispiel eine Sozialversicherungspflicht für alle Erwerbstätigen; allerdings ohne zu einer abschließenden Bewertung zu kommen. Wenn es im Sozialversicherungsrecht um die Frage der Selbstständigkeit oder schützenswerter Abhängigkeit geht, so könne es keine Rolle spielen, ob über die Tätigkeit hinaus auch ein Erfolg geschuldet werde. Die zivil- und arbeitsrechtlichen Kriterien zur Abgrenzung von freiem Dienst- oder Werkvertrag und Arbeitsvertrag können zwar ein erstes Indiz, nicht aber die endgültige Entscheidung über die soziale Absicherungsbedürftigkeit darstellen. Auf der anderen Seite scheinen abhängig Beschäftigte unter Umständen nicht sozialversicherungsrechtlich schutzbedürftig für den Fall, dass sie ein enormes Einkommen erlangen. Vieles spräche deshalb dafür, die Frage der Sozialversicherungspflicht von den arbeitsrechtlichen Wertungen abzukoppeln. (Vgl. Heise 2017: 1577).

Ungeachtet dessen, ob man dem Vorschlag einer Sozialversicherungspflicht für alle Erwerbstätigen folgen möchte oder nicht, wird durch die vorstehenden Ausführungen klar, dass die Frage einer sozialen Absicherung nicht allein nach den bisherigen Abgrenzungskriterien getroffen werden sollte und dass ein Überdenken der derzeitigen Gesetzeslage angezeigt ist.

6.3 Anspruch auf und Pflicht zu mobile(r) Arbeit und Telearbeit

Bezüglich der Frage, ob ein Anspruch der Arbeitnehmer auf mobile Arbeit und Telearbeit besteht, ist die Rechtslage eindeutig. Ein solcher Anspruch besteht nicht. (Vgl. Schwiering, Zurel 2017: 18). Eine bereichsspezifische Ausnahme kennt nur das öffentliche Dienstrecht. Nach dem Bundesgleichstellungsgesetz (§ 16 BGleiG) besteht unter bestimmten Voraussetzungen ein Anspruch auf Telearbeit. Öffentliche Dienststellen haben danach Anträgen von Beschäftigten mit Familien- oder Pflegeaufgaben zu entsprechen, soweit zwingende dienstliche Belange nicht entgegenstehen (Vg. Schwiering, Zurel 2017: 18).

Im Übrigen steht vielmehr dem Arbeitgeber im Rahmen des Weisungsrechts gemäß § 106 GewO das einseitige Bestimmungsrecht hinsichtlich des Arbeitsortes zu. Dies gilt jedenfalls, soweit der Arbeitsort nicht durch Arbeitsvertrag, Betriebsvereinbarung, Tarifvertrag oder Gesetz abschließend bestimmt ist und die Ausübung des Weisungsrechts durch den Arbeitgeber im Rahmen des billigen Ermessens liegt; das heißt der Arbeitgeber muss in angemessener Weise auf die Interessen des Arbeitnehmers Rücksicht nehmen. Aus diesem Grunde und unter den oben genannten Voraussetzungen ist es dem Arbeitgeber auch grundsätzlich möglich, die Rückkehr eines mobil Arbeitenden oder in Telearbeit Beschäftigen zu einem Arbeitsplatz in der Betriebsstätte einseitig anzuordnen. Unter Beachtung des billigen Ermessens kann ein einseitiger Rückruf in die Betriebsstätte durch den Arbeitgeber aber im Einzelfall auch versagt werden, wie einige Fälle aus der Rechtsprechung zeigen. (Vgl. zum Beispiel LAG, Urteil v. 10.09.2014 – Az 12 Sa 505/14). Nach den vorgenannten Grundsätzen zum

Weisungsrecht dürfte aber zumindest auch die Versetzung des Arbeitnehmers in die mobile Arbeit beziehungsweise Telearbeit gegen dessen Willen als unbillig angesehen werden. In der juristischen Literatur wird ein solcher Rechtsanspruch der Arbeitnehmer auf Telearbeit allerdings diskutiert und teilweise auch bejaht. (Vgl. zum Beispiel Schwemmle, Wedde 2012: 99; Krause 2016: B 83). Auch die Gewerkschaften fordern mehr Rechte der Beschäftigten auf Telearbeit. (Vgl. Schwemmle, Wedde 2018: 37). Vorgeschlagen wird zum Beispiel einen Anspruch auf Telearbeit entsprechend der Regelung in § 8 TzBfG beispielsweise davon abhängig zu machen, dass digitale Arbeit aus betrieblicher Sicht überhaupt möglich ist und dass betriebliche Gründe nicht entgegenstehen. (Vgl. Schwemmle, Wedde 2012: 99).

Von staatlicher Seite wird ein gesetzlicher Anspruch auf Telearbeit bisher dagegen ausdrücklich abgelehnt und auf die Möglichkeit tariflicher und betrieblicher Vereinbarungen verwiesen. (Vgl. BMAS 2016a: 120 f.). In anderen Ländern hingegen, so etwa in den Niederlanden, existiert eine entsprechende Regelung, wonach Arbeitnehmer unter bestimmten Voraussetzungen neben der Änderung der Arbeitszeit auch die Änderung des Arbeitsplatzes und damit auch Telearbeit verlangen können. Arbeitgeber können einen entsprechenden Antrag nur bei Vorliegen schwerwiegender betrieblicher Gründe oder dienstlicher Belange ablehnen. (Vgl. Art. 2 Abs. 6 des Gesetzes über die Anpassung der Arbeitszeit; Wissenschaftliche Dienste 2016: 3 f.).

Eine Regelung entsprechend § 8 TZBfG für den Anspruch auf Teilzeit findet sich zum Beispiel seit dem Jahr 2014 in Großbritannien und seit dem Jahr 2010 für die Bediensteten von Bundesbehörden in den USA (jeweils nur zur Ortssouveränität, vgl. Krause 2016: B 83; Schwemmle, Wedde 2018: 35 Fn 60).

6.4 Kosten für Arbeitsmittel

Eindeutig ist die Rechtslage auch bezüglich der Kosten für Arbeitsmittel im Rahmen der Mobilarbeit und Telearbeit. Bei der Einrichtung des Homeoffice etwa hat der Arbeitgeber dem Arbeitnehmer Räume, Vorrichtungen und Gerätschaften auf seine Kosten zu beschaffen und zu unterhalten. Technische Geräte wie Smartphones, Tablets, Laptops und so weiter, die den Beschäftigten mobiles Arbeiten ermöglichen, sind grundsätzlich vom Arbeitgeber zur Verfügung zu stellen. Dies ergibt sich bereits aus § 618 Abs. 1 BGB, 62 HGB. (Vgl. Schwiering, Zurel 2016: 18, Günther, Böglmüller 2015: 1030). Gem. (beziehungsweise analog) § 670 BGB ist der Arbeitgeber zudem zum Ersatz der Aufwendungen verpflichtet, für den Fall, dass der Arbeitnehmer im Interesse des Arbeitgebers Aufwendungen macht, die er ohne das Arbeitsverhältnis nicht gemacht hätte. Die Aufwendungen dürfen nicht ganz unerheblich und nicht bereits mit der Vergütung abgegolten sein. (Vgl. Schaub 2015: § 82 Rn. 1, 23, Kamann 2016: 75, 77, Wissenschaftliche Dienste 2017: 18 Fn 62). Danach muss der Arbeitgeber dem im Rahmen von Telearbeit oder mobiler Arbeit – als abhängig Beschäftigten im Sinne der § 611a BGB – Tätigen die entsprechenden technischen Geräte und den Internetzugang (einschließlich Wartung und Reparatur) auf eigene Kosten zur Verfügung stellen, wenn diese allein für Arbeitszwecke genutzt werden. Ein Anpassungs- und Änderungsbedarf der existierenden gesetzlichen Regelungen besteht insoweit nicht.

6.5 Bestimmungen zur Arbeitszeit bei digitaler Mobilarbeit und Telearbeit sowie deren Kontrolle

Problematisch stellt sich die Situation dagegen im Hinblick auf die Bestimmungen des Arbeitszeitrechts dar. Gesetzliche Vorgaben zur Arbeitszeit existieren vor allem im Arbeitszeitgesetz (ArbZG) und im Rahmen des Weisungsrechts gem. § 106 GewO, aber auch in weiteren Vorschriften. Die Bestimmungen des Arbeitszeitgesetzes (ArbZG) gelten für die Telearbeit, wie auch für mobile Arbeit – soweit diese im Rahmen eines normalen Arbeitsverhältnisses im Sinne der § 611a BGB ausgeübt wird – in vollem Umfang, soweit die Tätigkeit innerhalb der Grenzen der Bundesrepublik Deutschland für einen privaten oder öffentlichen Arbeitgeber ausgeübt wird. (Vgl. Aligbe 2016: 132, 134, Wissenschaftliche Dienste 2017: 10). Geregelt werden zum Umfang der Arbeitszeit vor allem Höchstarbeitszeiten sowie einzuhaltende Ruhepausen und Ruhezeiten.

Danach gilt eine werktägliche Höchstarbeitszeit von acht Stunden, die nur bei Ausgleich auf durchschnittlich acht Stunden über einen Zeitraum von 24 Wochen oder sechs Monaten zeitweise auf zehn Stunden pro Tag erhöht werden darf. (Vgl. § 3 S. 1, 2 ArbZG). Damit ergibt sich eine wöchentliche Höchstarbeitszeit von 48 Stunden bei sechs Werktagen (inklusive Samstag) beziehungsweise von 40 Stunden bei fünf Arbeitstagen mit einer zeitweisen Erhöhungsmöglichkeit auf 60 beziehungsweise 50 Stunden bei entsprechendem Ausgleich. Ausnahmen sind durch Tarifvertrag (vgl. § 7 ArbZG) sowie in außergewöhnliche Fällen beziehungsweise bei Bewilligung durch die Aufsichtsbehörde (vgl. §§ 14, 15 ArbZG) möglich. Für über die nach § 3 S.1 ArbZG hinausgehende Arbeitszeit besteht eine Aufzeichnungspflicht für den Arbeitgeber (§ 16 Abs.2 ArbZG). Da es im Rahmen von Telearbeit und Mobilarbeit für den Arbeitgeber schwierig ist, dieser Pflicht nachzukommen, dürfte eine Delegierung an den Arbeitnehmer zulässig sein. (Vgl. Walk 2016: Rn. 7, Heenen 2009: Rn. 18, Kamann 2016: 75 ff., Wissenschaftliche Dienste 2017: 10).

Das Arbeitszeitgesetz gibt insoweit den äußeren Rahmen für die Höchstarbeitszeit vor. Die tatsächliche Verpflichtung des Arbeitnehmers in Bezug auf die zu erbringende tägliche beziehungsweise wöchentliche Arbeitszeit ergibt sich aus den einschlägigen tariflichen und/oder arbeitsvertraglichen Regelungen. Die über die tarifvertraglich beziehungsweise arbeitsvertraglich vereinbarte Arbeitszeit hinausgehenden Arbeitsstunden sind Überstunden, zu denen der Arbeitnehmer – ohne entsprechende (tarif-)vertragliche Vereinbarung nicht verpflichtet ist, da eine einseitige Bestimmung durch den Arbeitgeber über das Weisungsrecht bezüglich der Dauer beziehungsweise des Umfangs der Arbeitszeit nicht greift. Besteht eine solche Überstundenverpflichtung nicht, ist ein Arbeitnehmer schon aus diesem Grunde nicht verpflichtet, nach

Ableistung der vereinbarten täglichen/wöchentlichen Arbeitszeit Arbeitsleistungen zu erbringen, das heißt zum Beispiel telefonisch verfügbar zu sein oder E-Mails zu lesen beziehungsweise zu beantworten.

Allerdings enthält die überwiegende Zahl der Arbeitsverträge heute eine sogenannte Überstundenklausel, wonach der Arbeitnehmer bei betrieblichem Bedarf zur Leistung von Überstunden verpflichtet ist. § 4 ArbZG verlangt Ruhepausen im Umfang von 30 Minuten bei einer Arbeitszeit von mehr als sechs Stunden und im Umfang von 45 Minuten bei einer Arbeitszeit von mehr als neun Stunden. Die Pausen sind in Zeitabschnitte teilbar; wobei eine jeweils mindestens 15 Minuten zusammenhängende Pause gewährt werden muss. (Vgl. Wissenschaftliche Dienste 2017: 10 f.). Nach Beendigung der täglichen Arbeitszeit muss eine Ruhezeit von mindestens elf zusammenhängenden Stunden eingehalten werden, bis die Arbeit wieder aufgenommen wird. (Vgl. § 5 Abs.1 ArbZG). Dies gilt auch für Arbeit am häuslichen Arbeitsplatz. (Vgl. Viethen, Mußhoff 2016: Kapitel 6 Rn. 58; Wank 2017: § 5 ArbZG, Rn. 1, 4; Wissenschaftliche Dienste 2017: 11).

In Bezug auf die Lage der Arbeitszeit regelt das ArbZG die vor allem auch bei digitaler Mobilarbeit und Telearbeit wichtige Frage des grundsätzlichen Verbots von Sonn- und Feiertagsarbeit (vgl. § 9 ArbZG), wobei Ausnahmen in bestimmten Bereichen, wie etwa Arbeit im Freizeitbereich oder aufgrund behördlicher Genehmigungen (§§ 10, 13 ArbZG) sowie Abweichungsmöglichkeiten durch Tarifverträge und Betriebsvereinbarungen (§ 12 ArbZG) bestehen. Zudem enthält das Gesetz Ausgleichsregelungen zum Schutz der Beschäftigten für den Fall, dass Sonn- oder Feiertags gearbeitet wird (zum Beispiel mindestens 15 freie Sonntage im Jahr, § 11 ArbZG). Für die Lage und Verteilung der Arbeitszeit ist darüber hinaus das dem Arbeitgeber im Rahmen des Weisungsrechts gemäß § 106 GewO zustehende einseitige Bestimmungsrecht relevant. Dies gilt jedenfalls, soweit diese nicht bereits durch Arbeitsvertrag, Betriebsvereinbarung, Tarifvertrag oder Gesetz abschließend bestimmt ist und die Ausübung des Weisungsrechts durch den Arbeitgeber im Rahmen des billigen Ermessens liegt. Bezüglich der gesetzlichen Bestimmungen sind hier insbesondere die oben genannten Bestimmungen des ArbZG zu beachten.

Im Hinblick auf die Gestaltung der Arbeitszeit bei digitaler Mobilarbeit und Telearbeit sind darüber hinaus weitere gesetzliche Regelungen relevant, wie etwa die Bestimmungen des Bundesurlaubsgesetzes (BUrlG), die nicht nur für Arbeitnehmer im Sinne der § 611a BGB, sondern auch für sogenannte arbeitnehmerähnliche Personen und Heimarbeiter Anwendung finden (§ 2 BurlG, für Heimarbeiter gilt § 12 BUrlG). Das BUrlG gewährt den oben genannten Beschäftigten einen Anspruch auf bezahlten Erholungsurlaub im Umfang von mindestens 24 Werktagen (§ 1, 3 BurlG); während dessen eine der Erholung widersprechende Erwerbstätigkeit ausgeschlossen ist (§ 8 BurlG).

Für die Kontrolle der Arbeitszeit, das heißt für die Einhaltung der Vorgaben des Arbeitszeitgesetzes ist der Arbeitgeber verantwortlich. Aus diesem Grunde sollte er die Arbeitszeiten erfassen beziehungsweise die Erfassung an die Beschäftigten in Telearbeit oder mobiler Arbeit delegieren. (Vgl. Oberthür 2013: 246, Wissenschaftliche Dienste 2017: 11). Eine generelle gesetzliche Dokumentationspflicht bezüglich der Arbeitszeit besteht jedoch nicht.

Derzeit besteht eine Aufzeichnungspflicht nur bei Überschreitung der täglichen Arbeitszeit gem. § 3 S. 1 ArbZG (§ 16 Abs. 2 ArbZG) sowie zur Kontrolle der Einhaltung des gesetzlichen Mindestlohns nach dem Mindestlohngesetz (vgl. § 17 AbS. 1 MiLoG, vgl. auch § 19 AbS. 1 AEntG für grenzüberschreitende Arbeitsverhältnisse). Dies betrifft jedoch nur geringfügig Beschäftigte (im Sinne der § 8 Abs. 1 SGB IV) und die im Schwarzarbeitsbekämpfungsgesetz (vgl. § 2a SchwarzArbG) genannten Wirtschaftsbereiche, in denen eine besondere Missbrauchsgefahr besteht (zum Beispiel im Baugewerbe, in Gaststätten und Herbergen, in der Gebäudereinigung, im Messebau und in der Fleischwirtschaft sowie im Transport-, Logistik- und Speditionsbereich). Auch Zeitungszusteller und Beschäftigte bei Paketdiensten müssen regelmäßig ihre Arbeitszeit aufzeichnen. Eine wirksame verpflichtende Kontrollpflicht bezüglich der Arbeitszeit im Rahmen digitaler Mobilarbeit und Telearbeit besteht damit nicht.

Das Arbeitszeitrecht steht – insbesondere auch im Kontext mobiler Arbeit und Telearbeit – im Fokus der Debatte um erforderliche rechtliche Anpassungen. „Die einschlägigen Regelungen des ArbZG halten mit den Gestaltungsmöglichkeiten der digitalen Arbeitserbringung nicht Schritt“ (Schwemmle, Wedde 2012: 78), haben Schwemmle und Wedde bereits im Jahr 2012 festgestellt und dies gilt auch heute noch. (Vgl. auch Schwemmle, Wedde 2018: 37). Auch in der juristischen Literatur wird darauf hingewiesen, dass eine Anpassung des Arbeitszeitrechts an die Bedingungen der Arbeitswelt 4.0 dringend erforderlich ist. (Vgl. zum Beispiel Günther, Böglmüller 2015: 1027, Zumkeller 2015: 1, Concelmann 2017: 43 ff., 137 ff.). Einige Instrumente des Arbeitszeitrechts, welche bereits lange geregelt, aber in der Praxis kaum relevant sind, scheinen auch mit Blick auf die Arbeitswelt 4.0 angemessen rechtlich geregelt. Hierzu gehört zum Beispiel das in den 1980er-Jahren stark diskutierte, in der Praxis aber nie wirklich angekommene und in § 13 ArbZG verankerte Jobsharing. Das heutige digitale Equipment bietet hierfür zahlreiche neue Einsatzmöglichkeiten (vgl. Günther, Böglmüller 2015: 1029) und ist insbesondere im Zusammenhang mit der Förderung von Frauenerwerbstätigkeit – auch in gehobenen Positionen – relevant. (Vgl. die zahlreichen Veröffentlichungen hierzu, zum Beispiel Broel 2013).

Insbesondere folgende Regelungsbereiche seien aber – so zum Beispiel Günther, Böglmüller „[...] im Kontext von Industrie 4.0“ zu überdenken: Die Definition von Arbeit und Arbeitszeit, die Höchstarbeitszeit und deren Referenzzeitraum (Tag/Woche), Mindestruhezeiten, Pausenregelungen, Nachtarbeit, individuelle und kollektive Abweichungsmöglichkeiten, Sonn- und Feiertagsarbeit sowie Arbeitsbereitschaft.“ (Günther, Böglmüller 2015: 1027).

Tägliche Ruhe- und Höchstarbeitszeiten

Konkrete Vorschläge zur Anpassung des Arbeitszeitrechts durch unmittelbare Änderungen im Arbeitszeitgesetz werden insbesondere im Zusammenhang mit den täglichen Ruhe- und Höchstarbeitszeiten diskutiert.

Die Arbeitgeberverbände bezeichnen die Regeln über tägliche Ruhe- und Höchstarbeitszeiten als nicht mehr zeitgemäße „Gesetze aus der Zeit von Telegramm, Fax und Wählscheibe" (Dulger 2015), so der Präsident des Arbeitgeberverbandes Gesamtmetall im Jahr 2015. Einschränkungen bei der Sonn- und Feiertagsarbeit werden als Nachteil im globalen Wettbewerb angesehen. (Vgl. Felgen 2017: 194 f., vgl. auch zur Position des BDA: Maschke 2017: 19 f.).

Die Gewerkschaften dagegen sehen die bestehenden Regelungen dagegen als unverzichtbare wirksame Flexibilisierungsschranken an. (Vgl. DGB 2017: 27, vgl. auch zur Position des DGB: Maschke 2017: 20; Schröder, Urban 2017: 6 ff.). Teilweise findet diese Ansicht auch Unterstützung in der juristischen Literatur. (Vgl. zum Beispiel Schröder, Urban 2017: 6).

Von staatlicher Seite wird eine diesbezügliche Gesetzesanpassung grundsätzlich abgelehnt und auf Vereinbarungen auf tariflicher, betrieblicher und arbeitsvertraglicher Ebene verwiesen. Nach den Ausführungen im Weissbuch „Arbeit 4.0" hingegen soll eine „[...] konditionierte und begrenzte Abweichung von den derzeit bestehenden Regelungen des Arbeitszeitgesetzes hinsichtlich der Tageshöchstarbeitszeit und der Ruhezeit [...]" (BMAS 2016a: 125) möglich sein, allerdings nur auf Initiative der Beschäftigten oder des Arbeitgebers und unter der Voraussetzung eines Tarifvertrags mit entsprechender Öffnungsklausel sowie einer entsprechenden Betriebsvereinbarung, welche die genauen Anforderungen an betriebliche Wahlarbeitszeitkonzepte sowie klare Festlegungen zur Aufzeichnung der Arbeitszeit und die Durchführung von Gefährdungsbeurteilungen enthält. Zudem muss die individuelle Zustimmung der Beschäftigten vorliegen. (Vgl.BMAS 2016a: 125). Gegen eine Änderung beziehungsweise Aufhebung der Höchstarbeitszeiten gem. § 3 ArbZG sowie der Mindestruhezeiten nach § 5 ArbZG sprach sich auch ausdrücklich Andrea Nahles – die Bundesministerien für Arbeit und Soziales der letzten Legislaturperiode – aus beziehungsweise knüpfte diese an „mehr Sicherheit", ohne diese näher zu erläutern. (Vgl. SZ 2016). An anderer Stelle allerdings stellte sie die Möglichkeit der Erweiterung des gesetzlichen Rahmens unter der Voraussetzung „ausgehandelter Flexibilität", die einen Tarifvertrag oder eine Betriebsvereinbarung voraussetze, in den Raum. (Vgl. FAZ 2016).

In der juristischen Literatur wird eine Erweiterung oder Aufhebung der in § 3 ArbZG festgelegten täglichen Höchstarbeitszeit von acht beziehungsweise zehn Stunden vorgeschlagen. (Vgl. Schwemmle, Wedde 2018: 37). Die Arbeitgeberseite fordert die vollständige Aufhebung der täglichen Höchstarbeitszeit und eine nur noch auf die Arbeitswoche zielende Beschränkung. (Vgl. Schröder, Urban 2017: 9; BDA 2015). Dieser Vorschlag entspricht den EU-Arbeitszeitrichtline 93/104/EG und 2003/88/EG, die keine täglichen Höchstarbeitszeiten festlegt, hingegen aber eine tägliche Mindestruhezeit von elf zusammenhängenden Stunden innerhalb eines 24-Stunden-Zeitraums fordert. Auch die juristische Literatur spricht sich hierfür aus. (Vgl. zum Beispiel Günther, Böglmüller 2015: 1027, Hanau 2016: 2617). Alternativ soll zumindest eine tarifliche Öffnung auf bis zu zwölf Stunden täglich, statt der bisherigen zehn Stunden und mit Ausgleich möglich sein. (Vgl. BVAU: 2015, Steffan 2015: 1409, ablehnend aber zum Beispiel Däubler 2016: 331 f.). Von juristischer Seite wird dagegen zum Teil angeführt, dass zwischen diesen Forderungen und dem Argument der Digitalisierung der Zusammenhang fehle. (Vgl. zum Beispiel Wiebauer 2016a: 1433, Krause 2016a: 1004). Dies ist sicher nicht ganz von der Hand zu weisen ist, zumal diese Forderungen der Arbeitgeberseite nicht neu sind.

Thematisiert wird ebenfalls eine Verkürzung oder Aufhebung der mindestens einzuhaltenden Ruhezeit von elf Stunden gem. § 5 Abs. 1 ArbZG. (Vgl. Schwemmle, Wedde 2018: 37). Die vorgeschriebenen Ruhezeiten seien bei zeitlich flexibler Arbeitszeit praktisch nicht mehr einzuhalten, sofern die Ruhezeit als unterbrochen gilt, sobald der Arbeitnehmer eine E-Mail außerhalb der üblichen Arbeitszeit kurz beantwortet oder auch nur liest. (Vgl. Günther, Böglmüller 2015: 1028, Wirtz 2014: 1401, Wiebauer 2016a: 1433). Aus diesem Grund wird teilweise vertreten, § 5 ArbZG teleologisch zu reduzieren, wonach „geringfügige" Unterbrechungen der Ruhezeit unschädlich sein sollen (vgl. zum Beispiel Wirtz 2014: 1401, Krause 2016a: 1004, Hanau 2016: 2617), wobei dann auch eine teleologische Reduktion der Arbeitszeitrichtlinie erforderlich wäre. (Vgl. Jacobs 2016: 736, Hanau 2016: 2617). Eine geringfügige Unterbrechung der Ruhezeit durch ein kurzes Telefonat oder die Antwort auf eine E-Mail werde die Erholung nicht derart gefährden, dass die Mindestruhezeit nach § 5 ArbZG neu in Gang gesetzt werden muss. (Vgl. Günther, Böglmüller 2015: 1028, Jacobs 2016: 736).

Zudem seien Arbeitnehmer bei selbst gestalteter Arbeitszeit weniger schutzwürdig. (Vgl. Bissels, Meyer-Michaelis 2015: 2333). Problematisch ist hierbei jedoch, dass derzeit keine verlässliche Grundlage zur Bewertung kurzfristiger und geringfügiger Arbeitsbelastungen zum Beispiel durch Lesen und Beantworten von E-Mails existiert. (Vgl. Günther, Böglmüller 2015: 1028, vgl. zur Problemlage auch Wiebauer 2016a: 1432). An diese Frage, wann es sich um Arbeitszeit handelt und wann nicht, ist zudem auch die Frage der Vergütungspflicht von solchen kurzfristigen Arbeitseinsätzen, wie auch bei Erreichbarkeit außerhalb der Arbeitszeit insgesamt geknüpft. (Vgl. hierzu ausführlich Freyler 2017: 1296 ff.). Gegen eine Zulassung geringfügiger Unterbrechungen der Ruhezeit spräche zudem – so die Gegenmeinung –, dass alles, was nicht Freizeit ist, eine die Ruhezeit unterbrechende Arbeitszeit ist. Der Erholungswert der Ruhezeit läge gerade darin, dass Arbeitnehmer in dieser Zeit überhaupt nicht an die Arbeit denken müssen. Deshalb liefe auch eine kurzfristige Unterbrechung dem Schutzzweck des Gesetzes zuwider. (Vgl. Wiebauer 2016a: 1433).

Vorgeschlagen wird weiterhin eine Verkürzung der Ruhezeit auf acht (BVAU 2015) beziehungsweise neun (Krause 2016a: 1004) Stunden, wenn elf Stunden im Durchschnitt nicht unterschritten werden. Zumindest eine Verkürzung per Tarifvertrag soll möglich sein – so die Arbeitgeberseite. (Vgl. Schröder, Urban 2017: 9). Gegen eine grundsätzliche Reduzierung der Ruhezeit spräche allerdings – so die Gegenmeinung –; dass in diesem Fall die Hauptfunktion der Ruhezeit, eine ausreichende Nachtruhe, nicht mehr gewährleistet sei. Aus diesem Grunde könne das Gesetz lediglich Unterbrechungen von circa 15 Minuten zulassen, soweit eine Kernruhezeit von zum Beispiel mindestens sieben Stunden verbleibe; wobei die Vereinbarkeit einer solchen nationalen Regelung mit der europäischen Arbeitszeitrichtlinie zu prüfen wäre. (Vgl. Wiebauer 2016a: 1434). Angeregt wird deshalb, statt einer grundsätzlichen Verkürzung der Ruhezeit, von der nach der Arbeitszeitrichtlinie zulässigen Verkürzung der Ruhezeit auf neun Stunden durch Tarifvertrag gemäß § 7 I Nr. 3 ArbZG mehr Gebrauch zu machen. Dies ist möglich, wenn die Art der Arbeit dies erfordert und die Kürzung der Ruhezeit innerhalb eines festzulegenden Ausgleichszeitraums ausgeglichen wird. (Vgl. Wiebauer 2016a: 1433).

Welchem der Vorschläge man auch folgen mag, eine Anpassung des Arbeitszeitrechts insbesondere im Hinblick auf die tägliche Höchstarbeitszeit und die Ruhepausen scheint unausweichlich. Dies verdeutlicht folgende Situation aus der Praxis: Kinderbetreuende zum Beispiel möchten ihre beruflichen Tätigkeiten ihren privaten Bedürfnissen anpassen und damit ihre Work-Life-Balance verbessern. Sie möchten gleichzeitig aber vielleicht weiterhin einer Vollzeittätigkeit nachgehen. Häufig möchten sie ihre tägliche Arbeitszeit in Zeiten erbringen, zu denen sie nicht ihre Kinder betreuen (also zum Beispiel vormittags und dann wieder abends oder nachts). Am Morgen, nachdem bis 24.00 Uhr gearbeitet wurde, steht um 8.00 Uhr ein wichtiges Meeting an, das nicht verschoben werden kann. Möglicherweise arbeiten sie an einem Tag, an dem das Kind durch Freizeitaktivitäten wie Sport oder ähnliches betreut ist auch mal zwölf Stunden, dafür an einem anderen Tag nur vier Stunden. Dies entspricht nicht den derzeit geltenden Regelungen des ArbZG. (Vgl. § 3 – maximale tägliche Höchstarbeitszeit von acht, ausnahmsweise zehn Stunden, § 5 Abs. 1 ArbZG: 11 Stunden Ruhepause).

Andererseits ist eine Aufhebung oder Ausweitung der Regelungen des ArbZG zu den Höchstarbeitszeiten und den Ruhepausen natürlich mit erheblichen Gefahren verbunden. Entweder proaktiv durch die Beschäftigten selbst oder auch durch direkte oder indirekte Anforderungen der Arbeitgeber könnte der Arbeitsumfang grenzenlos ausgedehnt und die Lage der Arbeitszeit in nicht vertretbare Tages- beziehungsweise Nachtzeiten verschoben werden. Ruhepausen könnten völlig entfallen beziehungsweise in unvertretbarer Weise verkürzt werden. Die Work-Life-Balance der Beschäftigten liefe möglicherweise völlig aus dem Ruder und es bestünde die Gefahr von Gesundheitsschäden, insbesondere von Burnout. Auch Störungen im sozialen Umfeld können auftreten.

Sonn- und Feiertagsarbeit

Diskutiert zum Arbeitszeitrecht mit besonderer Relevanz wird – auch für die mobile Arbeit und die Telearbeit bei einer ähnlichen praktischen Problemlage wie soeben dargestellt – auch eine Lockerung der Regelungen zum Verbot der Sonn- und Feiertagsarbeit. Zu überdenken sei die restriktive Handhabung des Verbots von Sonn- und

Feiertagsarbeit gem. §§ 9 ff. ArbZG – so die Ansicht in der juristischen Literatur. Eine Deregulierung sei zumindest für den Fall angezeigt, dass die Arbeit zu Hause geleistet werde. (Vgl. zum Beispiel Hanau 2016: 2617, Günther, Böglmüller 2015: 1028, Jacobs 2016: 737).

Die Notwendigkeit bedarfsorientierter Einsätze in der Produktion ist bei ortsunabhängigen Eingriffsmöglichkeiten in den Produktionsprozess nicht mehr zwingend mit sonn- oder feiertäglicher Arbeit an der Betriebsstätte verbunden. Vielfach entspreche es sogar dem Wunsch der Beschäftigten, bestimmte Arbeiten zur Schaffung von Freiräumen an den Werktagen an Sonn- und Feiertagen zu erledigen. (Vgl. Günther, Böglmüller 2015: 1028). Gegen eine Lockerung des Verbots von Sonn- und Feiertagsarbeit sprechen sich neben den Gewerkschaften allerdings auch Vertreter der Wissenschaft aus, insbesondere mit Blick auf gesundheitliche und soziale Beeinträchtigungen. (Vgl. zum Beispiel Nachreiner 2017: 133 ff.).

Aus juristischer Sicht könnte einer solchen Änderung auf nationaler Ebene nicht nur die Arbeitszeitrichtlinie (vgl. Art. 5) entgegenstehen, die einen Ruhetag pro Woche vorschreibt, sondern auch die neuere Rechtsprechung des BVerfG (vgl. zum Beispiel BVerfGE 125, 39) und BVerwG (vgl. zum Beispiel BVerwG, NVwZ 2015: 590) zum Sonntagsschutz. Erforderlich wäre also ein Tätigwerden des europäischen Gesetzgebers.

Arbeit auf Abruf

Vorgeschlagen werden auch Änderungen zur Regelung der Arbeit auf Abruf (§ 12 TZBfG). Eine bedarfsorientierte Erledigung von Arbeitsaufgaben entspräche nicht nur dem Bedürfnis der Arbeitgeber, sondern häufig auch dem der Arbeitnehmer. In diesem Zusammenhang passe die geltende Regelung zur Abrufarbeit gem. § 12 TZBfG mit der Voraussetzung einer viertägigen Abruffrist für eine Verpflichtung der Arbeitnehmer zur Aufnahme der Arbeit passe nicht mehr zu den in der Industrie 4.0 technisch möglichen kurzfristigen Eingriffen in den Produktionsprozess und dem sich daraus ergebenden Flexibilisierungsbedürfnis. (Vgl. Günther, Böglmüller 2015: 1028). Eine kürzere Abrufzeit widerspräche auch nicht dem Arbeitnehmerschutz, da gerade bei Tätigkeiten, die von mobilen Endgeräten aus verrichtet werden können, die Vorbereitungszeit auf einen angekündigten Arbeitseinsatz deutlich kürzer sei. (Vgl. Günther, Böglmüller 2015: 1029).

Zeitsouveränität der Beschäftigten

Gefordert in Bezug auf die Arbeitszeit wird auch die Verankerung von Rechten der Arbeitnehmer auf Gestaltung beziehungsweise Veränderung der Arbeitszeit. Auf Arbeitnehmerseite besteht der Wunsch nach mehr Zeitsouveränität. (Vgl. zum Beispiel Concelmann 2017: 37 f.). Diese ist jedoch nach derzeitiger Rechtslage beschränkt (vgl. zum Weisungsrecht bezüglich der Arbeitszeitlage § 106 GewO; die jeweiligen vertraglichen Regelungen zum Umfang der wöchentlichen Arbeitszeit; § 8 TZBfG zum Teilzeitanspruch) beziehungsweise bringt die Arbeitnehmer zur Umsetzung ihrer Wünsche in einen ungleichen Verhandlungszwang mit dem Arbeitgeber (vgl. ausführlich Sudhof 2016: 264 ff.). Insbesondere die Gewerkschaften fordern deshalb mehr Rechte der Beschäftigten auf Bestimmung insbesondere der Arbeitszeitlage. (Schwemmle, Wedde 2018: 37). Eine Änderung der derzeitigen Rechtslage hin zu mehr Autonomie scheint deshalb zwingend erforderlich. (Vgl. zum Beispiel Lott 2017: 173 unter Hinweis auf die damit verbundenen Risiken und die Notwendigkeit der Schulung der Beschäftigten im Umgang mit dieser Autonomie).

6.6 Schaffung eines Rechts auf Unerreichbarkeit

Thematisiert wird im Hinblick auf eine erforderliche Anpassung der Rechtslage das bereits als Negativeffekt der Digitalisierung der Arbeitswelt identifizierte und mit dem Arbeitszeitrecht in unmittelbarem Zusammenhang stehende viel diskutierte Problem der Entgrenzung von Beruf und Privatem. Hierbei handelt es sich – wenn auch nicht nur – um ein Problem der digitalen Mobilarbeit und der Telearbeit. Diese Entgrenzung gilt es einzudämmen, da "[...] ausufernde und über einen längeren Zeitraum anhaltende digitale Erreichbarkeit „[...] die Arbeits- und Lebensqualität der Betroffenen stark beeinträchtigen und den nachhaltigen Erhalt ihres Arbeitsvermögens erheblich gefährden dürfte.“ (Schwemmle, Wedde 2012: 56, vgl. hierzu zum Beispiel auch ausführlich Breger 2017: 208 ff.).

Zur Abhilfe im Sinne der Begrenzung der digitalen Erreichbarkeit wird die rechtliche Verankerung eines „Rechtes auf Unerreichbarkeit“ vorgeschlagen. (Vgl. Schwemmle, Wedde 2012: 95). Nur hierdurch könne sichergestellt werden, dass das ArbZG, aber auch das BUrlG und das EFZG nicht verletzt werden. (Vgl. auch Breger 2017: 227). Auch die Gewerkschaften fordern ein solches Recht der Beschäftigten auf Nichterreichbarkeit. (Vgl. Schwemmle, Wedde 2018: 37).

Inhaltlich geht es um den Anspruch der Beschäftigten darauf, dass es außerhalb zulässiger Arbeitszeiten keine elektronischen Kontaktaufnahmen und Arbeitsanweisungen gibt oder zumindest keine Pflicht zur Reaktion außerhalb der Arbeitszeit. Andererseits müsse sichergestellt werden, dass der individuelle Wunsch auf Nichterreichbarkeit keine Nachteile für die Beschäftigten nach sich zieht. Abgesichert werden müsse auch der Zugriff auf arbeitsunfähige Beschäftigte. Arbeitgeber sollten zudem verpflichtet werden, den aktiven Zugriff auf technische Systeme sowie die Übermittlung von Informationen an diese zu verhindern. (Vgl. Schwemmle, Wedde 2012: 95 f.).

Erforderliche technischer Lösungen – wie etwa das Abschalten von Accounts außerhalb der Arbeitszeit oder das Sperren von Zugängen –, existierten ja bereits. (Vgl. zum Beispiel Zwangsabwesenheiten bei Bankmitarbeitern, hierzu Schwemmle, Wedde 2018: 36). Geeignete statistische Verfahren aus Login- und Aktivitätsverfahren könnten darüber hinaus Verstöße gegen das Arbeitszeitgesetz aufzeigen. (Vgl. Schwemmle, Wedde 2012: 100). Nach verbreiteter Ansicht gehören die von inzwischen zahlreichen Unternehmen (zum Beispiel BMW, Bosch, Daimler, Volkswagen) etablierten technischen und organisatorischen Lösungen zur Gewährleistung eines Rechts auf Nichterreichbarkeit allerdings nicht auf die gesetzliche, sondern auf die betriebliche Ebene. (Vgl. zum Beispiel Krause 2016a: 1005).

6.7 Betriebsrisiko bei digitaler Mobilarbeit und Telearbeit

Eine spezifische Problemlage im Kontext digitaler Mobilarbeit und Telearbeit stellt die Frage des Betriebsrisikos dar. Kann die geforderte Tätigkeit aufgrund technischer Störungen im häuslichen Büro oder unterwegs nicht erbracht werden, stellt sich die Frage der Rechtsfolgen, insbesondere im Hinblick auf die Vergütungsansprüche der Beschäftigten. Liegen solche technischen Störungen in einer „konventionellen" Betriebsstätte vor, regelt § 615 Satz 3 BGB eindeutig, dass der Arbeitgeber das Betriebsrisiko zu tragen hat mit der Folge, dass der Arbeitnehmer die Vergütung auch ohne Leistungserbringung verlangen kann. Die Regelung des § 615 Satz 3 BGB beruht jedoch auf der Betriebsrisikolehre, das heißt auf dem Gedanken, dass der Arbeitgeber für die Betriebsstätte und die Bereitstellung funktionierender Arbeitsmittel die alleinige Verantwortung, also das Risiko trägt. (Vgl. Wissenschaftliche Dienste 2017: 15 f.). Im Grundsatz gilt dies auch für digitale Mobilarbeit und Telearbeit. (Vgl. Vogelsang 2017: § 164 Telearbeit, Rn. 31). Problematisch kann im Bereich mobiler Arbeit und Telearbeit allerdings die Feststellung sein, ob das Risiko der Störung im Einzelfall tatsächlich dem Bereich des Arbeitgebers oder dem Risikobereich des Arbeitnehmers zuzuordnen ist, weil es in dessen (häuslicher) Arbeitsumgebung zu verorten ist. Vorgeschlagen wird für diesen Fall zum einen eine arbeitsvertragliche Lösung, ohne dass gesetzgeberischer Handlungsbedarf gesehen wird. Insbesondere für den Fall, dass die Tätigkeit aufgrund der Störungen länger oder sogar dauerhaft nicht ausgeübt werden kann, sollten vorab vertragliche Regelungen getroffen werden, wie etwa bezüglich einer Rückverlagerung der Arbeit in den Betrieb. (Vgl. VBG 2012: 4, Wissenschaftliche Dienste 2017: 15).

Anderseits wird jedoch auch angeregt, zur Vermeidung des Übergangs des Betriebsrisikos auf die mobil Arbeitenden „[...] durch eine geeignete Ergänzung des § 616 BGB oder alternativ im ArbZG [...], dass von den Beschäftigten geplante Arbeitszeiten auch dann als erbracht gelten, wenn die Arbeit aufgrund technischer Störungen der Arbeitsmittel oder der notwendigen Informations- und Kommunikationstechnik nicht möglich war". (Schwemmle, Wedde 2012: 88 f.). Dies soll auch beim Einsatz eigener Arbeitsmittel gelten. (Vgl. Brandt 2016: 34 f., Höller, Wedde 2016: 365, Schwemmle, Wedde 2012: 98 f., vgl. auch Schwemmle, Wedde 2018: 38). „Praktisch abgesichert werden könnte eine solche Regelung durch eine Beweislastumkehr nach dem Vorbild von § 22 AGG." (Schwemmle, Wedde 2012: 97). Verpflichtend müsse zudem die Einrichtung entsprechender technischer Lösungen (sogenannte „digitale Arbeitszeitschreiber") zur Aufzeichnung solcher Betriebsstörungen und deren Aufzeichnung selbst sein. (Vgl. Schwemmle, Wedde 2018: 38).

6.8 Haftung der mobil Arbeitenden und Telearbeitnehmer gegenüber dem Arbeitgeber

Als weiteres zu lösendes Problem, welches nicht nur, aber auch die digitale Mobilarbeit und die Telearbeit betrifft, kann die Haftung der Beschäftigten gegenüber dem Arbeitgeber identifiziert werden.

Werden privat angeschaffte mobile Endgeräte für dienstliche Zwecke verwendet oder umgekehrt, vom Arbeitgeber angeschaffte Geräte privat genutzt, stellt sich zum Beispiel die Frage, was die Folge ist, wenn dienstliche Daten verschwinden, weil das Gerät auf einer Privatreise im Zug oder Flugzeug liegen bleibt. Die Frage der Haftung von Arbeitnehmern gegenüber ihrem Arbeitgeber stellt sich im Kontext von digitaler Mobilarbeit und Telearbeit zudem, wenn Erstere zum Beispiel betriebliche Daten schuldhaft nicht sichern und durch Datenverlust auf Arbeitgeberseite ein Schaden entsteht.

Nach den Regeln der Haftungserleichterung haften Arbeitnehmer für Schäden des Arbeitgebers nur, wenn sie den Schaden durch schuldhafte Verletzung ihrer arbeitsvertraglichen Pflichten zugefügt haben und wenn der Verschuldensgrad höher einzustufen ist als leichteste Fahrlässigkeit (prozentuale Aufteilung bei leichter, einfacher, mittlerer Fahrlässigkeit usw. bis hin zur 100-prozentigen Übernahmepflicht bei grobem Verschulden und Vorsatz der Beschäftigten). Die Grundsätze gelten grundsätzlich auch für mobile Arbeit und Telearbeit, da es für deren Anwendung lediglich darauf ankommt, ob die Pflichtverletzung im Rahmen betrieblich veranlasster Tätigkeit (und nicht privat veranlasster Tätigkeit) erfolgt ist oder nicht. Insoweit gelten keine Besonderheiten. (Vgl. Wissenschaftliche Dienste 2017: 14 f.).

Besonderheiten bestehen bei mobiler Arbeit und Telearbeit allerdings dadurch, dass das Risiko der Schadensverursachung durch Dritte gegenüber der Tätigkeit in der Betriebsstätte wesentlich erhöht ist. Handelt es sich um Familienmitglieder oder Mitbewohner und der verursachte Schaden steht im Zusammenhang mit der mobilen Arbeit oder der Telearbeit, so könnte in diesem Fall das Rechtsinstitut des Vertrags mit Schutzwirkung zugunsten Dritter zur Anwendung kommen. Die Einbeziehung der oben genannten Dritten in den Vertrag zwischen Arbeitgeber und Arbeitnehmer wird damit gerechtfertigt, dass der Arbeitgeber durch die Installation von Geräten und Anlagen in der Wohnung des Arbeitnehmers das allgemeine Schadensrisiko erhöht. Die betreffenden Dritten wären dann vor Schadensersatzansprüchen in gleichem Maße geschützt wie die Arbeitnehmer. Ein Schutz sonstiger Dritter, etwa von Besuchern, kann durch arbeitsvertragliche Regelungen erreicht werden. (Walk 2016: Rn. 5, Kamann 2016: 75, 78, Wissenschaftlicher Dienst 2017: 15).

Eine Anpassung der rechtlichen Situation scheint insoweit nicht angezeigt, da die Problematik über die bestehende Rechtslage lösbar ist.

6.9 Arbeits- und Gesundheitsschutz im Rahmen digitaler Mobilarbeit und Telearbeit außerhalb des Arbeitszeitrechts

Eine zentrale Thematik in der Diskussion um gesetzgeberischen Handlungsbedarf in Zeiten der Arbeit 4.0 ist der Arbeits- und Gesundheitsschutz im Rahmen digitaler Mobilarbeit und Telearbeit außerhalb des Arbeitszeitrechts.

Die rechtliche Frage, die sich hier zunächst aufdrängt, ist die Frage der Verantwortlichkeit für den Arbeitnehmer, wenn außerhalb der Betriebsstätte gearbeitet wird. (Vgl. Günther, Böglmüller 2015: 1029). Die Fürsorgepflicht und Verantwortung für die Sicherheit und die Gesundheit seiner Beschäftigten trifft den Arbeitgeber jedoch auch im Rahmen mobiler Arbeit und Telearbeit. (Vgl. Wissenschaftliche Dienste 2017: 6). Da das Arbeitsschutzgesetz (ArbSchG) uneingeschränkte Anwendung auch auf digitale Mobilarbeit und die Telearbeit findet (vgl. § 1 ArbSchG, vgl. Voigt 2017: 16 ff., Wissenschaftliche Dienste 2017: 6, Aligbe 2016a: 133 ff.), treffen den Arbeitgeber die Schutzpflichten aus §§ 3, 4 ArbSchG und die allgemeine Pflicht zur gefahrfreien Gestaltung des Arbeitsplatzes nach § 618 BGB (vgl. Oberthür 2013: 246, Wiebauer 2016, § 1 ArbSchG, Rn. 51, Wissenschaftliche Dienste 2017: 6). Der Arbeitgeber hat gemäß §§ 5, 6 ArbSchG durch eine Gefährdungsbeurteilung zu ermitteln und zu dokumentieren, welche Maßnahmen des Arbeitsschutzes erforderlich sind. Die Beschäftigten hingegen sind gemäß § 15 Abs. 1 ArbSchG verpflichtet, nach ihren Möglichkeiten sowie gemäß der Unterweisung und Weisung des Arbeitgebers für ihre Sicherheit und Gesundheit bei der Arbeit Sorge zu tragen. (Vgl. Wissenschaftliche Dienste 2017: 6).

Nur für Telearbeitsplätze im Sinne des § 2 Abs. 7 ArbStättV dagegen (vgl. Günther, Böglmüller 2015: 1029) gilt zusätzlich die Arbeitsstättenverordnung. Die im Dezember 2016 in Kraft getretene novellierte Arbeitsstättenverordnung (die die bis dahin geltende Bildschirmarbeitsverordnung integriert) enthält zunächst eine bis dahin fehlende Bestimmung zu Telearbeitsplätzen. (Vgl. BMAS 2016b: 9, 48–50, BMAS 2016c: 9, vgl. die Legaldefinition in § 2 ArbStättV). Die Verordnung dient der Sicherheit und dem Schutz der Gesundheit der Beschäftigten beim Einrichten und Betreiben von Arbeitsstätten (§ 1 ArbStättV) und konkretisiert das Arbeitsschutzgesetz. (Vgl. Voigt 2017: 16 ff., Wissenschaftliche Dienste 2017: 6).

Allerdings hat der Arbeitgeber nur begrenzte Rechte und Möglichkeiten zur Beeinflussung der Arbeitsplätze im Privatbereich der Beschäftigten, sodass der Anwendungsbereich der Arbeitsstättenverordnung in Bezug auf Telearbeitsplätze im Wesentlichen auf Anforderungen für Bildschirmarbeitsplätze beschränkt bleibt. Dies betrifft vor allem die Einrichtung und Ausstattung der Bildschirmarbeitsplätze mit Mobiliar, sonstigen Arbeitsmitteln und Kommunikationsgeräten. (Vgl. Bundesrat 2016: 23; Wissenschaftliche Dienste 2017: 7). Nach § 1 Abs. 3 ArbStättV gelten für Telearbeitsplätze daher nur die Anforderungen des § 3 ArbStättV (Gefährdungsbeurteilung; Konkretisierung zu § 5 ArbSchG) und nur bei der erstmaligen Beurteilung der Arbeitsbedingungen des Arbeitsplatzes, wobei der Arbeitgeber die Eigenart von Telearbeitsplätzen – Arbeiten in Privaträumen – berücksichtigen darf. Die Anforderungen entsprechen nicht denjenigen Anforderungen an einen Arbeitsplatz im Betrieb; sodass die Vorschriften der Arbeitsstättenverordnung daher nur gelten, soweit die Anforderungen unter Beachtung der Eigenart von Telearbeitsplätzen auf diese anwendbar sind. (§ 1 Abs. 3 Satz 2 ArbStättV, Wissenschaftliche Dienste 2017: 7). Hierbei hat der Arbeitgeber die Unverletzlichkeit der Wohnung der Arbeitnehmer gemäß Art. 13 GG zu beachten, was Vollzugsschwierigkeiten für Arbeitgeber im Hinblick auf die Gefährdungsbeurteilung mit sich bringt. Entsprechend dem Ergebnis einer fachkundigen Gefährdungsbeurteilung aufgrund einer häuslichen Besichtigung oder Befragung hat der Arbeitgeber Maßnahmen zum Schutz der Beschäftigten gemäß den Vorschriften dieser Verordnung nach dem Stand der Technik, Arbeitsmedizin und Hygiene sowie unter Beachtung gesicherter arbeitswissenschaftlicher Erkenntnisse festzulegen.

Zudem besteht eine Unterweisungspflicht für die Arbeitgeber bezüglich aller gesundheits- und sicherheitsrelevanten Fragen im Zusammenhang mit der ausgeübten Tätigkeit sowie über die von den Beschäftigten durchzuführenden Maßnahmen. Die Beschäftigten selbst trifft eine Pflicht zum Eigenschutz sowie eine Mitwirkungspflicht und damit zur entsprechenden Information des Arbeitgebers. Den Arbeitgeber trifft die Pflicht, entsprechende Schutzmaßnahmen zu veranlassen. (§ 3 Abs. 1, 2, §§ 6, 15 Abs. 1 S. 1, 16 Abs. 2 S. 1 ArbStättV, vgl. auch Nr. 6 des Anhangs zur ArbStättV, vgl. Wissenschaftliche Dienste 2017: 7 f.). Kommt der Arbeitnehmer der Informationspflicht nicht nach, lässt sich daraus keine Pflichtverletzung des Arbeitgebers ableiten. Dieser darf auf die Richtigkeit der Angaben vertrauen, sofern diese nicht offensichtlich unrichtig oder widersprüchlich sind. (Vgl. Wiebauer 2016a: 1431).

Für das mobile Arbeiten gilt die Arbeitsstättenverordnung nicht, auch bei Vorliegen eines Arbeitsverhältnisses im Sinne der § 611a, da es sich nicht um Telearbeit im Sinne des § 2 Abs. 7 ArbStättV handelt und diese auch sonst nicht in den Geltungsbereich der Verordnung einbezogen ist. (Vgl. BMAS 2016b: 50). Verwiesen wird insoweit auf die Geltung des ArbSchG für die mobile Arbeit. In den Vordergrund gerückt werden dabei die Gefährdungsbeurteilung und die Pflichten der Arbeitgeber. Zudem wird darauf hingewiesen, dass aufgrund der „Natur der Sache“ die Beschäftigten im Hinblick auf die Einhaltung der Arbeits- und Gesundheitsvorschriften eine größere Eigenverantwortung träfe, da sie den überwiegenden Teil der Umstände ihrer Arbeit selbst bestimmen und die Arbeit außerhalb des arbeitgebereigenen „Herrschaftsbereichs“ verrichtet werde. Der Unterweisungspflicht der Arbeitgeber komme dabei eine größere Bedeutung zu. (Vgl. §§ 3 Abs. 1, 5, 12, Abs. 1, 15 Abs. 1 ArbSchG, vgl. Wiebauer 2016, § 1 ArbSchG, Rn. 52 f., 54, Aligbe 2016: 2016: 132, 134, vgl. auch zu weiteren Einzelheiten: Wissenschaftliche Dienste 2017: 8 f.). Die Informationspflicht des Arbeitnehmer gilt hier ebenso wie bei der Telearbeit; wobei die Informationsgewinnung für den Arbeitgeber hier ungleich schwieriger ist, weil eine oft unüberschaubare Vielzahl unterschiedlicher Arbeitsbedingungen zu berücksichtigen ist, wie etwa auf Reisen et cetera. (Vgl. Wiebauer 2016a: 1431). Bezüglich der Anpassung des Arbeits- und Gesundheitsschutzes an den Einsatz mobiler Endgeräte an wechselnden Arbeitsorten hat die im Jahr 2016 novellierte Arbeitsstättenverordnung damit keine Abhilfe geschaffen. (Vgl. Schwemmle, Wedde 2018: 39).

Die Verordnung zur arbeitsmedizinischen Vorsorge (ArbMedVV) dagegen gilt sowohl für Telearbeit als auch für mobiles Arbeiten (soweit ein Arbeitsverhältnis im Sinne der § 611a BGB vorliegt). Danach ist der Arbeitgeber im Geltungsbereich des Arbeitsschutzgesetzes insbesondere dazu angehalten, dem Arbeitnehmer vor Aufnahme der Tätigkeit Angebote zur arbeitsmedizinischen Vorsorge zu machen und bei Kenntniserlangung von einer tätigkeitsbezogenen Erkrankung unverzüglich eine Angebotsvorsorge anzubieten. (Vgl. § 5 Abs. 1, 2 ArbMedVV, Wissenschaftliche Dienste 2017: 9 f.).

Handelt es sich bei Telearbeitern um Heimarbeiter im Sinne der Heimarbeitergesetzes (Vgl. §§ 1 Abs. 1 lit.a, Abs. 2 HeimarbG), sind im Hinblick auf den Gefahrenschutz (Arbeitsschutz und öffentlicher Gesundheitsschutz) zudem die Regelungen der §§ 12 ff. HeimarbG zu beachten.

Zusammenfassend ist zum derzeit bestehenden Arbeits- und Gesundheitsschutz im Hinblick auf digitale Mobilarbeit und Telearbeit (vgl. i.E. auch Aligbe 2016a: 133 ff.) festzustellen, dass dieser bis heute allein an den ortsgebundenen Arbeitsplatz anknüpft. Der Einsatz mobiler Endgeräte an wechselnden Arbeitsorten wurde bis heute gesetzlich nicht näher geregelt (Vgl. auch die Dokumentation eines BMAS-Experten-Workshops „Mobiles und entgrenztes Arbeiten“; BMAS 2015b: 6, die aufgrund unveränderter Regelungssituation nach wie vor Geltung haben), obwohl das Problem bereits früh erkannt und bereits viel diskutiert wurde. Hinzu kommt, dass über den dargelegten Mangel an Schutzvorschriften hinaus zugleich auch eine Kontrolllücke bezüglich der bestehenden Schutzvorschriften für mobile Arbeit und Telearbeit besteht (vgl. Fergen 2017: 196), ohne dass der Gesetzgeber bis heute tätig geworden ist.

Anpassungen des gesetzlichen Arbeits- und Gesundheitsschutzes – insbesondere entsprechend der Bedingungen der digitalen Mobilarbeit und der Telearbeit in der Arbeit 4.0 – werden deshalb bezüglich verschiedener Aspekte für dringend erforderlich gehalten. Dies betrifft zunächst Regelungen zur Kontrolle der Einhaltung der Vorgaben des Arbeitszeitgesetzes. Schwemmle und Wedde stellen bezüglich der Kontrolle, die beim Arbeitgeber zu verbleiben hat, beispielsweise fest, dass „[...] sich die neuen technischen Möglichkeiten auch dazu nutzen lassen, gesetzeskonforme Zustände herzustellen und Verstöße gegen einschlägige Schutzgesetze schnell und effektiv zu erkennen und zu dokumentieren." (Schwemmle, Wedde 2018: 38). Dies könne etwa „[...] durch den verpflichtenden Einsatz von Software in betrieblichen IT-Systemen erreicht werden, die als eine Art ‚digitaler Arbeitszeitschreiber‘ das Volumen der tatsächlich erbrachten Arbeitsleistung ständig erfasst und dokumentiert.“ (Schwemmle, Wedde 2018: 38, vgl. dort auch zu weiteren Einzelheiten und Optionen).

Sie fordern darüber hinaus flankierende gesetzliche Regelungen zu „spürbare[n] Sanktionsmechanismen“ bei Nichteinhaltung der gesetzlichen Arbeitszeitvorgaben und schlagen als Vorbild die Regelung des Artikel 83 Abs. 1 DSGVO vor. Danach werden „[...] Geldbußen von bis zu 20 000 000 EUR oder im Fall eines Unternehmens von bis zu 4 Prozent seines gesamten weltweit erzielten Jahresumsatzes des vorangegangenen

Geschäftsjahrs [...]“ fällig bei Verstoß, „[...] je nachdem, welcher der Beträge höher ist.“ (Schwemmle, Wedde 2018: 38). Weitere Anpassungen werden speziell für die Arbeit an mobilen Endgeräten – insbesondere bei wechselnden Arbeitsorten – gefordert. Angeregt wird hier eine gesetzliche „[...] Verankerung eines arbeitsschutzrechtlichen Verursacherprinzips, welches darauf abzielt, die unmittelbaren Verantwortlichkeiten der Arbeitgeber für Gesundheitsschäden und hieraus folgende erweiterte Schadensersatzpflichten auszubauen, die sich als Folge langfristiger digitaler Arbeit einstellen können.“ (Schwemmle, Wedde 2012: 92 f., Schwemmle, Wedde 2018: 40). Ergänzt werden sollen danach zudem Detailregelungen, wie zum Beispiel im Anhang zu § 3 Abs. 1 ArbStättVO, die bezogen auf Maßnahmen zur Gestaltung von Bildschirmarbeitsplätzen (ehemals geregelt in der BildschirmarbeitsVO) bestimmt, dass nur solche Geräte für eine dauerhafte oder regelmäßige berufliche Benutzung zugelassen sind, die ergonomische Mindestanforderungen erfüllen. (Vgl. Schwemmle, Wedde 2012: 88, Schwemmle, Wedde 2018: 40).

Von staatlicher Seite wird dagegen kein gesetzgeberischer Handlungsbedarf in Bezug auf die Regelungen zum Arbeits- und Gesundheitsschutz gesehen. Im Weissbuch „Arbeit 4.0“ wird auf betriebliche und tarifliche Vereinbarungen verwiesen und gesetzliche Regelungen werden nur für erforderlich gehalten, um für diese Regelungen die entsprechenden Freiräume zu treffen. (BMAS 2016a: 12).

6.10 Gesetzliche Unfallversicherung

Besondere Problemlagen ergeben sich im Rahmen von mobiler und Telearbeit auch für den Fall eines arbeitsplatzbezogenen Unfalls (einschließlich des Arbeitswegs) und einer Berufskrankheit im Hinblick auf den gesetzlichen Unfallschutz.

Soweit Telearbeit oder mobiles Arbeiten als abhängige Beschäftigung im Sinne der § 611a BGB ausgeübt werden, greift dieser zwar grundsätzlich. (Vgl. §§ 2 AbS. 1 Nr. 1, 7 Abs. 1 SGB VII, Walk 2016: Rn. 14, Wissenschaftliche Dienste 2017: 11). Bei Unfällen im Rahmen von mobiler Arbeit und Telearbeit ist allerdings die Frage der Abgrenzung zwischen versicherter betrieblicher von unversicherter privater Tätigkeit häufig schwierig zu beantworten. (Vgl. Holtstraeter 2015: § 8 SGB VII, Rn. 15, Günther, Böglmüller 2015: 1029). Problematisch kann die Abgrenzung zum Beispiel im Rahmen von Homeoffice sein: Geschieht ein Unfall im eigenen Haus auf dem Weg zur Küche mit dem Ziel, Wasser zum Verzehr zu holen, handelt es sich nicht eindeutig um eine betriebliche Tätigkeit. Ein Wegeunfall kommt erst bei Verlassen der Haustür in Betracht, soweit nicht Büro und Privaträume im Haus räumlich voneinander getrennt sind. (Vgl. Wissenschaftliche Dienste 2017: 11 Fn 33, 37 unter Hinweis auf die Rechtsprechung: BSG, Urteil v. 5. Juli 2016, – B 2 U 5/15 R, BSG, Rolfs 2017: § 8 SGB VII, Rn. 2, Spellbrink 2016: 527, 529). Gesetzliche Vorgaben zu Arbeitsunfällen im Hinblick auf ortsunabhängiges Arbeiten sind deshalb dringend erforderlich. (Vgl. Günther, Böglmüller 2015: 1029).

6.11 Datenschutzrechtliche Fragen

Ein viel diskutierter Bereich im Kontext der Arbeit 4.0 sind die damit verbundenen datenschutzrechtlichen Fragen. Datenschutzrechtliche Problemlagen bei mobiler Arbeit und bei Telearbeit betreffen vor allem zwei Aspekte: Einerseits den Schutz personenbezogener Daten der Beschäftigten; andererseits aber auch den Schutz der Daten des Arbeitgebers vor dem Zugriff Dritter. (Vgl. Wissenschaftliche Dienste 2017: 13).

Schutz von Daten der Arbeitnehmer

Mit Blick auf den Schutz von Arbeitnehmerdaten ergeben sich Fragen zum Beispiel dann, wenn private Endmobile für dienstliche Zwecke eingesetzt werden. Private Hardware wird dann mit der IT-Infrastruktur des Unternehmens verbunden und es entsteht für den Arbeitgeber immer auch die theoretische Möglichkeit, auf private Daten der Arbeitnehmer zuzugreifen. Diese Vermischung ist bei Formen mobiler Arbeit und Telearbeit besonders weit verbreitet. Von Seiten der Arbeitgeber wird aber auch häufig gestattet, dass dienstlich angeschaffte mobile Endgeräte von Arbeitnehmer auch privat genutzt werden können. Der Zugriff auf private Daten der Arbeitnehmer ist hier gleichermaßen unproblematisch möglich. Im Kern geht es um die erweiterten technischen Möglichkeiten zur Erhebung, Sammlung, Analyse und Verarbeitung von personenbezogenen Daten.

Zu nennen ist hier zum Beispiel auch der immer mehr verbreitete Einsatz von Wearables, das heißt mit Sensoren ausgestattete tragbare Mini-Computer in Form von Mobiltelefonen (Smartphones), digitalisierten Uhren (Smart Watches), Brillen (Smart Glasses) oder vergleichbaren Geräten. (Vgl. Weichert 2017: 565). Diese fanden zwar zunächst überwiegend im Wellness- und Lifestyle-Bereich Anwendung, werden inzwischen aber in allen privaten Lebensbereichen genutzt. Hinzu kommt die Nutzung in der Medizin zur Überwachung der Gesundheit und in vielen Wirtschaftsbereichen, so etwa durch Integration von Sensoren in Kleidungsstücke zur Überprüfung der Funktionalität, Flexibilität und Widerstandsfähigkeit. Aber auch am Arbeitsplatz finden Wearables inzwischen in vielfältiger Weise Anwendung. Klassischerweise werden Wearables in Beschäftigungsverhältnissen für die dauernde oder regelmäßige Ortung zum Zweck der Einsatzorganisation des Arbeitgebers eingesetzt. Die Deutsche Bahn will ihre Mitarbeiter mit Bodycams ausstatten, um potentielle Angreifer abzuschrecken und erfolgte Angriffe zu dokumentieren. Stressmesser weisen Beschäftigte oder Vorgesetzte auf akute körperliche oder seelische Ausnahmesituationen hin usw. (Vgl. mit weiteren Beispielen Weichert 2017: 565). Diese Technik eröffnet damit einerseits viele Möglichkeiten zur Erleichterung der Arbeit und für die Sicherheit sowie den Gesundheitsschutz der Beschäftigten; eignet sich aber andererseits gleichzeitig ganz hervorragend zur Kontrolle der Beschäftigten in Form von Zustands-, Verhaltens- und Leistungskontrollen, weshalb auch Wearables ein Thema für den Beschäftigungsdatenschutz sind. (Vgl. Weichert 2017: 566).

Kommt im Rahmen mobiler Arbeit oder Telearbeit ein Umgang mit personenbezogene Daten in Betracht, sind die Vorschriften des Bundesdatenschutzgesetzes (BDSG) einschlägig, zumindest soweit nicht andere bundesgesetzliche Regelungen Vorrang haben (§ 1 Abs. 3 BDSG). (Vgl. Wissenschaftliche Dienste 2017: 13 Fn 39). Dies gilt auch bezüglich der oben beschriebenen Szenarien. Da Anknüpfungspunkt für den Schutz die Existenz personenbezogener Daten und nicht der Ort der Arbeitsleistung ist, gelten für Telearbeit und mobiles Arbeiten insoweit keine Besonderheiten (Vgl. Boemke, Ankersen 2000: 1570 f., Franzen 2017: § 1 BDSG, Rn. 12, Wissenschaftliche Dienste 2017: 13). Tatsächliche Besonderheiten ergeben sich jedoch daraus, dass die Kontroll- und Einflussmöglichkeiten des Arbeitgebers erschwert und die Einflussnahme- und Missbrauchsmöglichkeit durch Dritte bei mobiler Arbeit und Telearbeit deutlich erhöht sind. Der Zugriff durch Dritte auf Datenträger mit personenbezogenen Daten oder Sicherheitslücken aufgrund fehlender Möglichkeiten angemessener Sicherung von Daten, wenn diese nicht durch zentrale betriebliche Systeme erfolgt, sondern allein in der Verantwortung der Beschäftigten liegt, ist wesentlich erleichtert. (Vgl. Boemke, Ankersen 2000: 1570, 1571, Wissenschaftliche Dienste 2017: 13 f.). Ob unter diesen Umständen die Wahrnehmung der jeweiligen Tätigkeiten in Form von Homeoffice oder mobiler Arbeit vertretbar ist, liegt im Ermessen des Arbeitgebers, gegebenenfalls sind entsprechende technische Voraussetzungen zu schaffen und Verpflichtungen der Beschäftigten arbeitsvertraglich abzusichern. (Vgl. Bundesbeauftragte für Datenschutz 2017: 5 ff., 10 ff., Wissenschaftliche Dienste 2017: 14).

Abgesehen davon stellt sich die Frage nach einer Anpassung der Vorschriften zum Beschäftigtendatenschutz. Trotz der bereits früh erkannten Risiken (vgl. oben zur arbeitspolitischen Diskussion) und der erheblichen Zuspitzung der Gefahrenlage in den letzten Jahrzehnten im Hinblick auf Rechte der Betroffenen, konnten sämtliche Vorschläge zur Reform des Beschäftigungsdatenschutzes über Jahrzehnte hinweg nicht umgesetzt werden. (Vgl. Schwemmle, Wedde 2018: 47).

Eine Veränderung der rechtlichen Situation tritt jetzt jedoch durch die am 25.05.2018 in Kraft tretende Datenschutz-Grundverordnung (DSGVO) ein, durch die der gesetzliche Datenschutz europaweit und zwingend für alle Mitgliedstaaten geregelt wird. Nationale Anpassungen sind durch zahlreiche Öffnungsklauseln möglich. Die nationale Umsetzung in Deutschland erfolgte durch das Datenschutz-, Anpassungs- und Umsetzungsgesetz EU (DSAnpUG-EU) vom 30. Juni 2017 (vgl. BDSG–neu, in Kraft ab 25. Mai 2018; veröffentlicht im BGBl. 2017 Teil I Nr. 44 v. 5. Juli 2017), dessen wesentlicher Bestandteil ein neues Bundesdatenschutzgesetz ist. Das neue Datenschutzrecht beinhaltet auch spezielle Vorgaben zum Umgang mit personenbezogenen Daten in der digitalen Arbeitswelt und gibt einen zwingenden Rechtsrahmen vor; wobei spezielle Vorgaben zum Beschäftigungsdatenschutz nur wenige enthalten sind. (Vgl. Schwemmle, Wedde 2018: 47). Art. 88 DSGVO eröffnet Gestaltungsmöglichkeiten zum Beschäftigungsdatenschutz, die im „BDSG-neu“ berücksichtigt wurden. Das neue BDSG enthält eine spezifische Regelung zur Verarbeitung besonderer Arten personenbezogener Daten (§ 22 Abs. 1 lit. b „BDSG–neu“) sowie eine zentrale Vorschrift zum Beschäftigungsdatenschutz (§ 26 „BDSG-neu“). Diese beinhaltet zentrale Erlaubnistatbestände für den Umgang mit Beschäftigtendaten durch Arbeitgeber, eine Präzision der Anforderung der Einwilligung der Beschäftigten in die Datenverarbeitung, erweiterte Möglichkeiten für die erforderliche Verarbeitung von besonderen Kategorien personenbezogener Daten, die Möglichkeit der Legitimation der Verarbeitung von Beschäftigtendaten durch Kollektivvereinbarungen, die Notwendigkeit der Beachtung der Grundpflichten der Arbeitgeber gem. Art. 5 DSGVO, eine Erweiterung des Anwendungsbereichs der Regelungen auf Verarbeitung von Beschäftigtendaten außerhalb von Dateisystemen sowie die Definition von Beschäftigten gem. § 3 Abs. 11 des BDSG (alt).

Der Gesetzgeber hat damit jedoch bei Weitem nicht alle regelungsbedürftigen Fragen geregelt, wie er selbst feststellt. (Vgl. Schwemmle, Wedde 2018: 47). In der amtlichen Begründung zum DSAnpUG-EU heißt es:

> Der Gesetzgeber behält sich vor, Fragen des Datenschutzes im Beschäftigungsverhältnis innerhalb dieser Vorschrift oder im Rahmen eines gesonderten Gesetzes konkretisierend sowie bestimmte Grundsätze, die im Rahmen der Rechtsprechung zum geltenden Recht bereits angelegt sind, zu regeln. Dies gilt insbesondere für das Fragerecht bei der Begründung eines Beschäftigungsverhältnisses, den expliziten Ausschluss von heimlichen Kontrollen im Beschäftigungsverhältnis, die Begrenzung der Lokalisierung von Beschäftigten sowie den Ausschluss von umfassenden Bewegungsprofilen, den Ausschluss von Dauerüberwachungen und die Verwendung biometrischer Daten zu Authentifizierungs- und Autorisierungszwecken. (Deutscher Bundestag 2017: 97).

Schwemmle und Wedde weisen noch weitergehend darauf hin, dass „[...] der Gesetzgeber [...] bisher eine Regelung schuldig geblieben [ist], die Grundrechte von Mitarbeitern in der besonderen Situation des Arbeitsverhältnisses und damit auch unter den Bedingungen digitaler Arbeit garantiert und schützt.” (Schwemmle, Wedde 2012: 79 f., vgl. aber auch Schwemmle, Wedde 2018: 47, Weichert 2017: 566, 570). Auch im Rahmen der im Mai 2018 in Kraft tretenden DSGVO und des deutschen Umsetzungsgesetzes, insbesondere die Regelungen der §§ 22, 26 „BDSG-neu“ betreffend „[...] bleiben grundlegende Fragen wie etwa die Sicherung der Freiwilligkeit von Einwilligungen, der Schutz vor ausufernden Auswertungen vorhandener Daten oder der Ausschluss heimlicher oder verdeckter Kontrollen unbeantwortet.“ (Schwemmle, Wedde 2012: 79 f. sowie Schwemmle, Wedde 2018: 47).

Konkrete, über die Neuregelungen hinausgehenden Änderungs- und Anpassungsvorschläge für den gesetzlichen Rahmen zum Beschäftigungsdatenschutz existieren jedoch derzeit nicht. Vielmehr wird darauf hingewiesen, dass ein Augenmerk auf die Beachtung bestehender Regelungen bei Einsatz neuer technischer Lösungen im Hinblick auf Einführung und Verwendung zum Beispiel eines digitalen Arbeitszeitschreibers zu legen sei. Dies gelte vor allem für die Mitbestimmungsrechte des Betriebsrates gem. § 87 Abs. 1 Nr. 6 BetrVG. Bei der Verwendung von sogenannten digitalen Arbeitszeitschreibern sei zudem sicherzustellen, dass die Persönlichkeitsrechte der Arbeitnehmer nicht verletzt werden, etwa aufgrund missbräuchlicher und unzulässiger Auswertungen der Daten. Gewährleistet werden könne dies zum Beispiel dadurch, dass die Dauer individueller Arbeitszeit oder vorgeschriebener Ruhezeiten pro Tag oder pro Woche lediglich summarisch angezeigt und dokumentiert werden, ohne Detailangaben zu erfassen und die datenschutzrechtlichen Vorgaben beachtet werden, zum Beispiel durch Verschlüsselung der Daten. (Vgl. Schwemmle, Wedde 2018: 38 f.).

Die Frage des rechtlichen Rahmens zum Beschäftigtendatenschutz unterliegt zwar – mit Blick auf neue technische Möglichkeiten der Erhebung, Sammlung, Analyse und Verarbeitung von personenbezogenen Daten in Zeiten der Digitalisierung der Arbeitswelt – auch einer Fortentwicklung durch die Rechtsprechung. Zahlreiche Entscheidungen existieren und werden diskutiert. (Vgl. zum Beispiel die sogenannte Keylogger-Entscheidung: BAG, NZA 2017: 1327, Überwachung von Beschäftigten durch Keylogger, vgl. hierzu Fuhlrott 2017: 1308 ff.). Ob ein solcher fortentwickelter Schutz allein durch die Rechtsprechung für eine solch sensible und in die Grundrechte der Betroffenen eingreifende Problemlage ausreichend ist, scheint allerdings fraglich.

Schutz der Daten vor Zugriff durch Dritte

Eine spezifische Problemlage für digitale Mobilarbeit und Telearbeit ist aufgrund des erhöhten Risikos in diesen Fällen die Sicherung betrieblicher Daten vor dem Zugriff durch Dritte. Das Bundesdatenschutzgesetz hält für diesen Fall keine Regelungen bereit. Hier können nur technische, organisatorische und arbeitsvertragliche Regelungen das Risiko für den Arbeitgeber eindämmen. (Vgl. Wissenschaftliche Dienste 2017: 14).

6.12 Aspekte des kollektiven Arbeitsrechts

Bei der Frage nach dem Änderungs- und Anpassungsbedarf des Rechtsrahmens mit Blick auf kollektivrechtliche Fragen sind verschiedene Aspekte für die digitale Mobilarbeit und die Telearbeit relevant. Einerseits geht es um den gesetzgeberischen Handlungsbedarf im Hinblick auf die betriebliche Interessenvertretung, das heißt um Fragen des Betriebsverfassungsrechts und der betrieblichen Mitbestimmung. Andererseits geht es um Fragen des Arbeitskampfes und des Tarifrechts.

Betriebsverfassungsrecht: betriebliche Interessenvertretung und betriebliche Mitbestimmung

Die Interessenvertretung auf betrieblicher Ebene wird durch das Betriebsverfassungsgesetz (BetrVG) geregelt. Es gilt für alle Arbeitnehmer im Sinne der § 5 Abs. 1 S. 1 BetrVG und findet auf alle Betriebe privatrechtlicher Rechtsträger mit in der Regel mindestens fünf ständigen und für die Wahl des Betriebsrates wahlberechtigten Arbeitnehmern, von denen drei wählbar sind, Anwendung. In diesen Betrieben können Betriebsräte gewählt werden. Arbeitnehmer im Sinne der § 5 Abs. 1 S. 1 BetrVG sind alle Arbeitnehmer des Betriebs. Dies gilt nach dem funktionalen Betriebsbegriff unabhängig davon, ob die Arbeitnehmer im Betrieb, im Außendienst oder mit Telearbeit beschäftigt werden, da es für die Betriebszugehörigkeit nicht auf eine räumliche Eingliederung ankommt. Dies gilt jedenfalls, soweit sie in die arbeitstechnische Organisation des Betriebes eingebunden sind und der Arbeitgeber mit ihrer Hilfe den arbeitstechnischen Zweck seines Betriebes verfolgt. Damit gilt das BetrVG auch für Telearbeiter und mobil Arbeitende, soweit diese im Rahmen eines Arbeitsverhältnisses im Sinne der § 611a BGB tätig sind. (Vgl. Deutscher Bundestag 2014: 35, Koch 2017: § 5 BetrVG, Rn. 11, Richardi 2016: § 1 BetrVG, Rn. 37, Wissenschaftliche Dienste 2017: 16). Abhängig Beschäftigte in mobiler Arbeit und in Telearbeit zählen daher bei der Frage der Betriebsratsfähigkeit eines Betriebes (§ 1 Abs.1 S.1 BetrVG) mit. Für sie gelten alle Beteiligungsrechte nach dem BetrVG uneingeschränkt. (Vgl. Wissenschaftliche Dienste 2017: 16).

Ob das geltende Betriebsverfassungsrecht noch den „Geist der Zeit" trifft, muss jedoch in Frage gestellt werden. Dies betrifft die klassischen Organisationsmodelle der Betriebsverfassung als auch einzelne Mitbestimmungsrechte, die im Kontext der Digitalisierung kritisch zu betrachten sind. (Vgl. Günther, Böglmüller 2015: 1026 f., Karthaus 2017: 565). Annuß sieht das derzeitige Betriebsverfassungsrecht in seinem Plädoyer für ein zukunftsfähiges Arbeitsrecht als völlig veraltet an: „Das betriebsverfassungsrechtliche Repräsentationsmodell reflektiert damit ein Gesellschaftsbild aus der Zeit vor dem Start des regulären öffentlichen Fernsehens in Deutsch." (Annuß 2017: 347); wobei auch bei den letzten beiden Reformen vom Jahr 2001 „[...] das Internet noch in Kinderschuhen (steckte)". (Annuß 2017: 347). Zwar sei das Grundanliegen des BetrVG nach wie vor aktuell, das heißt der Schutz der Arbeitnehmer vor der Gestaltungsmacht der Arbeitgeber in der konkreten Arbeitssituation und Vermittlung der Verteilungskonflikte innerhalb der Belegschaft. Das dem BetrVG zugrundeliegende Repräsentationsmodell sei zwar für den „Normalbetrieb" gut geeignet, nicht jedoch für die mit der digitalisierten Arbeitswelt verbundenen Organisationsstrukturen und sei deshalb praxisfern und nicht zur Erreichung der Ziele des BetrVG geeignet. (Vgl. Annuß 2017: 348).

Problematisch im Hinblick auf die Bedingungen der digitalisierten Arbeitswelt ist vor allem der klassische Betriebsbegriff nach dem BetrVG. Dieser hält den dynamischen Strukturen der Arbeitswelt 4.0 nicht mehr stand. Zum Beispiel werden im Rahmen von Produktion, aber auch im Dienstleistungsbereich kurzfristig neue Organisationsstrukturen gebildet und wieder aufgelöst, es existieren kleine, aber auch betriebs- oder unternehmensübergreifende Einheiten, einfache Kommunikationswege ermöglichen globale Entscheidungen (vgl. Günther, Böglmüller 2015: 1027) und neue Arbeitsformen, wie digitale Mobilarbeit, führen zur bereits angesprochenen „Entbetrieblichung". Unter einem Betrieb versteht man derzeit eine organisatorische Einheit, innerhalb derer ein Arbeitgeber allein oder zusammen mit den von ihm beschäftigten Arbeitnehmern bestimmte arbeitstechnische Zwecke fortgesetzt verfolgt. Hierbei geht es darum, dass der Betriebsrat dort installiert sein soll, wo arbeitnehmerrelevante Entscheidungen getroffen werden. (Vgl. Koch 2015: BetrVG § 1 Rn. 8). Dies passt nicht mehr auf die oben beschriebenen derzeitigen und zukünftigen Organisationsstrukturen. So können zum Beispiel Fragen bezüglich Beginn, Ende, Verlängerung, Verkürzung und Verteilung der Arbeitszeit für einen Betrieb häufig nicht einheitlich beantwortet werden. Der räumliche Betriebsbegriff verliert in der „Smart Factory" seine Bedeutung, da Produktionsprozess wie auch Mitarbeiter eben nicht mehr zwingend räumlich zusammengefasst sind. (Vgl. Günther, Böglmüller 2015: 1027).

Unzureichend ist der Begriff des Gemeinschaftsbetriebs gem. § 1 AbS. 2 Nr. 1 BetrVG.

Durch die Verdrängung klassischer Konzernstrukturen können zum Beispiel die fachliche und disziplinarische Führung von Mitarbeiter getrennt sein. Fachliche Weisungen werden unternehmensübergreifend und damit auch arbeitgeberübergreifend von einem Bereichsverantwortlichen (zum Beispiel Human-Ressource-Manager) erteilt, der die fachlichen Aufgaben aber nur beschränkt auf sein Anstellungsunternehmen umsetzt. Die Arbeitgeberfunktion kann damit auf verschiedene Unternehmen verteilt sein, sodass ein (Gemeinschafts-)Betrieb im oben genannten Sinne entsteht. Dies kann zum Beispiel Auswirkungen auf die Sozialauswahl im Kündigungsschutz haben. Ein gemeinsamer Betrieb setzt aber u. a. voraus, dass die Arbeitgeberfunktion in personellen und sozialen Angelegenheiten einheitlich ausgeübt wird, was jedoch im beschriebenen Szenario gerade nicht der Fall ist. Darüber hinaus lässt § 3 BetrVG alternative Organisationsstrukturen nur begrenzt zu. (Vgl. zu den Einzelheiten: Günther, Böglmüller 2015: 1026).

Die neuen Organisationstrukturen der Arbeit 4.0 können zudem verstärkt die Zuständigkeit eines Konzernbetriebsrats gemäß §§ 54 ff BetrVG auslösen, da durch die dezentrale Bündelung verschiedener Kompetenzen Entscheidungen zunehmend unternehmensübergreifende Bedeutung haben. Ein Konzernbetriebsrat kann jedoch unter Umständen aus gesellschaftsrechtlichen Gründen nicht gebildet werden, da ein Konzern nach diesen Regelungen nicht vorliegt. (Vgl. § 54 I 1 BetrVG iVm § 18 I AktG, Günther, Böglmüller 2015: 1026 f.).

Ein weiteres Problem in einer globalisierten Arbeitswelt 4.0 ist die Beschränkung der Zuständigkeit des BetrVG nur auf inländische Betriebe. Es gilt das Territorialprinzip. (Vgl. Schlachter 2017: Art. 9 E 2009/26/EG Rn. 29).

Eine Anpassung des Betriebsverfassungsgesetzes im Hinblick auf die neuen Organisationsstrukturen von Betrieben, Gesamtbetrieben und Konzernen sowie mit Blick auf die Globalisierung ist zwingend erforderlich.

Weiterer dringender gesetzgeberischer Handlungsbedarf im Hinblick auf das Betriebsverfassungsrecht bezieht sich auf Aspekte, die sich zwar für die Arbeitswelt 4.0 insgesamt, jedoch nicht aus besonderen Problemlagen bei mobile Arbeit und Telearbeit ergeben. So wird zum Beispiel die Öffnung des BetrVG für Vereinbarungslösungen gefordert; wobei Betriebs- und Tarifpartner als gleichberechtigte Regelungspartner anzusehen sind. (Vgl. Annuß 2017: 348). Darüber hinaus wird die Änderung des

Betriebsverfassungsrechts mit Blick auf die Betriebsratstätigkeit diskutiert. Hierbei geht es vor allem darum, die Betriebsratstätigkeit den derzeitigen technischen Möglichkeiten anzupassen. Hierfür müsse ein gesetzlicher Rahmen geschaffen werden. (Vgl. i. E. hierzu Karthaus 2017: 558 ff., Schwemmle, Wedde 2012: 100). Dies betrifft zum Beispiel den Verzicht auf die Anwesenheitspflicht bei Betriebsratssitzungen, die auch per Skype durchführbar sein sollte sowie Beschlüsse, die im schriftlichen Umlaufverfahren möglich sein sollten. (Vgl. Annuß 2017: 348, vgl. dort auch weitere Änderungsvorschläge). Damit verbundene Probleme der Vertraulichkeit ließen sich mit den heutigen technischen Möglichkeiten sicher lösen. Dies zeige auch der europäische Gesetzgeber, der mit der Änderung des Europäischen Betriebsrätegesetzes (EBRG) am 2.6.2017 eine Teilnahme an Sitzungen per Videokonferenz erlaube, sofern dies in der Geschäftsordnung vorgesehen und die Vertraulichkeit des Inhaltes der Sitzung gewährleistet sei. Dies gilt allerdings nur für Europäische Betriebsräte. Der deutsche Gesetzgeber sollte diesem Vorbild folgen.

Ebenfalls kein spezifisches Problem der mobilen Arbeit und Telearbeit, aber eben auch relevant für die betreffenden Beschäftigten, sofern sie als abhängige Arbeitnehmer tätig sind, ist die Gefahr der Aushöhlung der betrieblichen Mitbestimmung. Schwemmle und Wedde hatten bereits in ihrer Studie vom Jahr 2012 (Schwemmle, Wedde 2012: 80, 100) auf das diesbezügliche „Auseinanderfallen der normativen Vorgaben und der tatsächlichen Entwicklung“ und die dadurch stattfindende „Aushöhlung der Mitbestimmung“ hingewiesen und gefordert, dass zur Verbesserung der „[...] Mitwirkungs- und Mitbestimmungsrechte von Betriebsräten bezüglich digitaler Arbeit [...], eine Ausweitung der einschlägigen Rechtsgrundlagen im BetrVG notwendig [ist]. Handlungsbedarf besteht sowohl bezüglich der technischen Grundlagen für digitale Arbeit als auch hinsichtlich der Prozesse und Verfahren, die dieser zugrunde liegen.“ (Schwemmle, Wedde 2012: 100). Seitdem ist die Rechtslage unverändert.

Bezüglich der Beschäftigten in mobiler Arbeit und in Telearbeit sind – unter den genannten Voraussetzungen – nach geltender Rechtslage verschiedene Beteiligungsrechte (Unterrichtungs-, Beratungs- und Mitbestimmungsrechte) zu beachten, sofern ein Betriebsrat existiert. (Vgl. Wissenschaftliche Dienste 2017: 16, vgl. i. E. hierzu Schulze, Ratzesberger 2016: 109 ff.). Aus § 5 Abs. 1 Satz 1 BetrVG ergibt sich zunächst, dass der Betriebsrat auch in Angelegenheiten der Telearbeiter zu beteiligen ist. (Vgl. Schwiering, Zurel 2016: 21). Als bestehende Beteiligungsrechte mit besonderer Relevanz für die digitale Mobilarbeit und Telearbeit (für alle sonstigen, wie zum Beispiel die Aufstellung von Urlaubsgrundsätzen, vgl. zu den Einzelheiten Schwiering, Zurel 2016: 21) sind zum Beispiel folgende Rechte zu nennen:

In Bezug auf den Arbeitsschutz besteht ein Unterrichtungsanspruch die Durchführung der geltenden Gesetze, Verordnungen, Unfallverhütungsvorschriften, Tarifverträge und Betriebsvereinbarungen betreffend (§ 80 Abs.2 BetrVG). (Vgl. Wissenschaftliche Dienste 2017: 17). Zudem steht dem Betriebsrat bei Regelungen zur Verhütung von Arbeitsunfällen und Berufskrankheiten sowie über den Gesundheitsschutz im Rahmen der gesetzlichen Vorschriften oder der Unfallverhütungsvorschriften ein echtes Mitbestimmungsrecht zu (§ 87 Abs. 1 Nr. 7 BetrVG). (Vgl. Wissenschaftliche Dienste 2017: 17). Weitere Unterrichtungs-, Beratungs- und Mitbestimmungsrechte betreffen ebenfalls Aspekte des Arbeitsschutzes und dessen Durchführung sowie die menschengerechte Gestaltung der Arbeit (§§ 90, 91, 89 BetrVG). (Vgl. Wissenschaftliche Dienste 2017: 17). Darüber darf der hinaus darf der Betriebsrat in personellen Angelegenheiten, zum Beispiel im Falle einer Versetzung, mitbestimmen (§ 99 BetrVG). (Vgl. Walk 2016: Rn. 9, Wissenschaftliche Dienste 2017: 17). Von den Mitbestimmungsrechten des Betriebsrates in sozialen Angelegenheiten (§ 87 Abs.1 BetrVG), die nur unter der Voraussetzung bestehen, dass keine tarifliche oder gesetzliche Regelung existiert und es sich um eine generelle Regelung handelt (sogenannte kollektive Maßnahme vgl. Shahatit 2016: Kapitel 4, Rn. 304, 311, Wissenschaftliche Dienste 2017: 17 Fn 59), sind insbesondere folgende relevant: die Mitbestimmung bei Regelungen zur Ordnung des Betriebs und zum Verhalten der Arbeitnehmer (§ 87 Abs. 1 Nr. 1 BetrVG, zum Beispiel An- und Abmeldung am und vom Arbeitsplatz oder Benutzung von Stechuhren, vgl. Shahatit 2016: Kapitel 4, Rn. 311), bei Festlegungen zu Beginn und Ende der täglichen Arbeitszeit einschließlich der Pausen sowie der Verteilung der Arbeitszeit auf einzelne Wochentage (Nr. 2), bei vorübergehender Verkürzung oder Verlängerung der betriebsüblichen Arbeitszeit (Nr. 3) sowie bei der Einrichtung und Anwendung von technischen Kontrolleinrichtungen (Nr. 6). (Vgl. Wissenschaftliche Dienste 2017: 17). § 87 Abs. 1 Nr. 6 BetrVG ist dabei bereits einschlägig, sobald personenbezogene und personenbeziehbare Daten anfallen, die Verhaltens- und Leistungskontrollen grundsätzlich möglich machen. (Vgl. Schwemmle, Wedde 2018:44).

Diese bestehenden Mitbestimmungsrechte des Betriebsrats nach dem BetrVG finden zwar durchaus auch in digitalen Arbeitskontexten und auch für abhängig Beschäftigte in mobiler Arbeit und Telearbeit Anwendung. Sie beziehen sich jedoch einerseits nur auf Betriebe, die einen Betriebsrat haben und sind andererseits eben durch das Territorialprinzip auf inländische Betriebe begrenzt (Vgl. Schwemmle, Wedde 2018:44 f.). Andererseits besteht bei einigen dieser gesetzlichen Beteiligungsrechte auch dringender Änderungsbedarf.

Gefordert wird insbesondere eine Anpassung des Mitbestimmungsrechts aus § 87 Abs. 1 Nr. 6 BetrVG („Einführung technischer Einrichtungen"; vgl. zum Beispiel Günther, Böglmüller 2015: 1027, Schwemmle, Wedde 2018: 45). Nach aktuellem Verständnis ist die Einführung von technischen Einrichtungen mitbestimmungspflichtig, wenn die Einrichtung bereits objektiv geeignet ist, das Leistungsverhalten des Arbeitnehmers zu überwachen. Durch die Vernetzung von Mensch und Maschine mithilfe von digitalen Systemen kann das Arbeits- und Leistungsverhalten in jedem Fall direkt oder indirekt erfasst und ausgewertet werden. (Vgl. Günther, Böglmüller 2015: 1027). Vorgeschlagen wird deshalb zum Beispiel, die Mitbestimmung bei Einführung technischer Systeme, die in erster Linie der Steuerung von Produktionsabläufen dienen, erst bei gezielter Auswertung der Leistungsdaten greifen zu lassen, da dies dem eigentlichen gesetzgeberischen Willen entspräche. (Vgl. den Gesetzestext § 87 Abs. 1 Nr. 6 BetrVG „zur Überwachung bestimmt" ist). Die durch die Rechtsprechung vorgenommene Ausweitung auf die „objektive Eignung“ zur Überwachung sei im Kontext der „Arbeit 4.0“ nicht mehr sachgerecht. (Vgl. Günther, Böglmüller 2015: 1027, Zumkeller 2015: 1). § 87 Abs. 1 Nr. 6 BetrVG müsse zudem dringend um eine Datenschutzkomponente bezüglich der Regelung von Verhaltens- und Leistungskontrollen erweitert werden. Auch bedarf es eines eigenständigen Mitbestimmungsrechts auf Datenschutz mit Blick auf die DSGVO beziehungsweise das „BDSG-neu“. (Vgl. Schwemmle, Wedde 2018: 45).

Grundsätzlich mangelt es an konkreten Mitbestimmungsrechten, etwa im datenschutzrechtlichen Bereich für die Begleitung und Überwachung der Umsetzung datenschutzrechtlicher Vorschriften. Dieses Problem verschärft sich darüber hinaus mit Geltung der neuen europäischen DSGVO ab Mai 2018. Die DSGVO gewährt den Betriebsparteien zahlreiche Ausgestaltungsmöglichkeiten. (Vgl. zum Beispiel Art. 88 Abs. 1 DSGVO). Die Mitgliedstaaten sollen durch Rechtsvorschriften oder Kollektivvereinbarungen spezifischere Vorschriften zur Gewährleistung des Schutzes der Rechte und Freiheiten hinsichtlich der Verarbeitung personenbezogener Beschäftigtendaten im Beschäftigungskontext vorsehen. (Vgl. auch den Hinweis auf kollektivrechtliche Möglichkeiten in § 26 Abs. 4 „BDSG–neu“). Erforderlich sei deshalb ein neues Mitbestimmungsrecht zum Datenschutz. (Vgl. Schwemmle, Wedde 2018: 45).

Gefordert wird darüber hinaus zum Beispiel die Ausweitung des Mitbestimmungsrechts zu Arbeitszeitfragen durch eine Ergänzung von § 87 Abs. 1 Nr. 2 und Nr. 3 BetrVG, die Stärkung des Mitbestimmungsrechts gemäß § 87 AbS. 1 Nr. 7 BetrVG bezogen auf zulässige Arbeitsmittel beziehungsweise auf die Vermeidung unzulässiger Arbeitsbelastung, die Ausweitung der Grenzen für die Mitbestimmung, das heißt die Sicherstellung einer wirksamen Interessenvertretung auch bei grenzüberschreitender Auftragsvergabe entlang der „digitalen Produktionskette“ etwa durch Verpflichtung der Arbeitgeber, die Inhalte kollektivrechtlicher Vereinbarungen immer dann zum Gegenstand aller Verträge mit Dritten zu machen, wenn Übermittlungen von Beschäftigtendaten erfolgen, eine Ausweitung der Zuständigkeiten des Betriebsrates auf Crowdworking, durch Aufnahme der Beschäftigten in § 5 BetrVG sowie die Hinzuziehung externen Sachverstands durch die Betriebsräte zur fachlichen Unterstützung in Fragen der digitalen Arbeitswelt. (Vgl. Schwemmle, Wedde 2018: 45).

Arbeitskampfrecht und Tarifrecht

Auch das Arbeitskampfrecht und das Tarifrecht bleiben von der digitalisierten Arbeitswelt nicht unberührt. Abgesehen von der erschwerten Solidarisierung der Beschäftigten durch die bereits erwähnte Entbetrieblichung der Arbeit eröffnen neue technische Möglichkeiten auch neue Möglichkeiten für den Arbeitskampf. Das Recht des Arbeitskampfes ist deshalb durch den Gesetzgeber und die Rechtsprechung an die digitalisierte Arbeitswelt anzupassen.

Für den Arbeitskampf bedeutet dies u. a. eine rechtliche Fortentwicklung der personellen und der instrumentellen Dimension des Arbeitskampfes. (Vgl. Giesen, Kersten 2018: 3 f.). Teilweise ist dies bereits geschehen, wenn man an den durch die Rechtsprechung zugelassenen Unterstützerstreik (personelle Dimension; vgl. BAGE 123, 134 = NZA 2007, 1055 Rn. 46 f.) und das zugelassene Arbeitskampfmittel „Flashmob" (instrumentelle Dimension, vgl. BAGE 132, 140 = NZA 2009, 1347, BVerfG, NZA 2014: 493) denkt. (Vgl. zu den Einzelheiten und zu weiteren Aspekten des Arbeitskampfes in der Digitalisierung: Giesen, Kersten 2018: 1 ff.).

Im Bereich des Tarifrechts wird vor allem eine Stärkung der Tarifautonomie gefordert. (Vgl. zum Beispiel Annuß 2017: 347). Zu diesem auch von Seiten des Staates arbeitspolitisch gewollten Ziel (vgl. bereits oben zum Weissbuch „Arbeit 4.0", BMAS 2016a: 157) werden erfolgversprechende Änderungs- und Anpassungsvorschläge zur Gesetzeslage jedoch nicht benannt. Es wird lediglich auf die Anreizfunktion der Schaffung tarifdispositiven Rechts zur Förderung der Tarifbindung verwiesen. Aufgabe des staatlichen Normgebers sei es jedoch, einen institutionellen Rahmen zu schaffen „[...] innerhalb dessen sich wirkmächtige Koalitionen privatautonom entfalten können. Dabei erscheint es geboten, das Verhältnis zwischen staatlicher und tariflicher Normsetzung grundsätzlich neu zu vermessen." (Annuß 2017: 347). Eine Erweiterung der gesetzlichen Regelungen um tarifdispositives Recht sieht Annuß hierbei mehr als Instrument, „[...] um dadurch insbesondere eine Öffnung für einheitliche Arbeitsbedingungen innerhalb transnational tätiger Unternehmen und Konzerne zu erreichen." (Annuß 2017: 347).

6.13 Zusammenfassung zum Änderungs- und Anpassungsbedarfs des Rechtsrahmens

Zusammenfassend ist in Bezug auf die derzeitige rechtliche Situation für digitale Mobilarbeit und Telearbeit festzustellen, dass – trotz der regen arbeitspolitischen Debatte um die Herausforderungen der Arbeit 4.0 – bisher weder für die digitale Mobilarbeit noch für die Telearbeit ein angemessener rechtlicher Rahmen geschaffen wurde.

Die bestehenden gesetzlichen Regelungen sind unzureichend für die neuen Arbeitsformen der Arbeit 4.0 ausgestaltet – im individualrechtlichen wie im kollektivrechtlichen Bereich des Arbeits- und Sozialrechts, wie auch im Arbeits- und Gesundheitsschutz und im Datenschutz. Die Regelungen erfassen zudem – ungeachtet des Anstiegs der (Solo-)Selbstständigkeit im Rahmen digitaler Arbeit – nur die abhängig Beschäftigten im Sinne der § 611a BGB. Insbesondere mobil Arbeitende und in Telearbeit Beschäftigte in sogenannter freier Mitarbeit bleiben ganz ohne Schutz.

Ungeachtet dessen, führte und führt die faktische Durchführung dieser Arbeitsformen „[...] zu einer stillschweigenden Akzeptanz weitgehend unregulierter, überwiegend der Dispositionsgewalt von Arbeit- und Auftraggebern unterliegender Varianten digitalisierter Mobilarbeit." (Schwemmle, Wedde 2018: 34 f.) Gleiches lässt sich für die Telearbeit feststellen. Trotzdem sich die Enquête-Kommission des Deutschen Bundestages schon 1998 (vgl. Deutscher Bundestag 1998: 59) für die Schaffung eines Schutzrahmens für das zu fördernde Konzept der Telearbeit ausgesprochen hatte, ist es zu einer entsprechenden gesetzlichen Rahmenregelung in den Folgejahren – und bis heute – nicht gekommen. (Vgl. Schwemmle, Wedde 2018: 34 f.). Wie bereits erörtert, führen weder die Aufnahme der Legaldefinition zur Telearbeit in die reformierte Arbeitsstättenverordnung noch die ab Mai 2018 geltende DSGVO samt ihrer Anpassungen im nationalen Recht in den betreffenden Bereichen Arbeits- und Gesundheitsschutz sowie Datenschutz zu signifikanten Verbesserungen.

Hinsichtlich der heute bestehenden offenen arbeitsrechtlichen Fragen einer digitalisierten Arbeitswelt weisen Schwemmle und Wedde darauf hin, dass die bereits in ihrer Studie vom Jahr 2012 (Schwemmle, Wedde 2012: 76–86) aufgeführten einschlägigen arbeitsrechtlichen Probleme nach wie vor bestehen und sich „[...] vielmehr [...] Zahl und Gewicht der offenen Fragen, die einer gesetzgeberischen Lösung bedürfen, noch deutlich erhöht [haben]. Bleiben die notwendigen normativen Anpassungen weiterhin aus, ist abzusehen, dass digitale Arbeit immer öfter außerhalb einschlägiger arbeitsrechtlicher Schutzvorgaben erfolgt [...]". (Schwemmle, Wedde 2018: 49).

7 Besonderheiten in Bezug auf die Entwicklung der Frauenerwerbstätigkeit

Im Kontext des vorliegenden Bandes ist schließlich der Frage nachzugehen, ob und welche Besonderheiten im Hinblick auf die in den vorherigen Kapiteln gemachten Ausführungen für die Entwicklung der Frauenerwerbstätigkeit bestehen. Die getroffenen Aussagen zu möglichen positiven und negativen Effekten der Digitalisierung, zur diesbezüglichen arbeitspolitischen Debatte und den Herausforderungen nebst staatlichen Handlungsempfehlungen sowie zum Änderungs- und Anpassungsbedarf des rechtlichen Rahmens sind zunächst genderneutral.

Positive Effekte der Digitalisierung, wie zum Beispiel das Potenzial für eine bessere Work Life Balance durch orts- und zeitunabhängiges Arbeiten erhoffen sich alle Beschäftigten unabhängig vom Geschlecht. Mögliche Negativeffekte in Bezug auf die Arbeitsplatzsicherheit, die soziale Sicherheit und die Privatsphäre können grundsätzlich weibliche wie männliche Beschäftigte gleichermaßen treffen, wenn nicht auf arbeitspolitischer und gesetzgeberischer Ebene wie auch auf Makro- und Mikroebene im jeweiligen Unternehmen und Arbeitsbereich Gegenmaßnahmen ergriffen werden.

Dies bestätigt zum Beispiel eine aktuelle repräsentative Umfrage des Deutschen Gewerkschafsbundes (DGB) zum Thema „Was bedeutet Digitalisierung der Arbeitswelt für Frauen" unter insgesamt 9.600 Beschäftigen (4.900 Frauen und 4.700 Männer). (Vgl. DGB 2017a). Die Vereinbarkeit von Familie und Beruf im Rahmen der Digitalisierung des Arbeitsplatzes etwa verbessert sich danach nur für einige Frauen, aber auch nur für einige Männer (jeweils 22 Prozent der Befragten). (Vgl. DGB 2017a: 4, 20). Wenn aber 66 Prozent der Frauen und 67 Prozent der Männer keine Veränderung hinsichtlich ihrer Work-Life-Balance durch den Einsatz digitaler Technologien wahrnehmen (vgl. DGB 2017a: 4, 20), so liegt dies zum Beispiel daran, dass es zahlreiche Branchen, Berufe und Tätigkeiten gibt, in denen etwa mobiles Arbeiten nicht oder nur sehr eingeschränkt möglich ist, wie zum Beispiel im produzierenden Gewerbe. (Vgl. DGB 2017a: 24). Als bestimmender Faktor für die Verbesserung der Work-Life-Balance wird ohnehin nicht die Digitalisierung selbst gesehen. Vielmehr werden vor allem Faktoren wie insgesamt gute Arbeitsbedingungen sowie ein Mitspracherecht und weitreichende Entscheidungsspielräume beim Einsatz digitaler Technik am Arbeitsplatz benannt. (Vgl. DGB 2017a: 4, 20).

Für die unterschiedlichen Folgen der Digitalisierung verläuft die Grenze danach nicht in erster Linie zwischen den Geschlechtern, sondern vielmehr zwischen Branchen, Berufen und Tätigkeiten, Qualifikation und Beschäftigungsform (zum Beispiel abhängiges Beschäftigungsverhältnis oder (Solo-)Selbstständigkeit, Vollzeit- oder Teilzeitbeschäftigung) sowie Arbeitsformen (zum Beispiel mobile Arbeit und Telearbeit sowie Crowdworking und Plattformarbeit). Diese Faktoren bestimmen zunächst den Digitalisierungsgrad sowie die Art und Weise des Einsatzes digitaler Technik. (Siehe hierzu die Ergebnisse der Studie zum Digitalisierungsgrad, vgl. DGB 2017a: 10). Ohne Zweifel wirkt hierbei die generell vorhandene geschlechterspezifische Segregation am Arbeitsmarkt, wobei die Digitalisierung selbst nicht als ursächlich angesehen werden kann. (Vgl. zum Beispiel DGB 2017a: 8 f., 12 f.).

In Bezug auf die in diesem Beitrag thematisierte Frage, ob der rechtliche Rahmen noch zur Arbeit in der Digitalisierung passt, gibt es dennoch zwei relevante Aspekte mit Blick auf geschlechterspezifische Unterschiede und auf mögliche Auswirkungen auf die Frauenerwerbstätigkeit:

- Erstens die Zunahme der hier im Fokus stehenden Arbeitsformen mobiler Arbeit und der Telearbeit sowie
- zweitens der Anstieg von (Solo-)Selbstständigkeit als Beschäftigungsform im Rahmen der Digitalisierung.

Beide Entwicklungen verlaufen zunächst unabhängig vom Geschlecht. Das mit der Digitalisierung verbundene Potenzial für mobile Arbeit und Telearbeit besteht erst einmal für alle Beschäftigten – weibliche wie männliche. Mehr Zeitsouveränität und eine bessere Vereinbarkeit von Arbeit und Privatleben („Work-Life-Balance“) erhoffen sich weibliche wie männliche Beschäftigte als positiven Effekt dieser Entwicklung. (Vgl. Fergen 2017: 194). Eine signifikant vermehrte Beschäftigung in mobiler Arbeit und Telearbeit gerade bei weiblichen Beschäftigten ist nicht erkennbar. Zu konstatieren ist allerdings, dass dieses Potenzial insbesondere für die Steigerung der Frauenerwerbstätigkeit wirksam werden kann. Mobile Arbeit und Telearbeit ermöglichen weiblichen Beschäftigten einen besseren Zugang zum Arbeitsmarkt aufgrund höherer Flexibilität und damit bessere Erwerbs- und Einkommensbiografien. Dieses Potenzial kann sich jedoch nur entfalten, wenn der derzeit fehlende Rechtsrahmen für diese Arbeitsformen geschaffen wird, inklusive eines Anspruchs auf Homeoffice. Anders formuliert: Versäumen Politik und Gesetzgeber diesbezüglich zu handeln, wird es weiterhin beziehungsweise erneut zu einer geschlechterspezifischen Benachteiligung kommen und eine in der Digitalisierung liegende Chance zu mehr Geschlechtergerechtigkeit am Arbeitsmarkt würde vertan. (Vgl. Klenner/ Lott 2018: 9).

Der zweite relevante Aspekt betrifft den enormen Anstieg der Selbstständigkeit in den letzten zehn Jahren (derzeit circa zehn Prozent aller Erwerbstätigen, bei einem Zuwachs von 60 Prozent zwischen 1991 bis 2012). (Vgl. Gather et al. 2017: 5). Dabei ist insbesondere auch die Anzahl der Soloselbstständigen gestiegen. Diese Entwicklung zugunsten und innerhalb der selbstständigen Tätigkeit ist auf zahlreiche Faktoren zurückzuführen, wie etwa den gesamtwirtschaftlichen Strukturwandel mit den Treibern Digitalisierung, Globalisierung, Tertiarisierung und Deregulierung einerseits sowie öffentlichen Förderprogrammen für Selbstständige wie zum Beispiel der Bundesagentur für Arbeit andererseits. (Vgl. Gather et al. 2017: 5). Die Digitalisierung und die damit einhergehenden und beschriebenen Möglichkeiten der Arbeitsorganisation durch den Einsatz digitaler Technik kann dabei jedoch als einer der Haupttreiber dieser Entwicklungen angesehen werden. Zwar werden mobile Arbeit und Telearbeit derzeit (noch) in der Regel im Rahmen eines abhängigen Beschäftigungsverhältnisses verrichtet. Die Vermittlung von Dienstleistungen über Online-Plattformen (Plattformarbeit) dagegen wird nahezu ausnahmslos in (Solo-)Selbstständigkeit ausgeübt, auf Seiten der Vermittelnden (Plattformbetreiber) wie auf Seiten der Ausführenden. Insbesondere Letztere (zum Beispiel Reinigungskräfte (Helping), Handwerkskräfte (MyHammer), Fahrer (Uber), Liefernde (Delevero) und so weiter) leben häufig in prekären Einkommenssituationen. (Vgl. Langowski 2017: 28). Beim Crowdworking werden Arbeitsaufgaben dezentral über das Netz an (Solo-)Selbstständige auf der ganzen Welt vermittelt. Einerseits werden „Mikrojobs" (zum Beispiel im Bereich Marktforschung) an sogenannte „digitale Tagelöhner" zu Centpreisen vergeben. Andererseits werden komplexere Arbeitseinheiten (zum Beispiel in den Bereichen Design, Entwicklung und Test) vermittelt. Bei diesen Tätigkeiten werden Fachkenntnisse benötigt, sodass die Bezahlung in der Regel etwas besser ist. (Vgl. Langowski 2017: 29f). Insgesamt unterliegen diese Arbeitsformen allerdings prekären Arbeitsbedingungen, etwa durch ständige Verfügbarkeit, enormen Leistungs- und Konkurrenzdruck, eine schwankende Auftragslage, erhöhte Kontrolle sowie fehlende Mitspracherechte. (Vgl. Langowski 2017: 30 f.). Mit Ausnahme der erhöhten Kontrolle sind dies jedoch grundsätzlich Merkmale einer in (Solo-)Selbstständigkeit ausgeübten Tätigkeit, sodass die Digitalisierung hierfür nicht als ursächlich angesehen werden kann. Geschlechterdifferenzen bestehen insoweit ebenfalls nicht. Die Digitalisierung kann insofern als Treiber prekärer Beschäftigungsverhältnisse angesehen werden, wenn man die mit der (Solo-)Selbstständigkeit einhergehende mangelhafte soziale Sicherung aufgrund fehlender gesetzlicher Regelungen zum Schutz der in (Solo)-Selbstständigkeit Tätigen betrachtet.

Mit Blick auf die Frage nach Geschlechterdifferenzen ist insofern interessant, dass die Zuwachsrate der Selbstständigkeit für den Zeitraum zwischen 1991 und 2012 bei Frauen mit 88 Prozent, bei Männern jedoch nur bei 49 Prozent liegt. (Vgl. Gather et al.2017: 8). Während im Bereich der abhängig beschäftigten Arbeitnehmer der

Zusammenhang zwischen Geschlecht und einer ungleichen Verteilung der Erwerbschancen in Wissenschaft und Politik seit langem problematisiert wird, wird eine Geschlechterdifferenz in der Selbstständigkeit bisher dagegen kaum thematisiert. (Vgl. Gather et al. 2017: 4). Datenlage und Erkenntnisse sind derzeit deshalb sehr begrenzt. Relevant sind zum Beispiel folgende Erkenntnisse: Insgesamt hat sich die Einkommensstruktur in der Selbstständigkeit verschlechtert. Ein tendenziell niedriges Einkommen, distributive Verläufe und große Lücken sowie Risiken im Bereich sozialer Sicherung unterscheiden die derzeit weit verbreitete (Solo-)Selbstständigkeit von dem früher üblichen Modell „[...] der auf Lebenszeit angelegten Unternehmung mit Beschäftigten und einem in Produktionsmitteln materialisierten Kapital, das an die Kinder weitervererbt werden kann [...]." (Gather et al. 2017: 6). Die (Solo-)Selbstständigkeit hat einen grundlegenden Wandel und zudem eine veränderte Bedeutung im Erwerbsverlauf erfahren. (Vgl. Gather et al. 2017: 7). Die (Solo-)Selbstständigkeit ist häufig nur von kurzer Dauer und wird von den Erwerbstätigen, die zwischen Selbstständigkeit, abhängiger Beschäftigung und Arbeitslosigkeit pendeln, als eine Übergangsphase in der Erwerbsbiografie angesehen. Diese Entwicklungen verlaufen damit parallel zur Entwicklung des früher üblichen „Normalarbeitsverhältnisses" (Vollzeitarbeit, unbefristet und beim Arbeitgeber ausgeübt) hin zum sogenannten „atypischen Arbeitsverhältnis" im Rahmen eines sozialversicherungspflichtigen Beschäftigungsverhältnisses; häufig als prekäres Arbeitsverhältnis ausgestaltet in Form von (fremdbestimmter) Teilzeitarbeit, befristeten Arbeitsverhältnissen und Leiharbeit. (Vgl. Gather et al. 2017: 7).

Im Hinblick auf die Geschlechterdifferenzen innerhalb dieser Entwicklung ist zum Beispiel relevant, dass Frauen in der (Solo-)Selbstständigkeit ein wesentlich geringeres Einkommen als Männer erwirtschaften. (Vgl. Gather et al. 2017: 8). Dabei liegt die geschlechterspezifische Einkommensdifferenz (sogenannter Gender Income Gap) zu Ungunsten von Frauen bei Selbstständigen mit 44 Prozent sehr viel höher als bei abhängig Beschäftigten. (Vgl. Lechmann 2014: 89). Für Deutschland wird als Ursache hierfür unter anderem vermutet, dass Mikrojobs im Crowdworking vermehrt von Frauen mit hohem Bildungsgrad im Nebenerwerb etwa neben der Kinderbetreuung ausgeübt werden und deshalb die Akzeptanz in Bezug auf prekäre Arbeitsbedingungen höher ist, als wenn die Tätigkeit im Hauptjob ausgeübt würde. (Vgl. Langowski 2017: 31 f.). Gegen einen Zusammenhang zwischen dem höheren Gender Income Gap in der Selbstständigkeit gegenüber der abhängigen Beschäftigung und dem Aufkommen neuer Arbeitsformen im Rahmen der Digitalisierung (zum Beispiel Crowdworking) spricht allerdings eine Studie der Hans-Böckler-Stiftung aus dem Jahr 2016. (Vgl. Hans-Böckler-Stiftung 2016). Danach ist der Anteil der Crowdworker unter den Männern – wenn auch nur geringfügig – höher als unter den Frauen. Konkrete Erkenntnisse zum Zusammenhang zwischen Digitalisierung und Erhöhung der (Solo-) Selbstständigkeit gerade bei weiblichen Erwerbstätigen sind derzeit nicht verfügbar. Geht man jedoch ungeachtet dessen davon aus, dass die Digitalisierung zumindest auch ursächlich für den Anstieg der Frauenerwerbstätigkeit gerade in Form der (Solo-)

Selbstständigkeit ist, so ergeben sich mit Blick auf den Anpassungs- und Änderungsbedarf des rechtlichen Rahmens zur Arbeit 4.0 durchaus geschlechterspezifische Aspekte.

Anknüpfend an die – im Vergleich zum abhängigen Beschäftigungsverhältnis – in der (Solo-)Selbstständigkeit weitaus größere Einkommensungleichheit zu Ungunsten der Frauen sei zunächst erwähnt, dass die bisherigen Bemühungen des Gesetzgebers zur Lohngleichheit (Allgemeines Gleichbehandlungsgesetz, Entgeltfortzahlungsgesetz) nur den abhängig Beschäftigten zugutekommen und für (Solo-)Selbstständige keinerlei Wirkung haben. Hinzu kommen weitere geschlechterspezifische Nachteile von selbstständigen Frauen gegenüber männlichen Selbstständigen. Zu nennen sind Nachteile zum Beispiel bezüglich Mutterschutz (Vgl. Biermann 2017: 88 ff.), Elternzeit und Elterngeld (Vgl. Langowski 2017: 93 ff.) sowie Alterssicherung. (Vgl. Fachinger 2017: 69 ff.). Hiermit verbundene Risiken für Erwerbs- und Einkommensbiografien sowie für Altersarmut bestehen zwar auch im abhängigen Beschäftigungsverhältnis, sind dort jedoch zumindest teilweise durch entsprechende gesetzliche Regelungen abgemildert. Auch in der (Solo-)Selbstständigkeit ist dieser Schutz zwar teilweise nach der Gesetzeslage gegeben, häufig aber in der prekären Einkommenssituation der Betroffenen nicht wirksam. Die Inanspruchnahme von Elternzeit zum Beispiel ist oft nicht möglich und das Elterngeld aufgrund des geringen Einkommens nicht ausreichend zur Finanzierung des Lebensunterhaltes.

Steigt also die Zahl der weiblichen (Solo-)Selbstständigen mit der Digitalisierung, ist eine wachsende Anzahl von Frauen gegenüber den männlichen (Solo-)Selbstständigen als benachteiligt anzusehen. Eine unter geschlechterspezifischen Aspekten erforderliche (weitere) Änderung beziehungsweise Anpassung des rechtlichen Rahmens zur Arbeit 4.0 ist damit dringend angezeigt. Die bereits erwähnte Notwendigkeit der sozialen Absicherung von (Solo-)Selbstständigen durch entsprechende gesetzliche Regelungen erlangt unter dem Aspekt der Geschlechterbenachteiligung erhöhte Brisanz.

Zusammenfassend ist festzustellen: Wenn das Ansteigen prekärer Selbstständigkeit in der Digitalisierung, einhergehend mit dem Fehlen sozialer Absicherung, insgesamt circa ein Viertel aller Selbstständigen trifft, am meisten aber Soloselbstständige betroffen und dies weitaus häufiger Frauen als Männer sind, kann die Entwicklung der Arbeitswelt 4.0 unter den derzeit geltenden rechtlichen Bedingungen aus gleichstellungspolitischer Perspektive als äußerst problematisch angesehen werden. (Vgl. Müller, Schildmann 2018: 25).

Vor allem die geschlechtsspezifischen Auswirkungen wären zum Nachteil der Frauen.

Damit geht es bei der Beantwortung der Frage, ob der derzeitige rechtliche Rahmen noch zur Arbeitswelt 4.0 passt, auch um geschlechterspezifische Fragen. Die Änderung beziehungsweise Anpassung des Rechtsrahmens ist so zu gestalten, dass das in der Digitalisierung liegende Potenzial zu einer größeren Geschlechtergerechtigkeit den weiblichen Beschäftigten auch tatsächlich zur Verfügung steht. Anders formuliert: Die rechtlichen Anpassungen sind nicht nur digitalisierungsgerecht sondern auch gendergerecht zu gestalten.

8 Fazit und Ausblick

Die Eingangsfrage des Beitrags muss eindeutig mit einem „Nein" beantwortet werden: Der rechtliche Rahmen des Arbeitsrechts passt nicht zu den Bedingungen der Arbeitswelt 4.0 mit ihren spezifischen neuen Arbeitsformen und Gegebenheiten.

Treffender wie von Schwemmle und Wedde in den Ergebnissen ihrer aktuellen Studie kann es kaum formuliert werden: „Das arbeitsrechtliche Handlungspaket, das der Gesetzgeber abarbeiten muss, um den Schutz der Beschäftigten auch in der digitalisierten Arbeitswelt auf dem bisherigen Niveau zu garantieren, ist [...] durch die Digitalisierung insgesamt deutlich größer und schwerer geworden." (Schwemmle, Wedde 2018: 49). Mehr noch, sie warnen vor einer Beibehaltung dieses Zustandes der Nichtanpassung der rechtlichen Lage an die tatsächlichen Verhältnisse und äußern ihre Skepsis bezüglich zukünftiger Entwicklungen:

> Das Fehlen gesetzgeberischen Handelns hemmt das rasche Fortschreiten der Digitalisierung in keiner Weise, bewirkt aber für die digitale Arbeitswelt eine schleichende Aushöhlung des arbeitsrechtlichen Schutzrahmens, die zulasten der Beschäftigten geht, und eine zunehmende ‚Entrechtlichung' der Arbeitsbedingungen. Arbeitsrechtliche Standards, wie wir sie heute kennen, stehen zur Disposition technischer Entwicklungen und deren Umsetzung durch Arbeitgeber_innen in den Betrieben. Verschärft wird die Situation dadurch, dass Arbeitgeber_innen dort, wo die tatsächlichen Bedingungen der Durchführung digitaler Arbeit den gesetzlichen Schutzrahmen verlassen, von den zuständigen staatlichen Stellen oft nicht durchgängig und nachhaltig dazu aufgefordert werden, gesetzeskonforme Zustände herzustellen.
>
> (Schwemmle, Wedde 2018: 49).

Unter geschlechterspezifischen Gesichtspunkten ist hinzuzufügen, dass alle Änderungen und Anpassungen des rechtlichen Rahmens nicht nur den Bedürfnissen der Digitalisierung, sondern auch der Geschlechtergerechtigkeit genügen müssen. Andernfalls werden weibliche Beschäftigte weiterhin beziehungsweise erneut die Verlierer am Arbeitsmarkt sein.

Ungeachtet des lückenhaften rechtlichen Rahmens für digitale Mobilarbeit und Telearbeit darf darüber hinaus ein weiterer Aspekt nicht außer Acht gelassen werden: Auch bei Anpassung der Rechtslage an die tatsächliche Entwicklung in Zeiten der „Arbeit 4.0" haben sämtliche Vorgaben, zum Beispiel des Arbeitszeitgesetzes oder des Datenschutzes, nur dann eine Chance auf praktische Umsetzung, wenn die Akteure im Unternehmen eigenverantwortlich handeln. Die Umsetzung rechtlicher Vorgaben muss durch das Führungsverhalten der verantwortlichen Vorgesetzten im Arbeitsbereich unterstützt werden. Schreiben Vorgesetzte selbst am Wochenende oder jeden Tag aus dem Urlaub E-Mails an ihre Mitarbeiter, sind sie zur Bewältigung der durch die örtlich und zeitlich entgrenzten Arbeit erforderlichen Eigenverantwortlichkeit und für die Einhaltung von Schutzstandards keine geeigneten Vorbilder. (Vgl. Fergen 2017: 204).

Literatur- und Quellenverzeichnis

Ahlers, E. (2017): Flexibles, selbstbestimmtes, ergebnisorientiertes Arbeiten: Chancen und Risiken, in: Romahn, R. (Hrsg.): Arbeitszeit gestalten: Wissenschaftliche Erkenntnisse für die Praxis, Marburg: Metropolis Verlag, S. 148–156.

Aligbe, P. (2016a): Arbeitsschutzrechtliche Bestimmungen bei Telearbeitsplätzen, Arbeitsrecht Aktuell (ArbRAktuell) 2016, S. 132–135.

Aligbe, P. (2016b): Wichtige Aspekte der novellierten Arbeitsstättenverordnung, Arbeitsrecht Aktuell (ArRAktuell) 2016, S. 596–599.

Annuß, G. (2017): Plädoyer für ein zukunftsfähiges Arbeitsrecht, in: Neue Zeitschrift für Arbeitsrecht (NZA) 2017, S. 345–349.

Apt, W., Bovenschulte, M., Hartmann, E. A., Wischmann, S. (2016): Foresight-Studie „Digitale Arbeitswelt“ für das Bundesministerium für Arbeit und Soziales, Forschungsbericht 463, Berlin.

Arntz, M., Gregory, T., Lehmer, F., Matthes, B., Zierahn, U. (2016a): Research Report Arbeitswelt 4.0 – Stand der Digitalisierung in Deutschland: Dienstleister haben die Nase vorn, IAB-Kurzbericht, No. 22/2016.

Arntz, M., Gregory, T., Zierahn, U. (2016b): The Risk of Automation for Jobs in OECD Countries: A Comparative Analysis, OECD Social, Employment and Migration Working Papers, No. 189, OECD Publishing, Paris.

BDA Bundesvereinigung der Deutschen Arbeitgeberverbände (2015): Positionspapier zur Digitalisierung von Wirtschaft und Arbeitswelt „Chancen der Digitalisierung nutzen“, Mai 2015, https://www.arbeitgeber.de/www/arbeitgeber.nsf/res/BDA_Chancen_Digitalisierung.pdf/$file/BDA_Chancen_Digitalisierung.pdf (letzter Aufruf: 01.03.2018).

BDA Bundesvereinigung der Deutschen Arbeitgeberverbände (2017): Qualifizierung 4.0: Für eine zukunftsorientierte berufliche Weiterbildung, www.arbeitgeber.de/www/arbeitgeber.nsf/res/BDA_Qualifizierung_4.0.pdf/$file/BDA_Qualifizierung_4.0.pdf (letzter Aufruf: 01.03.2018).

Biermann, I. (2017): Mutterschutz, in: Gather, C., Schürmann, L., Trenkmann, J. (Hrsg.): Solo-Selbstständigkeit als gleichstellungspolitische Herausforderung. Expertise im Rahmen des Zweiten Gleichstellungsberichts der Bundesregierung, Berlin 2017, S. 88–93, https://www.gleichstellungsbericht.de/de/article/51.expertisen.html (letzter Aufruf: 28.06.2018).

Bissels, A., Hidalgo, M. (Hrsg.) (2014): Flexibilisierung von Arbeitsbedingungen in der unternehmerischen Praxis, Berlin/Boston: De Gruyter.

Bissels, A., Meyer-Michaelis, I. (2015): Arbeiten 4.0 – Arbeitsrechtliche Aspekte einer zeitlich-örtlichen Entgrenzung der Tätigkeit, in: Der Betrieb (DB) 2015, S. 2331–2336.

BMAS Bundesministerium für Arbeit und Soziales (2015a): Forschungskooperation des Bundesministeriums für Arbeit und Soziales, Bericht zum Monitor Mobiles und entgrenztes Arbeiten, Forschungsbericht 460, Berlin.

BMAS Bundesministerium für Arbeit und Soziales (2015b): Mobiles und entgrenztes Arbeiten, Experten-Workshop im Kontext des Dialogprozesses „Arbeiten 4.0“, http://www.arbeitenviernull.de/fileadmin/Downloads/Dokumentation_WS_2.pdf (letzter Aufruf: 01.03.2018).

BMAS Bundesministerium für Arbeit und Soziales (Hrsg.) (2015a): Grünbuch Arbeiten 4.0, Berlin.

BMAS Bundesministerium für Arbeit und Soziales (Hrsg.) (2015b): Monitor Mobiles und entgrenztes Arbeiten: Aktuelle Ergebnisse einer Betriebs- und Beschäftigtenbefragung, Berlin.
BMAS Bundesministerium für Arbeit und Soziales (Hrsg.) (2016a): Arbeitsstättenverordnung, Berlin.
BMAS Bundesministerium für Arbeit und Soziales (Hrsg.) (2016b): Monitor Digitalisierung am Arbeitsplatz: Aktuelle Ergebnisse einer Betriebs- und Beschäftigtenbefragung, Berlin.
BMAS Bundesministerium für Arbeit und Soziales (Hrsg.) (2016c): Weissbuch Arbeiten 4.0, Berlin.
BMAS Bundesministerium für Arbeit und Soziales (Hrsg.) (2018): Glossar Arbeit 4.0, www.arbeitenviernull.de (letzter Aufruf: 10.02.2018).
Boemke, B., Ankersen, P. (2000): Das Telearbeitsverhältnis – Arbeitsschutz, Datenschutz und Sozialversicherungsrecht, in: Betriebs Berater (BB) 2000, S. 1570–1572.
Boes, A., Bultemeier, A., Kämpf, T., Lühr, Th. (2016): Arbeitswelt der Zukunft – zwischen „digitalem Fließband“ und neuer Humanisierung, in: Schröder, L., Urban, H.-J. (Hrsg.): Digitale Arbeitswelt – Trends und Anforderungen, Jahrbuch Gute Arbeit 2016, Frankfurt am Main, S. 227–240.
Bonin, H., Gregory, T., Zierahn, U. (2015): Übertragung der Studie von Frey/Osborne (2013) auf Deutschland, Mannheim.
Brandt, J. (2016): Bring dein Eigenes mit, in: Arbeitsrecht im Betrieb (AiB) 2016, S. 34–35.
Breger, W. (2017): Erweiterte Erreichbarkeit: neue Potenziale außerhalb der Arbeitszeit, in: Romahn, R. (Hrsg.): Arbeitszeit gestalten: Wissenschaftliche Erkenntnisse für die Praxis, Marburg: Metropolis-Verlag, S. 209–228.
Broel, S. (2013): Chefposten für Zwei? JobSharing für Führungskräfte, Hamburg: Diplomica Verlag.
Bundesagentur für Arbeit (2017): Bundesagentur für Arbeit, Statistik/ Arbeitsmarktberichterstattung, Berichte: Blickpunkt Arbeitsmarkt – Die Arbeitsmarktsituation von Frauen und Männern 2016, Nürnberg, Juli 2017, https://statistik.arbeitsagentur.de/Statischer-Content/Arbeitsmarktberichte/Personengruppen/generische-Publikationen/Frauen-Maenner-Arbeitsmarkt.pdf (letzter Aufruf: 28.6.2018).
Bundesrat (2016): Bundesrats-Drucksache 506/16, Entwurf einer Verordnung zur Änderung von Arbeitsschutzverordnungen vom 8. September 2016, https://www.bundesrat.de/SharedDocs/drucksachen/2016/0501-0600/506-16(B).pdf?__blob=publicationFile&v=1 (letzter Aufruf: 04.08.2018).
BVAU Bundesverband der Arbeitsrechtler in Unternehmen (2015): Erste Eckpunkte für eine praktikable Anwendung des Arbeitszeitgesetzes, August 2015.
Carstensen, T. (2015): Neue Anforderungen und Belastungen durch digitale und mobile Technologien, WSI-Mitteilungen 3/2015, S. 187–193.
Conzelmann, N. (2017): Arbeitszeit in der digitalen Arbeitswelt, Berlin: Gans Verlag.
Däubler, W. (2016): Herausforderungen für das Arbeitsrecht – Deregulierung, Globalisierung, Digitalisierung, in: Arbeit und Recht (AuR) 2016, S. 325–334.
Däubler, W., Klebe, Th. (2015): Crowdwork: Die neue Form der Arbeit – Arbeitgeber auf der Flucht?, in: Neue Zeitschrift für Arbeitsrecht (NZA) 2015, S. 1032–1041.
Dengler, K., Matthes, B. (2015): Folgen der Digitalisierung für die Arbeitswelt: In kaum einem Beruf ist der Mensch vollständig ersetzbar, IAB-Kurzbericht Nr. 24, Nürnberg, S. 7.
Deutscher Bundestag (1998): BT-Drucksache 13/11004, Schlussbericht der Enquête-Kommission „Zukunft der Medien in Wirtschaft und Gesellschaft – Deutschlands Weg in die Informationsgesellschaft“, http://dip21.bundestag.de/dip21/btd/13/110/1311004.pdf (letzter Abruf: 04.08.2018).
Deutscher Bundestag (2013): BT-Drucksache 17/12505, Achter Zwischenbericht der Enquête-Kommission „Internet und digitale Gesellschaft“. Wirtschaft, Arbeit, Green IT.
Deutscher Bundestag (2014): BT-Drucksache 14/6352, Gesetzentwurf der Bundesregierung zur Reform des Betriebsverfassungsgesetzes (BetrVerf-Reformgesetz).

Deutscher Bundestag (2016): BT-Drucksache 18/9232, Gesetzesentwurf der Bundesregierung zur Änderung des Arbeitnehmerüberlassungsgesetzes und anderer Gesetze.

Deutscher Bundestag (2017): BT-Drucksache 18/11325, Gesetzesentwurf.

DGB Deutscher Gewerkschaftsbund (2017a): Kursbuch Arbeiten 4.0, Berlin.

DGB Deutscher Gewerkschaftsbund (2017b): Was bedeutet die Digitalisierung der Arbeitswelt für Frauen. Eine Beschäftigtenumfrage, Berlin.

DGB Deutscher Gewerkschaftsbund Bundesvorstand (Hrsg.) (1988): Telearbeit. Elektronische Einsiedelei oder neue Form der persönlichen Entfaltung, Hamburg: Kooperationsstelle Gewerkschaften/Hochschulen.

DGB-Index Gute Arbeit. Der Report 2014 (2014): Wie die Beschäftigten die Arbeitsbedingungen in Deutschland beurteilen: Mit dem Themenschwerpunkt: Arbeitszeitgestaltung – Einflussmöglichkeiten der Beschäftigten, Berlin.

DGB-Index Gute Arbeit. Der Report 2016 (2016): Wie die Beschäftigten die Arbeitsbedingungen in Deutschland beurteilen: Mit dem Themenschwerpunkt: Die Digitalisierung der Arbeitswelt – eine Zwischenbilanz aus der Sicht der Beschäftigten, Berlin.

Die Bundesbeauftragte für den Datenschutz und die Informationsfreiheit (2017): Telearbeit – Ein Datenschutz-Wegweiser, April 2017, Bonn.

Digital workplace report (2017), https://www.heise.de/newsticker/meldung/Home-Office-Telearbeit-in-grossen-Firmen-zunehmend-verbreitet-3814409.html (letzter Aufruf: 28.02.2018).

Dulger, R. (2015): Interview mit dem Handelsblatt v. 13. und 16.2.2005, https://www.gesamtmetall.de/aktuell/interviews/gesetze-aus-derzeit-von-telegramm-fax-und-waehlscheibe (letzter Aufruf: 01.03.2018).

Dzida, B. (2015): Arbeit 4.0, in: Editorial Neue Zeitschrift für Arbeitsrecht (NZA) 2015, S. 1.

Empirica (2000): Benchmarking Progress on new ways of working and new forms of business across Europe, Download unter http://www.ecatt.com/freport/ECaTT--Final--Report.pdf, Stand 26.12.2012 (letzter Aufruf: 28.02.2018).

Fachinger, U. (2017): Alterssicherung, in: Gather, C., Schürmann, L., Trenkmann, J. (Hrsg.): Solo-Selbstständigkeit als gleichstellungspolitische Herausforderung. Expertise im Rahmen des Zweiten Gelichstellungsberichts der Bundesregierung, Berlin 2017, S. 69–88, https://www.gleichstellungsbericht.de/de/article/51.expertisen.html (letzter Aufruf: 28.06.2018).

FAZ Frankfurter Allgemeine Zeitung (21.06.2016): Nahles, A., Nahles für flexiblere Gesetze und strengere Tarifverträge. Arbeitsministerin will Gewerkschaften stärken/Verdi-Chef: Mehr Abkommen für allgemeinverbindlich erklären, in: FAZ, 21.06.2016, S. 19.

Fergen, A. (2017): Neue Zeiten mit mobiler Arbeit – Herausforderungen durch örtliche und zeitliche Entgrenzung, in: Schröder, L., Urban, H.-J. (Hrsg.): Gute Arbeit. Streit um Zeit- Arbeitszeit und Gesundheit, Frankfurt a. M.: Bund Verlag, S. 194–207.

Franzen, M. (2017): § 1 BDSG, in: Erfurter Kommentar zum Arbeitsrecht, München: C. H. Beck, 17. Auflage.

Freyler, C. (2017): Vergütung 4.0 – Lohnrechtliche Fragen der betrieblichen Nutzung von Mobile Devices, in: Neue Zeitschrift für Arbeitsrecht (NZA) 2017, S. 1296–1300.

Fuhlrott, M. (2017): Keylogger & Arbeitnehmerdatenschutz, in: Neue Zeitschrift für Arbeitsrecht (NZA) 2017, S. 1308–1311.

Gather, C., Schürmann, L., Trenkmann, J. (2017): (Solo-) Selbstständigkeit als gleichstellungspolitische Herausforderung. Expertise im Rahmen des Zweiten Gelichstellungsberichts der Bundesregierung, Berlin 2017, Download unter: https://www.gleichstellungsbericht.de/de/article/51.expertisen.html (letzter Aufruf: 28.06.2018).

Gerber, Ch., Krzywdzinski, M. (2017): Schöne neue Arbeitswelt? Arbeitsbedingungen in der Crowd, in: Romahn, R. (Hrsg.): Arbeitszeit gestalten: Wissenschaftliche Erkenntnisse für die Praxis, Marburg: Metropolis-Verlag, S. 203–208.

Giesen, R., Kersten, J. (2017): Arbeit 4.0 – Arbeitsbeziehungen und Arbeitsrecht in der digitalen Welt, München: C. H. Beck.

Giesen, R., Kersten, J. (2018): Der Arbeitskampf in der digitalisierten Arbeitswelt, in: Neue Zeitschrift für Arbeitsrecht (NZA) 2018, S. 1–8.

Goldmann, M., Richter, G. (1991): Beruf und Familie: Endlich vereinbar? Teleheimarbeit von Frauen, Dortmund: Montania Verlag.

Günther, J., Böglmüller, M. (2015): Arbeitsrecht 4.0 – Arbeitsrechtliche Herausforderungen in der vierten industriellen Revolution, in: Neue Zeitschrift für Arbeitsrecht (NZA) 2015, S. 1025–1038.

Hanau, H. (2016): Schöne Arbeitswelt?, in: Neue Juristische Wochenschrift (NJW) 2016, S. 2613–2620.

Hans-Böckler-Stiftung (2016): „Crowd Worker: Gut ausgebildet, teilweise nicht abgesichert, im Hauptjob nur rund 1.500 Euro Durchschnittseinkommen", Pressemitteilung vom 25.08.2016, https://www.boeckler.de/cps/rde/xchg/hbs/hs.xsl/63056_66904.html (letzter Aufruf: 28.06.2018).

Hassler, M., Rau, R., Hupfeld, J., Paridon, H., Schuchart, U. (Mitarbeit) (2016): Auswirkungen von ständiger Erreichbarkeit und Präventionsmöglichkeiten, Teil 2: Eine wissenschaftliche Untersuchung zu potenziellen Folgen für Erholung und Gesundheit und Gestaltungsvorschläge für Unternehmen, iga.Report 23. Berlin.

Heenen, N. (2009): Rn. 18, in: Münchner Handbuch zum Arbeitsrecht, München: C. H. Beck, 3. Auflage.

Heise, D. (2017): Sozialversicherungspflicht in der agilen Arbeitswelt, in: Neue Zeitschrift für Arbeitsrecht (NZA) 2017, S. 1571–1577.

Höfels, P. (2013): Frauen und Telearbeit. Chancen und Risiken neuer Arbeitsformen in der Informationsgesellschaft, Hamburg: Diplomica Verlag.

Höller, H.-P., Wedde, P. (2016): Neue Technik – neue Anforderungen, in: Wedde, P. (Hrsg.): Handbuch Datenschutz und Mitbestimmung, Frankfurt, S. 297–391.

Holtstraeter, R. (2015): § 8 SGB VII, in: Knickrehm, S. and Kreikebohm, R. and Waltermann, R. (Hrsg.): Kommentar zum Sozialrecht, München: C. H. Beck, 4. Auflage.

Huber, J. (1987): Telearbeit und Frauen, VS Verlag für Sozialwissenschaften, Wiesbaden: Springer Fachmedien.

IW (Institut für Wirtschaft) Köln (2012), Statistica 2018, Stand 2012: IW https://de.statista.com/statistik/daten/studie/227164/umfrage/arbeitszeitmodelle-deutscher-unternehmen/ (letzter Aufruf: 28.02.2018).

Jacobs, M. (2016): Reformbedarf im Arbeitszeitrecht, in: Neue Zeitschrift für Arbeitsrecht (NZA) 2016, S. 733–737.

Kamann, J. (2016): Arbeitsvertragliche Gestaltung von Telearbeitsverhältnissen, Arbeitsrecht Aktuell (ArbRAktuell) 2016, S. 75–78.

Karthaus, B. (2017): Mangelnde Beteiligungsfähigkeit des Algorithmus im betriebsverfassungsrechtlichen Beschlussverfahren, in: Neue Zeitschrift für Arbeitsrecht (NZA) 2017, S. 558–565.

Klenner, Ch., Lott, Y. (2018): Wie kann flexibles Arbeiten, für die Verbesserung der Work Life Balance genutzt werden, in: Hans-Böckler-Stiftung (Hrsg.): Genderaspekte der Digitalisierung der Arbeitswelt, Arbeitspapier Nummer 311, März 2018, Berlin 2018, S. 9–15, www.boeckler.de (letzter Aufruf: 28.06.2018).

Knieps, F., Pfaff, H. (Hrsg.) (2017): Digitale Arbeit – Digitale Gesundheit, BKK Gesundheitsreport 2017, Berlin: Medizinisch Wissenschaftliche Verlagsgesellschaft.

Koch, U. (2017): §§ 1, 5 BetrVG, in: Erfurter Kommentar zum Arbeitsrecht, München: C. H. Beck, 17. Auflage.

Krause, R. (2016a): Digitalisierung der Arbeitswelt – Herausforderungen und Regelungsbedarf, in: Neue Zeitschrift für Arbeitsrecht (NZA) 2016, S. 1004–1007.

Krause, R. (2016b): Digitalisierung der Arbeitswelt: Herausforderungen und Regelungsbedarf, Gutachten B zum 71. Deutschen Juristentag, München.

Kucklick, Ch. (2014): Die granulare Gesellschaft: Wie das Digitale unsere Wirklichkeit auflöst, Berlin.

Langowski, J. (2017): Exkurs: Neue Formen der Selbstständigkeit und die Folgen der Digitalisierung, in: Gather, C. and Schürmann, L. and Trenkmann, J. (Hrsg.): (Solo-) Selbstständigkeit als gleichstellungspolitische Herausforderung. Expertise im Rahmen des Zweiten Gleichstellungsberichts der Bundesregierung, Berlin 2017, S. 27–34, https://www.gleichstellungsbericht.de/de/article/51.expertisen.html (letzter Aufruf: 28.06.2018).

Lechmann, D. (2014): Die geschlechtsspezifische Verdienstlücke in selbständiger Erwerbstätigkeit, in: Gather, C., Biermann, I., Schürmann, L., Ulbricht, S., Zipprian, H. (Hrsg.): Die Vielfalt der Selbstständigkeit. Sozialwissenschaftliche Beiträge zu einer Erwerbsform im Wandel, Berlin: edn. Sigma, S. 85–92.

Leimeister, J. M. (2016): Digitale Arbeit als (R)Evolution, Universität St. Gallen, www.unisg.ch/de/wissen/newsroom/aktuell/rssnews/meinung/2016/januar/meinung-digitale-arbeit-leimeister-29januar2016 (letzter Aufruf: 01.03.2018).

Lingemann, S., Otto, J. (2015): Arbeitsrechtliche Fragen der „economy on demand“, in: Neue Zeitschrift für Arbeitsrecht (NZA) 2015, S. 1042–1047.

Lott, Y. (2017): Flexibilität und Autonomie in der Arbeitszeit: Gut für Work-Life-Balance?, in: Romahn, R. (Hrsg.): Arbeitszeit gestalten: Wissenschaftliche Erkenntnisse für die Praxis, Marburg: Metropolis-Verlag, S. 168–177.

Maschke, M. (2017): Arbeiten 4.0 – Positionen zum Reformbedarf, in: Romahn, R. (Hrsg.): Arbeitszeit gestalten: Wissenschaftliche Erkenntnisse für die Praxis, Marburg: Metropolis-Verlag, S. 17–21.

Müller, A., Schildmann, Ch. (2018): Was hat Arbeit auf Plattformen mit Geschlechterpolitik zu tun?, in: Hans-Böckler-Stiftung (Hrsg.): Genderaspekte der Digitalisierung der Arbeitswelt, Arbeitspapier Nummer 311, März 2018, Berlin 2018, S. 24–26, www.boeckler.de (letzter Aufruf: 28.06.2018).

Nachreiner, F. (2017): Lage der Arbeitszeit, in: Romahn, R. (Hrsg.): Arbeitszeit gestalten: Wissenschaftliche Erkenntnisse für die Praxis, Marburg: Metropolis-Verlag, S. 122–145.

Oberthür, N. (2013): Die Arbeitssicherheit im Mobile Office, in: Neue Zeitschrift für Arbeitsrecht (NZA) 2013, S. 246–249.

Pangert, B., Pauls, N., Schüpbach, H. (2016): Die Auswirkungen arbeitsbezogener erweiterter Erreichbarkeit auf Life-Domain-Balance und Gesundheit, Dortmund et al.: Bundesanstalt für Arbeitsschutz und Arbeitsmedizin, 2., vollständig überarbeitete und ergänzte Auflage.

Peters, Ch. (2017): Digitale Arbeit, www.enzyklopaedie-der-wirtschaftsinformatik.de/lexikon/uebergreifendes/digitale-arbeit (letzter Aufruf: 01.03.2018).

Plattform Industrie 4.0, Bundesministerium für Wirtschaft und Energie und Bundesministerium für Bildung und Forschung, https://www.plattform-i40.de/I40/Navigation/DE/Industrie40/WasIndustrie40/was-ist-industrie-40.html (letzter Aufruf: 01.03.2018).

Rait, A., Nann, Ph. (2016): Arbeitsrecht 4.0 – Möglichkeiten und Hürden in der digitalen Arbeitswelt, Gesellschafts- und Wirtschaftsrecht (GWR) 2016, S. 221–224.

Richardi, R. (2016): § 1 BetrVG, in: ders. Betriebsverfassungsgesetz, 15. Auflage 2016., München: C. H. Beck.

Rolf, Ch. (2017): § 8 SGB VII, in: Erfurter Kommentar zum Arbeitsrecht, München: C. H. Beck, 17. Auflage.

Ruppenthal, S., Rüger, H. (2011): Berufsbedingte räumliche Mobilität – Konsequenzen für Wohlbefinden und Gesundheit, in: BKK (Hrsg.): Gesundheitsreport 2011 – Zukunft der Arbeit, S. 120–125.

Schaub, G. (2015): Arbeitsrechts-Handbuch, § 82, Ersatz von Auslagen, München: C. H. Beck, 16. Auflage.

Schlachter, M. (2017): Art. 9 E 2009/26/EG, in: Erfurter Kommentar zum Arbeitsrecht, München: C. H. Beck, 15. Auflage.

Schliesky, U. (2017): Legitimität durch Lügen?, in: Süddeutsche Zeitung (SZ), 16.01.2017, S. 2.

Schmidt, F. A. (2016): Arbeitsmärkte in der Plattformökonomie: Zur Funktionsweise und den Herausforderungen von Crowdwork und Gigwork, Bonn: Friedrich-Ebert-Stiftung, Abteilung Wirtschafts- und Sozialpolitik.

Schröder, L., Urban, H.-J. (Hrsg.) (2017): Gute Arbeit. Streit um Arbeitszeit und Gesundheit, Frankfurt am Main: Bund Verlag.

Schulze, M.-O., Ratzesberger, E. (2016): Telearbeit: Fluch oder Segen? – Mitbestimmung des Betriebsrates bei mobiler Arbeit, Arbeitsrecht Aktuell (ArbRAktuell) 2016, S. 109–112.

Schwemmle, M., Wedde, P. (2012): Digitale Arbeit in Deutschland: Potenziale und Problemlagen, Bonn: Friedrich-Ebert-Stiftung, Politische Akademie Medienpolitik.

Schwemmle, M., Wedde, P. (2018): Alles unter Kontrolle? Arbeitspolitik und Arbeitsrecht in digitalen Zeiten, WISO Diskurs 2/2018, Friedrich-Ebert-Stiftung 2018.

Schwiering, S., Zurel, B. (2017): Das Homeoffice in der Arbeitswelt 2.0. Rechtliche Rahmenbedingungen für Telearbeit, in: Zeitschrift für Datenschutz (ZD) 2017, S. 17–21.

Shahatit, A. (2016): Kapitel 4, in: Bundesministerium für Arbeit und Soziales (BMAS) (Hrsg.): Übersicht über das Arbeitsrecht/Arbeitsschutzrecht, Nürnberg: BW Bildung und Wissen, 10. Auflage.

Shareground und Universität St. Gallen (2015): Arbeit 4.0: Megatrends digitaler Arbeit der Zukunft – 25 Thesen, https://www.telekom.com/de/medien/medieninformationen/detail/maschinen-werden-kuenftig-kollegen-sein-349222 (letzter Aufruf: 25.04.2018).

Steffan, R. (2015): Arbeitszeit(recht) auf dem Weg zu 4.0, in: Neue Zeitschrift für Arbeitsrecht (NZA) 2015, S. 1409–14017.

Strauf, S., Nägele, B. (1996): Telearbeit– Eine Chance für Frauen? Der Diskussionsstand zu Risiken, Chancen und Interessen von Unternehmen und Arbeitnehmerinnen, Institut für regionale Studien in Europa, Freiburg 1996, EURES discussion paper dp 57.

Sudhof, C. (2016): Arbeitnehmerseitige Rechte auf Veränderung der Arbeitszeit, Baden-Baden: Nomos.

SZ Süddeutsche Zeitung (2016): Nahles: Arbeitszeit-Flexibilisierung nur gegen mehr Sicherheit, Süddeutsche Zeitung Online, 30.03.2016, http://www.sueddeutsche.de/news/karriere/ (letzter Aufruf: 01.03.2018).

Trenkmann, J. (2017): Diskussion: Forschungsbedarf und Handlungsempfehlungen, in: Gather, C. and Schürmann, L. and Trenkmann, J. (Hrsg.): (Solo-) Selbstständigkeit als gleichstellungspolitische Herausforderung. Expertise im Rahmen des Zweiten Gelichstellungsberichts der Bundesregierung, Berlin 2017, S. 101–109, https://www.gleichstellungsbericht.de/de/article/51.expertisen.html (letzter Aufruf: 28.06.2018).

ver.di (2015): Gute Arbeit: Ohne Druck. Ergebnisse einer repräsentativen Befragung durch TNS Infratest im Rahmen der ver.di-Aktionswoche 9.-13. November 2015, www.verdi.de/++file++563cb3cd6f6844078c000096/download/Umfrage%20-%20Stress%20am%20Arbeitsplatz.pdf (letzter Aufruf: 04.08.2018).

Viethen, P., Mußhoff, A. (2016): Kapitel 6 Rn. 58, in: Bundesministerium für Arbeit und Soziales (BMAS) (Hrsg.): Übersicht über das Arbeitsrecht/Arbeitsschutzrecht, Nürnberg: BW Bildung und Wissen, 10. Auflage.

Vogelsang, H. (2015): § 164, Telearbeit, Rn. 2, in: Schaub, G. (Hrsg.): Arbeitsrechts-Handbuch, München: C. H. Beck, 16. Auflage.

Vogl, G., Nies, G. (2013): Mobile Arbeit, Frankfurt a. M.: Bund Verlag.

Voigt, P. (2017): Homeoffice – Segen oder Fluch?, in: Arbeitsrecht im Betrieb (AiB) 2017, Ausgabe 3, S. 16–19.

Walk, F. (2016): Rn. 1, in: Grobys, M., Panzer, A. (Hrsg.): Stichwort Kommentar Arbeitsrecht, Baden-Baden: Nomos Verlag, Edition 8, 2. Auflage.

Wank, R. (2017): § 5 ArbZG, Rn. 1, 4, in: Erfurter Kommentar zum Arbeitsrecht, München: C. H. Beck, 17. Auflage.

Weichert, Th. (2017): Die Verarbeitung von Wearable-Sensordaten bei Beschäftigten, in: Neue Zeitschrift für Arbeitsrecht (NZA) 2017, S. 565–570.

Wiebauer, B. (2016a): § 1 ArbSchG § 1, Rn. 47 ff, in: Landmann und Rohmer: Gewerbeordnung, München: C. H. Beck, 74. Auflage.

Wiebauer, B. (2016b): Arbeitsschutz und Digitalisierung, in: Neue Zeitschrift für Arbeitsrecht (NZA) 2016, S. 1430–1436.

Winker, G. (Hrsg.) (2001): Telearbeit und Lebensqualität. Zur Vereinbarkeit von Beruf und Familie, Frankfurt a. M.: Campus Verlag.

Wirtz, A. (2014): Gestaltungsmöglichkeiten bei der Verlängerung der täglichen Arbeitszeit nach dem ArbZG. Arbeitsbereitschaft, Arbeitszeitgesetz, Bereitschaftsdienst, Gestaltungsmöglichkeiten, Höchstarbeitszeit, Notfall, Rufbereitschaft, Ruhezeit, in: Betriebs Berater (BB) 2014, S. 1397–1401.

Wissenschaftliche Dienste Deutscher Bundestag (2016): Einzelfragen zum niederländischen Gesetz über die Flexibilität am Arbeitsplatz WD 6 – 3000 – 047/16), Berlin.

Wissenschaftliche Dienste Deutscher Bundestag (2017): Telearbeit und Mobiles Arbeiten Voraussetzungen, Merkmale und rechtliche Rahmenbedingungen, Wissenschaftliche Dienste, Sachstand WD 6 – 3000 – 149/16), Berlin.

Zumkeller, A. R. (2015): Arbeitsrecht 4.0: Mittendrin statt nur dabei!, in: Betriebs Berater (BB) 2015, Editorial, S. 1.

Rechtsprechung

BAG (Bundesarbeitsgericht, Urteil vom 19.06.2007 – 1 AZR 396/06, BAGE 123, 134 = Neue Zeitschrift für Arbeitsrecht (NZA) 2007, 1055.

BAG (Bundesarbeitsgericht, Urteil vom 22.09.2009 – 1 AZR 972/08, BAGE 132, 140 = Neue Zeitschrift für Arbeitsrecht (NZA) 2009, 1347.

BAG (Bundesarbeitsgericht), Urteil vom 27.07.2017 – 2 AZR 681/16; Neue Zeitschrift für Arbeitsrecht (NZA) 2017, *1327*.

BSG (Bundessozialgericht), Urteil v. 5. Juli 2016, – B 2 U 5/15 R.

BVerfG (Bundesverfassungsgericht), Beschluss vom 26.03.2014 – 1 BvR 3185/09; Neue Zeitschrift für Arbeitsrecht (NZA) 2014, 493.

BVerfGE (Bundesverfassungsgericht), Urteil vom 1.12.2009 – 1 BvR 2857, 2858/07, BVerfG 125, 39, Neue Zeitschrift für Verwaltungsrecht (NVwZ) 2010, 570.

BVerwG (Bundesverwaltungsgericht), Urteil vom 26.11.2014 – 6 CN 1.13, Neue Zeitschrift für Verwaltungsrecht (NVwZ) 2015, 590.

LAG (Landesarbeitsgericht) Düsseldorf, Urteil v. 10.09.2014 – Az 12 Sa 505/14.

Julia Gabler

Plug and Play oder Work and Stay? – (Neue) Erwerbs- und Lebensperspektiven für Frauen im ländlichen Raum

Dr. phil. Julia Gabler, geboren in Rostock, studierte in Köln, Berlin und Brüssel Soziologie und Sozialwissenschaften und promovierte in Soziologie an der Universität Jena. Sie forscht seit dem Jahr 2010 zu gesellschaftlichen Umbrüchen in (mittelgroßen) Städten und in ländlichen Regionen. In den Jahren 2015 bis 2018 arbeitete sie als wissenschaftliche Mitarbeiterin an der Hochschule Zittau/Görlitz. Seit Oktober 2018 forscht sie am IASS (Institut für transformative Nachhaltigkeitsforschung) in Potsdam zu Fragen des Strukturwandels in der Lausitz.

https://doi.org/10.1515/9783110588675-009

1 Einleitung

> Und doch ist mein Leben auf dem Land [...] erst mit der Digitalisierung möglich geworden. Ich brauche das Internet für unsere Kreativagentur und will es auch für mein restliches Leben überhaupt nicht missen. Die Digitalisierung gleicht das Stadt- und Landleben auf einigen Ebenen einander an. Ich habe nun Zugang zu (fast) allen Informationen und zu allen Produkten.
>
> (Eine Protagonistin aus Ostsachsen).

Mein Beitrag widmet sich der Fragestellung, ob und wie die Erwerbstätigkeit von Frauen in ländlichen Regionen durch Digitalisierung beeinflusst wird. Es mangelt zurzeit noch an systematischen Untersuchungen zum Themenfeld. Sodass kaum Erkenntnisse zu Digitalisierungsprozessen in den ländlichen Arbeitswelten als auch zum Einfluss digitaler Technik auf die Erwerbssituation von Frauen im Besonderen vorliegen. Ein Projekt zur „Erwerbssituation von Frauen in ländlichen Regionen unter dem Einfluss der Digitalisierung der Arbeitswelt" lief am SÖSTRA (Institut für sozialökonomische Kulturanalysen Berlin), der Hochschule Neubrandenburg und der Agrarsozialen Gesellschaft e. V. in Göttingen vom Jahr 2016 bis zum Jahr 2017. Die Ergebnisse sind seit August 2018 auf der Projekthomepage verfügbar, leider konnten sie für diesen Beitrag nicht mehr berücksichtigt werden. Die zentrale Botschaft lautet:

> Digitale Technologien [...] führ[en] zu neuen Herausforderungen und Beanspruchungen. Diese bringen kaum eine Einkommenserhöhung oder beruflichen Aufstieg. Nur ein Teil der Frauen verbindet mit der Digitalisierung eine höhere Arbeitsplatzsicherheit. Frauen auf dem Land sehen in der Digitalisierung aber auch Potenzial, um überhaupt erwerbstätig [zu] sein, dem Wunschberuf nachgehen zu können und berufliche Alternativen zu finden. Digitalisierung ermöglicht ihnen eine bessere Vereinbarkeit von Beruf und Familie.
>
> (Fahning et al. 2018: 147).

Die dünne Forschungs- und Erkenntnislage ist zunehmend irritierend vor dem Hintergrund des massiven Strukturwandels der letzten Jahrzehnte in ländlichen Regionen und dem politischen Druck die (zukünftigen) Entwicklungschancen zu thematisieren. Umso bemerkenswerter, dass auf Blogs, in Film und Literatur, aber auch in den

Feuilletons ländliche Erfahrungswelten relevant werden. (Vgl. Marszalek et al. 2018). Diese Forschungslücke wird dieser Beitrag nicht schließen können. Ich will aber versuchen, den Forschungsstand zur ländlichen Mobilität sowie Erfahrungen und Ergebnisse, die wir im Rahmen eines Forschungsprojektes zu den Verbleibchancen qualifizierter Frauen in ländlichen Regionen in die Richtung zu problematisieren, dass nicht nur die spezifische Erwerbssituation von Frauen deutlich wird, sondern auch, warum ihre Lebens- und Erwerbssituation mit dem spezifischen kulturellen (Um-)Bruch ländlicher Gesellschaften im Modernisierungsprozess zu tun hat. Meine These lautet, dass mit dem Struktur(um)bruch in ländlichen Regionen andere kulturelle Herausforderungen entstehen, die in Metropolregionen und Großstädten gar nicht auftauchen. Ich verstehe Frauen als Wissensträgerinnen, die strukturelle Entwicklungen in ländlichen Lebenszusammenhängen aufspüren, die für attraktive Lebens- und Arbeitswelten relevant sind und dabei die Organisation und den Transfer von Wissen in den Blick nehmen.

2 (Neue) Erwerbs- und Lebensperspektiven für Frauen im ländlichen Raum Ostdeutschlands

Im Strukturwandel der Wissensgesellschaft spielen unseren Erkenntnissen nach Frauen eine besondere Rolle in den ländlichen Regionen. Und zwar in widersprüchlicher Hinsicht, als diejenige Gruppe, die aufgrund mangelnder Erwerbs- und Entfaltungschancen überdurchschnittlich häufig den ländlichen Raum als Lebensumfeld verlassen hat und als diejenige Gruppe, die besonderen Einsatz zeigt, wenn es darum geht, Alternativen für ländliche (also gesellschaftliche) Lebens- und Arbeitsweisen zu entwickeln, trotz oder aufgrund schwieriger Erwerbsperspektiven.

Lassen Sie mich diesen Widerspruch entfalten. Zunächst sind gut ausgebildete Frauen besonders aktiv, wenn es um die Wahrnehmung von Mobilitätschancen geht. Darunter leidet der ländliche Raum. Genauer: Das Leben auf dem Land ist kaum ohne das Klagen über die Abwanderung gut ausgebildeter junger Menschen vorstellbar. Die demografischen und sozialen Folgen sind spürbar, denn durch den Wegzug ist in den letzten zwei Jahrzehnten nicht nur ein altersspezifisches Ungleichgewicht in der Bevölkerungsstruktur entstanden, sondern auch ein geschlechtstypischer Saldo insbesondere in der Gruppe der heute 16- bis 45-Jährigen. (Vgl. Gabler et al. 2016, Leibert 2016). Durch die Abwanderung von Frauen im gebärfähigen Alter wird nach dem starken Geburtenrückgang, der die ostdeutschen Länder in der ersten Hälfte der 1990er Jahren auszeichnete, nun auch jene Befürchtung wahr, die eine drastische Überalterung prognostizierte, wenn Zuwanderung ausbleibt. (Vgl. Kreyenfeld, Konietzka 2004). Auch das Argument, dass mit den jungen Frauen wichtiges Know how (Brain-Drain) verloren geht, wird vorgetragen. Umso erstaunlicher ist es, dass diejenigen qualifizierten Frauen, die in strukturschwachen, ländlichen Regionen leben, nicht weitaus stärker von ihrer „Knappheit" profitieren und an Chancen der gesellschaftlichen Gestaltung partizipieren (können). Das betrifft sowohl Formen der Erwerbsarbeit, aber auch mit Blick auf Bildungschancen, Lebensweisen und Gestaltung von Entwicklungspfaden in schrumpfenden Regionen ist der Einfluss von Frauen begrenzt. Es stellt sich also nicht ohne Weiteres eine Nachfrage ein, die den Preis beziehungsweise Lohn für weibliche Tätigkeiten erhöht oder berufliche Chancen von Frauen durch technische wie organisationale Arbeitszeitflexibilität verbessert. Die Sozialwissenschaftlerin Uta Schlegel warnt vor den euphorischen Erwartungen, die sich aufgrund von Fachkräftemangel und dem Wachstum wissensintensiver Bereiche für Frauen und Mütter ergeben könnten: „Es darf ernsthaft daran gezweifelt werden, ob sich angesichts bestehender arbeitsmarktimmanenter Mechanismen solche Veränderungen – familienfreundliche Politik und Frauen in Naturwissenschaften und Technik – so einfach und so automatisch vollziehen werden." (Schlegel 2012).

Im Rahmen eines kooperativen Forschungsprojektes mit der Gleichstellungsbeauftragten im Landkreis Görlitz wurde am TRAWOS-Institut (Institut für Transformation, Wohnen und soziale Raumentwicklung) der Hochschule Zittau/Görlitz einerseits der Versuch unternommen, die Lebenslagen gut ausgebildeter Frauen im ländlichen Raum Ostsachsens nachzuzeichnen. Andererseits wurden durch eine repräsentative Befragung der Schülerinnen und Schüler der Abiturklassen im Landkreis Görlitz sowie der Studierenden der Hochschule Zittau/Görlitz subjektive Faktoren für einen Verbleib qualifizierter, junger Frauen in der Region ermittelt. Darüber hinaus konnte in qualitativen Interviews das Zusammenspiel persönlicher, beruflicher und struktureller Chancen erfasst werden. Ziel war es, regionale Akteure aus Politik, Wirtschaft, Verwaltung und Zivilgesellschaft einzubinden, für geschlechtersensible Perspektiven zu gewinnen und für Steuerungsmöglichkeiten, die auf Wissensbestände der Frauen setzen, zu sensibilisieren. (Vgl. Gabler et al. 2016).

Frauen, die in ländlichen Gebieten leben, wollen wieder stärker wahrgenommen werden. Dies liegt auch daran, dass die heute 30- bis 45-Jährigen wegen mangelnder Ausbildungsperspektiven in den 1990er- und frühen 2000er-Jahren fast kollektiv nach Westdeutschland abgewandert sind. In den letzten fünf Jahren ist ein knappes Viertel wieder nach Ostdeutschland zurückgekehrt. (Vgl. Fuchs et al. 2017). Sie sind gut ausgebildet und haben Familie gegründet oder wollen Familie gründen, davon profitiert das Land. Erstaunlicherweise ist die Rückkehrbereitschaft aufs Land deutlich höher als in die Stadt. (Vgl. Fuchs et al. 2017). Städte wie Jena, Rostock und Leipzig sind trotzdem seit ein paar Jahren Mobilitätsgewinner, sie wachsen durch Zuzug (statt Rückkehr), auch aus dem Umland. Zwar kehren Frauen seltener als Männer aufs Land zurück, da ihre Rückkehr aber in der „Settlement"-Phase (empirica 2016: 29) stattfindet, ist sie aufs Bleiben ausgerichtet und beendet vorläufig die hohe Mobilitätsbereitschaft in der Ausbildungs- und Berufseinstiegsphase. Es sind nicht berufliche oder finanzielle Gründe, die sie zurückkehren lassen, sondern familiale und soziale Aspekte. (Vgl. Nadler, Wesling 2013). Diese Gruppe bringt diverse Qualifikationen und Erfahrungen in die ostdeutschen Regionen mit, wo sie auf eine tendenziell immobile Gesellschaft auf dem Land trifft. Letztere mussten in den letzten drei Jahrzehnten den Rückgang von Infrastruktur, Wirtschaftsstruktur und eben Bevölkerung verkraften und das Stigma ertragen: zu wenige, zu alt, zu ungebildet. (Vgl. Gabler 2016). In den betreffenden Regionen wird die Gruppe der Rückkehrenden weitaus stärker wahrgenommen als die Gruppe der Zugewanderten. Studierende, die umziehen, um an Hochschulstandorten in ländlichen Regionen zu leben, entscheiden sich teilweise auch zum Bleiben. Die Motive sind häufig dieselben: Familie und Freunde. Sei es, weil ein Partner aus der Region stammt oder Familiengründung am Studienort „passierte". Gelingt die familiäre Bindung nicht, ist die (Wieder-)Abwanderung wahrscheinlicher. (Vgl. Gabler et al. 2017). Ihre mangelnde Wahrnehmung und nicht-Adressierung signalisiert, dass die Herkunftsorientierung als starker Faktor für regionale Bindung in ländlichen Regionen dominiert.

3 Die Besonderheiten des Ländlichen

Die Diskussion, was und wie der „ländliche Raum" eigentlich ist, wird in der Bundesrepublik seit circa 20 Jahren mit steigender Intensität geführt. Zum einen reicht das schlichte Stadt-Land-Schema längst nicht mehr aus, um die räumlichen Differenzierungen wie beispielsweise durch schrumpfende Bevölkerung trotz steigender Gewerbeeinnahmen, Bevölkerungswachstum trotz sinkender Wirtschaftskraft, stagnierende oder verdichtende Bevölkerungsentwicklungen um oder in Metropolräumen adäquat zu beschreiben. Zum anderen gewinnt die zunehmende Urbanisierung der ländlichen Lebensverhältnisse durch den Wandel von der Agrar- und Industriegesellschaft zur Dienstleistungs- und Wissensgesellschaft an Bedeutung. Damit einher geht seit Jahrzehnten nicht nur die Landflucht, also die Suche nach Erwerbs- und Lebensperspektiven insbesondere junger Landbewohner in städtischen Ballungsgebieten, sondern auch die „Flucht aus der Landwirtschaft" (vgl. Beetz 2004: 24) in Erwerbsformen in Industrie und Dienstleistung.

In Ostdeutschland wird diese Phase der Modernisierung des Land(erwerbs)lebens, die „industrialisierte Dörfer" hervorbrachte (Oswald, Ernst 2005), seit den 1990er-Jahren von einem beschleunigten Strukturwandel abgelöst. Dieser führte einerseits zu Massenarbeitslosigkeit und andererseits zu einer extrem produktiven Land- und Ernährungswirtschaft, die auf wenige, hoch qualifizierte Arbeitskräfte angewiesen ist, durch Rationalisierung und technische Modernisierung rasante Produktivitätssteigerung erzielt und globale Marktfähigkeit beweist. Allerdings entwickelte sich die Konkurrenzfähigkeit ostdeutscher Agrarunternehmen zulasten der Landgesellschaft, die ihre ökonomische Grundlage verlor: In nur wenigen Jahren sank der Arbeitskräftebedarf um 90 Prozent. (Vgl. Martens 2010). Heute wird auf die Ressource „Boden" allein als Produktionsfläche für Energie, landwirtschaftliche Massenproduktion oder auch Verkehrsinfrastruktur zurückgegriffen. Die komplexen Wissensbestände und Lebensverhältnisse ländlicher Bevölkerung wurden von den erfolgreichen Wirtschaftsproduktionen abgekoppelt, dem wirtschaftlichen Struktur(um)bruch folgt postwendend der kulturelle Bruch. (Vgl. Willisch 2013). Dies soll heißen: Die sozialen Verhältnisse auf dem Land erlitten in den letzten 20 Jahren durch (Massen-)Abwanderung und funktionslos gewordene, zentralisierte Verwaltungsstrukturen in den Versorgungszentren sowie durch den Rückbau der Daseinsvorsorge eine kulturelle Entleerung. Ohne innovative und integrative Arbeits- und Lebenswelten können die Menschen in diesen Regionen kaum noch Entwicklungen (selbst) gestalten.

Wie können verloren gegangene Handlungsspielräume wiedergewonnen, wiederentdeckt oder neu hergestellt werden? Dazu braucht es Akteure, die trotz verlustig gegangener Funktionsweisen wieder Gestaltungsaufforderungen annehmen und das vorhandene Wissen aktivieren, mit anderen Wissensformen kombinieren und den Prozess der Wissensgenerierung als gesellschaftliche Praxis etablieren. Im Gegensatz zu den fluiden auf Kommunikation basierenden und durch digitale Technik dynamisierten „knowledge industries", die in verdichteten und vielfältigen städtischen Kontexten schier unbegrenzte Anschlüsse produzieren, identifizieren einige Forscher für ländliche Regionen weniger kommunikationsintensive Wissensproduktionen, die auf manuellen und technischen Fertigkeiten beruhen. Hierin sehen sie die **Wissensanwendungsseiten** betont. (Vgl. Stein et al. 2016). Anwendung, im Sinne manueller Tätigkeiten, ist Quelle für individuelle und gemeinschaftliche Erfahrungsräume – etwa bauen, basteln, handwerkeln, gärtnern, pflegen, versorgen, reparieren und recyceln – und produziert eine spezifische ländliche Wissenskultur, die wirksam für soziale Beziehungsgefüge ist und häufig analog entsteht. Welche Entwicklungsschübe schlummern im Strukturwandel zur Wissensgesellschaft für die ländlichen Gesellschaften und warum könnten Frauen möglicherweise „Vorreiterinnen" sein?

4 Die Situation von Frauen in (ostdeutschen) ländlichen Räumen

Besonders hart wurden die ostdeutschen Frauen von den Folgen des Strukturbruchs der 1990er-Jahre getroffen: Nicht nur, dass sie überproportional stark von Arbeitslosigkeit betroffen waren, sie verloren auch ihre Zugänge zur betrieblichen und betrieblich organisierten politischen Mitbestimmung. (Vgl. Richter 2016: 43). Andererseits entstanden vor dem Hintergrund unsicher gewordener Beschäftigungsperspektiven Frauen-Initiativen, denen auch Brückenschläge zu westdeutschen Initiantinnen gelangen, die vor dem Hintergrund industriegesellschaftlicher Umbrüche ebenfalls das Leben unter beruflichen Abbrüchen neu organisieren mussten. Ihrer ungebremsten Erwerbsorientierung ist es zu verdanken, dass sie im Zuge der ostdeutschen Transformation weniger stark unter dem Stigma der „Ostdeutschen" litten, sondern als „Vorreiterinnen" (vgl. Richter 2016: 44) weiblicher (Vollzeit-)Berufstätigkeit und Gleichberechtigung galten, die das westdeutsche Modell ökonomischer Abhängigkeit der (Ehe-)Frauen von ihren Partnern zurückwiesen. Allerdings galt dieses Selbstverständnis „nur“ als Aufwertung gegenüber westdeutschen Frauen und nicht in Bezug auf den ostdeutschen Mann. (Vgl. Richter 2016: 362). „In der heutigen Erinnerung von früheren Bürgerinnen und Bürgern der DDR wird die Erwerbstätigkeit von Frauen zur Zeit der DDR zum Teil dahin gehend stilisiert, dass Frauen alle Berufe ergreifen konnten.“ (Wippermann 2015: 10) Frauen haben aber tatsächlich häufiger als Männer in Teilzeit gearbeitet und waren überwiegend in Erziehung und Bildung, Handel und Gesundheitsdienstleistungen, typischen „Frauenberufen“, beschäftigt – ihnen gelang es ebenso selten die „gläserne Decke“ in Führungspositionen zu durchbrechen. (Vgl. Wippermann 2015: 10).

Der Geburtenknick in den frühen 1990er-Jahren kann als Bedingungszusammenhang interpretiert werden: Ohne oder mit unsicherer Erwerbsperspektive kann auch der Kinderwunsch nicht realisiert werden. Allerdings setzten innerhalb der Gruppe der Frauen zügig soziale Differenzierungen ein. Diejenigen Frauen, die nicht mit Abwanderung auf die (drohende) Arbeitslosigkeit reagierten, und in ländlichen Regionen verblieben, konnten an Erwerbschancen im wachsenden Dienstleistungssektor häufig stärker als Männer partizipieren, insbesondere dann, wenn sie besser qualifiziert waren. Dies hielt allerdings nicht lange an. (Vgl. Nickel 1999: 260). Sie mussten häufige Berufswechsel und alsbald auch Benachteiligung trotz besserer Qualifizierung in Kauf nehmen. Insgesamt aber traf Frauen ein höheres Risiko arbeitslos zu werden. Gerade un- und angelernte Frauen und Frauen mit Facharbeiterabschluss waren häufig von Langzeitarbeitslosigkeit betroffen. (Vgl. Nickel 1999: 260). Aufgrund systematischer Benachteiligung am Arbeitsmarkt in ländlichen Regionen reagierten Frauen nicht selten mit Rückzug in die Familie und bildeten geschlossene Gruppen mit ihresgleichen. (Vgl. Lantermann 2012, Straßberger 2018). Zwar ist die Erwerbsquote von Frauen nicht nur in den ostdeutschen Bundesländern höher als in den alten Bundesländern, sie ist in den ländlichen Räumen Ostdeutschlands höher als in den Städten. Vereinfacht gesagt, gibt die Erwerbsquote nur die Erwerbsneigung an, während die Erwerbstätigenquote, die tatsächliche Integration in den Arbeitsmarkt misst. (Vgl. Kriehn 2011). Nach diesem Maßstab gibt es mehr erwerbstätige Frauen in den Städten als in ländlichen Gemeinden. Und hier ist der Anteil in Ostdeutschland höher als im alten Bundesgebiet. (Vgl. Bundesregierung/BMFSFJ 2017). Zugleich nimmt der Anteil der Frauen in Vollzeitstellen zugunsten atypischer Beschäftigung (Teilzeit, befristete oder geringfügige Beschäftigung) von urbanen über semi-urbane zu ländlichen Gemeinden ab. (Vgl. Bundesregierung/BMFSFJ 2017: 5, Kriehn 2011). „Verwestdeutschlandisierung“ fassen die Autorinnen Astrid Baerwolf und Tatjana Thelen ihre Forschungsergebnisse zu Entscheidungsprozessen ostdeutscher Paare bei der Familiengründung zusammen. Teilzeit- statt Vollzeiterwerbstätigkeit und traditionelles Ernährermodell sind trotz hoher Erwerbsorientierung die präferierten Lebensmodelle für Frauen mit Kindern. (Vgl. Baerwolf, Thelen 2008). Jene, die nicht bereit waren, diesem (Nicht-)Erwerbsarbeits- und Lebensmodell zu folgen, sahen sich wegen der schlechten Erwerbschancen gezwungen, abzuwandern und ihr Glück zunächst allgemein in den alten Bundesländern, nach 2005 auch in den aufstrebenden Metropolen und Boomregionen der neuen Länder zu suchen.

Die neue Wissensgesellschaft verspricht aber, dass mit dem Siegeszug der „Netzwerkgesellschaft" (Castells 2017) und ihren virtuellen Welten allseitiger Konnektivität der Ort des eigenen Lebens an Bedeutung verliert. Eigentlich braucht es die Flucht also nicht mehr, weil der postmoderne ländliche Raum so gut wie jeder andere ein digitalisierter und also deterritorialisierter ist. Diese Chancen und Botschaften scheinen aber im ländlichen Raum Ostdeutschland noch nicht angekommen zu sein – oder?

5 Wissensgesellschaft und Chancen der Digitalisierung

Um herauszufinden, was jungen Frauen (und Männern) in ländlichen Regionen wichtig ist, welche Gründe sie für ihren Wunsch zu bleiben (oder zu gehen) anführen, haben wir Studierende und Schülerinnen und Schüler aus den elften und zwölften Klassen im Landkreis Görlitz befragt. Zwar wurden Erfahrungen im Bereich Digitalisierung nicht explizit erfragt, es bestand aber die Möglichkeit in offenen Fragen zu Faktoren, die die Befragten für die Attraktivität der Region wichtig finden, Aspekte einzubringen (darauf wird weiter unten eingegangen). In qualitativen Interviews wurden die Lebens- und Arbeitswelten von Frauen in der Erwerbstätigenphase ermittelt. Darüber hinaus eröffneten drei Werkstätten den Raum für regionale Akteure, die Ergebnisse der Befragung zu diskutieren und Themenfelder zu identifizieren, die für Frauen in den ländlichen Regionen Ostsachsens relevant sind. Vor diesem Hintergrund hat auch die Verfasserin des Eingangsstatements von ihren Erfahrungen berichtet. Sie ist 40 Jahre jung und vor sieben Jahren aus Berlin in die „Pampa" gezogen. Sie lebt mit Partner und Kind in einem Dorf an der polnischen Grenze in Ostsachsen und ist Inhaberin einer Kreativagentur. Sie steht exemplarisch für diejenigen Akteure, die in den ländlichen Regionen als digitale Nomadinnen beruflich Fuß fassen und von der Unabhängigkeit von Ort und Zeit für die berufliche Beschäftigung profitieren können.

Wie ihr Statement verdeutlicht, ist auch auf dem Land das Leben ohne die Vorteile der Digitalisierung nicht mehr vorstellbar. Gemeint ist hiermit: ohne Internet nicht mehr vorstellbar. Allerdings träumen noch viele in ländlichen Regionen von schnellen Datenverbindungen. Der Breitbandatlas des BMVI (Bundesministerium für Verkehr und digitale Infrastruktur) zeigt eindrücklich, dass Metropolregionen und (Groß-)Städte in Deutschland besser vernetzt sind (Vgl. BMVI 2018). Das ist sowohl für gewerbliche Anbieter als auch für Privathaushalte in ländlichen Regionen problematisch, wenn die fehlenden Datenverbindungen, die notwendige digitale Mobilität nicht ermöglichen, die es braucht, um an strukturellen Chancen der Digitalisierung zu partizipieren. Es wundert also nicht, wenn viele Akteure in den ländlichen Regionen die Augen rollen, wenn von den Chancen der Arbeitswelt 4.0 gesprochen wird. Es ist aber zu kurz gegriffen, diese Skepsis allein auf die langsame Etablierung der technischen Voraussetzungen zurückzuführen. Vielmehr gilt das Augenrollen auch jenen verheißungsvollen Erwartungen die mit der Digitalisierung verbunden werden. Wir haben es also mit einem Spannungsverhältnis zu tun, das die Chancen von Digitalisierung durch ortsunabhängiges Arbeiten einerseits und die Skepsis der Relevanz dieser Chancen für ländliche Lebensweisen andererseits thematisiert. Diese Ambivalenz demonstrieren auch die folgenden beiden Studien.

Eine Studie der Bertelsmann Stiftung sieht insbesondere Möglichkeiten „überkommene Standortmuster" auf dem Land zu überwinden, wenn in Organisationen sowie Arbeits- und Lebensbereichen technisch ermöglichte „[...] Distanzüberwindung, Effizienzsteigerung, Vernetzung und Spontaneität durch ständige Verfügbarkeit [...]" (Lobeck 2017: 8) Einzug erhält. Einigermaßen kritisch beurteilt die Studie das Verhältnis von erwarteten Chancen und der tatsächlichen Realisierung derselben. Auch die Telearbeit habe nicht die erhofften Effekte auf Pendlerwege und Arbeitsflexibilität gebracht. (Vgl. Lobeck 2017: 8). Mit ähnlich hohen Erwartungen an innovative Arbeitsmodelle durch Digitalisierung aufzuwarten, vernebelt eher die tatsächlichen Chancen für ländliche Gesellschaften. Das Stadt-Land-Gefälle sowie West-Ost-Gefälle veranschaulichen die Daten des Digitalisierungskompasses im Prognos Zukunftsatlas. (Vgl. Prognos AG/index-Gruppe 2016: 38). Entlang der Indikatoren IT-Gründungen, Stellenausschreibungen mit Digitalisierungskompetenzen und digitaler Impulsgeber in den vorhandenen Berufsgruppen fallen insbesondere die ostdeutschen Landgemeinden ab. Insgesamt kommt die Prognos-Studie zu folgendem Schluss: „Die Trends der Metropolisierung und Digitalisierung verstärken sich. So sorgt eine flächendeckende Breitbandversorgung zwar für gleichwertige Wohn- und Lebensbedingungen, sie wird aber die Abwanderung nicht aufhalten und kaum für neue Wachstumsperspektiven im ländlichen Raum sorgen." (Prognos AG/index-Gruppe 2016: 37).

6 Wissensgesellschafterinnen auf dem Land

Ein prägnantes Beispiel für die unterschiedlichen Wirkungen von digitalisierten Arbeitswelten ist das Modell der Coworking-Spaces. Im Folgenden entwickle ich am Beispiel der Coworking-Spaces unterschiedliche Funktionen der digitalisierten Wissensgesellschaft in städtischen und ländlich geprägten Regionen.

Als flexible Arbeitsplätze für freiberuflich Tätige, Start-up-Unternehmer oder digitale Nomaden boomen die kollaborativen Arbeitsorte, in denen ein Arbeitsplatz (mit Netz- und Druckerzugang) je nach Bedarf stunden-, tage-, oder monatsweise gemietet werden kann. Besonders in Großstädten trifft das Angebot auf eine steigende Nachfrage nach bezahlbaren Büroräumen inklusive Kollegium für den Pausen-Cappuccino oder auch die eine oder andere Kooperation. Die Spaces werden mit einigem Aufwand durch „Event-Räume, Relax-Bereiche und Deko-Bücherregale“ zu „Job-WGs“ (Makowsky 2018: 37) mit hohem Gemütlichkeitsfaktor. Der innovative Effekt als inter- und transdisziplinäre Arbeitsorte entsteht aber nicht allein durch die räumliche Nähe kreativer Wissensarbeiter, sondern wird mittels „kuratorischer Praxis“ (Merkel 2014: 21) erzeugt. Räumliche Gegenstände wie Sofas, Teeküchen und Bücherregale werden so arrangiert, dass Möglichkeiten entstehen, an denen „[...] zufällige Begegnungen und produktive Störungen [...]“ (Merkel 2014: 22) zwischen den Coworkern entstehen können, und Inspiration und Austausch untereinander befördert werden. Die Chancen der Digitalisierung sind also dort verwirklicht, wo sie Wertschöpfungsketten für Akteure auslösen und die digitalen Möglichkeiten in materielle und soziale Infrastrukturen überführen. So wie das Internet und Computerprogramme durch ständige Updates in den verfügbaren Funktionen und Anwendungsmöglichkeiten weiterentwickelt werden, sind auch Coworking-Spaces durch wechselnde Nutzer und räumliche Neuanpassungen ein analoges Abbild, dieser sich ständig verändernden Potenziale.

Ortswechsel: „KoLABOR – Raum und Wissen teilen“ – ein Coworking-Space in Görlitz. Sieben Frauen, beruflich im sozialwissenschaftlichen, kulturellen und künstlerischen Feld unterwegs, eröffnen 2016 ein Gemeinschaftsbüro in einem leerstehenden Ladengeschäft in der Görlitzer Innenstadt mit Coworking-Arbeitsplätzen – ehrenamtlich. Unter ihnen auch die Autorin dieses Beitrages, die 2013 nach Görlitz zog und sich mit anderen gut ausgebildeten Frauen zusammenschloss, um zu zeigen, dass die „totgesagte Spezies“ sehr lebendig ist.

Die Idee war, als Freiberuflerinnen oder Teilzeitangestellte hier einen Arbeits- und Gemeinschaftsort zu entwickeln, der, ähnlich wie in den Großstädten, kollaborative Effekte produziert und die freiberufliche Tätigkeit der Einzelnen durch gegenseitige Unterstützung und Kooperation befördert. Im ersten Jahr der Eröffnung (2016) nutzen die Frauen den Ort, um ihre akademischen Qualifizierungsarbeiten zu schreiben und ihre Freiberuflichkeit durch Sprachkurse, Übersetzungstätigkeit und Projektentwicklung zu verstetigen. Aus dem sozialen Umfeld der Frauen kommen weitere Nutzerinnen hinzu. Schon im zweiten Jahr kümmert sich der Verein vorrangig um die Bereitstellung der Räume: Putzen, schnelleres Internet einrichten, Bestuhlung erneuern, Beamer anschaffen und so weiter. Sie widmen sich verstärkt den materiellen, infrastrukturellen Notwendigkeiten und verteilen ihr Wissen nebenbei in kleineren Veranstaltungen oder in ihrer Rolle als Ansprechpartnerinnen für die Nutzenden der Arbeitsplätze. Der Großteil der Mitgliederinnen und vormaligen Nutzerinnen ist in abhängigen (Teilzeit-)Beschäftigungsverhältnissen untergekommen und die freiberuflichen Aufträge nehmen ab. Der gegenseitige Informationsaustausch hat sich in die informellen Zonen verlagert und findet vorwiegend während der Organisationstreffen der Mitgliederinnen und bei der Betreuung und Begegnung mit Nutzenden statt.

Während die Miete eines Arbeitsplatzes in einem großstädtischen Space (2100 qm) ab 60 Euro pro Monat kostet, gibt es im KoLABOR (80 qm) einen Studenten- und Sozialtarif (50 Euro/Monat) und einen Vollzahlertarif für 90 Euro im Monat. Die acht

Arbeitsplätze werden im Durchschnitt von zwei Personen beansprucht und der Seminarraum wird für Sprachkurse, Workshops und Privatveranstaltungen vermietet. Die Einnahmen decken nur teilweise die entstehenden Kosten, so dass die Mitgliederinnen des Betreibervereins Kolaboracja e. V. ihre monatlichen Arbeitsplätze weiterhin mieten, ohne dass sie ihre berufliche Tätigkeit dort durchführen. Stattdessen verlagern sie ihre ehrenamtlichen Tätigkeiten in das KoLABOR und stellen Querverbindungen aus ihren Beschäftigungsverhältnissen her (Netzwerktreffen, Übersetzerinnentreffen, Workshops et cetera). Die aufwendigen Anpassungsstrategien zur Aufrechterhaltung des Space erzeugen kaum ökonomische Stabilität, aber etablieren nach und nach einen Ort des Austausches unterschiedlicher sozialer Gruppen in der Stadt. Insbesondere für Frauen entsteht hier ein Ort, an Treffen und Workshops und Weiterbildungen zu partizipieren.

Hierin wird ein Kontrast sichtbar: Einerseits die unterschiedlichen Funktionsweisen überschaubarer, aber nicht ausdefinierter ländlicher Optionspfade und andererseits die Komplexität und Vielfalt städtischer Wissenskontexte. Die Anonymität und Unüberschaubarkeit großstädtischen Spaces wird durch kuratorische Strategien der Begegnung und Initiierung von Kooperationsgelegenheiten gezielt gestaltet. Anders als in den Großstädten ist das KoLABOR weniger ein räumlicher Ausdruck organisierter Kreativität der digitalen Nomaden, also jenen computergestützten Wissensarbeitenden, die überall in der Welt tätig sein können und nun auch im ländlichen Raum ankommen. Es handelt sich hierbei vielmehr um eine Sichtbarmachung von kulturellen, geistes- und sozialwissenschaftlichen Arbeitsweisen, die es in ländlichen Regionen gibt, aber häufig im Verborgenen ausgeübt werden. Die Frauen suchten Arbeitsräume, jenseits des häuslichen Küchentisches und des Büros, wo sie als Angestellten (in Teilzeit und oft befristet) erwerbstätig sind. Der Coworking-Space bietet die Möglichkeit, Themen räumlicher Entwicklung als Revitalisierung leerstehender Ladenflächen anzuregen, aber auch eine Kultur des Austausches und der Öffentlichkeit zu entwickeln. Die Themenfelder hierbei sind: (alternative) Wirtschaft, politische und kulturelle Bildung und Arbeits- und Lebenswelt aus Sicht von Frauen. Vor diesem Hintergrund zielt dieser Coworking-Space im ländlichen Ostsachen weniger auf die Mobilitätsoption wieder **gehen** zu können – um andernorts weiterzuarbeiten, sondern bietet eine Andockstation, die den Arbeits- und Lebensbedingungen von Frauen Rechnung tragen will, um **bleiben** zu können. Gleichzeitig stellen sie rurale und urbane Qualitäten her, wenn sie (ihre) materiellen und immateriellen Wissensreichtümer unter dem Slogan „Raum und Wissen teilen" verdichten und Andere einladen mit zu tun.

Die Initiantinnen werden von der Sächsischen SPD-Fraktion mit dem jährlichen Frauenpreis ausgezeichnet. In der Laudatio des Landtagsabgeordneten wird auf die Vorreiterrolle verwiesen. Zum einen wird das Engagement besonders vor dem Hintergrund der Abwanderung qualifizierter Frauen aus den ländlichen Regionen in Ostdeutschland betont, zum anderen werden die Frauen als Unternehmerinnen gelobt, die durch Gründung eines Coworking-Space auf das agile Treiben der Laptop-Arbeitenden in den Großstädten verweisen, das nun auch in den strukturschwachen Regionen Ostsachsens erste Triebe bildet. Die Hoffnung wird formuliert, dass das Beispiel der Frauen Nachahmer anregt.

7 Neue Lebens- und Arbeitswelten für qualifizierte Frauen in ländlichen Regionen: Der Fall Oberlausitz in Ostsachsen

Nicht nur die Coworking-Spaces boomen in den Großstädten, die Kreativ- und Kulturwirtschaft (KKwi) tut es auch. Längst löst die KKwi auch in Sachsen etablierte Wirtschaftszweige wie die Automobilindustrie in Beschäftigungszahlen und Wachstum ab. (Vgl. Prognos AG/TRAWOS-Institut 2017). Fast 50 Prozent der Beschäftigten in der Kreativbranche sind weiblich. Allerdings handelt es sich um ein städtisches Phänomen. Während in Dresden und Leipzig ein rasanter Anstieg der sozialversicherungspflichtigen Beschäftigten in den zwölf Teilbranchen zu verzeichnen ist, stagniert das Beschäftigtenwachstum der Kreativbranche in den ländlichen Regionen. Ihr Unternehmensanteil liegt zwischen einem bis fünf Prozent an der Gesamtwirtschaft. (Vgl. Prognos AG/TRAWOS-Institut 2017). Das muss nicht so bleiben, zeigt aber, dass die Arbeitswelten, insbesondere von Frauen, die auf dem Land leben, nicht vorrangig in Kreativberufen zu finden sind.

Die Arbeitswelt von Frauen im ländlichen Raum ist hochgradig divers und folgt den strukturellen Veränderungen am Arbeitsmarkt. Sowohl in der Landwirtschaft wie im produzierenden Gewerbe sinkt die Zahl der Erwerbstätigen seit Jahren. Für viele ländliche Kreise hält nach wie vor der industrielle Sektor wichtige Arbeitsplatzkapazitäten bereit. Jedoch weisen Fachberichte (zum Beispiel Kriehn 2011) auf die fehlende Arbeitsplatzentwicklung in wissensintensiven Dienstleistungen hin, von denen der (groß-)städtische Arbeitsmarkt profitieren konnte. In der Studie des DGB (Deutscher Gewerkschaftsbund) zu den Effekten von Digitalisierung für Frauen, können Schlussfolgerungen für die in der Region vorhandenen Branchen Bergbau und Energie abgeleitet werden: Hier beschäftigte Frauen sehen sich am stärksten von digitalisierter Arbeit betroffen. Allerdings fallen die angekündigten Flexibilisierungseffekte für die Vereinbarkeit von Beruf und Familie sowie für Entscheidungsspielräume gering aus. (Vgl. DGB 2017). Frauen können seltener als ihre männlichen Kollegen den Einsatz von digitaler Technik beeinflussen und sie erleben eine höhere Arbeitsbelastung, unter anderem weil ihnen (noch) mehr Multitasking abgefordert wird. (Vgl. DGB 2017: 14). Eine Studie des sächsischen Landesfrauenrats (vgl. Jung et al. 2014) hat in einer Befragung von jungen Frauen im Freistaat Sachsen Erfahrungen und Wünschen in der Berufseinstiegsphase erkundet. Auch hier zeigt sich, dass Frauen, die noch nicht berufstätig oder in Ausbildung sind, den Wunsch nach Homeoffice häufiger äußern als bereits berufstätige Frauen, die damit schon Erfahrungen machen konnten oder in Branchen arbeiten, in denen seltener die Möglichkeit für Homeoffice besteht.

Die Gruppe berufstätiger Frauen, die intensiv digitale Technik im Arbeitsalltag nutzt, arbeitet Vollzeit und ist hochqualifiziert. Eben jene Gruppe, die kaum in den ländlichen Regionen anzutreffen ist. Im Umkehrschluss bedeutet das: Wer Teilzeit arbeitet und gering qualifiziert ist, arbeitet seltener mit digitaler Technik.

Es mangelt insbesondere an Daten, die den Zusammenhang von Geschlecht, Bildung und berufliche Stellung thematisieren. Um geschlechterspezifische Arbeitsmarktdaten für die kommunale Ebene zu analysieren, waren wir dankbar über die Unterstützung und Zuarbeit von Sonderauswertungen zum Zensus 2011 durch die Mitarbeiterinnen des Statistischen Landesamtes. Trotzdem blieben die verfügbaren Zahlen für eine gehaltvolle Darstellung der Lebenslage qualifizierter Frauen unzureichend. (Vgl. Gabler et al. 2016). Insbesondere Angaben zur branchen- und qualifikationsorientierten Beschäftigung sind auf der kommunalen Ebene kaum verfügbar. Wo Frauen also tatsächlich beschäftigt sind, lässt sich nur über den Umweg der Verdienststatistiken erahnen und auch diese sind selektiv erhoben und klammern hochrelevante Sektoren wie Erziehung und Bildung aus. (Vgl. Bundesregierung/BMFSFJ 2017).

Blättert man durch die einschlägige Literatur zur „ländlichen Gesellschaft“ (zum Beispiel Beetz et al. 2005, Larcher et al. 2015) liegt das Hauptaugenmerk auf der bäuerlichen beziehungsweise landwirtschaftlichen Tätigkeit von Frauen. Dabei verliert dieser Erwerbszweig seit Jahrzehnten an Bedeutung und macht nur noch einen geringen Teil der ostsächsischen Wirtschaftskraft aus. Der Wandel der ländlichen Arbeitsverhältnisse und Erwerbsstruktur aus der Landwirtschaft in die Industrie und außerlandwirtschaftliche Tätigkeiten im Dienstleistungssektor führt zum Rückgang landwirtschaftlicher Erwerbsbevölkerung und zum Anstieg des landwirtschaftlichen Nebenerwerbs. (Vgl. Beetz 2004: 26 f.). Indes Ökolandbau und wieder erstarkende kleinbäuerliche Unternehmen bieten Frauen erfüllende Beschäftigungsfelder und sind in der regionalen Wahrnehmung ein wichtiger Repräsentant kleinteiliger Wirtschaftsstrukturen, um die herum Fragen des sanften Tourismus, nachhaltig ökologischer Lebensweisen und regional- und sozialgeschichtliche Hintergründe adressiert werden können. Insbesondere vor dem Hintergrund verlustig gegangener Industriearbeitsplätze in der Energie-, Textil- und Glasindustrie seit der Wende gewinnt auch das Handwerk wieder an Bedeutung. Hier fehlen bereits Nachwuchs und zukünftige Fachkräfte. Strukturell unterentwickelt ist auch der Bereich Forschung und Entwicklung.

In der untersuchten Region ist deshalb der Hochschulstandort so wichtig. Die Hochschule Zittau/Görlitz konnte über Jahrzehnte mit den Studiengängen Maschinenbau und Elektrotechnik Ausbildung für den regionalen Arbeitsmarkt leisten. Während die technischen Studiengänge am Standort Zittau traditionell mehr Männer ausbildeten, bietet die Fakultät Sozialwissenschaften, 1992 in Görlitz gegründet, mit den Studiengängen Soziale Arbeit, Heilpädagogik, Kommunikationspsychologie vor allen Dingen Frauen eine qualifizierte Ausbildung. Insbesondere Studierende am Görlitzer

Hochschulstandort bewerten ihre Chancen in der Region zu verbleiben skeptisch. Sei es, weil der Arbeitsmarkt im Dienstleistungsbereich nicht hinreichend Stellen für qualifizierte Kandidatinnen bereithält. Sei es, dass sie aus anderen Regionen zum Studium nach Görlitz gekommen sind und selbst an ihre Herkunftsorte zurückkehren wollen. Der Bindungsfaktor Familie wurde gleichermaßen als Halte- und auch Abwanderungsgrund angegeben und zwar deutlich häufiger von Frauen als von den befragten Männern. Ebenso legen Frauen mehr Wert auf öffentliche Infrastruktur, die ihnen Bildung, Mobilität und Kultur ermöglicht. Nur elf Prozent der jungen Männer und sogar nur drei Prozent der Frauen finden die Verbesserung von Internet-/Breitbandausbau und Mobilnetz als Standortfaktor wichtig. (Vgl. Gabler et al. 2017). Vor dem Hintergrund der mangelnden Verfügbarkeit schneller Datenverbindungen erstaunt diese geringe Nennung. Möglicherweise haben die Befragten wenig technische Mängel zu beklagen. Trotzdem bleibt es bemerkenswert, dass die Nachfrage nach Verbesserung kultureller Infrastruktur und dem öffentlichen Nahverkehr weitaus häufiger thematisiert wird. Hier treffen wir auf die Erfahrungswelten insbesondere junger Frauen in ländlichen Gebieten: Sie müssen ihre sozialen Beziehungen über weite Distanzen zwischen Schule oder Ausbildungs- und Arbeitsort und Wohnort aufrechterhalten. Kulturelle Angebote sind nur mit dem eigenen PKW zu erreichen. Die digitalen Medien lösen offensichtlich nicht das Kommunikations- und Distanzproblem. Vorstellbar ist, dass sie es so sogar verschärfen: Wir können zwar chatten, aber uns nicht treffen.

Obwohl Frauen deutlich stärkere Orientierungen an urbaner Infrastruktur zeigen, womit ihre hohe Abwanderungsorientierung erklärbar wird, nennen sie gleichzeitig konkrete „analoge" Bedarfe, die offensichtlich von digitalisierten Lösungsstrategien nicht berücksichtigt werden. Was also zunächst wie urbane Einstellungen aussieht, darf nicht als ungezügelter Abwanderungswille missverstanden werden. Wer in der Großstadt leben möchte, zieht auch dorthin. Es können sich aber 40 Prozent der befragten Frauen und Männer vorstellen in der Oberlausitz zu bleiben. Fragt man allerdings nach den präferierten Orten der Erwerbstätigkeit (wenn man es sich aussuchen kann) geben 27 Prozent der Frauen und 32 Prozent der Männer den Landkreis Görlitz an. Natürlich sind hier nur Wünsche und Einstellungen abgefragt worden, und eine Längsschnittuntersuchung müsste die tatsächlichen Entscheidungen überprüfen. Auffällig ist, dass zwischen dem Wunsch in der ländlichen Region zu bleiben und der Wahrnehmung von beruflichen Chancen ein Missverhältnis besteht.

8 Plug and Play oder Work and Stay – Fazit

„Plug and Play" ist ursprünglich ein Begriff aus der Computertechnologie mit dem das Anschließen von Peripheriegeräten (Maus, Telefon, Festplatte et cetera) an einen Rechner möglich ist, ohne zusätzliche Treibersoftware zu installieren. Diese Form der unkomplizierten Anschlusslogik unterschiedlicher Systeme soll auch durch Breitbandausbau und schnelles Internet für die ländlichen Räume und seine Bewohner gelten und jene barrierefrei mit den Technologiefortschritten und digitalen Arbeitswelten verbinden, ohne Installationsprobleme, ohne Anpassungsschwierigkeiten der Gerätschaften untereinander. Das Plug-and-play-Konzept erweist sich auch für ökonomische und soziologische Analysen als nützlich. (Vgl. Nadler 2014: 381). Betont wird jene Eigenschaft der flexiblen Kombination von (Bau-)Teilen zur Steigerung von Systemleistungen, ohne dass im Vorfeld oder im Nachhinein am System Anpassungen vorgenommen werden müssen. In der Studie zu multilokalen Kreativ- und Wissensarbeitern (Vgl. Nadler 2014: 381) interpretiert Robert Nadler die Lebenswelt seiner multilokalen Protagonisten als „System". Analog zum Computersystem können unterschiedlichste Komponenten angedockt werden. Statt Maus, Drucker oder Stick docken die Interviewpartner von Nadler an unterschiedlichen Orten an. Meistens repräsentiert ein Ort den familiären Kontext, (mindestens) ein anderer den beruflichen Rahmen. Hinzu kommen sekundäre Orte, an denen Freunde oder weitere Familienmitglieder leben, aber seltener besucht werden. Dieses multilokale Beziehungsgeflecht wird durch die Protagonisten synchronisiert. Im Bild bleibend führen diese Synchronisierungsleistungen zur Steigerung der Systemleistung des Protagonisten.

Die Plug-and-play-Analogie meint also den reibungslosen Anschluss – und die unkomplizierte Abkopplung von Orten und Beziehungsgefügen, die zu einem späteren Zeitpunkt wahlweise erweitert oder wiederaufgenommen werden können. Diese Flexibilität wird auch dadurch ermöglicht, dass die jeweils abwechselnden lokalen Gegebenheiten daraufhin wahrgenommen werden, welchen Nutzen sie für das „System" erbringen, welche Leistung hier angedockt wird. Wenn also der künstlerische Freundeskreis in Berlin lebt, aber die Einkommenschancen in Paris attraktiver sind, und in Stockholm die Freundin oder der Freund arbeitet, dann ist möglicherweise der Spreewald das geeignete Rückzugsdomizil, von wo aus alle Lebensorte per Flugzeug oder Zug gut erreicht werden können.

Anderes gilt für die ländlichen Räume: Hier gilt das Credo, was brauchen Frauen, um vor Ort bleiben zu können? Work and stay meint also jene Qualität, die durch Digitalisierung Unterstützung finden könnte, wenn Lebensentwürfe möglich werden, die die Komponenten Arbeit, Engagement und Familien- und Gemeinschaftsorientierung miteinander verbinden. Verstanden als Systemkomponenten sind sie aber nicht an variablen Orten (systemfreundlich) zu verbinden, sondern werden ortsabhängig organisiert und synchronisiert. Wer hierbleiben möchte, hat ein Interesse daran, die Kompatibilität unterschiedlicher Komponenten vor Ort herzustellen. Es sind analoge Beziehungen, die durch digitale Technik, etwa Kommunikationsmedien unterstützt werden können, zuvorderst aber Bindungskraft entfalten müssen, um den Akteurinnen Spielräume der Gestaltung zu ermöglichen. Und zwar sowohl in räumlicher als auch in sozialer Hinsicht. Am Beispiel des Görlitzer Coworking-Spaces wurde gezeigt, dass in ländlichen Regionen, der Erhalt und die Entwicklung eines Raumes, die notwendige Bindung zur Stabilisierung von sozialen Beziehungsgefügen ermöglicht. Dadurch wird an spezifische ländliche Wissensproduktionen angeknüpft, die sich kulturell stärker auf die (begrenzte) Anwendungsebene bezieht. Zum Erhalt des KoLABORS erbringen die Frauen nicht nur die raumerhaltenden Aufwendungen, sie sind so sogar bereit, monatlich die Miete zu subventionieren. Nun könnte man ihnen wenig ökonomisches Geschick attestieren oder aber die soziale Funktion und das Wissen betonen, das durch die Interaktionsgelegenheiten im und am Raum entsteht. Erst wenn eine Struktur des Miteinanders gefunden ist, können sich die Chancen von Digitalisierung entfalten. Solange aber die Wahrnehmung dominiert, dass digitale Technik etablierte Arbeitsprozesse in der Richtung beeinflusst, dass Personalverzicht und Technisierung zur weiteren Erosion sozialer Beziehungen führt statt die Wissenslandschaften zu stabilisieren, wird sie Skepsis hervorrufen. In diesem Sinne kann Digitalisierung auch als Technik verstanden werden, die ihren Erfolg daran erweisen wird, ob sie die Qualität sozialer Beziehungen steigern kann.

Literatur- und Quellenverzeichnis

Baerwolf, A., Thelen, T. (2008): „Verwestdeutschlandisierung" von Familiengründung und familiärer Arbeitsteilung in Ostdeutschland, in: Rehberg, K.-S. (Hrsg.): Die Natur der Gesellschaft, Verhandlungen des 33. Kongresses der Deutschen Gesellschaft für Soziologie in Kassel 2006. Unter Mitarbeit von Dana Giesecke und Thomas Dumke. Frankfurt, New York: Campus Verlag (Verhandlungen des Deutschen Soziologentages, 33), S. 5609–5619.

Beetz, S. (2004): Dörfer in Bewegung. Ein Jahrhundert sozialer Wandel und räumliche Mobilität in einer ostdeutschen ländlichen Region, Zugl.: Berlin, Humboldt-Univ., Diss., 2001 u.d.T.: Beetz, S.: Räumliche Mobilität und Immobilität als Handlungsmuster im Wandel einer ostdeutschen ländlichen Gesellschaft. Hamburg: Krämer (Beiträge zur Osteuropaforschung, 9).

Beetz, S., Brauer, K., Neu, C. (Hrsg.) (2005): Handwörterbuch zur ländlichen Gesellschaft in Deutschland, Wiesbaden: VS Verlag für Sozialwissenschaften.

BMVI (2018): Der Breitbandatlas, https://www.bmvi.de/DE/Themen/Digitales/Breitbandausbau/Breitbandatlas-Karte/start.html (letzter Aufruf: 27.04.2018).

Bundesregierung, BMFSFJ (2017): Geschlechtergerechtigkeit und Gleichstellung von Frauen und Mädchen in ländlichen Räumen. Antwort der Bundesregierung auf die Kleine Anfrage der Abgeordneten Markus Tressel, Ulle Schauws, Herald Ebner, weiterer Abgeordneter und der Fraktion BÜNDNIS 90/DIE GRÜNEN, Hg. v. Deutscher Bundestag 18. Wahlperiode (Kleine Anfrage), http://dip21.bundestag.de/dip21/btd/18/116/1811662.pdf (letzter Aufruf: 14.08.2018).

Castells, M. (2017): Der Aufstieg der Netzwerkgesellschaft. Das Informationszeitalter. Wirtschaft. Gesellschaft. Kultur. Band 1, Wiesbaden: Springer Fachmedien Wiesbaden (Neue Bibliothek der Sozialwissenschaften), 2. Auflage.

DGB (2017): Was bedeutet die Digitalisierung der Arbeitswelt für Frauen. Eine Beschäftigtenumfrage, Unter Mitarbeit von Weusthoff, A., Richter, M., Hg. v. DGB-Bundesvorstand.

empirica (2016): Schwarmverhalten in Sachsen. Eine Untersuchung zu Umfang, Ursache, Nachhaltigkeit und Folgen der neuen Wanderungsmuster, Endbericht. empirica Forschung und Beratung. Berlin.

Fahning, I., Underwood, L., Fock, T., Witzel, S., Putzing, M., Jasper, G. (2018): Die Erwerbssituation von Frauen in ländlichen Regionen unter dem Einfluss der Digitalisierung der Arbeitswelt – FEMIDIGIRURAL, Göttingen, Neubrandenburg und Berlin. Projektträger Bundesanstalt für Landwirtschaft und Ernährung, https://www.bmel.de/SharedDocs/Downloads/Landwirtschaft/

LaendlicheRaeume/FemdigiruralForschungsprojekt.pdf?__blob=publicationFile (letzter Aufruf: 14.08.2018).
Fuchs, M., Nadler, R., Roth, D. et al. (2017): Rückwanderung von Erwerbspersonen – aktuelle Deutschlandzahlen im regionalen Vergleich, http://aktuell.nationalatlas.de/rueckwanderung-4_05-2017-0-html/ (letzter Aufruf: 28.06.2018).
Gabler, J. (2016): Anwesenheit. Eine ethnografische Studie in schrumpfenden Städten, Dissertation, Jena.
Gabler, J., Kollmorgen, R., Kottwitz, A. (2016): Wer kommt? Wer geht? Wer bleibt? Eine Studie zur Verbesserung der Verbleibchancen qualifizierter Frauen im Landkreis Görlitz (Kurzfassung), Unter Mitarbeit von U. Gräßel und F. Straßberger. Hg. v. Landratsamt Görlitz. TRAWOS-Institut der Hochschule Zittau/Görlitz. Görlitz.
Gabler, J., Kollmorgen, R., Kottwitz, A. (2017): Wer kommt? Wer geht? Wer bleibt? Eine Studie zur Verbesserung der Verbleibchancen qualifizierter Frauen im Landkreis Görlitz, Langfassung. Unter Mitarbeit von U. Gräßel und F. Straßberger, unveröffentl. Manuskript.
Jung, S., Pankau, A., Salewski, M. et al. (2014): Analyse zum Berufseinstieg junger Frauen. Ergebnisse einer Befragung in Sachsen (2014), Hg. v. Landesfrauenrat Sachsen e. V. Dresden.
Kreyenfeld, M. R., Konietzka, D. (2004): Angleichung oder Verfestigung von Differenzen? Geburtenentwicklung und Familienformen in Ost- und Westdeutschland, in: Berliner Debatte Initial Sozial- und geisteswissenschaftliches Journal (15), S. 26–41.
Kriehn, C. (2011): Erwerbstätigkeit in den ländlichen Landkreisen in Deutschland 1995 bis 2008, Arbeitsberichte aus der vTI-Agrarökonomie. Institut für Ländliche Räume, Johann Heinrich von Thünen-Institut (vTI), Bundesforschungsinstitut für Ländliche Räume, Wald und Fischerei. Braunschweig, https://literatur.thuenen.de/digbib_extern/bitv/dn048556.pdf (letzter Aufruf: 14.08.2018).
Lantermann, S. (2012): Tradierung trotz Umbruch. Familie in der Überlebensgesellschaft, in: Willisch, Andreas (Hrsg.): Wittenberge ist überall. Überleben in schrumpfenden Regionen, Berlin: Links, 1 Auflage, S. 113–150.
Larcher, M., Oedl-Wieser, T., Schmitt, M., Seiser, G. (Hrsg.) (2015): Frauen am Land, Potentiale und Perspektiven. Innsbruck: StudienVerlag.
Leibert, T. (2016): She leaves, he stays? Sex-selective migration in rural East Germany, in: Journal of Rural Studies 43, S. 267–279.
Lobeck, M. (2017): Digitale Zukunft auf dem Land. Wie ländliche Regionen durch die Digitalisierung profitieren können, Unter Mitarbeit von Detlef Hollmann. Hg. v. Bertelsmann Stiftung. Bertelsmann Stiftung. Gütersloh. Online verfügbar unter https://www.bertelsmann-stiftung.de/de/publikationen/publikation/did/digitale-zukunft-auf-dem-land/ (letzter Aufruf: 05.06.2018).
Makowsky, A. (2018): Die Job-WG, in: Süddeutsche Zeitung 2018, 26.05.2018 (119), S. 37, http://www.sueddeutsche.de/karriere/coworking-spaces-die-job-wg-1.3989037 (letzter Aufruf: 14.08.2018).
Marszałek, M., Nell, W., Weiland, M. (2018): Über Land – lesen, erzählen, verhandeln, in: Marszałek, M., Nell, W., Weiland, M. (Hrsg.): Über Land. Aktuelle literatur- und kulturwissenschaftliche Perspektiven auf Dorf und Ländlichkeit, Bielefeld: transcript (Rurale Topografien, Band 3), S. 9–26.
Martens, B. (2010): Landwirtschaft in Ostdeutschland: der späte Erfolg der DDR, Hg. v. Bundeszentrale für politische Bildung/bpb, Bonn. Bpb (Lange Wege der Deutschen Einheit), http://www.bpb.de/geschichte/deutsche-einheit/lange-wege-der-deutschen-einheit/47157/landwirtschaft?p=all (letzter Aufruf: 28.06.2018).
Merkel, J. (2014): Gärtner der urbanen Arbeitswelt. Wie Coworking Spaces kuratiert werden, in: WZB Mitteilungen (Heft 145), S. 15–17, https://bibliothek.wzb.eu/artikel/2014/f-18640.pdf (letzter Aufruf: 05.06.2018).

Nadler, R. (2014): Plug&Play Places. Lifeworlds of Multilocal Creative Knownledge, Warsaw/Berlin: De Gruyter Open Ltd.

Nadler, R., Wesling, M. (2013): Zunehmende Rückwanderung von Arbeitskräften nach Ostdeutschland, http://aktuell.nationalatlas.de/wp-content/uploads/13_11_Rueckwanderung.pdf (letzter Aufruf: 11.07.2018).

Nickel, H. M. (1999): Lebenschancen von Frauen in Ostdeutschland. Risiken und Optionen der Neuformierung von Frauenerwerbstätigkeit, in: Glatzer, W., Ostner, I. (Hrsg.): Deutschland im Wandel, Sozialstrukturelle Analysen. Wiesbaden: VS Verlag für Sozialwissenschaften (Gegenwartskunde – Sonderheft, 11), S. 255–264.

Oswald, I., Ernst, F. (2005): Das industrialisierte Dorf. Zur Transformation ländlicher Lebensweisen in postsozialistischen Gesellschaften. Unter Mitarbeit von Eckhard Dittrich, in: Kollmorgen, R. (Hrsg.): Transformation als Typ sozialen Wandels. Postsozialistische Lektionen, historische und interkulturelle Vergleiche, Münster: LIT (Gesellschaftliche Transformationen, 3), S. 241–258.

Prognos AG, index-Gruppe (2016): Prognos Zukunftsatlas 2016. Das Ranking für Deutschlands Regionen, Hg. v. Prognos AG. Berlin, https://www.prognos.com/fileadmin/images/publikationen/Zukunftsatlas2016/Prognos_Zukunftsatlas_2016_Auf_einen_Blick.pdf (letzter Aufruf: 22.06.2018).

Prognos AG, TRAWOS-Institut (2017): Zwischenbericht zum Zweiten Kulturwirtschaftsbericht, Hg. v. Staatsministerium für Wirtschaft, Arbeit und Verkehr, https://publikationen.sachsen.de/bdb/artikel/30214 (letzter Aufruf: 05.06.2018).

Richter, A. S. (2016): Intersektionalität und Anerkennung. Biographische Erzählungen älterer Frauen aus Ostdeutschland, Dissertation, Universität Kassel, 1. Auflage.

Schlegel, U. (2012): Neue Illusionen zu Frauen auf dem Arbeitsmarkt der Zukunft – aus (nicht nur) ostdeutscher Perspektive, ARBEIT – GESCHLECHT – GERECHT Bundesfrauenkonferenz BÜNDNIS 90/ DIE GRÜNEN. Bündnis 90 /Die Grünen. Leipzig, 15.09.2012, https://www.gruene.de/fileadmin/user_upload/Dokumente/Uta-Schlegel-Referat-BFK-2012.pdf (letzter Aufruf: 24.04.2018).

Stein, A., Wiegand, T. S., Dehne, P., Hülz, M., Kühn, M., Kujath et al. (2016): Wissensgesellschaft als Herausforderung für ländlich-periphere Regionen. Beispiele aus Norddeutschland, Forschungsberichte der ARL, 6. Verl. d. ARL. Hannover.

Straßberger, F. (2018): Über die Herstellung von Anschlussfähigkeit in einer zivilgesellschaftlichen Organisation im ländlichen Raum Ostdeutschlands, Masterarbeit. unveröffentlichtes Manuskript.

Willisch, A. (2013): In Gesellschaft des Umbruchs, in: Kerstin Faber (Hrsg.): Raumpioniere in ländlichen Regionen. Neue Wege der Daseinsvorsorge, Leipzig: Spector Books (Edition Bauhaus, 35), 1 Auflage, S. 57–70.

Wippermann, C. (2015): 25 Jahre Deutsche Einheit. Gleichstellung und Geschlechtergerechtigkeit in Ostdeutschland und Westdeutschland, Hg. v. Bundesministerium für Familie, Senioren, Frauen und Jugend. Online verfügbar unter https://www.bmfsfj.de/blob/93168/8018cef974d4ecaa075ab3f46051a479/25-jahre-deutsche-einheit-gleichstellung-und-geschlechtergerechtigkeit-in-ostdeutschland-und-westdeutschland-data.pdf (letzter Aufruf: 30.06.2018).

Britta Schinzel

Wie Machine Learning aus Big Data Vorurteile zieht und im Netz in Diskriminierungen verwandelt: Geschlecht, Gender, Kultur, Ethnie, Rasse, Klasse und Alter

Dr. Britta Schinzel war von 1981 bis 1991 Professorin für Theoretische Informatik an der RWTH Aachen und von 1991 bis zu ihrem Ruhestand 2008 Professorin am Institut für Informatik und Gesellschaft an der Albert-Ludwigs-Universität Freiburg. Mit der Professur war auch die Abteilung Modellbildung und Soziale Folgen an der Universität Freiburg verknüpft, eine der wenigen Informatik-Einrichtungen zum Fach „Informatik und Gesellschaft“ an deutschen Universitäten. Hier entstand auch unter anderem das Kompetenzforum Genderforschung in Informatik und Naturwissenschaften. Britta Schinzel forschte und arbeitet weiterhin auf den Gebieten der Informatik-Geschlechterforschung, der Medienkulturen der Computational Sciences sowie der bildgebenden Verfahren und Visualisierungen und verbindet all diese Aktivitäten mit ihrer politischen Arbeit in den NGOs „Humanistische Union“ und „Forum InformatikerInnen für Frieden und gesellschaftliche Verantwortung“. Britta Schinzel wurde aufgrund ihrer großen Leistungen im Bereich der Genderforschung und den gesellschaftlichen Folgen der Informatik im Jahr 2009 zum Fellow der Gesellschaft für Informatik ernannt.

https://doi.org/10.1515/9783110588675-010

1 Einleitung

Es hat sich gezeigt, dass automatisierte Datenverarbeitung keineswegs immer neutrale oder „objektive" Ergebnisse liefert, sondern dass dabei auch häufig Ungleichgewichte hergestellt werden. Eine wichtige Rolle spielt dabei auch der Umgang von Informationstechnik und Informatik mit Sprache und Metaphern. Dies wird hier mit dem medientheoretischen Begriff der Transkription auf drei Ebenen gefasst, wobei die erste Ebene den Transfer von Alltagssprache als Metaphern für die Erklärung von Bedeutungen von Abstraktem und Neuem dient. Die zweite Ebene betrifft den Rücktransport informatischer Begriffe, wie „Algorithmen", in den Alltag, und die dritte Art von Transkriptionen spielt sich bereits auf der Ebene der digitalen Daten selbst ab, befördert durch die lang ersehnte Interaktivität der Neuen Medien. Alle diese Transkriptionen haben ethische und geschlechtertheoretische und -praktische Implikationen, ja gravierende Wirkungen auf die Lebenswelt von Menschen. Auf diese Weise werden Erklärungen für im Netz vorfindliche und hier aufgezeigte Vorurteile und Diskriminierungen greifbar.

Um zu verstehen, wie es dazu kommt, ist es notwendig, die Methoden von lernenden Maschinen und Datenminimierung aus „Big Data" grob zu skizzieren. Hierfür müssen die informatischen Begriffe, Methoden und Verfahren zumindest soweit erläutert werden, dass ein Verständnis für die Mechanismen, die Benachteiligung erzeugen können, erreicht werden kann. Die Medientheorie kann, etwa mit dem Begriff der Transkription die Prozesse und ihre Effekte fassen, die kulturellen Sinn, insbesondere durch die neuen Medien, erzeugen. Da diese Theorie sich jedoch nur mit Bedeutungen des Symbolischen befasst, ist es wichtig, den Bezug auf die Ebene des Materiellen, der Körper, der lebendigen Menschen zu finden. Dazu eignet sich Geschlechterforschung, insbesondere solche, die naturwissenschaftlich-technische Phänomene und ihre symbolisch-materiellen Veränderungspotenziale behandelt.

Für einige drastische Beispiele von Bedeutungstransfer von Transkriptionen mittels lernender Verfahren können die ethischen und geschlechterdiskriminierenden Folgen an den Transkripten exemplarisch aufgezeigt werden Die meisten Beispiele dafür finden sich, noch wenig wissenschaftlich aufgearbeitet, als journalistische Arbeiten im Netz. Erst kürzlich sind empirische Untersuchungen aufgetaucht, die den maschinellen Verfahren ursprünglich häufig zugeschriebene Objektivität auch wissenschaftlich delegitimieren.

2 Transkriptionen

> Denn der ‚Inhalt' eines Mediums ist mit dem saftigen Stück Fleisch vergleichbar, das der Einbrecher mit sich führt, um die Aufmerksamkeit des Wachhundes abzulenken. (McLuhan 1970: 24).

Code, Übersetzungsprogramme, Programme der „Künstlichen Intelligenz" (KI), (Lern)Algorithmen, Suchmaschinen et cetera formieren Medien, die Formate und Inhalte gesellschaftlicher Kommunikation hervorbringen und gestalten. Als solche bewirken sie die „[...] Veränderung des Maßstabs, Tempos oder Schemas [...]" (McLuhan 1970: 14) menschlichen Zusammenlebens. Wirkungen zeigen sich nicht nur in Meinungen und Vorstellungen, sondern sie verlagern ständig und widerstandslos die Gesetzmäßigkeiten unserer Wahrnehmung. (Vgl. McLuhan 1970: 25). Die Medien bilden in je unterschiedlicher weise sogenannte Transkriptionen und bewirken den Transfer von Bedeutungen, Metaphern und Konzepten. **Transkription** wird nach Ludwig Jäger (vgl. Jäger 2002) als ein Verfahren der (kulturellen) Bedeutungsgenerierung durch die wechselseitige Bezugnahme verschiedener Medien und ihrer symbolischen Mittel aufeinander verstanden. Die Prozessierungen im Internet und in sozialen Medien bewirken solche Transkriptionen kultureller Bedeutungen. Sie folgen dabei einer – zwar kontingenten – medialen Logik (beispielsweise den immer vorherrschenden Aufmerksamkeits-Ökonomien), und sie setzen zumindest temporär die Geltung „evidenten Sinnes" auf den erzeugten Transkripten in Szene. Evidenzverfahren umgekehrt wollen die Aushandlungsprozesse, auf denen die kulturelle Semantik mittels einer Rhetorik der Evidenz inszeniert wird, einer Prüfung unterziehen.

Hier werden drei Arten von medialen Transkriptionen unterschieden: Die erste – hier weniger relevante – ist der metaphorische Gebrauch von Alltagssprache in der Informatik als Hilfsmittel zum Erschließen der Bedeutung von Abstraktem, also etwa (künstliche) Intelligenz, Gedächtnis, Käfer (bug) oder Dämon. Zweitens ist die Rückwirkung der so konstituierten Transkripte, etwa als Metaphern für das Gehirn, „mein Speicher läuft über", sowie die Transkription mathematischer und informatischer Bezeichnungen im sozialen Diskurs zu beobachten. Zu Letzterer gehört auch die inzwischen inflationäre Verwendung des Begriffs Algorithmus. Schließlich und drittens sollen auch Evidenzverfahren die Transkripte durch die abgesaugten Daten aus sozialen Medien, Wissenschaften, Überwachung et cetera durch Lernmaschinen und Big-Data-Verfahren, sowie ihre automatisierten Verwertungen, etwa als Prognose-Instrumente, auf ihre Gültigkeit untersuchen. Alle diese Transkripte sind soziokulturell werthaltig und insbesondere moralisch und geschlechtertheoretisch bedeutungsvoll.

3 Technisch-naturwissenschaftliche Geschlechterforschung

Geschlechterforschung in MINT-Fächern (Mathematik, Informatik, Naturwissenschaft und Technik) untersucht beispielsweise unter der Kategorie „Gender in Science" die Methoden und Praxen der Technikwissenschaften. Sie folgt damit Thomas Kuhn (1967), der die Objektivität wissenschaftlichen Wissens infrage stellte, und zeigt, dass es bei allem Bemühen um Objektivität auch bei ihren Produzenten „situiert" ist. (Vgl. Haraway 1988). Das heißt, für das produzierte Wissen („situated knowledge") ist konstitutiv, wer mit welchen historisch-kulturellen Hintergründen, mit welcher individuellen Lebensgeschichte und welchen Prägungen, in welchen vorfindlichen Umgebungen welche Fragestellungen erforscht und welche Ziele dabei verfolgt. Und die Fragen lassen sich weiterführen: Welche Mittel werden dafür ausgewählt, wie erfolgt die Evaluation der Ergebnisse und wie werden sie in Veröffentlichungen ausgewählt und dargestellt? Und schließlich noch die Frage, mit welchen Vereinfachungen und Betonungen erfolgt die Popularisierung des so präsentierten Wissens? Für die Softwareentwicklung hat insbesondere Lucy Suchman (2007) diese Tatsachen herausgestellt.

Andere Theorien, etwa Karen Barad's agentieller Realismus (vgl. Barad 1996a), nehmen neben dem Symbolischen auch das für MINT-Fächer ebenso wichtige Materielle in den Blick. Denn die technisch-materiellen Dynamiken durch technisch-wissenschaftliche Praktiken verbinden sich eng mit der Konstruktion sozialer und kultureller Normen, werden auch an realweltlichen Gegenständen und mehr noch an lebendigen Wesen effektiv, das heißt für Menschen erzeugen sie materiell-performative Semantik.

4 Ethische Implikationen

Bei moralischen Fragen ist es immer ratsam, sein eigenes Verhalten zu hinterfragen. Zweifellos werden uns viele Entscheidungen durch Politik – und vor allem durch die kommerzielle Politik der großen amerikanischen Internetfirmen – aus der Hand genommen. Aber was hindert uns daran, gegen schlechte Datenschutzgesetze zu protestieren und gegen Datenmissbrauch einzuschreiten? Und vor allem, wie gehen wir mit unseren eigenen Daten um? Über soziale Medien zu kommunizieren geschieht in körperlicher Distanz, anstatt in direkter Nähe miteinander zu sprechen. Im Netz viele „Freunde" zu bekommen, erscheint manchen erstrebenswert, aber die Erhöhung der Zahl an Interaktionen ist gerade das Ziel der Datenfirmen. Es ist ihr Geschäftsmodell, um mehr verwertbare Daten zu erhalten, etwa für die Werbung.

Welche Art von Sozialität hat sich bei dieser Simulation von Gesellschaft ausgebildet? Wie nutzen wir die interaktiven Möglichkeiten für anonyme Hassbotschaften und „Shitstorms"? Ist dies wirklich mehr Kommunikation, Partizipation und Demokratie? Oder geht es den großen Internetfirmen nicht viel mehr um „People-Farming" durch die **Ausbeutung unserer Daten** für Profilbildung, Beeinflussung („nudging") und Überwachung? Und geht es dem Staat und den Geheimdiensten um dasselbe? Die Haltung „ich habe nichts zu verbergen" ist heute ebenso verantwortungslos wie die Ignoranz gegenüber der vermeintlichen Kostenlosigkeit der Nutzung der sozialen Medien. Wir bezahlen mit unseren Daten und die Kosten dafür sind uns weitgehend unbekannt, da wir nicht wissen, was die Firmen mit ihnen machen (werden). Sie betreffen uns auch nicht nur individuell, denn mit der Verfügbarkeit unserer Daten, wie etwa zur Profilbildung, schaden wir allen Gruppen, in deren Profilen wir uns wiederfinden. Dies geschieht, indem diese Grenzen zwischen Gruppen gleichen oder ähnlichen Profils ziehen, für die sich dann individuell zu erbringende Kosten unterscheiden (wie beispielsweise für Versicherungen, Gesundheit, Wohnen, Kredite, Produkte). Nur wissen wir meist nichts davon.

5 Eine Transkription der zweiten Art: Algorithmen

Algorithmen sind ein zunehmend in den Medien aufgeworfener Hype, auch in den seriösen und wissenschaftlichen Medien. Man fühlt sich von ihnen versorgt, umhegt, gesteuert, überwacht, betrogen, bedrängt und so weiter. Es wird ihnen Handlungs- oder Entscheidungsmacht zugebilligt, sie werden für organisatorische, institutionelle und politische Steuerungen, ja auch für Wahlausgänge verantwortlich gemacht. Doch werden dabei die Begriffe Computerprogramme/Software, Maschinen, Künstliche Intelligenz (KI), Big Data et cetera mit Algorithmen unzulässig identifiziert, auch wenn dort überall Algorithmen benutzt werden. Es ist, als wollte man von der Addition Moral verlangen. Denn Algorithmen sind nichts anderes als Rechenvorschriften, also formale Anweisungen zur Ausführung mathematischer Funktionen. Ihnen sind all die sozialen Funktionen und Zuschreibungen fremd. Sie können korrekt, effizient, sparsam, schnell, auch adaptiv beziehungsweise „lernfähig" sein, aber sie sind weder objektiv noch intelligent, weder gut noch böse. Warum werden ihnen dann fälschlich soziale oder ethische Qualitäten zugebilligt? Weil sie sozusagen den Kern der sehr wohl werthaltigen Automatisierung ausmachen? Oder weil Algorithmus bedeutsamer oder auch sexyer klingt als Software?

Algorithmen sind sehr viel älter als Computer. Der Begriff ist ein mathematischer, der sich ursprünglich nur auf Rechenvorschriften mit Zahlen bezog. Später wurden sie auf viele andere Gebiete erweitert, die einer mathematischen Manipulation zugänglich waren, unter anderem auf Worte, auf Sätze einer Sprache, auf Musiknotate und Musik oder auf Grafiken. Das Wort „Algorithmus" wurde vom Namen des bedeutenden arabisch-persischen Mathematikers Al-Khwarizmi aus dem achten Jahrhundert nach Christus abgeleitet. Es gibt viele Definitionen, von denen ich formal-logische bevorzuge, da sie im Rechner technisch innerhalb formaler Systeme zur Anwendung kommen. Zuerst wurde Algorithmus von Kurt Gödel mit seinen berechenbaren (partiell rekursiven) Funktionen auf natürlichen Zahlen in einem rekursiven Aufbau auf einer endlichen Menge von Basisoperationen (zum Beispiel +) definiert. Alan Turing hat den Algorithmusbegriff mit seiner Maschinen-Metapher beweisbar äquivalent definiert, das heißt die gleiche Funktionenmenge beschreibend, und diesen später durch Kodierung des Alphabets oder von Zeichenfolgen auf Worte erweiterbar gemacht. Die Maschinen oder Rechnersysteme müssen dabei nicht für jede Art von Eingabe zu einem Ergebnis kommen – unter Umständen rechnen sie daran ohne Ende. Damit kommt auch der zeitliche Aspekt ins Spiel. Würde man sich jedoch auf solche Funktionen beschränken, die immer ein Ergebnis liefern, so müsste man eine große Menge von Funktionen ausschließen, die algorithmisch formuliert werden kann. Dabei sind die berechenbaren Funktionen allerdings nur ein winziger Teil aller in der Mathematik bearbeiteten Funktionen. Und auch von ihnen ist nur ein äußerst geringer Teil dem Rechner in „vernünftiger Weise" zugänglich; nämlich die in menschlichen Dimensionen von Zeit und in weltlichen Dimensionen von Raumverbrauch ausführbaren Funktionen, die in der so genannten Komplexitätstheorie gefasst werden.

Umgekehrt wünscht man sich rasche Antwortzeiten, etwa auf Anfragen in Suchmaschinen, was die Menge der (etwa in Realzeit) ausführbaren Funktionen drastisch einschränkt. Der Algorithmusbegriff ist jedoch nicht identisch mit dem der partiell rekursiven Funktionen. Vielmehr gibt es für jede solcher Funktionen unendlich viele verschiedene Algorithmen und noch viel mehr verschiedene Programme in vielen Programmiersprachen. Zur Zeit dieser Begriffsbildungen hatte man einen Algorithmus als einen mit der Hand schreibbaren Text, ein Diagramm oder eine schematische Zeichnung, also einen wie auch immer langen Text im Sinn. Und ich würde das auch heute im Prinzip für einen Algorithmus weiterhin fordern, denn die Forderung ist im Zusammenhang mit sogenannten **„Lernenden Algorithmen"** von Bedeutung. Heute fasst man mit Algorithmen auch mathematische Erweiterungen zusammen, die evolutionäre, interaktive, statistische und stochastische Operationen und solche auf Netzen mit beinhalten. Immer aber handelt es sich um eine Rechenvorschrift zur schrittweisen Ausführung von Operationen, die automatisch, also auf Rechnern ausgeführt werden können. Jede Definition, die die Endlichkeit der Schrittanzahl für jede Eingabe fordert, trägt aber das Problem der **Unentscheidbarkeit** mit sich. Das heißt, es ist im Allgemeinen rechnerisch nicht möglich festzustellen, ob ein Algorithmus oder ein Programm für eine beliebige Eingabe je anhält oder nicht. Und das ist nicht so abstrakt oder unrealistisch wie man meinen könnte. Viele praktische Probleme auf Computern oder auf Grafen, ebenso viele Wegeprobleme, die in Navigatoren verwendet werden, sind unentscheidbar, und selbst wenn sie entscheidbar sind, oft nicht effizient, also in Zeiten von Menschenleben ausführbar. Man behilft sich mit lokalen Einschränkungen (constraints) oder mit Heuristiken, die das Problem nicht überall oder nicht genau lösen. Das Resultat ist dann aber nicht mehr ein geschlossener Algorithmus, der für alle Eingaben operiert, sondern bereits eine Kombination von Algorithmus und Anweisungen in einem komplexeren Programm, das auch Fehler enthalten kann. Für solche Lösungen sind Bezeichnungen wie Programm, Software und Prozedur angemessener.

Algorithmen sind dem Menschen „zuhandenes" Werkzeug. Softwareprozesse organisieren eine Kombination von Algorithmen. Dabei wird bestimmt, welche Algorithmen in welcher Reihenfolge genutzt und mit welchen Argumenten aufgerufen werden sollen. Das legen Menschen fest, die ein Ziel haben. Dabei muss hinterfragt werden, wer mit der zu erstellenden Software welchen Zweck verfolgt, ob, wo, wie und in welchem Kontext diese Algorithmen als Werkzeug eingesetzt werden und ob das gebilligt werden kann. Algorithmen sind der Erwägung und Beachtung von moralischen oder politischen Zielen nicht fähig. Sehr wohl können aber unsere Instandsetzung von Softwaresystemen und unser Umgang mit Automatisierung diese Ziele umsetzen. Die Informatikerin und Genderforscherin Cecile Crutzen schreibt, dass Softwareprogramme mit den in ihnen organisierten Algorithmen wie Werkzeuge sind, die zum Handeln bereit liegen, unsere Hand führen, (Arten der) Nutzung nahelegen, Handlungen beeinflussen oder insbesondere als Gadgets sogar zum Handeln auffordern. (Vgl. Crutzen 2013). Diese zweckbestimmte Organisation in Software kann natürlich moralische Fragen aufwerfen, ja sie tut dies mit der für die informationstechnische Modellierung notwendigen Abstraktion sogar notwendigerweise. Abstraktion impliziert immer auch Weglassen, und dieses Ausschließen ist subjektiv. Ebenso wenig lassen sich die Ergebnisse des Ablaufs von Software und durch sie bedingte Veränderungen der Umgebungen eindeutig vorhersehen. Dies auch deshalb, weil sich die Anforderungen und Einsatzumgebungen ändern oder Software für Verwendungszwecke genutzt wird, für die sie ursprünglich nicht gedacht war.

6 Implikationen der Ausweitung des Algorithmusbegriffs auf Softwaresysteme aller Art

Computer haben den Weg für den massenhaften Einsatz von Algorithmen geöffnet. Damit werden sie, in Datenstrukturen und Software gerahmt und mit Datenmassen gefüttert, zur **„unsichtbaren" Technologie**. Eine mental, methodisch und physisch unsichtbare Technologie, die wir fast ohne sie infrage zu stellen, benutzen. (Vgl. Crutzen 2013). Es sind allerdings immer menschliche Entscheidungen darüber, wie Software spezifiziert wird, welche Algorithmen dafür ausgewählt und kombiniert werden und welche Datenangebote ihnen zukommen. So wird Technologie zu etwas Sozialem sowie politisch und ethisch Relevantem gemacht. Leider wird in der Regel nicht demokratisch entschieden, ob und wie welche Technologie eingesetzt wird. Auch können die meisten Menschen nicht selbst bestimmen, welche Technik sie benutzen und vielfach zwingt sozialer Druck vor allem auch junge Menschen, Nutzende zu werden, um sich nicht selbst ins Abseits zu stellen.

Mit der Popularisierung des Algorithmusbegriffs geht eine Erweiterung desselben auf beliebige Software-Systeme einher. Insbesondere werden Entscheidungssysteme, Lern- und sonstige KI-Programme immer öfter als Algorithmen bezeichnet. Solche Systeme können in der Tat aus unterschiedlichen Gründen Ergebnisse liefern, die Ungleichgewichte dar- und herstellen. Es fragt sich daher, ob es sinnvoll ist, die Unterscheidung zwischen Algorithmus und Programmsystem oder Maschinensystem nicht mehr zu treffen, scheint doch die Welt sich dieses sexyer klingenden Namens bemächtigt zu haben. Exemplarisch genannt sei hier die prinzipiell begrüßenswerte Initiative, nämlich die Tagung „Digitales Leben – Vernetzt. Vermessen. Verkauft? – #Werte #Algorithmen #IoT“ über die Rechts- und Werteordnung in der digitalen Transformation, die am 03. Juli 2017 in Berlin durch das Bundesministerium der Justiz und für Verbraucherschutz veranstaltet wurde. Hier bedient sich der Themenblock „Algorithmen – Wie sie uns bewerten und steuern, wie wir sie kontrollieren können“ eines erweiterten Algorithmusbegriffs. Es wird gefragt: „Welche Rahmenbedingungen beim Einsatz von Algorithmen erforderlich sind. Wie steuern Algorithmen unser Verhalten? Welche Risiken sind mit dem Einsatz von Algorithmen verbunden? Wie können diskriminierende Effekte bei ihrem Einsatz verhindert werden? Ist Transparenz für die Verbraucherinnen und Verbraucher anzustreben und wie kann sie gegebenenfalls hergestellt werden? Ist eine Kontrolle durch eine Digitalagentur, einen Algorithmen-TÜV oder Algorithmiker erforderlich?“ (Zitiert aus der Ankündigung der Tagung „Digitales Leben – Vernetzt. Vermessen. Verkauft? – #Werte #Algorithmen #IoT“ über die Rechts- und Werteordnung in der digitalen Transformation, die am 03. Juli 2017 in Berlin durch das Bundesministerium der Justiz und für Verbraucherschutz veranstaltet wurde).

Diese Fragen sind, wenn auch unter den Begriffen Software-Systeme, algorithmische Systeme oder Maschinen, wirklich dringend zu behandeln. Algorithmen jedoch werden mit Objektivität, fehlerfreiem Ablauf, Interesselosigkeit und Zweckfreiheit assoziiert, während Programme, die Algorithmen verwenden, zweck- und zielorientiert sind. Auch sogenannte Entscheidungsalgorithmen sind mit der rationalen Verengung von Sachverhalten auf eine Antwort und auf bestimmte Ziele gesteuerte Programme. Die mit Einvernehmen missbräuchliche Bezeichnung als Algorithmen hat **ethische Folgen**: Nämlich die Abweisung von Verantwortung, die so an scheinbar objektive Maschinen abgegeben wurde; also jener Verantwortung, die eigentlich von Menschen, Firmen, Institutionen oder politischen Akteuren übernommen werden sollte. Denn es handelt sich schließlich um eine intentional gesteuerte Softwareproduktion und einen zielgerichteten Einsatz solcher Systeme.

Schaden, Diskriminierungen und Katastrophen entstehen durch die Rahmung der Algorithmen in Software mit Design, Interfaces und ihre Amalgamierung mit kontingenten Daten anstelle der Algorithmen eigenen Universalität, mit den dabei vielfältig verfolgten Absichten. Dieser Text versucht, die Begriffe Algorithmus, Programm, Software und Daten klarer auseinander zu halten und dabei die Orte aufzuzeigen, wo und wie mittels Computer-Software Wertsetzungen, Priorisierungen, Ausschlüsse und Diskriminierungen für Menschen und soziale Systeme in die Welt gesetzt werden (können). Dabei erscheint die Forderung nach ethischen und sozialen Algorithmen als grundlegendes Missverständnis und äußerst problematisch, weil so die Verantwortung auf formal Mathematisches verlagert wird und somit als unveränderlich erscheint und die menschliche Beteiligung verschleiert.

7 Transkriptionen der dritten Art: Machine Learning und Big Data

Die Theorien des **„maschinellen Lernens" (Machine Learning)** wurden bereits während der 1980er-Jahre durch Forschung aus Bereichen der symbolischen wie der subsymbolischen Künstlichen Intelligenz zugrunde gelegt. Sie kamen jedoch erst mit den enormen Erweiterungen an Geschwindigkeit und Speicherplatz zu den semiotischen Neuformungen, die sich heute zu weitreichender praktischer Anwendung in soziotechnischen Systemen anschicken.

Es gibt eine Fülle von Machine-Learning-Algorithmen, die ihre Abstraktionen in Transkripte je unterschiedlich vollziehen:

- jene aus dem Bereich der „symbolischen KI", wo die abstrahierende Wissensrepräsentation auf formal-logischen Systemen basiert und die Operationalisierung auf logischen Schlüssen,
- solche der konnektionistischen oder „subsymbolischen KI" auf künstlichen neuronalen Netzen, wo die Wissens-Repräsentation als Gewichte auf den Netzverbindungen verteilt ist und die Operationalisierung durch „evolutionäre" Propagation im Netz erfolgt,
- weiterhin solche, die auf statistischen Daten operieren, stochastische Algorithmen,
- und schließlich jene, die mit Wahrscheinlichkeiten arbeiten, wie die Bayes-Formel,
- und auch Approximationsmethoden, die aus einer Menge von Daten Regeln ableiten, et cetera.

Sie bauen aus Eingabedaten, genannt Trainingsdaten, ein Modell auf, das die Lernstruktur zusammenfasst und in einem zweiten Schritt für neue unbekannte Eingabedaten induktive Schlüsse zieht. Diese werden so transkribiert, dass sie von menschlichen Akteuren als Vorhersagen oder auch als Klassifikationen oder Entscheidungsvorbereitungen et cetera interpretiert werden. Das so trainierte Netz ist nun bereit für die eigentlichen Dateneingaben, ist aber im obigen Sinne kein Algorithmus mehr. „Der Begriff des ‚lernenden' Algorithmus ist irreführend, da der Algorithmus selbst sich nicht verändert." (Zweig 2016). Aber da das resultierende Modell von den Trainingsdaten „lernt", spricht man oft von „lernenden Systemen". Nach dem Training ist das resultierende Programm in der Regel nicht mehr „lesbar". Re-Engineering, das heißt die Rückführung zu dem aufgeschrieben Quelltext ist nicht möglich. Mit anderen Worten: Die Maschinen haben neue unumkehrbare materiell-semiotische Realitäten geschaffen.

Bei Suchmaschinen-Algorithmen und maschinell lernenden KI-Systeme kann versucht werden, die Grenze zwischen dem mathematischen Such- oder Lern-Algorithmus und den Stellen, wo Kontingenz in das System eingefallen ist, festzustellen. (Vgl. Schinzel 2017). Danach handelt es sich nicht mehr um den eigentlichen Algorithmus, das resultierende System ist schon nicht mehr universell, also der Algorithmus gewissermaßen kontingent „verschmutzt". Bei Suchmaschinen geschieht das bereits bei der Speicherung der Netze, wobei die wichtigen „trusted" Ausgangspunkte ausgewählt und das Propagieren (tracing) von diesen „vertrauenswürdigen" Knoten (in eigentlichen Webseiten) ausgehend aufgebaut wird. Natürlich sind die Suchmaschinen-Algorithmen viel komplexer kombiniert und werden zudem wöchentlich oder täglich verändert, um die Manipulation durch sogenannte SEO-Firmen (SEO=Search Engine Optimization), die die Ergebnisreihenfolge von Suchen zu beeinflussen suchen, zu untergraben. In diesem Kontext wird von AlgorithmWatch zurecht darauf hingewiesen, dass algorithmische Transparenz nicht immer gefordert werden sollte, denn die Offenlegung eines Systems von Suchmaschinen-Algorithmen macht dieses im Gegenteil anfällig für die Beeinflussung der Ergebnisreihenfolgen durch Nutzende.

Big Data sind die ungeheuren Massen von strukturierten oder unstrukturierten Daten, die sich aus allen Arten von Sammlungen, der Wissenschaft, der Umwelt, Geographie, aus Videoüberwachung, allen Arten von Absauge-Vorgängen im Internet, Suchmaschinen, durch Telefon- und E-Mail-Überwachung von Kommunikationsdaten und Inhaltsdaten, von in sozialen Netzwerken freiwillig verfügbar gemachten Daten, aus Handys und so weiter kontinuierlich aufhäufen. Mit klassischen Analysemethoden sind die Datenmassen, insbesondere in ihrer Variation und Dynamik nicht zu bewältigen. Statistische Inferenz-Methoden, Data Mining zur Extraktion von Mustern und Machine Learning rücken Big Data zu Leibe. Data Mining wendet statistische Methoden auf große Datenbestände – big data – an, um systematisch Wissen aus den Daten zu extrahieren, das heißt Regelmäßigkeiten, Gesetzmäßigkeiten und verborgene Zusammenhänge zu entdecken und Muster oder Modelle der Daten zu liefern. Die automatisierte Analyse „cognitive computing“ soll Analyse, Strukturierung, Extraktion et cetera leisten.

Je nachdem, mit welchem Ziel welche Daten aus Big Data extrahiert werden, sollen diese zu Informationen, Rangfolgen von Suchergebnissen, ableitbaren Begründungen (Reasoning), Spracherkennung, natürlich-sprachlicher Prozessierung, also automatisierter Texterzeugung und Nachrichten, narrativer Generation, Bilderkennung (Vision), Objekterkennung, Human-Computer-Interaction, Profilbildung und für Cognitive Computing et cetera verwendet werden. Cognitive Computing (CC) soll die Funktionsweise des menschlichen Gehirns nachbilden, um menschliche Entscheidungsbildung zu verbessern. Durch „affective computing“ und „sentiment analysis“ soll es mit Menschen natürlicher interagieren, zum Beispiel sich auf unterschiedliche Sprecher adaptieren. Es dürfte deutlich werden, welch unüberschaubare Menge an Transkriptionen mit ihren materiell-semiotisch verändernden Wirkungen sich hier anhäufen, wegen unvermeidlicher Inkonsistenzen chaotisch verknäulen und zu einem oder vielen undurchdringlichen Konglomeraten verschmelzen.

Die **problematische Nutzung** solcher Methoden in Fake News, Social Bots und Microtargeting sind zunehmend bekannt geworden. Für Fake News spielen nach Królikowski und Löbel (2017) drei Aspekte eine Rolle: die Art der Inhalte, die Beweggründe der Ersteller sowie die Art der Verbreitung. Im Netz sind Kontexte nur eingeschränkt gegeben. Daher sind betrügerische oder erfundene Inhalte bis hin zu falschen Verknüpfungen, Zusammenhängen oder überarbeiteten Inhalten umso irreführender. Microtargeting ist eine neue Art des direkten Marketings, das mithilfe von Big Data, statistischer Verfahren und der Psychometrie in der Lage ist, die Meinung potenzieller Wähler mit bestimmten Profilen in eine bestimmte Richtung zu lenken. Facebook-Daten, „likes“, Profilfotos oder die Nutzung des Smartphones gewinnen damit eine neue Bedeutung, die zu Datensparsamkeit der Nutzenden und der Forderung nach Transparenz der Erzeugung automatisierter Entscheidungen mittels Machine Learning auf Seiten der Produzierenden aufrufen.

8 Diskriminierungen durch kontingente Trainingsangebote

In den noch unstrukturierten Datenhaufen, die in den riesigen Datenfarmen in Kalifornien gesammelt werden, befinden sich auch jene Äußerungen von Menschen im Internet und in sozialen Netzwerken, die wir als Spam oder Hate Speech bezeichnen, und die manche Menschen als Shitstorm verfolgen, als Teil des Big-Daten-Konvoluts, die dann weiter prozessiert werden, mit auf Computern laufenden Bots, Suchmaschinen, Lernmaschinen und KI. Sie sind irgendwann einmal von Menschen entwickelt worden, von anderen kombiniert und weiter verwendet, nahezu ununterscheidbar automatisiert weiterverarbeitet, und werden schließlich in kommerziellen, institutionellen und sozialen Kontexten genutzt. Die KI- und Lernverfahren sind Transkriptionen von den Trainingsdaten und als Transkripte können sowohl die geschulten, um Trainingsdaten erweiterten Programme angesehen werden, als auch deren Ausgaben. Vor allem Letztere, die aber nicht getrennt von ihrer trainierten Software betrachtet werden dürfen, sind in Misskredit geraten, da sie die Ungleichgewichte, Vorurteile und Diskriminierungen ihrer Trainingsangebote verstärken.

Solche Ungleichgewichte können sowohl für Individuen als auch für Gruppen entstehen und sie entstehen beim Machine Learning sowohl von den Modellen, die beim Training hergestellt werden, als auch aus den finalen Datenangeboten. Denn datengetriebene maschinelle Sprachverarbeitung reproduziert und verstärkt sogar alle Tendenzen aus ihren Daten, beispielsweise sexistische oder rassistische Vorurteile. Folgen sind statistische „biases" (Ungleichgewichte) und Diskriminierungen. (Vgl. Sweeney 2013). So zeigen sich **Rassen- und Geschlechterdiskriminierungen** beispielsweise beim Anzeigenangebot. (Vgl. Custers 2013). Auch konnte gezeigt werden, dass Sprachsysteme, die mit Zeitungsartikeln trainiert wurden, Geschlechterstereotype verstärken. (Vgl. Wolfangel 2017). Da die Systeme zum Beispiel statistische Regelmäßigkeiten wie die Häufigkeit bestimmter Wortkombinationen ermitteln, ergeben sich aus Korrelationen nähere Verbindung zwischen Mathematik und Mann oder zwischen Pflege und Frau oder wie Tolga Bolukbasi et al. schreiben: „Mann verhält sich zu Programmierer wie Frau zu Hausfrau". (Bolukbasi et al. 2016). Männliche Namen werden mit Karrierebegriffen assoziiert, weibliche mit Familie, der Beruf des Arztes erscheint in männlicher Flexion, der der Pflegerin in weiblicher, schlecht bezahlte Jobs mit weiblichen, gut bezahlte mit männlichen Flexionen. Der öffentliche Raum „Internet" ist für Frauen und LGBTIQ-Menschen (Lesben, Schwule, Bisexuelle und Transgender-Menschen) wesentlich risikobehafteter als für andere Gruppen. Die Netzpolitik müsste ihn als Freiraum verteidigen. (Vgl. Schmidt). Doch nicht nur Frauen sind betroffen, sondern auch Menschen, die nicht der Gruppe des bevorzugten weißen westlichen Mannes angehören. Eine neuere Studie von Hsu (2017), in der Informatiker einer käuflichen Standard-Lern-KI („off-the-shelf-machine-learning AI") an einem im Internet sehr allgemein erhobenen Textkorpus („Common Crawl" body of text) mit 2,2 Millionen verschiedener Worte, förderte massive Vorurteile und Diskriminierungen gegen schwarze Menschen zutage. (Vgl. Hsu 2017).

Versuche, die automatisiert solche Ungleichgewichte erkennen und vermeiden wollen, sind bisher erfolglos, zu kompliziert sind die semiotisch-semantischen Verwicklungen.

9 Kritik an Prognoseinstrumenten

„Predictive policing“ (vorhersagende Polizeiarbeit) kann Unschuldige ins Gefängnis bringen: Wo man sich Hilfe in der Forensik, Kriminologie und bei richterlichen Entscheidungen durch auf statistischen beziehungsweise stochastischen Methoden beruhende Kriminalprognose-Instrumente, wie etwa Systeme der algorithmischen Entscheidungsfindung geholt hat, sind die Erfolge höchst fragwürdig. So konnte eine ProPublica Veröffentlichung zeigen, wie das Programmsystem COMPAS, das künftige Kriminelle vorhersagen soll und das schon seit dem Jahr 2000 mit bereits einer Million Fällen im Einsatz ist, massive Vorurteile gegen Schwarze produziert. (Vgl. Angwin et al. 2016, Stroud 2016). Eine deutsche Studie von Tobias Krafft (2017), der auch bei AlgorithmWatch mitarbeitet, unterwarf zwei standardisierte Prognoseinstrumente zur Rückfälligkeitsanalyse einer mathematischen Analyse, nämlich den in den USA häufig benutzten AUC (Area under the Receiver Operating Characteristic) und den PPV_k (Positive Predictive Value), welcher letzterer ähnlich dem menschlichen richterlichen Entscheidungsprozess evaluiert. Dabei wurde die Abweichung zwischen beiden Instrumenten anhand eines realen Datensatzes aus den USA für dasselbe Werkzeug COMPAS, einem kriminalprognostischen Instrument der vierten Generation, gemessen. Fehleinschätzungen werden anhand der false negatives (ein Straftäter wird gegen die Erwartung rückfällig) und der false positives (ein Straftäter verbleibt in Sicherungsverwahrung, obwohl er niemals wieder eine Straftat verüben würde), gemessen. Der Autor beurteilt die Nutzung des AUC anhand seiner Untersuchung als kritisch: Die Abweichung, vor allem der false positives vom PPV_k, der den richterlichen Entscheidungsprozess simuliert, ist dramatisch hoch.

An dieser Stelle wird die **ethische Diskussion um Verantwortungen** nötig. Denn eine Maschine kann niemals Verantwortung übernehmen. Verantwortung teilen die an der Entwicklung beteiligten Entscheider: Software-Entwickler, Firmen und die Nutzer. Doch das geteilte Verantwortungsproblem leidet unter anderem auch unter der zeitlichen Verzögerung. Folgende Beteiligte benötigen Zeit und tragen Verantwortung:

- die Wissenschaftler, die den Klassifikationsalgorithmus entwerfen, auf dessen Basis lange Zeit später eine falsche Rückfall-Prognose gestellt wird
- die Programmier, die irgendwann einmal die entsprechende Software implementiert haben
- die Richter, die sie anwenden, ohne das Ergebnis anhand von anderen Kriterien zu überprüfen

Zudem wird eine in einen Klassifikationsalgorithmus gegossene generalisierte Entscheidung dem konkreten Einzelfall kaum gerecht werden können. Dies alles spricht dafür, dass die Urteile von in diesen Fragen erfahrenen Richtern nicht durch die Einschätzung von maschinellen Werkzeugen, also von in rechtlichen Dingen unter Umständen völlig unerfahrenen Informatikern ersetzt werden sollten.

10 Kritik an automatisierter Texterzeugung

Ein anderes Beispiel für inadäquate Textgenerierung und Maschinenübersetzung durch natürlich-sprachliche Systeme und die von ihnen generierten Modelle ist Emmanuel Macrons übersetzter Tweet vom 07. Mai 2017, wo er am Abend seines Wahlsieges seinen „amerikanischen Mitbürgern" für ihr Vertrauen dankt! Denn Macrons Anrede „mes chers compatriotes (Mitbürger)" wurde als „my fellow americans" übersetzt. (Vgl. Liberman 2018). Über Amerikaner hatte Macron jedoch kein Wort verloren.

Untersuchungen zu **diskriminierenden Transkriptionsergebnissen** in natürlich-sprachlichen Systemen sind von der Machine-Learning-Forscherin Aylin Caliskan-Islam, der Kognitionswissenschaftlerin Joanna J. Bryson und dem Informatiker Arvid Narayanan (2017) erstmals mittels eines neuen automatisierten statistischen Tests durchgeführt worden. Der Test basiert auf dem Implicit Association Test (IAT) aus der Psychologie, welcher Reaktionszeiten auf Wortkombinationen syntaktischer und semantischer Analogien, Satzvervollständigungen und Sentiment-Analysen misst. Semantisches Verstehen, das abgeleitet ist von großen linguistischen Textkorpora, enthalten Geschichte und Vorurteile der Kulturen, die die Texte erzeugt haben. Der IAT misst also die Geschwindigkeit der Assoziation zwischen zwei Zielkonzepten mit einem weiteren Attribut, also zum Beispiel Mann und Frau mit kompetent in Mathematik. Die schnelleren Paarungen (im Beispiel Frau kompetent schneller als Mann kompetent) sind stärker im Gedächtnis assoziiert, was dann unter Umständen als Vorurteile interpretiert werden kann.

Kultur ist ein Produkt seiner eigenen Geschichte und trägt somit notwendigerweise Annahmen und Vorwissen, das möglicherweise nicht mehr aktuell ist oder nicht mehr als akzeptabel erscheint. Wird Big Data als Basis für Beispiel-getriebene Entscheidungsfindung genutzt, so kann minierter Bias Diskriminierungen konservieren, reproduzieren oder gar verstärken und Vorurteilsverhalten wird hinter dem Schleier von neutralem Machine Learning maskiert.

Aylin Caliskan et al. (2017) haben unter anderem **implizite Biases** mittels Machine Learning und Textanalyse mittels natürlich-sprachlicher Systeme untersucht. Dabei bezog sich die Untersuchung auf Themen, Orte, Zeiten, Kulturen und die verwendete Sprache selbst. Es wurde versucht, Bias und Fairness in digitalisierten Kommunikationen zu quantifizieren. Um solche Biases bereits bei den Untersuchungsdaten zu vermeiden, wurden Parameter kontrolliert, und nur der implizite Bias, der ins Modell eingelassen ist, gemessen. Dafür wurde ein semantischer Raum über Worteinbettungen generiert. Dies geschieht mittels mehrdimensionaler Vektoren von Konzepten für die einzubettenden Kontexte, also zum Beispiel Gender, Rasse, Religion und Alter. Dann wurde die Distanz von Assoziationen zwischen Konzepten und Termen gebildet, um impliziten Bias durch räumliche Relationen zu messen. Es wurden Biases bei den verschiedenen untersuchten Firmen gefunden, etwa bei Enron Corporation, Wikipedia, Twitter und Google News. Diese wurden auf verschiedenen Ebenen vorgefunden: in großen Sprachmodellen, in digitaler Kommunikation, bei der automatischen Texterzeugung und bei Zusammenfassungen, automatisierter Rede und Maschinenübersetzung.

Solche automatisierten Ergebnisse finden Anwendungen bei der Arbeitnehmer-Einstellung, der Berechnung von Versicherungskosten und vielen anderen ökonomischen, politischen und rechtlichen Entscheidungen. Damit sind sie als Ein- und Ausschlusskriterien äußerst wirkungsvoll. Die Untersuchung ergab weiterhin, dass Suchresultate nach Modellen personalisiert sind, die Frauen diskriminieren, indem sie ihnen Anzeigen für Jobs vorführen, die geringere Bezahlung haben als Jobangebote für Männer. Solche Ergebnisse sind aber nichts anderes als die aus Big Data herausgeholten (minierten) Transkripte, die dabei Vorurteile oder diskriminierende Verhältnisse in der Gesellschaft wiederholen und verstärken. Eben weil das automatisch Erlernte sich immer auf Vergangenes bezieht, behindern solche Ergebnisse Veränderungen. Die Lern-Software spielt dabei sowohl die Rolle des Bewahrers beziehungsweise rigiden Festhalters (Software-Beton) als auch die des Verstärkers teilweise unbefriedigender gesellschaftlicher Verhältnisse und friert diese ein. Die Vorurteile verfestigen sich jedoch nicht nur in der Gesellschaft, sondern auch in unseren Köpfen. Denn Gedanken, auch solche, die etwa Vorurteile bestätigen, verursachen neurochemische Veränderungen in unserem Gehirn und skulpturieren es nachhaltig bis hin zur Rezeptor- und Zellebene. Doch solche epigenetischen Überlegungen führen an dieser Stelle zu weit. Ein gutes Gegenmittel ist Cordelia Fine's Buch (2017) „Testosteron Rex“, das mit Ideen, die „fundamentale” Unterschiede zwischen Männern und Frauen behaupten, aufräumt. Es erhielt den renommierten Preis der englischen Royal Society als bestes wissenschaftliches Buch des Jahres 2017.

11 Kritik an „Deep-Learning“-Ergebnissen zur Vorhersage menschlichen Verhaltens

Jüngst ging ein großes Rauschen durch die populären Medien, Kosinski und Wang (vgl. 29) hätten mittels „Deep Learning“ besser als menschliche Probanden vorhersagen können, ob jemand homo- oder heterosexuell sei. Kosinski war schon zuvor aufgefallen mit der Behauptung, seine Arbeit bei Cambridge Analytics habe anderen ermöglicht, Donald Trumps Wahl zu beeinflussen. Später als Assistenzprofessor in Stanford behauptete er, KI-Programme könnten die Persönlichkeit eines Menschen aus 50 Likes bei Facebook vorhersagen. Wang und Kosinski haben nun Fotos aus einer Dating-Börse mittels Gesichtserkennungs-Software und Metadaten über sexuelle Präferenzen einem „Lern“-Programm unterzogen. Allerdings liefert das Verfahren nur bei zwei gleich großen Gruppen bestimmte Merkmale als Indikatoren für sexuelle Orientierungen, in realistischen Populationen produziert es aber sogar mehr Fehler als der Zufall. Sie zogen zudem wissenschaftlich völlig ungerechtfertigt weitreichende Schlüsse über biologische Ursachen für sexuelle Orientierungen. (Vgl. Livingston 2017). Die Vorurteile und Fehler in dieser Forschung und mehr noch, den veröffentlichten Schlüssen daraus, sind zum Beispiel in Scatterplot nachzulesen. (Vgl. Mattson 2017) Nicht genug damit, Kosinski sagt überdies voraus, dass solche Systeme, mit menschlichen Charakteristiken gefüttert, bald politische Überzeugungen, hohe Intelligenzquotienten und Dispositionen für kriminelles Verhalten feststellen werden können. Die Gefahren, die von solch schlechter Forschung ausgehen, aber durch die berühmte Universität in Silicon Valley legitimiert sind, entsprechen fast schon einer modernen Form der Phrenologie. (Vgl. Rötzer 2017).

Da die oben behandelten Transkriptionen und symbolisch-materiellen Amalgamierungen als kulturelle und wissenschaftliche Sinnproduktion Geltung beanspruchen, ja qua Automatisierung einen quasi evidenten Sinn in Szene setzen, ist ihnen nicht nur eine kritische seriöse Forschung entgegen zu stellen, sondern eine breite gesellschaftliche ethische, intersektionale Genderdiskussion. Sie dient im Übrigen allen, und dies nicht nur wegen der Tatsache, dass die Kategorie Geschlecht selten separiert werden kann, sondern in ihren Überlagerungen immer mit anderen Kategorien wie Ethnie, Klasse, Alter et cetera zu betrachten ist. Sie nimmt sich so auch der anderen diskriminierten Gruppen an und versucht, Schaden von der gesamten Gesellschaft abzuwenden.

12 Fazit

Die erwähnten Ergebnisse zeigen, dass die zunehmende Digitalisierung der Arbeitswelt Konsequenzen für die Personalauswahl, Karrieremöglichkeiten, Weiterbildungschancen, Job-Vermittlung et cetera hat, und dass sich mittels Machine Learning automatisierte Adressierungen, Zuschreibungen, Vorhersagen oder Entscheidungen sich insbesondere für die Frauenerwerbstätigkeit sehr negativ auswirken können. In Kapitel 8 wird eine Kategorie von diskriminierenden Transkripten auf die kontingenten Lernangebote zurückgeführt. Biases in der Textproduktion verstärken oder erzeugen vor allem unbemerkt unbewusste Vorurteile in einer Gesellschaft, die dann berufliche Benachteiligungen als selbstverständlich erscheinen lassen. Die erwähnten Anwendungen bei der Arbeitnehmer-Einstellung (siehe Kapitel 10) wirken sich direkt auf dem Arbeitsmarkt aus, ebenso die personalisierten Modelle für Angebote der Jobsuche, deren Geschlechterdifferenzierung den Suchenden noch nicht einmal klar wird. Kosten von beispielsweise Krediten oder Versicherungen haben diskriminierende Wirkungen, die indirekte Folgen auf die Möglichkeiten der Erwerbstätigkeit von Frauen haben. Behauptungen über die Vorhersagefähigkeit von Verhalten (siehe Kapitel 11) öffnen Diskriminierungen Tür und Tor, nicht nur solche, die sich mit sexueller Orientierung beschäftigen. Zudem besteht die Gefahr, solch fehlerhafte Ergebnisse auch noch biologistisch zu untermauern, das heißt als unveränderliche biologische Tatsachen zu interpretieren. Und als alleinige Entscheidungsinstrumente für Prognosen (siehe Kapitel 9) sind sie wegen ihrer Fehlerhaftigkeit ungeeignet, ja sogar gefährlich.

Es ist also von größter Dringlichkeit, die Entscheidungsgewalt an Menschen zurückzugeben statt sie Maschinen zu überlassen. Dazu gehört auch, Menschen ihre Datenhoheit wiederzugeben, denn ohne unsere Daten und unsere freigelassenen Äußerungen können die Maschinen nicht operieren.

Literatur- und Quellenverzeichnis

Angwin, J., Larson, J., Mattu, S., Kirchner, L. (23. Mai 2016): Machine Bias. There's software used across the country to predict future criminals. And it's biased against blacks, by ProPublica May 23, 2016, https://www.propublica.org/article/machine-bias-risk-assessments-in-criminal-sentencing (letzter Aufruf: 17.08.2018).

Barad, K. (1996a): Agential Realism: Feminist Interventions in Understanding, Scientific Practices, in: Biaglioli, M. (Hrsg.): The Science Studies Reader, New York: Routledge, S. 1–11.

Bolukbasi, T., Chang, K.-W., Zou, J., Saligrama, V., Kalai, A. (21. Juli 2016): Man Is to Computer Programmer as Woman is to Homemaker? Debiasing Word Embeddings, https://arxiv.org/abs/1607.06520 (letzter Aufruf: 15.02.2018).

Caliskan, A., Bryson, J. J., Narayanan, A. (2017): Semantics derived automatically from language corpora contain human-like biases, in: Science 14 Apr 2017, Vol. 356, Issue 6334, S. 183–186.

Crutzen, C. K. M. (2013): Masks between the Visible and the Invisible, in: Ernst, W., Horwath, I. (Hrsg.): Gender in Science and Technology. Interdisciplinary Approaches, Bielefeld: Transcript, S. 79–110.

Custers, B., Calders, T., Schermer, B., Zarsky, T. (Hrsg.) (2013): Discrimination and Privacy in the Information Society, Berlin Heidelberg: Springer Verlag.

Fine, C. (2010): Delusions of Gender: How Our Minds, Society, and Neurosexism Create Difference, W. W. Norton.

Fine, C. (2017): Testosterone Rex, Myths of Sex, Science and Society, W. W. Norton.

Fohrmann, J. (2008): Der Unterschied der Medien, in: Jäger, L. (Hrsg.) Transkriptionen. Rückblick, Kulturwissenschaftliches Forschungskolleg „Medien und kulturelle Kommunikation", SFB/FK, 427 Nr. 10 Sonderausgabe Dez. 2008, S. 2–7, https://kups.ub.uni-koeln.de/2711/1/Transkriptionen_Nr-10_Sonderausgabe.pdf (letzter Aufruf: 09.02.2018).

Haraway, D. (1988): Situated Knowledges: The Science Question in Feminism and the Privilege of Partial Perspective, in: Feminist Studies 14, no. 3, 1988, S. 575–599.

Hsu, J. (2017): AI Learns Gender and Racial Biases From Language, https://spectrum.ieee.org/tech-talk/robotics/artificial-intelligence/ai-learns-gender-and-racial-biases-from-language (letzter Aufruf: 15.02.2018).

Jäger, L. (2002): Transkriptivität. Zur medialen Logik der kulturellen Semantik, in: Jäger, L., Stanitzek, G. (Hrsg.): Transkribieren, Medien/Lektüre, München: Fink, S. 19–42.

Kosinski, M., Wang, Y. (o. J.): Deep Neural Networks can detect sexual orientation from faces, to be published in *Journal of Personality and Social Psychology*, Vorabdruck unter https://osf.io/fk3xr/ (letzter Aufruf: 10.08.2018).

Krafft, T. (2017): Qualitätsmaße binärer Klassifikatoren im Bereich kriminalprognostischer Instrumente der vierten Generation, Masterarbeit an der TU Kaiserlautern.

Królikowski, A., Loebel, J.-M. (2017): Fake-News – Können Algorithmen Menschen manipulieren?, in: Informatik-Spektrum: Vol. 40, Nr. 4, S. 367–370, Berlin Heidelberg: Springerg Verlag.

Kuhn, Th. (1967): Die Struktur wissenschaftlicher Revolutionen, Frankfurt am Main: Suhrkamp.
Liberman, M. (08. Mai 2017): Machine Translation Bug of the Week, http://languagelog.ldc.upenn.edu/nll/?p=32577 (letzter Aufruf: 15.02.2018).
Livingston, J. (13. September 2017): Algorithms and False Positives, http://montclairsoci.blogspot.de/2017/09/algorithms-and-false-positives.html (letzter Aufruf: 07.09.2017).
Mattson, G., guest post (10. September 2017): artificial intelligence discovers gayface. sigh. – scatterplot, https://scatter.wordpress.com/2017/09/10/guest-post-artificial-intelligence-discovers-gayface-sigh/ (letzter Aufruf: 11.09.2017).
McLuhan, M. (1970): Die magischen Kanäle, Düsseldorf, Wien: Econ Verlag.
Rötzer, F. (11. September 2017): Die Phrenologie kehrt im Zeitalter der Künstlichen Intelligenz zurück, https://www.heise.de/tp/features/Die-Phrenologie-kehrt-im-Zeitalter-der-Kuenstlichen-Intelligenz-zurueck-3825932.html (letzter Aufruf: 12.09.2017).
Schinzel, B. (2017): Algorithmen sind nicht schuld, aber wer oder was ist es dann?, in: FifF-Kommunikation 2, S. 5–9.
Schmidt, F. (2018): Ziele und Wege feministischer Netzpolitik, in: Böll, Thema 1/2018, S. 30–32, https://www.boell.de/sites/default/files/hbs_-_boll_thema_18-1_-_screnn.pdf?dimension1=bt_digitalisierung (letzter Aufruf: 15.02.2018).
Stroud, M. (19. August 2016): Chicago's predictive policing tool just failed a major test, https://www.theverge.com/2016/8/19/12552384/chicago-heat-list-tool-failed-rand-test (letzter Aufruf: 15.02.2018).
Suchman, L. (2007): Human-Machine Reconfigurations: Plans and Situated Actions, Cambridge, New York, Melbourne: Cambridge University Press.
Sweeney, L. (2013): Discrimination in Online Ad Delivery, in: Communications of the ACM, May 2013, Vol. 56, No. 5, S. 44–54.
Wolfangel, E. (13. April 2017b): Künstliche Intelligenz mit handfesten Vorurteilen, http://www.spektrum.de/news/kuenstliche-intelligenz-mit-handfesten-vorurteilen/1449537 (letzter Aufruf: 17.08.2018).
Wolfangel, E. (13. Juli 2017a): Google und die Frau am Herd, in: DIE ZEIT 13. Juli 2017, S. 35.
Zweig, K. A. (2016): 1. Arbeitspapier: Was ist ein Algorithmus?, https://algorithmwatch.org/de/arbeitspapier-was-ist-ein-algorithmus/ (letzter Aufruf: 20.08.2017).

Martine Herpers

Gestaltung von Personal-Management-Systemen zur Gleichstellung von Frauen in einer Arbeitswelt 4.0

Dr. Martine Herpers ist seit dem Jahr 2014 Professorin an der Hochschule Fulda im Bereich der Software- und Gesundheitstechnik und engagiert sich für Gendergerechtigkeit in der Lehre. Sie ist unter anderem Mitglied des Beirats GenderFoLi, einem BMBF geförderten Projekts für die Verbesserung der Chancengleichheit in den Ingenieurwissenschaften. Als Expertin für Genderfragen im Berufsleben hat sie im Jahr 2013 den Unternehmensratgeber „Erfolgsfaktor Gender" (Haufe-Verlag) veröffentlicht. Als langjährige Führungskraft in Unternehmen der Telekommunikation und Automobilindustrie kennt sie die Fallstricke für Führungsfrauen sehr gut und hat sich in vielen Projekten (Girl's Day, Women's Month, Mentoring) für mehr Chancengleichheit in den Unternehmen eingesetzt.

https://doi.org/10.1515/9783110588675-011

1 Einleitung

Das Personalmanagement ist für die Umsetzung der Gleichstellung von Frauen und Männern in Unternehmen von zentraler Bedeutung. Trotz einer Reihe von inzwischen etablierten Maßnahmen für die Förderung und Empowerment von Frauen sind Frauen in Führungspositionen und in den typischen Männerdomänen noch eher selten anzutreffen. Die Digitalisierung der Arbeitsprozesse im Personalmanagement eröffnet die Chance, die Prozesse gendergerechter zu gestalten.

In Kapitel 2 werden die Situation der Frauen in Führungspositionen und die bekannten Barrieren für den Aufstieg von Frauen kurz vorgestellt. Danach wird in Kapitel 3 der Status quo der Digitalisierung im Personalmanagement zusammen mit rechtlichen Anforderungen und der Idee, dass transparente und effektive Arbeitsprozesse die Gleichstellung verbessern, erörtert. Kapitel 4 beschäftigt sich damit, wie durch die Werkzeuge des Business-Process-Managements (BPM) Stellenbesetzungen transparent werden und wie auf der Basis von digitalisierten Arbeitsprozessen Maßnahmen zugunsten der Gleichberechtigung verbessert werden können. Durch die Erfassung gendersensibler Daten können mit einfachen Analysen bereits versteckte Barrieren für Frauen sichtbar gemacht werden. Neben den konventionellen Methoden werden auch die innovativen Verfahren Data Mining und selbstlernende Algorithmen sowie Künstliche Intelligenz oder maschinelles Lernen vorgestellt, die weitere bisher unbewusste Zusammenhänge sichtbar machen könnten. Für alle Digitalisierungswerkzeuge werden die Chancen für die Gleichstellung ausführlich dargelegt. Kapitel 5 erläutert die Erfolgsfaktoren der Einführung digital unterstützter Arbeitsprozesse und zeigt die Bedeutung von Genderwissen für die Bewertung, ob die neu eingeführten Prozesse auch zielführend sind. Im Fazit wird für jede Barriere für berufstätige Frauen aufgezeigt, mit welchen Softwaresystemen Verbesserungen erreicht werden können.

2 Zum Stand der Geschlechtergleichstellung

Laut dem zweiten Gleichstellungbericht der Bundesregierung in Deutschland war 2014 der Anteil der Frauen in Führungspositionen in Deutschland unverändert bei 29 Prozent, was unter dem EU-Durchschnitt liegt. Bei Aufsichtsräten gab es eine leichte Verbesserung nach Inkrafttreten des Gesetzes für die gleichberechtigte Teilhabe von Frauen und Männern an Führungspositionen in der Privatwirtschaft und im öffentlichen Dienst (FüPoG) von 3,7 Prozentpunkten auf knapp 26 Prozent. Im öffentlichen Dienst lag der Anteil zwischen 13 Prozent und 37 Prozent, Hochschulprofessuren waren zu 22 Prozent mit Frauen besetzt. (Vgl. Krüger-Hemmer 2016).

Die Fallstricke für Frauen in Beruf und Karriere sind bekannt und werden häufig als **gläserne Decke** bezeichnet. Woraus die gläserne Decke besteht, wird unterschiedliche benannt und gewichtet. Wenn die betroffenen Frauen gefragt werden, werden meist die Auswirkungen der gläsernen Decke betont: So wird häufig von Benachteiligungen gegenüber männlichen Kollegen, Unvereinbarkeit von Familie und Beruf und fehlendes Selbstbewusstsein der Frauen berichtet. Die Ursachen für diese Effekte können wie folgt als **bekannte Barrieren** zusammengefasst werden (vgl. unter anderem Platen 2016, BMFSFJ 2010):

- fehlende Integration von Frauen in Karrierenetzwerken,
- fehlendes Genderwissen (zum Beispiel über Rollenstereotype) im Management (bei Frauen und Männern):
- fehlender Rückhalt durch das Management,
- Präsenzkultur anstelle einer Leistungs- und Ergebniskultur.

Diese Barrieren bestehen, obwohl viele Unternehmen auf eine jahre- oder jahrzehntelange Tradition der Frauenförderung und Gender-Initiativen zurückblicken können. So gibt es in Deutschland zum Beispiel den Gir's Day, der seit dem Jahr 2001 durchgeführt wird und inzwischen zum Girl's and Boy's Day erweitert wurde. Die ersten unternehmensinternen Frauennetzwerke in Deutschland entstanden in den 1990er-Jahren und viele Mentoring-Projekte bestehen seit mehr als zehn Jahren.

Im Jahr 2012 wurden von der Unternehmensberatung Boston Consulting Group (BCG) die Frauenfördermaßnahmen der internationalen Großkonzerne ermittelt (siehe Abbildung 1).

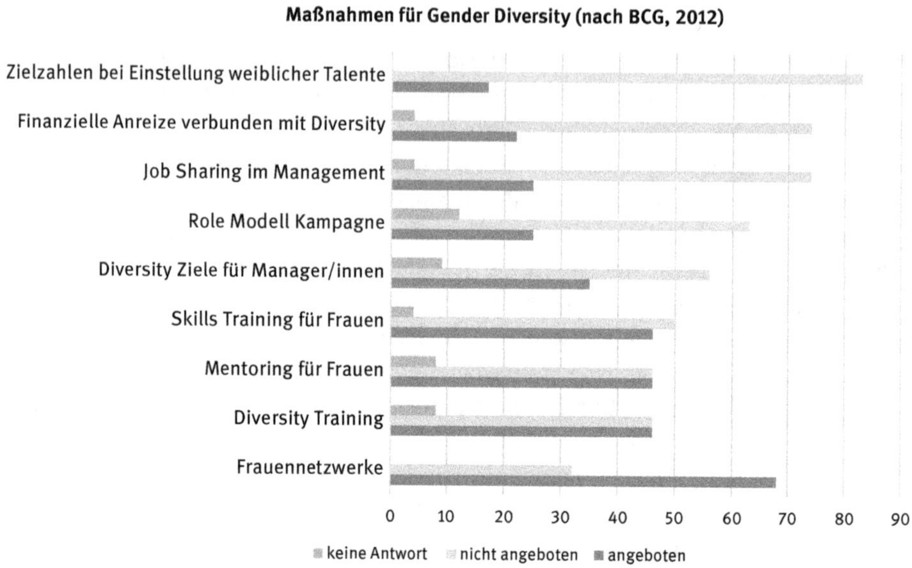

Abb. 1: Maßnahmen zur Frauenförderung in internationalen Unternehmen, Quelle: eigene Darstellung.

Die eingesetzten Maßnahmen wirken den oben genannten Barrieren entgegen, zeigen aber leider auch gravierende Schwächen. **Frauennetzwerke** und **Mentoring** für Frauen werden angeboten, um die Sichtbarkeit der Frauen zu erhöhen, das Selbstbewusstsein der Frauen zu stärken, Tipps für die Karrieregestaltung zu geben und eine Einbindung in Karrierenetzwerke zu erreichen. Wenn diese Ziele erreicht werden, sollte der Karriere von Frauen nichts mehr im Wege stehen, so die dahinter stehende Hoffnung. Doch während sich die Mentoring- und Frauennetzwerke häufig als wahre Powerzellen für Gender-Projekte entwickeln (zum Beispiel geht die Gender-Diversity-Strategie des Unternehmens SAP auf Initiativen des Bottom-Up-Netzwerks zurück (vgl. Kuntz-Mayr 2013): wird die Erwartung, dass dadurch tatsächlich mehr Frauen in Führungspositionen kommen, meist enttäuscht. Die teilnehmenden Führungskräfte scheinen die Mentees nicht erfolgreich in ihre Karrierenetzwerke einführen zu können.

Diversity- oder **Gender-Trainings** werden angeboten, um die Genderfähigkeit der Mitarbeiter zu erhöhen. Meist werden die Trainings von denen besucht, die schon eine gewisse Affinität zum Thema haben. Nur wenige Unternehmen haben verpflichtende Trainings für das Management eingeführt. Damit bleiben Stereotype, wie Frauen wollen keine Macht oder Männer haben weniger soziale Kompetenzen, wirksam für Personalentscheidungen, obwohl sie in vielen Studien wiederlegt wurden. (Vgl. Bultemeier 2013, Fine 2012).

Im Rahmen von **Role-Model-Projekten** sollen durch Vorbilder neue Möglichkeiten abseits der Rollenstereotype für Frauen und Männer eröffnet werden. Es gibt Projekte, die starke Frauen aus der Historie vorstellen oder Frauen und Männer auszeichnen, die gute Leistungen in Feldern übernehmen, die den Rollenstereotypen widersprechen. So zeichnet die Mestemacher Gruppe seit 2002 Spitzenmanagerinnen und Spitzenväter publikumswirksam aus. (Vgl. Mestemacher 2002).

Skill-Trainings für Frauen verfolgen das Ziel, Frauen in den Schlüsselkompetenzen für Management-Positionen durch verbesserte Rhetorik, Führungskompetenzen und größerem Selbstvertrauen zu stärken. Diese Trainings werden meist von den Frauen sehr geschätzt und gut besucht. Für Männer werden keine speziellen Kurse angeboten. Die Tatsache, dass es keine speziellen Soft-Skill-Trainings für Männer gibt, zeigt, dass hier den Frauen ein Mangel an Kompetenzen zugewiesen wird und das männliche Verhalten als die Norm angesehen wird, an die sich Frauen anpassen sollen beziehungsweise müssen. Das kann pragmatisch sein, kann aber auch kritisch gesehen werden.

Eine Festlegung **verbindlicher Zielzahlen** für die Einstellung von weiblichen Mitarbeitern oder **finanzielle Anreize** für die Erfüllung von Gender-Quoten werden nur sehr selten als Maßnahmen eingesetzt. Verbindliche Festlegungen sind ein deutliches Signal, wie ernst es dem Management mit der Erreichung der Gleichstellung ist (Commitment). Als erstes deutsches Unternehmen hat die Deutsche Telekom Zielzahlen für die Besetzung von Managementpositionen mit Frauen im Jahr 2010 festgelegt (vgl. Zeit Online 2010) und auch die Daimler AG nennt Zielzahlen in ihrer Gender-Diversity-Strategie (vgl. Daimler AG 2018).

Das **Jobsharing im Management** wird als Maßnahme gegen die Präsenzkultur und hin zu einer verbesserten Work-Life-Balance eingesetzt. Es soll Frauen und Männern erlauben, Familie und Managementaufgaben besser miteinander zu verbinden. Das Jobsharing im Management wird nur von wenigen Unternehmen angeboten, nicht zuletzt weil es in den USA nicht üblich ist in Teilzeitarbeit zu arbeiten. Trotzdem sind dort mehr Frauen in Führungspositionen und arbeiten vermehrt in technischen Berufen als in Deutschland. Somit ist der Bezug zur Gleichstellung bei Teilzeit-Initiativen zumindest nicht in allen Ländern gegeben.

Es gibt Indizien dafür, welche Maßnahmen am ehesten einen zählbaren Erfolg bringen. So zeigen die aktuellen Zahlen für Deutschland einen leichten Anstieg für Frauen in Aufsichtsräten, seitdem eine gesetzlich verankerte, sanktionierte Quotierung eingeführt wurde. Quotierung scheint also hilfreich zu sein, wird aber laut der Boston Consulting Group Studie (BCG-Studie) nur von wenigen Unternehmen als Gender-Diversity-Maßnahme verwendet. (Vgl. Dyrchs 2012). Das legt den Schluss nahe, dass die Unternehmen bisher auf eher unwirksame Maßnahmen setzen.

Im Folgenden wird beschrieben, wie weit sich die Digitalisierung im Personalmanagement verbreitet hat und wie durch die Bewertung von Arbeitsprozessen der Grad der Gleichstellung eines Unternehmens bestimmt werden kann (siehe Kapitel 3). Anschließend werden die Software-Systeme vorgestellt, die verstärkt eingesetzt werden sollten, um die versteckten Barrieren aufzuzeigen und damit die Möglichkeit geben, Barrieren abzubauen (siehe Kapitel 4). Die Vorstellung der Erfolgsfaktoren für die Einführung der gendergerechten und genderförderlichen Software-Systeme rundet den Beitrag ab.

3 Digitalisierung im Personalmanagement – Status quo

Das Personalmanagement (PM) beschäftigt sich im Rahmen seiner Funktionsbereiche unter anderem mit der Personalbeschaffung, Motivation von Mitarbeitern, Gehaltsstrukturen, Arbeitszeitregelungen, Leistungs- und Ergebniskontrolle, Mitarbeiterbindung, Freisetzung von Mitarbeitern, Talent-Management, der Einführung von zeitgemäßen Führungsstilen, der Einhaltung gesetzlicher Vorgaben und der Umsetzung der von der Geschäftsführung festgelegten Gender-Diversity-Strategie.

Das EU-Recht, aus dem das Antidiskriminierungsgesetz (AGG) in Deutschland, abgeleitet wurde, verbietet die unmittelbare und mittelbare Diskriminierung. Mittelbare Diskriminierung ist meist schwer zu erkennen, kann aber meist statistisch nachgewiesen werden. So ist der geringe Anteil weiblicher Führungskräfte in Unternehmen mit einem hohen Prozentsatz an weiblichen Mitarbeitern ein Indiz für eine mittelbare Diskriminierung. Wenn eine mittelbare Diskriminierung vorliegt, wird die Beweislast umgekehrt. Das heißt, das Unternehmen muss im Streitfall nachweisen, dass keine Diskriminierung vorliegt. (Vgl. Krell 2018).

Die **Digitalisierung im Personalmanagement** umfasst weite Bereiche. So werden Mitarbeiterdaten digital erfasst und verwaltet, aber auch Tools zum E-Recruiting (Electronic Recruiting): zur Arbeitszeit-, zum Talent- und Veränderungsmanagement werden häufig eingesetzt. Leider gibt es dazu keine amtlichen Statistik (siehe hierzu die Studie des Statistischen Bundesamtes 2017 „Nutzung von Informations- und Kommunikationstechnologien in Unternehmen“, die keine Daten speziell für Tools im Personalmanagement anbietet(Vgl. destatis 2017). Die Anzahl der angebotenen Software-Lösungen lässt aber vermuten, dass viele Unternehmen entsprechende Tools einsetzen.

Die **Digitalisierung der Arbeitsprozesse im Allgemeinen** betrifft alle Unternehmensbereiche. Die Arbeit an Dokumenten oder in der Administration lässt sich durch Remote Access (Zugriff von entfernten Orten) ortsunabhängig erledigen. Damit ändern sich die Aufgaben im Personalmanagement und den Kernprozessen des Unternehmens wie Produktion, Entwicklung, Vertrieb oder Marketing. Teilzeitarbeit, Homeoffice, flexible Arbeitszeiten werden möglich und verändern die Art der Führung hin zu mehr partizipativer Teilhabe und fördern die Leistungskultur anstelle der Präsenzkultur. (Vgl. Bultemeier 2016). Die veränderte Art der Führung führt zu neuen Managementpositionen, die nicht in der Führungslinie angesiedelt sind, sondern die ohne Personalverantwortung Führung und Verantwortung übernehmen. Die Stellung der neuen Managementpositionen entspricht Projektmanagern, die speziell für die Veränderung der Führungskultur (zum Beispiel nach den Ideen des Lean Managements) oder für die Ausübung von Management nach agilen Prinzipien eingeführt werden.

Digitalisierung sollte niemals als Selbstzweck gesehen werden. Bevor ein Arbeitsprozess digitalisiert wird, sollten die **Ziele der Digitalisierung** bestimmt werden. Am besten geschieht dies über eine Evaluation nach bekannten und in der Industrie etablierten Verfahren aus dem Qualitätsmanagement wie dem universellen Verfahren ISO 9001. (Vgl. ISO/DIN 2015). Neben diesem universellen Verfahren gibt es branchenspezifische Vorschriften insbesondere für Industriezweige, wie die Automobilindustrie, deren Produkte hohen Sicherheitsanforderungen genügen müssen. Für Produkte mit Software-Komponenten müssen die Arbeitsprozesse zum Beispiel SPICE (Software Process Improvement Capability Determination) oder CMMI (Capability Maturity Modell Integration) zertifiziert sein. Bewertet werden immer neben den Kernprozessen auch die sogenannten unterstützenden Prozesse wie das Personalmanagement.

Die Idee, Gleichstellung in Unternehmen durch die Etablierung von transparenten und effektiven Arbeitsprozessen zu verbessern, wird seit dem Jahr 1996 durch das Zertifikat Total E-Quality propagiert. Das Zertifikat wurde bereits an über 280 Unternehmen vergeben und kann damit als etabliertes Verfahren für die Bewertung gendergerechter Arbeitsprozesse angesehen werden. (Vgl. Total E-Quality 2016). Das noch wenig bekannte Verfahren einer Bewertung der Gender-Diversity-Capability (GeDiCap) erweitert das Vorgehen von Total E-Quality auf weitere Kernprozesse und schlägt eine Bewertung durch externe Assessoren wie bei ISO 9001 vor. (Vgl. Herpers 2013).

Im Folgenden wird aufgezeigt, wie die Digitalisierung der Arbeitsprozesse im Personalmanagement und der Einsatz von Datenanalyse-Werkzeugen genutzt werden können, um die Chancengleichheit zu steigern. Das Augenmerkt liegt dabei nicht auf der Verantwortung der Frauen oder der einzelnen Mitarbeiter für das Gelingen von Chancengleichheit, sondern auf dem Potenzial, das die Digitalisierung im Personalmanagement mit sich bringt.

4 Die Chancen der Digitalisierung für die Gleichstellung

Was die Digitalisierung im Personalmanagement für die Gleichstellung leisten könnte, lässt sich aus den Errungenschaften auf anderen Feldern der Digitalisierung ablesen. Komplexe Produktionsvorgänge lassen sich digital mühelos steuern und bisher unbekannte Zusammenhänge können durch die Analyse der entstehenden Daten aufgedeckt werden.

Das Personalmanagement beschäftigt sich mit Fragestellungen und Vorgängen, die von Menschen ausgeführt werden, die nicht so berechenbar sind wie das Verhalten von Maschinen. Allerdings steigt auch hier die Menge an verfügbaren Daten stetig an. Die Daten der Mitarbeiter werden elektronisch gespeichert, inklusive der Historie, wann zum Beispiel Gehälter angepasst oder eine Beförderung durchgeführt wurde. Arbeitsprozesse werden durch Systeme wie SAP hinterlegt und gesteuert. Die Steuerung erfolgt häufig über **Checklisten**, die als Dokument allen Ausführenden zur Verfügung stehen. Checklisten bieten die Sicherheit, dass keine aus der Vergangenheit als wichtig erachteten Aspekte bei Entscheidungen vergessen werden. Änderungen von Checklisten werden in der zugehörigen Historie nachgehalten und so kann immer festgestellt werden, welche Checkliste für eine Entscheidung genutzt wurde. Checklisten können Anhaltspunkte liefern, wieso Frauen bei Stellenbesetzungen nicht berücksichtigt wurden. Wenn zum Beispiel Checklisten für die Auswahl von Führungskräften ausschließlich männlich konnotierte Eigenschaften als erwünscht auflisten, dann kann dies dazu führen, dass Frauen weniger berücksichtigt werden. Aber auch wenn männlich und weiblich konnotierte Eigenschaften in einer Liste auftauchen, kann eine unbewusste Priorisierung in Richtung der Rollen- und Berufsstereotype zu einer schlechteren Bewertung von Frauen führen, weil den typisch weiblichen Eigenschaften weniger Bedeutung für Führungspositionen zugemessen wird. Es muss bei den Checklisten auf die Vermeidung von Rollen- und Berufsstereotypen geachtet werden.

Neben den strukturierten Daten des Personalmanagements stehen weitere Daten zur Verfügung, die sich mit Analyseverfahren für **unstrukturierte Daten** auswerten lassen (Data Mining). Soziale Netze, wie Facebook, nutzen solche Daten, um die Interessen und Vorlieben ihrer Mitglieder herauszufinden. In sozialen Netzen wie Xing oder LinkedIn werden den Nutzern auf Wunsch automatisch Jobs vorgeschlagen. Ob Personalentscheidungen auf Daten aus sozialen Netzen beruhen sollten, ist fraglich. Festzuhalten bleibt aber, dass die Berechnungen aus allen möglichen Datenquellen möglich sind, zum Beispiel könnten die Daten, die auf digitalen Kommunikationsplattformen des Unternehmens entstehen, genutzt werden. Es kann nicht nur festgestellt werden, wer wie lange online ist, sondern auch wer zu welchen Meetings eingeladen ist, wer wie schnell auf Anfragen reagiert oder welche Kontakte im Unternehmen bestehen. In den unstrukturierten Daten könnten Indizien für informelle Netzwerke und deren Einfluss auf Personalentscheidungen gefunden werden, wenn man sie mit den strukturierten Daten vergleicht.

Eine weitere große Chance der Digitalisierung ist das weltweit zur Verfügung stehende Wissen und die Möglichkeit, in entsprechenden Communities zu diskutieren und Informationen auszutauschen. Damit verändern sich die Möglichkeiten der Weiterbildung gravierend. Wissensvermittlung über aufgezeichnete Vorträge oder ganze Vorlesungen stehen über das Internet (zum Beispiel in YouTube) häufig kostenlos zur Verfügung. In sozialen Netzwerken werden Personalthemen diskutiert und über Personalmanagement-Konferenzen oder Messen informiert.

Welche digitalen Werkzeuge für die unternehmensweite Einführung zur Verfügung stehen, wird unten kurz dargestellt. Dabei werden die Werkzeuge in die folgenden Bereiche zusammengefasst:

- Arbeitsprozesse
- Datenanalyse

- externe (digitale) Informationsquellen
- Kommunikationsplattformen

Arbeitsprozesse

Digitale Werkzeuge für das **Business-Process-Management (BPM)** und dem **Projektmanagement** erlauben eine transparente Darstellung von Arbeitsprozessen im Personalmanagement und anderen Bereichen des Unternehmens. Systematisch wird für jeden Arbeitsprozess festgehalten, welcher Input benötigt wird, wie die internen Abläufe organisiert sind, welche Rollen an dem Prozess beteiligt sind und welcher Output erwartet werden kann. Unterstützt werden die Arbeitsprozesse durch ein geeignetes **Dokumentenmanagement** und eine **Versionskontrolle**, um jederzeit mit aktuellen Daten und Arbeitsdokumenten arbeiten zu können. Optimal ist die Einbeziehung von **Webinterfaces** zur einfachen Dateneingabe und Kontrolle des Status quo von Projekten. So sollten die Teams zur Personalauswahl durch geeignete automatisch generierte Erinnerungen an die nacheinander durchzuführenden Schritte und die anzuwendenden Auswahlkriterien und Checklisten durch den Prozess geleitet werden.

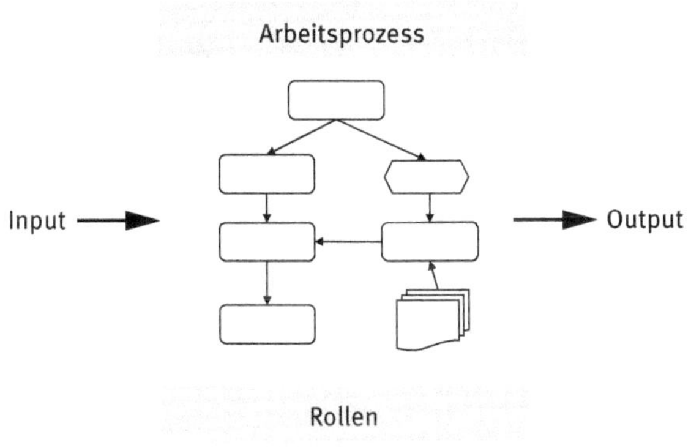

Abb. 2: Aufbau einer Prozessbeschreibung, Quelle: eigene Darstellung.

Die Abbildung 2 zeigt, wie übersichtlich und leicht verständlich digital hinterlegte Arbeitsprozesse grafisch dargestellt werden können. Für jeden Arbeitsprozess werden:
- der benötigte Input (wie Dokumente, zugelieferte Teilprodukte, Informationsquellen);
- der erzeugte Output (wie ein überarbeitetes Dokument, eine Entscheidung);
- die für den Prozess benötigten Rollen (wie Abteilungsmanagement, Gender-Verantwortliche) und
- die einzelnen Teilschritte dargestellt.

Mit der Verwendung von verschiedenen Abstraktionsstufen lassen sich grafisch sowohl die einzelnen Arbeitsprozesse darstellen wie auch eine Übersicht über alle Arbeitsprozesse einer Abteilung.

Auf der Basis der definierten und digital erfassten Arbeitsprozesse kann die tägliche Arbeit durch ein Projektmanagement-Tool unterstützt werden. Abbildung 3 zeigt schematisch, wie die anstehenden Aufgaben zusammen mit den zu bearbeiteten Dokumenten oder Informationsquellen jedem Teammitglied individuell angezeigt werden können. Für jede anstehende Aufgabe kann der notwendige Input und der zu erzeugende Output, wie in der Abbildung 3 gezeigt, verlinkt sein.

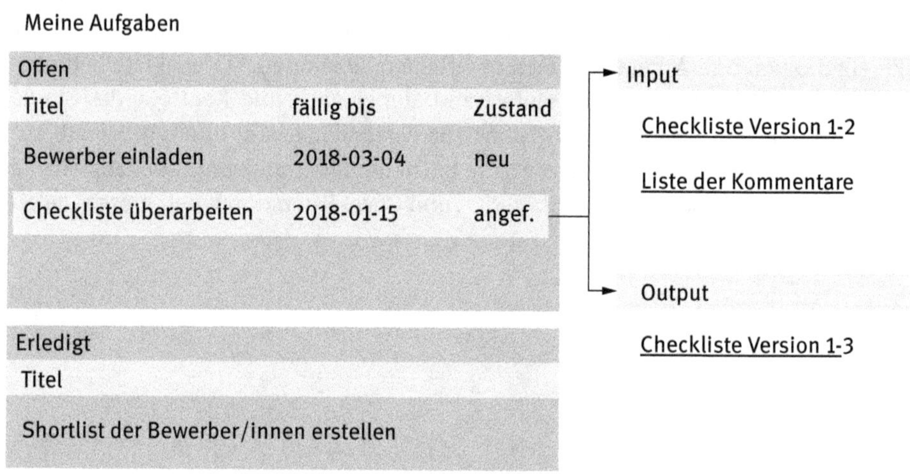

Abb. 3: Übersicht der täglichen Arbeit durch ein Projektmanagement-Tool, Quelle: eigene Darstellung.

Chancen für die Gleichstellung

- Stellenbesetzung und Beförderungen werden transparent
  Sowohl das für eine Stelle notwendige Qualifikationsprofil wie auch die an der Entscheidung beteiligten Personen und Rollen werden sichtbar. Frauen, die bisher nicht in den meist männlichen Karrierenetzwerken vertreten sind, können davon profitieren. Das trifft natürlich auch für männliche Mitarbeiter zu, die nicht gut vernetzt sind.
- Ineffiziente Arbeitsprozesse können überarbeitet und optimiert werden
  Die Beschreibung der Arbeitsprozesse bietet eine Basis für die Überarbeitung. Alle betroffenen Menschen können an der Diskussion der Überarbeitung beteiligt werden, um die Akzeptanz der Prozesse zu verbessern. Damit die Sichtweisen von Frauen und Männern bei der Prozessüberarbeitung berücksichtigt werden, sollten beide Geschlechter jeweils zu mehr als 30 Prozent vertreten sein.

Datenanalyse

Die Daten aller Mitarbeiter stellen die Basis für die Arbeit im Personalmanagement dar. Für jede Person, die im Unternehmen angestellt ist, werden eine große Anzahl Daten gespeichert und verwaltet. Abbildung 4 zeigt einige der wichtigsten Daten, die im Personalmanagement zur Verfügung stehen. Diese Datenbasis erlaubt es ohne Probleme festzustellen, ob es Unterschiede bei Frauen und Männern im Gehalt oder bei der Zuteilung von Dienstwagen gibt. Wenn Unterschiede festgestellt werden, können die Ursachen dafür ermittelt werden.

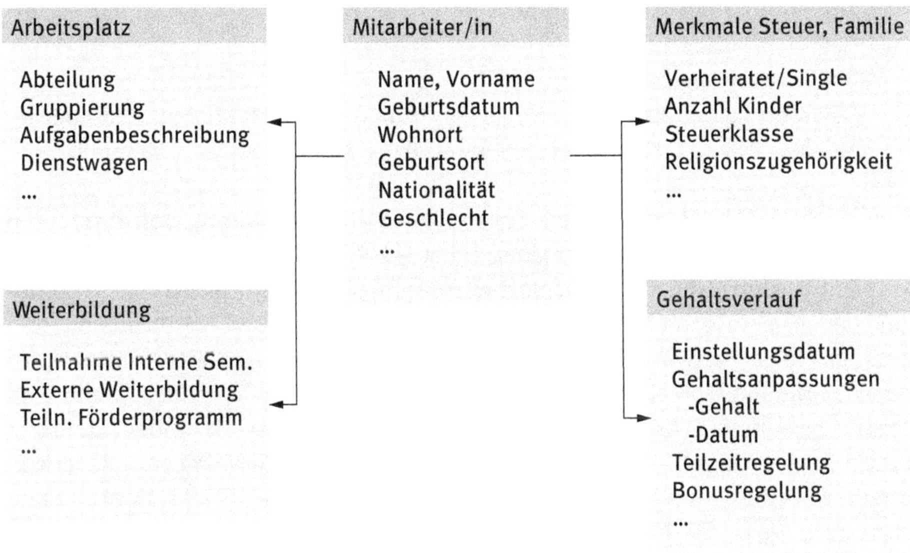

Abb. 4: Datenbasis pro Mitarbeiter, Quelle: eigene Darstellung.

Projektbezogen kann die Datenbasis um weitere Daten ergänzt werden. So könnte es interessant sein, herauszufinden, wie sehr zum Beispiel die Körpergröße die Karriere beeinflusst. Die Körpergröße ist genderrelevant, weil Frauen im Mittel kleiner als Männer sind.

Wenn die personalwirtschaftlichen Arbeitsprozesse zusammen mit einer aussagekräftigen Datenbasis festgelegt wurden, dann kann der Fortschritt von Projekten durch sogenannte **Cockpit-Tools** beobachtet werden. Wie in einem Cockpit im Flugzeug werden alle Daten, die für die Steuerung des Projekts wichtig sind, angezeigt. Wie aussagekräftig die dargestellten Daten sind, hängt von ihrer Aktualität und Korrektheit ab. Daten sollten **automatisch** erhoben werden oder durch zeitnahe manuelle Eingaben in das BPM-Tool. Wenn Daten erst im Nachhinein manuell erhoben werden, sind sie fehleranfällig, weil sie unvollständig oder aber verfälscht eingetragen werden können. Je mehr Daten automatisch erhoben werden, umso zuverlässiger und aktueller sind die Daten.

Die Überwachung von Budget- und Projektstatus nach bisher entstandenen Kosten und Anzahl der erledigten Aufgaben basiert auf numerischen Daten, die leicht ausgewertet werden können. Für die Kontrolle von komplexeren Entscheidungen müssen **Kriterien** entwickelt werden, die eine Aussage über die Effektivität ermöglichen. Entscheidungen und mögliche Gründe für Abweichungen müssen dafür klar definiert werden. Wenn zum Beispiel der Prozess der Beförderungen analysiert werden soll, muss definiert sein, in welchen Stufen jemand befördert werden kann und welche Begründungen dazu festgehalten werden sollen. So könnte es für Beförderungen beispielsweise folgende Ausprägungen für Kandidaten geben:

- „Zur Beförderung vorgeschlagen"
- „Beförderung akzeptiert"
- „Beförderung abgelehnt"
- „Beförderung mit Probezeit", wobei die Gründe für eine Probezeit „Anforderungen nur teilweise erfüllt" oder „auf Wunsch des Kandidaten" sein könnten.

Je nach Grad der Digitalisierung kann in Realzeit die **Einhaltung von Prozessen** angezeigt oder Umgehungsstrategien sichtbar gemacht werden. Im Bereich der Software-Entwicklung sind die meisten Arbeitsschritte digitalisiert. Durch eine Verknüpfung der verschiedenen Tools für die Entwicklung, den Test und der Dokumentation (was auch in der Software-Entwicklung nicht immer gegeben ist): mit den Arbeitsprozessen, kann die Einhaltung von Qualitätsrichtlinien überprüft werden. Wenn zum Beispiel bestimmte Schritte für den Test der Software ausgelassen werden, kann das als Alarm oder Warnung beim Qualitätsbeauftragten angezeigt werden. Üblicherweise müssen Gründe angegeben werden, wenn Qualitätsschritte übersprungen werden. Doch auch wenn das Überspringen im Einzelfall erlaubt ist, sollten die Ursachen für die Regelverletzungen regelmäßig überprüft werden. Abweichungen vom Prozess können auf ein Risiko für die Produktqualität hindeuten oder ein Indiz für einen überflüssigen Arbeitsschritt sein. Das Beispiel aus der Software-Entwicklung zeigt, dass die Erfassung von Arbeitsprozessen digital erfolgt, aber sowohl Festlegung von Optionen, bei der Erfassung, als auch die Bewertung der erfassten Vorgänge durch erfahrene Personen erfolgen muss, die die Daten richtig interpretieren können.

Die Erfassung der personalwirtschaftlichen Daten in Realzeit ist meist nicht möglich, weil viele Vorgänge im Management und bei Entscheidungen nicht digital ablaufen. Trotzdem gibt es meist Möglichkeiten, die Daten zumindest nachträglich halbwegs automatisiert zu erheben. So ist der Erfolg von Gleichstellungsprojekten von der Beteiligung und Unterstützung durch das Management abhängig. Daher sollte die Beteiligung des Managements möglichst zuverlässig erfasst werden. Auch wenn eine Teilnahme an einem Meeting nicht unbedingt etwas über die Unterstützung aussagt, so kann die Anwesenheit in Projektmeetings oder auch die Einladung zu den Meetings durch das Management als Indikator für die Unterstützung angesehen werden. Wenn zum Beispiel trotz Einladung die Geschäftsführung (GF) nicht erscheint, kann das ein Indiz für eine mangelnde Unterstützung sein. Die Anwesenheit in den Meetings kann

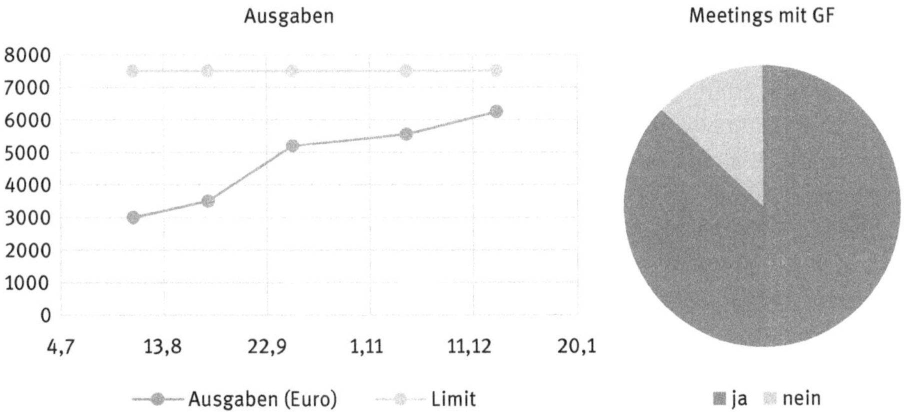

Abb. 5: Beispiel eines Cockpits für ein Gleichstellungs-Projekt, Quelle: eigene Darstellung.

aus den zugehörigen Protokollen abgelesen werden, die meist digital zur Verfügung stehen. Die Abbildung 5 zeigt ein mögliches Management-Cockpit für ein Gleichstellungs-Projekt.

Zusammenhänge zu erweiterten Datensätzen können auch durch Verfahren der Künstlichen Intelligenz (KI) hergestellt werden. Forschung zu KI-Systemen gibt es schon sehr lange. Aber erst mit der heute zur Verfügung stehenden Rechenleistung und Möglichkeit der Verarbeitung großer Datenmengen können die Verfahren wirklich genutzt werden. Etwas weniger pathetisch spricht man auch von „Maschinellem Lernen (ML)“, das in zwei Varianten genutzt werden kann:

- „Supervised learning“
  Bei dieser ersten Variante lernen Maschinen, in dem sie immer wieder Annahmen treffen, die von Menschen korrigiert oder bestätigt werden. Diese Art des Lernens wird eingesetzt, um Vorhersagen zu verbessern und zuverlässigere Entscheidungsgrundlagen zu haben. (Vgl. Bitkom 2017).
- „Unsupervised learning“
  Diese zweite Variante der Lernverfahren kommt ohne menschliche Korrektur aus. Die Daten werden in alle Richtungen untersucht. Dabei wird nicht von bestimmten Sinnzusammenhängen ausgegangen. Über die Masse an Daten können Häufungen oder Zusammenhänge jedoch durchaus auf einen Zusammenhang verweisen, der bisher nicht beachtet wurde. Es ist zu vermuten, dass die impliziten Regeln der Gesellschaft von den selbstlernenden Algorithmen leicht erkannt werden können, wenn ihnen genügend relevante Daten zur Verfügung gestellt werden.

Die **Risiken** der Datenerhebung und -analyse sollen hier nicht verschwiegen werden. Datenschutzrichtlinien müssen beachtet werden und alle Beteiligten sollten der Datenanalyse positiv gegenüberstehen. Besonders kritisch ist die richtige Interpretation der Ergebnisse. Wurden die richtigen Daten für die gewünschte Analyse erhoben und sind die Bewertungskriterien angemessen? Menschen neigen dazu, ihr Verhalten an Metriken anzupassen. So könnte die Erhebung der Anwesenheit in Meetings dazu führen, dass viele Mitarbeiter anwesend sind, ohne dass sie sich beteiligen (Pseudo-Beteiligung). Falls eine echte Beteiligung gemessen werden soll, ist die Metrik Anwesenheit wahrscheinlich nicht ausreichend. Wenn es nicht möglich ist, eine andere Metrik zu erheben (wie zum Beispiel die Anzahl der Wortmeldungen im Meeting) dann kann zumindest der negative Effekt der Pseudo-Beteiligung gemindert werden, wenn klargestellt wird, dass die Anwesenheit nur ein Indiz ist und keine negativen Konsequenzen aus einer Abwesenheit resultieren. Entscheidend ist ein vertrauensvolles Umfeld mit maximaler Transparenz, welche Daten erhoben und wie sie interpretiert werden.

Wie für die Datenanalyse im Allgemeinen gilt auch für die Künstliche Intelligenz und das Machine Learning, dass die Güte der Entscheidungsvorschläge oder Prognosen immer von der Güte der zugrunde gelegten Daten beziehungsweise der implementierten Regeln abhängt. Ohne ausreichendes Wissen über Gender-Stereotype besteht die Gefahr, dass gendersensible Daten nicht erhoben werden oder Ergebnisse falsch interpretiert werden. Hinweise für genderrelevante Daten, die erhoben werden sollten, liefern die online-Instrumente logib-D (vgl. BMFSFJ 2013): Total E-Quality (vgl. Total E-Quality 1994) oder das GeDiCap-Wiki (vgl. Herpers 2010).

Chancen für die Gleichstellung

- Umgehungsstrategien werden sichtbar
  Beförderungen, die außerhalb der festgelegten Prozesse (zum Beispiel über die informellen Karrierenetzwerke) stattfinden, werden sichtbar und können thematisiert werden.
- Nachweis der Auswirkung von Rollen- oder Berufsstereotypen
  Durch die Verknüpfung der üblichen Personaldaten mit Daten aus anderen Quellen können Zusammenhänge und Auswirkungen von Rollen- und Berufsstereotypen sichtbar gemacht werden. So sind Vorstände internationaler Unternehmen signifikant größer als die durchschnittliche Bevölkerung. (Vgl. Kloepfer 2012). Da Frauen im Mittel kleiner sind als Männer, ist das implizite Entscheidungskriterium der Körpergröße für sie ein Nachteil.
- Nachweis der Wirksamkeit von Gleichstellungsinitiativen
  Gleichstellungsinitiativen sollten, wie alle Projekte in Unternehmen, auf festgelegten Arbeitsprozessen beruhen. Über die Festlegung von messbaren Zielen und der digitalen Fortschritts- und Erfolgskontrolle kann die Wirksamkeit nachgewiesen beziehungsweise festgestellt werden, an welchen Stellen die Initiative verbessert werden müsste.

Externe (digitale) Quellen

Fast jeder benutzt heute selbstverständlich Wikipedia, die weltweite größte frei verfügbare Wissensdatenbank. Wikipedia basiert auf einem sogenannten Mediawiki. Anders als normale Webseiten gestatten **Wikis** die Änderung der Inhalte der Webseiten über den Webbrowser (zum Beispiel Chrome, Firefox oder Safari) von PCs, Laptops und Smartphones. Häufig sind Änderungen auch ohne Registrierung und Anmeldung möglich. Autoren, die regelmäßig Änderungen vornehmen, sind in der Regel registriert, bleiben aber auch im Wiki unter den Autoren anonym. Änderungen werden von Moderatoren des Wikis gesichtet, freigeschaltet oder wieder rückgängig gemacht. Jede einzelne Änderung aus der Vergangenheit lässt sich über eine separate Änderungsseite feststellen und rückgängig machen. Zu jeder Wiki-Seite gehört neben einer Seite mit der Historie der Änderungen auch eine Diskussionsseite, auf der alle Benutzer oder Autoren über die Inhalte diskutieren können. Das Aufsetzen eines Wikis erfordert einige Kenntnisse über Internet- und Webdienstleister, ist in der Regel aber auf Hilfeseiten und in entsprechenden YouTube-Beiträgen gut dargestellt. Mit etwas technischem Geschick kann jeder Wikis aufsetzen. In Abbildung 6 sind die verschiedenen Ebenen der Benutzung eines Wikis beschrieben.

Benutzung (kostenlos)
1– Weltweit und anonym
2– Suchen, diskutieren, editieren

Autor/innen (ehrenamtlich, anonym)
1– Neue Seiten/Themen/Diskussionen
2– Info über Änderungen/Korrekturen
3– Austausch von Ideen

Wiki-Mitarbeiter/innen (häufig ehrenamtlich)
1– Technik: Installation/Updates
2– Rechtevergabe/Regeln festlegen
3– Prüfung der Benutzung

Abb. 6: Bereitstellung von Wissen in einem Wiki, Quelle: eigene Darstellung.

Wikis werden meist als preiswerte und flexible Plattform für die Sammlung und Verteilung von Experten-Wissen und Best-Practice-Beispielen verwendet. Solange die Wikis aktuell sind, können sie wertvolle Informationen liefern. Die Aktualität lässt sich einigermaßen gut aus den letzten Änderungsdaten und den Kommentaren auf den Diskussionsseiten ablesen.

Eine weitere Quelle für frei zugängliche Informationen über Personalthemen oder Gleichstellungsfragen sind **soziale Netzwerke**. Berufsverbände wie zum Beispiel der Bundesverband der Personalmanager (BPM): Forschungsprojekte oder Beratungsunternehmen stellen dort häufig kostenlos Informationen über neue Erkenntnisse oder Initiativen zur Verfügung. Die Seiten auf Facebook, Twitter, XING, LinkedIn oder YouTube eigenen sich gut dazu Kontakte zu knüpfen oder Neues aus der Forschung und Politik zu erfahren.

Chancen für die Gleichstellung

- Information über aktuelle Gleichstellungsthemen in der Gesellschaft
  Aktuelle, staatlich geförderte Gleichstellungs-Projekte haben meist eigene Webseiten, sind aber auch auf Twitter, Facebook oder YouTube aktiv. Gemeinnützige Vereine von und für berufstätige Frauen sind ähnlich aufgestellt, bieten aber meist längerfristig ihre Dienste und meist kostenlose Infos an. Wikis wären gut für die längerfristige Bereitstellung von Genderwissen im Unternehmen oder auch außerhalb geeignet, werden aber selten dafür genutzt.
- Möglichkeit der persönlichen Weiterbildung und Vernetzung mit Gleichstellungsexperten
  Neue Gruppen können offen oder auch als geschlossene Gruppen jederzeit auf den sozialen Netzwerken gebildet werden. Auch diese Möglichkeit wird bisher nur selten für Gleichstellungsthemen genutzt.

Tab. 1: Eine Auswahl an aktuellen (2018) Wikis, Twitter- und Facebook-Seiten zu Frauenförderung und Genderthemen.

Betreiber	Inhalte	Link	Kommentar
Wikis			
Equal Pay Day	Equal Pay	http://www.equalpay.wiki/Hauptseite	
Martine Herpers	GeDiCap Selbst-Assessment	http://gedicap.quality-and-gender.com	
Twitter			
Catalyst	Studien, Best Practice	https://twitter.com/CatalystInc	39 T Follower
Elke Holst	DIW Gender Studien	https://twitter.com/elkeholst	682 Follower
Henrike von Platen	Equal Pay	https://twitter.com/henrikeVplaten	2626 Follower
Facebook			
Deutscher Frauenrat	Politik	https://www.facebook.com/dfrauenrat/	
DGB	Politik	https://www.facebook.com/wasverdientdiefrau/	
EAF	Studien, Politik	https://www.facebook.com/vielfaltinfuehrung/	
efF	Neuigkeiten	https://www.facebook.com/erfolgsfaktor.frau/	
EWMD	Studien, Best Practice, Webinars	https://www.facebook.com/EuropeanWomenNetwork/	
Equal Pay Day	Politik, Equal Pay	https://www.facebook.com/equalpayday/	
Total Equality	Best Practice, Zertifikat	https://www.total-e-quality.de/	
Monika Schulz-Strelow/Fidar	Politik, Frauen in die Aufsichtsräte	https://www.facebook.com/MonikaSchulzStrelowFidAR?fref=nf	
Pinkstinks	Rollenstereotype	https://www.facebook.com/PinkstinksGermany/	

In Tabelle 1 sind einige Wikis und Social-Media-Seiten aufgelistet, die Informationen zu Genderthemen des Personalmanagements anbieten und als zuverlässig eingestuft werden können. Leider gibt es auch viele unseriöse Seiten, die zum Teil auch Hetze gegen Gender und Diversity betreiben. Weitere zuverlässige Quellen finden sich auf den Seiten des BMFSFJ, der Europäische Akademie für Frauen in Politik und Wirtschaft (EAF) Berlin, der Friedrich Ebert Stiftung und Consulting Unternehmen wie BCG oder Accenture.

Kommunikations-Plattformen

Kommunikations-Plattformen bieten eine technische Infrastruktur für die effiziente Kommunikation in Unternehmen. Das Personalmanagement ist davon auf zwei Arten betroffen. Zum einen benutzen die Mitarbeiter im Personalmanagement in der Regel solche Plattformen, zum anderen ändern sich die Anforderungen an die Mitarbeiter im ganzen Unternehmen mit der Einführung solcher Plattformen. Grundsätzlich erfordert die effektive Verwendung der Plattformen zwar keine tiefgreifenden technischen Fähigkeiten, aber doch die Bereitschaft von allen sich in neue Systeme einzuarbeiten. Die Zusammenarbeit in globalen Teams wird durch die Plattformen unterstützt, setzt aber eine neue Art des Kontakthaltens und der Führung voraus. Persönliche Kontakte von Angesicht-zu-Angesicht werden durch elektronische Chats oder Videokonferenzen ersetzt. Für die Führung und Leistungsbeurteilung der Teams ergeben sich neue Herausforderungen und Möglichkeiten, da die Steuerung hauptsächlich auf dem elektronischen Weg stattfindet, um zum Beispiel alle gleichzeitig zu erreichen und die entfernt Arbeitenden nicht zu benachteiligen.

Im **Cloud-Computing** werden Daten nicht lokal auf den Arbeitsplatzrechnern bereitgehalten, auf die nur lokal zugegriffen werden kann, sondern die Daten werden auf Servern zur Verfügung gestellt, auf die weltweit über das Internet zugegriffen werden kann. Der Begriff Cloud wird verwendet, weil die physikalische Ablage der Daten dem Netzwerkdienstanbieter überlassen wird und dem Benutzer nicht bekannt ist. Cloud-Computing erlaubt ein ortsunabhängiges Arbeiten.

Kooperationsplattformen basieren auf der Cloud-Technik und bieten eine Menge verschiedener Funktionen für die Zusammenarbeit mit Kollegen. Neben Chat- und E-Mail-Kommunikation werden Funktionen für die Teamplanung, Einladung von Meetings und ein Dokumentenmanagement angeboten. Arbeitsprozesse können hinterlegt werden und unterstützen mit der Anzeige der jeweils notwendigen Information für die einzelnen Arbeitsschritte den reibungslosen Ablauf von Arbeitsprozessen.

Chancen für die Gleichstellung

Work-Life-Balance verbessern Das ortsunabhängige Arbeiten vermeidet unnötige Reisezeiten und erlaubt die Einbindung von weit entfernten Experten. Für Menschen, die Familienmitglieder betreuen müssen oder wollen, können die technischen Hilfsmittel die Arbeit erleichtern.

Präsenzkultur reduzieren Durch den vermehrten Einsatz von Kooperationsplattformen nimmt die Notwendigkeit der Anwesenheit im Unternehmen ab. Ob sich dadurch die Anforderung der ständigen Verfügbarkeit verändert, ist fraglich.

Führungskultur zugunsten der Frauen verbessern Diese Chance wird von vielen Experten gesehen, weil die Führung ortsunabhängig wird und mehr auf Delegation und Vertrauen gesetzt werden sollte. Insgesamt lässt sich kein eindeutiger Trend für diese Chance erkennen. (Vgl. Boes 2013).

5 Erfolgsfaktoren digitaler Arbeitsprozesse

Die Erleichterung und Effizienzsteigerung der Arbeit durch digitale Arbeitsprozesse ist von vielen Faktoren abhängig. Meist stellt die Technik nicht die größte Hürde dar, sondern die **Akzeptanz der neuen Werkzeuge**. Arbeitsprozesse oder auch Software-Werkzeuge werden häufig abgelehnt, weil ihr Nutzen nicht erkennbar ist oder sogar Nachteile befürchtet werden. Die **Sinnhaftigkeit von Gleichstellungsprojekten** wurde und wird immer wieder heftig in Frage gestellt. Viele Menschen gehen davon aus, dass die rechtliche Gleichstellung von Frauen und Männern ausreicht und alles andere hingenommen werden muss, weil Frauen und Männer unterschiedlich sind und es auch bleiben sollen. Die richtigen Antworten auf solche Argumentationsketten zu finden, bedarf eines stabilen Grundwissens in Gleichstellungs- und Genderfragen im Management.

Wie bei allen Veränderungsprozessen begegnet man den Beharrungstendenzen am besten mit einem strategischen Vorgehen, das von der Geschäftsführung sichtbar mitgetragen und dessen Zielerreichung kontrolliert und eingefordert wird. Die folgenden Strategien sind zu empfehlen und werden unten näher erläutert:

Top-Down-Einführung

Für die Einführung gendergerechter digitaler Arbeitsprozesse im Personalmanagement ist folgendes Top-Down-Vorgehen zu empfehlen:

- Die Einführung muss Teil der Unternehmensstrategie sein und vom obersten Management veranlasst werden.
- Das Management sollte als gutes Vorbild mit der Digitalisierung und Analyse der eigenen Prozesse beginnen.
- Im Personalmanagement müssen insbesondere die Karriereplanung sowie die Einstellungs- und Entlassungsprozesse (soweit wie möglich und sinnvoll) digital gestaltet und die zugehörigen Kriterien offen gelegt werden.

Zielgerichtete Auswahl der digitalen Werkzeuge

Veränderungen werden in der Regel erst akzeptiert, wenn ein anerkannter Mangel zu beheben ist. Dazu muss die Ist-Situation bekannt sein und Mängel müssen klar und deutlich identifiziert und benannt werden. Den Mängeln wird anschließend eine positive Vision gegenübergestellt, anhand derer sich die Ziele und die konkrete Ausgestaltung einer Gender-Diversity-Strategie für die Überarbeitung der personalwirtschaftlichen Prozesse definieren lassen. Die Gleichstellungsprojekte werden passend für die Ziele ausgesucht und von Maßnahmen zur Qualitätskontrolle begleitet. Damit Änderungen im Vorgehen von Gleichstellungsprojekten nachvollzogen werden können, sollte ein **Change-Management-Prozess** mit entsprechender Werkzeug-Unterstützung verwendet werden. Für jede Änderung wird festgehalten, wer sie initiiert hat, was verändert wurde und warum die Änderung als zielführend betrachtet wurde. Das Change-Management-Tool speichert alle Daten über die Veränderungen. Im Rückblick lässt sich damit feststellen, ob die Änderungen die gewünschten Erfolge gebracht haben. Abbildung 7 zeigt die Einbettung von Gleichstellungs-Projekten in eine Gender-Diversity-Strategie und die Unterstützung mit einem Change-Management Prozess.

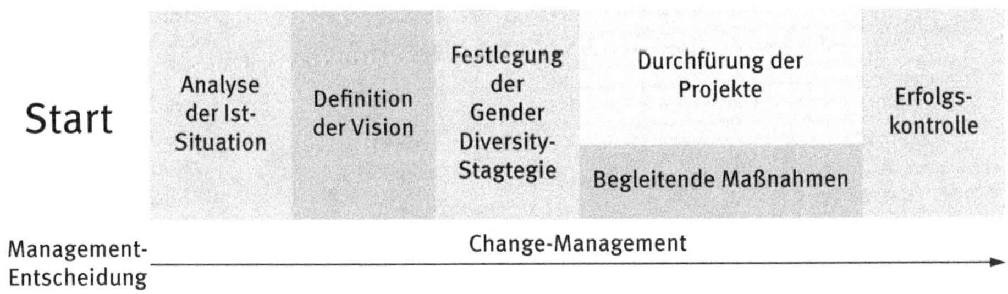

Abb. 7: Schema eines Gleichstellungsprojekts, das mit einem Change-Management-Tool unterstützt wird, Quelle: eigene Darstellung.

Kontinuierlicher Verbesserungsprozess

Verbesserungen der Arbeitsprozesse sind als kontinuierlicher Verbesserungsprozess (KVP) zu betrachten und regelmäßig durchzuführen. Insbesondere nach der initialen Einführung ist mit vielen Änderungen und Ergänzungen zu rechnen.

Beispiel Mentoring-Projekte

Mentoring-Projekte bringen erfahrene Mentoren mit den Mentees zusammen, die bei ihren Karriereentscheidungen unterstützt werden sollen. In Workshops und regelmäßigen Treffen soll eine Beziehung zwischen Mentoren und Mentee entstehen, der für beide Seiten neue Einblicke bringt. Bei der Bewertung von Mentoring-Projekten werden häufig auf die üblichen Metriken von Weiterbildungsprojekten, wie die Einhaltung des Budgets, der zeitliche Aufwand und die Zufriedenheit der Kunden zurückgegriffen. Um die Zufriedenheit zu bewerten, werden meist Fragebögen verwendet. Mentoren und Mentees stellen unterschiedliche Anforderungen an das Mentoring-Projekt und sollten getrennt betrachtet werden. Mentoren möchten ihr Wissen weitergeben, um die Nachwuchstalente zu unterstützen. Mentees erwarten Antworten auf Fragen zu den Herausforderungen des Berufsalltags und speziell zu ihrer Eignung als Führungskraft. Abbildung 8 zeigt die Ableitung der Metriken für die Erfolgsbestimmung eines Mentoring-Projekts.

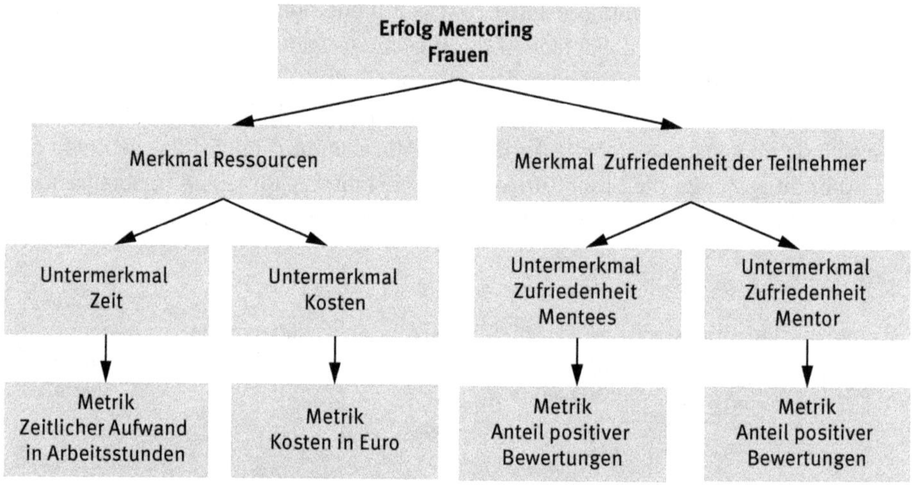

Abb. 8: Beispiel einer Ableitung von Metriken für ein Mentoring-Projekt analog zu Weiterbildungsprojekten, Quelle: eigene Darstellung.

Mentoring-Projekte erzielen mit den Metriken von Weiterbildungsprojekten häufig gute Bewertungen. Trotzdem bleiben die Mentoring-Projekte hinter den eigentlichen Erwartungen, die Gleichstellung der Frauen in Führungspositionen zu verbessern, zurück. Viele der großen Mentoring-Projekte finden seit über zehn Jahren statt, ohne den Anteil der Frauen in Führungspositionen signifikant gesteigert zu haben. Weshalb Mentoring-Projekte so wenig Einfluss hatten, könnte über weitere Metriken herausgefunden werden. So könnte der Anteil der teilnehmenden männlichen Mentoren ausschlaggebend sein, weil diese meist einflussreichere Positionen innehaben oder über ein größeres Netzwerk verfügen.

Wie das Beispiel des Mentoring-Projekts zeigt, sind die Festlegung der Metriken und ein regelmäßiges Hinterfragen der Metriken entscheidend. Verbesserungsprojekte, die zum ersten Mal durchgeführt werden, müssen in vielen Fällen noch während der Projektlaufzeit oder für die nächste Phase angepasst werden (siehe Abbildung 9).

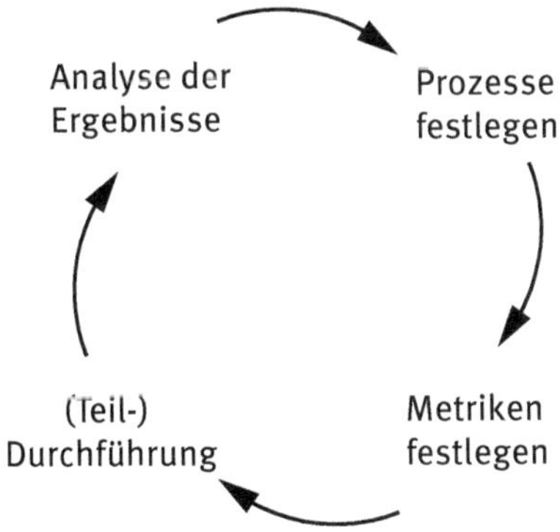

Abb. 9: Kreislauf innovativer Verbesserungsprojekte, Quelle: eigene Darstellung.

6 Fazit

Bei der Vorstellung der Software-Systeme, die für die Verbesserung der Gleichstellung im Personalmanagement genutzt werden können, wurden jeweils die Chancen für die Gleichstellung beschrieben, die sich direkt daraus ableiten lassen. Zusammenfassend wird im Folgenden für die einzelnen Barrieren für Frauen in Führungspositionen oder männlich konnotierten Berufen (siehe Kapitel 2) dargestellt, wie diese Karrierehemmnisse mit den einzelnen Software-Systemen oder einer Kombination aus ihnen reduziert oder aufgehoben werden können.

Fehlende Integration von Frauen in Karrierenetzwerken

Die Bemühungen, Frauen über Frauennetzwerke, Mentoring-Projekten oder Empowerment in die Karrierenetzwerke zu bringen, können nach vielen Jahren Laufzeit dieser Projekte als gescheitert angesehen werden. Zu vermuten ist, dass entweder die Integration der Gleichstellungprojekte in die Arbeit des Personalmanagements nicht ausreichend erfolgt, die Prozesse noch nicht gendergerecht sind oder dass die informellen Karrierenetzwerke mehr Einfluss haben als die offiziellen der Personalabteilung.

Es muss ein Weg gefunden werden, sichtbar zu machen, an welchen Stellen bei den Entscheidungen im Unternehmen die Frauen scheitern und warum. Karrierechancen werden sich zwar nie nur durch die systematische Auswahl nach wohldefinierten Kriterien ergeben, aber der Einfluss der informellen Netzwerke lässt sich durch transparente Auswahlprozesse reduzieren. Wenn die Auswahlkriterien allen bekannt sind, dann kann eine Besetzung mit einer Person, die nicht den Kriterien entspricht zu Diskussionen oder sogar zu rechtlichen Ansprüchen führen. Über die geeigneten internen Kommunikationsplattformen können Stellenangebote breit gestreut werden, um auch Personen anzusprechen, die bisher nicht als Aufstiegskandidaten geführt werden. Externe Quellen, wie Berufsnetzwerke von Frauen in den MINT-Berufen oder Management können hilfreich sein, wenn sich nicht genügend Frauen auf eine Stellenausschreibung bewerben. Dort können explizit geeignete Frauen angesprochen werden.

Fehlendes Genderwissen im Management bei Frauen und Männern

Wie an mehreren Stellen gezeigt, ist das Wissen über die gesellschaftlichen Mechanismen, die Ungleichheit trotz bestehender gesetzlicher Gleichstellung erzeugen, essenziell. Ohne das Wissen, welche Eigenschaften oder Verhaltensweisen gendersensibel sind, kann weder die Auswahl der zu betrachtenden Kriterien und zu erhebenden Daten, noch die Interpretation der Ergebnisse gelingen. Für die Weiterbildung im Management gibt es eine Reihe von Trainings-Maßnahmen speziell zum Thema Frauen, Gender oder allgemein Diversity. Eine reine Wissensvermittlung ist für die Veränderung von Verhaltensweisen nicht ausreichend. Psychologische Awareness-Trainings sind dazu besser geeignet, dauern aber meist mehrere Tage und sind mit hohen Kosten verbunden. Auch ist es wichtig, sowohl Gesetzesänderungen als auch die aktuelle Diskussion über Gleichstellungsthemen zu verfolgen und ihre Auswirkungen einschätzen zu können. Gender- und Gleichstellungsbeauftragte sollten sich regelmäßig weiterbilden und können dafür die Software-Werkzeuge zu externen Quellen wie Gleichstellungsforen, Wikis und Diskussionen in sozialen Netzen nutzen. Aber auch intern sollte für die Bereitstellung des Genderwissens gesorgt werden wie durch Wikis, Projektwebseiten oder auch Online-Chats zum jeweiligen Thema. Ebenso sollten die internen Kommunikations-Plattformen regelmäßig die Themen und Erfolge der Gleichstellungsprojekte aufgreifen.

Fehlender Rückhalt durch das Management

Bei allen Veränderungsprozessen ist der Rückhalt vom Management wichtig. Für eine Veränderung von unsichtbaren Barrieren ist der Rückhalt extrem wichtig. Ein ausreichendes Budget, sowie regelmäßige Prüfung der Zielerreichung und eine sichtbare Unterstützung müssen vom Management gewährleistet werden. Es mangelt leider meistens an mindestens einem dieser Punkte. Das kann hier als gewagte Aussage angesehen werden, aber es entspricht den Erfahrungen vieler Gender-Beauftragter. Der Grund für die Zurückhaltung im Management kann in der allgemeinen Skepsis gegenüber den Gleichstellungsaktivitäten gesehen werden. Studien von McKinsey und Catalyst zeigen auf, dass circa 50 Prozent aller Männer die Gleichstellungsprojekte ablehnen, weil sie die Projekte als unfair empfinden. (Vgl. Aperian Global 2017).

Durch den Einsatz von Software-Systemen, wie die Cockpit-Software, können die Kosten langfristig gesenkt werden, die regelmäßige Prüfung fällt leichter und das Management kann sich auf Statistiken beziehen, was der üblichen Arbeitsweise im Management entspricht. Über externe online Quellen kann für das Management eine Verbindung zu anderen Unternehmen mit gleichen Fragestellungen hergestellt werden. Einige Initiativen im Netz bauen auf den Vorbildcharakter von Best-Practice-Beispielen und küren zum Beispiel Geschäftsführungen zu Botschaftern für Gender Equality. (Vgl. Jump 2018).

Präsenzkultur anstelle einer Leistungs- und Ergebniskultur

Die persönliche Anwesenheit am Arbeitsplatz verliert mit der Verwendung von digitalen Kommunikationsplattformen an Bedeutung. Alleine die Software-Systeme führen nicht zu einem Umdenken, dass Leistung und Ergebnisorientierung nicht mit Präsenz vor Ort oder online zu verwechseln ist, aber sie ermöglichen Leistungen und Ergebnisse ohne Präsenz zu erbringen und sie sichtbar zu machen. Die Daten eines nicht vor Ort stattfindenden Projekts werden genauso zeitnah erfasst und dargestellt wie die Projekte vor Ort. Leistung kann über die Cockpit-Werkzeuge viel genauer dargestellt werden und wird für alle transparent.

Der Bezug zwischen den Software-Systemen und den Barrieren für Frauen in Führungspositionen wird in Tabelle 2 dargestellt.

Tab. 2: Zuordnung der digitalen Hilfsmittel zu den Barrieren für Frauen, Quelle: eigene Darstellung.

Barriere	Arbeits-Prozess	Daten-Analyse	Ext. Quellen	Kom. Plattform	Bemerkung
1	++	++	+	+	Gender-Gerechtigkeit der Stellenbesetzung verbessern und Ablösen der informellen Netzwerke durch transparente Auswahlprozesse.
2			++	+	Externe und interne Darstellung von Gleichstellungsprojekten und Vernetzung der Gender-Expert/innen
3	+	++	+		Sichtbarkeit und Verständnis von Gender-Aspekte
4	++	++		+	Sichtbarkeit von Leistung ist ortsunabhängig.

Parallel zu der Einführung von digitalen Arbeitsprozessen werden meist Änderungen im Führungsstil und der Arbeitskultur nötig. Es entstehen neue Arbeitsgebiete zum Beispiel für das Prozessmanagement oder im Veränderungsmanagement, die neue Karrierewege eröffnen.

Ob sich die neuen Führungskulturen für Frauen besser eignen als die traditionellen Linienstrukturen wird aktuell zum Beispiel für agile Verfahren diskutiert. Moderne Führungsstile, die auf Partizipation setzen und flache Hierarchien bevorzugen, könnten Frauen zumindest nach ihrer heute noch üblichen Sozialisation entgegenkommen. In der Realität sind solche positiven Effekte aber kaum zu beobachten. Lean Management wurde aus der Arbeitsteilung bei der Automobilproduktion von Toyota in der Mitte des 20. Jahrhunderts entwickelt (vgl. Künzel 2018) und kommt größtenteils ohne mittleres Management aus. Agiles Management beruht auf dem agilen Manifest der Software-Entwicklung aus dem Jahr 2001 und setzt auf kleine selbstorganisierte Teams. (Vgl. Gabler 2010). Die Anzahl der Frauen in der Software-Entwicklung steigt trotzdem nur sehr langsam. Beide Managementstile werden seit vielen Jahren propagiert und immer häufiger zumindest in Teilen eingesetzt.

Die für Frauen potenziell positiven Veränderungen werden scheinbar von der durch Technik unterstützten Arbeitsweise negativ beeinflusst. Da Technik immer noch als Männerdomäne angesehen wird, kann die Digitalisierung der Arbeitswelt einen Rückschlag für die Gleichberechtigung bedeuten und die Digitalisierung des Managements zu einem indirekten Ausschluss von Frauen im Management führen. (Vgl. Lenarduzzi 2018, Barke 2016).

Es ist an der Zeit, dass Frauen, Frauen im Management und Gender-Experten Software-Werkzeuge als Unterstützung ansehen und lernen, sie zu beherrschen. Damit sich Frauen nicht länger von Technik abschrecken lassen, sondern die Potenziale erkennen, muss Technik und Informatik zum Pflichtfach in der Schule werden. Dazu gibt es zum Glück die ersten Initiativen.

Nachwort

Teile dieses Beitrag wurden als Poster und Handout vorab veröffentlicht in: Digitalisierung als Chance für die Überwindung der gläsernen Decke, Prof. Dr. Martine Herpers, Konferenz „Disrupt yourself – Work, Leadership and Organizations in the Digital Age", TUM, München, 28. September 2017.

Literatur- und Quellenverzeichnis

Aperian Global (2017): Aperian Global – Inviting Men to the Gender Diversity Discussion, http://www.aperianglobal.com/inviting-men-gender-diversity-discussion/ (letzter Aufruf: 10.02.2018).

Barke, H. (2016): Das agile Manifest = Mehr Chancengleichheit in IT-Projekten, in: Barke, H. (Hrsg.): Gender und IT-Projekte, Opladen, Berlin, Toronto: Buderich UniPress Ltd.

Bitkom (2017): Entscheidungsunterstützung mit künstlicher Intelligenz – Wirtschaftliche Bedeutung, gesellschaftliche Herausforderungen, menschliche Verantwortung, Bitkom, DFKI.

BMFSFJ (2010): Frauen in Führungspositionen, Barrieren und Brücken, Heidelberg: Sinus Sociovision.

BMFSFJ (2013): Logib-D, http://www.logib-d.de/startseite/ (letzter Aufruf: 16.07.2017).

Boes, A. (2013): Ein historischer Möglichkeitsraum für die Karrierechancen von Frauen, in: Karrierechancen von Frauen erfolgreich gestalten, Wiesbaden: Springer Gabler.

Bultemeier, A. (2013): Frauen wollen Karriere, in: Boes, A. (Hrsg.): Karrierechancen von Frauen erfolgreich gestalten, Wiesbaden: Springer Gabler.

Bultemeier, A., Marrs, K. (2016a): Frauen in der digitalen Arbeitswelt von morgen, München: ISF München.
Bultemeier, A., Marrs, K. (2016b): Gestaltungsszenarien für eine gendergerechte Arbeitswelt von morgen, in: Frauen in der digitalen Arbeitswelt von morgen, München: ISF München, S. 6–8.
Daimler, AG (2018): Daimler – das sind wir – Frauen und Männer, https://www.daimler.com/karriere/das-sind-wir/diversity/genderdiversity.html (letzter Aufruf: 10.02.2018).
Dyrchs, S. (2012): Shattering the Glas Ceiling – An Analytical Approach to Advancing Women into Leadership Roles, Boston Consulting Group, http://image-src.bcg.com/Images/BCG%20Shattering%20the%20Glass%20Ceiling%20Aug%202012_tcm9-103844.pdf (letzter Aufruf: 03.06.2018).
Fine, C. (2012): Die Geschlechterlüge: Die Macht der Vorurteile über Frau und Mann, Stuttgart: Klett-Cotta, 2. Auflage.
Gabler, S. (2010): Agile Prozesse: Von XP über Scrum bis MAP, Berlin Heidelberg.
Herpers, M. (2010): GeDiCap, gedicap.quality-and-gender.com (letzter Aufruf: 16.07.2017).
Herpers, M. (2013): Erfolgsfaktor Gender Diversity, Freiburg, München: Haufe.
ISO/DIN (2015): ISO 9001, Beuth-Verlag.
JUMP (2018): JUMP – Award, http://jump.eu.com/award/concept/ (letzter Aufruf: 10.02.2018).
Kloepfer, I. (2012): Groß und fit soll der Manager sein, (Frankfurter Allgemeine) http://www.wiwo.de/erfolg/management/chefetagen-deutscher-grosskonzerne-626-maenner-37-frauen/11192278.html (letzter Aufruf: 13.02.2018).
Krell, G. (2011): Chancengleichheit durch Personalpolitik, Wiesbaden: Gabler Verlag.
Krell, G. (2018): Gender und Diversity in Organisationen – Grundlegendes zur Chancengleichheit durch Personalpolitik, Wiesbaden: Springer Gabler.
Krüger-Hemmer, C. (2016): Datenreport 2016 – Ein Sozialbericht für die Bundesrepublik Deutschland, Berlin: Statistisches Bundesamt (Destatis).
Kuntz-Mayr, Ch. R. (2013): Diversity von unten – Das Business Women's Network der SAP, in: Boes, A. (Hrsg.): Karrierechancen von Frauen erfolgreich gestalten, Wiesbaden: Springer Gabler.
Künzel, H. (2018): Lean Management: Das neue Lean ist smart, in: Erfolgsfaktor Lean Management 2.0, Berlin Heidelberg: Springer Gabler, S. 1–18.
Lenarduzzi, I. (02. Februar 2018): JUMP Editorials, http://jump.eu.com/gender-equality-longest-war/ (letzter Aufruf: 13.02.2018).
Mestemacher (2002): Mestemacher – Soziale Projekte, http://www.mestemacher.de/social-marketing (letzter Aufruf: 10.02.2018).
Platen, H. v. (2016): Neue Courage, Leverkusen: Barbara Budrich.
Statistisches Bundesamt (Destatis) (2017): Nutzung von Informations- und Kommunikationstechnologien in Unternehmen, https://www.destatis.de/DE/Publikationen/Thematisch/UnternehmenHandwerk/Unternehmen/InformationstechnologieUnternehmen.html (letzter Aufruf: 2.01.2018).
Total E-Quality (1994): TOTAL E-QUALITY, https://www.total-e-quality.de/ (letzter Aufruf: 16.07.2017).
Total E-Quality (2016): Homepage Total E-Quality – Geschichte, https://www.total-e-quality.de/de/der-verein/geschichte/ (letzter Aufruf: 11.01.2018).
ZEIT ONLINE (15. März 2010): ZEIT ONLINE – Arbeit, – Telekom führt Frauenquote ein, http://www.zeit.de/wirtschaft/unternehmen/2010-03/frauenquote-telekom (letzter Aufruf: 10.02.2018).

www.ingramcontent.com/pod-product-compliance
Lightning Source LLC
LaVergne TN
LVHW081357011026
849161LV00013BA/2837

* 9 7 8 3 1 1 0 5 8 5 8 1 0 *